Doerte Bischoff und Susanne Komfort-Hein
**Literatur und Exil**

# Literatur und Exil

Neue Perspektiven

Herausgegeben von
Doerte Bischoff und Susanne Komfort-Hein

DE GRUYTER

ISBN 978-3-11-048615-5
e-ISBN 978-3-11-028574-1

**Library of Congress Cataloging-in-Publication Data**
A CIP catalog record for this book has been applied for at the Library of Congress.

**Bibliografische Information der Deutschen Nationalbibliothek**
Die Deutsche Nationalbibliothek verzeichnet diese Publikation in der Deutschen Nationalbibliografie; detaillierte bibliografische Daten sind im Internet über http://dnb.dnb.de abrufbar.

© 2013 Walter de Gruyter GmbH, Berlin/Boston
Satz: Johanna Boy, Brennberg
Druck und Bindung: Hubert & Co. GmbH & Co. KG, Göttingen
∞ Gedruckt auf säurefreiem Papier
Printed in Germany

www.degruyter.com

# Inhalt

Doerte Bischoff, Susanne Komfort-Hein
**Einleitung: Literatur und Exil** —— 1


**I Exil, Migration, Transkulturalität** —— 21

Claus-Dieter Krohn
**Die Herausforderungen der Exilliteraturforschung durch die Akkulturations- und Hybridtheorie** —— 23

Sabina Becker
**Transnational, interkulturell und inter-disziplinär: Das Akkulturationsparadigma der Exilforschung**
  Bilanz und Ausblick —— 49

Wolfgang Benz
**Wann endet das Exil? Migration und Akkulturation**
  Überlegungen in vergleichender Perspektive —— 71

Stephan Braese
**„It don't mean a thing"**
  Theodor W. Adornos und Alfred Lions Begegnung mit dem Jazz —— 83

Robert Krause
**Übersetzungsexperimente zwischen den Sprachen und Kulturen**
  Zur Relevanz von Vilém Flussers Werk für die kulturwissenschaftliche Exilforschung —— 97


**II De-Territorialisierungen** —— 115

Gianluca Solla
**Es bleibt die Fremdsprache**
  Flavius Josephus in Rom —— 117

Bernhard Greiner
**San Francisco im Osten und Ramses im Westen**
  Deterritorialisierung exilischer Existenz in Kafkas *Verschollenem* —— 129

Cornelia Blasberg
‚Europa': Zur Codierung eines Kulturraums in wissenschaftlichen und
literarischen Schriften des Exils —— 147

Alfrun Kliems
Transterritorial – Translingual – Translokal
    Das ostmitteleuropäische Literaturexil zwischen nationaler Behauptung und
    transkultureller Poetik —— 169

Barbara Thums
Zumutungen, Ent-Ortungen, Grenzen: Ilse Aichingers Poetik des Exils —— 183

## III Exil und Gemeinschaft —— 211

Doerte Bischoff
Exilanten oder Emigranten?
    Reflexionen über eine problematische Unterscheidung anlässlich einer
    Lektüre von Werfels *Jacobowsky und der Oberst* mit Hannah Arendt —— 213

Vivian Liska
Exil und Exemplarität
    Jüdische Wurzellosigkeit als Denkfigur —— 239

Patrick Farges
Exilerfahrung und Refiguration von Männlichkeitskonzepten
    Eine neue Perspektive auf das *Israel-Korpus* —— 257

Ruth Mayer
„Island is not far"
    Zur Konstruktion von Insularität, Ausschluss und Exil auf Angel Island,
    1910–1940 —— 283

Ottmar Ette
Migration und Konvivenz —— 297

## IV Resonanzen: Exil und Erinnerung —— 321

Liliane Weissberg
**Freuds Exil** —— 323

Bettina Bannasch
**Herrenloses Heimweh**
    Heimat und Exil in der Prosa Herta Müllers —— 337

Susanne Komfort-Hein
**Verdichtungen: Exil und Migration im Resonanzraum eines totalitären Jahrhunderts**
    Vertlibs *Zwischenstationen* und Schädlichs *Kokoschkins Reise* —— 357

Elisabeth Bronfen
**Die Kunst des Exils** —— 381

Doerte Bischoff, Susanne Komfort-Hein
# Einleitung: Literatur und Exil
Neue Perspektiven auf eine (historische und aktuelle) Konstellation

Die Exilforschung ist in Bewegung. Während bis vor wenigen Jahren für viele Disziplinen, die sich mit der Erforschung von historischen Exilphänomenen und deren literarischer und kultureller Reflexion beschäftigten, der Bezug auf einen nationalkulturellen Kontext selbstverständlich war, öffnet sich die Diskussion zunehmend Fragen nach transhistorischen und transnationalen Perspektiven des Exils. Was für den deutschsprachigen Kontext galt, war auch für viele andere nationalhistorische und nationalphilologische Auseinandersetzungen mit dem Exil im 20. Jahrhundert prägend: Im Vordergrund stand das Bemühen, die von nationalistischen und totalitären Regimen Vertriebenen gegen alle Widerstände und Schwierigkeiten zu erinnern, ihre Schicksale wie ihre politischen und kulturellen Aktivitäten und Hinterlassenschaften in das Gedächtnis ihrer Länder und Kulturen einzuschreiben.[1] So knüpfte etwa die in den 1970er und 80er Jahren sich etablierende germanistische Exil(literatur)forschung ausdrücklich an die von einer Reihe von Autor/innen und Intellektuellen, die vor den Nationalsozialisten ins Ausland geflohen waren, programmatisch formulierte Vorstellung an, dass die Exilanten die eigentlichen Repräsentanten Deutschlands seien, also in besonderer Weise legitimiert und gleichsam dazu berufen seien, während und nach Ende der Diktatur das von dieser geschändete Erbe deutscher Kultur zu bewahren und weiterzutragen. Während nach 1945 tatsächlich einige Intellektuelle bald zurückkehrten, um sich an der Errichtung des im Exil

---

[1] Das Verdienst der so motivierten Exilforschung besteht zweifellos darin, das große Spektrum der in sich oft höchst wechselvollen Exil-Biografien, der unterschiedlichen Bedingungen des Lebens und Schreibens im Exil sowie der in ihnen entstandenen literarischen Texte umfassend und systematisch verzeichnet zu haben, wovon mehrbändige Kompendien, Handbücher und Dokumentsammlungen zeugen. Vgl. etwa Heinz Ludwig Arnold (Hg.): *Deutsche Literatur im Exil 1933–1945*, 2 Bde. Frankfurt/M. 1974; Michael Winkler (Hg.): *Deutsche Literatur im Exil 1933–1945. Texte und Dokumente*. Stuttgart 1977; John M. Spalek (Hg.): *Deutschsprachige Exilliteratur seit 1933*. 4 Bde. mit Teil- und Supplementbänden. Bern u.a. 1976–2010; Hans-Albert Walter: *Deutsche Exilliteratur 1933–1950*. 4 Bde. Stuttgart 1987–2003; Claus-Dieter Krohn u.a. (Hg.): *Handbuch der deutschsprachigen Emigration 1933–1945*. Darmstadt 1998.

imaginierten ‚anderen Deutschlands'² auf ostdeutschem Boden zu beteiligen, stellte sich für die große Mehrheit der Emigrierten die Frage nach den Möglichkeiten und Aussichten einer Rückkehr als durchaus problematische. Sei es, dass sie in dem Land, das Familienangehörige und Glaubensgenossen in Lagern ermordet hatte, nicht mehr leben konnten, sei es, dass sie von einer mangelnden Entnazifizierung und der Verleugnung zahlreicher Kontinuitäten im Nachkriegsdeutschland enttäuscht waren, oder weil sie im Exilland einen neuen Arbeits- und Lebensmittelpunkt etabliert hatten, mit der Kultur des Aufnahmelandes vertraut geworden waren. Ein bruchloses Anknüpfen an das Verlassene und Verlorene schien in den wenigsten Fällen denkbar. Hat die Exilforschung sich bereits seit einiger Zeit der Untersuchung der Bedingungen und Umstände der Remigration zugewendet, so steht neuerdings vor allem auch die Frage nach der Dauer des Exils verstärkt im Fokus der Untersuchungen.³ In den Vordergrund rücken nun Dokumente des Exils, die Akkulturationsprozesse bezeugen und die Bedingungen und Erscheinungsweisen entstehender Diaspora-Gemeinschaften zum Thema machen.⁴ Sie erzählen, wie viele der in diesem Band versammelten Beiträge demonstrieren, von der Vernetzung und Beweglichkeit von Kulturen eher als von deren eindeutiger Abgrenzung gegeneinander, von Kulturtransfer und hybriden Identitäten eher als von nationalkultureller Repräsentanz. In der Verschiebung der Perspektive erscheint Exil dabei nicht mehr unbedingt als abgeleiteter Begriff, der notwendig auf das primäre Konzept einer national gedachten Heimat bezogen bleiben muss.⁵ Vielmehr etabliert er sich gegenwär-

---

2 Zur Rekonstruktion der diskursgeschichtlichen Funktion und Problematik dieses Konzepts vgl. Thomas Koebner: „Das ‚andere Deutschland'. Zur Nationalcharakteristik im Exil". In: Ders.: *Unbehauste. Zur deutschen Literatur in der Weimarer Republik, im Exil und in der Nachkriegszeit.* München 1992, S. 197–219; Lutz Winckler: „Mythen der Exilforschung". In: *Exilforschung. Ein internationales Jahrbuch* 13 (1995): *Kulturtransfer im Exil*, S. 68–81; Carsten Jakobi: „Das ‚andere Deutschland' – alternativer Patriotismus in der deutschen Exilliteratur und im Nationaldiskurs des 18. Jahrhunderts". In: *Exterritorialität. Landlosigkeit in der deutschsprachigen Literatur.* Hg. v. Carsten Jakobi. München 2006, S. 155–178.
3 Vgl. Wulf Köpke: „Gibt es eine Rückkehr aus dem Exil?" In: *Deutschsprachige Exilliteratur seit 1933*, Bd. 3/3. USA. Hg. v. John M. Spalek u.a. Bern, München 2002, S. 334–363; Sabina Becker u. Robert Krause (Hg.): *Exil ohne Rückkehr. Literatur als Medium der Akkulturation nach 1933.* München 2010.
4 Vgl. Sabina Becker: „‚Weg ohne Rückkehr'. Akkulturation deutschsprachiger Autoren im Exil". In: *Nationalsozialismus und Exil 1933–1945* (= Hansers Sozialgeschichte der deutschen Literatur, Bd. 9). Hg. v. Wilhelm Haefs. München 2009, S. 245–265; vgl. Oscar Maria Graf: Die Flucht ins Mittelmässige. Ein New-Yorker Roman. Frankfurt/M. 1959.
5 Vgl. Eva Horn: „Der Flüchtling". In: *Grenzverletzer. Von Schmugglern, Spionen und anderen subversiven Gestalten.* Hg. v. Eva Horn u.a. Berlin 2002, S. 23–40, Zitat S. 32f.

tig als ein Begriff, der, indem er ein solches nationales Dispositiv unterläuft und fragwürdig werden lässt, auf alternative Kultur- und Gemeinschaftsmodelle verweist. In seinen, nicht zuletzt von eigenen Erfahrungen der Entortung angeregten *Reflections on Exile* beschreibt der palästinensische Kulturwissenschaftler und Theoretiker des Postkolonialismus Edward Said die westliche Moderne als Zeitalter der Flüchtlinge, der ‚displaced persons' und der Massenmigration.[6] In einer Zeit, die durch globale Bürgerkriege[7] und transnationale Migrationserfahrungen gekennzeichnet ist, wird Exil zu einer Kondition, die nicht nur eine große Anzahl von Menschen betrifft, sondern die immer weniger als temporäres Moment und zunehmend abgelöst von nationalen Bezügen und Orientierungen erlebt und konzeptualisiert wird. Literatur, die von diesen prägenden Phänomenen Zeugnis ablege, arbeite sich, so Said, immer auch an der ebenso gemeinschaftsstiftenden wie ausgrenzenden Macht des modernen Nationalstaats ab.[8] Vor dem Horizont dieser Verschiebung erscheint der Exilbegriff anschließbar an aktuelle Diskussionen über Transkulturalität, Transnationalität, Diaspora, Nomadismus, „ZwischenWeltenSchreiben" und an Raumkonzepte, wie sie im Rahmen postkolonialer Studien und des *spatial turn* entfaltet wurden.[9] Eine

---

[6] Edward W. Said: „Reflections on Exile" [1984]. In: Ders.: *Reflections on Exile and Other Literary and Cultural Essays*. London 2001, S. 173–186.
[7] Paul Michael Lützeler: *Bürgerkrieg global. Menschenrechtsethos und deutschsprachiger Gegenwartsroman*. Paderborn 2009.
[8] Said: „Reflections on Exile", S. 174, 176f.
[9] Vgl. Elisabeth Bronfen: „Exil in der Literatur. Zwischen Metapher und Realität". In: *Arcadia* 28 (1993), S. 167–183; Helmut Koopmann u. Klaus Dieter Post (Hg.): *Exil: transhistorische und transnationale Perspektiven*. Paderborn 2001; Azade Seyhan: *Writing outside the nation*. Princeton, N.J. 2001; Magda Stroinska u. Vittorina Cecchetto (Hg.): *Exile, language and identity*. Frankfurt/M. 2003; Sophia A. McClennen: *The dialectics of exile: nation, time, language, and space in Hispanic literatures*. West Lafayette 2004; Alexander Stephan (Hg.): *Exile and Otherness: New Approaches to the Experience of the Nazi Refugees*. Oxford u.a. 2005; Ottmar Ette: *ZwischenWeltenSchreiben: Literaturen ohne festen Wohnsitz. ÜberLebensWissen II*. Berlin 2005; Andrea Reiter: „Diaspora und Hybridität: der Exilant als Mittler". In: *Diaspora – Exil als Krisenerfahrung. Jüdische Bilanzen und Perspektiven*. Hg. v. Armin Eidherr, Gerhard Langer u. Karl Müller. Klagenfurt 2006, S. 36–51; Eugen Banauch: *Fluid Exile. Jewish exile writers in Canada 1940–2006*. Heidelberg 2009; Paul Allatson u. Jo McCormack (Hg.): *Exile Cultures, Misplaced Identities*. Amsterdam, New York 2008; Stefan Helgesson (Hg.): *Exit. Endings and New Beginnings in Literature and Life*. Amsterdam, New York 2011; Eckart Goebel u. Sigrid Weigel (Hg.): *Escape to Life. German intellectuals in New York. A Compendium on Exile After 1933*. Berlin, Boston 2012; Doerte Bischoff u. Susanne Komfort-Hein: „Vom ‚anderen Deutschland' zur Transnationalität. Diskurse des Nationalen in Exilliteratur und Exilforschung". In: *Exilforschung. Ein internationales Jahrbuch* 30 (2012): *Exilforschungen im historischen Prozess*, S. 242–273; außerdem die neueren Bände des Jahrbuchs *Exilforschung* 25 (2007): *Übersetzen*

kulturwissenschaftlich geöffnete germanistische Exilforschung kann im Dialog mit Geschichtswissenschaft und Soziologie sowie verschiedenen Philologien, die in vieler Hinsicht nicht mehr klar gegeneinander abgegrenzt werden können, Potentiale aufzeigen, die klassische Texte der deutschsprachigen Exilliteratur für neuere Debatten über Deterritorialität und kulturelle Hybridität bergen, andererseits aber auch bislang unbeachtete Texte in den Blick rücken. Darüber hinaus führt der Befund, dass die Muttersprache als Mittel gewaltsamer Ausgrenzung des Ich und seiner Artikulationen missbraucht wird und Schreibende darauf vielfach mit Identitätsentwürfen und Schreibexperimenten reagieren, die eine erschriebene Identität an Abtrennung und Differenz knüpfen, auf Problematisierungen des Verhältnisses von Sprache und (nationaler) Identität sowie von Monolingualität. Mit der kritischen Reflexion von Verwurzelungs- und Ursprungserzählungen loten Exiltexte zugleich die Konsequenzen und literarischen Möglichkeiten einer ‚exilierten Sprache'[10] aus.

Wenn bei Vilém Flusser und anderen „Exil und Kreativität" auf programmatische wie provozierende Weise in Zusammenhang gebracht werden,[11] so immer auch im Hinblick auf das Potential von Sprache und Kommunikation zur Überschreitung politisch gesetzter Grenzen, zur Intertextualität und Übertragung, zur Vielstimmigkeit und Dynamik von Bedeutung. Damit ist das besondere Augenmerk auf die ästhetische Darstellung einer Exilerfahrung gerichtet, der je einzelne Text in ein Spannungsfeld zwischen Singularität und Exemplarität gestellt, in dem er stets auch mit anderen Texten das Gespräch aufnimmt und sich so in den Dienst eines literarischen Gedächtnisses des Exils stellt. Das einzelne literarische Zeugnis bewegt sich mithin immer schon in einem kollektiven literarischen Resonanzraum der Sprache(n) und Geschichte(n) des Exils, in dem mit den politisch gesetzten Grenzen nationalkulturelle sowie historische Veror-

---

*als transkultureller Prozess* (hier bes. Alfrun Kliems: „Transkulturalität des Exils und Translation im Exil. Versuch einer Zusammenbindung", S. 30–49) und *Exilforschung* 27 (2009): *Exil, Entwurzelung, Hybridität* (hier bes. Stephan Braese: „Exil und Postkolonialismus", S. 1–19 und Claus-Dieter Krohn: „Differenz oder Distanz? Hybriditätsdiskurse deutscher refugee scholars im New York der 1930er Jahre", S. 20–39).
10 Vgl. Imre Kertész: *Die exilierte Sprache. Essays und Reden.* Frankfurt/M. 2003.
11 Vilém Flusser: „Exil und Kreativität" [1984/85]. In: Ders.: *Von der Freiheit des Migranten. Einsprüche gegen den Nationalismus.* Zusammengestellt von Stefan Bollmann. Berlin, Wien 2007, S. 103–109; Ilija Trojanow: „Exil als Heimat. Die literarischen Früchte der Entwurzelung". In: *Intellektuelle im Exil.* Hg. v. Peter Burschel. Göttingen 2011, S. 9–18. Wiederabgedruckt in: *Lebensmodell Diaspora. Über moderne Nomaden.* Hg. v. Isolde Charim u. Gertraud Auer Borea. Bielefeld 2012, S. 155–163; Susan Rubin Suleiman (Hg.): *Exile and Creativity. Signposts, Travelers, Outsiders, Backward Glances.* Durham, London 1998; Helga Schreckenberger (Hg.): *Die Alchemie des Exils. Exil als schöpferischer Impuls.* Wien 2005.

tungen dynamisiert werden. Jeder literarische Text des Exils öffnet sich so gesehen vorausgehenden wie zeitgenössischen Exilnarrationen, jede literarische Verhandlung einer singulären Erfahrung erzählt zugleich auch von mindestens einer anderen. Das machen vor allem Exiltexte deutlich, die sich ausdrücklich auf die in der vorausgehenden Literatur bereits reflektierten Exilerfahrungen anderer Zeiten und Länder beziehen. Auf diese Weise entwerfen sie interexilische Konfigurationen und Räume.

Damit wird auch die Exilliteratur als ein historischer Gegenstand fragwürdig, als der er sich vor allem in der Germanistik mit dem Epochenbegriff ‚Exilliteratur' und den Eckdaten 1933–1945 etabliert und Eingang in die meisten Literaturgeschichten und Handbücher gefunden hat.[12] Zugrunde liegt hier das dezidierte Bemühen der frühen Exilforschung, die vertriebenen Autoren und Autorinnen und ihre Produktion im Exil, die dort häufig nicht oder nur sehr schwer publiziert werden und eine Leserschaft finden konnte, dem Nachkriegspublikum bekannt zu machen, die ‚andere deutsche Literatur' in den Kanon einzuschreiben und als legitimes kulturelles Erbe zu behaupten. Dabei birgt der Versuch einer Reintegration in eine Tradition, so plausibel er im Horizont eines antifaschistischen Bemühens um Repräsentation der von Verfemung und Vergessen bedrohten Schriften und Zeugnisse war, allerdings auch die problematische Tendenz, dass Brüche und Diskontinuitäten innerhalb einer literarischen Tradition, die gerade literarische Dokumente des Exils in besonderer Weise prägen, in den Hintergrund treten und unlesbar werden. Zudem blenden Literaturgeschichten, die auf eine nationalliterarische Tradition konzentriert sind, notwendig solche – für Exiltexte durchaus typische – Phänomene aus, die durch Sprachwechsel, Mehrsprachigkeit und ein Schreiben zwischen den Kulturen eine solche Zuordnung erschweren. Abgesehen von dem grundsätzlichen Problem, literarische Phänomene durch Referenz auf politische Zäsuren ‚einzuhegen' und ihre Spezifik etwa im Hinblick auf ästhetische Verfahrensweisen in den Hintergrund treten zu lassen, kann eine historische Begrenzung des Begriffs Exilliteratur die längerfristige kulturelle Wirkmacht von Exilerfahrungen nicht angemessen erfassen. Die kulturwissenschaftliche Traumaforschung hat gezeigt, dass traumatische Ereignisse, zu denen gewaltsame Vertreibung und

---

[12] Vgl. etwa Bernhard Spies: „Exilliteratur". In: *Reallexikon der deutschen Literaturwissenschaft*, Bd. I. A-G. Hg. v. Klaus Weimar. Berlin, New York 1997, S. 537–541. Spies selbst problematisiert allerdings die Aktivierung eines emphatischen Epochenbegriffs von der literarischen Exilforschung an anderer Stelle ausdrücklich selbst. Vgl. Bernhard Spies: „Exilliteratur – ein abgeschlossenes Kapitel? Überlegungen zu Stand und Perspektiven der literaturwissenschaftlichen Exilforschung". In: *Exilforschung. Ein internationales Jahrbuch* 14 (1996): Rückblick und Perspektiven, S. 11–30, Zitat S. 17f.

der Verlust der (Sprach-)Heimat zählen können, häufig einschneidende Folgen auch für die nachfolgenden Generationen haben.[13] Die Erinnerung auch weiter zurückliegender traumatischer Erlebnisse kann daher häufig gerade nicht im Modus distanzierenden Berichtens abgeschlossener Ereignisse erfolgen, sondern braucht Formen der Darstellung und Transformation, welche die Präsenz des historisch Erlebten im Gegenwärtigen, im Modus des Nach-Lebens also, reflektieren. Indem die Exilforschung sich diesen Phänomenen öffnet, kommen nicht nur zeitgenössische Texte wie Anna Seghers' *Ausflug der toten Mädchen* jenseits biografischer Referenz und Rekonstruktion in Hinsicht auf Schreibweisen in den Blick, die man als traumatische kennzeichnen kann.[14] Auch nach 1945 bzw. in der Gegenwart entstandene Texte, deren Autor/innen nicht notwendigerweise die bzw. eine Exilerfahrung teilen müssen, können und sollten im Kontext einer erweiterten Exilliteraturforschung berücksichtigt werden. Der 2011 formulierte Aufruf von Herta Müller, in Deutschland ein „Museum des Exils" einzurichten,[15] geht nicht zuletzt durch den Verweis Müllers auf ihre eigenen Erfahrungen mit Totalitarismus und Exil über die Beschränkung der Perspektive auf eine historisch abgrenzbare Epoche hinaus. Diesem Aufruf ist inzwischen eine vom Deutschen Literaturarchiv Marbach und der Deutschen Nationalbibliothek in Frankfurt, die auch das Exilarchiv beherbergt, getragene Initiative zur Gründung einer virtuellen Ausstellung „Künste des Exils" gefolgt. Anlass für die 2010 projektierte und im Oktober 2011 in Frankfurt/Main durchgeführte interdisziplinäre Tagung, auf die der überwiegende Teil der im vorliegenden Band dokumentierten Beiträge zurückgeht,[16] war auch der Befund, dass eine bemerkenswerte Anzahl von Gegenwartstexten sich aktuell der Geschichte und den Geschichten des Exils 1933–45 zuwendet. Wenn etwa Thomas Hettche

---

**13** Marianne Hirsch: *The generation of postmemory. Writing and visual culture after the Holocaust.* New York 2012; Werner Bohleber: „Transgenerationelles Trauma, Identifizierung und Geschichtsbewußtsein". In: *Die dunkle Spur der Vergangenheit. Psychoanalytische Zugänge zum Geschichtsbewußtsein.* Hg. v. Jörn Rüsen. Frankfurt/M. 1998, S. 256–274.
**14** Vgl. Susanne Komfort-Hein: „,Inzwischenzeit'. Erzählen im Exil. Anna Seghers' ,Der Ausflug der toten Mädchen' und Peter Weiss' ,Der Schatten des Körpers des Kutschers'. In: *Aufklärungen. Zur Literaturgeschichte der Moderne. Festschrift für Klaus-Detlef Müller zum 65. Geburtstag.* Hg. v. Werner Frick. Tübingen 2003, S. 343–356.
**15** Herta Müller: „Erinnert das Exil! Menschen fallen aus Deutschland. Brief der Nobelpreisträgerin Herta Müller an Bundeskanzlerin Angela Merkel". In: *Frankfurter Allgemeine Zeitung* v. 24.06.2011.
**16** Neu hinzugekommen sind ein Beitrag von Susanne Komfort-Hein sowie einer von Doerte Bischoff, der auf einen Vortrag („Exil – Kosmopolitismus – Globalisierung: Perspektiven deutsch-jüdischer Literatur") zurückgeht, der auf der Jahrestagung der Gesellschaft für Exilforschung 2012 in Amsterdam gehalten wurde.

in *Woraus wir gemacht sind* (2006) seinen Protagonisten auf den Spuren eines jüdischen Emigranten nach New York schickt, Michael Lentz in *Pazifik Exil* (2007) den Weg von Heinrich und Thomas Mann, Franz Werfel und Bertolt Brecht ins kalifornische Exil literarisch nachzeichnet, Ursula Krechel in *Shanghai fern von wo* (2008) weniger bekannten Exilanten in Shanghai eine Stimme gibt, Hans Joachim Schädlich in *Kokoschkins Reise* (2010) einen jüdischen Amerikaner am Ende des Jahrhunderts auf sein von mehrfachen Exilierungen geprägtes Leben zurückblicken lässt, oder wenn Klaus Modick in *Sunset* (2011) Lion Feuchtwanger in seinem US-amerikanischen Exil über sein Verhältnis zu Bertolt Brecht nachsinnen lässt, stellt sich die Frage, wie eine solche Konjunktur des Exil-Themas erklärt und beschrieben werden kann. Offenbar ist das neu erwachende Interesse ein Indiz dafür, dass sich die Gegenwart in dem historischen Exil erkennt, in neuerlichen Annäherungen sich auch Aufschluss über die eigene Zeit verspricht. Texte wie W.G. Sebalds *Die Ausgewanderten* (1992), die ausdrücklich Erinnerungen an die Shoah mit einer exilischen Kondition des Lebens und Schreibens verknüpfen, weisen bereits in diese Richtung. Bemerkenswert ist zudem, dass eine Reihe literarischer und kulturwissenschaftlicher Auseinandersetzungen mit anderen, häufig neueren Exilkonstellationen (z.B. dem Exil aus osteuropäischen Diktaturen nach 1945 oder dem Exil lateinamerikanischer Intellektueller und Autor/innen in Deutschland) explizit auf die Exilsituation 1933–45 Bezug nehmen. Hierher gehört auch der in der Literatur vielfältig thematisierte Befund, dass auch Deutschland nicht nur selbst längst zum Einwanderungsland geworden ist, sondern dies bereits vor 1933 vielfach war. Die große Zahl der heute im (u.a. deutschsprachigen) Exil lebenden Autor/innen, die etwa der P.E.N.-Club durch sein Programm „writers in exile" unterstützt, ist deutliches Zeichen, dass auch nach dem Ende der faschistischen und der stalinistischen Diktaturen zahlreiche Literat/innen gezwungen sind, ihre Heimat zu verlassen und zum Teil dauerhaft im Exil zu leben und zu schreiben. Nicht alle wechseln die Sprache wie der aus dem Irak stammende Abbas Khider, der inzwischen für seine deutschsprachigen Texte ausgezeichnet wird. Vielfältige Wechselbeziehungen zwischen den (Exil-)Geschichten von Herkunfts- und Aufnahmeland werden jedoch in zahlreichen Texten, etwa von lateinamerikanischen Autor/innen, die in Deutschland im Exil leb(t)en, ausdrücklich artikuliert und inszeniert. Sind, so wäre etwa zu fragen, Reflexionen des Exils, wie sie z.B. der Argentinier Osvaldo Bayer formuliert hat, der während der Militärdiktatur sieben Jahre in Deutschland gelebt hat und der u.a. Kafka und Brecht übersetzte, ohne das Wissen um den deutschen Faschismus und das deutschsprachige Exil in Lateinamerika während der NS-Zeit zu denken? Inwiefern ist die Erinnerung an faschistische Zensur, Ausgrenzung und Verfolgung auch in der Lyrik des im deutschen Exil lebenden Chinesen Zhang Zao präsent, die u.a. intertextuelle

Dialoge mit Paul Celan und der Exillyrik Bertolt Brechts inszeniert? Welche Bedeutung hat es, dass Zafer Şenocak in seinem Roman *Gefährliche Verwandtschaft* (1998) die Migrationserfahrung seines in Deutschland lebenden Protagonisten eng mit der Geschichte von dessen jüdischer Großmutter verknüpft, deren Familie 1934 in die Türkei ins Exil ging und dort heimisch wurde? Auf klassische Exiltexte der 1940er Jahre (z.B. von Anna Seghers, Franz Werfel, Lion Feuchtwanger, Alfred Döblin) verweist auch die auffällige Präsenz der Figur des Transits in Dokumenten transkulturellen Schreibens zu Beginn des 21. Jahrhunderts, wie sie sich etwa in der jüngsten deutsch-jüdischen Literatur (bei Doron Rabinovici oder Barbara Honigmann) oder in der rumäniendeutschen Literatur, z.B. bei Herta Müller ausprägt, deren Texte sich immer wieder ausdrücklich als exilische reflektieren. In diesen Texten verschränken sich die Spuren eines Jahrhunderts totalitärer Regime auf komplexe Weise, womit auch das vom Nationalsozialismus erzwungene Exil 1933–1945 als markante Signatur einer Geschichte nachfolgender Exile lesbar wird. Allgemeiner lässt sich fragen, inwiefern die Erinnerung an den massenhaften Exodus von Schriftsteller/innen und Intellektuellen aus den von den Nazis beherrschten Gebieten, an ihre Flucht in nahezu alle Länder der Welt, das Schreiben über politische und kulturelle Entortungen, Grenzziehungen und Ausgrenzungen seither explizit oder auch implizit prägt. Die Prominenz transitärer Räume, nomadischer Existenzen und hybrider Identitäten in der Gegenwartsliteratur fordert dazu heraus zu fragen, ob bzw. auf welche Weise diese Figurationen in der ‚klassischen' Exilliteratur bereits vorgeprägt sind, ob also Konstellationen des historischen Exils als Vorgeschichte für Erfahrungen der kulturellen Entortung im Zeitalter von Globalisierung und (Massen-)Migration begriffen werden können.

Diese Frage ist unmittelbar verknüpft mit der Beobachtung, dass der Holocaust, der den „fanatische[n] Versuch des ethnonationalen Deutschlands [darstellte], die transnationalen jüdischen Kulturen und Gesellschaften im Herzen Europas auszumerzen", sich als ein zentraler Bezugspunkt kollektiver Erinnerung herausstellt, die im Zeitalter der Globalisierung „aus ihren jeweiligen nationalen Containern heraus[ge]treten" ist.[17] Gerade die Auseinandersetzung mit jüdischen Exil-Erfahrungen und -Traditionen erscheint grundlegend für aktuelle (Neu-)Konzeptualisierungen des Exils. So ist nicht zuletzt Hannah Arendts im Exil formulierte Einsicht wegweisend, dass mit dem Exil aus Nazideutschland und der massenhaft erfahrenen Vertreibung und Exilierung die jüdische Geschichte zum ersten Mal nicht mehr als separate Geschichte

---

[17] Daniel Levy u. Natan Sznaider: *Erinnerung im globalen Zeitalter. Der Holocaust.* Frankfurt/M. 2001, S. 25 u. 18.

erscheine, sondern als „verknüpft mit der Geschichte aller anderen Nationen."[18] Doron Rabinovicis Roman *Andernorts* (2010)[19] ist insofern ein signifikantes Beispiel der Gegenwartsliteratur, als er die Teilhabe an einer ‚jüdischen Tradition' von der Zugehörigkeit zu einer jüdischen Genealogie qua Geburt ablöst, womit zugleich der Bruch einer solchen Genealogie und Tradition durch den Holocaust vor Augen geführt und erinnert wird. Dabei stellt der Roman seine Reflexionen ausdrücklich in den Kontext von Phänomenen der Globalisierung und einer wachsenden Zahl hybrider Identitäten zwischen den Ländern und Kulturen, für welche die beiden Protagonisten – jüdisch oder nicht – jeweils Repräsentanten sind. Eine Neubestimmung des Verhältnisses von Exil, Migration und Diaspora wird hier als zentrale Aufgabe gegenwärtiger Verhandlungen von Identität und Gemeinschaft in den Blick gerückt. Gerade darin berührt dieser literarische Text ähnliche Fragen wie die wissenschaftlichen Beiträge des vorliegenden Bandes, die mit der Öffnung der Exilforschung auf transhistorische und transnationale Perspektiven die Frage nach dem Nach-Leben dieses Exils ganz unterschiedlich verhandeln und zur Diskussion stellen. Sie ergründen somit Perspektiven wechselseitiger Beschreibbarkeit von Konditionen des Exils, der Diaspora und Phänomenen der Transmigration ohne die Begriffe ineinander aufgehen zu lassen. Eine komparatistische Exilforschung kann an zahlreiche Versuche in der Literatur anschließen, Korrespondenzen zwischen verschiedenen historischen Entortungserfahrungen zu gestalten, ohne dass deren Singularität und Spezifik im Vergleich bzw. im Bezug auf epochenübergreifende Entwürfe oder abstrakte Theorien nivelliert würde. Sie fordert dazu heraus, Partikulares und Universales bzw. Globales auf eine Weise zusammen zu denken, die nicht (mehr) die Aufhebung des Speziellen im Allgemeinen bedeutet, sondern Raumstrukturen, Identitäts- und Ethikentwürfe privilegiert, die Diaspora und Differenz als Grunderfahrung der Epoche in sich aufgenommen haben. Das Exil wird in seiner je spezifischen Ausprägung und Artikulation – und das heißt häufig auch als Grenzfall artikulierbarer und in eine bestimmte Sprache bzw. in Sprache überhaupt übersetzbare Erfahrung – beschrieben. Jenseits ihrer konkreten Referenz werden Ähnlichkeiten etwa im Schreiben des Verlusts, der Ausgrenzung, aber auch der Rekonstitution von Identitäten zwischen nationalen und kulturellen Identifizierungen erkennbar. Durch ihre narrative Verknüpfung sind sie in ein Archiv des kulturellen Gedächtnisses eingebettet, das Erzählungen

---

[18] Hannah Arendt: „Wir Flüchtlinge". In: Dies.: *Zur Zeit. Politische Essays*. Hg. v. Marie Luise Knott. Aus dem Amerik. v. Eike Geisel. Berlin 1986, S. 7–21, Zitat S. 21.
[19] Doron Rabinovici: *Andernorts*. Berlin 2010. Aus diesem Roman las Rabinovici am ersten Abend der Tagung, die dieser Band dokumentiert, im Jüdischen Museum.

unterschiedlicher historischer Exilerfahrungen aufeinander beziehbar und auf je neue Weise erinnerbar werden lässt. Die Beschäftigung mit dem Verhältnis von Literatur und Exil birgt auch heute noch oder wieder ein Bekenntnis zu einer politischen Literaturwissenschaft, die sich jedoch weder als parteiliche begreift noch literarische Zeugnisse primär politischen Deutungshorizonten unterstellt. Eine kulturpoetische Perspektivierung von Exilerzählungen fragt nach der gemeinsamen Sphäre kultureller Performanz von Politik und Literatur, Leben und Schreiben, die ausgrenzende Sinnsetzungen ebenso umfasst wie deren Subversion, ohne dass dies automatisch wiederum die Setzung einer kritischen, den Sinn kontrollierenden Instanz (im Sinne eines politischen Subjekts) bedeuten muss. Darin begründet sich auch die Skepsis gegenüber einer auf die Biografien und biografische Daten von Exilautor/innen konzentrierte Exilforschung. Dabei geht es nicht darum, die Kategorie biografischer Exilerfahrung zu leugnen; gerade ihr Potential, die Grenzen und das Zerbrechen traditioneller narrativer Muster (auto-)biografischer Sinnstiftung vorzuführen, wird aber erst kenntlich, wenn diese Narrative nicht implizit fortgeschrieben, sondern vielmehr als solche untersucht und ggf. einer kritischen Lektüre unterzogen werden.

Der Titel dieses Bandes, *Literatur und Exil*, markiert also eine offene Konstellation, die nicht von einer eindeutigen historischen, biografischen oder politischen Referenz literarischer Zeugnisse des Exils ausgeht, auch bzw. gerade wenn das Exil aus Nazi-Deutschland 1933–45 für die meisten der folgenden Beiträge ein zentraler Bezugspunkt bleibt. Wenn der Blick der Exilforschung in Zukunft noch stärker für komparatistische Perspektiven geöffnet werden soll, wofür hier – z.T. anhand exemplarischer Analysen – plädiert wird, so kann dies nicht bedeuten, dass nationalhistorische und -philologische Untersuchungen addiert, verglichen und zueinander ins Verhältnis gesetzt werden. Vielmehr ist die Neukonzeptualisierung der Exilforschung, zu der der Band beitragen will, von dem Leitgedanken getragen, dass Exile und ihre literarische Reflexion die Vorstellung von homogenen, gegeneinander abgrenzbaren kulturellen Räumen ebenso wie Vorstellungen zeitlicher Abfolge und Abschließbarkeit in Frage stellen.

Der Band wäre ohne die vorausgehende Konferenz, auf der Beiträger/innen verschiedener Herkünfte, Disziplinen und Generationen miteinander in zuweilen ausgesprochen engagierte Diskussionen kommen konnten, so nicht entstanden. Für die Unterstützung der Tagung danken wir der Deutschen Forschungsgemeinschaft, dem Fritz Bauer Institut, dem Jüdischen Museum Frankfurt, der P. Walter Jacob Stiftung sowie der Goethe Universität Frankfurt. Bei der Bearbeitung der Beiträge und der Einrichtung des Gesamtmanuskripts haben Sandra Narloch, Andreas Löhrer, Claudia Röser, Sebastian Schirrmeister, Rachel Rau und Marlene Dort viel Zeit und Mühen investiert. Auch Ihnen sei herzlich gedankt.

Eine erste Gruppe von Beiträgen im Abschnitt **Exil, Migration, Transkulturalität** beschäftigt sich mit der von der traditionellen Exilforschung häufig vernachlässigten Frage, inwiefern Exilerfahrungen auch Erfahrungen mit einer anderen Kultur sind und auf welche Weise Akkulturationsprozesse und transkultureller Transfer Vorstellungen von kultureller Homogenität und Repräsentanz unterlaufen.

*Claus-Dieter Krohn* zeigt, dass ein solcher antifaschistischer Repräsentanzanspruch im deutschsprachigen Exil 1933–45 vor allem von Schriftstellern formuliert wurde, während im Bereich des Wissenschaftsexils unter Bezugnahme auf sozialwissenschaftliche Studien und Methoden schon früh Aspekte kultureller Hybridität und Konstruktivität mit ausdrücklichem Bezug auf die Figur des Exilanten diskutiert wurden. Nicht nur die Totalitarismusforschung ist, so Krohn, eine Erfindung der Exilanten, auch zentrale Begriffe der gegenwärtige kulturwissenschaftliche Diskurse prägenden Postkolonialen Theorie finden sich in Exildiskussionen vorgeprägt. Mit Blick auf eine künftige Exilforschung fordert Krohn zu einer archäologischen Spurensuche auf, die solche epistemologischen Genealogien von Konzepten (wie dem des Weltbürgers) genauer entfaltet und die auch Exilliteratur nicht mehr mit Blick auf ein nationales Paradigma liest.

Auch *Sabina Becker* betont in ihrem Beitrag die Notwendigkeit, die Exilforschung für Paradigmen der Akkulturation und Transnationalität zu öffnen und sie als Segment der Interkulturellen Literaturwissenschaft zu etablieren. Nur so sind Sprachwechsel, Phänomene der Mehrsprachigkeit, Wechsel der Staatsbürgerschaft, die dem Blickfeld einer nationalphilologisch verengten Perspektive herkömmlicher Exilforschung entgangen sind, als zentrale exilrelevante Phänomene zu analysieren. Gegenüber einer älteren Akkulturationstheorie, die von linearen Prozessen und homogenen Kulturen ausging, betont Becker den Nutzen neuerer antiessentialistischer Kulturtheorien, welche den Fokus auf Grenzbereiche, hybride Existenzen und eine ‚Poetik des Transitorischen' richten und so die Differenzialität und Prozessualität von Kulturen hervorheben. Ein weiteres Desiderat sei es zudem, Exilforschung dezidiert als Teil von Studien zur Moderne zu betreiben, da sich mit der Erfahrung des totalen Verlusts, der Entwurzelung und Entortung das Exil als paradigmatischer Zustand der Moderne erweise.

*Wolfgang Benz* rückt mit seiner leitenden Fragestellung „Wann endet das Exil?" das Verhältnis von Exil und Migration in den Blick. Die Erweiterung des Blicks auf das Exil begleitende oder ihm folgende Phasen der Akkulturation ermögliche es nicht nur, Vorgeschichten von Diaspora-Gemeinschaften im Kontext der Exilforschung zu beschreiben, sondern auch Vergleiche zu anderen, auch gegenwärtigen Exilsituationen zu ziehen. Im Kontrast der unterschiedlichen Exilantenschicksale von Werner Michael Blumenthal und Richard

Duschinsky demonstriert er die unterschiedlichen Rahmenbedingungen, aber auch Kontingenzen im Hinblick auf die Frage, inwiefern das Exil zur Chance für Neuanfänge, Mobilität und Kosmopolitismus werden kann. Indem er aktuelle Beispiele von in Deutschland lebenden Exilanten bzw. Migranten zu den Lebensgeschichten der aus Nazi-Deutschland vertriebenen Juden in Beziehung setzt, eröffnet Benz einen Reflexionsraum, der die Grenze zwischen Exil und Migration als eine nicht einfach zu ziehende erscheinen lässt.

*Stephan Braese* stellt in seinem Beitrag zwei Exilanten einander gegenüber, die auf ein charakteristisches Segment der US-amerikanischen Kultur, das zudem paradigmatisch für kulturelle Hybridität steht, sehr unterschiedlich reagierten: Während Theodor W. Adorno den Jazz in kulturkonservativer Geste als wertlose künstlerische Mischform ablehnte, erkannte Alfred Lion das besondere Potential dieser musikalischen Ausdrucksform bereits in den 1920er Jahren. In seinem New Yorker Exil wurde er zum Mitbegründer und wichtigen Förderer des Blue Note Jazz-Labels. In der Hinwendung zu afroamerikanischer Musik sieht Braese nicht nur Lions Bereitschaft dokumentiert, von einem engen eurozentrischen Kunstverständnis abzurücken, sondern auch ein dezidiertes Engagement gegen Rassismus, Nationalismus und Unterdrückung – in den USA wie in Europa.

*Robert Krause* widmet sich den Essays und autobiografischen Schriften Vilém Flussers, der seine besondere Sensibilität den Sprachen, Kulturen und Übersetzungsvorgängen gegenüber sowohl mit seiner Herkunft als mehrsprachiger Prager Jude wie auch mit seinen mehrfachen Exilierungen in Verbindung bringt. Das von ihm praktizierte, auf „systematischen Selbstübersetzungen" beruhende polyglotte Schreiben wird hier im Horizont von Flussers Thesen über die potentielle kreative Kraft des Exils gelesen, die dazu befähigen könne, die Begrenzung kultureller Verwurzelung durch eine Öffnung gegenüber der transkulturellen Beweglichkeit von Kultur zu überwinden.

Die nächste Gruppe von Beiträgen unter dem Stichwort **De-Territorialisierungen** erkundet, auf welche Weise Exiltexte kulturelle bzw. nationalsprachliche Grenzen überschreiten und inwiefern ihre Analyse zu aktuellen Problematisierungen territorial und homogen gedachter Räume beitragen kann.

*Gianluca Solla* widmet sich der historischen Figur des Josephus, der als in Rom (im Exil) lebender und in römischen Diensten stehender Jude die zeitgenössische Geschichte des jüdischen Volks im Zeichen des letztlich erfolglosen Widerstands gegen Rom und als Geschichte der Exilierung schrieb. Ein irreduzibler Abstand zu sich selbst wie zum Geschriebenen zeichne Josephus' Schreiben aus: nicht nur ein Bruch mit dem eigenen Herkommen, sondern auch ein Riss im Eigenen, in der Sprache, die Fremdsprache ist und doch Medium der Konstitution eines kollektiven Gedächtnisses jenseits eindeutiger kultureller oder lingualer Zugehörigkeiten. Seine Dichtung schreibe sich, so Solla, von dem Riss her, von dem sie Zeugnis ablege. Sie übersetze diesen zugleich als sprachliche Narration in ein anderes Medium und halte ihn auf Distanz.

*Bernhard Greiner* demonstriert in einer Lektüre von Kafkas Amerikaroman *Der Verschollene*, in dem die Auswanderungsgeschichte zugleich eine des Exils ist, dass die topische Westbewegung, die für das Ostjudentum mit dem Versprechen der Assimilation und Modernisierung verbunden war, welche gleichzeitig die Abtrennung von (jüdischen) Traditionen und Ursprüngen implizierte, hier mit einer gegenläufigen Erzählung verschränkt ist. Indem die intertextuell evozierte jüdische Geschichte vom Exodus der Erzählung einen entgegengesetzten Richtungssinn (von West nach Ost) einschreibt, unterlaufen sich, so Greiner, beide Narrative wechselseitig und verweisen den Protagonisten allein auf eine deterritorialisierende Schrift, die Exil-Existenz auf (moderne) Dichtung ohne eindeutigen Fluchtpunkt. Kafkas Text erscheint damit als Dokument der Exilliteratur ‚avant la lettre‘, das traditionelle Eingrenzungen des Begriffs in der Germanistik in Frage stellt.

*Cornelia Blasberg* weist nach, dass frühe Dokumente des George-Kreises, die in besonderer Weise eine europäische Identität über nationale Zugehörigkeit setzen, Anschlüsse für einen Exildiskurs bieten, der sich in Korrespondenzen zwischen Wolfskehls Lyrik und Briefwechseln der emigrierten ehemaligen Mitglieder des George-Kreises sowie Auerbachs und Curtius' literaturwissenschaftlichen Studien entfaltet. ‚Europa‘, so Blasberg, werde dort als ein raum-zeitlich deterritorialisiertes, vom Topos des ‚anderen Deutschlands‘ wesentlich abweichendes, visionäres Ordnungsmodell entworfen, das als ein vorgestelltes ‚Reich des Geistes‘ Anknüpfungspunkte an die Konstellation aus Sprache, Lebensphilosophie, Ästhetik und Ethos in Georges Konzept eines ‚Geheimen Deutschlands‘ sichtbar macht. Die der ethisch fundierten Europa-Vision Wolfskehls und Auerbachs nachdrücklich eingezeichnete jüdische Perspektive berührt sich in dieser Konstellation mit einem übernationalen Vorstellungsraum in der Tradition des europäischen Symbolismus.

*Alfrun Kliems* demonstriert wiederum am Beispiel von Texten exilierter Künstler aus Ostmitteleuropa, wie deren Poetiken in besonderer Weise von transterritorialen, translokalen und translingualen Dynamiken profitieren. Insbesondere an einem signifikanten Beispiel, einem Gedicht Jiří Grušas auf Ivan Blatný aus dem Jahr 1981, illustriert Kliems Aspekte einer transkulturellen Poetik, die zwei tschechische Exilerfahrungen als „inter-exilische" ineinander blendet, womit zugleich die „inter-generationelle" Weitergabe von Exilerfahrung thematisiert wird. So werde Blatnýs „Februarexil" von 1948 (kommunistische Machtübernahme in der ČSSR) auf komplexe Weise in das „Augustexil" von

1968, Grušas Exil im Kontext des ‚Prager Frühlings', übertragen. An die Befunde ihrer Textlektüren schließt Kliems noch einmal grundsätzlich die Erörterung spezifisch ästhetischer Verfahren von Exil und Migration an.

*Barbara Thums'* Analyse des Spätwerks von Ilse Aichinger verweist darauf, dass in diese Texte die Geschichte der (auch biografisch existenten) Zwillingsschwester, die mit einem Kindertransport ins Exil gelangte, eingeschrieben erscheint. Bleibt das Exil als andere und häufig einzige (Über-)Lebensmöglichkeit eng an die Erfahrung der Shoah und der totalitären Unterdrückung jeder Lebensäußerung geknüpft, so wird doch zugleich ihre wechselseitige Unübersetzbarkeit deutlich. Indem Lebensgeschichte zugleich immer wieder mit Film-, Fotogeschichten und Reiseberichten verwoben wird, reflektieren Aichingers Texte konsequent die Medialität des eigenen Schreibprojekts, das unheimliche Ähnlichkeiten nachzeichnet und doch den gewaltsamen Bruch im Eigenen auch als einen historisch zu verortenden markiert.

Die dritte Sektion mit dem Titel **Exil und Gemeinschaft** versammelt Beiträge, die kritisch auf einen traditionellen Begriff des Exils antworten, der mit territorialer Entortung, dem Entzug von Heimat, verknüpft ist sowie mit der gewaltsamen Abtrennung von derjenigen Gemeinschaft, die Zugehörigkeit und Identität stiftet. Auf unterschiedliche Weise wird vorgeführt, wie diese Bestimmung selbst in Bewegung gerät und Brüchen, Mehrfachkodierungen und Ambivalenzen ausgesetzt ist.

Eine kritische Analyse der innerhalb des Exildiskurses wie auch der frühen Exilforschung gängigen und wirkmächtigen Unterscheidung zwischen (politisch-antifaschistischen) Exilanten und (jüdischen) Emigranten wird im Beitrag von *Doerte Bischoff* zum Ausgangspunkt für einen Appell, den Begriff Exil in einer Weise neu zu fassen, welche die Vertreibung der jüdischen Bevölkerung durch den Nationalsozialismus und die Shoah als deren Schattenseite ausdrücklich einbezieht. Wenn Exil nicht eindimensional auf ein verlassenes Heimatland bezogen, sondern mit einer Perspektive auf kulturelle Brüche und die Gewalt ethnonationaler Ausgrenzungspolitik verknüpft wird, ermöglicht es Reflexionen über alternative, post- bzw. transnationale Gemeinschaftskonzepte. Die von Bischoff analysierten Texte, u.a. Werfels Exildrama *Jacobowsky und der Oberst*, fordern dazu heraus, die dem Modell des Nationalstaats inhärente „Dreieinigkeit von Staat – Volk – Territorium" (Arendt) zu lösen und stattdessen hybride und bewegliche Modelle kultureller Zugehörigkeit zu entwerfen, indem sie die Figur des Flüchtlings ins Zentrum stellen, der nicht mehr durch politische Gemeinwesen geschützt ist und der nichts als das ‚nackte Leben' (Arendt, Agamben) zu verlieren hat. Die Beschäftigung mit jüdischer Exilerfahrung ist in letzter Zeit auf besondere Weise in den Fokus gerückt.

Die Gründe dafür wie auch die Gefahr einer allzu umstandslosen Übertragung auf andere Kontexte reflektiert *Vivian Liskas* Beitrag zu Diskursen jüdischer Wurzellosigkeit als einer positiv konnotierten exemplarischen Exterritorialität. Lag es nach 1945, im Schatten des Holocaust, zwar nahe, so Liska, an den in der jüdischen Geschichte zum identitätsstiftenden Selbstverständnis gehörenden Mythos der ewigen Wanderschaft sowie an die Privilegierung geistiger Verwurzelung anzuschließen und die jüdische Diaspora zum „Sand im Getriebe der Nationalismen verschiedenster Provenienz" zu erklären, so sind doch auch die prekären Dimensionen einer Exemplarität des jüdischen Exils als Metapher für universale Entortungs- und Fremdheitserfahrungen zu bedenken, die das Singuläre jüdischer Existenz sowie die mit jüdischer Exilerfahrung verbundene Leidensgeschichte ausblendet. Mit Bezug auf Derrida und Celan zeichnet Liska das „Paradox der Exemplarität" kritisch nach.

Auf die Bedeutung von Gender-Kategorien für Identitätsentwürfe im Kontext von Exil, Galut und Zionismus konzentriert sich *Patrick Farges* mit einer Fallstudie zu einem Korpus autobiografischer Interviews von deutsch-jüdischen Emigranten (,Jeckes') in Israel, die zwischen 1989 und 1994 geführt wurden. Er geht der Frage nach, inwiefern sich Emigrations- und Akkulturationserfahrungen in Palästina/Israel auf die Narration von Männlichkeiten ausgewirkt haben und untersucht, wie in der europäischen Diaspora ausgeprägte traditionell-jüdische Männlichkeitskonzepte mit Entwürfen einer jüdischen Männlichkeit, wie sie im Kontext des national-zionistischen Aufbauprojekts in Palästina/Israel virulent waren, konfrontiert wurden.

Aus amerikanistischer Perspektive arbeitet *Ruth Mayer* an einem signifikanten Beispiel einen exilischen Selbstentwurf der chinesischen Diaspora in den USA im frühen zwanzigsten Jahrhundert heraus, der den zeitgenössischen Diskursen zur chinesischen Präsenz in den USA kritisch begegnet und die „Gegenläufigkeit dominanter und minoritärer Diskurse" besonders offensichtlich markiert. Mayers Untersuchung literarischer Zeugnisse chinesischer Einwanderer der 1910er bis 1940er Jahre, Gedichte, die sie in der Quarantänestation Angel Island in die Wände ritzten, veranschaulicht, wie diese Texte bürokratische Verfahren der Internierung, Arretierung und Segregation in frühen Reflexen diasporischer Selbstverortung aufnehmen.

*Ottmar Ette* rückt die Frage nach Exil und Gemeinschaft noch einmal in ein großes kulturgeschichtliches Panorama des Exils in judäo-christlicher Tradition, deren Ursprungserzählung die Vertreibung aus dem Paradies, die Aufkündigung der Konvivenz zwischen Gott und Mensch ist. Dort verortet sich Ette zufolge zugleich der Ursprung der exilischen Kondition literarischen Schreibens, das als „Entronnensein" den Schrei über den Verlust des Uneinholbaren mit sich führt. Im Spannungsfeld zwischen *condito humana* (des *homo migrans*) und spezifisch historisch-politischen Konstellationen zeichnet Ette Menschheitsgeschichte als vektoriellen Prozess nach, der schmerzhaften Verlust und erfahrene Gewalt „in immer neue Bewegungsfiguren des Vertriebenen und des Flüchtlings, des Nomaden und des Migranten übersetzt".

Die letzte Sektion, **Resonanzen: Exil und Erinnerung**, löst sich von einer biografisch orientierten Exilforschung und lotet unterschiedliche Perspektiven der Öffnung auf transnationale und transgenerationelle bzw. transhistorische Phänomene aus, ohne das Exil zu einer beliebig strapazierten Metapher werden zu lassen.

*Liliane Weissberg* eröffnet diese Sektion mit einer Fallstudie zu Freud im Exil und einem zunächst vorangeschickten Vorbehalt gegenüber einem beliebigen Vergleich des Exils mit Migrations- oder gar Reisephänomenen, die ihm die „politische Brisanz" eines Macht- und Gewaltverhältnisses rauben und das Exil Diskursen über Grenzgängertum und kulturelle Hybridität einverleiben. Fand Freud in seinem Londoner Exil verhältnismäßig komfortable Lebensbedingungen vor, so reflektierten seine in der Exilzeit verfassten Texte (vor allem *Der Mann Moses und die monotheistische Religion*) eine existentielle Bedrohung und ein fundamentales Exil. So steht im *Mann Moses* mit dem Vatermord der die Volkwerdung erst ermöglichende (verdrängte) Gewaltakt am Ursprung, im Exil, nicht am Ende und nicht in der Heimat. Auch die ‚Verschiebung' in der Traumarbeit werde Freud zum Modell für das Exil, das auf den „Beginn jedes menschlichen Denkens und Handelns" verwiesen sei. Auf paradoxe Weise sei so ‚Heimat' das Fremde, Unbekannte, womit sich bei Freud die Frage nach einer Ursprünglichkeit des Exils und der Nachträglichkeit von Heimat stelle. Freud jedoch, so Weissberg, nehme Homi Bhabhas Thesen zur Zeitlichkeit vorweg und beschreibe Räume, „in denen man sich niemals befinden kann". Mit Blick auf Heimat und Exil in den poetischen und poetologischen Erkundungen Herta Müllers beschreibt *Bettina Bannasch*, dass sie sich von einem auch sprachlich nicht restituierbaren Verlust von Heimat herschreiben. Besonderes Augenmerk gilt dem Roman *Reisende auf einem Bein* (1989) sowie dem 2009 erschienenen Lagerroman *Atemschaukel*. Indem Herta Müllers Texte Fremdheitserfahrung und Exil an totalitäre Strukturen des Herkunftslandes knüpfen, öffnen sie, das zeigt der Beitrag, die Konstellation von deutschsprachiger Literatur und Exil auf das Fortleben des Faschismus in der Gegenwart wie auch auf die Vergangenheit vor 1933 und lassen die Shoah zum zentralen Bezugspunkt werden.

Mit Vladimir Vertlibs *Zwischenstationen* (1999) und Hans Joachim Schädlichs *Kokoschkins Reise* (2010) bringt *Susanne Komfort-Hein* zwei Texte miteinander ins Gespräch, die auf verschiedene Weise Verfolgung und Exil als Signaturen des totalitären zwanzigsten Jahrhunderts verhandeln und als Vorgeschichte und Resonanzraum gegenwärtiger Migrations- und Globalisierungsphänomene erscheinen lassen. Vertlibs Migrationsgeschichte bezeugt ein jüdisches Exilschicksal, das durch vielfaches Vertriebensein, eine Odyssee durch verschiedene Länder geprägt ist, von denen keines, auch Israel nicht, sich als die ersehnte, ideale Heimat erweist. Auch Schädlichs Roman zeichnet den Lebensweg seines Protagonisten, eines Exilrussen, als ein permanentes Unterwegssein, wodurch die Begriffe ‚Herkunft' und ‚Heimat' fragwürdig werden. Beide deutschsprachigen Texte erzählen, so wird gezeigt, von einem Exil, das nicht von (Nazi-)Deutschland seinen Ausgang nimmt, sondern bereits am Anfang des Jahrhunderts in Russland, womit das vom Nationalsozialismus erzwungene Exil an eine Vorgeschichte, aber auch eine nicht endende Nachgeschichte angeschlossen wird.

Diesen Blick auf ein transnationales und zugleich transhistorisches Archiv des Exils, das ein Wissen um die Vervielfältigung von Herkünften und eine grundsätzliche Problematisierung von ‚Heimat' und nationaler bzw. kultureller Identität birgt, erweitert *Elisabeth Bronfens* Beitrag um Perspektiven aus anglistischer bzw. amerikanistischer Sicht, in Verbindung mit einer theoretischen Vorüberlegung: Die ästhetische Darstellung einer Exilerfahrung bewahre in der Übertragung, was sie zugleich immer auch verfehle: das Traumatische und sich dem Verstehen Entziehende. Mit Freuds Begriff der ‚Schutzdichtung' skizziert Bronfen die doppelte Funktion der Exilliteratur: Erinnerungstexte des Exils, in denen sich Heilung und Heimsuchung verschränken, tragen auch dem kulturellen Gedächtnis sowie der transgenerationellen Weitergabe Brüche und Risse ein. Bronfens Lektüre zweier literarischer Texte, des Romans *Fugitive Pieces* (1997) der kanadischen Autorin Anne Michaels und Toni Morrisons Roman *A Mercy* (2008), folgt den Spuren eines *transgenerational haunting,* das in beiden Texten strukturbildend ist. Deren transnationale wie transhistorische Perspektive des Exils wird hier zwischen „zwei Schauplätzen einer traumatischen Geschichte" der europäischen Moderne aufgespannt: dem Holocaust (Michaels) als deren Höhepunkt und dem afrikanischen Sklavenhandel (Morrison) an ihrem Anfang. Die „Kunst des Exils", die beide Texte zu lesen geben, vermittelt Exilerfahrungen unterschiedlicher Epochen und Generationen, indem sie zugleich Grenzen und Brüche der Vermittelbarkeit offenlegt.

## Bibliographie

Allatson, Paul u. Jo McCormack (Hg.): *Exile Cultures, Misplaced Identities*. Amsterdam, New York 2008.
Arendt, Hannah: „Wir Flüchtlinge". In: Dies.: *Zur Zeit. Politische Essays*. Hg. v. Marie Luise Knott. Aus dem Amerik. v. Eike Geisel. Berlin 1986, S. 7–21.
Arnold, Heinz Ludwig (Hg.): *Deutsche Literatur im Exil 1933–1945*. 2 Bde. Frankfurt/M. 1974.
Banauch, Eugen: *Fluid Exile. Jewish Exile Writers in Canada 1940–2006*. Heidelberg 2009.
Becker, Sabina u. Robert Krause (Hg.): *Exil ohne Rückkehr. Literatur als Medium der Akkulturation nach 1933*. München 2010.
Becker, Sabina: „‚Weg ohne Rückkehr'. Akkulturation deutschsprachiger Autoren im Exil". In: *Nationalsozialismus und Exil 1933–1945* (= Hansers Sozialgeschichte der deutschen Literatur, Bd. 9). Hg. v. Wilhelm Haefs. München 2009, S. 245–265.
Bischoff, Doerte u. Susanne Komfort-Hein: „Vom ‚anderen Deutschland' zur Transnationalität. Diskurse des Nationalen in Exilliteratur und Exilforschung". In: *Exilforschung. Ein internationales Jahrbuch* 30 (2012): *Exilforschungen im historischen Prozess*, S. 242–273.
Bohleber, Werner: „Transgenerationelles Trauma, Identifizierung und Geschichtsbewußtsein". In: *Die dunkle Spur der Vergangenheit. Psychoanalytische Zugänge zum Geschichtsbewußtsein*. Hg. v. Jörn Rüsen. Frankfurt/M. 1998, S. 256–274.
Braese, Stephan: „Exil und Postkolonialismus". In: *Exilforschung. Ein internationales Jahrbuch* 27 (2009): *Exil, Entwurzelung, Hybridität*, S. 1–19.
Bronfen, Elisabeth: „Exil in der Literatur. Zwischen Metapher und Realität". In: *Arcadia* 28 (1993), S. 167–183.
Charim, Isolde u. Gertraud Auer Borea (Hg.): *Lebensmodell Diaspora. Über moderne Nomaden*. Bielefeld 2012.
Ette, Ottmar: *ZwischenWeltenSchreiben: Literaturen ohne festen Wohnsitz. ÜberLebensWissen II*. Berlin 2005.
Flusser, Vilém: „Exil und Kreativität" [1984/85]. In: Ders.: *Von der Freiheit des Migranten. Einsprüche gegen den Nationalismus*. Zusammengestellt von Stefan Bollmann. Berlin, Wien 2007, S. 103–109.
Goebel, Eckart u. Sigrid Weigel (Hg.): *Escape to Life. German intellectuals in New York. A Compendium on Exile After 1933*. Berlin, Boston 2012.
Helgesson, Stefan (Hg.): *Exit. Endings and New Beginnings in Literature and Life*. Amsterdam, New York 2011.
Hirsch, Marianne: *The generation of postmemory. Writing and visual culture after the Holocaust*. New York 2012.
Horn, Eva: „Der Flüchtling". In: *Grenzverletzer. Von Schmugglern, Spionen und anderen subversiven Gestalten*. Hg. v. Eva Horn u.a. Berlin 2002, S. 23–40.
Jakobi, Carsten: „Das ‚andere Deutschland' – alternativer Patriotismus in der deutschen Exilliteratur und im Nationaldiskurs des 18. Jahrhunderts". In: *Exterritorialität. Landlosigkeit in der deutschsprachigen Literatur*. München 2006, S. 155–178.
Kertész, Imre: *Die exilierte Sprache. Essays und Reden*. Frankfurt/M. 2003.
Kliems, Alfrun: „Transkulturalität des Exils und Translation im Exil. Versuch einer Zusammenbindung". In: *Exilforschung. Ein internationales Jahrbuch* 25 (2007): *Übersetzung als transkultureller Prozess*, S. 30–49.
Koebner, Thomas: „Das ‚andere Deutschland'. Zur Nationalcharakteristik im Exil". In: Ders.: *Unbehauste. Zur deutschen Literatur in der Weimarer Republik, im Exil und in der Nachkriegszeit*. München 1992, S. 197–219.

Komfort-Hein, Susanne: „‚Inzwischenzeit'. Erzählen im Exil. Anna Seghers' ‚Der Ausflug der toten Mädchen' und Peter Weiss' ‚Der Schatten des Körpers des Kutschers'. In: *Aufklärungen. Zur Literaturgeschichte der Moderne. Festschrift für Klaus-Detlef Müller zum 65. Geburtstag*. Hg. v. Werner Frick. Tübingen 2003, S. 343–356.
Koopmann, Helmut u. Klaus Dieter Post (Hg.): *Exil: transhistorische und transnationale Perspektiven*. Paderborn 2001.
Köpke, Wulf: „Gibt es eine Rückkehr aus dem Exil?" In: *Deutschsprachige Exilliteratur seit 1933*, Bd. 3/3. USA. Hg. v. John M. Spalek u.a. Bern, München 2002, S. 334–363.
Krohn, Claus-Dieter: „Differenz oder Distanz? Hybriditätsdiskurse deutscher refugee scholars im New York der 1930er Jahre". In: *Exilforschung. Ein internationales Jahrbuch* 27 (2009): *Exil, Entwurzelung, Hybridität*, S. 20–39.
Krohn, Claus-Dieter u.a. (Hg.): *Handbuch der deutschsprachigen Emigration 1933–1945*. Darmstadt 1998.
Levy, Daniel u. Natan Sznaider: *Erinnerung im globalen Zeitaler. Der Holocaust*. Frankfurt/M. 2001.
Lützeler, Paul Michael: *Bürgerkrieg global. Menschenrechtsethos und deutschsprachiger Gegenwartsroman*. Paderborn 2009.
McClennen, Sophia A.: *The dialectics of exile: nation, time, language, and space in Hispanic literatures*. West Lafayette 2004.
Müller, Herta: „Erinnert das Exil! Menschen fallen aus Deutschland. Brief der Nobelpreisträgerin Herta Müller an Bundeskanzlerin Angela Merkel". In: *Frankfurter Allgemeine Zeitung* v. 24.06.2011.
Rabinovici, Doron: *Andernorts*. Berlin 2010.
Reiter, Andrea: „Diaspora und Hybridität: der Exilant als Mittler". In: *Diaspora – Exil als Krisenerfahrung. Jüdische Bilanzen und Perspektiven*. Hg. v. Armin Eidherr, Gerhard Langer u. Karl Müller. Klagenfurt 2006, S. 36–51.
Said, Edward W.: „Reflections on Exile" [1984]. In: Ders.: *Reflections on Exile and Other Literary and Cultural Essays*. London 2001, S. 173–186.
Schreckenberger, Helga (Hg.): *Die Alchemie des Exils. Exil als schöpferischer Impuls*. Wien 2005.
Seyhan, Azade: *Writing outside the nation*. Princeton, N.J. 2001.
Spalek, John M. (Hg.): *Deutschsprachige Exilliteratur seit 1933*. 4 Bde. mit Teil- und Supplementbänden. Bern u.a. 1976–2010.
Spies, Bernhard: „Exilliteratur". In: *Reallexikon der deutschen Literaturwissenschaft*, Bd. I. A-G. Hg. v. Klaus Weimar. Berlin, New York 1997, S. 537–541.
Spies, Bernhard: „Exilliteratur – ein abgeschlossenes Kapitel? Überlegungen zu Stand und Perspektiven der literaturwissenschaftlichen Exilforschung". In: *Exilforschung. Ein internationales Jahrbuch* 14 (1996): *Rückblick und Perspektiven*, S. 11–30.
Stephan, Alexander (Hg.): *Exile and Otherness: New Approaches to the Experience of the Nazi Refugees*. Oxford u.a. 2005.
Stroinska, Magda u. Vittorina Cecchetto (Hg.): *Exile, language and identity*. Frankfurt/M. 2003.
Suleiman, Susan Rubin (Hg.): *Exile and Creativity. Signposts, Travelers, Outsiders, Backward Glances*. Durham, London 1998.
Trojanow, Ilija: „Exil als Heimat. Die literarischen Früchte der Entwurzelung". In: *Intellektuelle im Exil*. Hg. v. Peter Burschel. Göttingen 2011, S. 9–18.
Walter, Hans-Albert: *Deutsche Exilliteratur 1933–1950*. 4 Bde. Stuttgart 1987–2003.
Winckler, Lutz: „Mythen der Exilforschung". In: *Exilforschung. Ein internationales Jahrbuch* 13 (1995): *Kulturtransfer im Exil*, S. 68–81.
Winkler, Michael (Hg.): *Deutsche Literatur im Exil 1933–1945. Texte und Dokumente*. Stuttgart 1977.

I Exil, Migration, Transkulturalität

Claus-Dieter Krohn
# Die Herausforderungen der Exilliteraturforschung durch die Akkulturations- und Hybridtheorie

## 1 Vorbemerkung

Das literarische Exil gehört zu den ältesten Segmenten der Exilforschung. Dies war ihr Verdienst, aber auch ihr Problem. Betrachtet man die Anfänge und die hohe Zeit der Forschung von den späten 1960er bis in die 1980er Jahre, ja bis in die Gegenwart, so erstaunt das restringierte und hermetische Selbstverständnis in diesem Bereich, der auf die Anschlussfähigkeit zu den anderen Forschungen zur Vertreibung aus NS-Deutschland – etwa den zur gleichen Zeit folgenden Untersuchungen zum politischen Exil, vor allem aber den ein Jahrzehnt später beginnenden Untersuchungen zur wissenschaftlichen und künstlerischen Emigration sowie zum Exil der namenlosen ‚kleinen Leute' – nur wenig Wert legte. Ein kurzer Rückblick auf jene Anfänge mag daher für die Skizzierung des heutigen Forschungsstandes und der künftigen Desiderata sinnvoll sein. Denn dort hatten sich Denkmuster und ein Selbstverständnis entwickelt, die bis in die Gegenwart fortwirkten. Das, was heute in breiteren kulturalistischen Zugriffen selbstverständlich ist, diskutierte man im Kern, wenngleich unter anderen Begriffen bereits in jenen frühen Jahren, jedoch sind diese Anregungen weitgehend unbeachtet geblieben.

Nicht nur gilt dies für die deutsche, sondern in gleichem Maße für die internationale Exilliteraturforschung, die in den USA bereits früher begonnen worden war. Charakteristisch ist, dass die systematische Exilforschung Ende der 1960er Jahre in der Zeit der weltweiten politischen und intellektuellen Auf- und Umbrüche begann, von vornherein international vernetzt war und vor allem von Literaturwissenschaftlern sowie einigen Historikern bestimmt wurde. Dass einige ehemalige Emigranten selbst dabei eingegriffen haben, ist nicht erstaunlich. Hingewiesen sei nur auf den 1961 aus dem einstigen amerikanischen Exil zurückgekehrten Münchener Germanisten Werner Vordtriede, der schon 1968 „Vorläufige Gedanken zu einer Typologie der Exilliteratur" formuliert hatte, oder seinen Stockholmer Kollegen Walter A. Berendsohn, dessen auf ein Forschungsprojekt des britischen Royal Institute of International Affairs für die große Flüchtlingskonferenz des Völkerbundes in Evian 1938 zurückgehende Studie *Die humanistische Front* von 1946 zu den ganz frühen, aber kaum rezipierten Werken zählt. Als Organisator des 1. internationalen Symposiums „Deutsche Literatur der Flüchtlinge aus dem Dritten Reich" 1969 im politisch neutralen Stockholm wurde er zum Spiritus rector der transnationalen Forschung, die auch den Kontakt mit DDR-Wissenschaftlern und deren Kollegen in anderen Ländern des damaligen Ostblocks herzustellen suchte.

Aus dieser Konferenz war nicht nur die so genannte Stockholmer Koordinationsstelle für Exilliteratur hervorgegangen, die in den kommenden 5 Jahren mit regelmäßigen „Berichten" die Forschungsaktivitäten in den einzelnen Ländern dokumentierte, sondern sie hatte sich auch als Auftakt zu künftig regelmäßig stattfindenden Konferenzen verstanden, auf denen man sich über die Fortschritte der Forschung, gemeinsam interessierende Fragen und auftretende Probleme informieren wollte. Finanziert wurde sie in den einzelnen Ländern vor allem von der Deutschen Forschungsgemeinschaft, die ihre damals auffallend großzügigen Bewilligungen in den Jahren der Kanzlerschaft des Emigranten Willy Brandt wohl auch als Beitrag zur Wiedergutmachung und längst überfälligen Aufarbeitung der Vergangenheit verstand.

Eine zweite Konferenz fand 1972 in Kopenhagen statt, die dritte für 1975 in Wien geplante scheiterte aber bereits angesichts der politischen Differenzen zwischen bundesdeutschen und DDR-Wissenschaftlern. Die Netzwerkforschung begann anschließend im transatlantischen Kontakt vor allem zwischen der Bundesrepublik und den USA. Daraus resultierte die Gründung zunächst der Society for Exile Studies 1977 in Amerika und dann ihres westdeutschen Ablegers 1981. Ein von Ernst Loewy, seinem Vorsitzenden, betreuter *Nachrichtenbrief* setzte die Forschungsdokumentation nach Auflösung der Stockholmer Koordinationsstelle fort.

Auf der einzelstaatlichen Ebene gab es von Anfang an ebenfalls entsprechend vernetzte Forschungen. In der Bundesrepublik hatten bereits Ende der 1960er Jahre das Bundesarchiv, die Deutsche Bibliothek in Frankfurt am Main, das Institut für Zeitgeschichte in München, die Friedrich-Ebert-Stiftung und das Archiv des DGB eine Arbeitsgemeinschaft zur Emigrationsforschung gebildet – ähnliche, wenn auch nicht so breit ausgreifende Tendenzen gab es in den USA. Sie war auf die Ermittlung und Auswertung der erforderlichen Archivalien gerichtet, wobei bemerkenswert ist, dass das dazu gehörende Forschungsfeld in denkbar großer Breite abgesteckt wurde. Aus dem Umfeld dieser Institutionen waren bereits die ersten einschlägigen Publikationen vorgelegt worden, die allmählich das öffentliche wie unmittelbare Fachinteresse zu wecken vermochten.[1]

---

[1] Vgl. exemplarisch: *Exil-Literatur 1933–1945. Eine Ausstellung der Deutschen Bibliothek, Frankfurt am Main (Sammlung Exil-Literatur)*. Frankfurt/M. 1965, 3. erw. u. verb. Aufl. 1967 sowie die Studie des Archivleiters im Institut für Zeitgeschichte München, Werner Röder: *Die deutschen sozialistischen Exilgruppen in Großbritannien 1940–1945. Ein Beitrag zur Geschichte*

Die organisatorischen Einzelheiten sind hier nicht weiter interessant. Zu betrachten sind die beiden Konferenzen von Stockholm und Kopenhagen nur, weil auf ihnen Vorstellungen und Argumentationsweisen Gestalt annahmen, die allein für die Analyse der Exilliteratur entwickelt wurden, die aber für das gesamte Feld der Exilforschung Geltung beanspruchten. Exilliteraturforschung, Exil- und sogar Emigrationsforschung wurden daher fortan und werden heute gelegentlich immer noch synonym gebraucht.

## 2 Thematische Orientierungen und Definitionen

Zunächst ging es um die Frage, womit man sich eigentlich beschäftigen wolle, mit Exil-, mit Emigranten- oder mit Flüchtlingsliteratur. In langen Diskussionen semantischer Unsicherheit wurde zuerst die Bezeichnung „Flüchtlingsliteratur" ausgeschieden, weil Flüchtlinge politisch und historisch mit den Kriegsfolgen von 1945 verbunden wurden und man Thomas Mann, Anna Seghers oder Arnold Zweig nicht mit diesem unscharfen Begriff identifizieren wollte. Verworfen wurde sodann, in Anlehnung an Bert Brechts bekanntes Gedicht, das Wort „Emigrantenliteratur", zumal die Bezeichnung Emigrant in Deutschland negativ besetzt und als mentale Nachwirkung der nationalsozialistischen Ausgrenzungen mit ihren Invektiven gegen die „Emigraille" zu verstehen sei, deren Folgen noch in den Attacken von Franz Josef Strauß gegen Bundeskanzler Willy Brandt sichtbar wurden. So blieb aus taktischen wie praktisch operationalisierbaren Gründen nur der Begriff der Exilliteratur als unscharfe „Kompromisslösung".

Kennzeichnend für diese Diskussion war, dass allenthalben ihre begrenzte Reichweite gesehen wurde. So fragte Volker Klotz in Stockholm sogleich, ob dazu denn auch die Schriften etwa von Wissenschaftlern und die Werke der bildenden Künstler, die aus Deutschland vertrieben worden waren, zählen sollten. Wichtiger noch war der Einwand des Journalisten Hans Albert Walter, der als Autodidakt die Anstöße für die Exilliteraturforschung in der Bundesrepublik gegeben hatte. Er machte darauf aufmerksam, dass sich der bekannte New Yorker *Aufbau* nie als Zeitschrift von Exilierten oder von Flüchtlingen verstanden habe, sondern von Immigranten, wie programmatisch von dessen Chefredakteur Manfred George immer wieder betont worden sei.[2]

---

*des Widerstandes gegen den Nationalsozialismus* (= Schriftenreihe des Forschungsinstituts der Friedrich-Ebert-Stiftung, Bd. 58). Bonn-Bad Godesberg 1968, 2. verb. Aufl. 1972.
**2** *Deutsche Literatur der Flüchtlinge aus dem Dritten Reich. Tagungsprotokoll T. II des Symposiums in Stockholm vom 19.9.69–21.9.69.* Mimeo, S. 6.

Angesprochen wurden damit Grundfragen der Forschung, auf welche Weise die durch die Vertreibung zerstörten Lebensweisen oder existenziellen Kontinuitäten und deren Neuordnung in den Zufluchtsländern gedeutet werden müssten. Erfahrungsgeschichtlich hatte es für die Flüchtlinge mehrere Modi gegeben, die Scherben ihres Lebens aufzusammeln und zusammenzufügen: durch die Hoffnung auf Rückkehr und Re-Integration in ein künftig neu gestaltetes Deutschland nach Ende der Hitler-Herrschaft, einstweilen gestützt durch verbalen Widerstand und gelenkt durch das Bekenntnis zu einer geschlossenen Weltanschauung wie dem Kommunismus, weniger zu den offeneren Varianten des Sozialismus, oder durch die Suche nach neuen Perspektiven in bewusster Abkehr von den bisherigen Identitäten. Jedoch blieben diese Möglichkeiten als Gegenstand in der damaligen Diskussion wie in der Exilliteraturforschung der nachfolgenden Jahre weitgehend unbeachtet.

Betont wurde zwar, so etwa von Walter Berendsohn, dass selbstverständlich die „Gesamterscheinung" des Exils betrachtet werden müsse, da nur eine Minderheit der nach 1933 Vertriebenen zurückgekehrt sei, also unter die Emigranten falle. Aber zugleich markierten er und andere limitierende Grenzen ihres Gegenstandsbereichs. In den Analyserahmen der künftigen Forschung sollten nur diejenigen aufgenommen werden, die Deutsch schrieben und deren Werke sich durch eine „antifaschistische" Perspektive auszeichneten, die also nicht bloß „wie vorher weiter geschrieben" haben.[3] Damit wurde die Forschung in einer Weise thematisch und personell so verengt, dass künftig der Blick auf die ganze Breite von Exil und Emigration mit den dafür zu verwendenden unterschiedlichen methodischen Ansätzen und thematischen Zugriffen erschwert, ja tendenziell unmöglich wurde.

Solche Selbstbeschränkung war umso erstaunlicher, als kurz zuvor Werner Vordtriede in seiner „Typologie" aus eigener biographischer Erfahrung schon darauf hingewiesen hatte, dass alle großen Exildichtungen primär Rettungsversuche hermetischer Identitäten seien, um die abgebrochenen Traditionen und die eigene Subjektivität zu bewahren, aber auch, besonders problematisch, zur Immunisierung vor den „Misslichkeiten der Fremde".[4] Gerade diese, wie man meinte, existenziell-ahistorische Perspektive des Fremdseins provozierte die seinerzeit führenden Exilliteraturforscher,[5] die mit ihrer politisch konnotierten

---

**3** *Deutsche Literatur der Flüchtlinge aus dem Dritten Reich*, S. 9f.
**4** Werner Vordtriede: „Vorläufige Gedanken zu einer Typologie der Exilliteratur". In: *Akzente. Zeitschrift für Literatur* 15 (1969) H. 6, S. 556–575, Zitat S. 574f.
**5** Vgl. dazu Regina Weber: „Der emigrierte Germanist als ‚Führer' zur deutschen Dichtung? Werner Vordtriede im Exil". In: *Exilforschung. Ein internationales Jahrbuch* 13 (1995): *Kultur-*

literatursoziologischen Interpretation nicht nur die Lösung für die Analyse der Exilliteratur, sondern überhaupt die Alternative zum werkimmanenten Methoden-Eskapismus der postfaschistischen Germanistik glaubten gefunden zu haben.

Aus heutiger Sicht lässt sich der enge Horizont der frühen Exilliteraturforschung vermutlich nur mit der von den Nationalsozialisten durchgeführten Ausgrenzung und Vernichtung der intellektuellen Kultur erklären, die so umfassend war, dass sie in den ersten Dekaden nach 1945 weitgehend in Vergessenheit geraten war – gelegentlich spricht man daher von einer zweifachen Vertreibung. Vor diesem Hintergrund sind die Entdeckungen der verschütteten Traditionen nicht hoch genug zu bewerten, andererseits traten aber die Schwierigkeiten einer validen Analyse des Gegenstands wie in der selbstkritischen Reflexion des eigenen Tuns zutage. Für einen profunden Kenner der Exilliteratur wie Hans-Albert Walter war beispielsweise der Erfolg der exilierten Schriftsteller ausgemacht; sie hätten eine „Ausnahmestellung" innerhalb der gesamten Emigration gehabt, denn „keine andere Gruppe hat sich im Ausland auf vergleichbare Weise durchsetzen können."[6]

Diese Anschauung war offenbar weitgehender Konsens. Ähnlich sah John Spalek, der unter den amerikanischen Germanisten während der frühen Jahre die zentrale Rolle als Organisator der sogenannten ‚Grundforschung' spielte, in Kopenhagen 1972 eine Beschränkung auf die Exilliteratur dadurch gerechtfertigt, dass es sich bei ihr „um den repräsentativsten Teil der Emigration handelt(e)." Im Unterschied zu anderen Teilen des Exils, zum Beispiel den Wissenschaften, die in die amerikanische Kultur eingegangen seien, sei die Exilliteratur „deutsche Literatur" geblieben.[7] Mokant meinte der anwesende, einst aus Deutschland geflohene schwedische Soziologe und Journalist Ulrich Herz dazu: „Bestenfalls ist das „Nonsens(e) und schlimmstenfalls Hybris." Auf die hilflose Klarstellung Spaleks gab er der Hoffnung Ausdruck, dass ein internationales Symposium wie dieses wenigstens den „Nebeneffekt" haben möge, künftig auf solche Aussagen zu verzichten.[8]

---

*transfer im Exil*, S. 137–165.
6 Hans-Albert Walter: „„Öfter als die Schuhe die Länder wechselnd ...'. Ein Überblick über die deutsche Emigration nach 1933". In: *Büchergilde Gutenberg: Bibliothek Exilliteratur* (Prospekt). Frankfurt/M. o. J., S. 11.
7 John M. Spalek: „Stand der Forschung in den USA". In: *Protokoll des II. Internationalen Symposiums zur Erforschung des deutschsprachigen Exils nach 1933 in Kopenhagen 1972*. Stockholm 1972. Mimeo, S. 157–171, Zitat S. 169.
8 *Protokoll des II. Internationalen Symposiums zur Erforschung des deutschsprachigen Exils nach 1933*, S. 183.

Diese Hoffnung war einstweilen allerdings vergeblich. Trotz des restringierten Tunnelblicks in der frühen Phase der Grundforschung, konzentriert auf die Exilliteratur, hatten die damaligen Forscher aber große Erfolge. Man fand seine Bestätigung zum einen im Aufspüren ständig neuer, bisher unbekannter Namen, Quellen und anderer Materialien. Zum anderen und wichtiger war die Einsicht, dass die bisherigen wissenschaftlichen Instrumente für die künftigen Aufgaben kaum ausreichend seien. Eine künftige Exilforschung verlange nach neuen disziplinübergreifenden Methoden und Fragestellungen zur Analyse der per se politisch aufgeladenen Texte. Das bedeutete eine Herausforderung an die überkommene Universitätswissenschaft, deren Werteordnung sich vor dem Hintergrund der gesellschaftlichen Veränderungen in der zweiten Hälfte der 1960er Jahre – Stichworte: Generationenwechsel, Auftauen der ideologischen Fronten des Kalten Krieges, weltweite Studentenproteste gegen die verkrusteten Nachkriegsgesellschaften, die Ordinarienuniversitäten und den Vietnam-Krieg – ohnehin in der Krise befand. Nicht zu vergessen ist, dass zu dieser Zeit auch die bisher von der Wissenschaft unbeachtete Geschichte der Arbeiterbewegung ein wichtiger Gegenstand jüngerer Forscher wurde, was ebenfalls an den meisten Universitäten für Unruhe sorgte. Und Hans Magnus Enzensberger verkündete vor dem Hintergrund des Missbrauchs der Sprache durch den Nationalsozialismus beziehungsweise der von ihm diagnostizierten Agonie der postfaschistischen bürgerlichen Gesellschaft sogar den „Tod der Literatur".[9]

Zur Disposition standen die werkimmanente hermeneutische Analyse der Literaturwissenschaft wie auch die personenzentrierte Theorielosigkeit der Geschichtswissenschaften, deren offenkundige Leerstellen von jüngeren Wissenschaftlern beider Disziplinen durch Anschluss an die modernen Sozialwissenschaften überwunden wurden. Die Exilliteraturforschung übernahm hierbei eine Vorreiterrolle, denn sie zeigte beispielhaft, dass ihr Gegenstand nur in seinem politischen und gesellschaftlichen Kontext, in der Wechselbeziehung von Literatur und Gesellschaft, von Kunst und Politik erfasst werden konnte. Diese paradigmatische Funktion manifestierte sich nicht allein in neuen interdisziplinären Methodenforderungen, sondern ebenso in dem moralischen Anspruch, erstmalig einen zureichenden Ansatz zur Aufarbeitung der NS-Vergangenheit formuliert zu haben. Damit war die Exilforschung zu einer Art Protestwissenschaft und einem Politikum geworden, die von der konservativen Wissenschaft wie in der Öffentlichkeit umso leichter denunziert werden konnte, als sie mit

---

9 Hans Magnus Enzensberger: „Gemeinplätze, die Neueste Literatur betreffend". In: *Kursbuch 15*. Frankfurt/M. 1968, S. 187–197; dazu Klaus Briegleb: *1968. Literatur in der antiautoritären Bewegung*. Frankfurt/M. 1993, S. 221ff.

ihrem erwähnten implizit „antifaschistischen" Ansatz Deutungsmuster pflegte, die in der DDR zur staatlichen Herrschaftslegitimation gehörten.[10]

So motivierend das Antifaschismus-Theorem für die Exilforschung auch im Westen wurde, kaum einer der jüngeren Wissenschaftler gewahrte dabei den Pferdefuß oder gar die Falle, in die er bei dessen Verwendung tappte. Und das, obwohl die mit diesem Begriff länger vertrauten DDR-Wissenschaftler in Kopenhagen explizit dessen national-identifikatorische Konnotation darlegten. Für sie war die Erforschung der „deutschen antifaschistischen humanistischen Literatur" nicht allein Auftrag zur „Bewahrung des Vermächtnisses der Überlebenden" aus den Konzentrationslagern, aus der Illegalität und der Emigration, sondern sie war eingebettet in die Erarbeitung einer revolutionären „Erbetheorie" auf dem Wege zu einer sozialistischen Nation und Nationalkultur, die zum Leitbild der 1968 verabschiedeten neuen DDR-Verfassung gehörte.[11]

Stärkere Kontur hatte dieses antifaschistische Selbstverständnis Ende der 1950er Jahre bekommen, als nach Chruschtschows Abrechnung mit dem Stalinschen Terror auf dem XX. Parteitag der KPdSU und nach dem Ungarn-Aufstand 1956 die DDR-Kulturpolitik in forcierten Rückgriffen auf sozialistische Traditionen drohende ideologische Diversionen zu unterbinden suchte (Bitterfelder Weg). Mochte einst der Antifaschismus der Exilierten aus einem breiten Spektrum von Ansätzen, Interpretationen oder Kampfstrategien bestanden haben, so war in der DDR davon nur wenig übrig geblieben; dort sollte er nur noch den Führungsanspruch der Arbeiterklasse absichern und war im Übrigen zum Synonym des Antikapitalismus geworden.

Dieser Antifaschismus ist zu erwähnen, weil er keine Verfolgung und Ermordung der Juden kannte. In der DDR passte das zu den seit ihrer Gründung zusammen mit den anderen „Bruderparteien" des Ostblocks gepflegten Antizionismus-Kampagnen, von denen nicht wenige ehemalige so genannte ‚West-Emigranten' in den 1950er Jahren betroffen waren. Dass aber ein solches Verständnis ebenso für die westdeutsche Exilforschung dominant wurde, ja überhaupt die westdeutsche ‚Neue Linke' bei ihrer Aufarbeitung der Vergangenheit beherrschte, wobei auch für sie Faschismus und Nationalsozialismus nur Erscheinungen

---

10 Hans-Albert Walter: „Deutsche Literatur im Exil. Ein Modellfall für die Zusammenhänge von Literatur und Politik". In: *Merkur* 25 (1971), S. 77–84; Alexander Stephan: *Die deutsche Exilliteratur 1933–1945*. München 1979, S. 13ff.
11 *Protokoll des II. Internationalen Symposiums zur Erforschung des deutschsprachigen Exils nach 1933*, S. 59ff., 419ff. Vgl. dazu auch die erste Gesamtdarstellung in der DDR von Klaus Jarmatz: *Literatur im Exil*. Berlin 1966; Zitat dort auf dem Klappentext: „Die deutschen Schriftsteller im Exil schufen ein neues Menschenbild, sie bewahrten die besten Traditionen der deutschen Literatur und wirkten mit am Entstehen einer neuen deutschen Nationalkultur."

der zugespitzten Widersprüche des modernen Kapitalismus waren, ist Indiz für die Ahnungslosigkeit und Unsicherheit bei der einseitig-verengten Rezeption historisch-materialistischer Denktraditionen in ihrer reduzierten ökonomistischen Form. Gelegentlich wurde ‚Exilliteratur' gar identisch mit ‚Krisenliteratur' gesetzt, und dabei konnte man sich sogar auf das seinerzeit inflationär herangezogene Stichwort des einstigen Emigranten Max Horkheimer berufen: „Wer aber vom Kapitalismus nicht reden will, sollte auch vom Faschismus schweigen."[12] Solche Art von Exilforschung hat Ernst Loewy später als „Legitimations-Wissenschaft" benannt.[13]

In Kopenhagen sprach der anwesende ehemalige Emigrant Wieland Herzfelde in seinem Rückblick auf das Exilschrifttum allein von Nationalliteratur, die er als Selbstklärung und Auseinandersetzung mit dem Kulturerbe verstand. Dieser offen manifestierte Nationalismus der politischen Linken war schon für das linke Exil typisch gewesen, das sich gegen die Barbarei der Nationalsozialisten als das ‚Andere Deutschland' definiert hatte. Solche Sicht bestimmte auch die Mehrheit der westlichen Exil- und besonders die Exilliteraturforscher. Man verstand sich damit moralisch auf der richtigen Seite und zudem in einer großen Traditionslinie, die das eigene Tun mit einer Art von Exzeptionalität versah. Es sollten viele Jahre vergehen, ehe diese weiteren Facetten intellektueller Naivität destruiert werden.[14]

Lediglich Werner Vordtriede wies beiläufig auf die Selbsttäuschungen hin, die mit dem Begriff des ‚Anderen Deutschland' verbunden waren.[15] Aus Sicht der Vertriebenen und Entwurzelten war diese Selbstzuschreibung zwar verständlich, jedoch lässt sich der damit verbundene Auserwähltheitsgestus auch als nicht ungewöhnliche Erscheinung bildungsbürgerlicher Milieus in Deutschland interpretieren, in der sich Sonderwegs-Traditionen, zivile Unfähigkeit, politische Abstinenz und Rückzug in die Nischen der ‚Innerlichkeit' widerspiegelten. Der

---

12 Vgl. dazu Lutz Winckler: „Die geistige Krise und die Rolle der antifaschistischen Literatur". In: *Sammlung. Jahrbuch für antifaschistische Literatur und Kunst* 2 (1979), S. 6–15, sowie auch die anderen der insgesamt zwischen 1978 und 1982 erschienenen 5 Bände; Max Horkheimer: „Die Juden und Europa". In: *Zeitschrift für Sozialforschung* 8 (1939) H. 1/2, S. 115–137, Zitat S. 115.
13 So Loewy auf dem Abschlusskolloquium des ersten DFG-Schwerpunkts zur Erforschung des deutschsprachigen Exils 1986, siehe *Die Erfahrung der Fremde. Kolloquium des Schwerpunktprogramms „Exilforschung" der Deutschen Forschungsgemeinschaft. Forschungsbericht.* Hg. v. Manfred Briegel u. Wolfgang Frühwald. Weinheim 1988, S. 6.
14 Stephan Braese: „Fünfzig Jahre ‚danach'. Zum Antifaschismus-Paradigma in der deutschen Exilforschung". In: *Exilforschung. Ein internationales Jahrbuch* 14 (1996): *Rückblick und Perspektiven*, S. 133–149; Ders.: „Exil und Postkolonialismus". In: *Exilforschung. Ein internationales Jahrbuch* 27 (2009): *Exil, Entwurzelung, Hybridität*, S. 1–19.
15 Vordtriede: „Vorläufige Gedanken zu einer Typologie der Exilliteratur", S. 566.

Rekurs auf ein anderes ‚Geheimes Deutschland' gehörte bereits im Kaiserreich zum verbalen Inventar konservativer Kulturkritik, vom George-Kreis wurde es aufgenommen, in den 1920er Jahren kanonisiert und gegen die Weimarer Republik in Stellung gebracht. Dafür stehen etwa Stefan Georges Gedicht-Zyklus *Das Neue Reich* oder die Biographie seines Jüngers, des Historikers und späteren Emigranten Ernst Kantorowicz über *Kaiser Friedrich der Zweite* (1927), die als unverkennbare Ablehnung der Weimarer Republik gelesen werden kann. In die gleiche Richtung ging die Schrift *Das geheime Deutschland. Die Aristokratie der demokratischen Gesinnung* (1930) von Friedrich Glum, dem Generaldirektor der Kaiser-Wilhelm-Gesellschaft (aus der Ende der 1940er Jahre die Max-Planck-Gesellschaft hervorging). Ebenso war in Ernst Jüngers Mobilmachungsprosa das „geheime Deutschland" die Chiffre für ein „anderes Reich". Was immer darunter jeweils im Einzelnen verstanden wurde, gemeinsam war dem ‚Anderen' wie dem ‚Geheimen Deutschland' die Vision einer Zukunft, welche den Einsatz in der abgelehnten Gegenwart nicht umsonst erscheinen ließ.[16]

Die Selbstvergewisserung als ‚Anderes Deutschland' hatte das deutsche Exil auch bitter nötig gehabt, denn in keinem Zufluchtsland hatte es wegen seiner Zerstrittenheit und seines Lagerdenkens politisches Gehör, geschweige denn politischen Einfluss gewonnen. Der Kuriosität halber sei erwähnt, dass 1946 in einer New Yorker Schriftenreihe *Dokumente des Anderen Deutschland* die Jünger-Biographie seines emigrierten ehemaligen Sekretärs Karl O. Paetel erschienen ist, die die Brücke vom Exil zur ‚Inneren Emigration' schlagen wollte und damit dokumentierte, welche ausgreifende Bezugsbreite im Container-Denken des ‚Anderen Deutschland' angelegt sein konnte.[17]

Anders als die Exilanten, die – wie die meisten Schriftsteller und Vertreter der Parteien – auf eine Rückkehr hofften und deren Ansprechpartner in der Regel nur die eigenen Schicksalsgenossen waren, hatte sich ein weiteres intellektuelles Segment, hatten sich die vertriebenen Wissenschaftler bald nicht mehr als Exilanten, sondern als Immigranten begriffen, die sich im Zufluchtsland zu integrieren suchten. Das schloss die Beschäftigung mit Deutschland nicht aus.

---

**16** Ernst Kantorowicz: *Kaiser Friedrich der Zweite*. Berlin 1927, Vorbemerkung u. S. 612ff.; Ders.: „Das Geheime Deutschland. Vorlesung, gehalten bei der Wiederaufnahme der Lehrtätigkeit am 14. November 1933". In: *Ernst Kantorowicz. Erträge der Doppeltagung Institute for Advanced Study, Princeton, Johann Wolfgang Goethe-Universität, Frankfurt*. Hg. v. Robert L. Benson u. Johannes Fried. Stuttgart 1997, S. 77–93; Friedrich Glum: *Das geheime Deutschland. Die Aristokratie der demokratischen Gesinnung*. Berlin 1930; Ernst Jünger: *Die totale Mobilmachung*. Berlin 1931, S. 20; Ders.: *Arbeiter am Abgrund*. Marbacher Katalog 64. Marbach a. N. 2010, S. 50ff.
**17** Karl-O. Paetel: *Ernst Jünger. Die Wandlung eines deutschen Dichters und Patrioten* (= Dokumente des Anderen Deutschland. Hg. v. Friedrich Krause, Bd. 2). New York 1946.

Im Gegenteil, die Wissenschaftsemigranten wurden zu interdisziplinären und im wahrsten Sinn zu transnationalen Vermittlungs- und Transferexistenzen, die zum Beispiel die in weiten Teilen isolationistische und xenophobe Öffentlichkeit ihrer Aufnahmegesellschaften über die Lage in Deutschland und Europa aufklären konnten.

Das Beispiel der Wissenschaftler sei hier nur genannt, weil ihr Engagement im Unterschied zu dem der exilierten Literaten von viel grundsätzlicheren Perspektiven bestimmt wurde. Während sich diese als antifaschistische Avantgarde verstanden, aber mangels breiteren Publikums nicht selten mit larmoyantem Unterton über die „Erbärmlichkeiten" (Lion Feuchtwanger) und das „Herzasthma" des Exils (Thomas Mann) klagten, in Resignation fielen oder gar in privaten Tragödien endeten, sahen jene weitaus nachhaltiger den modernen Zivilisationsprozess auf dem Prüfstand. Als Beteiligte an den Planungen des „war effort", vor allem in den USA, wurden sie zu den eigentlichen, mit Wirkungsmacht ausgestatteten Antifaschisten. Aus der Feder dieser neuen amerikanischen Staatsbürger, integriert in amerikanische Denk- und Forschungstraditionen, kamen dann die großen, bis heute wichtigen Studien zum Nationalsozialismus, man denke nur an Ernst Fraenkels *Dual State* (1941), Franz Neumanns *Behemoth* (1942), Sigmund Neumanns *Permanent Revolution* (1942) oder Hannah Arendts *Origins of Totalitarianism* (1951); die Totalitarismusforschung hat überhaupt wesentliche Impulse von den Emigranten bekommen.[18]

Gleiches findet man in Großbritannien, wo beispielsweise der emigrierte Ökonom Adolf Löwe vor dem neuen Erfahrungshintergrund der englischen Zivilgesellschaft und der konstitutionellen Monarchie in seinem in diversen Auflagen erschienenen Buch *The Price of Liberty* (1937)[19] der Frage nachging, warum sich eine solche Ordnung mit ähnlichen konservativen und hierarchischen Strukturen nicht auch in Deutschland habe entwickeln können. Unter akkulturationstheoretischen Gesichtspunkten wäre interessant, in England außerdem den nicht kleinen Kreis der Emigranten unterschiedlicher politischer Herkunft unter den sogenannten Vansittartisten zu beachten, die mit dem früheren Foreign Office-Mitarbeiter Sir Robert Vansittart den Nationalsozialismus auf genuin deutsche Charaktereigenschaften zurückführten. Jüngst sind etwa

---

**18** Ernst Fraenkel: *The Dual State. A Contribution to the Theory of Dictatorship*. New York u.a. 1941; Franz Neumann: *Behemoth. The Structure and Practice of National Socialism*. New York u.a. 1942; Sigmund Neumann: *Permanent Revolution. The Total State in a World of War*. New York u.a. 1942; Hannah Arendt: *The Origins of Totalitarianism*. New York 1951.
**19** Adolf Löwe: *The Price of Liberty. A German on Contemporary Britain*. London 1937, 3. Aufl. 1948.

die Studien des einstigen Austromarxisten Otto Neurath vorgestellt worden – bekannt als Begründer der Wiener Methode der Bildstatistik, aus der die heutige Pictogramm-Sprache hervorgegangen ist –, die den Nationalsozialismus aus einem bestimmten geistesgeschichtlichen „Klima" in Deutschland herleiteten.[20] Wichtig sind hierbei nicht primär die Ergebnisse, sondern aus welchen Identifikationsmustern mit England solche Arbeiten entstanden sind.

Die Reihe solcher Arbeiten ließe sich unbegrenzt verlängern. Zu fragen wäre dazu, in welchen literarischen Werken des antifaschistischen Exils sich ähnliche Spuren der durch die Flucht erzwungenen neuen Erfahrungen identifizieren lassen.

## 3 Alternative Forschungsansätze

Die bisherige Kritik an den Instrumenten der frühen Exilforschung wäre überzogen und ungerechtfertigt, wenn sie allein den damals möglichen Erkenntnisstand repräsentiert hätten. Dem war jedoch nicht so. Auf der Kopenhagener Konferenz 1972 gab es verschiedene Stimmen, die, wie schon angedeutet, Exilforschung nicht nur auf die Exilliteratur bezogen, sondern auf das gesamte Feld der Vertreibung, bis hin zu den unbekannten Emigranten, so Werner Berthold, Leiter der Exilabteilung der Deutschen Bibliothek in Frankfurt.[21] Der Mediziner Philip Schwartz – 1933 Gründer der „Notgemeinschaft deutscher Wissenschaftler im Ausland", die die von den Nationalsozialisten entlassenen Gelehrten auf dem internationalen Markt, insbesondere in der Türkei zu vermitteln suchte – machte etwa deutlich, dass die Exilforschung ebenfalls die Aufgabe habe, die Bedeutung der wissenschaftlichen Emigration zu untersuchen. Solche Hinweise blieben aber genauso marginal und folgenlos wie das Referat von Herbert A. Strauss – Professor am City College und Sekretär der Research Foundation for Jewish Immigration in New York, 1982 wurde er Gründungsdirektor des Instituts für Antisemitismusforschung in Berlin – zum Thema „Immigration and Acculturation of the German Jews in the USA".

Strauss' Beitrag basierte auf dem Vorhaben der Research Foundation, die Wanderungsgeschichte der aus Deutschland nach 1933 vertriebenen Juden zu untersuchen, deren größter Teil sich nach 1938, spätestens aber nach Bekannt-

---

**20** Günter Sandner: „Was das Klima aus uns gemacht hat". In: *Frankfurter Allgemeine Zeitung* v. 26.03.2011.
**21** *Protokoll des II. Internationalen Symposiums zur Erforschung des deutschsprachigen Exils nach 1933*, S. 34.

werden des Holocaust nicht mehr als Exilanten oder Vertriebene begriffen, sondern als Emigranten. Aus der Rückschau kann er als Schlüsseltext im Projekt der Grundforschung betrachtet werden. Strauss entwickelte darin mit dem Kenntnisstand der im Einwanderungsland USA natürlicherweise hoch entwickelten Migrationsforschung Analysekriterien, die Exil und Emigration als Gesamterscheinung begriffen haben. Doch blieben seine Einlassungen in der Diskussion der Germanistenmehrheit über die literarischen ‚Wortkämpfer' des Exils nicht allein so unbeachtet wie die von Philip Schwartz und anderen, sie wurden gar mit dem Hinweis zurückgewiesen, dass es nach 1933 überhaupt keine „Auswanderer" gegeben habe, man also auch nicht von Emigranten sprechen könne.[22]

Zum Kern des von Strauss eingeführten Begriffs der Akkulturation gehört, dass nicht einseitige Assimilation, sondern soziale Mobilität, *cultural pluralism* mit gegenseitigem Geben und Nehmen sowie mentale Differenzen und Mehrschichtigkeiten die Fragestellungen der Forschung zu leiten hätten. Der Begriff stellte damit die Alternative zu den in der älteren amerikanischen Einwanderungsforschung vorherrschenden normativ-einseitigen Melting Pot- oder Anglo-Conformity-Integrationsmodellen dar. Den Prototyp des Akkulturierten hatte Georg Simmel bereits zu Anfang des zwanzigsten Jahrhunderts mit dem Begriff des „Fremden" formuliert, für den als klassisches Beispiel der europäische Jude außerhalb des Ghettos stand.[23] Mit Hinweis auf Simmel, der, wie man nicht erst heute weiß, zum Ur- und Übervater der soziologischen Migrations-, Diaspora- und weiteren Modernisierungsforschung auch in Amerika geworden ist, provozierte Strauss die Mehrheit der Anwesenden, da in dieser Sicht im Exilschriftsteller ebenfalls eine Art von „Fremdarbeiter" gesehen werden müsse. Er sei per se Repräsentant einer „Mischkultur", weil schon seine wirtschaftliche und soziale Integration am jeweiligen Zufluchtsort dazu zwinge, in Kontakt mit der ihn umgebenden Kultur zu treten.[24]

Eigentlich sprach Strauss nur Selbstverständlichkeiten aus, mit denen sich die einst Betroffenen bereits eingehend auseinandergesetzt hatten. In der berühmten, den „Exiled German Writers" gewidmeten Nummer der Zeitschrift *Direction* vom Dezember 1939 mit der beeindruckenden, von John Heartfield gestalteten und zur ikonographischen Botschaft gewordenen Titelblatt-Col-

---

22 So Wieland Herzfelde, ebd., S. 348.
23 Georg Simmel: „Exkurs über den Fremden" [1908]. In: Ders.: *Soziologie. Untersuchungen über die Formen der Vergesellschaftung*. Unveränd. Nachdruck der 1923 erschienenen 3. Aufl. Berlin 1958, S. 509–512.
24 *Protokoll des II. Internationalen Symposiums zur Erforschung des deutschsprachigen Exils nach 1933*, S. 347ff.

lage, der von einem Dolch durchbohrten Friedenstaube, hatte sich beispielsweise Ernst Bloch mit den Erfahrungen des Schriftstellers in zwei Welten und zwischen zwei Sprachen beschäftigt und dazu selbstbewusst erklärt: „We, German writers in America, are frontier-men in a doubly legitimate sense – both temporally and spatially." Und damit wurden nicht nur ihre hehren Aufgaben angesprochen wie der Kampf um „the rights of men" oder für den Moment die Aufgabe, „a bit of American literature in the German language" zu produzieren, sondern auch die schlichten Tatsachen, zu einer Lebenshaltung zu finden, die die Subsistenz sichert und die Integration vorbereitet.[25]

Wirkung auf den Forschungsprozess hatten die Strauss'schen Anregungen zunächst nur indirekt gehabt. Immerhin ergab sich zwischen seiner Institution und dem Münchener Institut für Zeitgeschichte das gemeinsame archivalisch orientierte Projekt einer Personaldaten-Erhebung, aus dem das von Werner Röder und Herbert A. Strauss herausgegebene *Biographische Handbuch der deutschsprachigen Emigration nach 1933* hervorging. In ihm ist die Gesamtsicht auf die Vertreibung aus NS-Deutschland, also Exil und Emigration in den unterschiedlichen sozialen Gruppen, erstmalig verwirklicht worden. Bereits 1973 hatte Röder, Archivleiter des IfZ und als Historiker einer der frühen Aktivisten, zusammen mit Jan Hans, Mitarbeiter Hans Wolffheims bei der Gründung der Hamburger Arbeitsstelle für Exilliteratur, der einzigen Einrichtung dieser Art an einer deutschen Universität bis heute, den programmatischen Artikel „Emigrationsforschung"[26] geschrieben, der den Akkulturationsansatz als Desiderat der künftigen Arbeit benannte. Allerdings schrieben die Autoren diese Aufgabe eher der Immigrationsforschung in den Aufnahmeländern zu.

Systematische Bedeutung bekam der Akkulturationsansatz erst ab Ende der 1970er Jahre, als nunmehr die Wissenschaften zum Gegenstand der Exilforschung wurden, ebenso beim später erwachenden Interesse am Exil der Frauen und dem der namenlosen ‚kleinen Leute'.[27] Auf dem Halbzeitcolloquium

---

[25] Ernst Bloch: „Disrupted Language – Disrupted Culture". In: *Direction* 8 (1939) H. 2, S. 16–17 u. 36, Zitat S. 36.

[26] Jan Hans u. Werner Röder: „Emigrationsforschung". In: *Akzente* 20 (1973), S. 580–591.

[27] Mein Projekt über die im Prozess der Wissenschaftsemigration entstandene einzigartige „University in Exile" in New York war beispielsweise das letzte, das noch kurz vor Schluss in das erste, über 10 Jahre laufende Schwerpunktprogramm der Deutschen Forschungsgemeinschaft zur allgemeinen Grundforschung aufgenommen worden ist, und es bildete den Übergang zur Entwicklung des zweiten DFG-Schwerpunktprogramms in den 1980er Jahren, das speziell für die Erforschung der einzelnen Wissenschaftsdisziplinen eingerichtet wurde; vgl. Claus-Dieter Krohn: *Wissenschaft im Exil. Deutsche Sozial- und Wirtschaftswissenschaftler in den USA und die New School for Social Research*. Frankfurt/M., New York 1987. Ferner Gabriele

1979 des fünf Jahre zuvor begonnenen und bis 1983 laufenden Schwerpunktprogramms „Exilforschung" der Deutschen Forschungsgemeinschaft – in dessen Rahmen nahezu alle Forschungen der frühen Jahre auf den Weg gebracht worden sind – haben die Veranstalter darauf hingewiesen, dass mit der jüngst stärker beachteten Emigrationsforschung der Anschluss an die von Herbert A. Strauss „propagierte Akkulturationstheorie" gewonnen worden sei, „die auf lange Sicht der Exilforschung das notwendige einheitliche Methodenfundament geben könnte."[28]

Einstweilen blieb es aber nur bei der Möglichkeit, forschungsstrategisch begann vielmehr die Mehrgleisigkeit der Analyse. In der zur gleichen Zeit von amerikanischen Germanisten gegründeten Society for Exile Studies und ihrem Ableger, der Gesellschaft für Exilforschung in der Bundesrepublik zwei Jahre später lebten die alten Interpretationszugriffe fort, das Interesse an der Akkulturationsforschung blieb gering, so dass die auf diesen Feldern arbeitenden Kollegen für das gemeinsame Anliegen nicht gewonnen werden konnten. Die Forscher der Wissenschaftsemigration haben sich so mehr ihren eigenen Disziplinen zugehörig gefühlt, deren Arbeiten sich als Beiträge zur historischen Analyse der eigenen Profession verstanden. Gelegentlich wurde deshalb bedauert, dass die Exilforschung nie die Nische der Randständigkeit verlassen hat. Wohl gab es eine Fülle von Aktivitäten, häufig verbunden mit dem Thema Widerstand, und das Interesse in der breiteren Öffentlichkeit war auffallend. In die Jahre bis etwa 1990 fiel die hohe Zeit der Forschung mit Tagungen und Ausstellungen zur Exilliteratur selbst in den Stadtbibliotheken kleinerer Städte, und verschiedene Verlage begannen, in neuen Reihen die einst „verbotenen und verbrannten" Bücher neu aufzulegen. Die erkenntnistheoretische Ausbeute all dieser Aktivitäten war jedoch begrenzt.

Erst rund 20 Jahre nach Stockholm und Kopenhagen kamen periodisch aus dem Kreise der Literaturwissenschaftler programmatische Erklärungen zur Neujustierung der Forschung, so in Ernst Loewys Aufsatz „Zum Paradigmenwechsel in der Exilforschung" 1991 oder von Lutz Winckler mit dem Bei-

---

Kreis: *Frauen im Exil. Dichtung und Wirklichkeit.* Düsseldorf 1984; Sibylle Quack (Hg.): *Between Sorrow and Strength. Women Refugees of the Nazi Period.* Washington, D.C., New York 1995; Wolfgang Benz (Hg.): *Das Exil der kleinen Leute. Alltagserfahrung deutscher Juden in der Emigration.* München 1991.

**28** Wolfgang Frühwald u. Wolfgang Schieder (Hg.): *Leben im Exil. Probleme der Integration deutscher Flüchtlinge im Ausland 1933–1945.* Hamburg 1981, Einleitung S. 9–27, Zitat S. 15. Zu dem ersten DFG-Schwerpunktprogramm vgl. a. Anm. 13.

trag „Mythen der Exilforschung" von 1995,[29] wobei sie unter Exilforschung allerdings weiterhin Exilliteraturforschung verstanden. Vor dem Hintergrund der deutschen Wiedervereinigung und des in den achtziger Jahren gewachsenen öffentlichen und wissenschaftlichen Interesses an der in Deutschland zerstörten jüdischen Kultur, angestoßen unter anderem von Marvin Chomskys Fernsehfilm *Holocaust* (1978), erklärten sie nun das Ende der bisher emphatisch betriebenen Antifaschismus-Analysen. Stephan Braese diagnostizierte für die Exil(literatur)forschung gar eine – in der germanistischen Bezugswissenschaft jener Jahre häufiger ausgemachte – „Krise", die nur mit einem „umfassende(n) Projekt der Selbstkritik" zu überwinden sei.[30] Eine Lösung sollte im Anschluss an die in dieser Zeit expandierenden neuen Kulturwissenschaften gesucht werden, wozu auch die Überwindung der nationalgeschichtlichen Verhaftungen und die Einbeziehung der Akkulturationsansätze gehörten. Bis Ende der 1990er Jahre schienen die Bemühungen allerdings nicht sehr erfolgreich gewesen zu sein, wie Christhard Hoffmann, langjähriger Berliner Mitarbeiter von Herbert A. Strauss, in seinem grundlegendem Artikel „Zum Begriff der Akkulturation" im *Handbuch der deutschsprachigen Emigration 1933–1945* feststellen musste.[31]

Die Einzelheiten der Akkulturationsdebatte sind hier nicht weiter darzustellen, sie sind im Wesentlichen von der neueren Migrations- und Hybridforschung bestätigt worden. Damit ist schon gesagt, dass das, was seit dem *postcolonial turn* zum erkenntnistheoretischen Innovationsschub in den Kulturwissenschaften erklärt wurde, in vielem nur Reprise ist. Fast alles ist bereits von der Akkulturationstheorie formuliert worden, ja die Debatte setzte bereits in den dreißiger Jahren unter emigrierten Wissenschaftlern und Intellektuellen im Prozess ihrer erzwungenen neuen Selbstverortung ein. Solche epistemologischen Genealogien tauchen in den heutigen kulturwissenschaftlichen Diskursen aber nicht auf. In diesem Präsentismus auf der Höhe lediglich

---

**29** Ernst Loewy: „Zum Paradigmenwechsel in der Exilliteraturforschung". In: *Exilforschung. Ein internationales Jahrbuch* 9 (1991): *Exil und Remigration*, S. 208–217; Lutz Winckler: „Mythen der Exilforschung". In: *Exilforschung. Ein internationales Jahrbuch* 13 (1995): *Kulturtransfer im Exil*, S. 68–81.
**30** Braese: „Fünfzig Jahre ‚danach'", S. 133; vgl. a. Bernhard Spies: „Exilliteratur – ein abgeschlossenes Kapitel? Überlegungen zu Stand und Perspektiven der literaturwissenschaftlichen Exilforschung". In: *Exilforschung. Ein internationales Jahrbuch* 14 (1996): *Rückblick und Perspektiven*, S. 11–30.
**31** Christhard Hoffmann: „Zum Begriff der Akkulturation". In: *Handbuch der deutschsprachigen Emigration 1933–1945*. Hg. v. Claus-Dieter Krohn u.a. Darmstadt ²2008, Sp. 117–126, Zitat S. 122f.

der Gegenwart reichte die Erinnerung der meisten postkolonialen Stichwortnehmer offenbar nur noch zu Derrida und Foucault zurück, und das genügte für ihre Selbstinszenierung im seinerzeit blühenden „cult of otherness".[32]

Was hier nur zu erwähnen ist, sind die bereits in den dreißiger Jahren entwickelten Typologien des „marginal man", des „cultural hybrid" als neuen Persönlichkeitsvarianten des Simmelschen „Fremden", die mit den Namen amerikanischer Sozialwissenschaftler wie Franz Boas, Robert E. Park und Louis Wirth sowie denen von *refugee scholars* wie Hans Speier, Paul Tillich, Alfred Schuetz und anderen verbunden sind, wobei auffallend ist, dass die meisten Amerikaner, so Boas und Wirth, ebenfalls aus Deutschland stammten.[33] In diesem nicht zuletzt von den intellektuellen Emigranten aus NS-Deutschland mitgestalteten amerikanischen Soziologen-Diskurs der 1930er Jahre ist die Akkulturationstheorie konzipiert worden, die dann von Herbert A. Strauss nicht nur zur Grundlage seiner Emigrations-Forschungen in den USA genommen wurden, sondern für deren Rezeption er sich als Leiter des Berliner Instituts für Antisemitismusforschung auch in Deutschland eingesetzt hat, als dort die Forschungen zur Wissenschaftsemigration gerade begannen. Die gleichen Kernideen finden sich in den *postcolonial studies* und den – mit Namen wie Edward Said, Homi Bhabha und anderen – verbundenen Theorieansätzen der Kulturwissenschaften.

## 4 Aufgaben künftiger Exilforschung

Hier könnten weitere Klärungen für die Positionierung der künftigen Exilforschung vorgenommen werden. Ein Desiderat wäre zum Beispiel, der skizzierten epistomologischen Genealogie weiter nachzugehen, die die moderne Hybridforschung über die Akkulturationstheorie auf solche Überlegungen zurückführt, welche von ehemaligen Emigranten in der existenziellen Ausnahmesituation und der intellektuellen Neuorientierung in den Zufluchtsländern vorgedacht worden sind. Plädiert werden soll also dafür, die akkulturations- und hybriditätstheoretischen Zugriffe der Exilforschung direkt aus den Zeugnissen der eigenen Untersuchungsgruppe herzuleiten; sie scheinen in Vielem treffender,

---

[32] Vgl. Terry Eagleton: *Figures of Dissent. Critical Essays on Fish, Spivak, Zizek and Others.* London, New York 2003, S. 3.
[33] Dazu Claus-Dieter Krohn: „Differenz oder Distanz? Hybriditätsdiskurse deutscher refugee scholars im New York der 1930er Jahre". In: *Exilforschung. Ein internationales Jahrbuch* 27 (2009): *Exil, Entwurzelung, Hybridität* , S. 20–39, bes. S. 22.

präziser und empirisch grundierter zu sein als die Angebote der postkolonialen Trends in den neueren Kulturwissenschaften mit ihrer häufig allzu krypto-poetisch anmutenden Sprache.

Zu fragen wäre dabei, wie weit diese akkulturationstheoretischen Zugriffe überhaupt vergleichbar sind und ob nicht die unterschiedlichen sozialen wie intellektuellen Standorte der jeweiligen Gewährsleute, der hier genannten einst emigrierten und der jüngeren postkolonialen Theoretiker stärker herausgearbeitet werden müssten. Während die ersten ihre Integrationserfahrungen auf gleicher Augenhöhe im geistigen Austausch mit der community of science im Zufluchtsland theoretisieren konnten, haben letztere häufig aus peripherer Position gegen die Vereinnahmungen der hegemonialen Kultur argumentieren müssen. Vereinbar wären ihre Positionen aber wohl im Akt der Selbstbehauptung. Weitere Forschung wäre zudem darauf zu richten, wie repräsentativ die angeführten Beispiele aus der amerikanischen Diskussion sind. Der im Einwanderungsland USA vorhandene hohe integrationstheoretische Reflexionsstandard, der von der Mehrheit der dorthin geflohenen Weimarer Intellektuellen noch bereichert wurde, wird in anderen Ländern so sicher nicht vorhanden gewesen sein.

Für die sozialwissenschaftliche Diskussion liegen bereits vergleichsweise ertragreiche Ergebnisse vor. Sie zeigen, dass ein großer Teil der damaligen Akteure zur kulturmodernistischen Avantgarde der 1920er Jahre zählte, die nach dem Zivilisationsbruch des Ersten Weltkriegs und dem Verlust überkommener Gewissheiten nicht auf Abwehr schalteten, sondern sich den neuen Entwicklungstrends gestellt und dabei eine hohe Kompetenz intellektueller Selbstreflexion entwickelt hatten. Beispielhaft stehen dafür Namen wie Walter Benjamin, Siegfried Kracauer, Karl Mannheim, Helmut Plessner und andere. Die äußere Form ihrer damaligen Arbeiten, das Fragment, der Aphorismus oder das Feuilleton, verweisen zudem auf die originelle Art ihrer dekonstruktivistischen Fähigkeiten bei der Gegenwartsanalyse.

Weitere Forschungen hierzu könnten womöglich zeigen, dass zum Beispiel die Verhaltenslehre der ‚Kälte', die der Soziologe und Anthropologe Helmuth Plessner 1924 dem nach dem Ersten Weltkrieg entstandenen neuen Personentypus als Strategie zur Bewältigung der Moderne mit ihren Verlusten und Unsicherheiten zugeschrieben hatte, bereits eine wichtige Vorstufe zur Akkulturationstheorie markiert. Helmut Lethen hat diesen Plessnerschen Ansatz später für die Literaturanalyse instrumentalisiert.[34] Die dafür eingeübten Interaktionsmuster

---

34 Helmuth Plessner: *Grenzen der Gemeinschaft. Eine Kritik des sozialen Radikalismus* [1924]. Frankfurt/M. 2002, S. 42ff.; Helmut Lethen: *Verhaltenslehren der Kälte. Lebensversuche zwi-*

der Distanz zu allen radikalen Eindeutigkeiten, die Hinnahme von Fragmentarischem, Unübersichtlichem und Entfremdung als positive Erfahrung oder die Identitätsbildung jenseits von Intimität in der Indifferenz, kurz, die Gesellschaft als offenes System mit unterschiedlichen Spiel- und Rollenmöglichkeiten waren zugleich wichtige Vorbereitungen für die existenzielle Neuorientierung in der Emigration mit neuen Berufs- und Lebenschancen. Das zielte auf Destruktion des „Eigentlichen" (Martin Heidegger) und Authentischen, das seit der Jahrhundertwende als lebensphilosophische Chiffre den Gegensatz zum Künstlichen und Abgeleiteten markiert hatte. Ein solcher Kontext würde bestätigen, dass die Exilforschung sogar einen Beitrag zur Krisengeschichte der Moderne liefern könnte, von der Wolfgang Frühwald bereits in den 1980er Jahren gesprochen hat.[35]

Die bewusste Entwicklung zu einem solchen neuen „Realitätstyp", der dem kulturellen Hybriden im heutigen Sinne entspricht, hatte einige sogar die Emigration als Wiedergeburt erleben lassen.[36] Es sei in diesem Zusammenhang daran erinnert, dass Begriffe wie ‚Geburt', ‚Wiedergeburt', ‚Neuanfang' Schlüsselkategorien in Hannah Arendts politischer Theorie sind, in denen sich augenscheinlich ihre Exilerfahrungen niedergeschlagen haben. Zu fragen ist, ob es vergleichbare Selbstverständigungen unter den Schriftstellern mit gleichem Realitätsanspruch gegeben hat, die nach 1933 außer Landes getrieben wurden und dort ihre Debatten genauso fortgesetzt haben? Oder gilt noch immer Sabina Beckers schon vor etlichen Jahren gegebener Befund, dass die meisten dieser Autoren mit ihrer Selbstisolierung im Exil nicht nur Lebenschancen vergeben, sondern sich auch von ihren eigenen Grundlagen der literarischen Moderne abgekoppelt haben?[37]

Auf andere Felder der Exilliteraturforschung ließe sich solche archäologische Spurensuche ebenfalls übertragen. Erwähnt sei der gebürtige Palästinenser Edward Said, einer der wichtigsten Repräsentanten der postkolonialen Studien, der in Princeton als Student von dem emigrierten Romanisten Erich Auerbach beeinflusst worden ist. Diese Tatsache ist bekannt,[38] weniger jedoch, wie sich Auerbachs Arbeiten im Exil zunächst in der Türkei, dann in den USA verändert

---

schen den Kriegen. Frankfurt/M. 1994.
35 *Die Erfahrung der Fremde*, S. 11.
36 Eva Lips: *Rebirth in Liberty*. New York 1942.
37 Sabina Becker: „Die literarische Moderne im Exil. Kontinuitäten und Brüche der Stadtwahrnehmung". In: *Exilforschung. Ein internationales Jahrbuch* 20 (2002): *Metropolen des Exils*, S. 36–52, bes. S. 47.
38 Karlheinz Barck u. Martin Treml (Hg.): *Erich Auerbach. Geschichte und Aktualität eines europäischen Philologen*. Berlin 2007.

und diese womöglich auf Said gewirkt haben; immerhin hatte er Schlüsseltexte Auerbachs wie die „Philologie der Weltliteratur" (1952)[39] ins Amerikanische übersetzt. Auerbachs in der Türkei geschriebenes und 1946 in Bern veröffentlichtes Werk *Mimesis* kann nicht nur als Werk der Exilphilologie, sondern auch als frühes Angebot der Akkulturations- bzw. Hybriditätsforschung gelesen werden. Seine Darstellung der Entwicklung des europäischen Realismus in der Literatur mit ihrem Höhepunkt in der Moderne des zwanzigsten Jahrhunderts – d.h. der auch schon von Max Weber nach dem Ersten Weltkrieg konstatierten „Entzauberung" der bis dahin sicher geglaubten Traditionen und festgefügten Ordnungen – ist als Modell engagierter literaturgeschichtlicher Analyse jenseits nationaler Enge und professioneller Spezialisierung zu sehen. Es zeigt am Beispiel von Auerbachs eigenem Erleben, dass sich Erfahrung „ständig mehr oder weniger schnell und radikal wandelt" und „aus Kreuzung, Ergänzung und Widerspruch etwas wie eine synthetische Weltansicht entsteht."[40]

Anhand solcher Veränderungsprozesse, die seine Identität als Emigrant prägen und genuin Denkmuster der späteren Hybridtheorie vorformulierten, meinte Auerbach auch die Arbeit der von ihm behandelten Schriftsteller analysieren zu können. Weitere Anregungen für eine heute angemessene Exilliteraturforschung gab er dann mit seiner ausführlich vorgestellten Auflösung nationaler Traditionsbindungen in dem genannten Beitrag „Philologie der Weltliteratur". Die Zeitgenossenschaft der letzten 40 Jahre, also die Jahre vom Kaiserreich über die Weimarer Republik bis zum Nationalsozialismus und seinem Ende sei ihm ein „praktische(s) Seminar in Weltgeschichte" gewesen, das seinen Gesichtskreis erweitert und ihm gezeigt habe, dass die Philologie der spätbürgerlichen Epoche ein für alle Mal als „wirklichkeitsfremd" erledigt sei. Die neue philologische Heimat sei die Erde, „die Nation kann es nicht mehr sein." Gewiss blieben Sprache und Bildung als kostbarste Unentbehrlichkeit, doch erst in der „Trennung" und in der „Überwindung" werde sie wirksam, wobei man sich immer wieder klar machen müsse, dass der „Geist nicht national ist."[41]

Sicher ist Auerbach nicht der einzige, der sich als emigrierter Literaturwissenschaftler von national beengten binären Denkstereotypen abgelöst hat. In diesem Umkreis könnten in der künftigen Forschung – vergleichbar denen in anderen Disziplinen – weitere Repräsentanten aufgespürt werden, die ihre

---

[39] Erich Auerbach: „Philologie der Weltliteratur". In: Ders.: *Gesammelte Aufsätze zur romanischen Philologie*. Bern, München 1968, S. 301–310.
[40] Erich Auerbach: *Mimesis. Dargestellte Wirklichkeit in der abendländischen Literatur* [1946]. Tübingen, Basel [10]2001, S. 510.
[41] Auerbach: „Philologie der Weltliteratur", S. 306, 310.

Erlebnisse auf ähnliche Weise verarbeitet haben. Zusätzlich gibt Auerbach heutigen Forschern wie schon seinem Schüler Edward Said direkte Hinweise, wie die Exilliteratur aus akkulturationstheoretischer Sicht angemessen interpretiert werden kann. So gesehen könnten vermutlich viele Werke neu bewertet werden, nicht mehr „mit dem Gesicht nach Deutschland" aus der alten antifaschistischen oder subjektiv-emotionalen Perspektive, sondern mit der Frage, unter welchen Erfahrungen die Literaturen in ihren neuen Lebenswelten des Exils entstanden sind und wie sich das in den Texten niedergeschlagen hat.

Anregend für die künftige Arbeit ist weiterhin Andrea Reiters unlängst erschienene Studie über Hans Sahl, die mit dem Titel *Die Exterritorialität des Denkens* das thematisiert, was hier gemeint ist:[42] die von Intellektuellen der Weimarer Republik bereits entwickelten Denkweisen, die bis zu den heutigen Hybridisierungsdiskursen führen. Der Begriff der Exterritorialität stammt wohl von Siegfried Kracauer und definiert seine Schreibhaltung als feuilletonistischer Soziologe; der amerikanische Historiker Peter Gay, der bis zur Flucht mit seinen Eltern 1938 als Peter Freundlich in Berlin gelebt hatte, nannte diesen Weimarer Intellektuellentyp später „Outsider as Insider".[43] Alle stammten aus ehemals jüdischen Elternhäusern. Obgleich sie ihre Herkunft weltanschaulich längst weit hinter sich gelassen hatten, war ihnen angesichts der brüchigen Assimilation in Deutschland doch ein Rest von Diaspora-Existenz geblieben, die nicht von ungefähr gerade bei ihnen den gesellschaftskritischen Blick befördert hatte.

In diesem Kontext wird Sahl von Reiter gesehen. Er selbst, aber auch seine Figuren, etwa aus dem Roman *Die Wenigen und die Vielen* (1959), sind Figuren des Dazwischen oder ähnlich wie der „Flaneur" Walter Benjamins Erscheinungen instabiler Verhältnisse und des Übergangs. Als transatlantischer Brückenbauer fungierte Sahl zwischen Europa und den USA, kurz: Er ist der Prototyp des Mittelsmannes oder Hybriden mit dem kritischen Blick auf die unterschiedlichen Kulturen seiner Herkunft und seiner neuen Lebenswelt. Gegen Ende seines Lebens war er noch weiter gegangen. Sein allgemeines Unbehagen gegenüber einer „verunsicherten Welt" resultierte jetzt aus den Identitätskrisen zwischen einem Nicht-mehr und einem Noch-nicht, zwischen vorindustrieller Lauterkeit und technologischer Verruchtheit.[44] Mit diesen Bildern schließt sich Sahls Denkhorizont, er kehrt an den Anfang der modernitätskritischen, zugleich aber

---

[42] Andrea Reiter: *Die Exterritorialität des Denkens. Hans Sahl im Exil.* Göttingen 2007.
[43] Peter Gay: „Weimar Culture: The Outsider as Insider". In: *The intellectual Migration. Europe and America 1930–1960.* Hg. v. Donald Fleming u. Bernard Bailyn. Cambridge, Mass. 1969, S. 11–93.
[44] Reiter: *Exterritorialität*, S. 160.

modernitätsoffenen Deutungsmuster der Intellektuellen in den zwanziger Jahren zurück. Dass dies kein mentaler Regress war, sondern bleibende Aufgabe, zeigt schon ein oberflächlicher Blick auf die jüngsten technologischen Katastrophen heute.

Erwähnt sei auch der von Sabina Becker und Robert Krause herausgegebene Sammelband *Exil ohne Rückkehr*, der an zahlreichen individuellen Beispielen die Erprobung der Akkulturationstheorie anhand literarischer Zeugnisse dokumentiert, dabei allerdings mehr die Zwischenexistenz in den transitorischen Räumen des Exils betont.[45] Fortgeführt werden könnten solche Arbeiten mit einer stärkeren Orientierung auf den Akkulturationsprozess selbst, so wäre zu prüfen, wie sich dieser auf das Denken, die Sichtweisen und vielleicht auch auf den subjektiven Seelenhaushalt ausgewirkt hat. Dabei wäre nicht nur wichtig, wie sich die Autorinnen und Autoren über die verlorene Heimat oder die Vergangenheit ausgelassen haben, sondern wie sie von ihrer neuen Lebenswelt angeregt worden sind.

Anknüpfen ließe sich dabei an Diskussionen, die von Akkulturationsforschern in den 1980er Jahren zum Vermächtnis der Emigranten in den Zufluchtsländern gezählt wurden. Jenseits des Wissenschafts- und Kulturtransfers wurde dabei gefragt, wie nach dem Ende des jüdischen Lebens in Deutschland nach 1933 und damit dem Scheitern der sogenannten deutsch-jüdischen Symbiose das zu deren Kern gehörende post-emanzipatorische Konzept der „Bildung" befähigt hat, die Ungewissheiten und Herausforderungen der Integration in den alltäglichen Lebensprozess zu meistern.[46] Die dazu gehörenden Merkmale wie rationales Verhalten, individuelle Autonomie oder transnationaler Weitblick bieten geeignete Instrumentarien für einen solchen Prozess. Dazu würde auch der Sprachwechsel gehören. Hierzu sei der eindrucksvolle autobiographische Bericht des Mediziners und Schriftstellers Martin Gumpert erwähnt, der 1941 unter dem Titel *First Papers* erschien und den prägnanten Untertitel *The Story of an American in the Making* trägt.[47]

In diesem Bereich würde sich künftig noch ein weites Feld komparativer Möglichkeiten auftun, einmal in den interpersonalen Verhältnissen des Exils und der Emigration nach 1933, mehr aber vielleicht noch im Vergleich zu anderen Exilen, so aus dem Ostblock nach 1945, den heutigen „Writers in Exile", oder

---

45 Sabina Becker u. Robert Krause (Hg.): *Exil ohne Rückkehr. Literatur als Medium der Akkulturation nach 1933*. München 2010.
46 Abraham J. Ed. Peck: *The German-Jewish Legacy in America, 1938–1988. From Bildung to the Bill of Rights*. Detroit 1989.
47 Martin Gumpert: *First Papers*. New York 1941 [Untertitel nur auf dem Schutzumschlag].

beispielsweise auch bei den sich an ihrer Identität abarbeitenden Schriftstellern in Deutschland oder Westeuropa mit ‚Migrationshintergrund'. Beispielhaft dafür ist die jüngst erschienene Schrift *Deutschsein* des Lyrikers und Essayisten Zafer Şenocak, in der unter anderem die Zweisprachigkeit als wichtige Voraussetzung für die Durchlässigkeit und Überwindung kultureller Mauern genannt wird.[48] Noch deutlicher – und selbstbewusster – wird das bei dem als Kind mit seiner Familie aus Bulgarien geflohenen deutschen Schriftsteller Ilija Trojanow, der in Kenia Abitur gemacht, in Kapstadt und Mumbai gelebt und in München einen Verlag für afrikanische Literatur gegründet hatte. Für ihn war der Aufbruch ins Exil „eine Explosion in die Pluralität" gewesen, nach der er „das Homogene, Monokulturelle, Einsprachige nur als Aberration betrachten" konnte.[49]

Ein letztes Wort noch zur Selbstdefinition derjenigen, die sich erfolgreich in ihren neuen Lebenswelten akkulturiert haben und als Hybride allen Herausforderungen von Fremdem und Unbekanntem gewachsen zu sein schienen. Bei vielen Akkulturationstheoretikern und in Kulturtheorien wird als zentrales Kriterium für die Brüche, Grenzsituationen und Mischidentitäten die „kulturelle Differenz" genannt. Das mag für die idealtypische Ausgangskonstellation der Begegnung von Peripherie und Zentrum in der postkolonialen Welt sowie bestimmte Bereiche der modernen Industriegesellschaften richtig sein. Bei meinen bisherigen Untersuchungen zu den Weimarer Intellektuellen, die nach 1933 emigrierten, ist in den von ihnen schon während der zwanziger Jahre begonnenen und dann in der Emigration intensiv fortgesetzten Selbstverständigungsdebatten über den eigenen gesellschaftspolitischen Standort noch eine andere Sichtweise auszumachen.

In Anlehnung an Karl Mannheims Theorem der „freischwebenden Intelligenz" haben sie sich als Beobachter aus der „Distanz" definiert. Grundsätzlich ist dieses Denkbild bereits von Georg Simmel als methodisches Prinzip der neuen soziologischen Analyse erklärt worden, da sich in den komplexen modernen Gesellschaften die Individuen zu in sozialer Distanz einander gegenüberstehenden Gruppen, „Ständen" oder Klassen aufgelöst hätten und daher nicht mehr nach dem „Einzelnen" und „Substanziellen", sondern nach deren „Wechselwirkungen" gefragt werden müsse.[50] Plessners Verhaltenslehre der Kälte hat daran angeknüpft und Kracauer nannte das, wie erwähnt, die exterri-

---

[48] Zafer Şenocak: *Deutschsein. Eine Aufklärungsschrift*. Hamburg 2011, bes. S. 75ff.
[49] Ilija Trojanow: „Exil als Heimat". In: *Intellektuelle im Exil*. Hg. v. Peter Burschel, Alexander Gallus u. Markus Völkel. Göttingen 2011, S. 9–18, Zitat S. 13.
[50] Georg Simmel: *Soziologie. Untersuchungen über die Formen der Vergesellschaftung*. Unveränd. Nachdruck der 1923 erschienenen 3. Aufl. Berlin 1958, S. 1f.

toriale Methode. In den zwanziger Jahren gehörte solche Standort-Bestimmung zugleich mit zur eigenen Selbstverortung, denn sie richtete sich damit gegen die Parteilichkeit vieler Intellektueller vor allem im linken Spektrum, die in Anlehnung an Karl Marx' Diktum von den Intellektuellen als Kopf und dem Proletariat als Herz der Revolution glaubten, für irgendwelche Massen sprechen zu müssen. In der Emigration wurde die Wahrnehmung der neu gemachten Erfahrungen aus der Distanz dann zu einem wichtigen Kriterium des Akkulturationseinstiegs mit seinem mehrschichtigen Spektrum von naivem Erstaunen über Neues, von anfänglichen Unsicherheiten der Beurteilung, über die Bereitschaft für neue Überraschungen offen zu sein, bis hin zum detachierten, vergleichenden Blick. Der an dieser Diskussion beteiligte deutsch-amerikanische Soziologe Louis Wirth hat jenen neuen Erfahrungstyp als „occasional adventurer" bezeichnet, dessen Distanz erst die „mutual tolerance" mit anderen ermögliche.[51]

Da die Exilforschung weitgehend Elitenforschung ist, müsste man häufiger auf solche reflektierten Prozesse stoßen. Sie stehen im Widerspruch zu den gelegentlich geäußerten Annahmen, dass Heimatlosigkeit, gar die Entortung und die Existenzform des Nomaden zu den Erscheinungen des Exils und der Emigration gehörten. In Einzelfällen mögen solche Sozialformen anzutreffen sein, die reflektierte Haltung der intellektuellen Distanz repräsentiert jedoch etwas anderes, den Schritt zur – wie es damals hieß – „ubiquitären Existenz", heute würde man ‚Weltbürger' sagen. Dieser skeptische Typus repräsentiert eine Art von Akkulturation und Hybridität, der nicht allein im gegenseitigen Geben und Nehmen als Mischexistenz neu sozialisiert wurde, sondern der zugleich etwas darüber Hinausgehendes entwickelt hat. Er verkörpert das, was Simmel bereits Anfang des zwanzigsten Jahrhunderts dem Fremden zugeschrieben hat, einem „der heute kommt und morgen bleibt". Er sei die Synthese von Nähe und Ferne; zu seinem „spezifischen Charakter der Beweglichkeit" gehörten „Objektivität", „Gleichgültigkeit und Engagiertheit" sowie die vorurteilslose Übersicht der Verhältnisse, also das, was man als Mündigkeit, Souveränität und Freiheit bezeichnen könne.[52] Oder das, was Erich Auerbach und nach ihm Edward Said von Hugo von St. Viktors dialektischer Definition des Tugendhaften aus dem zwölften Jahrhundert zitieren, der Bindungen hinter sich lassen müsse, wenn er die Welt gewinnen wolle: „Wer seine Heimat liebt, ist noch Anfänger. Wem jedes

---

51 Louis Wirth: *The Ghetto*. Chicago 1928, S. 284.
52 Simmel: „Exkurs über den Fremden", S. 509f.

Land vertraut ist, ist bereits stark. Wem aber die ganze Welt fremd ist, der hat Vollkommenheit erreicht."[53]

## Bibliographie

Arendt, Hannah: *The Origins of Totalitarianism*. New York 1951.
Auerbach, Erich: *Mimesis. Dargestellte Wirklichkeit in der abendländischen Literatur* [1946]. Tübingen, Basel [10]2001.
Auerbach, Erich: „Philologie der Weltliteratur". In: Ders.: *Gesammelte Aufsätze zur romanischen Philologie*. Bern, München 1968, S. 301–310.
Barck, Karlheinz u. Martin Treml (Hg): *Erich Auerbach. Geschichte und Aktualität eines europäischen Philologen*. Berlin 2007.
Becker, Sabina: „Die literarische Moderne im Exil. Kontinuitäten und Brüche der Stadtwahrnehmung". In: *Exilforschung. Ein internationales Jahrbuch* 20 (2002): *Metropolen des Exils*, S. 36–52.
Becker, Sabina u. Robert Krause (Hg.): *Exil ohne Rückkehr. Literatur als Medium der Akkulturation nach 1933*. München 2010.
Benz, Wolfgang (Hg.): *Das Exil der kleinen Leute. Alltagserfahrung deutscher Juden in der Emigration*. München 1991.
Bloch, Ernst: „Disrupted Language – Disrupted Culture". In: *Direction* 8 (1939) H. 2, S. 16–17.
Braese, Stephan: „Fünfzig Jahre ‚danach'. Zum Antifaschismus-Paradigma in der deutschen Exilforschung". In: *Exilforschung. Ein internationales Jahrbuch* 14 (1996): *Rückblick und Perspektiven*, S. 133–149.
Braese, Stephan: „Exil und Postkolonialismus". In: *Exilforschung. Ein internationales Jahrbuch* 27 (2009): *Exil, Entwurzelung, Hybridität*, S. 1–19.
*Deutsche Literatur der Flüchtlinge aus dem Dritten Reich. Tagungsprotokoll T. II des Symposiums in Stockholm vom 19.9.69–21.9.69*. Mimeo.
Eagleton, Terry: *Figures of Dissent. Critical Essays on Fish, Spivak, Zizek and Others*. London, New York 2003.
Enzensberger, Hans Magnus: „Gemeinplätze, die Neueste Literatur betreffend". In: *Kursbuch* 15. Frankfurt/M. 1968, S. 187–197.
*Die Erfahrung der Fremde. Kolloquium des Schwerpunktprogramms „Exilforschung" der Deutschen Forschungsgemeinschaft*. Forschungsbericht. Hg. v. Manfred Briegel u. Wolfgang Frühwald. Weinheim 1988.
*Exil-Literatur 1933–1945. Eine Ausstellung der Deutschen Bibliothek, Frankfurt am Main (Sammlung Exil-Literatur)*. Frankfurt/M. 1965, 3. erw. u. verb. Aufl. 1967.

---

[53] Auerbach: „Philologie der Weltliteratur", S. 310: „Delicatus ille est adhuc cui patria dulcis est, fortis autem cui omne solum patria est, perfectus vero cui mundus totus exilium est." Edward Said hat diesen Satz für seine eigenen Arbeiten übernommen. Siehe Edward W. Said: „Reflections on Exile". In: Ders.: *Reflections on Exile and Other Literary and Cultural Essays*. London 2001, S. 173–186, Zitat S. 185: „The man who finds his homeland sweet is still a tender beginner; he to whom every soil is as his native one is already strong; but he is perfect to whom the entire world is as a foreign land."

Fraenkel, Ernst: *The Dual State. A Contribution to the Theory of Dictatorship*. New York u.a. 1941.
Frühwald, Wolfgang u. Wolfgang Schieder (Hg.): *Leben im Exil. Probleme der Integration deutscher Flüchtlinge im Ausland 1933–1945*. Hamburg 1981.
Gay, Peter: „Weimar Culture: The Outsider as Insider". In: *The intellectual Migration. Europe and America 1930–1960*. Hg. v. Donald Fleming u. Bernard Bailyn. Cambridge, Mass. 1969, S. 11–93.
Glum, Friedrich: *Das geheime Deutschland. Die Aristokratie der demokratischen Gesinnung*. Berlin 1930.
Gumpert, Martin: *First Papers*. New York 1941.
Hans, Jan u. Werner Röder: „Emigrationsforschung". In: Akzente 20 (1973), S. 580–591.
Hoffmann, Christhard: „Zum Begriff der Akkulturation". In: *Handbuch der deutschsprachigen Emigration 1933–1945*. Hg. v. Claus-Dieter Krohn u.a. Darmstadt ²2008, Sp. 117–126.
Horkheimer, Max: „Die Juden und Europa". In: Zeitschrift für Sozialforschung 8 (1939) H. 1/2, S. 115–137.
Jarmatz, Klaus: *Literatur im Exil*. Berlin 1966.
Jünger, Ernst: *Die totale Mobilmachung*. Berlin 1931.
Kantorowicz, Ernst: *Kaiser Friedrich der Zweite*. Berlin 1927.
Kantorowicz, Ernst: „Das Geheime Deutschland. Vorlesung, gehalten bei der Wiederaufnahme der Lehrtätigkeit am 14. November 1933". In: *Ernst Kantorowicz. Erträge der Doppeltagung Institute for Advanced Study, Princeton, Johann Wolfgang Goethe-Universität, Frankfurt*. Hg. v. Robert L. Benson u. Johannes Fried. Stuttgart 1997, S. 77–93.
Kreis, Gabriele: *Frauen im Exil. Dichtung und Wirklichkeit*. Düsseldorf 1984.
Krohn, Claus-Dieter: *Wissenschaft im Exil. Deutsche Sozial- und Wirtschaftswissenschaftler in den USA und die New School for Social Research*. Frankfurt/M., New York 1987.
Krohn, Claus-Dieter: „Differenz oder Distanz? Hybriditätsdiskurse deutscher refugee scholars im New York der 1930er Jahre". In: *Exilforschung. Ein internationales Jahrbuch 27 (2009): Exil, Entwurzelung, Hybridität*, S. 20–39.
Lethen, Helmut: *Verhaltenslehren der Kälte. Lebensversuche zwischen den Kriegen*. Frankfurt/M. 1994.
Lips, Eva: *Rebirth in Liberty*. New York 1942.
Löwe, Adolf: *The Price of Liberty. A German on Contemporary Britain*. London 1937, 3 Aufl. 1948.
Loewy, Ernst: „Zum Paradigmenwechsel in der Exilliteraturforschung". In: *Exilforschung. Ein internationales Jahrbuch 9 (1991): Exil und Remigration*, S. 208–217.
Neumann, Franz: *Behemoth. The Structure and Practice of National Socialism*. New York u.a. 1942.
Neumann, Sigmund: *Permanent Revolution. The Total State in a World of War*. New York u.a. 1942.
Paetel, Karl-O.: *Ernst Jünger. Die Wandlung eines deutschen Dichters und Patrioten*. (= Dokumente des Anderen Deutschland. Hg. v. Friedrich Krause, Bd. 2). New York 1946.
Peck, Abraham J. Ed.: *The German-Jewish Legacy in America, 1938–1988. From Bildung to the Bill of Rights*. Detroit 1989.
Plessner, Helmuth: *Grenzen der Gemeinschaft. Eine Kritik des sozialen Radikalismus* [1924]. Frankurt/M. 2002.
*Protokoll des II. Internationalen Symposiums zur Erforschung des deutschsprachigen Exils nach 1933 in Kopenhagen 1972*. Hg. v. Deutschen Institut der Universität Stockholm. Stockholm 1972. Mimeo.
Quack, Sibylle (Hg.): *Between Sorrow and Strength. Women Refugees of the Nazi Period*. Washington, D.C., New York 1995.

Reiter, Andrea: *Die Exterritorialität des Denkens. Hans Sahl im Exil*. Göttingen 2007.
Röder, Werner: *Die deutschen sozialistischen Exilgruppen in Großbritannien 1940–1945. Ein Beitrag zur Geschichte des Widerstandes gegen den Nationalsozialismus* (= Schriftenreihe des Forschungsinstituts der Friedrich-Ebert-Stiftung, Bd. 58). Bonn-Bad Godesberg 1968, 2. verb. Aufl. 1972.
Said, Edward W.: „Reflections on Exile". In: Ders.: *Reflections on Exile and Other Literary and Cultural Essays*. London 2001, S. 173–186.
Sandner, Günter: „Was das Klima aus uns gemacht hat". In: *Frankfurter Allgemeine Zeitung* v. 26.03.2011.
Şenocak, Zafer: *Deutschsein. Eine Aufklärungsschrift*. Hamburg 2011.
Simmel, Georg: „Exkurs über den Fremden" [1908]. In: Ders.: *Soziologie. Untersuchungen über die Formen der Vergesellschaftung*. Unveränd. Nachdruck der 1923 erschienenen 3. Aufl. Berlin 1958, S. 509–512.
Spies, Bernhard: „Exilliteratur – ein abgeschlossenes Kapitel? Überlegungen zu Stand und Perspektiven der literaturwissenschaftlichen Exilforschung". In: *Exilforschung. Ein internationales Jahrbuch* 14 (1996): *Rückblick und Perspektiven*, S. 11–30.
Stephan, Alexander: *Die deutsche Exilliteratur 1933–1945*. München 1979.
Trojanow, Ilija: „Exil als Heimat". In: *Intellektuelle im Exil*. Hg. v. Peter Burschel, Alexander Gallus u. Markus Völkel. Göttingen 2011, S. 9–18.
Vordtriede, Werner: „Vorläufige Gedanken zu einer Typologie der Exilliteratur". In: *Akzente. Zeitschrift für Literatur* 15 (1969) H. 6, S. 556–575.
Walter, Hans-Albert: „Deutsche Literatur im Exil. Ein Modellfall für die Zusammenhänge von Literatur und Politik". In: *Merkur* 25 (1971), S. 77–84.
Walter, Hans-Albert: „‚Öfter als die Schuhe die Länder wechselnd…'. Ein Überblick über die deutsche Emigration nach 1933". In: *Büchergilde Gutenberg: Bibliothek Exilliteratur* (Prospekt). Frankurt/M. o.J.
Weber, Regina: „Der emigrierte Germanist als ‚Führer' zur deutschen Dichtung? Werner Vordtriede im Exil". In: *Exilforschung. Ein internationales Jahrbuch* 13 (1995): *Kulturtransfer im Exil*, S. 137–165.
Winckler, Lutz: „Die geistige Krise und die Rolle der antifaschistischen Literatur". In: *Sammlung. Jahrbuch für antifaschistische Literatur und Kunst* 2 (1979), S. 6–15.
Winckler, Lutz: „Mythen der Exilforschung". In: *Exilforschung. Ein internationales Jahrbuch* 13 (1995): *Kulturtransfer im Exil*, S. 68–81.
Wirth, Louis: *The Ghetto*. Chicago 1928.

Sabina Becker
# Transnational, interkulturell und interdisziplinär: Das Akkulturationsparadigma der Exilforschung

## Bilanz und Ausblick

Will man die Exilliteraturforschung der letzten Jahrzehnte bilanzieren und ihr zugleich neue Perspektiven aufzeigen, so scheint es sinnvoll, dem Themenkomplex der Akkulturation weiterhin Aufmerksamkeit zu schenken;[1] und damit auch jenen Autorinnen und Autoren, die sich von der verlorenen Heimat und der im Exil brüchig gewordenen Identität gezielter lösten, vielleicht gar von Beginn an einen „Weg ohne Rückkehr" präferierten, also einen *voie barée* gegangen sind, so der Titel von Ernst Erich Noths 1937 erschienenem autobiografischem Roman;[2] oder auch weil sie das Exil, und das gilt vor allem für die jüngere Autorengeneration, als „schöpferische Handlung" annahmen – als solche hat, wenn

---

[1] Vgl. Herbert A. Strauss: „Zur sozialen und organisatorischen Akkulturation deutschjüdischer Einwanderer der NS-Zeit in den USA". In: *Leben im Exil. Probleme der Integration deutscher Flüchtlinge im Ausland 1933–1945*. Hg. v. Wolfgang Frühwald u. Wolfgang Schieder. Hamburg 1981, S. 235–259; Ders.: „Akkulturation als Schicksal. Einleitende Bemerkungen zum Verhältnis von Juden und Umwelt". In: *Juden und Judentum in der deutschen Literatur*. Hg. v. Ders. u. Christhard Hoffmann. München 1985, S. 9–26; Christhard Hoffmann: „Zum Begriff der Akkulturation". In: *Handbuch der deutschsprachigen Emigration 1933–1945*. Hg. v. Claus-Dieter Krohn, Patrick von zur Mühlen, Gerhard Paul u. Lutz Winckler in Zusammenarbeit mit der Gesellschaft für Exilforschung. Darmstadt 1998, Sp. 117–126; Sabina Becker: „Zwischen Akkulturation und Enkulturation. Anmerkungen zu einem vernachlässigten Autorinnentypus: Jenny Aloni und Ilse Losa". In: *Exilforschung. Ein internationales Jahrbuch* 13 (1995): *Kulturtransfer im Exil*, S. 114–136; Marita Krauss: „Integration und Akkulturation. Eine methodische Annäherung an ein vielschichtiges Problem". In: *Migration und Integration. Aufnahme und Eingliederung im historischen Wandel*. Hg. v. Dies., Mathias Beer u. Martin Kintzinger. Stuttgart 1997, S. 11–25; Sabina Becker: „‚Weg ohne Rückkehr'. Akkulturation deutschsprachiger Autoren im Exil". In: *Nationalsozialismus und Exil 1933–1945* (= Hansers Sozialgeschichte der deutschen Literatur, Bd. 9). Hg. v. Wilhelm Haefs. München 2009, S. 245–265.
[2] Ernst Erich Noth: *La voie barée*. Paris 1937; dt. *Weg ohne Rückkehr*. Frauenfeld, Stuttgart 1982. – „Die Fahrt ins Exil" sei, so heißt es in Carl Zuckmayers Autobiografie *Als wär's ein Stück von mir*, „‚the journey of no return'. Wer sie antritt oder von der Heimkehr träumt, ist verloren" (S. 461).

auch im Nachhinein, Vilém Flusser explizit die „Freiheit des Migranten" hervorgehoben.³

Das seit Ende der 1990er Jahre benannte Akkulturationsparadigma konzentriert sich auf solche Dimensionen und Schicksale der mit der Machtübertragung auf die Nationalsozialisten beginnenden Emigration; es hat sich für das Verstehen des Exils wie auch der Exilliteratur als äußerst produktiv erwiesen. Denn über die Fokussierung der lange (zu) wenig berücksichtigten Bereitschaft vieler Exilierter zur kulturellen, mentalen und gesellschaftlichen Anpassung an das Gastland und zur sozialen Assimilation in neue und als fremd erfahrene Mehrheitsgesellschaften eröffnete sich für die Exilforschung insgesamt und für die Exilliteraturforschung im Speziellen die Möglichkeit, an aktuellen kulturwissenschaftlichen Themenfeldern wie Hybridität und Alterität, Interkulturalität, Performanz- und Differenzforschung sowie an Debatten um transnationale Migration zu partizipieren; sind doch mit dem Komplex Akkulturation die Erfahrung und literarische Verarbeitung der Fremde bzw. von Fremdheit sowie die Ausbildung interkultureller Identitäten angesprochen und darüber zugleich Strategien kulturellen Fremdverstehens in den Blick zu nehmen. Für eine so ausgerichtete Exilliteraturforschung bietet sich ferner die Chance der Rückkopplung an gegenwärtige Prozesse der Globalisierung und Migration und hiermit auch an die heutige Migrationsforschung. Zugleich kann sie als Fremdheitsforschung eindrucksvoll die Notwendigkeit und Effektivität einer kulturwissenschaftlichen Wende der Literaturwissenschaften bestätigen; denn die Darstellung der Bedingungen und Modalitäten von Fremdheits- und Alteritätserfahrungen gehört zum kulturanthropologischen Bestand von Literatur. Eine Exilforschung, die das Moment des Exilierens und die Erfahrung des Exils eben nicht nur von Deutschland aus, unter dem Aspekt der Heimat (mithin unter einem Begriff, der im Anschluss an die Idee von *Heimat als Utopie*⁴ ohnehin seit Jahren Differenzierungen erfährt) und des Heimatverlusts, sondern auch in Bezug auf die Exilorte und die sich verändernden, changierenden Exil-Identitäten untersucht, wird auch entscheidende Hinweise zu aktuellen kulturwissenschaftlichen Debatten, etwa um Alterität, Identität, Fremdheit, Migration oder Raumerfahrung geben können.

Mit einer solchen Schwerpunktsetzung sollen keineswegs die destruktive Kraft und Dimension des erzwungenen Exils oder die Tragweite von Heimatver-

---

3 Vilém Flusser: „Exil und Kreativität" [1984/85]. In: Ders.: *Von der Freiheit des Migranten. Einsprüche gegen den Nationalismus.* Zusammengestellt von Stefan Bollmann. Berlin, Wien 2007, S. 103–109, Zitat S. 103.
4 Vgl. Bernhard Schlink: *Heimat als Utopie.* Frankfurt/M. 2000.

lust und Identitätsverunsicherung relativiert werden. Doch neben der Emigration als Leid- und Verlusterfahrung gab es eben auch die z. B. von Flusser konstatierte Verschränkung von „Exil und Kreativität" – Flusser überlebte und lebte nach seiner ersten Londoner Exilstation seit 1940 in Brasilien.

Die Exilforschung der letzten Jahrzehnte war ohne Zweifel auf hohem Niveau verfasst, nahm weitsichtig und produktiv neue Themenfelder in den Blick; dennoch stellt sich die Frage, ob es symptomatisch ist, dass eine im Herbst 2011 in Los Angeles im Auftrag der Lion-Feuchtwanger-Gesellschaft organisierte Tagung das Exil unter dem Aspekt der Rückkehr oder der Entscheidung für das Aufnahmeland USA (unter dem Titel *to stay or not to stay*) diskutierte;[5] in Deutschland indes seit 2009 der Band der prominenten Hanser-Sozialgeschichte nach fast 10 Jahren Bearbeitungszeit vorliegt, der einen ganz anderen, fast eigenwilligen Akzent setzt: Und zwar die Zusammenschau bzw. Zusammenführung von *Nationalsozialismus und Exil 1933–1945* – so der Titel des Bandes,[6] der sodann ohne weiterführende Trennung und ausreichend überzeugende Begründung die literarischen Entwicklungen in der Zeit von 1933 bis zum Ende des Zweiten Weltkriegs und des Dritten Reichs verhandelt. Er kündigt damit einen Konsens auf, den die Forschung seit nunmehr vier Jahrzehnten bestimmte: Zum einen die Übereinkunft, dass das politische Datum 1945 keineswegs das Ende des Exils und schon gar nicht das Ende der Exilliteratur (auch nicht verstanden als epochale Einheit) bedeutete; und zum andern die Notwendigkeit einer differenzierten Beschreibung der im Exil verfassten Literatur, differenziert in einem dezidiert sozialgeschichtlich verstandenen Sinn, so dass sie von einer unter den Bedingungen des nationalsozialistischen Deutschlands verfassten Literatur der Inneren Emigration wenn zwar nicht losgelöst zu behandeln, aber doch zu unterscheiden ist. Denn die Exilsituation und die im Exil für Schriftsteller sich ergebenden politischen, gesellschaftlichen und kulturellen Konstellationen waren gänzlich andere als in Nazideutschland, und diese Unterschiede zeitigten zudem literaturpolitische, literarästhetische und gattungstypologische Konsequenzen. Es stellt sich daher die Frage, ob die Literatur des Exils gemeinsam mit der der Inneren Emigration und der im Nationalsozialismus entstandenen Literatur zu behandeln ist; zumindest kann ein solches Konzept im Jahr 2009 kaum als innovativ und perspektivisch gelten: Denn zwar thematisiert der Band auch

---

5 Vgl. hierzu den demnächst in den *Feuchtwanger Studies* erscheinenden Tagungsband: *To stay or not to stay? German-Speaking Exiles in Southern California after 1945*. Hg. v. Ian Wallace. Frankfurt/M. 2013.
6 Wilhelm Haefs (Hg.): *Nationalsozialismus und Exil 1933–1945* (=Hansers Sozialgeschichte der deutschen Literatur, Bd. 9). München 2009.

die Phänomene der „Akkulturation und Enkulturation im Exil"[7], den Fokus jedoch legt er auf die Literatur der Inneren Emigration.

Statt Exil mit Nationalsozialismus zusammenzudenken, sollte die Exilliteraturforschung vielmehr an jene Paradigmen stärker Anschluss finden, die für die in der Inneren Emigration entstandene Literatur keinerlei Relevanz besitzen. An jene internationalen Standards also, die gerade über die Orientierung an Akkulturations- und Hybriditätsforschungen vor allem angelsächsischer Provenienz einzulösen sind und die sich primär der Migrationsforschung verdanken. Zweifelsohne wurde das Akkulturationsparadigma, und das heißt auch die Erweiterung der Exilforschung über die Akkulturations- und Hybriditäts- bzw. Alteritätstheorien, schon in den 1990er Jahren angemahnt und als Forschungsfeld zumindest benannt; ausdrücklich ist auf den Band von Frühwald/Schieder hinzuweisen,[8] wurde hier doch erstmals die soziale und kulturelle Integration von Emigranten in ihre jeweiligen Gastländer für den Zuständigkeitsbereich der Exilforschung reklamiert; ferner auf die Bände der *Exilforschungs*reihe, insbesondere auf den zu *Exil, Entwurzelung, Hybridität* von 2009, der allerdings den Aspekt der Akkulturation in Verbindung mit der Idee des Hybriden nur am Rande reflektiert;[9] weiterhin auf die Bände zum *Kulturtransfer im Exil* aus dem Jahr 1995 und zur jüdischen Emigration unter dem Titel *Zwischen Assimilation und Verfolgung, Akkulturation und jüdischer Identität*.[10] Doch ungeachtet einer solchen Schwerpunktsetzung kann Alexander Stephan nicht ganz zu Unrecht seinen 2005 erschienenen Band *Exile and Otherness* noch im Untertitel als „New Approaches to the Experience of the Nazi Refugees" ankündigen;[11] und auch der 2010 erschienene, von Robert Krause und mir herausgegebene Band zum Thema *Literatur als Medium der Akkulturation*, der in der Zusammenarbeit von Promovierenden und Studierenden erarbeitet wurde, konnte zahlreiche Desiderate benennen und bei weitem nicht alle beheben (aber zugleich auch den Beleg erbringen, wie interessiert die jüngere Generation von Wissenschaftlern und Studenten an diesem Thema nach wie vor ist).[12]

---

7 Becker: „‚Weg ohne Rückkehr'. Akkulturation deutschsprachiger Autoren im Exil".
8 Frühwald u. Schieder (Hg.): *Leben im Exil*.
9 *Exilforschung. Ein internationales Jahrbuch* 27 (2009): *Exil, Entwurzelung, Hybridität*.
10 *Exilforschung. Ein internationales Jahrbuch* 13 (1995): *Kulturtransfer im Exil*; *Exilforschung. Ein internationales Jahrbuch* 19 (2001): *Jüdische Emigration zwischen Assimilation und Verfolgung, Akkulturation und jüdischer Identität*.
11 Alexander Stephan (Hg.): *Exile and Otherness: New Approaches to the Experience of the Nazi Refugees*. Oxford u.a. 2005.
12 Sabina Becker u. Robert Krause (Hg.): *Exil ohne Rückkehr. Literatur als Medium der Akkulturation nach 1933*. München 2010.

Akkulturationsprozesse sind bislang vor allem in der sozialwissenschaftlichen, historischen, anthropologischen und psychologischen Literatur, vornehmlich im angelsächsischen Bereich, diskutiert worden. Infolge der Verwendung des Terminus ‚Akkulturation' innerhalb verschiedener Disziplinen wie Soziologie, Kulturanthropologie, Psychologie, Geschichte, Judaistik und nicht zuletzt auch der Exilforschung kann man von einer Migration des Begriffs selbst sprechen. Erwähnenswert sind die Studien von Padilla und Pozzetta;[13] zu nennen sind aber auch die Arbeit des deutschen Soziologen Friedrich Heckmann über *Ethnische Minderheiten, Volk und Nation* aus dem Jahr 1992 oder die „methodische[n] Annäherung[en]" von Marita Krauss in dem Aufsatz *Integration und Akkulturation*.[14] Zwar musste Christhard Hoffmann noch 1998 in seinem Beitrag über Akkulturation im *Handbuch der deutschsprachigen Emigration 1933–1945* feststellen, dass der Prozess der Akkulturation „gerade im Bereich des literarischen und künstlerischen Exils [...] noch weitgehend unerforscht" sei; zugleich prognostizierte er jedoch ein ansteigendes Interesse der Exilforschung, die gerade im Hinblick auf die zunehmende Relevanz der Migrationsforschung und auf Fragen der interkulturellen Identitätsbildungen aus den Methoden und Modellen der Akkulturationstheorie großen Nutzen ziehen könne. Die 2006 erarbeiteten Ausstellungen zu „Heimat und Exil"[15] (gezeigt im Berliner Jüdischen Museum und dem ‚Haus der Geschichte' in Bonn) und zu AutorenInnen im Exil, wie die vom ‚Deutschen Auswandererhaus' Bremerhaven in Zusammenarbeit mit dem Buddenbrookhaus Lübeck und dem Literaturhaus München unter dem Titel *Pacific Palisades. Wege deutschsprachiger Schriftsteller ins kalifornische Exil 1932–1941*[16] organisierte, haben diese Einschätzung sodann eindrucksvoll bestätigt.

Eine Exilliteraturforschung, die nun an diesen Forschungsstand Anschluss finden will, muss die vorhandenen Ansätze und Modelle eruieren, um ein in Relation zu Begriffen wie Multikulturalismus, Assimilation, Interkulturalität und kultureller Differenz möglichst konkretes, facettenreiches und vor allem

---

**13** Amando M. Padilla (Hg.): *Acculturation. Theory, Models and Some New Findings*. Boulder 1980; George E. Pozzetta (Hg.): *Assimilation, Acculturation and Social Mobility*. New York, London 1991.
**14** Friedrich Heckmann: *Ethnische Minderheiten, Volk und Nation. Soziologie inter-ethnischer Beziehungen*. Stuttgart 1992; Krauss: „Integration und Akkulturation".
**15** *Heimat und Exil. Emigration der deutschen Juden nach 1933*. Hg. v. d. Stiftung Jüdisches Museum Berlin u. Stiftung Haus der Geschichte der Bundesrepublik Deutschland. Begleitbuch zur Ausstellung. Berlin 2006.
**16** Silke Schulenburg, Heinrich Wefing u. Simone Eick (Hg.): *Pacific Palisades. Wege deutschsprachiger Schriftsteller ins kalifornische Exil 1932–1941*. Lübeck 2006.

historisch differenziertes Bild verschiedener Phasen und Aspekte kollektiver und auch individueller Akkulturation zu gewinnen – denn Literatur dürfte sich gerade mit letzterer, der individuellen Form also, auseinandersetzen. Vier Aspekte bzw. Forschungsfelder sind hierbei relevant und aussichtsreich:

1. Die Erweiterung des Textkorpus, und das bedeutet weiterhin – wie die vergangenen vier Jahrzehnte – eine quellenorientierte und materialgestützte Exilliteraturforschung.
2. Eine stärkere Einbindung derselben in die Praxis und Methodik der Interkulturellen Germanistik.
3. Die Entwicklung einer Akkulturations- und Kulturtheorie in Verbindung mit der Migrationsforschung insgesamt und dem Akkulturationsparadigma im Besonderen.
4. Die stärkere Fokussierung auf den Zusammenhang von Exil und Moderne bzw. Exilliteratur und kultureller Moderne.

## 1 Erweiterung des Textkorpus und quellenorientierte und materialgestützte Exilliteraturforschung

Mit der Ausweitung der Exilliteraturforschung über das Akkulturationsparadigma ist nicht nur eine Verschiebung der epochalen Grenzen und Festlegungen verbunden, mithin die Verlängerung der Exilepoche weit über das Jahr 1945 bzw. 1950 hinaus angeregt. Vielmehr hat man es zudem mit einem internationalen Textkorpus zu tun, das nahezu unüberschaubar ist, vor allem, weil es nicht oder nicht ausschließlich im Kanon der deutschsprachigen Literatur integriert oder zu integrieren ist. Auch sind nach wie vor längst nicht alle Nachlässe jener exilierten AutorenInnen recherchiert und erfasst, die Deutschland 1933 oder in den Jahren danach verlassen haben und nach dem Fall des nationalsozialistischen Regimes in ihren jeweiligen Exil- bzw. Gastländern geblieben sind. Nicht viele AutorenInnen haben einen solchen Mentor gefunden wie der im Mai 2011 verstorbene Hans Keilson mit Heinrich Detering, der eine zweibändige Werkausgabe des deutschstämmigen, niederländisch-jüdischen Autors erarbeitete und diesen in den Kanon der deutschsprachigen Literatur reintegrierte[17] – Keilson überlebte und lebte seit 1936 in den Niederlanden. Allerdings dürfte man diesen Autor noch als einen ‚leichten Fall' bezeichnen, schrieb Keilson doch auch im niederländischen Exil, genauer in jenem Zustand des *In der Fremde zuhause*

---

17 Hans Keilson: *Werke in zwei Bänden*. Hg. v. Heinrich Detering, Gerhard Kurz. Frankfurt/M. 2005.

Seins, von dem er selbst gesprochen hat,[18] seine literarischen Werke in deutscher Sprache, was nur etwa die Hälfte der betroffenen AutorenInnen so entschieden hat.

Mit Blick auf die bislang nicht restlos erfasste, geschweige denn bearbeitete Literatur der im Exil akkulturierten AutorInnen dürfen die bereits 1991 konstatierte fehlende „wissenschaftliche Eigenständigkeit" der Exilliteratur und vor allem die diagnostizierte Intention einer „Selbstaufhebung"[19] der Exilforschung als nicht haltbar zurückgewiesen werden; denn dann müsste sich auch die Goethe-Forschung und die Thomas Mann-Forschung ‚selbst aufheben'. Sind die Werke dieser Autoren doch tatsächlich umfassend ausinterpretiert, die editorische Erschließung der Texte mehr oder weniger geleistet. Hermann Haarmann, von dem diese Diagnose stammt, hat sie wohl im Anschluss an eine wenig glückliche Formulierung Wolfgang Frühwalds gewählt: „Ziel der Exilforschung muß es sein, sich selbst eines Tages überflüssig zu machen"[20], schrieb dieser in der Einleitung zu dem zusammen mit Wolfgang Schieder im Jahr 1981 herausgegebenen Band *Leben im Exil. Probleme der Integration deutscher Flüchtlinge im Ausland 1933–1945*. Gemeint waren das Ziel der Erschließung möglichst vieler Nachlässe exilierter Autoren, die Aufarbeitung der im Exil entstandenen Literatur sowie die Reintegration der vertriebenen Autoren in die deutsche Literaturhistorie. Nimmt man dieses Ziel ernst, so ist es bis heute nicht erreicht, ein „abgeschlossenes Kapitel",[21] wie Bernhard Spies 1996 bilanzierte, ist die Exilliteratur nun doch sicher nicht. Zum einen, wie gesagt, wegen der keineswegs restlos erschlossenen Nachlässe gerade der zur Debatte stehenden, nicht nach Deutschland zurückgekehrten AutorenInnen wie auch der längst nicht abgeschlossenen Auswertung der entsprechenden Werke. Zum andern ist das Potential der Exilliteraturforschung, das ihr als eine interkulturell verstandene Literaturwissenschaft implizit ist, bei weitem nicht ausgeschöpft. Hierfür muss sie sich allerdings öffnen, sei es hin zu einer Kulturtheorie unter dem Stichwort der Akkulturation, sei es hin zu einer Migrationsforschung mit den Schwerpunkten

---

**18** Hans Keilson: „In der Fremde zuhause" [1997]. In: *Vergegenwärtigungen des zerstörten jüdischen Erbes. Franz-Rosenzweig-Gastvorlesungen Kassel 1987–1998*. Hg. v. Wolfdietrich Schmied-Kowarzik. Kassel 1997.
**19** Hermann Haarmann: „In der Fremde schreiben. Aspekte der Exilpublizistik. Eine Problemskizze". In: *Exilforschung. Ein internationales* Jahrbuch 7 (1989): *Publizistik im Exil und andere Themen*, S. 11–20.
**20** Frühwald u. Schieder: Einleitung zu Dies. (Hg.): *Leben im Exil*, S. 10.
**21** Bernhard Spies: „Exilliteratur – ein abgeschlossenes Kapitel? Überlegungen zu Stand und Perspektiven der literaturwissenschaftlichen Exilforschung". In: *Exilforschung. Ein internationales Jahrbuch* 14 (1996): *Rückblick und Perspektiven*, S. 11–30, Zitat S. 11.

Alterität und Hybridität. Jene Vertreter der Exil- und Exilliteraturforschung, die letzteres strikt ablehnen, sollten bei ihrer Kritik nicht vergessen, welche innovative Position ein solcher Ansatz reklamieren könnte: Denn fast alle für eine moderne Migrationsforschung und kulturwissenschaftliche Philologie oder für die Kulturwissenschaften insgesamt wichtigen Aspekte sind ihr immanent: Die Frage nach dem Fremden und dem Eigenen, die Erfahrung und literarische Verarbeitung der Fremde, aber auch von Fremdheit, Identität, Alterität und Hybridität, der interkulturelle Austausch und Dialog, also insgesamt jene Parameter einer „kulturwissenschaftliche[n] Xenologie", wie sie Alois Wierlacher für eine interkulturelle Germanistik geltend gemacht hat.[22] Über diesen Weg kann eine Exilliteraturforschung sich zwischen einer weiterhin materialorientierten Grundlagenforschung auf der einen und einer theoriegestützten Interkulturalitäts- und Migrationsforschung auf der anderen Seite positionieren, um so selbst Erfahrungshorizonte für globalisierte interkulturelle Gesellschaften aufzuweisen, aber auch Impulse für eine Gesellschafts- und Kulturtheorie zu geben.

## 2 Exilliteraturforschung als interkulturelle Literaturwissenschaft

Mit dem Verweis auf den Themenkomplex der kulturwissenschaftlichen Xenologie ist ein weiterer Punkt angesprochen, und zwar die Perspektive einer über das Akkulturationsthema erweiterten Exilliteraturforschung, die sich als eine interkulturelle Germanistik respektive Literaturwissenschaft versteht. Sinnvoll erscheint eine solche Anbindung schon deshalb, weil das Exil in vielen Fällen eine dezidiert interkulturelle Erfahrung war. Es mag nicht gerade die der bekannten AutorenInnen im Exil wie die von Heinrich und Thomas Mann,[23] Alfred Döblin, Bertolt Brecht oder auch Anna Seghers gewesen sein – im Falle Lion Feuchtwangers stellt sich die Sache schon differenzierter dar; dennoch wurde von vielen das Exil als eine Erfahrung zwischen den Kulturen wahrgenommen, als eine Situation erlebt, die Literatur zwangsläufig zum Medium des

---

**22** Alois Wierlacher: „Kulturwissenschaftliche Xenologie. Ausgangslage, Leitbegriffe und Problemfelder". In: *Kulturthema Fremdheit*. Hg. v. Ders. München 1993, S. 19–112; Ders.: „Kulturwissenschaftliche Xenologie". In: *Konzepte der Kulturwissenschaften*. Hg. v. Ansgar u. Vera Nünning. Stuttgart, Weimar 2003, S. 280–306.
**23** Zu Thomas Mann vgl. allerdings: Hans Rudolf Vaget: *Thomas Mann, der Amerikaner. Leben und Werk im amerikanischen Exil, 1938–1952*. Frankfurt/M. 2011.

Akkulturationsprozesses und des Kulturtransfers werden ließ.[24] Fraglos blieb das Changierende der interkulturellen Prägung im Exil und im Akkulturationsverlauf überwiegend auf die ‚Exilierten' beschränkt, zu einem interkulturellen Austausch in dem Sinne, dass auch die jeweilige Aufnahmegesellschaft, das Gastland also, kulturelle Vorstellungen und Standards der Emigranten bzw. Immigrationswilligen annahm, kommt es bis auf wenige Ausnahmen nicht. Zu erinnern ist in diesem Zusammenhang an die literarische Darstellung Ellis Islands, das der französische Autor Georges Perec als den „eigentliche[n] Ort des Exils" bezeichnet hat.[25] Dort nämlich mussten die Neuankömmlinge demonstrieren, dass sie willig und fähig waren, Amerikaner oder Partizipanten des *american way of life and culture* zu werden.[26] Mit Blick auf die kaum vorhandenen Spuren der Immigranten aus Deutschland scheint diese Forderung nahezu restlos gelungen: In Los Angeles etwa, dem bedeutenden Exilort nach 1939, erinnert einzig die unter der Leitung der University of Southern California und der Bundesregierung stehende Villa Aurora, das von Lion und Martha Feuchtwanger 1943 erworbene Domizil in Pacific Palisades, an die deutsche Exilantenkolonie; die Villa dient seit 1995 als Künstlerresidenz und „deutsches Kulturdenkmal des Exils".[27] Die Spuren der zur Amerikanerin gewordenen Österreicherin Vicki Baum etwa sucht man hingegen in diesem Paradigma des Schmelztiegels, in dieser multiethnischen Metropole vergebens, von Hinweisen auf Alfred Döblin, Bertolt Brecht oder Heinrich Mann u.a. ganz zu schweigen.

Von dieser Einseitigkeit des interkulturellen Prozesses abgesehen, ist die Exilliteraturforschung gleichwohl mit Blick auf die akkulturationsbereiten Exulanten und intellektuellen wie kulturellen Grenzgänger als eine interkulturelle Philologie zu betreiben, da viele von ihnen diese Mechanismen des Hinübergleitens in eine andere Kultur und kulturelle Identität in ihren Werken beschrieben haben, sei es in Autobiografien oder in autobiografischen Romanen; genannt seien hier etwa die von Ilse Losa (*Unter fremden Himmeln*, 1963; Übersetzung 1991), Jenny Aloni (*Zypressen zerbrechen nicht*, 1961); Lore Segal (*Wo andere*

---

24 Vgl. hierzu Becker: „Zwischen Akkulturation und Enkulturation. Anmerkungen zu einem vernachlässigten Autorinnentypus: Jenny Aloni und Ilse Losa". – Aloni starb im Jahr 2000 in Palästina, Losa 2006 in Porto.
25 Georges Perec u. Robert Bober: *Geschichten von Ellis Island oder wie man Amerikaner macht*. Aus dem Französischen von Eugen Helmlé. Berlin 1997, S. 44.
26 Vgl. hierzu Sonia Goldblum: „‚Wie man Amerikaner macht'. Georges Perecs *Geschichten von Ellis Island*". In: *Exil ohne Rückkehr*. Hg. v. Becker u. Krause, S. 313–332.
27 Vgl. die Homepage der Villa Aurora: www.villa-aurora.org (Stand: 12.02.2013).

*Leute wohnen*, 2000);²⁸ Marthe Brill (*Der Schmelztiegel*, verfasst 1938–41; 2003) oder Hans Keilsons autobiografische Erinnerungen *Da steht mein Haus* von 2011.

Die zur Debatte stehende Literatur reflektiert die aus dem Kontakt mit dem jeweiligen Asylland resultierenden kulturellen Austauschprozesse, die bewältigten Akkulturationen schlagen sich in ihr sowohl thematisch als auch strukturell nieder. Sie ist gekennzeichnet durch Strategien interkultureller Abgrenzung, doch zugleich der Vermittlung, eben zwischen dem Erleben des Fremden und des Sich-Versicherns der früheren Identität, des zu diesem Zeitpunkt Eigenen und der neuen kulturellen Zugehörigkeit, sie spiegelt kulturelle Veränderungen, Brüche und den Wandel von Identitäten. Der in der Weimarer Republik und im Exil vor allem als Filmkritiker bekannt gewordene Manfred George, der langjährige Herausgeber der in New York erscheinenden deutsch-jüdischen Zeitschrift *Der Aufbau*, beschrieb dies wie folgt: „Zuerst ist es ‚immigration', später wird es ‚love'. Und dazwischen liegt die Wandlung eines Menschen."²⁹ Entsprechend ist die zur Debatte stehende Literatur (und Kultur) ein Dokument von gelungenem Kulturtransfer und praktizierter Inter- oder Transkulturalität, ein Zeugnis positiv erfahrener Alterität und Heterogenität in Europa und in anderen Teilen der Welt. Sie thematisiert das Verhältnis von Kollektiv und Individuum bzw. von Kollektivismus und Subjektivismus; hier sind zuallererst die spezifischen Rahmenbedingungen des jüdischen Exils in Palästina/Israel zu nennen, aber letztlich haben alle Akkulturationsprozesse mit diesem Phänomen zu tun. Eine dieser Literatur adäquate wissenschaftliche Forschung muss daher Teil jener Fremdheitsforschung sein, die nach den Grenzen des Verstehens und der Vermittlung fragt, ferner Verfahren der kulturellen Fremdwahrnehmung und der Akkulturation untersucht. Sie ist zudem als Teil der Identitätsforschung zu verstehen, denn die Mechanismen der Akkulturation sind auf jeden Fall mit Erfahrungen wie Identitätswechsel und Identitätsfindung verbunden; die Schwierigkeiten, sich in fremde Gesellschaften zu akkulturieren, sind die existenziellen, psycho-sozialen Probleme des assimilationswilligen Einzelnen. Im Zusammenhang mit dem Verhältnis von Selbst- und Fremdwahrnehmung ist der Umgang mit der Tradition von Interesse, und damit ist zugleich der Stellenwert eines kulturellen Gedächtnisses angesprochen. Die Exilliteraturforschung hat noch

---

28 Lore Segal: *Wo andere Leute wohnen*. Aus dem Amerikanischen von Sabine Illmer. Autobiographie 1938–1945. Wien 2003.
29 M.G. [= Manfred George]: „Elend, Charme, Liebe. Der Film ‚Hold Back The Dawn'". In: *Aufbau* 7 (1941) H. 42 (17.10.1941), S. 9; Vgl. hierzu: Jennifer Borrmann: „‚Bridging the gap'. Filmkritik und Akkulturation. Das Beispiel Manfred George". In: *Exil ohne Rückkehr*. Hg. v. Becker u. Krause, S. 112–138.

immer zu verhalten am Themenfeld der Erinnerungskulturen und Gedächtnistheorien partizipiert.[30] Exil, Exilerfahrung und Exilliteratur sind aber wohl zu jedem Zeitpunkt eingebunden in die Phänomene und Prozesse der Vergangenheitsbewältigung, der Verarbeitung oder Verdrängung des Verlusts von Heimat. Die im Exil, aber vor allem die im Zuge der Akkulturation entstandene Literatur ist Teil einer Erinnerungskultur, eines kollektiven und kulturellen Gedächtnisses, sei es im Hinblick auf die frühere Heimat, sei es hinsichtlich der Integration in eine fremde Gesellschaft. Schließlich meint Akkulturation nicht nur die soziale, sondern auch die sprachliche, kulturelle und literarische Integration von Emigranten in ihren jeweiligen Gastländern. Die Phänomene der sprachlichen Koexistenz und der sprachlichen Assimilation, des Sprachwechsels und der kulturellen Übersetzung, die Formen der Überlieferung, der jeweiligen Gattungen (Roman, Autobiografie, Tagebuch, Literatur- und Filmkritik wie Publizistik insgesamt) und letztlich auch die Positionierung im literarischen Feld des Gastlandes dürften dabei von Interesse sein.

## 3 Exilforschung als Teil der Migrationsforschung[31]

In vielen Ansätzen der gegenwärtigen literatur- und kulturwissenschaftlichen Diskussion wird nicht immer präzise genug zwischen den unterschiedlichen (etwa ökonomischen, politischen und kulturellen) Motiven sowie den abweichenden Aufnahmekonstellationen für Migranten differenziert; vielmehr besteht eine Neigung, sehr verschiedene Phänomene unter Begriffen wie Inter-/Transkulturalität, Multikulturalismus, Diaspora, multiethnische Kulturen etc. zu subsumieren. Dem kann eine Exilforschung entgegenwirken, die nicht nur die individuellen Migranten mit konkreten literarischen Texten und deren jeweilige ästhetische Verfahren analysiert, sondern auch die kulturellen Bedingungen im Aufnahmeland vergleichend systematisch in die Untersuchung integriert, d.h. Migrationsphänomene durch die Perspektive auf eine genau umrissene historische Situation (1933 bis ca. 1960) schärft. Zu integrieren sind daher nach wie vor politische, gesellschaftliche und kulturelle Rahmenbedingungen in den jeweiligen Exilländern, etwa die Haltung des Gastlandes, die Frage nach der Gewährung der Staatsbürgerschaft, der Arbeitserlaubnis usw. Solche Faktoren

---

30 Vgl. jedoch: *Exilforschung. Ein internationales Jahrbuch* 28 (2010): *Gedächtnis des Exils. Formen der Erinnerung.*
31 Dieser Teil integriert Ausführungen aus der Einleitung des folgenden Bandes: Becker u. Krause (Hg.): *Exil ohne Rückkehr*, S. 1–16.

sind – u.a. in der verdienstvollen, in den 1980er Jahren erschienenen Reihe des Röderberg Verlags[32] – umfassend aufgearbeitet; in Verbindung mit der Beschreibung von Akkulturationsprozessen sind sie jedoch kaum untersucht, sie gehören aber zwangsläufig zum Exil insgesamt und zur Erfahrung wie auch zum Themenfeld der Akkulturation im Besonderen.

Denn letzteres überschreitet kulturelle, fachliche, sprachliche und nicht zuletzt auch nationale Grenzen; der Komplex Akkulturation im Exil bedarf mithin – neben einer interkulturell und interdisziplinär ausgerichteten Literaturwissenschaft – einer Exilliteraturforschung, die in enger Verbindung zu Migrations- und Globalisierungsphänomenen ausgestaltet wird. Moderne Gesellschaften rücken in einem Prozess der internationalen Vernetzung enger zusammen, wobei es zu einer ‚Globalisierung der Differenz' kommt, die sowohl eine Hybridität der Kulturen und kultureller Identitäten entstehen lässt als auch deren Beobachtung und Beschreibung notwendig macht; eine solche *cultural diversity* legt die Verschränkung der Exilforschung mit der Migrationsforschung nahe, die sinnvoll über das Akkulturationsparadigma herzustellen ist. Denn indem in der Exilliteratur bereits Vorstellungen von Heimatlosigkeit angelegt sind, weist diese auf neuere philosophische und postkoloniale Konzepte der Hybridität und des Nomadischen voraus.[33] Zweifellos bilden vor dem Hintergrund weltweiter Migrationsprozesse entstandene Theoreme eine andere historische Wirklichkeit ab – der bereits erwähnte Anpassungswille der Emigranten und der durch die Exilländer ausgeübte Anpassungsdruck in den 1930er und 1940er Jahren wäre durch sie kaum angemessen zu beschreiben. Auch muss unter dem Vorzeichen der seit Jahren betonten Differenz und Differenzerfahrung der Begriff Akkulturation, sofern er einen Prozess kultureller Anpassung an eine mehr oder weniger homogene Mehrheitsgesellschaft meint, zwar nicht als überholt gelten; er unterliegt jedoch seit geraumer Zeit einer grundlegenden Reformulierung. Doch auf das für viele Flüchtlinge im Jahr 1933 beginnende Exil trifft er wegen der oben erwähnten Einseitigkeit des Akkulturationsprozesses im Sinne eines kulturellen Anpassungs- und Integrationsprozesses durchaus zu – hier wäre also zunächst einmal ein Unterschied zwischen Exilforschung und heutiger Migrationsanalyse festzuhalten. Denn die erklärt Akkulturation

---

[32] Wolfgang Kießling: *Kunst und Literatur im antifaschistischen Exil 1933 – 1945 in sieben Bänden.* Frankfurt/M. 1979ff.
[33] Vgl. Tobias Lachmann: „‚Exil' als literarisches Projekt. Nomadische Diskursformen in Klaus Manns *Der Vulkan. Roman unter Emigranten*". In: *Nomadische Existenzen. Vagabondage und Boheme in Literatur und Kultur des 20. Jahrhunderts. Mit einer Artur-Streiter-Bibliographie.* Hg. v. Walter Fähnders. Essen 2007, S. 75–101.

als eine Art Mittelweg zwischen Separatismus und völligem Verschwinden von ‚ethnic communities' und, unter stärkerer Betonung der individuellen Gestaltungsoptionen, als eine Möglichkeit für Angehörige von Minderheitengruppen und Immigranten, sich im gesellschaftlichen und kulturellen System zu verorten. Fokussierte die ältere Akkulturationsforschung den sukzessiven, wenn auch nicht unbedingt linearen und bruchlosen Prozess der Anpassung an eine fremde Kultur und wurden unterschiedliche Kulturen als Entitäten begriffen, so richten neuere Kulturtheorien – vor dem Hintergrund von Globalisierung und Migration – ihren Blick auf kulturelle Differenzen, auf Pluralität, auf das Konstruierte der Kultur, auf die Prozesse und Strategien der Identitäts- bzw. Alteritätsbildungen und deren Repräsentationen; weiterhin auf Zwischenexistenzen, Brüche und Grenzbereiche. Genau die aber prägen auch die Akkulturationsprozesse im Exil. Daher scheinen die innerhalb der germanistischen Exilliteraturforschung noch nicht umfassend integrierten neueren Akkulturationstheorien doch perspektivenreich, zumal sie Konzepte wie das der Hybridität der Kulturen und der subversiven Kraft des ausgeschlossenen Dritten[34] oder Grenzgängers[35] beinhalten. Denn diese lassen Modelle einer zwischen Heimat und Fremde oszillierenden Diaspora zu, die nicht mehr ausschließlich als *victim diaspora* verstanden werden will.[36] Auch auf kulturwissenschaftliche Konzeptionalisierungen des Leitbegriffs Interkulturalität als ‚dritter Ordnung' (sowie des *third space* nach Homi Bhabha) und des Fremden als dreipoliger Relation kann eine modern angelegte

---

34 Vgl. Homi K. Bhabha: *The Location of Culture*. London, New York 1994; Elisabeth Bronfen, Benjamin Marius u. Therese Steffen (Hg.): *Hybride Kulturen. Beiträge zur anglo-amerikanischen Multikulturalismusdebatte*. Tübingen 1997; zu komparativen Aspekten des Exils in Zusammenhang mit Postkolonialismus und Hybriditätsdebatten und zur methodischen Neuausrichtung der Exil- und Migrationsforschung vgl. *Exilforschung. Ein internationales Jahrbuch* 27 (2009): *Exil, Entwurzelung, Hybridität*.
35 Monika Fludernik u. Hans-Joachim Gehrke (Hg.): *Grenzgänger zwischen Kulturen*. Würzburg 1999; Abdul R. JanMohamed: „Worldliness-without-World, Homelessness-as-Home: Toward a Definition of the Specular Border Intellectual". In: *Edward Said. A critical Reader*. Hg. v. Michael Sprinker. Cambridge 1992, S. 9–120.
36 Stuart Hall: „Kulturelle Identität und Diaspora". In: Ders.: *Ausgewählte Schriften*, Bd 2. Rassismus und kulturelle Identität. Hg. und übersetzt von Ulrich Mehlem u.a. unter Mitarbeit von Britta Grell und Dominique John mit einer Bibliographie der Werke Halls von Juha Koivisto. Hamburg 1994, S. 26–43; Robin Cohen: *Global Diasporas: an introduction*. London 1997; Fludernik, Monika (Hg.): *Diaspora and Multiculturalism. Common Traditions and New Developments*. Amsterdam, New York 2003; Ruth Mayer: *Diaspora. Eine kritische Begriffsbestimmung*. Bielefeld 2005.

Exilliteraturforschung verpflichtet werden.[37] Überhaupt ist im Anschluss an den entessentialisierten Kulturbegriff gegenwärtiger kulturwissenschaftlicher Ansätze mit ihrer Aufwertung des Prozesshaften, Konstruierten und Hybriden ein weitaus offeneres und dabei komplexeres Bild von Prozessen der Akkulturation und des Kulturtransfers auch im Exil 1933–1950 zu gewinnen.[38] Einzubeziehen sind darüber ‚Zwischenformen', Formen ‚unvollständiger Akkulturation', die eher die Regel als die Ausnahme bilden und die auch die im Anschluss an das Exil vollzogenen Akkulturationsprozesse kennzeichnen. So praktizieren viele Autoren und Autorinnen im Exil keinen vollständigen Sprachwechsel, sondern schreiben, oft abhängig von der Textgattung, mehrsprachig, wobei insbesondere Lyrik weiterhin in der Muttersprache verfasst wird, andere Gattungen hingegen in der Sprache des Aufnahmelandes – so legt etwa die Psychoanalytikerin und Lyrikerin Ruth Selke Eissler, die Frau von Kurt Eissler, ihren Gedichtband *Gezeiten* in deutscher Sprache vor, ebenso Lola Landau, die Ehefrau Armin T. Wegners, die Lyrikerin und Brod-Erbin Ilse Ester Hoffe, Mirjam Michaelis oder Jenny Aloni. Auch das Scheitern einer angestrebten Akkulturation gerät in den Blick, z. B. bei AutorenInnen, die sich durch einen Sprachwechsel und die Wahl der literarischen Stoffe innerhalb des Aufnahmelandes ein literarisches Publikum zu erobern hofften, aber letztlich nicht Fuß fassten, so etwa Ferdinand Bruckner in den USA oder Paul Zech in Argentinien.

Ein weiterer Punkt spricht für die Anbindung der Exil- an die Migrationsforschung: die Bedeutung von Akkulturation als Generationenfrage.[39] Die sozialwissenschaftliche Literatur beschreibt Akkulturation als einen über mehrere Generationen andauernden Prozess. Folglich legt das Akkulturationsparadigma selbst eine zeitliche und inhaltliche Entgrenzung des Exils nahe. Folgt

---

[37] Alois Wierlacher: „Interkulturalität: Zur Konzeption eines Leitbegriffs interkultureller Literaturwissenschaft". In: *Interpretationen 2000. Positionen und Kontroversen.* Hg. v. Henk de Berg u. Matthias Prangel. Heidelberg 1999, S. 155–181; Aglaia Blioumi (Hg.): *Migration und Interkulturalität in neueren literarischen Texten.* München 2002; Peter Wiesinger (Hg.): *Akten des X. Internationalen Germanistenkongresses Wien 2000. Zeitenwende – die Germanistik auf dem Weg vom 20. ins 21. Jahrhundert,* Bd. 9. Literatur als Kulturwissenschaft: Interkulturalität und Alterität. Betreut von Ortrud Gutjahr. Bern 2003.
[38] Vgl. Andreas Ackermann: „Das Eigene und das Fremde: Hybridität, Vielfalt und Kulturtransfers". In: *Handbuch der Kulturwissenschaften,* Bd. 3. Themen und Tendenzen. Hg. v. Friedrich Jaeger u. Jörn Rüsen. Stuttgart, Weimar 2004, S. 139–154. Für die Exilforschung vgl. neuerdings: Stephan (Hg.): *Exile and Otherness: New Approaches to the Experience of the Nazi Refugees.*
[39] Vgl. Hanna Papanek: „Reflexionen über Exil und Identität. Staat und Menschenrechte". In: *Exilforschung. Ein internationales Jahrbuch* 17 (1999): *Sprache – Identität – Kultur. Frauen im Exil,* S. 24–37, Zitate S. 24, S. 26.

man der Definition von Herbert A. Strauss, so ist es ein generationenübergreifendes „kulturgeschichtliches und kulturanthropologisches Konzept, das die Begegnung von Elementen verschiedener Kulturen und ihre Synthese zu einer neuen Einheit in einem unstabilen Gleichgewicht von verschiedener Dauer bedeutet".[40] Damit ist wiederum die Verbindung zur Migrationsforschung hergestellt, ebenso zu jener Kindheits- und Generationenforschung, die im Bereich der Literatur die zweite und dritte Generation als Teil einer Exil-, aber auch einer Immigrantenkultur untersucht.[41] In der Folge geraten auch diejenigen Autorinnen und Autoren in den Blick, die als Kinder emigriert sind und erst in den Einwanderungsländern literarisch tätig wurden, vor allem mit dem Ziel, ihre „kollektive Biographie" mitzuteilen (so der Untertitel der autobiografischen Aufzeichnungen *Wir kamen als Kinder* der 1939 nach England ‚transportierten' und im Jahr 1993 verstorbenen Autorin Karen Gershon). Verwiesen sei auf die bereits erwähnte Lore Segal, ferner auf Judith Kerr, Jakov Lind, Ruth Prawer Jhabvala, Henry Kreisel oder auf Martha Blend, deren 1995 in englischer Sprache erschienene Autobiografie *A child alone* seit 1998 unter dem Titel *Ich kam als Kind* auf Deutsch vorliegt. Zu nennen ist weiterhin der vor einigen Jahren in England verstorbene Kritiker, Lyriker, Übersetzer und Vermittler deutscher Literatur im englischen Sprachraum Michael Hamburger, dessen Tod in den Feuilletons fast aller großen deutschen Tageszeitungen aufmerksam registriert wurde. Erst seit den 1990er Jahren widmet sich insbesondere die britische und amerikanische Exilforschung den Kindheitsexilanten, den so genannten *Child Survivors* oder der „1.5 Generation",[42] wie sie Susan Rubin Suleiman nennt, v. a. im Kontext der Beschäftigung mit den Kindertransporten nach England wie auch mit der zweiten Generation von Überlebenden des Holocaust.[43] Dieses Interesse ist nicht zuletzt auf die vermehrt erscheinenden Autobiografien ehemals exilierter Kinder zurückzuführen. Dennoch konstatierte Marianne Kröger noch vor einigen Jahren einen nach wie vor „enormen Forschungsbedarf", gerade im Hinblick

---

40 Strauss: „Akkulturation als Schicksal", S. 9.
41 Vgl. u.a. Viktoria Hertling (Hg.): *Mit den Augen eines Kindes: Children in the Holocaust, Children in Exile, Children under Fascism*. Amsterdam, Atlanta 1998; Inge Hansen-Schaberg (Hg.): *Als Kind verfolgt. Anne Frank und die anderen*. Berlin 2004; *Exilforschung. Ein internationales Jahrbuch* 24 (2006): *Kindheit und Jugend im Exil. Ein Generationenthema*.
42 Susan Rubin Suleiman:„The 1.5 Generation: Thinking About Child Survivors and the Holocaust". In: *American Imago* 59 (2002) H. 3, S. 277–295.
43 Vgl. die psychologischen Studien von Judith S. Kestenberg und Ira Brenner: *The Last Witness. The Child Survivor of the Holocaust*. Washington, D.C., 1996; Alan R. Berger: *Children of Job. American Second-Generation Witnesses to the Holocaust*. New York 1997.

auf den Aspekt der Akkulturation der Kinderexilanten.⁴⁴ Außer Arbeiten zu einzelnen Autoren bzw. Autorinnen⁴⁵ oder Ansätzen zur Erforschung von Autobiografien der Kindheitsexilanten⁴⁶ liegt bis heute keine umfangreichere Studie zum Thema Kindheit und Akkulturation im Exil vor. Die Zusammenhänge von Akkulturation im Exil und der Generationenfrage, wie sie sich in den literarischen Texten der als Kinder exilierten AutorenInnen zeigen, sollten daher einen Schwerpunkt der Exilliteraturforschung der nächsten Jahre bilden.⁴⁷

## 4 Exil und Moderne

Abschließend möchte ich an die Plausibilität der stärkeren Einbindung der Exil- und Exilliteraturforschung in die Moderneforschung gerade auch mit Blick auf das Akkulturationsphänomen erinnern: Bis heute wurde – ungeachtet der innovativen Studie von Bettina Englmann⁴⁸ – keine zufriedenstellende Antwort auf die Frage nach dem Verbleib der literarischen und ästhetischen Moderne der 1910er und 1920er Jahre gegeben. Werden seit Jahren Versuche unternommen, die nach 1933 in Deutschland entstandene Literatur in den Kontext dieser Moderne zu integrieren, die Literatur von Ernst Jünger, Gottfried Benn und anderen also an den durch die Nationalsozialisten vorangetriebenen technischen Modernisierungs- und Rationalisierungsprozess zu binden, so hat die Verschränkung des Exils, aber auch der Akkulturation im Exil mit dem Paradigma einer gesellschaftlichen und kulturellen Moderne kaum ausreichend Beachtung gefunden. Das Exil aber ist ein paradigmatischer Zustand der Moderne, diese

---

**44** Marianne Kröger: „Kindheit im Exil: Ein Forschungsdesiderat". In: *Die Kindertransporte 1938/39. Rettung und Integration*. Hg. v. Wolfgang Benz, Claudia Curio u. Andrea Hammel. Frankfurt/M. 2003, S. 17–33 , Zitat S. 23.
**45** Vgl. z. B. Marianne Kröger: „‚Ankunft in fremden Welten' – Spuren des Kindheitsexils in autobiographischer und fiktiver Literatur bei Lore Segal". In: *Als Kind verfolgt*. Hg. v. Hansen-Schaberg, S. 103–120.
**46** Andrea Hammel: „Familienbilder im Spannungsfeld. Autobiographische Texte ehemaliger Kindertransport-Teilnehmer". In: *Die Kindertransporte 1938/39. Rettung und Integration*. Hg. v. Benz, Curio u. Hammel, S. 186–200.
**47** Vgl. hierzu Doris Lechner: „Lizzi Dorons *Der Anfang von etwas Schönem*: Zum Heimatverständnis der zweiten Generation in Israel.". In: *Exil ohne Rückkehr*. Hg. v. Becker u. Krause, S. 287–312.
**48** Bettina Englmann: *Poetik des Exils. Die Modernität der deutschen Exilliteratur*. Tübingen 2001; vgl. auch: Sabina Becker: „Die literarische Moderne im Exil. Kontinuitäten und Brüche in der Stadtwahrnehmung". In: *Exilforschung. Ein internationales Jahrbuch* 20 (2002): *Metropolen des Exils*, S. 36–52.

Dimension ist vor einigen Jahren partiell in der Arbeit von Christina Thurner untersucht worden.⁴⁹ Das Exil ist als Erfahrung des totalen Verlusts, der Entwurzelung und Entortung unbedingt ein Topos der Moderne, der Exilant entsprechend eine paradigmatische Figur derselben, er repräsentiert das moderne Subjekt oder das Subjekt in der Moderne, aber auch den modernen Dichter. Sein Exil und seine Erfahrung des Exils stehen für die Ortlosigkeit und Heimatlosigkeit in der Moderne, seine transitorische Exilexistenz verweist auf ihre Flüchtigkeit: Bernhard Schlink hat von der „Ortlosigkeit in diesem Jahrhundert und besonders nach dem Zweiten Weltkrieg" als der „intellektuelle[n] Erfahrung schlechthin" gesprochen: „Exil ist eine Metapher für die Entfremdung, die so existentiell und universell ist, daß sie keinen Ort braucht und auch keine Heimat als Gegenort."⁵⁰ Manès Sperber hat dieser Erfahrung in seinen 1977 erschienenen Erinnerungen *Bis man mir Scherben auf die Augen legt. All das Vergangene* Ausdruck verliehen: „für ihn [den Exilanten] ist alles provisorisch, jedes Jetzt wird ihm ein flüchtiges Zwischendurch."⁵¹ Nun ist auch der Zustand der Akkulturation mit jenen Attributen in Verbindung zu bringen, die die Situation in der Moderne ausmachen: Transkulturalität und Transnationalität, überhaupt das Transitorische, das nicht Stetige und Starre, das „transitorische Denken" und die „Poetik des Transitorischen";⁵² weiterhin das Hybride, das geradezu als Metapher für das Leben in einer pluralistischen Moderne gelten darf. Und nicht zuletzt jener gesamte Komplex von Alterität und Anderssein, der die Moderneerfahrung im zwanzigsten Jahrhundert entscheidend prägt, sei es im Hinblick auf Geschlechterdualismen, auf den Stadt-Land-Topos, auf Technisierungsgrad und kulturelle Standards. Mit Blick auf die Erfahrung der Moderne, wie sie in den großen Erzählungen derselben, in Alfred Döblins *Berlin Alexanderplatz*, Robert Musils *Mann ohne Eigenschaften*, Elias Canettis *Blendung*, Marieluise Fleißers *Mehlreisende Frieda Geyer* oder in Vicki Baums ‚Hotelmenschen' greifbar wird: Sie haben alle eines gemeinsam: die Akkulturation in die Moderne, in ihre urbane Kultur,⁵³ die immer auch eine Fremdheitserfahrung barg, in ihre

---

49 Christina Thurner: *Der andere Ort des Erzählens. Exil und Utopie in der Literatur deutscher Emigrantinnen und Emigranten 1933–1945*. Köln 2003.
50 Schlink: *Heimat als Utopie*, S. 13, S. 11.
51 Manès Sperber: *Bis man mir Scherben auf die Augen legt. All das Vergangene*. Wien 1977, S. 104.
52 Rüdiger Görner: *Grenzen, Schwellen, Übergänge. Zur Poetik des Transitorischen*. Göttingen 2001; vgl. dazu auch: Andreas Härter, Edith Anna Kunz u. Heiner Weidmann (Hg.): *Dazwischen. Zum transitorischen Denken in Literatur- und Kulturwissenschaft. Festschrift für Andreas Anderregg zum 65. Geburtstag*. Göttingen 2003.
53 Vgl. hierzu Heinz Brüggemann: *Architekturen des Augenblicks: Raum-Bilder und Bild-Räume einer urbanen Moderne in Literatur, Kunst und Architektur des 20. Jahrhunderts*. Hannover

Räume, die bereits in den frühen 1930er Jahren als Orte des Transitorischen, Hybriden und Anderen zu erleben waren. Selbstverständlich sind die Aspekte der Vertreibung und Verfolgung, der Flucht und des Heimatverlusts keineswegs a priori Teil einer zivilisatorischen, und schon gar nicht einer kulturellen Moderne, zu der vor 1933 nahezu alle ins Exil geflüchteten Intellektuellen ganz entscheidend beitrugen. Gleichwohl haben die dort allgegenwärtige Erfahrung der Fremde und das zu bewältigende Erleben einer gebrochenen oder zumindest brüchig gewordenen Identität mit dem Zustand des modernen Menschen, kurz mit der ‚Unbehaustheit' des Menschen in der Moderne zu tun.

## Bibliographie

Ackermann, Andreas: „Das Eigene und das Fremde: Hybridität, Vielfalt und Kulturtransfers". In: *Handbuch der Kulturwissenschaften*, Bd. 3. Themen und Tendenzen. Hg. v. Friedrich Jaeger u. Jörn Rüsen. Stuttgart, Weimar 2004, S. 139–154.

Becker, Sabina: „Zwischen Akkulturation und Enkulturation. Anmerkungen zu einem vernachlässigten Autorinnentypus: Jenny Aloni und Ilse Losa". In: *Exilforschung. Ein internationales Jahrbuch* 13 (1995): *Kulturtransfer im Exil*, S. 114–136.

Becker, Sabina: „Die literarische Moderne im Exil. Kontinuitäten und Brüche in der Stadtwahrnehmung". In: *Exilforschung. Ein internationales Jahrbuch* 20 (2002): *Metropolen des Exils*, S. 36–52.

Becker, Sabina: „‚Weg ohne Rückkehr'. Akkulturation deutschsprachiger Autoren im Exil". In: *Nationalsozialismus und Exil 1933–1945* (= Hansers Sozialgeschichte der deutschen Literatur, Bd. 9). Hg. v. Wilhelm Haefs. München 2009, S. 245–265.

Becker, Sabina u. Robert Krause (Hg.): *Exil ohne Rückkehr. Literatur als Medium der Akkulturation nach 1933*. München 2010.

Benz, Wolfgang, Claudia Curio u. Andrea Hammel (Hg.): *Die Kindertransporte1938/39. Rettung und Integration*. Frankfurt/M. 2003.

Berger, Alan R.: *Children of Job. American Second-Generation Witnesses to the Holocaust*. New York 1997.

Bhabha, Homi K.: *The Location of Culture*. London, New York 1994.

Blioumi, Aglaia (Hg.): *Migration und Interkulturalität in neueren literarischen Texten*. München 2002.

Borrmann, Jennifer: „‚Bridging the gap'. Filmkritik und Akkulturation. Das Beispiel Manfred George". In: *Exil ohne Rückkehr. Literatur als Medium der Akkulturation nach 1933*. Hg. v. Sabina Becker u. Robert Krause. München 2010, S. 112–138.

Bronfen, Elisabeth, Benjamin Marius u. Therese Steffen (Hg.): *Hybride Kulturen. Beiträge zur anglo-amerikanischen Multikulturalismusdebatte*. Tübingen 1997.

Brüggemann, Heinz: *Architekturen des Augenblicks: Raum-Bilder und Bild-Räume einer urbanen Moderne in Literatur, Kunst und Architektur des 20. Jahrhunderts*. Hannover 2002.

---

2002, S. 261ff. – Brüggemann spricht von einer „Akkulturation in die urbane Moderne."

Cohen, Robin: *Global Diasporas: an introduction*. London 1997.
Englmann, Bettina: *Poetik des Exils. Die Modernität der deutschen Exilliteratur*. Tübingen 2001.
*Exilforschung. Ein internationales Jahrbuch* 13 (1995): *Kulturtransfer im Exil*.
*Exilforschung. Ein internationales Jahrbuch* 19 (2001): *Jüdische Emigration. Zwischen Assimilation und Verfolgung, Akkulturation und jüdischer Identität*.
*Exilforschung. Ein internationales Jahrbuch* 24 (2006): *Kindheit und Jugend im Exil. Ein Generationenthema*.
*Exilforschung. Ein internationales Jahrbuch* 27 (2009): *Exil, Entwurzelung, Hybridität*.
*Exilforschung. Ein internationales Jahrbuch* 28 (2010): *Gedächtnis des Exils. Formen der Erinnerung*.
Fludernik, Monika u. Hans-Joachim Gehrke (Hg.): *Grenzgänger zwischen Kulturen*. Würzburg 1999.
Fludernik, Monika (Hg.): *Diaspora and Multiculturalism. Common Traditions and New Developments*. Amsterdam, New York 2003.
Flusser, Vilém: „Exil und Kreativität" [1984/85]. In: Ders.: *Von der Freiheit des Migranten. Einsprüche gegen den Nationalismus*. Zusammengestellt von Stefan Bollmann. Berlin, Wien 2007, S. 103–109.
Frühwald, Wolfgang u. Wolfgang Schieder (Hg.): *Leben im Exil. Probleme der Integration deutscher Flüchtlinge im Ausland 1933–1945*. Hamburg 1981.
Goldblum, Sonia: „‚Wie man Amerikaner macht'. Georges Perecs *Geschichten von Ellis Island*". In: *Exil ohne Rückkehr. Literatur als Medium der Akkulturation nach 1933*. Hg. v. Sabina Becker u. Robert Krause. München 2010, S. 313–332.
Görner, Rüdiger: *Grenzen, Schwellen, Übergänge. Zur Poetik des Transitorischen*. Göttingen 2001.
Haarmann, Hermann: „In der Fremde schreiben. Aspekte der Exilpublizistik. Eine Problemskizze". In: *Exilforschung. Ein internationales Jahrbuch* 7 (1989): *Publizistik im Exil und andere Themen*, S. 11–20.
Haefs, Wilhelm (Hg.): *Nationalsozialismus und Exil 1933–1945* (=Hansers Sozialgeschichte der deutschen Literatur, Bd. 9). München 2009.
Hall, Stuart: „Kulturelle Identität und Diaspora". In: Ders.: *Ausgewählte Schriften*, Bd. 2. *Rassismus und kulturelle Identität*. Hg. und übersetzt von Ulrich Mehlem u.a. unter Mitarbeit von Britta Grell und Dominique John mit einer Bibliographie der Werke Halls von Juha Koivisto. Hamburg 1994, S. 26–43.
Hammel, Andrea: „Familienbilder im Spannungsfeld. Autobiographische Texte ehemaliger Kindertransport-Teilnehmer". In: *Die Kindertransporte 1938/39. Rettung und Integration*. Hg. v. Wolfgang Benz, Claudia Curio u. Andrea Hammel. Frankfurt/M. 2003, S. 186–200.
Hansen-Schaberg, Inge (Hg.): *Als Kind verfolgt. Anne Frank und die anderen*. Berlin 2004.
Härter, Andreas, Edith Anna Kunz u. Heiner Weidmann (Hg.): *Dazwischen. Zum transitorischen Denken in Literatur- und Kulturwissenschaft. Festschrift für Andreas Anderregg zum 65. Geburtstag*. Göttingen 2003.
Heckmann, Friedrich: *Ethnische Minderheiten, Volk und Nation. Soziologie inter-ethnischer Beziehungen*. Stuttgart 1992.
*Heimat und Exil. Emigration der deutschen Juden nach 1933*. Hg. v. d. Stiftung Jüdisches Museum Berlin u. Stiftung Haus der Geschichte der Bundesrepublik Deutschland. Begleitbuch zur Ausstellung. Berlin 2006.
Hertling, Viktoria (Hg.): *Mit den Augen eines Kindes: Children in the Holocaust, Children in Exile, Children under Fascism*. Amsterdam, Atlanta 1998.

Hoffmann, Christhard: „Zum Begriff der Akkulturation". In: *Handbuch der deutschsprachigen Emigration 1933–1945*. Hg. v. Claus-Dieter Krohn, Patrick von zur Mühlen, Gerhard Paul u. Lutz Winckler in Zusammenarbeit mit der Gesellschaft für Exilforschung. Darmstadt 1998, Sp. 117–126.

JanMohamed, Abdul R.: „Worldliness-without-World, Homelessness-as-Home: Toward a Definition of the Specular Border Intellectual". In: *Edward Said. A critical Reader*. Hg. v. Michael Sprinker. Cambridge 1992, S. 9–120.

Kießling, Wolfgang: *Exil in Lateinamerika. Kunst und Literatur im antifaschistischen Exil 1933 – 1945 in sieben Bänden*. Frankfurt/M. 1981.

Keilson, Hans: „In der Fremde zuhause" [1997]. In: *Vergegenwärtigungen des zerstörten jüdischen Erbes. Franz-Rosenzweig-Gastvorlesungen Kassel 1987–1998*. Hg. v. Wolfdietrich Schmied-Kowarzik. Kassel 1997.

Keilson, Hans: *Werke in zwei Bänden*. Hg. v. Heinrich Detering, Gerhard Kurz. Frankfurt/M. 2005.

Kestenberg, Judith S. u. Ira Brenner: *The Last Witness. The Child Survivor of the Holocaust*. Washington, D.C., 1996.

Krauss, Marita: „Integration und Akkulturation. Eine methodische Annäherung an ein vielschichtiges Problem". In: *Migration und Integration. Aufnahme und Eingliederung im historischen Wandel*. Hg. v. Dies., Mathias Beer u. Martin Kintzinger. Stuttgart 1997, S. 11–25.

Kröger, Marianne: „Kindheit im Exil: Ein Forschungsdesiderat". In: *Die Kindertransporte 1938/39. Rettung und Integration*. Hg. v. Wolfgang Benz, Claudia Curio u. Andrea Hammel. Frankfurt/M. 2003, S. 17–33.

Kröger, Marianne: „‚Ankunft in fremden Welten' – Spuren des Kindheitsexils in autobiographischer und fiktiver Literatur bei Lore Segal". In: *Als Kind verfolgt. Anne Frank und die anderen*. Hg. v. Inge Hansen-Schaberg. Berlin 2004, S. 103–120.

Lachmann, Tobias: „‚Exil' als literarisches Projekt. Nomadische Diskursformen in Klaus Manns *Der Vulkan. Roman unter Emigranten*". In: *Nomadische Existenzen. Vagabondage und Boheme in Literatur und Kultur des 20. Jahrhunderts*. Mit einer Artur-Streiter-Bibliographie. Hg. v. Walter Fähnders. Essen 2007, S. 75–101.

Lechner, Doris: „Lizzi Dorons *Der Anfang von etwas Schönem*: Zum Heimatverständnis der zweiten Generation in Israel.". In: *Exil ohne Rückkehr. Literatur als Medium der Akkulturation nach 1933*. Hg. v. Sabina Becker u. Robert Krause. München 2010, S. 287–312.

M.G. [= Manfred George]: „Elend, Charme, Liebe. Der Film ‚Hold Back The Dawn'". In: *Aufbau* 7 (1941) H. 42 (17.10.1941), S. 9.

Mayer, Ruth: *Diaspora. Eine kritische Begriffsbestimmung*. Bielefeld 2005.

Noth, Ernst Erich: *La voie barée*. Paris 1937; dt. *Weg ohne Rückkehr*. Frauenfeld, Stuttgart 1982.

Padilla, Amando M. (Hg.): *Acculturation. Theory, Models and Some New Findings*. Boulder 1980.

Papanek, Hanna: „Reflexionen über Exil und Identität. Staat und Menschenrechte". In: *Exilforschung. Ein internationales Jahrbuch* 17 (1999): Sprache – Identität – KulturFrauen im Exil, S. 24–37.

Perec, George u. Robert Bober: *Geschichten von Ellis Island oder wie man Amerikaner macht*. Aus dem Französischen von Eugen Helmlé. Berlin 1997.

Pozzetta, George E. (Hg.): *Assimilation, Acculturation and Social Mobility*. New York, London 1991.

Rubin Suleiman, Susan: „The 1.5 Generation: Thinking About Child Survivors and the Holocaust". In: *American Imago* 59 (2002) H. 3, S. 277–295.

Schlink, Bernhard: *Heimat als Utopie*. Frankfurt/M. 2000.

Stephan, Alexander (Hg.): *Exile and Otherness: New Approaches to the Experience of the Nazi Refugees*. Oxford, u.a. 2005.

Schulenburg, Silke, Heinrich Wefing u. Simone Eick (Hg.): *Pacific Palisades. Wege deutschsprachiger Schriftsteller ins kalifornische Exil 1932–1941*. Lübeck 2006.

Segal, Lore: *Wo andere Leute wohnen*. Aus dem Amerikanischen von Sabine Illmer. Autobiographie 1938–1945. Wien 2003.

Sperber, Manès: *Bis man mir Scherben auf die Augen legt. All das Vergangene*. Wien 1977.

Spies, Bernhard: „Exilliteratur – ein abgeschlossenes Kapitel? Überlegungen zu Stand und Perspektiven der literaturwissenschaftlichen Exilforschung". In: *Exilforschung. Ein internationales Jahrbuch* 14 (1996): *Rückblick und Perspektiven*, S. 11–30.

Strauss, Herbert A.: „Zur sozialen und organisatorischen Akkulturation deutsch-jüdischer Einwanderer der NS-Zeit in den USA". In: *Leben im Exil. Probleme der Integration deutscher Flüchtlinge im Ausland 1933–1945*. Hg. v. Wolfgang Frühwald u. Wolfgang Schieder. Hamburg 1981, S. 235–259.

Strauss, Herbert A.: „Akkulturation als Schicksal. Einleitende Bemerkungen zum Verhältnis von Juden und Umwelt". In: *Juden und Judentum in der deutschen Literatur*. Hg. v. Herbert A. Strauss u. Christhard Hoffmann. München 1985, S. 9–26.

Thurner, Christina: *Der andere Ort des Erzählens. Exil und Utopie in der Literatur deutscher Emigrantinnen und Emigranten 1933–1945*. Köln 2003.

Vaget, Hans Rudolf: *Thomas Mann, der Amerikaner. Leben und Werk im amerikanischen Exil, 1938–1952*. Frankfurt/M. 2011.

Wierlacher, Alois: „Kulturwissenschaftliche Xenologie. Ausgangslage, Leitbegriffe und Problemfelder". In: *Kulturthema Fremdheit*. Hg. v. Alois Wierlacher u. Corinna Albrecht. München 1993, S. 19–112.

Wierlacher, Alois: „Interkulturalität: Zur Konzeption eines Leitbegriffs interkultureller Literaturwissenschaft". In: *Interpretationen 2000. Positionen und Kontroversen*. Hg. v. Henk de Berg u. Matthias Prangel. Heidelberg 1999, S. 155–181.

Wierlacher, Alois: „Kulturwissenschaftliche Xenologie". In: *Konzepte der Kulturwissenschaften*. Hg. v. Ansgar u. Vera Nünning. Stuttgart, Weimar 2003, S. 280–306.

Wiesinger, Peter (Hg.): *Akten des X. Internationalen Germanistenkongresses Wien 2000. Zeitenwende – die Germanistik auf dem Weg vom 20. ins 21. Jahrhundert*, Bd. 9. Literatur als Kulturwissenschaft: Interkulturalität und Alterität. Betreut von Ortrud Gutjahr. Bern 2003.

## Internetquellen

Webseite der Villa Aurora: www.villa-aurora.org (Stand 12.02.2013).

Wolfgang Benz
# Wann endet das Exil?
# Migration und Akkulturation
Überlegungen in vergleichender Perspektive

Die Frage, wann eines Menschen Exil endet, scheint leicht zu beantworten, wenn man sich auf einen durch einen bestimmten Anlass, eine Ideologie, ein durch politische oder soziale und ökonomische Umstände gegebenes Motiv definierten historischen Komplex beschränkt – etwa auf Flucht und Vertreibung intellektueller und politischer Gegner des Nationalsozialismus oder der unter dieser Ideologie aus rassistischen, religiösen, kulturellen Gründen Verfolgten. Dieses Exil endet mit dem Zusammenbruch der Ideologie der Verfolger, mit der Rückkehr in die frühere oder mit der Akkulturation in der neuen Heimat. Aber auch die Heimatvertriebenen aus den deutschen Ostgebieten, die als „Flüchtlinge" in den westlichen Besatzungszonen bzw. als „Umsiedler" in der Ostzone aufgenommen wurden, fühlten sich – entgegen der politischen Intention des Bevölkerungstransfers – lange Zeit als Exilanten. Ihre Integration war aber bald Tatsache, auch wenn rührige Verbandspolitiker den Glauben zu erwecken suchen, es gebe immer noch irgendeinen politischen Handlungsbedarf.[1]

Exil kann der Anfang von Diaspora sein. Die Diaspora-Existenz ist unabhängig von der Integration der Gruppe in die Mehrheitsgesellschaft. Exemplarisch dafür sind die Armenier, die seit Ende des neunzehnten Jahrhunderts, seit den Massakern im Osmanischen Reich vor der Jahrhundertwende und seit dem Völkermord, den die jungtürkische Regierung 1915 inszenierte, in den Westen emigrierten. Die armenischen Gemeinden in London (seit 1887), in Russland (seit 1890), in Paris, in Deutschland, den USA, Australien und anderen Ländern sind auch in der fünften und sechsten Generation in gewisser Weise unerlöst und heimatlos, weil die den Vorfahren angetanen Verbrechen von den Verursachern geleugnet werden, weil eine Rückkehr in die einstige Heimat nicht möglich ist und weil der Staat Armenien, der nach dem Zerfall der Sowjetunion entstand, nicht identisch ist mit der einstigen Heimat und aus vielen Gründen für im Westen lebende Armenier als Lebenswelt unattraktiv ist. Für die vergleichende Betrachtung mit dem deutschjüdischen Exil 1933–1945 eignet sich die

---

[1] Thomas Urban: *Der Verlust. Die Vertreibung der Deutschen und Polen im 20. Jahrhundert.* München 2004.

‚armenische Frage' aus mehreren Gründen. Der Genozid ist ein Bezugspunkt; die traumatisierende Verweigerung der Erinnerung gegenüber den Armeniern versus der Erinnerungskultur zum Holocaust ein anderer.[2]

Es ist hier nicht der Ort, Exil und Emigration, das eine als vorübergehendes erzwungenes Phänomen, das andere als Auswanderung aus mehr oder weniger freiem Entschluss begriffen, gegeneinander zu differenzieren. Der Prozess der Akkulturation, der Integration, der Assimilation ist wichtig. Deshalb sind auch Grenzsetzungen zwischen Exilforschung und Migrationsforschung eher hinderlich als hilfreich.

Die Flüchtlinge aus dem deutschen Machtbereich, die ab 1933 eine neue Heimat oder wenigstens einen sicheren Aufenthaltsort suchten, waren in einer Situation, die mit Asylbewerbern der Gegenwart vergleichbar ist.[3] Den Vätern des Grundgesetzes der Bundesrepublik Deutschland war die Not der Menschen, die sich politischer und rassistischer Verfolgung durch Flucht entzogen, 1948, zehn Jahre nach dem Desaster der Konferenz von Evian[4], noch gegenwärtig. „Politisch Verfolgte genießen Asylrecht" lautet der generöse Satz, mit dem im Artikel 16 des Grundgesetzes Lehren aus der Geschichte gezogen wurden. Auch in der Verfassung des anderen deutschen Staates nach Hitler, der DDR, war im Artikel 10 proklamiert, dass fremde Staatsbürger weder ausgeliefert noch ausgewiesen werden sollten, wenn sie, (wie die sophistische Formulierung lautete) „wegen ihres Kampfes für die in dieser Verfassung niedergelegten Grundsätze im Ausland verfolgt werden."[5]

Lehren aus der Geschichte sind aber, wenn sie überhaupt gezogen werden, wenig nachhaltig. Um den Ansturm Asyl Begehrender abzuwehren, wurden in der Verfassungswirklichkeit nicht nur der Bundesrepublik politische Formeln und juristische Klauseln ersonnen. Der „Wirtschaftsflüchtling" wurde erfunden,

---

2 Annette Schaefgen: *Schwieriges Erinnern: Der Völkermord an den Armeniern.* Berlin 2006.
3 Wolfgang Benz: *Flucht aus Deutschland. Zum Exil im 20. Jahrhundert.* München 2001.
4 Fritz Kieffer: *Judenverfolgung in Deutschland – eine innere Angelegenheit? Internationale Reaktionen auf die Flüchtlingsproblematik 1933–1939.* Stuttgart 2001; Wolfgang Benz, Claudia Curio u. Heiko Kauffmann (Hg.): *Von Evian nach Brüssel. Menschenrechte und Flüchtlingsschutz 70 Jahre nach der Konferenz von Evian.* Karlsruhe 2008.
5 *Die Verfassung der Deutschen Demokratischen Republik.* Hg. v. Sekretariat des Deutschen Volksrates, Berlin 1949. In den DDR-Verfassungen von 1968 und 1974 lautet der entsprechende Artikel 23, Abs. 3 folgendermaßen: „Die Deutsche Demokratische Republik kann Bürgern anderer Staaten oder Staatenlosen Asyl gewähren, wenn sie wegen politischer, wissenschaftlicher oder Tätigkeit zur Verteidigung des Friedens, der Demokratie, der Interessen des werktätigen Volkes oder wegen ihrer Teilnahme am sozialen und nationalen Befreiungskampf verfolgt werden."

um den solchermaßen Etikettierten wegen niederer Beweggründe abweisen zu können. Als sei das Streben nach Glück, Sicherheit und ein bisschen Wohlstand illegitim. Die Parole „Das Boot ist voll" motiviert die Abwehr Unerwünschter, deshalb müssen politisch Verfolgte und durch Bürgerkrieg in der Heimat an Leib und Leben Bedrohte, wegen der „sicheren Drittstaatenregelung" direkt von der Mordstätte in die Bundesrepublik einfliegen, wenn sie die Chance haben wollen, einen Antrag aufs Überleben zu stellen. Wie sie das bewerkstelligen sollen, kann ihnen aber kein Jurist erklären. Die Staaten der Europäischen Union haben sich zur Festung erklärt, deren Grenzen zu Wasser und zu Lande und auf den Flughäfen energisch gegen Flüchtlinge verteidigt werden, gegen Hilfesuchende, die als Schiffbrüchige vor Italiens oder Spaniens Küsten stranden, die in Marokko die Zäune der Lager überrennen, die als unbegleitete Kinder auf dem Frankfurter Flughafen auftauchen.[6]

Migration innerhalb der Europäischen Union ist deshalb etwas anderes, weil man die Mitglieder des Clubs nicht daran hindern kann, innerhalb der Gemeinschaft zu wandern und weil sie, trotz anderer Sprache und Kultur, auch wenn man sie vielleicht nicht mag, politisch nicht als fremd definiert sind. Und weil sie, wie die polnischen Erntearbeiter im deutschen Kaiserreich oder wie die Gastarbeiter der 1960er Jahre in der Bundesrepublik – zu schweigen von den „Fremdarbeitern" im Dritten Reich – benötigt werden und daher erwünscht sind, weil man sich auch und vor allem in der Hoffnung wiegt, dass sie wieder gehen, wenn die Arbeit getan ist. Deshalb wurden Arbeitsmigranten in der DDR von Anfang an ghettoisiert, damit sie keinen Kontakt zur Bevölkerung hatten, nicht heimisch wurden. „Vertragsarbeiter" waren keine Anwärter auf Bürgerrecht und Partizipation und sie wurden es im Gegensatz zur BRD auch nie.[7]

Als Annäherung an die Problematik des Themas und um dem Anspruch der vergleichenden Perspektive gerecht zu werden, sollen paradigmatische Biographien skizziert werden: Zwei typische Emigrationsschicksale von Juden aus dem nationalsozialistischen Deutschland mit verschiedenem Ende, die Migrationserfahrung der griechischen Familie Stefanidis, die sich in Karlsruhe mit einem Gasthaus (im Wortsinn) integrierte und der Weg des Kapitäns Hasan Kazim,

---

6 Wolfgang Benz (Hg.): *Umgang mit Flüchtlingen. Ein humanitäres Problem.* München 2006.
7 Die Ausstellung „Bruderland ist abgebrannt", veranstaltet vom Verein Reistrommel in Berlin, unterstützt von der Amadeu Antonio Stiftung, widmete sich Ende 2008 den Lebensgeschichten ehemaliger Vertragsarbeiter. Von den etwa 60.000 Vietnamesen, die in den 1980er Jahren ins Land geholt wurden, blieben nach der Wende einige Tausend in Deutschland. Sie berichten über ihre Erfahrung im deutschen Exil. S. a. Deutsche Gesellschaft für Technische Zusammenarbeit (Hg.): *Die vietnamesische Diaspora in Deutschland. Struktur und Kooperationspotenzial mit Schwerpunkt auf Berlin und Hessen.* Eschborn 2007.

der aus Pakistan kommend in die Dienste einer deutschen Reederei trat und mit seiner Frau und zwei Kindern nach sechzehnjährigem Kampf um das Bürgerrecht in Deutschland Fuß fasste. Erfolg und Misserfolg zweier Komponisten aus Deutschland, denen das Exil in Australien zur Heimat wurde, spiegeln eine andere existentielle Situation, nämlich die Lebenswelt des Künstlers, der außer materieller Sicherung die Reaktion und Anerkennung eines Publikums braucht.

Die Vorfahren von Werner Michael Blumenthal lebten in Pritzwalk, Wittstock, Oranienburg, Berlin. Sie waren Juden in Preußen oder preußische Juden. Berühmte Verwandte hat die Familie aufzuweisen, unter ihnen den Komponisten Giacomo Meyerbeer, den Publizisten Arthur Eloesser, eine Linie führt zu Rahel Levin Varnhagen.[8] Michael Blumenthal ist am 3. Januar 1926 in Oranienburg geboren, dort gab es bis 1929 noch die Blumenthalsche Bank. Die Familie gehörte über Generationen zu den Honoratioren der Stadt Oranienburg. Als Hitler die Macht in Deutschland erhielt und als 1933 in Oranienburg ein frühes Konzentrationslager eingerichtet wurde, lebte die Familie nicht mehr dort, sondern in Berlin, wo der Vater mit einem Textilgeschäft die Familie zu ernähren suchte. Nach dem Novemberpogrom 1938 verlässt die Familie Deutschland. Shanghai ist der einzige Ort in der Welt, an dem sich jüdische Flüchtlinge aus Hitler-Deutschland ohne die sonst üblichen bürokratischen Hemmnisse niederlassen können. Einer der unbequemsten Exilorte zweifellos, aber er war sicher, selbst unter japanischer Besatzung, wenn man unter sicher versteht, dass die physische Existenz nicht bedroht war.

13jährig und keineswegs freiwillig hatte Michael Blumenthal 1939 mit seinen Eltern Berlin verlassen. Als Amerikaner, der er seit 1952 ist, lebt er 1953/54 als Gaststudent für einige Zeit noch einmal in Deutschland. Der junge Wirtschaftswissenschaftler lehrt dann an der Universität Princeton. 1957 beginnt Michael Blumenthals Karriere als Unternehmer und Manager. 1961 ist er, 35 Jahre alt, Vizepräsident der Crown Cork International Corporation. In diesem Jahr holt ihn Präsident John F. Kennedy ins Außenministerium der Vereinigten Staaten und zwei Jahre später ist er im Rang eines Botschafters Delegationsleiter, der bei der Kennedy-Runde in Genf, die über Zollsenkungen berät, den Ruf eines harten und kompromisslosen Verhandlungspartners erwirbt.

1967 kehrte er in die Privatwirtschaft zurück, stand bald an der Spitze eines Konzerns, dessen Umsatz sich unter Blumenthals Leitung verdoppelt. Vielleicht noch größeren Ruhm erwarb er als Verfechter einer Ethik des Unternehmertums, als Vorkämpfer der integrierenden Beschäftigung von Minderheiten und als Geg-

---

**8** Werner Michael Blumenthal: *Die unsichtbare Mauer. Die dreihundertjährige Geschichte einer deutsch-jüdischen Familie.* München 1999.

ner der Korruption. 1976 berief ihn Präsident Jimmy Carter als Finanzminister in sein Kabinett. Dann setzte Blumenthal seine Wirtschaftskarriere fort, leitete einen Computer-Konzern, zog sich schließlich in einen Ruhestand zurück, der mit Aufsichtsratsmandaten und Beraterfunktionen nicht nur in der Wirtschaft, sondern auch in Politik und Wissenschaft ausgefüllt war. Ein Mandat bei der Daimler-Benz Interservices (debis) führte ihn häufig nach Berlin. Dort wurde er, als man dringend eine honorable Persönlichkeit suchte, Direktor des Jüdischen Museums, das er 2001 umgeben von der politischen und intellektuellen Elite der Nation eröffnete.[9]

So triumphal wie Michael Blumenthal hat keiner seine Rückkehr aus der Emigration inszeniert. Natürlich war es keine Rückkehr. Und natürlich hat er die Distanz beibehalten, die sich aus der Natur der Sache ergibt. Aus dem in Oranienburg geborenen Werner Michael Blumenthal, der Jugendjahre unter unerfreulichen Umständen in Berlin verbrachte, der mit seinen Eltern als 13jähriger Paria 1939 aus Deutschland vertrieben wurde, war ein Kosmopolit geworden mit Lebenserfahrung auf drei Kontinenten. Mit diesem Hintergrund kehrt man nicht zurück, um billige Triumphe zu feiern. Die Distanz ist so essentiell, wie es die Überzeugungen sind, die Blumenthal zum Bürger der Vereinigten Staaten machten.

Blumenthal lebt in Princeton und verbringt natürlich regelmäßig etliche Zeit in Berlin. Ob sein Exil mit der Abreise aus Shanghai Ende der 1940er Jahre zu Ende war oder mit der Immigration und Akkulturation, schließlich der Einbürgerung in den USA, ob er den Erhalt der US-Bürgerschaft als identitätsstiftendes Ereignis begriff oder den Ruf als Kulturschaffender nach Berlin, das muss man nicht von außen entscheiden. Zu konstatieren bleibt als Erfahrung seines Exils die Parteinahme für das Menschenrecht von Immigranten, speziell auch von Muslimen in Deutschland.

Der Lebensweg eines anderen Auswanderers aus NS-Deutschland verlief völlig anders. Sein Exil endete nie: Richard Duschinsky, 1897 in Wien geboren, war als junger Mann ein Schauspieler, der zu Hoffnungen berechtigte. Jahrelang war er ein Star in der deutsch-böhmischen Provinz, Engagements in Wien folgten. Seit 1925 lebte und arbeitete Duschinsky als Schauspieler und Dramatiker in Berlin. Ende 1928 hatte sein Stück „November in Österreich" am Berliner Renaissance-Theater Uraufführung. Einige Monate später, am 1. Oktober 1929 wurde – wieder am Renaissance-Theater – Duschinskys sozialkritisches Zeitstück „Die Stempelbrüder" uraufgeführt.

---

9 Werner Michael Blumenthal: *In achtzig Jahren um die Welt. Mein Leben.* Berlin 2010.

Anfang Juni 1932 verließ Duschinsky Berlin. Die Reise im Nachtschnellzug nach Wien war aber nicht Flucht vor dem, was sich in Deutschland zusammenbraut. Er fuhr nach Österreich, weil sein Stück „Kaiser Franz Joseph" von Max Reinhardt vorbereitet wurde. Das Stück wurde zunächst in Graz gegeben und erst am 27. Januar 1933 in Wien. Vor der Rückkehr nach Berlin wollte Duschinsky die politische Entwicklung in Deutschland abwarten, nachdem die NSDAP Regierungspartei und Antisemitismus Staatsdoktrin geworden waren.

Aus Österreich wandert Duschinsky weiter in die Tschechoslowakei und verbringt die nächsten Jahre in der Provinz. Am Deutschen Theater Mährisch-Ostrau ist er Gast als Schauspieler und Regisseur. Zwei Stücke von ihm werden aufgeführt. Als Folge des Münchner Abkommens, mit dem die Sudetengebiete dem Deutschen Reich zur Annexion preisgegeben wurden, floh Duschinsky 1938 nach Prag. Der einst gefeierte Schauspieler und einigermaßen erfolgreiche Bühnenautor war, als er in Prag im Elend saß, wenig älter als 40 Jahre. Seine Karriere hätte sich in normalen Zeiten gut entwickelt. In Prag musste Duschinsky um das nackte Überleben kämpfen. Er entkam den Nationalsozialisten 1938 nach London, führte dort ein Emigrantenleben, wie es Intellektuelle und Künstler knapp über Wasser hielt. Duschinsky trat im Kabarett des österreichischen Exils „Das Laterndl" auf, war Rundfunksprecher und Autor deutschsprachiger Sendungen des BBC. Das Kriegsende änderte nichts an der Situation des Schauspielers aus Österreich bzw. des Dramatikers aus Berlin in Großbritannien.

Ende 1948 schien das Comeback für Duschinsky in Wien bevorzustehen. Das Volkstheater brachte am 23. Dezember sein Stück „Kronprinz Rudolf". Das Publikum war begeistert, aber nicht über den historischen Bilderbogen, sondern über die Leistungen der Darsteller, der Regie und vor allem, dass Hans Jaray, ein Liebling der Wiener, nach zehn Jahren des Exils in der Titelrolle wieder auf der Bühne stand. Ihm galt der Jubel im Theater und in den Kritiken, der Autor Duschinsky bekam nur Unfreundliches zu hören.

Anfang der 1960er Jahre verließ Duschinsky London und übersiedelte in die USA. Von dort aus machte er noch einmal den Versuch, in den deutschen Sprachraum zurückzukehren. Ein Jahr, 1970/1971, lebte er in München, denn Wien und Berlin kamen für ihn nicht mehr in Frage. Er hatte Hoffnungen, Bühnen und Verlage schienen sich zu interessieren. Aber Duschinskys Hoffnungen blieben Illusionen.

Duschinsky ist enttäuscht. Wieder einmal. Wie er von Beamten und Behörden enttäuscht ist. Er sieht in allen Amtsstuben Nazis, er wittert überall Antisemitismus, er hält „die Deutschen" für schuldig, nicht gebessert, nicht für besserungsfähig. Die Zeit in München, 1970/1971, in der er sich eine Existenz im deutschen Sprachraum aufbauen wollte, ist eine Zeit der Illusionen und falschen Hoffnungen. Das Misstrauen des vielfach Enttäuschten konstelliert immer neue

Probleme bei der Wohnungssuche, bei der Aufenthaltsgenehmigung, bei Alltäglichem, das sich deswegen als nicht beherrschbar erweist. Das Münchner Jahr ist verloren, der Versuch, in Deutschland noch einmal Fuß zu fassen, misslungen. Richard Duschinsky kehrt in die Vereinigten Staaten zurück und *verlässt sie nicht mehr.*

Er ist immer misstrauischer geworden, ist unfähig Fragebogen auszufüllen, verweigert Angaben zur Person, weil man nicht wissen könne, was mit den Informationen geschehe, er fühlt sich auch in den Vereinigten Staaten unsicher und bedroht, verlässt in New York, wo er eine Zeit lang lebt, nach Einbruch der Dunkelheit die Wohnung nicht mehr. 1990 *stirbt* er einsam und bitter in Los Angeles.[10]

Folgt man der These, dass Integration den Prozess der Immigration (dem das Exil oder die Emigration vorausging) abschließt, so findet man wenigstens ein formal-kategoriales Ende der Emigration, in der Regel den juristischen Akt der Einbürgerung. Das ist als Resultat wenig befriedigend, aber der Prozess der Akkulturation bietet die eigentliche Erkenntnis, nach der man strebt.

Das Exil endet also normalerweise mit der Akkulturation, und die ist in der Regel spätestens in der dritten Generation abgeschlossen. Der Familienname, Vorlieben für bestimmte Lebensmittel und die familiäre Meistererzählung von der Einwanderung der Vorfahren erinnern an das Exil oder die Migration. Die Sprache wird aufgegeben und literarische Reflexion, an der wir die Erfahrung des Exils bzw. den Erfolg der Migration gerne festmachen, messen, analysieren, interpretieren, endet meist mit der ersten Generation. Die zweite reflektiert möglicherweise ihr Akkulturationserlebnis und ermöglicht der Mehrheit des Ankunftslandes, den Blick der Zugewanderten auf sie nachzuvollziehen. Das geschieht freilich nur selten im Medium der Literatur, ist dann aber, wie das Beispiel Navid Kermani zeigt, besonders akklamations- und preiswürdig, weil es der Aufnahmegesellschaft Gelegenheit bietet, ihre Liberalität zu zeigen, indem sie einem Intellektuellen, der aus dem Iran stammt, huldigt. Die Verachtung der gewöhnlichen Muslime in der Einwanderungsgesellschaft dauert gleichzeitig an. Vielleicht wäre das eine Parallele zur Reaktion von Briten, Amerikanern, Australiern auf Flüchtlinge aus Hitlerdeutschland, die als „enemy aliens" betrachtet wurden, obwohl sie ins Land gekommen waren, um ihr Leben vor dem gemeinsamen Feind zu retten.

Die Reflexion über Akkulturationserfahrungen findet eher in theoriefernen Texten statt, die den Alltag der Zuwanderer beschreiben, die Mühen und Miss-

---

**10** Wolfgang Benz: „Eine zerstörte Bühnenkarriere: Richard Duschinsky". In: Ders.: *Deutsche Juden im 20. Jahrhundert. Eine Geschichte in Porträts.* München 2011, S. 98–107.

verständnisse, Schikanen und Frustrationen thematisieren, die Bürokratie und selbstgerechte Einheimische, borniete Politiker und andere verursachen.

Ein Beispiel für ein solches Protokoll des Einwandereralltags, das dem Historiker wahrscheinlich mehr bietet als den Vertreterinnen und Vertretern der Literaturwissenschaft (denn der Historiker liest auch Oskar Maria Grafs New York-Romane und Erich Maria Remarques Exilprosa vor allem als Quellen zur Sozialgeschichte des Exils) bietet der Autor Alexandros Stefanidis, Jahrgang 1975. Im Restaurant seines Vaters in Karlsruhe aufgewachsen, arbeitet er nach dem Studium der Soziologie, Politikwissenschaft und Germanistik als Journalist. Er hat die Immigration seiner Familie – als Huldigung an den Vater – in einem Buch beschrieben: „Beim Griechen."[11] Dieser Vater, Christoforos Stefanidis, war als Siebenjähriger dabei, wie bulgarische Faschisten, Verbündete Hitlers, 1941 seinen Vater, den Großvater des Autors, erschossen. Der Vater ist im Waisenhaus aufgewachsen, wanderte 1963 als junger Mann nach Deutschland, war Gastarbeiter, von dem die gastgebende Gesellschaft annahm, er werde nach einiger Zeit in seine Heimat zurückkehren. Christoforos Stefanidis hatte eigentlich nach Brasilien auswandern wollen, war dafür aber einen Zentimeter zu kurz und bekam aufgrund der Bestimmungen keine Einwanderungserlaubnis. Als gelernter Zimmermann arbeitete er bei Bosch in Stuttgart, erlebte die Abneigung schwäbischer Spießer gegen Ausländer. In Karlsruhe eröffnete er einige Jahre später das Gasthaus. Er war der Wirt, seine Frau kochte, die drei Söhne schleppten die Speisen.

> Knapp vierzig Jahre, sieben Tage die Woche, fünfzehn Stunden am Tag empfingen wir, die Familie Stefanidis, unsere Gäste: Professoren und Halunken, Alkoholiker und Politiker, große Familien und stille Einzelgänger – manchmal auch alle auf einmal. Wir haben gemeinsam mit ihnen Hochzeiten gefeiert, Geburtstage, sogar Parteigründungen, wir haben Scheidungen begossen, Begräbnisse betrauert – und wir haben auf das Leben danach angestoßen.[12]

Die entscheidende Frage lautet, wie sich ‚Integration' politisch und sozial, individuell und familiär vollzieht. Ein Lehrstück gelungener Integration mit allen Schwierigkeiten, die ihr vorangingen, und allen Problemen, die tagtäglich zu lösen sind, beschreibt Hasnain Kazim mit der Geschichte seiner Eltern, die aus Pakistan nach Deutschland einwanderten. Der Vater war als muslimischer Inder im Herbst 1947 als kleiner Junge, knapp sechs Jahre alt, mit seiner Familie nach

---

11 Alexandros Stefanidis: *Beim Griechen. Wie mein Vater in unserer Taverne Geschichte schrieb*. Frankfurt/M. 2010.
12 Stefanidis: *Beim Griechen*, Umschlagseite 4.

Pakistan übersiedelt, die Mutter wurde 1951 dort, in Karatschi, geboren. 1962 trat der Vater, Hasan Kazim, in die Dienste einer deutschen Reederei und arbeitete sich bis zum Kapitän auf Großer Fahrt empor. Als ihm Nasreen, seine Frau, 1974 nach Deutschland folgt, bleibt der Aufenthaltsstatus ungeklärt. Hasan Kazim arbeitet zwar für eine deutsche Firma, die „Dampfschifffahrtsgesellschaft Hansa", aber an Land hat er keine Rechte, Fortbildungen auf der Seefahrtschule und der Gesundheitszustand des zweiten Kindes bewahren die Familie vor der Abschiebung. Bis zum November 1990 – 16 Jahre lang – dauert der Kampf um Duldung, Aufenthaltsgenehmigung, schließlich die Einbürgerung.

Verständnislose Bürokraten und Richter (von denen einer einmal in einer Urteilsbegründung gegen Hasan Kazim argumentierte: „Er ist Seemann. Die Heimat eines Seemannes ist das Meer") erschweren die Integration nach allen Kräften. Möglich wurde sie durch bürgerliche Solidarität. Die Familie hatte in einem Dorf im Alten Land bei Hamburg, in Hollern-Twielenfleth im Landkreis Stade, Wohnung genommen und war dort so freundlich und selbstverständlich aufgenommen worden, als gehöre sie schon immer zu den Plattdeutsch sprechenden Menschen an der Elbe, denen man eher Sprödigkeit im Umgang als den Drang zur Umarmung Fremder nachsagt. Unterschriftenaktionen gegen die Abschiebung waren nicht die einzigen Akte der Unterstützung. Ein cholerischer Pastor, der sture Bürokraten mit dem Zorn Gottes persönlich vertraut machte, der Verbindungen zur Politik hatte, spielte eine wichtige Rolle.

Die eigentliche Lehre im Fall der Familie Kazim ist wohl die, dass provinzielle Abgeschiedenheit kein natürliches Hindernis für die Akzeptanz von Migranten ist. Die Familie Kazim machte freilich ihren Willen, sozial und kulturell dazuzugehören, deutlich, vermittelte ihrer Umgebung, dass sie bei Wahrung eigener kultureller Wurzeln zur Integration bereit war. Sie hatte Deutschland als Heimat gewählt und kämpfte darum, akzeptiert zu werden:

> Sicher doch: Wer in einem anderen Land leben will, sollte mit den Einheimischen feiern und trauern und die dortigen Gepflogenheiten respektieren – aber inwieweit muss er sein eigenes Leben danach ausrichten? Was ist mit der alten Heimat, den zurückgebliebenen Verwandten, den Wurzeln? Meine Eltern haben versucht, uns Kindern die Antworten zu geben. Wir feiern christliche Feste in Deutschland und islamische, wenn wir in Pakistan sind. Wir essen an einem Tag Grünkohl mit Pinkel, am anderen Curry. Hören Bach und Bhangra. Wir leben in beiden Welten, mal mehr in dieser, dann wieder mehr in jener. Wir sitzen nicht zwischen Stühlen, sondern springen von einem Stuhl zum anderen und wieder zurück. Ich fühle mich als Deutscher. Und Europäer. Und Inder. Und Pakistaner. Und Südasiat.[13]

---

[13] Hasnain Kazim: *Grünkohl und Curry. Die Geschichte einer Einwanderung.* München 2009, S. 220.

Der Berichterstatter, Hasnain Kazim, dessen Eltern so schwer um die Einbürgerung als Einwanderer gerungen haben, lebt heute überwiegend in Pakistan. Als deutscher Journalist mit doppelter Identität, als Pakistani und Europäer.

Eine ganz andere Situation beschreibt Laima Muktupāvela, nämlich das Dasein lettischer Erntehelfer in der irischen Pilzzucht als Migrationserfahrung und temporäres Exil. Die Autorin berichtet über das Leben als Schwarzarbeiterin im fremden Land zu Beginn des einundzwanzigsten Jahrhunderts in einem exemplarischen Text.[14] Es ist die Schilderung eines Alltags, der aus Mühsal, Rechtlosigkeit, Ausbeutung besteht, wie ihn Tausende illegaler Migranten erleben, die als „Wirtschaftsflüchtlinge" diskriminiert sind. Es ist ein Exil auf Zeit, oder von unbestimmter Dauer, das ökonomische Not zur Ursache hat, die Osteuropäer in den Westen treibt oder Afrikaner nach Europa. Was Migration bedeutet, nämlich schwere Arbeit bei geringem Lohn und Verachtetsein im fremden Land, dessen Kultur rätselhaft bleibt, soweit sie überhaupt wahrzunehmen ist, dessen Sprache unverständlich ist, das und einiges mehr zum Lebensgefühl von Exil und Migration ist zu erfahren aus dem Roman der lettischen Autorin, der eine hinreißende Sozialreportage und ein Essay über Emotionen des Exils und der Wanderung aus Not in gleicher Weise ist.

Sind diese Bemerkungen und Hinweise auf Schicksale hilfreich zur Beantwortung der Frage, wann das Exil, besser: wann ein Exil endet? Es sind allenfalls Annäherungen, die einige Aspekte der Vielschichtigkeit des Problems illustrieren. Ein letztes Exempel mag die Suche nach dem Ziel der Wanderung beschließen, die als Flucht begann, dann Exil vor Verfolgung war und sich schließlich als Emigration konstituierte. Zwei Musiker deutsch-jüdischen Ursprungs leben und arbeiten in Australien. Felix Werder, 1922 in Berlin geboren, war als Flüchtling in Australien interniert, ehe er sich 1945 zum Bleiben entschloss. Musikunterricht hatte er bei seinem Vater, einem jüdischen Kantor. Als Komponist war Werder Autodidakt. Den Lebensunterhalt erwarb er als Arrangeur beim Rundfunk, als Musiklehrer und als Musikkritiker. Seine schroffe Unmissverständlichkeit und seine hohen intellektuellen Ansprüche machten ihn gefürchtet und verhasst. Seine spröden Kompositionen, gewiss die anspruchsvollste Musik, die in Australien je geschrieben wurde, sind beeinflusst von Bartók und Schönberg. Viele Aufführungen haben die Werke Felix Werders in Australien deshalb nicht erlebt.

Der sechs Jahre jüngere George Dreyfus, geboren 1928 in Elberfeld, 1939 in Melbourne angekommen, studierte Musik in Melbourne und in Wien, saß als Fagottist in verschiedenen Orchestern, ehe er 1964 freischaffender Komponist

---

14 Laima Muktupāvela: *Das Champignonvermächtnis*. Bonn 2008.

wurde. Er hat ein glücklicheres Naturell und größeren Erfolg als Werder, da er nicht auf der Position des Avantgardemusikers beharrte und keine Scheu vor Gebrauchsmusik hatte. Sein größter Erfolg war die Rathenau-Oper, die 1993 in Kassel uraufgeführt wurde, in Australien jedoch chancenlos blieb.

Auch Felix Werder hat Opern geschrieben, von den sieben Werken kam das eine oder andere sogar einmal zur Aufführung. Als 1977 sein Kritikervertrag mit der führenden Melbourner Zeitung Age auslief, sank Werders ohnehin wenig strahlender Stern am australischen Musikhimmel. Seine Werke wurden nicht mehr aufgeführt und nicht mehr gedruckt. Er hat bei offiziell geförderten Gastspielen in Deutschland gelegentlich ein Publikum, das keine Melodien zum Musikgenuss benötigt. Auch der geschmeidigere und erfolgreichere George Dreyfus ist bei seinem Bemühen, dem Geschmack des Publikums in Australien zu entsprechen, an Grenzen gestoßen. So hat das Exil beider nie geendet. Der kompromisslose Neutöner Felix Werder fand in dem Land, in dem er lebt und arbeitet, kaum ein Auditorium, George Dreyfus nur ein bescheidenes. Für ihren Rang in der Musikgeschichte ist das bedeutungslos. Für ihre Existenz und ihre Identität im Exil ist es fundamental.[15]

## Bibliographie

Benz, Wolfgang: *Flucht aus Deutschland. Zum Exil im 20. Jahrhundert.* München 2001.
Benz, Wolfgang (Hg.): *Umgang mit Flüchtlingen. Ein humanitäres Problem.* München 2006.
Benz, Wolfgang, Claudia Curio u. Heiko Kauffmann (Hg.): *Von Evian nach Brüssel. Menschenrechte und Flüchtlingsschutz 70 Jahre nach der Konferenz von Evian.* Karlsruhe 2008.
Benz, Wolfgang: „Eine zerstörte Bühnenkarriere: Richard Duschinsky". In: Ders.: *Deutsche Juden im 20. Jahrhundert. Eine Geschichte in Porträts.* München 2011, S. 98–107.
Blumenthal, Werner Michael: *Die unsichtbare Mauer. Die dreihundertjährige Geschichte einer deutsch-jüdischen Familie.* München 1999.
Blumenthal, Werner Michael: *In achtzig Jahren um die Welt. Mein Leben.* Berlin 2010.
Deutsche Gesellschaft für Technische Zusammenarbeit (Hg.): *Die vietnamesische Diaspora in Deutschland. Struktur und Kooperationspotenzial mit Schwerpunkt auf Berlin und Hessen.* Eschborn 2007.
*Die Verfassung der Deutschen Demokratischen Republik.* Hg. vom Sekretariat des Deutschen Volksrates, Berlin 1949.
Dümling, Albrecht: *Die verschwundenen Musiker. Jüdische Flüchtlinge in Australien.* Köln 2011.
Kazim, Hasnain: *Grünkohl und Curry. Die Geschichte einer Einwanderung.* München 2009.

---

15 Vgl. Albrecht Dümling: *Die verschwundenen Musiker. Jüdische Flüchtlinge in Australien.* Köln 2011, S. 328ff.

Kieffer, Fritz: *Judenverfolgung in Deutschland – eine innere Angelegenheit? Internationale Reaktionen auf die Flüchtlingsproblematik 1933–1939*. Stuttgart 2001.
Muktupāvela, Laima: *Das Champignonvermächtnis*. Bonn 2008.
Schaefgen, Annette: *Schwieriges Erinnern: Der Völkermord an den Armeniern*. Berlin 2006.
Stefanidis, Alexandros: *Beim Griechen. Wie mein Vater in unserer Taverne Geschichte schrieb*. Frankfurt/M. 2010.
Urban, Thomas: *Der Verlust. Die Vertreibung der Deutschen und Polen im 20. Jahrhundert*. München 2004.

Stephan Braese
# „It don't mean a thing"
Theodor W. Adornos und Alfred Lions Begegnung mit dem Jazz

In ihrem im April 1939 im Bostoner Houghton Mifflin Verlag erschienenen Buch *Escape to Life* – einer Art Leistungsschau der aus Nazi-Deutschland in die USA geflüchteten Künstler und Intellektuellen – versehen dessen Verfasser Erika und Klaus Mann die „wahre deutsche Kultur" mit dem Kennzeichen, „immer ein schöpferischer Teil der europäischen Kultur und der Welt-Kultur"[1] gewesen zu sein. Bei näherer Betrachtung hingegen bleibt dieses Attribut als fortwährend wirksame Eigenschaft, herausgefordert etwa durch die komplexe kulturelle, soziale und politische Situation und Geschichte der Vereinigten Staaten, durchaus unentfaltet. Im Gegenteil: Das Buch der Mann-Geschwister feiert – im Horizont des Ideologems vom ‚anderen', vom ‚besseren' Deutschland – eine explizit deutsche Kultur, deren Anspruch auf freundliche Aufnahme im Asylland USA aus ihren historischen Erträgen, nicht etwa aus irgend wirksamen, dynamischen Eigenschaften abgeleitet wird. Das Kapitel „Musik in New York", in dessen Mittelpunkt ein Konzertabend mit Adolf Busch und Rudolf Serkin steht, preist die Musik Mozarts emphatisch und unzweideutig als „deutsche Musik, schönste und deutscheste".[2] Es steht beispielhaft für einen Begriff deutscher Kultur, dem die Frage danach fremd ist, wie und wo konkret Kultur aus Deutschland produktiv, „schöpferisch",[3] an US-amerikanische Kultur anschließen, US-amerikanische Kultur provozieren und fortentwickeln könnte. Das ‚Deutschtum' deutscher Kultur in *Escape to Life* ist eine erstarrte, geradezu ängstlich isolierte, konservierte Qualität, abgeleitet aus einer vermeintlich glorreichen Geschichte, die aktuell ins Stottern geraten war. Wertschätzung um dieses ‚Deutschtums' willen: Das bildete den Kern der rhetorischen Strategie, die Erika und Klaus Manns Buch über die deutsche Kultur im Exil bestimmt.

Gewiss, die im Buch der Mann-Geschwister demonstrierte Auffassung von deutscher Kultur wurde durchaus nicht von allen deutschen Exilanten in den USA geteilt. Für den Musikwissenschaftler und Sozialphilosophen Theodor W. Adorno etwa – zum Zeitpunkt des Erscheinens von *Escape to Life* wohnhaft in Los Angeles – mochte der in diesem Band vorgetragene Begriff der Kultur jener

---

1 Erika u. Klaus Mann: *Escape to Life – Deutsche Kultur im Exil*. München 1991, S. 10.
2 Erika u. Klaus Mann: *Escape*, S. 284.
3 Vgl. das Zitat oben.

dramatisch überfälligen, im Institut für Sozialforschung unterdessen entwickelten theoretischen Selbstreflexivität entbehren; die kulturelle und soziale Konstellation des Busch/Serkin-Konzerts in der Privatwohnung der Muschenheims, wo sich „alles" traf, „was sich an treffenswerten Deutschen in New York" aufhielt,[4] wie es im deutschsprachigen Manuskript der Manns heißt, war Adorno dagegen schwerlich fremd. Der acht Jahre jüngere Alfred Lion hielt sich zwar 1939 in deutlich größerer topographischer Nähe zum Erscheinungsort des Mann-Buches auf – in New York –, doch war die kulturelle Ferne umso bezeichnender: Nur wenige Wochen vor dessen Erscheinen hatte er im WMGM-Studio mit den Port of Harlem Jazzmen den „Daybreak Blues" aufgenommen, und nur wenige Wochen danach, im Mai desselben Jahres 1939, arbeitete er mit seinem Compagnon Max Margulis am Text des ersten Werbeflyers für ihre neue Firma, Blue Note Records, die als „one of the greatest jazz record companies in the world"[5] in die Geschichte westlicher Kultur eingehen sollte.

Die hier angedeutete Konstellation weist auf dreierlei. Sie dokumentiert zum einen die in der Forschung in letzter Zeit vermehrt bemerkte Schwierigkeit des deutschsprachigen Exils, am Exil-Ort „sein Verhältnis zu Eigen- und Fremdkultur zu überdenken"[6] und dabei zugleich sein „Selbstverständnis von Heimat [...], wie es eine territorial und staatlich geeinte Ethnie erfährt",[7] sowie sein „territorial verankerte[s] Kulturverständnis"[8] zu überprüfen.[9] Diese Schwierigkeit wird – zweitens – erkennbar als Bestandteil einer auch noch heute virulenten Diskrepanz zwischen der westlich-literalen kulturellen Tradition und einer genuin oral geprägten Musikkultur – eine Ferne, die viele aufgeklärte Zeitgenossen in einer nahezu beliebigen Aufzählung kanonischer kultureller Spitzenleistungen beispielsweise von Camus und Chomsky, Pasternak und Beckett, Boulez und Stockhausen bis heute die von Coltrane und Monk ‚vergessen' lässt.[10] Drittens zeigt diese Konstellation jedoch auch, wie selbst unter der Bedingung dieser

---

4 Erika u. Klaus Mann: *Escape*, S. 281.
5 Michael Cuscuna: „The Blue Note Story". In: *The Blue Note Label – A discography compiled by Michael Cuscuna and Michel Ruppli*. Westport 2001, S. XI-XIX, Zitat S. XII.
6 Michaela Enderle-Ristori: Vorwort zu *Exilforschung. Ein internationales Jahrbuch* 25 (2007): *Übersetzung als transkultureller Prozess*, S. IX-XII, Zitat S. X.
7 Alfrun Kliems: „Transkulturalität des Exils und Translation im Exil. Versuch einer Zusammenbindung". In: *Exilforschung* 25 (2007), S. 30–49, Zitat S. 35.
8 Kliems: „Transkulturalität des Exils", S. 35.
9 Vgl. *Exilforschung. Ein internationales Jahrbuch* 27 (2009): *Exil, Entwurzelung, Hybridität*. Vgl. in diesem Band Stephan Braese: „Exil und Postkolonialismus", S. 1–19.
10 Angelehnt an eine Formulierung von Francis Marmande: „Coltrane est-il à part?". In: *Le goût du jazz. Textes choisis et présentés par Franck Médioni*. Évreux 2009, S. 91–94, Zitat S. 92f.

grundlegenden Diskrepanz, die vom Milieu des Exils noch verstärkt wurde, eine Öffnung gegenüber einer ‚anderen' Kultur möglich war, eine Aufgeschlossenheit, die ihrerseits *aus dem Exil heraus* erfolgte. Oder, in anderen Worten: wie sich in der Arbeit Alfred Lions „deutsche Kultur" tatsächlich noch einmal als „schöpferischer Teil [...] der Welt-Kultur"[11] zu erkennen zu geben vermocht hat.

Adornos Einstellung zum Jazz war entscheidend von seinen noch in Deutschland erworbenen Erfahrungen mit dieser Musik geprägt. Der Eintritt der USA in den Ersten Weltkrieg und die Stationierung US-amerikanischer Truppen in Frankreich hatte die ersten afroamerikanischen Musiker nach Europa gebracht,[12] doch die politische Isolation Deutschlands während des Krieges und die wirtschaftliche Krise nach Kriegsende trugen dazu bei, dass das deutsche Publikum nur durch oft laienhafte Kopien diese neue Musik kennenlernte. Zwar erhoben zahllose Unterhaltungskapellen deutscher Musiker unter Zuhilfenahme von Saxophonen und neuen Schlagzeug-Komponenten den Anspruch, ‚Jazz' zu spielen, ähnelten der afroamerikanischen Musik jedoch allenfalls noch entfernt. Dessen ungeachtet wurden bald Erfrischungseffekte für die europäische Musikkultur von diesen neuen Klängen erwartet. Als der Direktor des renommierten Hoch'schen Konservatoriums in Frankfurt am Main und Adornos früherer Kompositionslehrer, Bernhard Sekles, 1928 die Einrichtung einer Jazz-Klasse ankündigt, begründet er dies in der *Deutschen Tonkünstlerzeitung* im Tonfall des zeitgenössischen Primitivismus-Diskurses mit dem Erfordernis, der Musik der Gegenwart eine „Transfusion unverbrauchten Niggerblutes"[13] zu verschaffen. Schon auf dieses Unternehmen reagiert Adorno reserviert;[14] und als die nationalsozialistischen Behörden 1933 die Ausstrahlung von Jazz-Musik durch den Rundfunk untersagen, stimmt er in seinem in der *Europäischen Revue* unter dem Titel „Abschied vom Jazz" erschienenen Artikel zu: „Hier gibt es nichts zu retten."[15] Mit seiner Beobachtung, der Jazz sei „ohne weiteres konsumfähig",[16] berührt er bereits das auch in seinen späteren Stellungnahmen paradigmatische Argument. Aber auch mit der Bemerkung „sein Reich galt als

---

11 Vgl. oben.
12 Diese Darstellung folgt Rainer E. Lotz: „Amerikaner in Europa". In: *That's Jazz – Der Sound des 20. Jahrhunderts*. Hg. v. Klaus Wolbert. Frankfurt/M. 1997, S. 291–297.
13 Hier zitiert nach Heinz Steinert: *Die Entdeckung der Kulturindustrie oder: Warum Professor Adorno Jazz-Musik nicht ausstehen konnte*. Münster 2003, S. 66.
14 Vgl. Michael H. Kater: *Gewagtes Spiel – Jazz im Nationalsozialismus*. München 1998, S. 63 und die dortige Anmerkung 167.
15 Theodor W. Adorno: „Abschied vom Jazz". In: *Gesammelte Schriften*, Bd. 18. Musikalische Schriften V. Hg. v. Rolf Tiedemann u. Klaus Schulz. Frankfurt/M. 1984, S. 795–799, Zitat S. 795.
16 Adorno: „Abschied vom Jazz", S. 796.

Reich der Freiheit"[17] benennt Adorno bereits in diesem Aufsatz die für seine Jazz-Kritik tragende „Denkfigur der ‚autoritären Rebellion' oder der ‚konformen Auflehnung'", die Heinz Steinert, der vielleicht beste Kenner der Schriften Adornos zum Jazz, als „das Zentralstück von Adornos Jazz-Theorie"[18] bezeichnet. Als eine Musik, die „eine verwesende Moderne von vorgestern konservier[e]",[19] ist es Adorno 1933 um den Jazz daher nicht schade.

Im Oxforder Exil entsteht 1935/36 mit dem Aufsatz „Über Jazz" jene Schrift, in der Adorno nicht nur am ausführlichsten und grundsätzlichsten zum Jazz Stellung bezogen hat, sondern die, wie Steinert überzeugend dargelegt hat, als ein Gründungsdokument in der Entwicklung des Kulturindustrie-Theorems durch Adorno gesehen werden muss. „Der Jazz", so heißt es dort,

> ist, wozu man ihn braucht, und das freilich stellt vor Fragen, die zu beantworten weitgreifende Untersuchung nötig machte. Vor Fragen nicht wie das autonome Kunstwerk; viel eher wie der Detektivroman, mit dem der Jazz gemein hat, daß er eine strenge Stereotypik unerbittlich durchhält und zugleich alles daransetzt, sie durch individualisierende Züge vergessen zu lassen, die selber wieder ausschließlich durch die Stereotypik determiniert sind. [...]. Der Jazz ist Ware im strikten Sinn.[20]

„[I]mprovisatorische Elemente des Ausbruchs, welche in der ursprünglichen Jazzkonzeption zuweilen doch am Werke waren", wie Adorno einräumt, werden „gebändigt".[21] Auch seine Herkunft aus der Klasse entrechteter Sklaven legitimiert nicht, sondern disqualifiziert diese Musik für Adorno: „Soweit bei den Anfängen des Jazz, beim Ragtime vielleicht, von Negerelementen die Rede sein kann, dürfte es weniger um archaisch-primitive Äußerungen" – hier reagiert Adorno auf verbreitete, exotistisch geprägte Zuschreibungen nicht nur in der deutschen Öffentlichkeit[22] –

> als um die Musik von Sklaven sich handeln [...]. Psychologisch mag die Struktur des Ur-Jazz am ehesten an die des Vor-sich-hin-Singens der Dienstmädchen gemahnen. Die Society hat ihre Vitalmusik [...] nicht von Wilden, sondern von domestizierten Leibeigenen bezogen.[23]

---

17 Adorno: „Abschied vom Jazz", S. 797.
18 Steinert: *Entdeckung der Kulturindustrie*, S. 15.
19 Adorno: „Abschied vom Jazz", S. 797.
20 Theodor W. Adorno: „Über Jazz". In: *Gesammelte Schriften*, Bd. 17. Musikalische Schriften IV. Hg. v. Rolf Tiedemann. Frankfurt/M. 1982, S. 74–108, Zitat S. 77.
21 Adorno: „Über Jazz", S. 89.
22 Vgl. Ekkehard Jost: „Le Jazz en France". In: *That's Jazz – Der Sound des 20. Jahrhunderts*. Hg. v. Wolbert, S. 313–328.
23 Adorno: „Über Jazz", S. 83.

Folgerichtig werde dort, wo das Individuum im Jazz vernehmbar wird, dieses nicht als vermögendes, starkes, sondern als verstümmeltes hörbar:

> [D]ie Spezifikation des Individuums im Jazz war und ist niemals die der andrängenden Produktivkraft, sondern stets nur die der neurotischen Schwäche [...]. Darum vielleicht mögen unterdrückte Völker für den Jazz besonders qualifiziert sein. Sie machen gewissermaßen den noch nicht hinlänglich verstümmelten Liberalen den Mechanismus der Identifikation mit ihrer eigenen Unterdrückung vor. – Jazz, das Amalgam von Marsch und Salonmusik, ist ein falsches: das eines zerstörten Subjektiven mit einer es produzierenden, vernichtenden und durch Vernichtung objektivierenden Gesellschaftsmacht.[24]

In den Bezügen des Jazz zur europäischen Marschmusik schließlich erkennt Adorno die Grundlage dafür, dass „der Jazz zum faschistischen Gebrauch gut sich schicken"[25] will.

Nach allem, was Steinert in seinen akribischen Recherchen ermitteln konnte, haben sich Adornos unmittelbare Erfahrungen des Jazz seit seiner Übersiedlung in die USA 1938 kaum erweitert. Fallen in einer einschlägigen Buchbesprechung jetzt Namen wie die von Benny Goodman und Artie Shaw, Louis Armstrong, Duke Ellington, Count Basie und Fletcher Henderson, so deswegen, weil sie in den rezensierten Werken genannt sind. Steinert stellt zusammenfassend fest: „In den Schriften findet sich [...] nichts, das darauf hinwiese, [...] Adorno hätte jemals eine Aufnahme von [Charlie] Parker oder [Miles] Davis gehört, noch gar ein Jazz-Lokal persönlich betreten."[26] Adornos Position zum Jazz erfährt in dieser Zeit folgerichtig keinerlei Veränderung. Dies wird unüberhörbar deutlich in seinem 1953 im *Merkur* veröffentlichten Aufsatz „Zeitlose Mode". Jazz „ist durch und durch Fabrikware",[27] kennt keine „Geschichte"[28] und entspricht den Charakteristika „alle[r] Kulturindustrie": Er „erfüllt Wünsche nur, um sie zugleich zu versagen. [...] Die individuellen Züge, die mit der Norm nicht übereinstimmen, sind von dieser geprägt, Male der Verstümmelung." Dem „Jazzritual" eigne ein „affirmative[r] Charakter: der der Aufnahme in die Gemeinde unfreier Gleicher."[29]

---

24 Adorno: „Über Jazz", S. 99.
25 Adorno: „Über Jazz", S. 92.
26 Steinert: *Entdeckung der Kulturindustrie*, S. 65.
27 Theodor W. Adorno: „Zeitlose Mode – Zum Jazz". In: *Merkur* VII (1953) H. 64, S. 537–548, Zitat S. 540.
28 Adorno: „Zeitlose Mode – Zum Jazz", S. 541.
29 Adorno: „Zeitlose Mode – Zum Jazz", S. 542.

> Selbstbewußtes Analphabetentum, dem der Stumpfsinn des tolerierten Exzesses fürs Reich der Freiheit gilt, zahlt dem Bildungsprivileg heim. [...] Jazz ist die falsche Liquidation der Kunst: anstatt daß die Utopie sich verwirklichte, verschwindet sie aus dem Bilde.[30]

Heinz Steinert hat zu Recht darauf hingewiesen, dass die überwältigende Mehrheit jener Parteigänger des Jazz, die sich zu einer ‚Widerlegung' Adornos berufen oder doch aufgefordert fühlten – so auch der deutsche ‚Jazzpapst' Joachim Ernst Berendt schon in seiner Antwort im *Merkur* 1953 –, den „Fehler" begingen,

> sich auf Adornos Vorgabe einzulassen, den Jazz mit der europäischen Musik in einen gemeinsamen Bezugsrahmen zu setzen. [...] Der Punkt ist aber nicht, dass Jazz auch Kunst wäre, sondern dass er aus anderen Prinzipien zu verstehen ist als die europäische Kunstmusik.[31]

In „Über Jazz" hatte Adorno geschrieben: „Er unterstellt sich dem Maß der Kunstmusik; vor diesem aber enthüllt er sich als weit zurückgeblieben."[32] Daran ist wahr, dass etliche Jazzmusiker der 1920er und –30er Jahre – nicht zuletzt unter sozialem und ökonomischem Druck – in diesen Wettbewerb einzutreten versucht hatten. Bedeutsamer ist jedoch, dass vor allem Adorno selbst Jazz diesem Maß unterstellt hat.

Damit verfehlte er eine im Jazz fortgesetzt wirksame Entstehungs- und Entwicklungsgeschichte, die kategorial verschieden war von der der europäischen Musik. Sie ist geprägt durch zwei ineinander verschränkte Dynamiken: der Herkunft aus der Tradition oraler Kultur – und den Bedingungen zunächst manifester Sklaverei, sodann fortgesetzter sozialer, ökonomischer und kultureller Entrechtung. Ben Sidran hat in seinem Standardwerk *Black Talk* die Geschichte des Jazz als eines Bestandteils des „oral continuum"[33] gelesen, das aus den oralen Kulturen Afrikas herrührt und durch das Alphabetisierungsverbot für Sklaven[34] inmitten einer hochentwickelten literalen Kultur eine komplexe, fortgesetzte Aktualisierung erfuhr. Die zusätzlichen drakonischen Beschränkungen kultureller Selbstäußerung afroamerikanischer Sklaven im neunzehnten Jahrhundert[35]

---

30 Adorno: „Zeitlose Mode – Zum Jazz", S. 544, S. 548.
31 Steinert: *Entdeckung der Kulturindustrie*, S. 20, S. 139.
32 Adorno: „Über Jazz", S. 90.
33 Ben Sidran: *Black Talk*. La Vergne 2010, S. XI.
34 Paul Gilroy: *The Black Atlantic – Modernity and Double Consciousness*. London, New York 2002, S. 36.
35 Vgl. etwa die Verbote bestimmter Musikinstrumente in den Black Codes der US-amerikanischen Südstaaten: Philippe Carles u. Jean-Louis Comolli: *Free Jazz Black Power*. Frankfurt/M.

trugen darüber hinaus zu einer Festigung wenn auch fragmentierter Traditionen oraler Kultur bei. Zu den herausragenden Kennzeichen oraler Kultur, die für die Entwicklung afroamerikanischer Musik Bedeutung erlangten, zählt Sidran – in Anlehnung an McLuhan – den Zwang zur spontanen Reaktion:

> The oral man [...] is forced to behave in a spontaneous manner, to act and react (instantaneous feedback) simultaneously. As a consequence of this perceptual orientation, oral man is, at all times, emotionally involved in, as opposed to intellectually detached from, his environment through acts of communication. This can be called the basic *actionality* of the oral personality.[36]

In der oralen Kultur hat die Gestaltung des einzelnen Tons in der Sprache folgerichtig eine herausragende Bedeutung: „The vocalized approach is part of the greater oral ability to lend semantic significance to tonal elements of speech."[37] Sidran nennt ferner den „‚black' approach to rhythm" und betont seine integrale Stellung in afroamerikanischer oraler Kultur, die über die schiere metronomische Differenz afrikanischer Polyrhythmen zur europäischen Tradition hinausgeht:

> It is really not enough to say that rhythmic tension is sustained through the imposition of polyrhythms over a stated or implied meter. The complexity of this rhythmic approach is in large part due to the value placed in spontaneity and the inherently communal nature of oral improvisation.[38]

Auch ist oraler Kultur die Trennung zwischen ausübendem Künstler und Publikum fremd: „In the oral culture, as derived from the African cultures, there was no distinction between the ‚artist' and the ‚audience'."[39] Schließlich weist Sidran auf eine schon von McLuhan bemerkte Differenz zum

> „Western feeling for time as duration ... our sense of duration and impatience when we cannot endure the delay between events. Such a sense of impatience, or of time as duration, is unknown among nonliterate cultures ... For the clock to dominate, there has to be the prior acceptance of the visual stress that is inseparable from phonetic literacy." [...] Time in the Western sense is a translation from motion-through-space. Time in the oral sense is a purer involvement with natural occurences and perceptual phenomena.[40]

---

1974, S. 109.
**36** Sidran: *Black Talk*, S. 3.
**37** Sidran: *Black Talk*, S. 6.
**38** Sidran: *Black Talk*, S. 7.
**39** Sidran: *Black Talk*, S. 8.
**40** Sidran: *Black Talk*, S. 10, 11.

Im Anschluss an die Traditionen oraler Kulturen und unter den Bedingungen von Sklaverei und Entrechtung habe sich – so Paul Gilroy – eine Ausdruckskultur („expressive culture")[41] entwickelt, die eine „distinctive *moral* basis"[42] besitze, an Utopien „beyond the grasp of the merely linguistic, textual and discursive"[43] arbeite und „a community of needs and solidarity" anstrebt, „which is magically made audible in the music itself".[44] Ben Sidran hat eindringlich darauf aufmerksam gemacht, wie konstitutiv diese kategorialen Prägungen unsere Wahrnehmung formen, so dass der schriftkulturell sozialisierte Mensch nicht nur oftmals ein „deaf ear" hat gegenüber „stimuli that do not fit into his category of ‚relevance'", sondern ebenso oft gar nicht erkennt, „that an attempt at communication is even being made."[45]

Zwar räumt Sidran dies auch für den umgekehrten Fall ein – doch in der hier vorgestellten Konstellation stellt sich zuallererst die Frage, wie es möglich war, dass dieses „deaf ear" bei einem Subjekt, das alle elementaren Sozialisations- und Bildungsvoraussetzungen einer bürgerlichen Kindheit zu Beginn des zwanzigsten Jahrhunderts in Mitteleuropa teilte, weniger ausgeprägt war als bei Adorno, der – zumindest in dieser Hinsicht – einmal für sehr viele stehen darf.

Alfred Lion wurde 1911 in einem zwar bürgerlichen, aber nicht vermögenden Elternhaus in Berlin-Schöneberg geboren. Bereits als Schüler hört er, im Mai 1925, im Admiralspalast Sam Wooding mit seinem 11-köpfigen Orchester und erlebt damit eine der ersten Möglichkeiten für deutsche Zuhörer, afroamerikanische Musik „nicht perspektivisch verzerrt durch die Brille euroamerikanischer Jazzrezeption" zu hören, „sondern vermittelt durch jene, die für den Ursprung dieser Musik die Mitverantwortung trugen".[46] Die Faszination durch diese Musik verleitet ihn bereits 1928 zu einer ersten Reise nach New York. 1931 exiliert er zusammen mit seiner Mutter nach Südamerika, wo er verschiedenen kaufmännischen Tätigkeiten nachgeht, aber zeitweilig auch als Hummer-Fischer arbeitet.[47] Als Vertreter einer Import-Export-Firma gelingt ihm 1937 die dauerhafte

---

41 Gilroy: *Black Atlantic*, S. 36.
42 Gilroy: *Black Atlantic*, S. 36.
43 Gilroy: *Black Atlantic*, S. 37.
44 Gilroy: *Black Atlantic*, S. 37.
45 Sidran: *Black Talk*, S. 4.
46 Ekkehard Jost: „Jazz in Deutschland". In: *That's Jazz – Der Sound des 20. Jahrhunderts*. Hg. v. Wolbert, S. 357–378, Zitat S. 359. – Die folgenden Ausführungen zur Vita Alfred Lions greifen auf eine frühere Studie von mir zurück unter dem Titel: „Identifying the Impulse. Alfred Lion Founds the Blue Note Jazz Label". In: *Escape to Life*. Hg. v. Eckart Goebel u. Sigrid Weigel, Berlin, Boston 2012, S. 270–287.
47 Vgl. Richard Cook: *Blue Note Records – The Biography*. Boston 2004, S. 8.

Übersiedlung nach New York.⁴⁸ Der Anschluss an die Swing-kritische, informelle Subkultur um Milton Gabler, aber auch die Erfahrung des spektakulären Konzerts in der Carnegie Hall vom 23. Dezember 1938, zu dem John Hammond in seinen eignen Worten „talented Negro artists from all over the country who had been denied entry to the white world of popular music"⁴⁹ in einem der sichtbarsten Plätze US-amerikanischer Hochkultur zusammengeführt hatte, bilden weitere Stationen seiner emphatischen Zuwendung zur afroamerikanischen Musik der Gegenwart. Nur Tage nach dem Konzert zeichnet Lion seine erste Aufnahme auf, und im Mai 1939 erscheint jener Werbe-Flyer, der die Programmatik des neuen Unternehmens in Worte fasste:

> Blue Note records are designed simply to serve the uncompromising expression of hot jazz and swing, in general. Any particular style of playing which represents an authentic way of musical feeling is genuine expression. By virtue of its significance in place, time and circumstance, it possesses its own tradition, artistic standards and audience that keeps it alive. Hot jazz, therefore, is expression and communication, a musical and social manifestation, and Blue Note records are concerned with identifying its impulse, not its sensational and commercial adornments.⁵⁰

Die dreimalige Erwähnung des Ausdrucks – in den symptomatischen Verknüpfungen „uncompromising expression", „genuine expression", schließlich „expression and communication" – nimmt im Umriss bereits jene „expressive culture" im Jazz wahr, deren Attribute Gilroy benannt und deren orale Grundlegung Sidran bezeichnet hat, damit vor allem jedoch ihre kategoriale Differenz zur europäischen Musikkultur. Die oralkulturelle Kennung des eingeebneten Unterschieds zwischen Musiker und Publikum ist bezeichnet, wo von „expression and communication" und „audience" die Rede ist; die innige Verschränkung dieser Musikkultur in „environment" und „community"⁵¹ ist erkannt, wenn der Jazz als „musical and social manifestation"⁵² begriffen wird. Indem Lions programmatische Zeilen schließlich die Abhängigkeit des Jazz von „place, time and circumstance"⁵³ anerkennen können, ermöglichen sie zugleich die

---

48 Cook: *Blue Note Records*, S. 8.
49 Cook: *Blue Note Records*, S. 5.
50 Cook: *Blue Note Records*, S.12. Richard Cook vermutet Lions Geschäftspartner Max Margulis als Autor des Flyer-Textes. Wenn im Folgenden die Zeilen Lion zugeschrieben werden, so nicht im Sinne einer strikten Autorschaft, sondern als genuiner (und zweifelsfrei auch direkt mitverantworteter) Ausdruck des Projekts, das Blue Note Records bildete.
51 Vgl. Sidran: *Black Talk*, S. 8, sowie Gilroy: *Black Atlantic*, S. 37.
52 Vgl. den Flyer-Text nach Cook: *Blue Note Records*, S. 12 und oben.
53 Cook: *Blue Note Records*, S. 12.

Einsicht in die unauflösliche Verkettung des Jazz mit der sozialen Realität. Die Zeilen des *Blue Note*-Programms künden von der genuin *existentiellen*, lebensweltlich und sozial *umfassenden* Bedeutung des Ausdrucks im Jazz.

Ihren archimedischen Punkt hat dieser Programmtext jedoch in der Anerkennung des Jazz als Kunst. Eine solche Anerkennung barg große Risiken. Nicht nur lief sie Gefahr, die spezifische Verschränkung afroamerikanischer Ausdruckskultur in die lebensweltliche Realität der für den europäischen Kunstbegriff konstitutiven Tendenz einer Trennung zwischen Kunst und Leben[54] auszusetzen. Darüber hinaus war eine solche Anerkennung geeignet, sie in vielfacher, gerade auch formaler Hinsicht – etwa melodischer, harmonischer, rhythmischer Art – in jene unvermittelte Konkurrenz zur europäischen Kunstmusik einzurücken, deren Ergebnisse Adorno unnachgiebig vorgetragen hat. In den Wendungen „own tradition" und „artistic standards" wird gleichwohl auf einem Begriff von Kunst beharrt – einem Begriff jedoch, der in der bezeichnenden Öffnung einer Kategorie „alteuropäischer"[55] Kunstauffassung: der der Individualität, eine entscheidende Wahrnehmungsfähigkeit für den Jazz gewinnt. In Lions Programmtext ist der Modus dieser Individualität die Authentizität des Ausdrucks, Kern des Kunstbegriffes, der den Programmtext organisiert. Sie meint eine inter- und transkulturelle Echtheit, die alle „particularities", alle Unterschiede in „place, time and circumstance" aufhebt und deren kleinster gemeinsamer Nenner die menschliche Gattung, genauer: der Mensch als Individuum mit seinen Erfahrungen bildet. Kunst bezeichnet in dieser Perspektive jenes Produkt, aus dem – egal, wo und von wem es geschaffen wurde – jeder Mensch etwas über sich selbst ablesen, lernen, erfahren kann. Die universalistische Tendenz und die mit ihr einhergehende essentialistische Grundierung dieses Kunstbegriffs mag heute auf begründete Reserve treffen. Doch es ist dieser, in die Epoche der europäischen Aufklärung zurückreichende, emphatische Glauben an die Einheit des Menschengeschlechts über ethnische und soziale Grenzen hinweg,[56] der es Alfred Lion, dem Europäer aus Berlin, ermöglichte, eine für seine Zeit

---

54 Vgl. Sidran: *Black Talk*, S. XXI.
55 Steinert: *Entdeckung der Kulturindustrie*, S. 139.
56 Vgl. Michael Neumann: „Philosophische Nachrichten aus der Südsee – Georg Forsters ‚Reise um die Welt'". In: *Der ganze Mensch. Anthropologie und Literatur im 18. Jahrhundert.* Hg. v. Hans Jürgen Schings. Stuttgart, Weimar 1994, S. 517–544. Für die Prägung der deutschen Aufklärung mag Immanuel Kants berühmte „Beantwortung der Frage: Was ist Aufklärung?" paradigmatischer sein als die Schriften Georg Forsters; doch ist es Forster, der am nachdrücklichsten in der Epoche der Aufklärung in Deutschland auf eine kategoriale Parität mit Menschen auch anderer ‚Rassen' hingewiesen hat, so wiederholt in seiner *Reise um die Welt*: „Alle Völker der Welt haben gleiche Ansprüche auf meinen guten Willen. [...] Zugleich war ich mir

und seinen Ort beispiellose kategoriale Anerkennung afroamerikanischer Ausdruckskultur zu denken und zu praktizieren.

Auf Adorno waren die charakteristischen Klangwirkungen des Jazz „als Jammern und Wimmern"[57] getroffen, als „neurotische Schwäche" des „Individuums", nicht als Ausdruck seiner „andrängenden Produktivkraft".[58] Ihr Individuelles hatte lediglich „Scheincharakter",[59] die „Pseudoindividualisierung"[60] war ihm eine ihrer Kennungen. Lion vermochte die spezifische soziokulturelle Verfasstheit des individuellen Klangs, der „personal techniques" und „personal sounds"[61] anzuerkennen: ihre Herkunft aus einer in der lebendigen oralen Tradition bewahrten Erinnerung an eine Zeit, als „the slaves were only able to express themselves fully as individuals through the act of music".[62] Und auch diese Individualität weist bezeichnende Unterschiede zu ihrer Herausbildung in der europäischen Kultur auf: „black individualism has an African heritage in which the individual and his rights are not separated from society. Also, black individuality comes out of action and feeling, as opposed to the *abstraction* of ‚rights' communicated from literature."[63] In dieser Perspektive gab sich der „personal sound" eines afroamerikanischen Musikers zu erkennen nicht als Ausdruck eines perennierenden Leidens, das jede Individualität ausgelöscht hat, sondern – im Gegenteil: als selbstbewusster Ausdruck einer einmaligen Unverwechselbarkeit – gewiss, und unaufhebbar: zur bestimmten Zeit und am bestimmten Ort, im Kontext von Exil und Entrechtung. Ja, es mag nicht zuletzt die Kondition des Exils gewesen sein, die die Individualität des Ausdrucksbegehrens mit einer spezifischen Steigerung versehen hat. Diese Identität zwischen Klang und individueller, menschlicher Identität, d.i. Würde, fasste John Coltrane in die lakonischen Worte: „[...] when I know a man's sound, well, to me that's him, that's the man."[64] Es ist diese Auffassung, ja, dieses Ethos, aus dem Lion und sein jahrzehntelanger Aufnahmeleiter Rudy van Gelder ihre legendäre Aufnahmetechnik abgeleitet haben. 1985 bekannte van Gelder in einem Gespräch:

---

bewußt, daß ich verschiedene Rechte mit jedem Menschen gemein habe" (Frankfurt/M. 1997, S. 18).
57 Dies die Formulierung Steinerts: *Entdeckung der Kulturindustrie*, S. 101.
58 Adorno: „Über Jazz", S. 99.
59 Hier nach Steinert: *Entdeckung der Kulturindustrie*, S. 101.
60 Adorno: „Zeitlose Mode", S. 542.
61 Sidran: *Black Talk*, S. 14.
62 Sidran: *Black Talk*, S. 13f.
63 Sidran: *Black Talk*, S. 26.
64 Zitiert nach Sidran: *Black Talk*, S. 14.

> I'm talking about Jazz where it's an expression of a musician's personality, and his own sound, and he's recognizable and he's unique, and you can identify him as just as easily as I can recognize your voice or your face when I see you. Alfred had a way of presenting the situation. Here they are, this is the way they sound as individuals, this is the way. And he said, „Now you go ahead, and you do what you have to do to make that thing sound the way we want it to sound." And that's how he would present the problem.[65]

Van Gelders Anerkennung der afroamerikanischen Musiker als Künstler-Persönlichkeiten und Individuen erhält besonderen Nachdruck dadurch, dass er den jeweiligen Sound des Musikers als nicht weniger unverwechselbar, individuell charakterisiert als eine Stimme, die der Toningenieur hört, oder ein Gesicht, das er sieht. In solcher Analogisierung des künstlerischen Produkts mit physisch-kreatürlichen Ausweisen menschlicher Individualität wachsen den Kunstwerken selbst zugleich ein Daseinsrecht und eine Würde zu, die dem Recht des Menschen auf ein Leben in Würde nicht nachstehen. So überzeugt van Gelder und Lion hiervon auch sein mochten, so blieb doch immer wieder die Aufgabe neu zu lösen, diese Unverwechselbarkeit des Sounds unter den technischen Bedingungen ihrer Zeit zu speichern und die Zahl jener Hörer, die ihn wahrnehmen konnten, nach Kräften zu vermehren. In jenem historischen Augenblick, da immer weiter entwickelte „personal sounds" und „personal techniques" für die afroamerikanische Musik im Nachraum der Geschichte der Versklavung, im Zuge zunehmender Urbanisierung, aber auch im Gefolge eines wachsenden ökonomischen Differenzierungsdrucks seitens der weißen Musikindustrie zur unverzichtbaren Voraussetzung ihrer Ausdruckskultur werden, ist es Lions auf einem gleichsam alteuropäischen Universalismus aufruhender Begriff des Individuums als Träger eines authentischen künstlerischen Ausdrucks, der eine Anerkennung afroamerikanischer „expressive culture" erlaubt, sowohl in einer geradezu beiläufigen *Überschreitung* traditioneller westlicher Kunstauffassungen als auch in expliziter Wendung *gegen* den manifesten sozialen, ökonomischen und kulturellen Rassismus im Alltag der USA.

Der Rest – so darf mit vollem Recht formuliert werden – ist Geschichte. Sie ist dokumentiert im Katalog von Blue Note Records. Die in der täglichen Arbeit Lions und seiner Mitarbeiter verwirklichte Zuwendung zu ihren Musikern ist bis heute sprichwörtlich.[66] Anpassung der Aufnahmezeiten an den spezifischen Tagesablauf der Musiker, sorgfältige Verpflegung vor Ort, bezahlte Probentage – in den 40er und 50er Jahren ein Alleinstellungsmerkmal von Blue Note – und eine penible

---

65 Ben Sidran: *Talking Jazz – An Oral History*. Boston 1995, S. 314.
66 Vgl. Cook: *Blue Note Records*, S. 17, 12, 116; Cuscuna: „Blue Note Story", S. XVI, XIII; Miles Davis u. Quincy Troupe: *Miles – The Autobiography*. New York 1994, S. 193.

Aufnahmetechnik bezeugten die Einstellung Alfred Lions und seines Teams. Aber auch dadurch, dass Lion fast ausschließlich afroamerikanische Musiker aufnahm, dass er den Afroamerikaner Ike Quebec mit der verantwortungsvollen Aufgabe des A&R-Manns betraute und dass die spektakulären Cover-Fotografien seines Berliner Schulfreundes und Blue Note-Compagnons Frank Wolff die Musiker „vor chromglänzenden Autos, aufragenden Straßenschildern und in sich ins Licht öffnenden Straßenschluchten [...] wie Könige in einer Zeit [porträtierte], in der die Segregation die Musiker in dieser Außenwelt diskriminierte"[67] – in all diesen Maßnahmen, die den ‚Anderen' *in seiner Differenz* anerkannten, tradierte Lion etwas von den wertvollsten Attributen einer einmal als ‚deutsch' verstandenen europäischen Kultur. Noch die schiere materielle Verpackung seiner Produktionen – die im Bauhaus-Design gestalteten Cover – sind heute teuer gehandelte Sammlerstücke.

Eine kleine, für die Geschichte des Jazz folgenreiche und daher für die Konstellation um Alfred Lion und *Blue Note* nicht weniger als paradigmatische Episode mag abschließend ein wenig augenfällig machen, wie einige der für Lions Unternehmen konstitutiven Momente ineinandergriffen: die Entdeckung des Komponisten, Pianisten und Bandleaders Thelonious Monk. Monk, „today [...] generally acknowledged as the major jazz composer after Ellington",[68] Schlüsselfigur in der Entwicklung des Bebop, ist 1947 30 Jahre alt und hat noch keine Aufnahme unter seinem Namen machen können. Es ist Ike Quebec, der Lion in diesem Jahr auf den Ausnahme-Pianisten aufmerksam macht.[69] Es ist – so Monks Biograph Laurent de Wilde – Lions Fähigkeit und Bereitschaft, „entend[re] chez Monk ce qui est inaudible à l'oreille américaine",[70] die in eine erste Aufnahme am 15. Oktober 1947 mündet. Nur 9 Tage später findet bereits die zweite statt, einen Monat darauf die dritte. Von den 14 eingespielten Eigenkompositionen sind mindestens die Hälfte heutige Standards – unter ihnen, aufgenommen am 21. November, ein Stück, das weltweit geradezu zum Inbegriff des Jazz werden sollte: „'Round midnight". Das Fachblatt „Downbeat" urteilte: „‚Midnight' is for the super hip alone"[71] – was nicht als Kompliment gemeint war. Heute dagegen stehen Komposition und Einspielung für den Ort von *Blue Note* in der Kulturgeschichte des zwanzigsten Jahrhunderts. Alfred Lion „identified the impulse". Die Voraussetzung dafür war sein Nahverhältnis zu einer Europäizität und ihren Vorstellungen von Kultur gewesen, die Nationalismus und

---

67 Maxi Sickert: „Die Könige von New York". In: *die tageszeitung* 11.11.2009.
68 Cook: *Blue Note Records*, S. 23.
69 Vgl. Laurent de Wilde: *Monk*. Paris 1997, S. 99.
70 Wilde: *Monk*, S. 90.
71 Zitiert nach Cook: *Blue Note Records*, S. 28.

Rassismus in Deutschland und Europa auszulöschen versucht hatten. Es sind diese Vorstellungen, es ist diese Europäizität, die – wesentlich durch Alfred Lion – einen unhintergehbaren Beitrag dazu geleistet haben, der amerikanischsten aller Künste zu ihrem kongenialen Ausdruck zu verhelfen.

## Bibliographie

Adorno, Theodor W.: „Zeitlose Mode – Zum Jazz". In: *Merkur* VII (1953) H. 64, S. 537–548.
Adorno, Theodor W.: „Über Jazz". In: *Gesammelte Schriften*, Bd. 17. Musikalische Schriften IV. Hg. v. Rolf Tiedemann u. Klaus Schulz. Frankfurt/M. 1982, S. 74–108.
Adorno, Theodor W.: „Abschied vom Jazz". In: *Gesammelte Schriften*, Bd. 18. Musikalische Schriften V. Hg. v. Rolf Tiedemann. Frankfurt/M. 1984, S. 795–799.
Braese, Stephan: „Identifying the Impulse. Alfred Lion Founds the Blue Note Jazz Label". In: *Escape to Life* . Hg. v. Eckart Goebel u. Sigrid Weigel. Berlin, Boston 2012, S. 270–287.
Carles, Philippe u. Jean-Louis Comolli: *Free Jazz Black Power* Frankfurt/M. 1974.
Cook, Richard: *Blue Note Records – The Biography*. Boston 2004.
Cuscuna, Michael: „The Blue Note Story". In: *The Blue Note Label – A discography compiled by Michael Cuscuna and Michel Ruppli*. Westport 2001, S. XI-XIX.
Davis, Miles u. Quincy Troupe: *Miles – The Autobiography*. New York 1994.
Enderle-Ristori, Michaela: Vorwort zu *Exilforschung. Ein internationales Jahrbuch* 25 (2007): *Übersetzung als transkultureller Prozess*, S. IX-XII.
*Exilforschung. Ein internationales Jahrbuch* 27 (2009): *Exil, Entwurzelung, Hybridität*.
Gilroy, Paul: *The Black Atlantic – Modernity and Double Consciousness*. London, New York 2002.
Jost, Ekkehard: „Jazz in Deutschland". In: *That's Jazz – Der Sound des 20. Jahrhunderts*. Hg. v. Klaus Wolbert. Frankfurt/M. 1997, S. 357–378.
Jost, Ekkehard: „Le Jazz en France". In: *That's Jazz – Der Sound des 20. Jahrhunderts*. Hg. v. Klaus Wolbert. Frankfurt/M. 1997, S. 313–328.
Kater, Michael H.: *Gewagtes Spiel – Jazz im Nationalsozialismus*. München 1998.
Kliems, Alfrun: „Transkulturalität des Exils und Translation im Exil. Versuch einer Zusammenbindung". In: *Exilforschung. Ein internationales Jahrbuch* 25 (2007): *Übersetzung als transkultureller Prozess*, S. 30–49.
Lotz, Rainer E.: „Amerikaner in Europa". In: *That's Jazz – Der Sound des 20. Jahrhunderts*. Hg. v. Klaus Wolbert. Frankfurt/M. 1997, S. 291–297.
Mann, Erika u. Klaus Mann: *Escape to Life – Deutsche Kultur im Exil*. München 1991.
Marmande, Francis : „Coltrane est-il à part?". In: *Le goût du jazz. Textes choisis et présentés par Franck Médioni*. Évreux 2009, S. 91–94.
Neumann, Michael: „Philosophische Nachrichten aus der Südsee – Georg Forsters ‚Reise um die Welt'". In: *Der ganze Mensch. Anthropologie und Literatur im 18. Jahrhundert*. Hg. v. Hans Jürgen Schings. Stuttgart, Weimar 1994, S. 517–544.
Sickert, Maxi: „Die Könige von New York". In: *die tageszeitung*, 11.11.2009.
Sidran, Ben: *Black Talk*. La Vergne 2010.
Steinert, Heinz: *Die Entdeckung der Kulturindustrie oder: Warum Professor Adorno Jazz-Musik nicht ausstehen konnte*. Münster 2003.
Wilde, Laurent de: *Monk*. Paris 1997.
Wolbert, Klaus (Hg.): *That's Jazz – Der Sound des 20. Jahrhunderts*. Frankfurt/M. 1997.

Robert Krause
# Übersetzungsexperimente zwischen den Sprachen und Kulturen

Zur Relevanz von Vilém Flussers Werk
für die kulturwissenschaftliche Exilforschung

> „Vielleicht ist alles, was ich versuche, eine Theorie der Übersetzung.
> Dazu lebe ich allerdings nicht lange genug."[1]
> (Vilém Flusser)

Der exilbedingte Sprach- und Kulturwechsel brachte viele Emigranten zeitweilig zum „Stammeln" oder als Autoren gar zum „Verstummen".[2] Indes vermochten die Emigration und das imaginäre Land „zwischen den Sprachen",[3] von dem Michael Hamburger aus eigener Kenntnis berichtet, auch zum Terrain für Übersetzer und zum Stimulus für mehrsprachige und kulturvermittelnde Schreibweisen zu werden. Wie dieser Prozess konkret ablaufen konnte, soll hier am Beispiel Vilém Flussers (1920–1991) erläutert werden. Dabei ist insbesondere zu zeigen, in welchem Maße sich sein kreatives Denken und polyglottes Schreiben aus eigenen Erfahrungen kultureller Hybridität und der Emigration speisten und welche neuen Impulse für die Exilforschung das Werk des Essayisten, Kulturphilosophen und Medientheoretikers bietet. Zu diesem Zweck wird ausgehend von brieflichen Äußerungen, in denen Flusser die Paradoxie des deutschsprachigen Schreibens in der Fremde wie auch des Schreibens allgemein artikuliert, vorgeschlagen, Exilliteratur als ‚kleine Literatur' (nach Kafka) zu reflektieren. Sodann werden Flussers Übersetzungsleistungen als produktiver Umgang mit diesem Dilemma begriffen, seine originellen Übersetzungspraktiken exemplarisch veranschaulicht und in den Kontext seiner theoretischen Äußerungen sowie seiner Biografie gestellt, um zu rekonstruieren, wie Übersetzung und kulturelle Hybridität zusammenhängen. Abschließend sind die Übersetzungstheo-

---

[1] Vilém Flusser im Gespräch mit Hans Joachim Lenger, Hamburg, November 1990. In: *Edition Flusser*, Bd. 9. Zwiegespräche. Interviews 1967–1991. Hg. v. Klaus Sander. Göttingen 1996, S. 146–158, Zitat S. 149.
[2] Michael Hamburger: „Niemandsland-Variationen". In: Ders.: *Zwischen den Sprachen. Essays und Gedichte*. Frankfurt/M. 1966, S. 26–34, Zitat S. 33.
[3] Hamburger: „Niemandsland-Variationen", S. 33.

rie und -praxis Flussers hinsichtlich ihrer Relevanz für die kulturwissenschaftliche Exilforschung zu befragen.

## 1 Kafkas Erbe

In einem Brief erinnert Vilém Flusser seinen langjährigen Bekannten Alex Bloch an

> [f]olgendes Zitat aus Kafka: „Erstens ist es unmöglich, deutsch zu schreiben, zweitens unmöglich, anders als deutsch zu schreiben, drittens unmöglich, zu schreiben, und viertens unmöglich, zu leben ohne zu schreiben." Das gilt für mich 100 %, und für Sie müßte das eigentlich auch gelten.[4]

Komprimiert wiedergegeben sind hier Kafkas zentrale Thesen zum Schreiben, die dieser mit Blick auf die Situation der deutsch-jüdischen Schriftsteller in Prag formulierte: „Das, worin sich ihre Verzweiflung entlud", konnte „nicht deutsche Literatur sein, die es äußerlich zu sein schien"; „es war eine von allen Seiten unmögliche Literatur", erklärt Kafka seinem Freund Max Brod in einem Brief aus dem Jahr 1921.[5] Indem er die herrschenden sozialen Bedingungen und lingualen Einflüsse als vier „Unmöglichkeiten" identifiziert, definiert Kafka „die Sackgasse [...], die den Prager Juden den Zugang zum Schreiben versperrte", wie Gilles Deleuze und Félix Guattari bemerken.[6] Vermutlich unabhängig von ihnen erkennt dies wenige Jahre später auch Flusser, der die Aussagen Kafkas, und zwar ebenfalls im Medium des Briefs an einen Freund, kongenial adaptiert. Für ihn und den Adressaten Alex Bloch besitzt die Diagnose Kafkas zweifelsohne eine besondere Relevanz, die sozio-kulturell und sprachbiografisch begründet ist. Ebenso wie Kafka stammen Flusser und Bloch aus Prag und sind dort als Juden deutsch- und tschechischsprachig aufgewachsen,[7] wenn auch erst in den 1920er und 1930er Jahren und folglich eine Generation nach ihrem berühmten Vorbild. Kennenge-

---

[4] Vilém Flusser an Alex Bloch, Brief vom 19. September 1983. In: *Edition Flusser,* Bd. 10. Briefe an Alex Bloch. Hg. v. Edith Flusser u. Klaus Sander. Göttingen 2000, S. 185f., Zitat S. 186.
[5] Franz Kafka an Max Brod, Brief von Juni 1921. In: *Gesammelte Werke.* Briefe: 1902–1924. Hg. v. Max Brod. Frankfurt/M. 1994, S. 334–338, Zitat S. 338.
[6] Gilles Deleuze u. Félix Guattari: *Kafka. Für eine kleine Literatur.* Aus dem Französischen v. Burkhart Kroeber. Frankfurt/M. 1976, S. 24.
[7] Vgl. Vilém Flusser: *Bodenlos. Eine philosophische Autobiographie.* Mit einem Nachwort v. Milton Vargas u. editorischen Notizen v. Edith Flusser u. Stefan Bollmann. Bensheim 1992, S. 15, S. 79. Aus Flussers Autobiografie wird im Folgenden mit der Sigle BL im Fließtext zitiert.

lernt haben beide einander allerdings erst 1941 in der Emigration, in São Paulo. Als Flusser sich zehn Jahre später geschäftlich in Rio de Janeiro aufhält, beginnt ihre rege Korrespondenz. Sie wird nach seiner Abreise aus Brasilien zwischen 1972 und 1986 fortgeführt, bis es aufgrund von Meinungsverschiedenheiten über das deutsch-jüdische Verhältnis zum Zerwürfnis und zum Ende des Kontakts kommt.[8]

Bereits der zitierte Brief vom September 1983 thematisiert anhand des Schreibens einen zentralen Aspekt der multikulturellen und -ethnischen Identität, der im fremdsprachigen Umfeld des Exils besonders virulent ist und zur Sprachverwirrung mancher Emigranten beiträgt. Literarische Betätigung erscheint für Flusser wie Bloch existenziell notwendig und ist doch nicht möglich, denn sie müssten in deutscher Sprache schreiben, was ihnen wiederum unmöglich vorkommt. Indem Flusser diese Aporie im vorliegenden Brief aber gerade auf Deutsch artikuliert, wird sie zugleich überwunden oder wenigstens relativiert. Ein performativer Selbstwiderspruch zeigt sich, der für die aporetische Struktur von Flussers Schreiben in der Fremde konstitutiv ist. Die angesprochene Aporie bestimmt den gesamten Briefwechsel, der als Teil eines sokratischen Dialogs zwischen Flusser und Bloch verstanden werden kann.[9] So wie Platon schriftlich die Lehren des Sokrates überlieferte, von dem es heißt, er selbst habe nichts geschrieben, scheint auch Flussers umfangreiches Werk zumindest partiell die Gedanken Blochs zu dokumentieren. Immerhin versorgte dieser Flusser mit Literatur und galt ihm als „Kritiker ‚par excellence'" (BL, S. 108), doch hat er trotz solcher Impulse selbst „außer den Briefen [...] nie etwas geschrieben",[10] was der konstatierten Aporie des Schreibens geschuldet sein dürfte. Denn „mit dem Verlassen Prags brach seine Welt zusammen", erinnert sich Vilém Flussers Frau Edith Flusser.[11]

Auf Kafkas Diagnose bezieht sich Flusser noch mehrfach und leicht variierend;[12] ebenso auf die Viel- und Anderssprachigkeit (in) der Prager deutschen

---

**8** Einblick in die Freundschaft Flussers und Blochs, ihre Korrespondenz und den Abbruch des Briefwechsels bietet das Nachwort Edith Flussers. In: Vilém Flusser: *Edition Flusser*, Bd. 10. Briefe. Hg. v. Flusser u. Sander, S. 225f.
**9** Flusser selbst weist diese Kategorie jedoch zurück, wenn er in seiner Autobiografie resümiert, das Gespräch mit Bloch habe „nicht die Form eines sokratischen Dialogs, eines Gedankenaustauschs haben" können: „Es gab immer ein Gefälle zwischen der eigenen Dialogebene und der seinen" (*BL*, S. 105).
**10** Personenglossar von Edith Flusser: [Art.] „Alex Bloch". In: Flusser: *BL*, S. 291.
**11** Edith Flusser: „Alex Bloch", S. 291.
**12** Vgl. etwa das Hörfunkinterview, das Katharina Teichgräber mit Flusser am 20. Februar 1989 in Nürnberg für den Bayerischen Rundfunk geführt hat: Flusser: *Zwiegespräche*. Hg. v. Sander, S. 67–77, Zitat S. 75.

Sprache und Literatur, deren charakteristische Spuren sich in den Œuvres beider Autoren finden. „Vielsprachigkeit in der eigenen Sprache [zu] verwenden", gehört zu den Postulaten einer „kleinen Literatur", wie sie von Deleuze und Guattari im Anschluss an Kafkas gleichnamige Tagebuchskizze gefordert wurde.[13] Dessen entsprechende Konzeption dürfte auch dem Verständnis der deutschsprachigen Literatur im Exil förderlich sein; erlaubt sie es doch, die Deterritorialisierungstendenzen und andere Charakteristika dieser Minderheitenliteratur zu beschreiben und mögliche Gemeinsamkeiten zwischen der Literatur des frühen zwanzigsten Jahrhunderts und der Exil- und Migrationsliteratur nach 1933 zu reflektieren.[14] Als Referenzmoment eignet sich dabei das von Kafka formulierte Paradox, nicht in deutscher Sprache und doch nur auf Deutsch schreiben zu können, dem sich Flusser als philosophischer Schriftsteller und Übersetzer ausschließlich eigener Texte selbst unablässig gestellt hat.

## 2 Hybridität und/als Übersetzung

Die von Kafka beobachtete Aporie des Schreibens im Kontext der spezifischen Situation der Prager deutschen Juden dient Flusser als Prätext für ähnliche Überlegungen. Mit diesen tritt er Kafkas geistiges Erbe an[15] und sucht Lösungen des existenziellen Dilemmas, als Repräsentant einer deutsch-jüdischen Minderheit literarisch schreiben zu müssen ohne über ein adäquates sprachliches Ausdrucksmittel zu verfügen. In seiner Autobiografie exponiert Flusser Heimatlosigkeit, Vielsprachigkeit und Übersetzung als wesentliche Signaturen seines Lebens und Werks:

---

13 Deleuze, Guattari: *Kafka. Für eine kleine Literatur*, S. 38.
14 Vgl. dazu ausführlich meine Studie: *Lebensgeschichten aus der Fremde. Autobiografien deutschsprachiger emigrierter SchriftstellerInnen als Beispiele literarischer Akkulturation nach 1933*. München 2010, S. 189–204.
15 Über die expliziten Erwähnungen und impliziten Anspielungen in den Briefwechseln und Interviews hinaus sind Kafkas Leben und Werk auch das Thema eigenständiger Artikel Flussers. Von Bedeutung ist hier vor allem sein zuerst in portugiesischer Sprache (u.d.T. *Esperando por Kafka*, 1963/67) veröffentlichter Essay *Warten auf Kafka*, der (übersetzt v. Edith Flusser) im Band *Jude sein* (*Essays, Briefe, Fiktionen*. Hg. v. Stefan Bollmann u. Edith Flusser. Mannheim 1995, S. 166–179) neu abgedruckt wurde. Flussers Kafka-Rezeption systematisch aufzuarbeiten ist ein Desiderat der Forschung; Ansätze dazu liefert Rainer Guldin: *Philosophieren zwischen den Sprachen. Vilém Flussers Werk*. München 2005, insbes. S. 17–27. In Handbüchern und Studien zu Kafka hingegen wurde Flussers Rolle als Rezipient, Interpret und Nachfolger Kafkas bislang nicht gewürdigt.

> Kurz, ich bin heimatlos, weil zu zahlreiche Heimaten in mir lagern. Das äußert sich täglich in meiner Arbeit. Ich bin in mindestens vier Sprachen beheimatet und sehe mich aufgefordert und gezwungen, alles Zu-Schreibende wieder zu übersetzen und rückzuübersetzen. (BL, S. 247)

Im Prag der Zwischenkriegszeit aufgewachsen zu sein, hat seine Sozialisierung bestimmt und bildet den autobiografischen Hintergrund für seine spezifische Sensibilität den Sprachen, Kulturen und Übersetzungsvorgängen gegenüber.[16] Diese biografische Deutung deckt sich mit vielen Aussagen Flussers, beispielsweise mit folgendem Selbstporträt aus einem Essay: „Bei meiner Geburt bin ich in eine zweisprachige Situation geworfen worden und eine der Bedingungen, die mir meine Umgebung auferlegt hat, war das Übersetzen. [...] [D]as Übersetzen gehört sozusagen zu meiner ‚Natur'."[17] In existenzialphilosophischer Terminologie[18] akzentuiert Flusser hier zum einen seine Herkunft aus dem multikulturellen und multilingualen Milieu Prags; zum anderen schlussfolgert er, durch diese Abstammung zum Übersetzen berufen zu sein. Diesen Konnex von kultureller Hybridität und Übersetzung, von dem auch der jamaikanisch-britische Soziologe Stuart Hall ausgeht,[19] erläutert Flusser in einem Interview, das er 1990, ein Jahr vor seinem tödlichen Verkehrsunfall, der Zeitschrift *Spuren* gibt:

> Ich werde über meinen Fall sprechen, weil er für andere Fälle charakteristisch ist. Ich habe eine ungestillte, heiße Liebe zur Sprache. Das ist auch biographisch erklärbar – ich bin zwi-

---

**16** Zu Flussers Prager Kindheit und Jugend vgl. Guldin: *Philosophieren zwischen den Sprachen. Vilém Flussers Werk*, S. 17–27; Ders., Anke Finger u. Gustavo Bernardo Krause: *Vilém Flusser*. Paderborn 2009, S. 12–16.
**17** Vilém Flusser: „Probleme mit der Übersetzung". Aus dem Portugiesischen v. Edith Flusser. In: *Das Spiel mit der Übersetzung. Figuren der Mehrsprachigkeit im Werk Vilém Flussers*. Hg. v. Rainer Guldin. Tübingen, Basel 2004, S. 15–46, Zitat S. 16.
**18** Dass Flussers Denken stark durch das Studium der Schriften Heideggers, aber auch Camus' beeinflusst wurde, bekundet er selbst: vgl. etwa Flusser: *BL*, S. 54, S. 63 und seinen Brief an Alex Bloch (S. 66), 28. Juni 1951, dem Flusser mitteilt, er habe sich „in den letzten Wochen intensiv mit Heidegger [...] beschäftigt", vor allem mit *Sein und Zeit* (1927). Eine umfassende Aufarbeitung dieses Einflusses steht trotz der hilfreichen Arbeiten von Guldin (*Philosophieren zwischen den Sprachen*, insbes. S. 117–121, 187–195 u. S. 251–257) und Matthias Kroß („Arbeit am Archiv: Flussers Heidegger". In: *Technobilder und Kommunikologie. Die Medientheorie Vilém Flussers*. Hg. v. Oliver Fahle, Michael Hanke u. Andreas Ziemann. Berlin 2009, S. 73–91) noch aus.
**19** Hall nimmt ebenfalls an, dass Menschen, die zu „Kulturen der Hybridität gehören [...] unwiderruflich Übersetzer" sind (Stuart Hall: „Die Frage der kulturellen Identität". Übersetzt v. Matthias Oberg. In: Ders.: *Ausgewählte Schriften*, Bd. 2. Rassismus und kulturelle Identität. Hg. u. übersetzt v. Ulrich Mehlem u.a. unter Mitarbeit v. Britta Grell u. Dominique John. Hamburg 1994, S. 180–222, Zitat S. 218).

schen Sprachen geboren, ein gebürtiger Polyglott. Und das gibt mir auch dieses seltsame Gefühl des unter mir sich öffnenden Abgrunds, über den ich unablässig springe [...], denn Übersetzung ist ein Über-Springen.[20]

Wie beinahe immer in seinem Werk wählt Flusser auch im zitierten Gespräch mit Hans-Joachim Lenger einen dezidiert autobiografischen Zugang zu einem Problem: Dem Titel und Leitmotiv seines Lebensberichts analog empfindet er sich als „bodenlos".[21] Unter ihm scheint sich ein „Abgrund" zu öffnen, weil Flusser „zwischen Sprachen geboren" ist und ihm keine einzelne Sprache, weder das Tschechische noch das Deutsche, Halt zu geben vermag. Während er als Kind „unbewußt von einer in die andere" gleiten, „ganz spontan an zwei Welten, der west- und der osteuropäischen", partizipieren und er zu Studienbeginn noch Hebräisch lernen konnte, wird Flusser 1938 durch den ‚Anschluss' Österreichs, die tschechische Politik und den Einmarsch der Deutschen in Prag von dort und aus seinen „zwei Muttersprachen" vertrieben (BL, S. 15). Im englischen Exil und im Zuge der 1940 folgenden Emigration nach Brasilien gerät er in eine existenzielle Krise, und zwar nicht zuletzt deshalb, weil sich für ihn durch die dortigen neuen Sprachen nunmehr „Probleme mit der Übersetzung" ergeben und alsbald potenzieren. Diesen Übersetzungsproblemen hat Flusser einen gleichnamigen Essay gewidmet, in dem er seine Lage linguistisch reflektiert und als Struktur- bzw. Orientierungslosigkeit erörtert, die sich in geringerem Maße einstelle, wenn jemand nur einsprachig aufgewachsen sei. Schließlich könne dann

> die Muttersprache meistens die Infrastruktur der neu dazugekommenen Sprachen sein: eine Art natürliche Meta-Sprache. Das Übersetzen wird in einem solchen Fall das Anpassen an die Muttersprache sein, ohne dass die Basis einer stützenden Struktur fehlen würde, etwas, was wiederum die Situation der Zweisprachigkeit charakterisiert.[22]

Im Unterschied zu den meisten anderen Emigranten fehlt Flusser bei der sprachlichen Assimilation die „tragende Struktur"[23] einer Muttersprache. Aufgrund seiner Zweisprachigkeit können die fremden Idiome der Aufnahmeländer mit keiner

---

[20] Flusser im Gespräch mit Lenger, S. 146. Die Präsenz eines Abgrunds und der Versuch, ihn zu überbrücken, etwa durch religiöse Sinnsuche oder die marxistische Ideologie, charakterisieren Flussers Leben: vgl. bspw. *BL*, S. 9f. und S. 18–20.
[21] Vgl. zu Flussers Autobiografie *Bodenlos* meinen Artikel, der voraussichtlich im Herbst 2013 im *Handbuch Exilliteratur. Von Heinrich Heine bis Herta Müller* (hg. v. Bettina Bannasch u. Gerhild Rochus. Berlin, New York [im Druck]) erscheint.
[22] Flusser: „Probleme mit der Übersetzung", S. 16.
[23] Flusser: „Probleme mit der Übersetzung", S. 16.

„Meta-Sprache" abgeglichen werden, die als übergeordnete Autorität fungieren würde. Ohne ein solches sprachliches Fundament aber herrscht die leitmotivische „Bodenlosigkeit" (BL, S. 9).[24] Es droht der „Abgrund", den Flusser etymologisch denkend als „Abwesenheit des Grundes" definiert und seinem Interviewpartner mit folgendem Übersetzungsexperiment veranschaulicht:

> Sie versuchen etwa, einen deutschen Satz zu übersetzen, in dem das ‚Es gibt' vorkommt. ‚Es gibt hier Leute'. Nehmen wir an, Sie nehmen das beim Wort. ‚It gives', ‚ça donne' und so weiter. In welcher Welt sind Sie da? Die erste Frage ist: Was ist das ‚es'? Und warum soll ich die Leute hier als Gegebenheit annehmen? [...] Dann sagen Sie plötzlich: ‚hay', Sie gehen ins Spanische. Das ist das gewaltigste: ‚hat'. Das Problem, wer oder was da hat, entsteht gar nicht. [...] Es ist deutsch gar nicht zu denken. Haben Sie den Abgrund erlebt?[25]

Nach einer ersten etymologischen Hinführung, um deren beschränkte Aussagekraft Flusser durchaus weiß,[26] nähert er sich dem „Abgrund" zwischen den Sprachen anhand vier verschiedener Versionen eines rudimentären Satzes. Im „übersetzenden Sprachvergleich" wird deutlich,[27] dass grammatische Strukturen und Bezüge nicht universell gültig oder gar natürlich sind, sondern lediglich einzelsprachliche Ordnungsmuster, die unsere Weltwahrnehmung und unser Denken determinieren. Vermeintliche Gewissheiten stehen und fallen mit dem sprachlichen Kontext. Worte und Wendungen aus verschiedenen Sprachen einander anzunähern, erlaubt es, über diese Idiome zu reflektieren und den sprachlichen Horizont zu erweitern, weil anders und Anderes gedacht werden kann.[28]

---

[24] Vgl. zu diesem Leitmotiv: Christoph Ernst: „Verwurzelung und Bodenlosigkeit – Strukturelle Fremdheit bei Vilém Flusser". In: *Flusser Studies 02* (2006). http://www.flusserstudies.net/pag/02/strukturelle-fremdheit02.pdf (Stand: 15.02.2013).
[25] Flusser im Gespräch mit Lenger, S. 149f.
[26] Obwohl er nach eigener Aussage gerne und „viel Etymologie verwende", sieht Flusser doch ein, „daß das eine ausgesprochen beschränkte Methode ist" (Flusser im Gespräch mit Lenger, S. 149).
[27] Guldin: *Philosophieren zwischen den Sprachen. Vilém Flussers Werk*, S. 33. Vgl. auch ebd., S. 33f., wo Guldin den „übersetzende[n] Sprachvergleich" und etymologische Herleitungen als Methoden in Flussers „zweiwegige[m] Analyseverfahren" genauer erläutert (ebd., S. 33).
[28] Dazu ausführlicher: Krause: *Lebensgeschichten aus der Fremde*, S. 247–258.

## 3 Schreibweisen

Als europäischer Emigrant und brasilianischer Immigrant lebt Flusser metaphorisch und faktisch in der Übersetzung und der Vielsprachigkeit;[29] als philosophischer Schriftsteller praktiziert und reflektiert er diese lingualen Bedingungen gleichermaßen, wie nun mittels einer Parallellektüre zweier Typoskripte aus dem Flusser-Archiv zu zeigen ist. Es handelt sich dabei um verschiedensprachige undatierte Textfassungen, die den Titel *Le geste d'écrire* und *The gesture of writing* tragen und einen phänomenologischen Zugang zur ‚Geste des Schreibens' suchen.[30] Die Schreibtätigkeit im Allgemeinen und Flussers Strategie des mehrsprachigen Schreibens und permanenten Selbstübersetzens im Speziellen werden dort zugleich theoretisch bedacht und konkret umgesetzt. Auf Französisch bzw. auf Englisch abgefasst, thematisieren und realisieren die Typoskripte das Übersetzen und die Polyglossie als Schreibpraxis.

Mit technizistischem Vokabular bekundet Flusser zum einen (nämlich im französischen Typoskript), *durch* verschiedene Sprachen programmiert zu sein;[31] zum anderen gibt er (in der englischen Textfassung) an, über eine Programmierung *für* das Sprechen verschiedener Idiome zu verfügen.[32] Dies ‚bedeute' (engl.: „means") bzw. ‚impliziere' (franz.: „implique") indes nicht, frei zwischen den Sprachen wählen zu können, um sich ‚auszudrücken' (franz.: „éxprimer") und einen dringlichen Gedanken niederzuschreiben (vgl. engl.: „write").[33] Vielmehr

---

[29] Vgl. analog Rainer Guldin, der in seiner Studie *Philosophieren zwischen den Sprachen* (S. 13) bilanziert, dass Flusser während seines ganzen Lebens, – von der Kindheit in Prag über England und Brasilien bis hin zum Neuanfang in Europa –, praktisch und metaphorisch „in der Übersetzung leben" musste.
[30] Vilém Flusser: „The Gesture of Writing"; Ders.: „Le geste d'écrire". In: *Flusser Studies 08* (2009). http://www.flusserstudies.net/pag/archive08.htm (Stand: 13.03.2012). Beide Typoskripte wurden für die *Flusser Studies Nr. 08* von den Herausgebern erstmals reproduziert; nur die deutsche Version erschien bereits zuvor unter dem Titel *Die Geste des Schreibens* in: Vilém Flusser: *Gesten. Versuch einer Phänomenologie*. Düsseldorf 1991, S. 39–49. Orthografische und grammatische Unstimmigkeiten der beiden Typoskriptfassungen werden im Folgenden unkommentiert und nur in Ausnahmefällen mit „sic." wiedergegeben, um Flussers Diktion nicht zu glätten, die seinen autodidaktischen Fremdsprachenerwerb dokumentiert.
[31] „Je suis programmé *par* des diverses langues parlées" (Flusser: „Le geste d'écrire", S. 6, Hervorhebung R.K.).
[32] „I am programmed *for* various spoken languages" (Flusser: „The Gesture of Writing", S. 9; Hervorhebung R.K.).
[33] „Cela n'implique pas que je peus [sic] choisir parmi les langues pour m'éxprimer. Je ne suis pas libre dans ce sens mercantilistique du terme par rapport aux langues" (Flusser: „Le geste d'écrire", S. 6); „this does not mean that I can chose freely in which of them I am going to write

besitze jedes der im Gedächtnis gespeicherten Idiome seine ‚spezifische Struktur und Materialität' („sa propre structure et sa propre ‚matérialité'") und ergo seine eigene Funktion hinsichtlich des zu artikulierenden Denkens. Auch sei er durch jedes mit unterschiedlicher ‚Intensität' und ‚Tiefe' programmiert, wie es im französischen Text heißt („intensité et profondeur différente").[34] Im englischen Typoskript wird stattdessen der ‚objektive' Charakter („‚objective' character") der Sprache benannt und mit ihrem ‚subjektiven' Platz in Flussers Sprachprogramm kontrastiert („the place they occupy ‚subjectively'").[35] Daher seien manche Gedanken ‚besser' in der einen Sprache als in einer anderen auszudrücken (engl.: „better expressed") bzw. führten eher zu einem bestimmten Idiom (vgl. franz.: „Je suis donc mené à exprimer [...]"). Während Flusser im Englischen nämlich schreibt, er ‚akzeptiere' („I accept") und ‚kontrolliere' bis zu einem gewissen Grad die Tendenz eines Gedankens, in einer bestimmten Ausdrucksprache zu kulminieren (vgl.: „This chain is somewhat under my control"),[36] nimmt er im französischen Typoskript einen längeren exkursartigen Einschub vor, in dem die Autonomie der Sprache klar benannt und ein möglicher Kontrollverlust angesichts der Geschwindigkeit des Denkens und Formulierens evoziert wird.[37] Insofern findet eine Lenkung durch die Ideen und Sprachen *avant la parole* statt, die den folgenden Diskurs präfiguriert und einen Automatismus nahelegt, der an Heideggers Einsicht, dass „die Sprache spricht"[38], erinnert und tendenziell im französischen Typoskript stärker akzentuiert wird als in der englischen Text-

---

the thought that press to be written. I am not ‚free' in this somewhat marcantilistic sense, (freedom of choice)" (Flusser: „The Gesture of Writing" S. 9).

34 „Toute langue émmagasinée dans ma mémoire a sa propre structure et sa propre ‚matérialité' [sic], et donc sa propre fonction par rapport à la pensée à être exprimée. Aussi suis-je programmé par chaque langue avec une intensité et profondeur différente" (Flusser: „Le geste d'écrire", S. 6f.).

35 „They have, each, their own function, (although those functions overlap), and their specificity is due both to their ‚objective' character and to the place they occupy ‚subjectively' within my program" (Flusser: „The Gesture of Writing", S. 9).

36 „For a start I accept the tendency of one thought which presses toward its specific language to be articulated. I formulate it silently in that language. It then provokes a whole chain of thoughts, as is characteristic of linear thinking. This chain is somewhat under my control, because it must obey the rules of grammar of its language" (Flusser: „The Gesture of Writing", S. 10).

37 „Je formule donc silencieusement une pensée virtuelle dans une des langues à ma disposition, et c'est la pensée elle-même qui choisi la langue qui lui est appropriée. [...] Le processus de cette formulation est vite, tellement vite que je suis en danger de ne pouvoir pas le contrôler" (Flusser: „Le geste d'écrire", S. 7).

38 Heidegger, Martin: „Die Sprache" [1950/51]. In: Ders.: *Unterwegs zur Sprache*. Stuttgart [12]2001, S. 11–33, Zitat S. 12.

fassung, wo von einer größeren Souveränität des Sprechers ausgegangen wird. Außerdem schildert Flusser im französischen Text sprachliche Eigenarten und eigene Präferenzen ausführlicher und differenzierter als im englischen und hierarchisiert bzw. typologisiert die Sprachen auf eine Weise, die Deutsch mit Philosophie, Portugiesisch mit Politik und Englisch mit den Wissenschaften in Beziehung setzt sowie dem Tschechischen als erster Sprache den Bereich des Emotionalen zuordnet.[39] Bezeichnenderweise bleibt dabei das gerade verwendete französische Idiom unberücksichtigt. Im englischsprachigen Typoskript hingegen wird das Englische selbst, anders als das Tschechische, explizit erwähnt, wenn auch lediglich als sprachliche Alternative zum Deutschen.[40]

Die skizzierte Diskrepanz zwischen den Sprachen, so Flusser, lege für ihn ein polyglottes Schreiben mit systematischen Selbstübersetzungen nahe. Bei diesen Versuchen, einen Ausgangstext immer wieder in anderen Sprachen zu reformulieren, erweist sich das Problem der Übersetzung als das zentrale epistemologische Problem: Denn nicht nur die zu artikulierenden Gedanken verändern sich im Zuge des Übersetzens, sondern es werden auch vollständig andere Assoziationen provoziert.[41] Insofern unterstützen die immer neuen sprachlichen Übertragungen Flussers programmatische Absicht, eine Idee durch permanente Variationen stets weiterzudenken und fortzuschreiben. Eine veritable Übersetzungsphilosophie und literarische Ästhetik zeichnen sich ab, die angesichts der erwähnten diskursiven Zuordnungen der Sprachen bewusst unterschiedliche Idiome als Ausdrucksmedien erproben und das ergebnisoffene *work in progress*

---

39 „La plupart des fois cette langue est l'allemand, mais souvent aussi le portugais ou l'anglais. Je dirai, (sans y vouloir insister trop), que mes pensées ‚philosophiques' tendent vers l'allemand, les pensées ‚politiques' vers le portugais, et mes pensées ‚scientifiques' vers l'anglais. (Mes pensées ‚sentimentales' tendent vers le tchèque, qui est ma langue maternelle, mais j'ai perdu la maitrise de cette langue.)" (Flusser: „Le geste d'écrire", S. 7).
40 „As a rule, that language is German, but very often it may be Portuguese or English" (Flusser: „The Gesture of Writing", S. 10). Aufgrund dieser bloßen Nennung des Englischen als häufiges Alternatividiom bleibt trotz der verwendeten englischen Sprache der Grad an Selbstreflexivität des Textes gering.
41 Vgl.: „Car je peux reformuler la pensée dans une autre langue, pour saisir mon problème par un coté différent. Je peux ainsi rendre plus ‚riche' la signification de la pensée, car le problème à être pensé sera illumine par des projecteurs de structures différentes. (Je suis convaincu que la traduction est un instrument épistémologique puissant.)" (Flusser: „Le geste d'écrire", S. 9); „As I try to reformulate the written German text in ‚silent spoken Portuguese' I find that my thought not only changes, but also that it provokes entirely different associations. Although in a sense it is still the ‚same' thought, in a different sense it means a situation within a universe quite unlike the first one. (I am convinced that the problem of translation is the central epistemological problem.)" (Flusser: „The Gesture of Writing", S. 11).

zum Ideal erheben. Um diese Theorie und Praxis textnah zu untersuchen, boten sich die beiden verschiedensprachigen Typoskripte zur ‚Geste des Schreibens' vor allem aufgrund ihres performativen Charakters an. Vor diesem Hintergrund gilt es im Folgenden zu pointieren, inwiefern Flussers Übersetzungsprozesse für die kulturwissenschaftliche Exilforschung von Interesse sein können.

## 4 Flussers Übersetzungen und die kulturwissenschaftliche Exilforschung

Im Zuge der Ausweitung des Übersetzungsbegriffs, der neben der Suche nach sprachlichen und textuellen Entsprechungen im engeren Sinne mittlerweile auch kulturelle Übertragungsprozesse bezeichnen kann, hat sich ebenfalls die Anzahl zuständiger Disziplinen vervielfältigt. Zusätzlich zur Linguistik, Übersetzungsphilologie und den *translation studies* haben ferner die Anthropologie, Ethnologie und Philosophie sowie die Exil- und Migrationsforschung und die Kulturwissenschaften allgemein zum *translational turn* beigetragen.[42] Die Übersetzungstheorie und -praxis Flussers, der zeitlebens zwischen den Ländern, Kulturen, Sprachen und akademischen Fächern stand, dürfte mithin für alle genannten Disziplinen von erheblichem Interesse sein. Einer kulturwissenschaftlichen Reflexion der Exilsituation vermag sein komplexes Werk zahlreiche Impulse zu geben. Zu den instruktivsten und aktuellsten Anregungen gehören indes Flussers Übersetzungen und sein mehrsprachiges Schreiben selbst sowie seine „nomadischen Überlegungen".[43] Mit Blick auf Leben und Werk Flussers, aber auch mit *ihm* gedacht, ergeben sich weitere Perspektiven auf das Themenfeld der *Übersetzung als transkultureller Prozess*, dem sich die Exilforschung erstmals umfassend im Rahmen einer gleichnamigen Tagung vor wenigen Jahren angenommen hat.[44] Welche Anregungen, Fragen, Impulse und Perspektiven von Flusser diesbezüglich ausgehen, ist abschließend zu skizzieren.

(1) Flussers Übersetzungsdenken stellt explizit und implizit die Frage nach dem Eigenen und dem Fremden. Beispielsweise kann es im Sinne von Rudolf Pannwitz' Äußerungen zur Übertragung als ambitionierter Versuch verstanden

---

[42] *Translation Studies* 2 (2009) H. 1: *The Translational Turn. Special Issue*.
[43] Vilém Flusser: „Nomadische Überlegungen". In: Ders.: *Von der Freiheit des Migranten. Einsprüche gegen den Nationalismus*. Berlin, Wien 2000, S. 55–64, Zitat S. 55.
[44] *Exilforschung. Ein internationales Jahrbuch* 25 (2007):*Übersetzung als transkultureller Prozess*. Hg. v. Michaela Enderle-Ristori.

werden, die eigene „sprache durch die fremde [zu] erweitern und vertiefen".[45] Denn analog zu diesem Rat „erweitern und vertiefen" auch Flussers systematische Selbstübersetzungen das jeweilige Idiom und den eigenen sprachlichen Ausdruck wie auch den Wahrnehmungs- und Denkhorizont. Mit diesem engen Zusammenhang zwischen Sprache und Realität hat sich Flusser selbst in seiner frühen Studie *Lingua e Realidade* (1963) beschäftigt, die von der Universität São Paulo als Qualifikationsschrift angenommen wurde. Von der damaligen radikalkonstruktivistischen Prämisse, Sprache und Realität seien gleichzusetzen, nimmt er dann zwar sukzessive Abstand;[46] doch zeichnet sich in seinem Spätwerk die Tendenz ab, Sprachen und „Lebenswelten"[47] sowie Idiome und Kulturen zu analogisieren: so beispielsweise, wenn Flusser in seiner Autobiografie zum einen fordert, „die Regeln der Sprache aufzudecken" und „zu brechen", um „verborgene Bedeutungen" enthüllen und „schöpferisch schreiben" zu können, und zum anderen postuliert, „die Regeln der Kultur (zum Beispiel ihren offiziellen Positivismus) zu brechen" (BL, S. 87). Etymologien, Übersetzungen und Rückübersetzungen sowie polyglotte Schreibversuche dienen ihm dabei als Mittel eines Erkenntnis- und Ausdrucksverfahrens, das durchaus der Dekonstruktion und den Durchstreichungen Jacques Derridas ähnelt.[48] Immerhin versuchen beide, verdeckte Sinnebenen von Texten, Sprachen und Kulturen freizulegen und radikale Alterität zu denken sowie adäquat zu artikulieren. Dass dabei stets Gewalt vorherrscht, illustrieren Flussers Metaphorik des Brechens und Derridas grafische Durchstreichungen gleichermaßen. Auch dessen sprachbiografische Überlegungen *Le monolinguisme de l'autre ou la prothèse d'origine*[49] verabschieden die Idee der einen, für ihn verfügbaren Muttersprache und einer aus ihr resultierenden nationalen und kulturellen Identität. Während ein solcher Ursprung für Derrida zumindest als Prothese und damit als Fremdkörper

---

**45** Rudolf Pannwitz: *Die Krisis der europäischen Kultur*. Nürnberg 1947, S. 191, S. 193. Diese 1917 erstmals erschienene Schrift hat Walter Benjamin als mit „das Beste [...], was in Deutschland zur Theorie der Übersetzung veröffentlicht wurde", bezeichnet („Die Aufgabe des Übersetzers" [1921/1923]. In: *Gesammelte Schriften*, Bd. IV.1. Kleine Prosa. Baudelaire-Übertragungen. Hg. v. Tillman Rexroth. Frankfurt/M. 1972, S. 11–21, Zitat S. 20).
**46** Vgl. dazu Susana Kampff Lages: „Nach Babel und nach Goethe. Transkreation bei Haroldo de Campos und Übersetzung bei Vilém Flusser". In: *Das dritte Ufer. Vilém Flusser und Brasilien. Kontexte, Migration, Übersetzungen*. Hg. v. Susanne Klengel u. Holger Siever. Würzburg 2009, S. 207–213, insbes. S. 211.
**47** Vilém Flusser: *Brasilien oder die Suche nach einem neuen Menschen. Für eine Phänomenologie der Unterentwicklung*. Mannheim 1994, S. 151.
**48** Vgl. den Aufsatz von Kampff Lages („Nach Babel und nach Goethe", S. 210), der auf diese strukturelle Ähnlichkeit zwischen Flussers und Derridas Verfahren hinweist.
**49** Jacques Derrida: *Le monolinguisme de l'autre ou la prothèse d'origine*. Paris 1996.

existiert, trägt Flusser aufgrund seiner Hybridität und des drohenden Abgrunds zwischen den verschiedenen Sprachen und Kulturen nur noch das Übersetzen.

(2) Für den kreativen Prager deutschen Emigranten Flusser, dessen Eltern und Großeltern in Buchenwald, Auschwitz und Theresienstadt ermordet wurden, sind die Übersetzungsexperimente sowohl notwendig als auch ludistisch motiviert. Sich von Translationen forttragen zu lassen und Idiome durch Sprachmischungen einander „einzuverleiben",[50] bedeutet, „dem Deutschen (mit allen den aus Prag mitgebrachten Problemen) einen Platz zu geben" (BL, S. 83). Diese Verfahren erlauben es Flusser im Unterschied zu manchen anderen Emigranten, das Deutsche trotz seiner traumatischen Erinnerungen nie ganz abzulegen. Dazu kommt seine Anteilnahme am brasilianischen Elend, an der beobachteten Armut, Kriminalität und Perspektivenlosigkeit, der er spielerisch-produktiv begegnen möchte, was in dem Aufruf gipfelt: „Laßt uns also unsere Sorge in schöpferisches Spiel verwandeln."[51] Als ein solches Spiel, in dem ethische und ästhetische Aspekte sich gegenseitig bedingen und eine Synthese eingehen, fungiert die kulturelle Übersetzung.

(3) Wie der zitierte Ausdruck des ‚Einverleibens' zeigt, finden sich in Flussers Diktion und Sprachspielen anthropophagische Elemente, die auf die Kultur Brasiliens verweisen und zugreifen. Angesprochen ist damit ein brasilianisches Lektürekonzept, das sich bewusst auf den berüchtigten Kannibalismus bezieht, von dessen Verbreitung in Lateinamerika europäische Reiseberichte aus dem ersten Entdeckungszeitalter berichten. Wie explizit im zwanzigsten Jahrhundert brasilianische Modernisten bei ihrer Suche nach einer Nationalliteratur auf dieses ‚Wissen' rekurrierten und daraus eine strukturell ähnliche ästhetisch-literarische Praxis ableiteten, illustriert die *Revista de Anthropofagia*.[52] Das dort bereits 1928 erschienene *Anthropophagische Manifest*[53] von Oswald de Andrade formuliert *expressis verbis* „das Programm der kulturellen Anthropophagie, die als subversiv-spielerische Absorptions- und Hybridisierungsstrategie bis heute die kulturtheoretischen Diskussionen in Lateinamerika prägt".[54] In den 1960er Jahren kommt es durch die Avantgarden und „durch die Kultur der tropikali-

---

50 Flusser: *Brasilien oder die Suche nach einem neuen Menschen*, S. 154.
51 Flusser: *Brasilien oder die Suche nach einem neuen Menschen*, S. 154.
52 Vgl. Mario Carelli u. Walnice Nogueira Galvão: *Le roman brésilien. Une littérature anthropophage au XXe siècle*. Paris 1995, S. 49.
53 Oswald de Andrade: „Manifesto antropófago". In: *Revista de antropofagia* (Neuausgabe der 1. und 2. dentição [Zahnextraktion] São Paulo, 1928–1929). Abril Cultural (1975), S. 5–7.
54 Susanne Klengel: „Brasilien denken. Flusser als Vermittler, Phänomenologe, Anthropophage. Eine epistemologische Gratwanderung". In: *Das dritte Ufer*. Hg. v. Klengel u. Siever, S. 111–129, Zitat S. 124.

schen Bewegung zu neuen Ehren", so die Romanistin Susanne Klengel.[55] Mit den Avantgardisten Haroldo de Campos und Guimarães Rosa war Flusser gut vertraut. Dass er ihre kannibalistischen Lektüre- und Hybridisierungstechniken partiell adaptierte, haben die Beiträge eines Symposiums zu Flussers brasilianischen Kontexten gezeigt.[56] Als Beispiele für seine Adaptionen können die metabolischen Termini und anthropophagischen Metaphern dienen, die Flusser häufig verwendet: etwa dann, wenn er davon spricht, sich eine andere Person wie Andrade, also konsequenterweise den Autor des *Anthropophagischen Manifests* selbst, oder gar „die Geschichte einzuverleiben",[57] und versichert, Heidegger „natürlich völlig im Bauch" zu haben.[58] Hinter solchen Bekundungen stehen ein anthropophagisches Lesen und Schreiben, Übersetzen und Aufnehmen fremder kultureller Einflüsse, mithin intellektuelle und transkulturelle Austauschprozesse, die nach Einschätzung der Flusser-Forschung bei diesem „als verschlingende Instanzen"[59] gedacht werden. Sie verweisen auf „eine Art Stoffwechsel, [...] der von der spezifisch anthropophagischen Hoffnung auf Zuwachs an Bedeutsamkeit und Bedeutung (im Sinne einer sprachlich-kulturellen Anreicherung) geprägt ist".[60] Dass Flussers intellektueller Appetit und sein Gestus der Anverwandlung besonders durch die brasilianische Kultur und Literatur angeregt wurden und von dieser zehrten, beweisen die entsprechenden Bestände brasilianischer Bücher aus seiner Reisebibliothek,[61] mit der er 1972, das heißt nach 32 Jahren in Brasilien, nach Europa zurückkehrt.

(4) Eine solche kulturelle Anthropophagie trägt als Diskursmuster und Form der Selbstinszenierung eminent literarische Züge. Wie sich Flusser rhetorisch

---

55 Klengel: „Brasilien denken", S. 125.
56 Vgl. ebd.; Norval Baitello Júnior: „Schrift verschlingt Bild verschlingt Schrift. Auf der Suche nach dem anthropophagischen Denken bei Vilém Flusser. Kommunikation als Verschlingen des Anderen". In: *Das dritte Ufer*. Hg. v. Klengel u. Siever, S. 145–157, bes. S. 147.
57 Vgl. *BL*, S. 135, und ders., *Brasilien oder die Suche nach einem neuen Menschen*, S. 154.
58 Flusser im Gespräch mit Lenger, S. 151.
59 Baitello Júnior: „Schrift verschlingt Bild verschlingt Schrift", S. 152. Zu Flussers „Metapher des Verschlingens" in Zusammenhang mit Übersetzungsprozessen vgl. auch die Einführung von Guldin, Finger und Krause (*Flusser*, S. 45–47, Zitat S. 46).
60 Klengel: „Brasilien denken", S. 125.
61 Vgl. die analoge Einschätzung Klengels, dass „sich Flussers eigenes anthropophagisches Tun besonders auf die brasilianische Wissenswelt richtete, die von ihm verschlungen wurde"; „dies belegt nicht zuletzt der noch immer umfangreiche Bestand brasilianischer Bücher in Flussers europäischer ‚Reisebibliothek'" (Klengel: „Brasilien denken", S. 127). Zu Flussers Reisebibliothek s. Dirk-Michael Hennrich: „Ein luso-brasilianischer Gang durch die ‚Reisebibliothek' von Vilém Flusser". In: *Flusser Studies* 11 (2011). http://www.flusserstudies.net/pag/11/hennrich-gang.pdf (Stand:13.03.2012).

und metaphorisch als ‚Kannibale' in Szene setzt, wäre eingehender zu analysieren. Überhaupt steht eine literaturwissenschaftlich fundierte Analyse seines Exilwerks in weiten Teilen noch aus. Aufgabe wäre es nicht zuletzt, Flussers anthropophagische Lese-, Übersetzungs- und Schreibstrategien als Rezeptions- und Produktionsästhetik[62] und als Teil seiner Poetik zu untersuchen und sie im weiteren Zusammenhang kultureller Phantasmen und Inszenierungen der Inkorporation von Schrift zu perspektivieren.[63] Dabei dürften neben dem erwähnten brasilianischen Modernismus auch die von Walter Benjamin konstatierte „Wollust der Einverleibung" bei der Romanlektüre und seine übersetzungstheoretischen Überlegungen aufschlussreiche Bezugspunkte bieten,[64] um sich dem augenscheinlichen Skandalon eines selbst erklärten Anthropophagentums, das kulturelle Übersetzungsprozesse im Exil umfasst, analytisch zu nähern. Denn angesichts der kannibalistischen Vergangenheit und aktueller literarischer Tendenzen des lateinamerikanischen Gastlands bieten sich für Flusser Szenarien kultureller Einverleibung als postkolonialistische Lese- und Schreibstrategie an, um Brasiliens „Mystizismus und Messianismus aufzudecken" und das Fremde ins Eigene zu überführen (BL, S. 87).

Die genannten Aspekte weiterzuverfolgen und dabei Flussers Leben und Werk noch stärker innerhalb der Exil- und Migrationsliteratur zu kontextualisieren sowie Vergleiche zu anderen Autoren herzustellen, verspricht eine produktive kulturwissenschaftliche Reflexion über verschiedene Exilphänomene. Für die Exilforschung sind Flussers vielfältige Übersetzungsprozesse und polyglotte Schreibversuche größtenteils noch zu entdecken und aufzuarbeiten, wobei sich Flusser wohl selbst als ein bislang relativ wenig beachteter Vorläufer der Kulturwissenschaften erweisen dürfte.[65]

---

62 Eine Vorwegnahme konzeptioneller Überlegungen Wolfgang Isers durch Flusser erkennen Guldin, Finger und Krause (*Flusser*, S. 47).
63 Vgl. zu diesem Themenkomplex die Studien Mona Körtes: „Bücheresser und ‚Papiersäufer'. Kulturelle Bedeutungen der Einverleibung von Schrift". In: *Verbergen – Überschreiben – Zerreißen. Formen der Bücherzerstörung in Literatur, Kunst und Religion*. Hg. v. Mona Körte u. Cornelia Ortlieb. Berlin 2007, S. 271–292; Dies.: *Essbare Lettern, brennendes Buch. Schriftvernichtung in der Literatur der Neuzeit*. München 2012.
64 Walter Benjamin: „Romane lesen". In: *Gesammelte Schriften*, Bd. IV.1, S. 436.
65 Für eine Positionierung und Kontextualisierung Flussers im Feld der Kulturwissenschaften plädiert vor allem Anke Finger: Vgl. dazu das von ihr verfasste Kapitel 4 in: Guldin, Finger, Krause: *Flusser*, S. 57–72, und Dies.: „Jenseits der Medientheorie: Vilém Flusser und die Kulturwissenschaften. Versuch einer grenzüberschreitenden Verortung". In: *Das dritte Ufer*. Hg. v. Klengel u. Siever, S. 245–259.

## Siglen

BL = Flusser, Vilém: *Bodenlos. Eine philosophische Autobiographie*. Mit einem Nachwort v. Milton Vargas u. editorischen Notizen v. Edith Flusser u. Stefan Bollmann. Bensheim 1992.

## Bibliographie

Andrade, Oswald de: „Manifesto antropófago". In: *Revista de antropofagia* (Neuausgabe der 1. und 2. dentição [Zahnextraktion], São Paulo 1928–1929). Abril Cultural (1975), S. 5–7.

Baitello Júnior, Norval: „Schrift verschlingt Bild verschlingt Schrift. Auf der Suche nach dem anthropophagischen Denken bei Vilém Flusser. Kommunikation als Verschlingen des Anderen". In: *Das dritte Ufer. Vilém Flusser und Brasilien. Kontexte, Migration, Übersetzungen*. Hg. v. Susanne Klengel u. Holger Siever.Würzburg 2009, S. 145–157.

Benjamin, Walter: „Die Aufgabe des Übersetzers" [1921/1923]. In: *Gesammelte Schriften*,Bd. IV.1. Kleine Prosa. Baudelaire-Übertragungen. Hg. v. Tillman Rexroth. Frankfurt/M. 1972, S. 11–21.

Benjamin, Walter: „Romane lesen". In: *Gesammelte Schriften*, Bd. IV.1. Kleine Prosa. Baudelaire-Übertragungen. Hg. v. Tillman Rexroth. Frankfurt/M. 1972, S. 436.

Carelli, Mario u. Walnice Nogueira Galvão: *Le roman brésilien. Une littérature anthropophage au XXe siècle*. Paris 1995.

Deleuze, Gilles u. Félix Guattari: *Kafka. Für eine kleine Literatur*. Aus dem Französischen v. Burkhart Kroeber. Frankfurt/M. 1976.

Derrida, Jacques: *Le monolinguisme de l'autre ou la prothèse d'origine*. Paris 1996.

Enderle-Ristori, Michaela (Hg.): *Exilforschung. Ein internationales Jahrbuch 25 (2007): Übersetzung als transkultureller Prozess*.

Finger, Anke: „Jenseits der Medientheorie: Vilém Flusser und die Kulturwissenschaften. Versuch einer grenzüberschreitenden Verortung". In: *Das dritte Ufer. Vilém Flusser und Brasilien. Kontexte, Migration, Übersetzungen*. Hg. v. Susanne Klengel u. Holger Siever. Würzburg 2009, S. 245–259.

Flusser, Vilém: „Die Geste des Schreibens", In: Ders.: *Gesten. Versuch einer Phänomenologie*. Düsseldorf 1991, S. 39–49.

Flusser, Vilém: *Brasilien oder die Suche nach einem neuen Menschen. Für eine Phänomenologie der Unterentwicklung*. Mannheim 1994.

Flusser, Vilém: „Warten auf Kafka". In: Ders.: *Jude sein. Essays, Briefe, Fiktionen*. Hg. v. Stefan Bollmann u. Edith Flusser. Mannheim 1995, S. 166–179.

Flusser, Vilém: *Edition Flusser*, Bd. 9. Zwiegespräche. Interviews 1967–1991. Hg. v. Klaus Sander. Göttingen 1996.

Flusser, Vilém im Hörfunkinterview mit Katharina Teichgräber für den Bayerischen Rundfunk am 20. Februar 1989 in Nürnberg. In: *Edition Flusser*, Bd. 9. Zwiegespräche. Interviews 1967–1991. Hg. v. Klaus Sander. Göttingen 1996, S. 67–77.

Flusser, Vilém im Gespräch mit Hans Joachim Lenger, Hamburg, November 1990. In: *Edition Flusser*, Bd. 9. Zwiegespräche. Interviews 1967–1991. Hg. v. Klaus Sander. Göttingen 1996, S. 146–158.

Flusser, Vilém: *Edition Flusser*, Bd. 10. Briefe an Alex Bloch. Hg. v. Edith Flusser u. Klaus Sander. Göttingen 2000.

Flusser, Vilém an Alex Bloch, Brief vom 19. September 1983. In: *Edition Flusser,* Bd. 10. Briefe an Alex Bloch. Hg. v. Edith Flusser u. Klaus Sander. Göttingen 2000, S. 185f.

Flusser, Vilém: „Nomadische Überlegungen". In: Ders.: *Von der Freiheit des Migranten. Einsprüche gegen den Nationalismus.* Berlin, Wien 2000, S. 55–64.

Flusser, Vilém: „Probleme mit der Übersetzung". Aus dem Portugiesischen v. Edith Flusser. In: *Das Spiel mit der Übersetzung. Figuren der Mehrsprachigkeit im Werk Vilém Flussers.* Hg. v. Rainer Guldin. Tübingen, Basel 2004, S. 15–46.

Guldin, Rainer: *Philosophieren zwischen den Sprachen. Vilém Flussers Werk.* München 2005.

Guldin, Rainer, Anke Finger u. Gustavo Bernardo Krause: *Vilém Flusser.* Paderborn 2009.

Hall, Stuart: „Die Frage der kulturellen Identität". Übersetzt v. Matthias Oberg. In: Ders.: *Ausgewählte Schriften,* Bd. 2. Rassismus und kulturelle Identität. Hg. u. übersetzt v. Ulrich Mehlem u.a. unter Mitarbeit v. Britta Grell u. Dominique John. Hamburg 1994, S. 180–222.

Hamburger, Michael: „Niemandsland-Variationen". In: Ders.: *Zwischen den Sprachen. Essays und Gedichte.* Frankfurt/M. 1966, S. 26–34.

*Handbuch Exilliteratur. Von Heinrich Heine bis Herta Müller.* Hg. v. Bettina Bannasch u. Gerhild Rochus. Berlin, New York [im Druck].

Heidegger, Martin: „Die Sprache" [1950/51]. In: Ders.: *Unterwegs zur Sprache.* Stuttgart [12]2001, S. 11–33.

Kafka, Franz an Max Brod, Brief von Juni 1921. In: *Gesammelte Werke.* Briefe: 1902–1924. Hg. v. Max Brod. Frankfurt/M. 1994, S. 334–338.

Kampff Lages, Susana: „Nach Babel und nach Goethe. Transkreation bei Haroldo de Campos und Übersetzung bei Vilém Flusser". In: *Das dritte Ufer. Vilém Flusser und Brasilien. Kontexte, Migration, Übersetzungen.* Hg. v. Susanne Klengel u. Holger Siever. Würzburg 2009, S. 207–213.

Klengel, Susanne u. Holger Siever (Hg.): *Das dritte Ufer. Vilém Flusser und Brasilien. Kontexte, Migration, Übersetzungen.* Würzburg 2009.

Klengel, Susanne: „Brasilien denken. Flusser als Vermittler, Phänomenologe, Anthropophage. Eine epistemologische Gratwanderung". In: *Das dritte Ufer. Vilém Flusser und Brasilien. Kontexte, Migration, Übersetzungen.* Hg. v. Susanne Klengel u. Holger Siever. Würzburg 2009, S. 111–129.

Körte, Mona: „Bücheresser und ‚Papiersäufer'. Kulturelle Bedeutungen der Einverleibung von Schrift". In: *Verbergen – Überschreiben – Zerreißen. Formen der Bücherzerstörung in Literatur, Kunst und Religion.* Hg. v. Mona Körte u. Cornelia Ortlieb. Berlin 2007, S. 271–292.

Körte, Mona: *Essbare Lettern, brennendes Buch. Schriftvernichtung in der Literatur der Neuzeit.* München 2012.

Krause, Robert: *Lebensgeschichten aus der Fremde. Autobiografien deutschsprachiger emigrierter SchriftstellerInnen als Beispiele literarischer Akkulturation nach 1933.* München 2010.

Kroß, Matthias: „Arbeit am Archiv: Flussers Heidegger". In: *Technobilder und Kommunikologie. Die Medientheorie Vilém Flussers.* Hg. v. Oliver Fahle, Michael Hanke u. Andreas Ziemann. Berlin 2009, S. 73–91.

Pannwitz, Rudolf: *Die Krisis der europäischen Kultur.* Nürnberg 1947.

*Translation Studies* 2 (2009) H. 1: *The Translational Turn. Special Issue.*

## Internetquellen

Ernst, Christoph: „Verwurzelung und Bodenlosigkeit – Strukturelle Fremdheit bei Vilém Flusser". In: *Flusser Studies 02* (2006). http://www.flusserstudies.net/pag/02/strukturelle-fremdheit02.pdf (Stand: 15.02.2013).
Flusser, Vilém: „Le geste d'écrire". In: *Flusser Studies 8* (2009). http://www.flusserstudies.net/pag/archive08.htm (Stand: 13.03.2012).
Flusser, Vilém: „The Gesture of Writing". In: *Flusser Studies 8* (2009). http://www.flusserstudies.net/pag/archive08.htm (Stand: 13.03.2012).
Hennrich, Dirk-Michael: „Ein luso-brasilianischer Gang durch die ‚Reisebibliothek' von Vilém Flusser". In: *Flusser Studies* 11 (2011). http://www.flusserstudies.net/pag/11/hennrich-gang.pdf (Stand:13.03.2012).

II **De-Territorialisierungen**

Gianluca Solla
# Es bleibt die Fremdsprache

Flavius Josephus in Rom

## 1

>Im Laufe der Zeit ergriffen mich Angst [*oknos*] und Zaudern [*mellesis*] aus dem Wagnis, dass ich in einer uns fremden und ungewöhnlichen Sprache ein so großes Thema darzulegen versuchte.[1]

Schreiben impliziert stets ein Wagnis. Größer wird allerdings dieses Wagnis, wenn man aus dem Exil schreibt. In dieser Hinsicht kannte sich der Mann, der hier spricht, gut aus. Denn sein persönliches Rettungsboot, das ihn aus der Niederlage geführt hat, die sein Volk erlitten hatte, bestand darin, die jüdische Geschichte für die römischen Weltherren zu schreiben. Flavius Josephus war Sohn eines Hohenpriesters in Jerusalem und wurde im Jahr 66 zu einem der

---

[1] Flavius Josephus: *Antiquitates Iudaicae*. Hg. v. Benedikt Niese. Marburgi Cattorum 1887–1896, I, 7.
Ich übersetze diesen Passus und die folgenden selber, möchte aber kurz an dieser Stelle noch einige klassische Übersetzungen erwähnen (mein Kursiv unterstreicht den Ausdruck *oknos kai mellesis*): In der englischen Ausgabe von Henry St. J. Thackeray (*Josephus*, 4 Bde. London 1930) lautet diese Stelle: „As time went on, as is wont to happen to those who design to attack large tasks, *there was hesitation and delay* on my part in rendering so vast a subject into foreign and unfamiliar tongue". Heinrich Clemenz hat dieselbe Stelle wie folgt übersetzt: „Aber im Laufe der Zeit beschlich mich, da ich mich unterfangen, einen so gewaltigen Stoff in einer fremden, ungewohnten Sprache wiederzugeben, oft *eine gewisse Trägheit*, wie es denen gewöhnlich ergeht, die allzu Schwieriges unternehmen" (Flavius Josephus: *Jüdische Altertümer*, 2 Bde. Halle (Saale) 1898; hier Wiesbaden 1994). *Die jüdischen Alterthümer*, übers. v. Konrad Martin. Köln 1852, wählt eine andere Lösung: „Mittlerweile erging es mir aber, wie es denen zu ergehen pflegt, die sich an allzuschwierige Dinge wagen: weil ich mich unterfangen, eine so weit greifende Materie zu behandeln, beschlich mich oft eine gewisse Unlust; *meine Arbeit kam ins Stocken* und war daran, ganz unterbrochen zu werden." Dabei übersetzt Luigi Moraldi (Flavio Giuseppe: *Antichità giudaiche*. Torino 1998) die Stelle auf folgende Weise: „Come suole accadere a colui che vuole accingersi a cose grandi col passare del tempo *mi colse amarezza e disgusto* di me stesso per l'ardire che provavo di esporre in una lingua a noi peregrina e straniera un argomento tanto grande." In der französischen Ausgabe von Théodore Reinach (Flavius Josèphe: *Oeuvres completes*. Übersetzt v. René Harmand. Paris 1900) heißt es: „Mais avec le temps et, comme il arrive souvent à ceux qui s'attaquent à une tâche difficile, *il me vint des hésitations et de la paresse* à traduire un si grand sujet dans une langue étrangère dont les habitudes ne nous sont pas familières."

Anführer des Aufstandes des Volkes Israel gegen Rom; er hatte sich den Römern gestellt und Vespasian als den erwarteten Messias anerkannt. Seitdem lebte er in Rom unter dem Schutz der Kaiser der flavischen Dynastie, der er seinen Namen verdankte, und dort hatte er begonnen, auf Griechisch, in einer ihm fremden Sprache, Werke über die jüdische Geschichte zu schreiben.

Das Thema ist groß, die Sprache fremd, die Lage unsicher. Seine Position in Rom hat er ständig gegen Diffamierungsversuche von Seiten neidischer Römer und patriotischer Juden zu verteidigen, die ihn für den größten Verräter seines Volkes halten. Aber woher kommt seine Angst? Und wovor zögert er? Wir werden freilich nie erfahren, was all das für Josephus bedeutete. Denn seine Stimme ist in erster Linie mit der Logik dessen beschäftigt, was er erzählt, und mit seiner Selbstdarstellung als Zeuge und Garant der jüdischen Tradition. Daran arbeitet er sehr fleißig, wobei er in den verschiedenen Werken seine Darstellung ein und desselben Ereignisses im Laufe der Zeit immer wieder revidiert und verändert. Er informiert uns dabei nie wirklich, was ihm selbst in diesen bewegten Zeiten zugestoßen ist. Dennoch: Selbst die kontrollierteste Äußerung hinterlässt Spuren. Die eingangs zitierte Stelle aus dem Proömium der *Jüdischen Altertümer* (abgeschlossen im Jahr 94–95, nach mehr als 20 Jahren Aufenthalt in Rom), in der sowohl Angst als auch Zaudern zum Ausdruck kommen, werden wir hier versuchen, als eine solche Spur wahrzunehmen und zu verfolgen.

An dieser Stelle, die nur von Dissonanzen zu sprechen scheint, stoßen wir auf die doppelte Konsonanz, in der Angst und Zaudern in der fremden und ungewöhnlichen Sprache einander entsprechen. Diese fremde und ungewöhnliche Sprache, die für Josephus das damals zumindest für das gebildete Publikum gewöhnliche Griechisch war, scheint in erster Linie ein Hindernis darzustellen und eine Unfähigkeit zu schreiben einzuschließen. Vielmehr bedeutet Schreiben – zumindest für den Exilanten Josephus, der stets auf die Obhut der Flavier angewiesen war – eine gewisse Überwindung, ja einen Gewaltakt an sich selbst zu begehen, der gleichsam einen vorgängigen Gewaltakt erneuert, als würde sich das Exil von Mal zu Mal, von Satz zu Satz, wiederholen und vertiefen. Seine Schrift scheint erst aus diesem Kampf mit sich selbst und mit der Sprache zu entstehen. Es handelt sich hier nicht um eine Fremdsprache im gewöhnlichen Sinne des Wortes, die gelernt werden kann oder von der man auch behaupten könnte, sie irgendwann zu kennen. Vielmehr sieht sich Josephus hier mit der Sprache schlechthin konfrontiert, die immer fremd bleiben wird. Aus diesem Grund stellt die eigentliche Fremdheit der Sprache nicht so sehr ein geistiges oder kulturelles Problem dar, sondern ein äußerst materielles. Doch lässt sich die Materialität der Sprache, ihre banale und zugleich unüberwindbare Hürde, nicht mit einem passiven Hindernis vergleichen, denn die Sprache dringt mit ihrer ganzen Fremdheit ins eigene Verhältnis zum Wort ein. Sprache wird zum Fremdkörper, treibt das Fremd-Werden hervor. Damit ist die Fremdheit kein statischer Zustand, der bloß konstatiert wird, sondern ihr eignet die Kraft, die vermeintliche Identität seiner Person zu durchstoßen. Josephus' Ablehnung betrifft insofern weder die römische Kultur noch die griechische Sprache als solche. Vielmehr beschäftigt ihn das Fremd-Sein der Sprache an sich. Er reagiert dabei nicht auf etwas Fremdes im äußerlichen Sinne (das Römische für sein Jüdisch-Sein oder das Jüdische für ihn, der sich ans Römische gewöhnt hat), sondern er zögert vor etwas, das längst Teil seines Lebens geworden ist.

Möglicherweise rühren die Angst und das damit verbundene Zaudern daher: Es sind Zeichen einer Ablehnung, die mit der Vorstellung verbunden sind, von einem Thema und einer Sprache einverleibt zu werden, die ihm am vertrautesten und zugleich am fremdesten sind. Diese Ablehnung ist symptomatisch: sie steht für die Umkehrung dessen, was das Latein (und demzufolge die romanischen Sprachen) *dispositio* nennen: Eine Ordnung, die zugleich die Möglichkeit der Kontrolle über das Geordnete impliziert. Durch eine solche Ordnung steht etwas zur Verfügung (*disponere*), besser gesagt: Es wird erst durch eine solche Ordnung zur Verfügung gestellt. Josephus kannte zwar gut die rhetorische Kunst einen geschichtlichen Stoff darzulegen, gleichzeitig scheint hier aber etwas aus den Fugen zu geraten, denn gegenüber diesem Zustand hat das Zögern eher mit einer radikalen Unverfügbarkeit zu tun. Im Zögern entzieht sich die Absicht, etwas anzufangen. Dieser Entzug darf aber weder mit einer Ausschließung noch mit einem Einschluss verwechselt werden. Vielmehr deutet das Zögern ein grundlegend schwankendes Verhältnis zu etwas Fremdem an. Wenn es bei Josephus ums Schreiben geht, steht vor allem in Frage, inwiefern das Schreiben nicht durch eine absichtliche Geste oder ein Talent ermöglicht wird, sondern erst gerade durch eine Unverfügbarkeit der Sprache, durch ihre Unmöglichkeit, die sich in einer Art Einhalt vor dem Schreiben ausdrückt.

## 2

Die Formel *oknos kai mellesis* ist in diesem Sinne symptomatisch, denn es handelt sich dabei um eine technische Formel, deren konstitutive Teile wie Synonyme betrachtet werden können. Sowohl *oknos* als auch *mellesis* bedeuten genau betrachtet dasselbe wiederholte Zögern vor etwas, auf dessen Spuren wir gerade sind. In beiden Wörtern ist der zeitliche Aspekt entscheidend. So heißt das Verb *mello* (aus dem *mellesis* geleitet wird) „beabsichtigen (aber dabei verweilen, abwarten)". Meine Hypothese lautet daher: In der Formel *oknos kai mellesis* lässt sich die eigentliche, geheime Signatur der *Jüdischen Altertümer* erkennen.

Dieses doppelte Zögern des *oknos kai mellesis* scheint die Verlegenheit auszudrücken, sich in einer fremden Situation zu befinden. Diese Fremdheit haftet am Leben des Josephus; unerträglich ist die Unmöglichkeit, sich von ihr zu lösen. Insofern zögert er nicht vor etwas Fremdem, sondern vielmehr vor seinem eigenen Leben, d.h. vor der Fremdheit dessen, was am intimsten und innigsten ist. Bei Josephus trägt diese Fremdheit einmal den Namen „Rom" und einmal den Namen „Jerusalem". Es wäre aber ein Trugschluss zu denken, dass ihm die Fremdheit äußerlich ist, wie eine ferne und zugleich fremde Stadt, wie die zwei Städte, die diese Namen tragen. Denn sowohl „Rom" als auch „Jerusalem" gelten hier in erster Linie als die Namen – man könnte sagen: als der doppelte, unvereinbare Name – seines Lebens selbst. Er zögert vielmehr vor diesem einen Leben, das mindestens zwei Namen hat, und beide sind zuviel, als könnte der Mangel des Lebens einzig durch diesen Exzess an Namen und an Sprachen offenbart werden. Dabei ist auch ‚Leben' nur ein Name für die Tatsache, dass man auf die störende und lästige Präsenz anderer angewiesen ist. In der Tat ist kaum ein anderer wie Josephus auf andere angewiesen, da er seine Bücher allein nicht anfertigen kann. Er muss jedes Mal von Mitarbeitern ins Griechische übersetzt werden, die er zu diesem Zweck eingestellt hatte: *tisi pros ten Ellenida phonen synergois*, wie es in der Schrift *Gegen Apion* heißt. Erst im Griechischen bekommen seine Texte ihre endgültige Form. Nur begrenzt ist er also in der Lage herauszuhören, ob sein Text, den er häufig nur skizziert hat und den dann erst die Übersetzer (*synergoi*, buchstäblich die Helfer) für ihn geschrieben haben, jetzt gut klingt. Daraus ergibt sich auch das Paradox, dass selbst die Stelle des *oknos kai mellesis*, d.h. die Stelle, die am offensten von seiner persönlichen Lage zu zeugen scheint, von anderen verfasst worden ist (wenn auch nicht ohne sein Zutun).

## 3

Eine gewisse Scham gegenüber sich selbst und dem, was in ihm noch roh, grob, unzivilisiert ist, kündigt sich hier an. Wie Oknos, die mythologische Gestalt, die im Tartaros sitzt und ein Seil flicht, das von einer Eselin aufgefressen wird, sieht sich Josephus einer ähnlichen Unfähigkeit ausgesetzt, seine Texte zu vollenden. Noch einmal erweist sich hier die Formel *oknos kai mellesis* als Geheimsignatur von Josephus' Leben und Werk. Dass der Eigenname des Oknos Teil der Formel ist, zeigt, inwiefern sich dieser zusätzliche Name zwischen seine beiden Namen (den jüdischen Joseph und den römischen Flavius) eingenistet hat und sie voneinander trennt. Dieser Oknos gewordene *oknos* oder, wie man auch sagen könnte, die zum Namen gewordene Angst, bzw. das zum Namen gewordene

Zögern, bringt die Trennung des Römischen vom Jüdischen, die Josephus als sein eigenes Leben erlebt, zum Ausdruck. Dass sein Schreiben gerade in dieser Trennung der Eigennamen geschieht, heißt vielleicht auch, dass es nicht in der Lage ist, die Situation des *ex solum*, des Exils, in den Griff zu bekommen. Im Gegenteil, es scheint, dass das Schreiben die damit verbundene Situation eher vertieft und verschärft. Dass die sprachlichen Schwierigkeiten nach mehr als 20 Jahren in Rom nicht überwunden sind, sondern dass sie sich mit der Zeit (oder wie es heißt: „im Laufe der Zeit") vertieft haben, markiert eine Verschiebung: Die „fremde und ungewöhnliche" Sprache ist *mit der Zeit* nicht weniger fremdgeworden. Dagegen hält er an der Beobachtung fest, dass im Exil, d.h. in der Zeit des Exils oder, besser gesagt, im Exil als Zeit das Gleiche weder mit den gleichen noch mit anderen Wörtern gesagt werden kann; eine zeitliche Verschiebung dringt in die Wörter ein; sie klingen plötzlich anders und was herauskommt, ist eine neue, unbekannte Konstellation, in der es nicht leicht fällt, sich zu orientieren.

## 4

Etwas Ähnliches passiert auch mit den Namen. Es gibt den jüdischen Namen – *Joseph* – und den römischen – *Flavius*. Es ist, als ob ein Name allein keine ausreichende Autorität zum Schreiben hätte, und deshalb verdoppelt er sich hier nach der Art, wie auch Josephus' Exil ein doppeltes war. Gleichzeitig ist gerade dieser doppelte, teilübersetzte Name – ein durchaus geläufiges Phänomen in der Antike – Zeuge davon, dass Josephus' Schreiben nur im engen Raum einer doppelten Ausnahme stattfinden konnte. Wie der Name Oknos bereits zeigte, impliziert diese Vervielfältigung der Namen, dass die Sprache als solche erst im Bruch der Eigennamen stattfindet. Sie impliziert auch, dass umgekehrt das Schreiben den semantischen Überschuss der Namen nicht in sich aufnehmen kann. Vielleicht bestand gerade darin der Tartaros des Oknos-Josephus, und die vielen Namen waren seine alles fressende Eselin.

Man warf Josephus vor, dass seine Worte in Bezug auf die historischen Ereignisse, denen er beigewohnt hatte, keine Geltung hätten; niemand sei bereit, ihnen Glauben zu schenken, zumal wenn er sich auf die Autorität der jüdischen Tradition bezog. Und dies, obwohl er stets versuchte, sich als wahrer Diener der Sache Israels darzustellen, und er seine Aufgabe darin sah, als Zeuge der Wahrheit über das Judentum aufzutreten. Trotz seiner Bemühungen warf man ihm vor, er sei der schlimmste und infamste Verräter seines Volkes. Hatte er z. B. nicht Titus von der Tempelzerstörung frei gesprochen? Hatte er nicht eher die jüdischen Aufständischen und ihre eingeschränkte Klarsicht dafür verantwortlich gemacht? Und war nicht er – wie ihm noch Arnaldo Momigliano vorgeworfen hat[2] – ein Fälscher seiner Tradition, wenn bei ihm die Propheten das Reich an nichtjüdische Herrscher versprechen? Aber auch in Rom war Josephus nicht sicher, denn was er schrieb und wie er es schrieb, lief ständig Gefahr, das Wohlwollen der Herrscher zu verfehlen. Zugleich war er ständig bestrebt, seine *fortuna* in Rom zu schützen und seine Überlebenschancen in der Nähe der flavischen Dynastie zu verbessern. Er tat dies, indem er versuchte, seine Rekonstruktion und Interpretation der historischen Geschehnisse zu verteidigen und durchzusetzen.

## 5

Es ist in diesem Sinne bezeichnend, dass das erste Werk, das Josephus in Rom verfasst hat, *Die Geschichte des Jüdischen Krieges*, ein seltsames Eingeständnis enthält: „Auf Kosten von viel Mühe präsentiere ich, ein Fremder [*allophylos*], den Griechen und den Römern diese Erinnerung an das große Unternehmen."[3]

Ein solcher Auftakt erscheint auf den ersten Blick als eine geläufige *captatio benevolentiae*. Aber das Wort *allophylos* ist kein zufälliges, es ist die technische Vokabel, die den Goy, den Nichtjuden benennt. Interessant ist, dass hier das Wort *allophylos* von Josephus verwendet wird, um sich selbst und seine Position zu definieren: Wenn er spricht, ist er ein Goy; es ist der Goy in ihm, der schreibt; es ist immer noch er, Joseph, aber er ist ein Fremder in Bezug auf sein eigenes Volk geworden; er ist Joseph und Josephus zugleich; man könnte sagen: Er ist der Joseph, der in Josephus wohnt, aber auch der andere, Josephus mit der lateinischen Endung im Namen. Die Aussage betrifft vor allem seinen Beruf als Schriftsteller: Wenn er schreibt, tut er dies als Goy. Doch Josephus kam aus einer Priesterfamilie, und die Tatsache, dass er gerade in seiner Heimat für einen Verräter gehalten wird, macht ihn noch nicht zum *allophylos*. Das Geständnis, dass er zu einem Goy geworden ist, drückt hier in erster Linie eine sprachliche Erfahrung aus: Das Griechische, in dem seine Werke geschrieben sind, ist ihm selbst unerreichbar wie das Land, aus dem er kommt. Es ist eine Erfahrung der Trennung; es ist nicht Stand, nur Ab-stand, den er erlebt. Aber darin geht es vielleicht weniger um eine Entfernung von der eigenen Sprache zum Nutzen einer neuen Sprache, sondern vielmehr um eine Erfahrung des Ab-stands innerhalb

---

2 Vgl. Arnaldo Momigliano: *Ciò che Flavio Giuseppe non vide*. Vorwort zu Pierre Vidal-Naquet: *Il buon uso del tradimento. Flavio Giuseppe e la guerra giudaica*. Roma 1992, S. 9–21.
3 Flavius Josephus: *De bello Judaico libri vii*. Hg. v. Benedikt Niese. Berlin 1895, I, 5.

der Sprache selbst. In gewisser Weise impliziert die Fremdsprache des Exils eine Metamorphose, ein *Fremd-Werden* desjenigen, der schreibt. In diesem Sinne ist *allophylos* ein genaueres Wort für *barbaros*, d.h. für denjenigen, der die Grenze der Domestikation, des Heimischen und des Häuslichen anzeigt: Wo er geht, bleibt nichts Vertrautes, nichts Intimes mehr.

Das Wort ‚Ab-stand' bezeichnet hier den Raum des Zwischen. In der Tat lässt sich das Exil niemals nur als Phänomen eines (wenn auch aufgezwungenen und gewaltvollen) Ortswechsels verstehen, das den Übergang von einem zum anderen Ort impliziert. Vielmehr ist das Exil dadurch gekennzeichnet, in einem Raum ‚dazwischen' zu bleiben, bei dem Abfahrt und Ankunft, Vergangenheit und Gegenwart untrennbar werden. Dass das Exil ein Zwischenraum ist, bedeutet, dass eine Spannung seinen Raum durchzieht. Eine solche Spannung, die mit dem Exil aufs Engste verbunden ist, löst alle vermeintlich festen Punkte auf, die Orientierung bieten würden: in Josephus' Fall Rom und Jerusalem oder das Aramäische als Muttersprache und das Griechische als Schriftsprache (um von der Alltagssprache Lateinisch zu schweigen). Sie können nicht mehr als „feste" Größen gelten, sondern erscheinen vielmehr, selbst wenn sie zum Alltag gehören, als etwas Unerreichbares. In diesem Sinne heißt für Josephus das Zwischen-den-Sprachen-Sein mit der Unmöglichkeit konfrontiert zu werden, nur einem Lager anzugehören, um nicht zwischen den zwei Sprachen getrennt zu sein. ‚Zwischen-Zwei' ist die Bedingung der Unmöglichkeit der ‚Eins', das heißt die Unmöglichkeit für die ‚Eins', sich als Eins (und dadurch als eigenständig, autonom, frei vom Anderen) zu behaupten. Dieser Aspekt kommt am deutlichsten in den anglo-germanischen Sprachen zum Ausdruck: sowohl im englischen ‚*between*' als auch im deutschen ‚zwischen' ist eine unvermeidliche Zwei präsent, und dies, noch ehe man auf die Etymologie rekurriert. Gleichzeitig bedeutet ‚zwischen' (also die Zwei des Zwischen) auch die Unmöglichkeit, eine bloße Herrschaft über die Zwei auszuüben. Es gibt keine Trennung, die nicht in der Einheit einer einzigen Existenz erfahren worden wäre. Das führt uns zu einem weiteren Aspekt von Josephus Flavius' Fall. Um diesen anzugehen, beziehen wir uns auf das lateinische Äquivalent von ‚zwischen'.

# 6

Wenn wir von der etymologischen Wurzel des lateinischen *infra* ausgehen, sehen wir, dass ‚zwischen' zunächst ‚unten' bedeutet (im Sinne von *inferior, infimus*) und erst später ‚zwischen' in unserem heutigen Verständnis. *Infra* zeigt mithin einen Raum an, in dem man sowohl aufgeteilt als auch als *inferior* immer schon einem *superior* ausgesetzt ist. Zwischen-den-Sprachen-Sein heißt damit, eine Kondition der Minderwertigkeit anzunehmen, aus der es kein Entkommen gibt. Das ‚Zwischen-Sein' bedeutet somit, dieses Gesetz der Ausgesetztheit notgedrungen zu akzeptieren und zugleich, die Unmöglichkeit, den Differenzen ausweichen und entfliehen zu können, indem man sich auf eine Seite der Differenz schlagen und dadurch dem ‚Zwischen' ein Ende setzen könnte. Eine solche Haltung setzt die Illusion voraus, es sei möglich, sich für eine Seite gegen die andere zu ent-scheiden, z. B. für Rom gegen Jerusalem oder auch umgekehrt. Und zugleich würde diese Ent-scheidung die Möglichkeit implizieren, die Scheidung aufheben zu können. Im Gegenteil bedeutet für Josephus, zwischen Jerusalem und Rom zu sein, die verbindliche Unmöglichkeit, sich nur einem der beiden hinzugeben, nur einer Kultur und nur einem sprachlichen Raum anzugehören. Der eine wird ihm nie gehören; von dem anderen wird er in der Ferne heimgesucht. Aber eigentlich erscheint ihm der eine wie der andere in einer neuen, unerhörten und untrennbaren Konstellation, die möglicherweise nur er in der Lage ist zu sehen, die uns aber zugleich eine neue Sicht auf das Verhältnis der Kulturen eröffnet.

Somit lautet eine weitere These: Das Exil als Kondition des Ab-standes und des Zwischen bringt auch die Unmöglichkeit des Endes mit sich. Selbst wenn die Exilsituation offensichtlich beendet ist, selbst wenn eine Rückkehr stattgefunden hat, lebt etwas vom Exil weiter. Daher rührt die Schwierigkeit, ja die Unmöglichkeit zu wissen und zu sagen, wo das Exil anfängt und wo es aufhört: Anfang und Ende zu determinieren würde heißen, das Exil als bloßen Gegenstand zwischen zwei Termini zu verstehen. Denn ‚determinieren' kommt aus *de-terminare*, also aus einer Verstärkungsform von *terminare*, von einem Beendigen, das nur eine andere Form des Bändigens ist. Das Exil ermöglicht dagegen weder das ‚end-', des Beendens, noch das ‚ent-', des Ent-scheidens. Die zeitliche und räumliche Unendlichkeit des Exils, die sich aus Josephus' Zögern herleiten lässt, offenbart sich auch dort, wo sein Werk deutlich die Verbindung zwischen Sprache und Katastrophe zeigt. Schon vor der Niederlage der Aufständischen gegen Rom hatte es eine solche Verbindung in seinem Leben gegeben: Denn der Weg, der ihn persönlich zum Schreiben geführt hat, begann mit der Zerstörung des Tempels im Jahre 70 n. Chr. Ein solches Schreiben ist damit niemals einfach ein Schreiben *über* die Zerstörung, denn dafür würde eine Ent-fernung vom Ereignis benötigt, die durch den epochalen Verlust der Tempelzerstörung nicht gegeben war. Vielmehr schreibt sich die Zerstörung, die zum integralen Bestandteil seines Lebens geworden ist, in dieses Schreiben ein. Selbst in den römischen Werken des Josephus verlängert sich somit das religiöse Motiv, demzufolge für die jüdischen Gemeinden in der Diaspora die Schrift die Funktion des Tempels übernimmt.

Das Nachleben einer Katastrophe ereignet sich in der Unendlichkeit ihres Ereignisses. Das widerspricht dem Versuch, eine Katastrophe zeitlich und räumlich zu begrenzen. Sie brennt vielmehr immer noch, auch in Rom: Im gewissen Sinne ist das Exil die Form dieses Sich-Weiterschreibens der Katastrophe; es ist der nie ausgelöschte Brand, der sich als Spur in Josephus' zögerndes Verhältnis zur Sprache, in der er schreiben muss, einträgt. Es ist keine Tatsache, die objektiviert werden könnte, vielmehr ist es eine Verletzung, die der Überlebende stets mit sich trägt. Deshalb lässt sich die Katastrophe nicht in den Modi der Fabel sagen (es war, es passierte ...), in einer Vergangenheitsform, die ermöglichen würde, zu wissen, wo sie begonnen hat und wo sie endet. Sie durchquert vielmehr die ganze Zeit und reißt jegliche Entfernung ein, die man gemeint hat, zwischen sich und das Ereignis einschreiben zu können. Daher gibt es kein festes Datum, an dem eine Katastrophe stattgefunden hat. Nachdem sie sich ereignet hat, ist kein Datum mehr frei davon. Die ganze Zeit und die ganze Zeitrechnung sind davon betroffen, und dadurch die Erinnerung, auch diejenige an frühere Geschehnisse. Der Raum, den die Katastrophe eröffnet hat, ist unendlich: Er ist nicht-endlich, nimmt kein Ende. Aber gerade von diesem Raum kommt uns die Sprache, von dort kommt uns ihr Wort zu.

Ebenso wenig wie eine Katastrophe lässt sich das Exil auf geographische oder historische Koordinaten seines Ereignisses reduzieren. So geht der geographisch-historischen, d.h. raum-zeitlichen Bestimmung des Exils ein wesentlicher Aspekt verloren, und zwar wie sich das Ereignis des Exils in die Sprache und in die Schrift auf eine jedes Mal singuläre Weise einschreibt. Diese Singularität ist weit davon entfernt, das zu sein, wofür sie gewöhnlich gehalten wird, nämlich das persönliche Verhältnis zur eigenen Geschichte, die als einmalig und unwiederholbar empfunden wird. Vielmehr spricht die Situation des Exils die genauere Bestimmung dieses singulären Charakters aus. Denn in der Unmöglichkeit für Josephus, durch sein Schreiben die erlittene Trennung zu beseitigen oder gar zu verhindern, zeigt sich, wie sehr das Singuläre mit einer solchen unüberwindbaren Trennung verbunden ist, d.h. wie sehr gerade diese Trennung die Singularität (s)einer Situation ausmacht.

# 7

So ereignet sich Josephus' Schreiben zwar in Rom, aber eigentlich nur auf Grund der Trennung von dem Ort, den er verlassen hat, und der gleichzeitigen Trennung von dem ihm fremden Ort, an dem er sich befindet. ‚Dazwischen' ist er, was keine Position, keinen Stand markiert, sondern vielmehr die unmögliche Position, die zu beziehen wäre, bedeutet. Denn als einzige Position zwischen den Fronten blieb für Josephus die Position einer Aus-nahme: Er empfand sich als ein aus-genommenes Wesen aus seinem Volk und seinem Land und zugleich als aus-genommenes Wesen aus dem Römischen Reich, das ihn wohlwollend aufgenommen hatte. Diese doppelt ausgenommene Position ist zugleich die doppelte Ausschließung, in der sich seine Schriftstellerexistenz entfaltet. Wenn auch sein Schreiben in dem Überlebensraum, den das Exil öffnet, stattfindet, ist dieser Schreib- und Überlebensraum zugleich stets gefährdet und höchst prekär. Buchstäblich wurde Josephus aus der Katastrophe seines Volkes, die ihn zu verschlingen drohte, aus-genommen. In dem Akt, der sein Leben gerettet hatte, traf die Gewalt, die ihn seinem Kontext entrissen hatte, zusammen mit seiner Rom-Begeisterung und seiner Verachtung gegenüber den radikalen jüdischen Gruppen (die „Banditen", wie er sagt), die ihren Kampf gegen die Römer als messianische Sendung verstanden hatten. Aus-genommen von beiden Parteien versucht Josephus seine Bücher in dem engen Raum zu schreiben, der dazwischen übrig bleibt. Bezeichnenderweise beschreibt er sich später in *Der Jüdische Krieg* als doppelt Überlebender: sowohl des Krieges gegen die Römern als auch des Krieges gegen die Seinigen.

Daher unterliegt sein Schreiben von Anfang an einem doppelten Blick: demjenigen der römischen Herrscher und demjenigen der jüdischen Besiegten. In dieser Zweideutigkeit, die Josephus akzeptierte, zu seiner eigenen zu machen, hatte er immer eine exzentrische Position, sowohl in Bezug auf Israel als auch in Bezug auf Rom. Der Kampf mit der Fremdsprache ist Ausdruck dieses doppelten *polemos*. Dass Josephus in dem Raum schreibt, der für ihn durch die Katastrophe des gegen Rom rebellierenden Israels erschlossen wurde, bedeutet, dass sein Schreiben der Wunde verhaftet bleibt, die durch die politische Niederlage des Messianismus, der den Aufstand angeleitet hatte, entstanden ist. Die politische Niederlage spaltet sein Werk wie seine Haltung: in das Bewusstsein für die historische und religiöse Größe der Geschichte Israels einerseits und andererseits in die genaue Wahrnehmung, dass die zeitgenössische Epoche Rom gehört. Sein Werk ist nicht nur zwischen den Sprachen und den Kulturen gespalten, sondern auch zwischen dem Lob des römischen Triumphs und dem Lob des eigenartigen Charakters der jüdischen Tradition; zwischen der Bewunderung für den römischen Universalismus und dem Stolz auf den Vorrang der jüdischen Tradition; zwischen der Verherrlichung des Luxus der Ewigen Stadt und der Trauer um die Asche, auf die die Rebellion den Tempel reduziert hatte. Dieser Raum der Zerrissenheit muss im Sinne eines Ganges, eines Durch-ganges gedacht werden, d.h. als eine Bewegung durch die Zeit und durch die fremden, unbekannten Bedingungen der Exilsituation. Der Raum des Exils mag eng und knapp sein, seine Zerrissenheit macht ihn indes unermesslich, so dass man sich in ihm immer wieder verlieren kann. Dieser Raum ist kein Ort (nicht einmal der Ort des Exils). Denn ein Ort ist eine lokalisierbare Größe im Sinne einer Geographie, die zugleich eine Genealogie impliziert. Hier geht es hingegen um eine Bewegung, die die Orte durchkreuzt und das genealogische Prinzip der Zugehörigkeit zu einem Volk, einer Stadt und einer Sprache unterbricht. Dieses Eindringen einer räumlichen Erfahrung in die Ortschaften bedeutet zugleich die Ausweitung dieser Ortschaften, eine Verwandlung, die ihre vermeintliche Geschlossenheit unterminiert. Dieser Raum ist die untrennbare Beziehung, die Josephus' Leben immer an das binden wird, was verlassen wurde, und an das, was als Fremdes – sei es an der Sprache, an dem Ort, an der Kultur – sein eigentlicher Weg wurde.

## Bibliographie

Flavius Josephus: *Antiquitates Iudaicae*. Hg. v. Benedikt Niese. Marburgi Cattorum 1887–1896.
Flavius Josephus: *Jüdische Altertümer*. 2 Bde. Halle (Saale) 1898; hier Wiesbaden 1994.
Flavius Josephus: *Die jüdischen Alterthümer*. Hg.v. J.P. Bachem. Übers. v. Konrad Martin. Köln 1852.
Flavio Giuseppe: *Antichità giudaiche*. Übers. v. Luigi Moraldi. Torino 1998.
Flavius Josèphe: *Oeuvres completes*. Übers. v. René Harmand. Paris 1900.
Arnaldo Momigliano: *Ciò che Flavio Giuseppe non vide*. Vorwort zu Pierre Vidal-Naquet: *Il buon uso del tradimento. Flavio Giuseppe e la guerra giudaica*. Rom 1992.
Flavius Josephus: *De bello Judaico libri vii*. Hg. v. Benedikt Niese. Berlin 1895.

Bernhard Greiner
# San Francisco im Osten und Ramses im Westen

Deterritorialisierung exilischer Existenz in Kafkas *Verschollenem*

Im Januar 1913, nach dreimonatigem ‚Geborgensein' im Schreiben am *Verschollenen*,[1] gerät Kafka die Arbeit ins Stocken. Er berichtet Felice Bauer in der Nacht des 22./23. erstmals hiervon – „An meinem Roman schreibe ich seit drei Tagen ganz wenig" (FB 264[2]) –, um ihr am 26. dann mitzuteilen: „Mein Roman! Ich erklärte mich vorgestern abend vollständig von ihm besiegt." (BF 271) Der ersten Erwähnung, dass der Schreibfluss versiege, hat Kafka einen Traumbericht vorangestellt:

> Sehr spät, Liebste, und doch werde ich schlafen gehen, ohne es zu verdienen. Nun, ich werde ja auch nicht schlafen, sondern nur träumen. Wie gestern z. B., wo ich im Traum zu einer Brücke oder einem Quaigeländer hinlief, zwei Telephonhörmuscheln, die dort zufällig auf der Brüstung lagen, ergriff und an die Ohren hielt und nun immerfort nichts anderes verlangte, als Nachrichten vom ‚Pontus' zu hören, aber aus dem Telephon nichts und nichts zu hören bekam, als einen traurigen, mächtigen, wortlosen Gesang und das Rauschen des Meeres. Ich begriff wohl, daß es für Menschenstimmen nicht möglich war, sich durch diese Töne zu drängen, aber ich ließ nicht ab und ging nicht weg. (BF 264)

Bedenkt man, dass die ‚Geborgenheit im Schreiben', die Kafka betont, sich bei diesem Roman einem Erzählen verdankt, das erzähltes Geschehen und Ereig-

---

[1] Vgl. Brief an Felice Bauer vom 11.11.1912, worin Kafka das Schreiben an seinem Roman als „die erste größere Arbeit" bezeichnet, in der er sich „nach 15jähriger, bis auf Augenblicke trostloser Plage seit 1½ Monaten geborgen fühle". (BF 86 [zur Zitierweise s. Anm. 2])
[2] Zitate aus Schriften Kafkas werden im Text nachgewiesen, wobei folgende Siglen verwendet werden: B: *Briefe 1902–1924*. Hg. v. Max Brod. Frankfurt/M. 1958; BF: *Briefe an Felice und andere Korrespondenz aus der Verlobungszeit*. Hg. v. Erich Heller, Jürgen Born. Frankfurt/M. 1970; BM: *Briefe an Milena*. Hg. und mit einem Nachwort versehen v. Willy Haas. Frankfurt/M. 1966; NSF I: *Nachgelassene Schriften und Fragmente I in der Fassung der Handschriften*. Hg. v. Malcolm Pasley. Frankfurt/M. 1993; NSF II: *Nachgelassene Schriften und Fragmente II in der Fassung der Handschriften*. Hg. v. Jost Schillemeit. Frankfurt/M. 1992; S: *Das Schloß. Roman in der Fassung der Handschrift*. Hg. v. Malcolm Pasley. Frankfurt/M. 1982; T: *Tagebücher*. Hg. v. Hans-Gerd Koch, Michael Müller, Malcolm Pasley. Frankfurt/M. 1990; V: *Der Verschollene. Roman in der Fassung der Handschrift*. Hg. v. Jost Schillemeit. Frankfurt/M. 1994.

nis des Schreibens immer neu miteinander verschränkt[3] – das Geschriebene schlägt auf das Schreiben durch und umgekehrt: der Schreibende unterbricht sein Schreiben an Stellen, an denen sich bei den Figuren eine Hemmung des Sprech- oder Bewegungsablaufs ergibt, er nimmt sein Schreiben wieder auf, indem auch im Roman Aufforderungen erfolgen, wieder an die Arbeit zu gehen –, bedenkt man dieses wechselseitige Sich-Affizieren von Text und Autor, wird der Traum in der Nacht, in der das Schreiben stockt, vielsagend. Der Träumende sucht Verbindung zu einem anderen Schreibenden: träumt er, statt zu schreiben, weil die Verbindung zu diesem Schreibenden abgerissen ist? Stand sein Schreiben also mit diesem im Bunde? Oder sucht er Hilfe bei einem neuen Bundesgenossen, weil die bisherige Konstellation seines Schreibens dessen Fortführung verhindert? Der andere Schreibende, den das Traum-Ich anzurufen sucht, ist der ins Exil geschickte Dichter Ovid, der im Jahre 8 n. Chr. aus bis heute unklaren Gründen von Rom nach Tomi am Schwarzen Meer verbannt wurde, was für einen Römer bedeutete: ans Ende der Welt, und der mit den *Tristia* (*Tristium Libri V / Fünf Bücher Gedichte der Trübsal*, entstanden zwischen 8 u. 12 n. Chr.) und den *Epistulae ex Ponto* (*Briefe vom Schwarzen Meer*, entstanden 12–16 n. Chr.) die Gattung der Exildichtung – in der griechisch-lateinischen, abendländischen Tradition – nicht nur begründet, sondern in solch künstlerischer Meisterschaft ausgeführt hat, dass seine Dichtungen des Exils zu einem Paradigma der Gattung wurden.

Statt der Verbindung zum Dichter *im* Exil und *des* Exils erfährt sich das Traum-Ich zwischen zwei Arten akustischer Wahrnehmung gespannt, die Strukturierung verweigern: Gesang ohne Worte, d.h. jenseits denotierbaren Bedeutens und ‚Rauschen des Meeres' als Manifestation physischer Welt vor aller Strukturierung. Besagt Strukturierung Unterscheidung, damit Begrenzung und somit Verendlichung, so ist das Ich mit zwei Manifestationen des Unendlichen konfrontiert, einer Botschaft, die nicht zu bestimmen und einem Rauschen, das Botschaft noch nicht geworden ist. Das Traum-Ich vermag durch dieses Andrängen des Unendlichen seine menschliche – endliche – Stimme nicht hindurch zu drängen, was besagte, die beiden Unendlichkeiten in eine Bedeutung hervorbringende Rede zu transformieren.[4] Das Traum-Ich vermag dies nicht zu leis-

---

3 Hierauf hat Jost Schillemeit aufmerksam gemacht: Jost Schillemeit: „Das unterbrochene Schreiben. Zur Entstehung von Kafkas Roman der Verschollene". In: Ders.: *Kafka-Studien*. Göttingen 2004, S. 211–224.
4 Im *Schloß*-Roman, d.h. neun Jahre später, hat Kafka dieses andringende Unendliche medial-technisch erklärt: Das ununterbrochene Telefonieren der Schlossbeamten untereinander sei in den Telefonen des Dorfes, d.h. unter den Bedingungen der Dekodierung, die im Dorf gelten, als „Rauschen und Gesang" zu hören: „Nun ist aber dieses Rauschen und dieser Gesang

ten, der Traumerzähler fährt hier mit dem Hinweis fort, am Roman nicht weiterschreiben zu können. So ist als Aufgabe der Kunst bestimmt, eine derartige Transformation zu leisten, und ist die Nichterfüllbarkeit dieser Aufgabe festgestellt. Das situiert die Kunst außerhalb des ihr zugewiesenen Bereichs, in diesem Sinne im Exil, was es dann stringent erscheinen lässt, dass das Traum-Ich Verbindung zum Dichter des Exils schlechthin sucht, also zu dem, der Exilexistenz in Dichtung zu verwandeln vermag. Aber selbst diesen Bezug gibt es nur als Nicht-Bezug, so ist die Position des schreibenden Ichs die eines Exils des Exils, was sich im Brief darin niederschlägt, dass der Briefschreiber im Fortgang seiner Rede einen Dialog imaginiert, aus dem er selbst eliminiert ist: die Phantasie eines Dialogs zwischen einem Parlographen und einem Grammophon über das Medium des Telefons.[5]

Statt am Roman weiter zu schreiben, was nicht mehr gelingt, hat Kafka als Briefschreiber – distanziert in einem Traum – sein Schreiben in einer Konstellation des Exils situiert. Woran er bis dahin geschrieben hat, ist aber auch eine Dichtung des Exils: wieder ein Verschränken von Geschriebenem und Ereignis des Schreibens, das offenbar Fortführen des Schreibens generieren sollte, dies aber nicht geleistet hat. Im Zentrum des Romans steht ein ins Exil geschickter, nicht nur aus seiner Stadt und seinem Land, sondern sogar aus seinem Kontinent vertriebener, wie der im Traum angerufene Ovid ans europäische, allerdings westliche, nicht östliche ‚Ende der Welt' geschickter Jüngling, von dem als erstes berichtet wird, wie er, in seinem Exilland Amerika ankommend, bei der Einfahrt in den Hafen von New York die Freiheitsstatue wahrnimmt, die, was im Roman nicht erwähnt wird, im Gedicht von Emma Lazarus, das an ihrem Sockel angebracht ist, „Mother of Exiles" genannt wird.[6] An seinem Exilroman nicht mehr vorankommend, sucht der Schreibende Verbindung zu dem ins Exil am

---

das einzige Richtige und Vertrauenswerte, was uns die hiesigen Telephone übermitteln, alles andere ist trügerisch." (S. 116) Aber auch diese medientechnische Erklärung von Gesang und Rauschen zielt auf die Erfahrung von Unendlichem ab, wie dies schon bei K.s erstem Telefonkontakt mit dem Schloss herausgestellt wird: „Aus der Hörmuschel kam ein Summen, wie K. es sonst beim Telephonieren nie gehört hatte. Es war, wie wenn sich aus dem Summen zahlloser kindlicher Stimmen – aber auch dieses Summen war keines, sondern war Gesang fernster, allerfernster Stimmen – wie wenn sich aus diesem Summen in einer geradezu unmöglichen Weise eine einzige hohe aber starke Stimme bilde, die an das Ohr schlug so wie wenn sie forderte, tiefer einzudringen als nur in das armselige Gehör." (S. 36)

5 Vgl. im Fortgang des Briefs an Felice vom 22./23.1.1913: „Übrigens ist die Vorstellung ganz hübsch, daß in Berlin ein Parlograph zum Telephon geht und in Prag ein Grammophon und die zwei eine kleine Unterhaltung miteinander führen." (BF 266)

6 Emma Lazarus (1849–1885) stammte aus einer New Yorker sephardischen jüdischen Familie. Holitscher erwähnt das Gedicht in seinen Amerika-Reportagen, die eine der Quellen Kafkas

Schwarzen Meer geschickten Dichter. Zum Namen und zur Identität ‚Negro', die der Held in Kafkas Roman sich zuletzt gibt, sind schon viele Deutungen vorgetragen worden. Im hier berufenen Kontext ist eine weitere zu erwägen: bezeichnet sich der Held als einen ‚Schwarzen' auch, weil er mit der Aufnahme in das Theater von Oklahoma am Pontus, am Schwarzen Meer als Ort der Dichtung des Exils angekommen ist, wie sein Dichter sich mit dieser Geschichte in die am Schwarzen Meer begründete Dichtung des Exils eingeschrieben hat? Was für eine Art Eintritt ist das und was für eine Dichtung des Exils?

Die Exilexistenz, die der Roman entwirft, hat allerdings andere trigonometrische Punkte der Ortsbestimmung als Rom und Tomi, sie steht nicht in der klassisch-antiken Tradition der Exildichtung, sondern in der des Judentums. Der Held ist nicht nur in jüdischem Milieu, sondern deutlich in der jüdischen Geschichte des Exils angesiedelt, wie sein Autor im Akt des Schreibens dieses Exilromans sich in diese jüdische Tradition einschreibt. Der Onkel, durch dessen überraschendes Auftauchen sich Karls Geschick vorerst märchenhaft zum Guten wendet, hat seinen ursprünglichen, sehr jüdisch klingenden Namen Jakob Bendelmayer in Edward Jakob geändert (vgl. V 31 u. 32); er steht für den erfolgreichen assimilierten Westjuden. Er ist zum Staatsrat und Senator New Yorks aufgestiegen und hat es zu großem Reichtum gebracht. Über die im Osten verbliebene Verwandtschaft spricht er nur indigniert. Wenn er über sie zu reden begänne, würde sich „ein offenes Wort über seine [Karls] Eltern und ihren Anhang nicht vermeiden lassen" (V 32). Das ist der verachtende Blick des Westjuden auf die ostjüdische ‚Mischpoke'. So ist die Spannung Exil – Heimat hier in der historischen Stunde und Konkretion einer scharfen Entgegensetzung von Westjudentum und Ostjudentum eingeführt. Westjudentum steht dabei für Assimilation, damit Transformation von Exil in Domizil.[7] Die westjüdische Wahrnehmung des Ostjudentums, die der Roman in den Bemerkungen des Onkels entwirft, hat, seit diese Unterscheidung vorgenommen, d.h. seit die Entität ‚Ostjudentum' erfunden worden ist,[8] den Gehalt der Infragestellung. Der ‚Ostjude' erscheint entweder als Negativfolie, d.h. als Verkörperung dessen, was im Zuge von Säkularisation und erstrebter Integration in die nichtjüdische Mehrheitskultur aufzugeben ist, oder er erscheint umgekehrt, insbesondere mit dem Fortschreiten der Säku-

---

für den *Verschollenen*-Roman waren, nicht. Abdruck des Gedichts in: Christian Blanchet u. Bertrand Dard: *Statue of Liberty. The first hundred Years.* New York, Boston 1985, S. 117–118.

**7** Hierzu: Yosef Hayim Yerushalmi: „Exil und Vertreibung in der jüdischen Geschichte". In: Ders.: *Ein Feld in Anatot. Versuche über jüdische Geschichte.* Berlin 1993, S. 21–38.

**8** ‚Ostjudentum' als Erfindung betont Sander Gilman, s. Ders.: *Jewish Self-Hatred.* Baltimore 1986; hierzu auch: Giuliano Baioni: *Literatur und Judentum.* Aus dem Italienischen von Gertrud u. Josef Billen. Stuttgart, Weimar 1994.

larisation und dem Fragwürdig-Werden der Erwartung gelingender Akkulturation, als das Positiv, d.h. als Verkörperung wahrer jüdischer Identität gegenüber der Mimikry jüdischer kultureller Anpassung. Beide Oppositionen waren Kafka vertraut, die erste vertrat vehement sein Vater gegen die exzessive Hinwendung des Sohnes zur Lemberger Theatertruppe um Jizchak Löwy, die 1911/12 in Prag gastierte, die zweite kannte Kafka aus der programmatischen Neubesinnung auf jüdische Identität aus dem Geist des Ostjudentums, wie diese insbesondere Martin Buber vertrat und lebte, dessen zwischen 1909 und 1913 in Prag gehaltene Vorträge über das Judentum Kafka besuchte. Das Problematische beider Oppositionen war leicht einzusehen und wird von Kafka auch vermerkt: der denunziatorische Charakter der ersteren, der romantisierende der zweiten. Kafka hat anlässlich seiner Bekanntschaft mit der in jiddischer Sprache spielenden Lemberger Theatertruppe diese Opposition aufgebrochen, wofür sein Vortrag über die jiddische Sprache, den *Jargon*, vieluntersuchtes Zeugnis ist. Um einige der dort entwickelten paradoxen Bestimmungen zu nennen: der Jargon wird als Bezug zwischen Sprechern und Sprachvollzug bestimmt, der nicht in einer grammatikalisierbaren Sprache ankomme und eben dieses Nicht-Ankommen sei die Sprache; sodann wird nacheinander erwiesen, dass die westjüdischen Prager Hörer mehr Jargon verstünden als sie glaubten, dass sie kein Wort des Jargons verstehen würden und zuletzt, dass der Jargon in der Ferne einer zu großen Nähe (des Jiddischen zum Deutschen) stünde, mit dem Effekt, dass der Hörer sich in der Realisierung dieser Nähe selbst zu einem Fremden würde.[9]

Jenseits der innerjüdischen Spezifizierung des Exilgedankens im frühen zwanzigsten Jahrhundert in der Opposition von Westjudentum und Ostjudentum legt die Bibel generell eine anthropologische Universalisierung des Exilgedankens nahe,[10] in dem Sinne, dass Vertrieben-Sein aus der dem Menschen ursprünglich zugehörigen Welt zum Wesen der Existenz des Menschen gehöre: die Vertreibung aus dem Paradies, was in allen Konkretionen dieser Mythe zum Errichten einer Opposition führt, ganz allgemein einer Welt, in der das Prinzip der Unterscheidung nicht fest etabliert ist und einer, in der dies vollzogen ist (z. B. geschichtsphilosophisch die Gegenüberstellung von mythischer und geschichtlicher Welt, psychologisch die Vorstellung eines dyadischen Zustandes, der mit der Ödipalisierung als Ausgangsakt jeder Ichbildung abgebrochen

---

**9** Ausführlicher hierzu: Bernhard Greiner: „Passages between Cultures through Theatricality. Theodor Lessing and Franz Kafka." In: *transversal. Zeitschrift für Jüdische Studien* 7 (2006) H. 2: *Jewish-European / Jewish Oriental Narratives of Identity*, S. 33–42.
**10** Zur Universalisierung des Exilgedankens: Elisabeth Bronfen: „Exil in der Literatur. Zwischen Metapher und Realität". In: *Arcadia* 28 (1993), S. 167–183.

werde, sprachphilosophisch-theologisch die Vorstellung, dass der Mensch aus der ‚heiligen' Sprache herausgefallen sei, in der Wort und Sache eins gewesen waren). Gegenüber solcher Universalisierung des Exilgedankens auf der Grundlage einer scharfen Opposition von Heimat und Fremde, von Bei-Sich-Sein und Außer-Sich-Sein, löst die jüdische Geschichte im engeren Sinn, die mit Gottes Bund mit Abraham einsetzt, diese Opposition auf. Gott gebietet Abraham, seine Heimat zu verlassen, um einer ihm versprochenen neuen Heimat willen. Die Geburt des jüdischen Volkes – die Gabe des Gesetzes am Sinai – findet in einem Zwischenraum statt, das Land der Knechtschaft ist verlassen, die Ankunft im Gelobten Land steht noch aus. Für Nichtbefolgen der auferlegten Gebote wird als Strafe furchtbares Exil angedroht (vgl. Deut. 28,63 u. 64–67 sowie Lev. 26). So ist Exil in jüdischer Tradition integraler Bestandteil von Gemeinschaftsbildung und Landnahme, was auch in die Verarbeitung der geschichtlichen Erfahrung jüdischer Exilexistenz eingeht.

Die Opposition Exil – Heimat ist im *Verschollenen* bei der von Westjudentum und Ostjudentum angelangt. Der Onkel verheißt Integration in die neue Welt als ‚Neugeburt' (vgl. V 46), aber die Schritte des nach Westen geschickten Karl weisen immer auch nach Osten, in die Richtung seiner Herkunft. Diese erscheint semiologisch im Koffer gefasst, worin die Zeichen der Herkunft bewahrt sind – Pass, Photographie der Eltern, Bibel –, die Karl Zug um Zug abhanden kommen. Triebpsychologisch manifestiert sich die mit der Wendung nach Westen immer zugleich vollzogene nach Osten in der immer neuen Wiederholung der Szene der Verführung, der Ekel und Lust vermischenden sexuellen ‚Fesselung'[11] auf jeder Stufe von Karls Weg in der Neuen Welt: in der Kabine des Heizers, mit Klara im Landhaus bei New York, mit der Oberköchin, die ihn in der Prostituiertensprache auffordert „Dann kommen Sie mit mir, Kleiner" (V 156) und zuletzt mit Brunelda, als deren Zuhälter ein Polizist Karl im Fragment „Ausreise Bruneldas" apostrophiert: „so ein Fräulein ist das Fräulein? Und Sie, Kleiner, besorgen die Vermittlung" (V 292).

Die Überlagerung der Bewegungsrichtungen Westen und Osten ist konstitutiv für den Roman, sie wird sprechend im theologischen Horizont des Exilgedankens. Zum Brief des Onkels, der ihn neuerlich verstößt, erhält Karl vom Herrn Green eine Bahnkarte nach San Francisco mit der Erläuterung, „im Osten" werde er bessere Erwerbsmöglichkeiten finden (vgl. V 98). Die Fahrt nach Westen soll offenbar nach Osten führen. Bei so widersprüchlichen Maßgaben schlägt Karl

---

11 Hierzu: Winfried Menninghaus: „Der Verschollene oder die Trajektorie männlicher Unschuld im Feld ‚widerlicher' weiblicher Praktiken". In: Ders.: *Ekel. Theorie einer starken Empfindung*. Frankfurt/M. 1999, S. 378–392.

konsequent „eine beliebige Richtung" ein (V 100), um in einem Hotel mit dem Namen ‚Westen' (Occidental) zu landen, das jedoch an der Peripherie einer Stadt liegt, deren Name ‚Ramses' nach Osten weist. Insgesamt spielt der Roman im Umkreis dieser Stadt. Vom „Landhaus bei New York" (V 62) gelangt Karl „nach kurzem Marsche" (V 101) zur Pension Brenner und danach zum Hotel Occidental, die beide an der Peripherie dieser Stadt liegen.[12] Bruneldas Wohnung ist nur eine kurze Taxifahrt von diesem Hotel entfernt. Nach Clayton, wohin das Theater von Oklahoma seine Bewerber ruft, fährt Karl mit der Untergrundbahn, so liegt auch dieser Ort im Umkreis von Ramses. Es gibt keinen Ort dieses Namens im Umfeld New Yorks. Er verweist auf die von Ramses II. im östlichen Nildelta errichtete Residenzstadt Pi-Ramesse (Residenzstadt in der Ramessidenzeit 1300–1100), beim heutigen Ort Qantir, die vor allem in der Bibel bezeugt ist: Joseph gibt seinem Vater Jakob, der seit dem Ringen mit dem Engel den Namen ‚Israel' trägt, und seinen Brüdern auf Geheiß des Pharao „Besitz in Ägyptenland, am besten Ort des Landes, im Lande Raemses" (Gen. 47,11).[13] Nachdem sich der einst bewillkommnete Aufenthalt der ‚Kinder Israel' zur ägyptischen Knechtschaft gewandelt hat, wird den Israeliten u.a. als Fronarbeit auferlegt, dem Pharao „die Städte Pithon und Raemses zu Vorratshäusern" zu bauen (Ex. 1,11). Der Auszug der Israeliten aus Ägypten beginnt in Ramses: „Also zogen die Kinder Israel von Raemeses nach Sukkoth, 600 000 Mann zu Fuß ohne die Kinder" (Ex. 12,37), nochmals wiederholt im vierten Buch Moses „Als sie von Raemses auszogen, lagerten sie in Sukkoth" (Num. 33,5). In der Zeit ihrer Fron haben die Israeliten „schwere Arbeit in Ton und Ziegeln" zu leisten (Ex. 1,13–14). Der Lehm, aus dem Ton und Ziegelbausteine hergestellt werden, ist englisch ‚clay'. In Clay-Ton bei Ramses besteigt Karl den Zug, der ihn zum Theater nach Oklahoma bringen soll, aber der Roman verweigert ihm eine Ankunft. Karls Schritte in Amerika wiederholen auch die der ‚Kinder Israels', also der Jakobs und seiner Söhne in

---

12 Man fährt von dort mit der Untergrundbahn in das Stadtinnere, vgl. V 151.
13 Lektüre einer christlichen Bibel ist für die Zeit von Kafkas Aufenthalt im Naturheilsanatorium Jungborn im Harz belegt (8. bis 27. Juli 1912), wo in jedem Zimmer eine Bibel auslag, da es zum Programm des Sanatoriums gehörte, naturgemäße Lebensweise mit „wirklichem Christentum" zu verbinden. Vergleiche verschiedener Bibelausgaben mit wörtlichen Zitaten aus der Bibel in Texten Kafkas haben ergeben, dass Kafka aus der Lutherbibel mit dem von der deutschen evangelischen Kirchenkonferenz genehmigten Text zitiert (wahrscheinlich aus einer Ausgabe 1892ff.). Nach dieser Bibelübersetzung wird hier zitiert. Das Tagebuch hält am 13. Juli 1912 fest: „Nach dem Essen lese ich immer ein Kapitel aus der Bibel, die hier in jedem Zimmer liegt." (T 1045) Ein Gast des Sanatoriums hat Kafka zum Andenken eine Bibel geschenkt (vgl. BF 131). Zu diesem Komplex insgesamt: Bertram Rohde: *„und blätterte ein wenig in der Bibel". Studien zu Kafkas Bibellektüre und ihren Auswirkungen auf sein Werk.* Würzburg 2002, insbes. S. 20–31.

der östlichen biblischen Welt: Verlassen der Heimat wegen der Hungersnot, d.h. aus materiellen Gründen, Richtung Westen (Ägypten), märchenhafte Wende des Geschicks durch den zuerst nicht erkannten, in der Fremde zu Reichtum und Macht aufgestiegenen Verwandten (Joseph), Wandel der neuen Existenz zu einer von Knechtschaft, Unterdrückung, und Rechtlosigkeit und neuer Aufbruch aus dieser Welt wieder nach Osten im Horizont eines umfassenden Heilsversprechens. In diese aggadische Wiederholung der israelitischen Geschichte sind zugleich Anspielungen auf aktuelle, zionistisch motivierte Aufbrüche nach Palästina eingestreut: die Werbeaktion des Theaters von Oklahoma kann auch als zionistische Aliyah-Werbeveranstaltung gelesen werden (also einer Werbung für jüdische Einwanderung in Palästina); dann besagt, ‚jeden' brauchen zu können: ‚jeden Juden'.[14] Ist Karls Weg im Westen einer, der nach Osten führt, so verliert der Held doch fortschreitend die Zeichen seiner ursprünglichen (östlichen) Zugehörigkeit, was er zuletzt im Verleugnen seines Namens selbst vollzieht, konfrontiert mit einem Rubrizierungssystem, den Aufnahmekanzleien der Theaterwerbetruppe, die ihn am entschiedensten auf seine östliche/europäische Herkunft als ‚gewesenen europäischen Mittelschüler' festlegen.

Das Neue seines Exillandes Amerika begegnet Karl vor allem in Möbeln (Schreibtischen) und Geräten medialer Vorgänge (Schreibmaschinen, Telefonen). Der Westen steht für maschinell ins Unermessliche erweiterte und beschleunigte Distribution von Zeichen, die Karl im Heraufrufen von Kindheitserfahrungen, also mit Wenden seiner Vorstellungen zurück in sein Herkunftsland, zu fassen sucht. Ausführlich und programmatisch wird dies am amerikanischen Schreibtisch mit den veränderbaren Fächeraufsätzen vorgeführt, den der Onkel Karl schenkt:

> Er hatte z. B. in seinem Aufsatz hundert Fächer verschiedenster Größe und selbst der Präsident der Union hätte für jeden seiner Akten einen passenden Platz gefunden, aber außerdem war an der Seite ein Regulator und man konnte durch Drehen an der Kurbel die verschiedensten Umstellungen und Neueinrichtungen der Fächer nach Belieben und Bedarf erreichen. Dünne Seitenwändchen senkten sich langsam und bildeten den Boden neu sich

---

[14] Anlässlich einer beruflichen Reise nach Wien 1913 verschaffte sich Kafka einen persönlichen Eindruck vom dort stattfindenden 11. zionistischen Weltkongress. Er fühlte sich, wie er Max Brod am 16.9.1913 schreibt, „wie bei einer gänzlich fremden Veranstaltung", „etwas Nutzloseres als ein solcher Kongreß" lasse sich schwer ausdenken (vgl. B 120). Diese Erfahrung liegt vor dem Abfassen des Oklahoma-Kapitels. Zum Zionismus-Bezug des Romans: Joseph Metz: „Zion in the West: Cultural Zionism, Diasporic Doubles, and the ‚Direction' of Jewish Literary Identity in Kafka's *Der Verschollene*". In: *DVJS* 78 (2004), S. 646–671 und: Philipp Theisohn: „Natur und Theater. Kafkas ‚Oklahoma'-Fragment im Horizont eines nationaljüdischen Diskurses". In: *DVJS* 82 (2008), S. 631–653.

erhebender oder die Decke neu aufsteigender Fächer; schon nach einer Umdrehung hatte der Aufsatz ein ganz anderes Aussehen und alles gieng je nachdem man die Kurbel drehte langsam oder unsinnig rasch vor sich. (V 47)

Der Mechanismus verspricht umfassendes Deponieren- und Ordnen-Können von Akten. Dass selbst der Präsident Amerikas all seine Akten an solch einem Schreibtisch unterbringen könnte, gibt ihm die ideelle Aura, Ordnung der Gemeinwesen zu verbürgen. Die Fächer des Schreibaufsatzes können aber immer neu nur umformatiert werden, wenn sie *nichts* enthalten. Mithin kann der Schreibtisch sein ideelles Versprechen nur aufrecht erhalten, wenn seine Fächer leer bleiben. Entsprechend rät der Onkel Karl, „den Regulator möglichst nicht zu verwenden" (V 48); denn nur dann wird nicht manifest, dass diese Maschinerie umfassender Distribution von Zeichen nur funktioniert, wenn sie gar keine Zeichen enthält: als ein ins Unendliche gesteigertes, auf seine bloße Materialität reduziertes Rauschen des Kanals, das nichts sagt, worin ein Analogon zum ‚Rauschen des Meeres' erkannt werden kann, das im eingangs zitierten Traum aus der einen Muschel des Telefonhörers zu vernehmen ist. Ökonomisch entspricht der Distribution einer ungeheuren Menge von Zeichen, die leer bleiben, nichts bedeuten, sehr genau das Geschäft des Onkels: ein Zwischenhandel im Großen, der weit entfernt ist sowohl von den Erzeugern wie den Verbrauchern der betroffenen Güter, theologisch kann diese Distributionsmaschine, die leer bleiben muss, als sinnreiche Allegorie der Einsicht Walter Benjamins genommen werden, Kafka habe die Wahrheit preisgegeben, um an ihrer Tradierbarkeit festzuhalten.[15] Der Mechanismus des Schreibtischaufsatzes ruft in Karl die Kindheitserinnerung an ein weihnachtliches Krippenspiel wach, das die wechselnden Bewegungen der Figuren durch eine analoge Kurbel generierte. Hier ist die Mechanik ideell erfüllt – Versinnlichung eines Heilsgeschehens, die Geburt des Erlösers –, die Mutter hat allerdings die Begeisterung des Kindes für diese Versinnlichung ganz wörtlich mundtot gemacht, d.i. dem Kind, das ihr alles, was es zu sehen gibt, beschreiben will, den Mund zugehalten (vgl. V 48). Die zu leistende Neugeburt im Westen, in Amerika, deren Gehalt Leere ist, verknüpft Karl am Beispiel des Schreibtisches so mit der dem Osten verpflichteten Erinnerung an die Geburt schlechthin, die Geburt des Erlösers, was als Versuch gewertet werden kann, der Leere Sinn zu implementieren, allerdings verschoben, nicht dem eigenen jüdischen Umfeld zugehörig, sondern der umgebenden christlichen Mehrheitskultur.

---

**15** Vgl. Brief Benjamins an Gershom Scholem vom 12.6.1938, in: Hermann Schweppenhäuser (Hg.): *Benjamin über Kafka. Texte, Briefzeugnisse, Aufzeichnungen.* Frankfurt/M. 1981, S. 87.

Kann der amerikanische Schreibtisch mit seinem Aufsatz unendlich variabler Fächer, die leer bleiben müssen, als Sinnbild für ein Andringen des Unendlichen vor dessen Strukturierung zu Zeichen genommen werden, so beruft der Roman in unmittelbarer Folge auf diese Passage auch die im zitierten Traum Kafkas erwähnte zweite Möglichkeit eines Andringens des Unendlichen, den ‚wortlosen Gesang', im Klavierspiel Karls. Von diesem erhofft sich Karl viel und scheut sich nicht, „wenigstens vor dem Einschlafen an die Möglichkeit einer unmittelbaren Beeinflussung der amerikanischen Verhältnisse durch dieses Klavierspiel zu denken" (V 50). Diese Verhältnisse sind bis dahin in dem berufen, was Karl vom Balkon seines New Yorker Zimmers wahrnimmt: ein nicht zu strukturierendes Ganzes von Straßen, die sich in der Ferne verlaufen, ein ‚immer drängender Verkehr' und eine ‚wildere Mischung von Lärm, Staub und Gerüchen' (vgl. V. 46). Dieses Unendliche vermag Karl nicht zu fassen, er erfährt es als immer neu in Bruchstücke zerfallend:

> alles dieses wurde erfaßt und durchdrungen von einem mächtigen Licht, das immer wieder von der Menge der Gegenstände zerstreut, fortgetragen und wieder eifrig herbeigebracht wurde und das dem betörten Auge so körperlich erschien, als werde über dieser Straße eine alles bedeckende Glasscheibe jeden Augenblick immer wieder mit aller Kraft zerschlagen. (V 46)

Karls Erwartung an sein Klavierspiel ist offenbar, diesem immer neu zerfallenden Unendlichen eine ästhetische Struktur geben zu können. Was er spielt, ein altes Soldatenlied seiner Heimat sowie amerikanische Märsche und die Nationalhymne (vgl. V. 50), steht dann allerdings in einem eklatanten Missverhältnis zu dieser hochgespannten Erwartung.

Der Exilant Karl, immer neu der Erfahrung maschinell ins Unendliche gesteigerten Zeichenverkehrs ausgesetzt, als dessen Verkörperung der westjüdische Onkel erscheint, vermag ebenso wenig wie das Ich des zitierten Traumes durch dieses Rauschen seine Menschenstimme hindurch zu drängen. Auf seinem Weg durch diese Welt der Zeichen, aufgespannt zwischen A/Alpha wie Amerika und O/Omega wie Onkel, Hotel Occidental, Oberköchin, Oberportier, Oberkellner und Oklahoma, auf seinem Weg durch die Welt der Schrift wird er zu einem Verschollenen, d.i. zu einem, von dem keine Zeichen mehr empfangen werden. Aber sein Verschwinden im Strom der Zeichen ist auch positiv konnotiert, hat auch den Charakter von Ankunft – in der *Heiligen* Schrift – und des Aufbruchs als Wiederholung des in der Bibel berichteten Aufbruchs aus dem Land der Knechtschaft. Das leistet das von der übrigen Romanhandlung separierte Theaterkapitel, was allerdings auch besagt: es leistet dies nur theatralisch.

Dass gerade ein Theater mit so hoch gespannten Heilserwartungen verbunden wird, erschließt sich in mehreren Zusammenhängen. Biographisch ist die eindringliche Beschäftigung Kafkas mit der Lemberger Theatergruppe anzusetzen, die selbst den Charakter ‚theatralischer Dopplung'[16] (d.i. des Zugleichs von vorgestellter Welt und Wirklichkeit des Theaterspielens) hat: Aneignung der Stücke im Umfeld jiddischer Literatur,[17] mithin Eindringen in die Welt, die die Schauspieler vorstellen, zugleich lebhafte Anteilnahme an der Lebenswirklichkeit der Schauspieler, ihrem Verwurzelt-Sein in einem selbstverständlich gelebten Judentum, das keine Nötigung spürt, sich zu rechtfertigen. Literarisch ordnet sich der Roman mit seiner Pointierung des Theaters dem Paradigma der Gattung Bildungsroman zu, dem *Wilhelm Meister,* in dem das Theater eine konstitutive Bedeutung für die Lösung der Bildungsaufgabe hat, d.i. zu verbinden, was prinzipiell nicht zu verbinden erscheint: die Welt der Ideen, in der sich der Mensch als frei, über sich selbst verfügend definiert und die Erfahrungswirklichkeit, in der er sich physisch und sozial als umfassend determiniert erkennen muss. Allerdings hat Goethes Held die theatralisch gewonnene Ganzheit zuletzt in der Welt jenseits des Theaters zu bewähren. In Kafkas jüdischer Wiederholung des Bildungsromans endet der Weg des Helden in der Welt des Theaters, was eine historische Entsprechung im nachdrücklichen Aufgreifen des Bildungs- wie des Theatergedankens im Zuge der fortschreitenden jüdischen Akkulturation seit dem späten neunzehnten Jahrhundert hat.

Die Karriere des Bildungsbegriffs im Deutschland des neunzehnten Jahrhunderts setzt mit Moses Mendelssohns Bestimmung ein, die er in seinem Beitrag vom September 1784 zur Diskussion „Über die Frage: was heißt aufklären?", in der *Berlinischen Monatsschrift* gegeben hat.[18] Er führt Bildung dort als ein Zugleich entgegengesetzter Orientierungen ein. „Bildung", so beginnt er seinen Beitrag, „zerfällt in Aufklärung und Kultur", mithin setzt sie sich aus diesen zusammen, hat sie diese schon immer in einer bestimmten Weise zusammengebracht. ‚Kultur' macht für Mendelssohn dabei die menschliche Praxis aus, die physisch und sozial determinierte empirische Existenz, ‚Aufklärung' bezieht sich auf den durch die Vernunft bestimmten Bezug des Menschen zur Welt, also auf seine ideelle Existenz. Verheißt ‚Bildung' eine geglückte Verbindung beider Seinsweisen des Menschen als eines sinnlichen und zugleich ideellen Wesens,

---

**16** Begriff nach Theodor Lessing: Ders.: *Theater=Seele. Studien über Bühnenästhetik und Schauspielkunst.* Berlin 1907, S. 43 passim und: Ders.: *Der fröhliche Eselsquell. Gedanken über Theater, Schauspieler, Drama.* Berlin 1912, S. 129 passim.
**17** Kafka liest in diesem Zusammenhang Pinès' Darstellung: Meyer Isser Pinès: *Histoire de la Littérature Judéo-Allemande.* Paris 1910.
**18** Hierzu: Bernhard Greiner: „Der Gedanke der Bildung als Fluchtpunkt der deutschen Klassik. Natur und Theater: Goethes ‚Wilhelm Meister'". In: *Literaturwissenschaftliches Jahrbuch NF* 48 (2007), S. 215–245.

deren Bedingung der Möglichkeit jedoch schwerlich begründet werden kann, so erscheint Theater als ein Feld, das qua seiner konstitutiven Dopplung in vorgestellte Welt, in der der ideelle Entwurf des Menschen verhandelt wird, und immer bedingter empirischer Wirklichkeit des Theaterspielens, eine Verbindung beider Wesensanteile des Menschen bereitzuhalten vermag, was hohe Erwartungen an das Theater aufkommen ließ, wie Goethe seinen Bildungsroman ursprünglich als Theaterroman konzipiert hat. Bildung und Theater werden im ausgehenden neunzehnten und frühen zwanzigsten Jahrhundert im jüdischen Umfeld erneut emphatisch als Felder ergriffen, auf denen zum einen im Rekurs auf die universale Idee der Freiheit der Anspruch auf Gleichstellung machtvoll artikuliert werden kann, ohne darum zum andern die je spezifische, bedingte, empirische Existenz – das Jude-Sein – aufgeben zu müssen. So erschließt sich das starke jüdische Interesse am Theater im ausgehenden neunzehnten Jahrhundert, das u.a. dazu geführt hat, dass die deutschsprachige Theateravantgarde weitgehend von jüdischen Autoren, Theaterleitern und Publizisten getragen wurde. Der jüdische Dichter und Philosoph Theodor Lessing (1877–1933) hat in seinem 1907 erschienenen Buch *Theater=Seele* dieses vielfach konstatierte Phänomen zu begründen versucht. Er stellt einen „unverhältnismäßig große[n] Einschlag des jüdischen Elements in den Bühnenkünsten" fest[19] und fragt nach der „eigentümlichen Beziehung der jüdischen Seele zu imitierenden und interpretatorischen Künsten".[20] Wenig originell geht er von der jüdischen Minderheitenexistenz in der Galuth aus und stellt dem das völlig konträre Wesen des Jüdischen entgegen, d.i. ausgerichtet zu sein auf eine spirituelle Existenz: „auf die priesterliche, konservative und dogmatische Gestaltung des Lebens".[21] Beide Daseinsweisen erscheinen unvereinbar, als Versuch, sie zu verbinden, bestimmt Lessing das jüdische Schauspielertum, das ‚Schlüpfen in eine andere Haut', die Maskerade. Lessing betont, wie einst Goethe,[22] am Theater das Zugleich zweier entgegenstehender Welten. Der Schauspieler sei in jedem Augenblick einer Auf-

---

**19** Lessing: *Theater=Seele*, S. 36.
**20** Lessing: *Theater=Seele*, S. 36; zur Theater-Orientierung in der deutsch-jüdischen Moderne vgl. auch: Galili Shahar: *Theatrum judaicum. Denkspiele im deutsch-jüdischen Diskurs der Moderne*. Bielefeld 2007.
**21** Lessing: *Theater=Seele*, S. 36.
**22** Z. B. in dem noch in Italien geschriebenen Aufsatz: „Frauenrollen auf dem römischen Theater durch Männer gespielt", erschienen im November 1788 als viertes Stück der Reihe *Auszüge aus einem Reisejournal* und: *Regeln für Schauspieler*, beides in: Johann Wolfgang Goethe: *Sämtliche Werke. Briefe, Tagebücher und Gespräche*. Erste Abteilung, Bd. 18. Ästhetische Schriften 1871–1805. Hg. v. Friedmar Apel. Frankfurt/M. 1998, S. 209–213 u. S. 857–883.

führung doppelt',[23] ein „empirisches Wesen" und ein „ideelles Wesen, das zu sein wir erlebend tendieren."[24] Diese theatralische Dopplung erkennt Lessing für jede der beiden von ihm benannten jüdischen Existenzformen je für sich schon als wirksam. Das verleiht dem Theater als dem Ort, beide zusammenzuführen, eine fraglose und nachdrückliche Evidenz. Auf der Ebene der ideellen jüdischen Existenz zeige sich das Theatralische in der vergeistigenden Wandlung ins Gegenteil, in diesem Sinne in einem ‚Schlüpfen in eine andere Haut', als Effekt der Exilexistenz: Das Judentum, in seinem Wesen konservativ, habe sich dem Revolutionären verschrieben, die Ersinner des Dogmas der Skepsis, der ‚patriarchalische Fanatiker' sei zum ‚Relationisten' geworden.[25] Bezogen auf die historisch-empirische jüdische Existenz erkennt Lessing ein Artistentum, das „hinter jeder momentan geforderten Maske sich zu behüten" verstehe.[26] Sind derart beide Bereiche des jüdischen Daseins, der empirische wie der ideelle, als in sich theatralisch erkannt, erscheint Theater auch das genuine Feld, beide zu verbinden. So erkennt Lessing für das Judentum das Theatralische als universal; es ist nicht nur Medium der gesuchten Vermittlung, sondern auch schon Lebenselement des zu Vermittelnden. Solch ein Zugleich der beiden Ebenen des Theaters verlangt Kafka für sein Schreiben, das ist ihm Geborgen-Sein im Schreiben: wie eingangs dargelegt, ein immer neues Sich-Verschränken und wechselseitiges Affizieren von erzähltem Geschehen und Ereignis des Schreibens. Eben dies gilt in besonderer Weise für das Oklahamafragment des Romans. Am Tag nach Yom Kippur, dem Versöhnungstag und höchstem jüdischen Feiertag, in der Nacht vom 22. zum 23. September 1912, hatte Kafka die Erzählung *Das Urteil* geschrieben, in der Nacht des 25. September 1912 begann er mit der Niederschrift der Neufassung des *Verschollenen*, d.h. zeitgleich mit dem Beginn von Sukkot, dem Laubhüttenfest, das wie Pessah des Auszugs aus Ägypten gedenkt. Der erste Lagerort der Israeliten nach ihrem Aufbruch von Ramses ist ein Ort namens Sukkot. So ist der Held des Romans, der den Aufbruch der Israeliten aus der Knechtschaft wiederholt, auf dem Weg zu dem Ort, der den Tag bezeichnet, an dem er in die Welt des Schreibens geboren wurde, führt ihn sein geschriebener Weg im Westen in seinen Schreib-Ursprung im Osten.

Ist der Theatergedanke Kafka so vielfältig vermittelt, führt er ihn doch eigenartig eingeschränkt aus. Das religiös getönte Heilsversprechen des Theaters von Oklahoma wird erheblichem Zweifel ausgesetzt. Von dem, was ein Theater zum

---

23 Lessing: *Der fröhliche Eselsquell*, S. 129.
24 Lessing: *Theater=Seele*, S. 43.
25 Lessing: *Theater=Seele*, S. 38.
26 Lessing: *Theater=Seele*, S. 38.

Theater macht, d.i. von seinen Aufführungen, erfährt man nichts. Keiner aus der Werbetruppe war bisher am Ort dieses Theaters. Essentiell für ein Theater sind Schauspieler, aber keiner der Stellungsuchenden wird als ein solcher aufgenommen, auch Karl nicht, der hierauf beharrt (vgl. V 320). Statt des Theaters mit seinem ideellen Versprechen wird nur der Aufnahmeapparat gezeigt. Dessen Handlungen aber sind, da das Theater selbst entzogen bleibt, Verweisungen ohne Referenz, d.h. ein bloßes Als-Ob, in diesem Sinne: ‚bloßes Theater'. Seinen Bezug zum Theater von Oklahoma beglaubigt der Aufnahmeapparat nur darin, dass er aus demselben ‚Material' gemacht ist – Theatralität – wie die Institution, auf die er verweist. So zeigt sich das Theater von Oklahoma in einer zirkulären Selbstbegründung. Die Verweisung auf das Theater wird durch die Theatralität seines Aufnahmeapparates beglaubigt, die wiederum durch das Theater von Oklahoma beglaubigt wird. Das Ergebnis der Verweisung ist dessen Voraussetzung.[27] Entsprechend kann Karl den „Zug" (V 317), der ihn zum Theater von Oklahoma bringen soll, zwar besteigen, aber dort nie ankommen. Dieser Zug ist als aggadische Wiederholung der jüdischen Identitätsbildung angezeigt: des ‚Zuges' der Israeliten („Also zogen die Kinder Israel von Raemeses nach Sukkoth" [Ex. 12,37]) – das Bild des Zuges in die technische Welt des zwanzigsten Jahrhunderts versetzt – von Ramses durch das Rote Meer zum Sinai, zur Gabe des Gesetzes und damit zur Geburt des jüdischen Volkes. Im Anspielungshorizont dieses ‚Zuges' tritt der letzte Abschnitt des letzten Romanfragments, Karls Blick aus dem Fenster auf der Zug-Fahrt nach Oklahoma, in ein neues Licht:

> Am ersten Tag fuhren sie durch ein hohes Gebirge. Bläulichschwarze Steinmassen giengen in spitzen Keilen bis an den Zug heran, man beugte sich aus dem Fenster und suchte vergebens ihre Gipfel, dunkle schmale zerrissene Täler öffneten sich, man beschrieb mit dem Finger die Richtung, in der sie sich verloren, breite Bergströme kamen eilend als große Wellen auf dem hügeligen Untergrund und in sich tausend kleine Schaumwellen treibend,

---

[27] In einem analogen Zirkel zeigt sich die Bewegung des Kulturzionismus gefangen, mit dessen Repräsentanten Martin Buber Kafka Kontakt hatte. Kulturelle Akte haben – real- wie wortgeschichtlich – ursprünglich den Sinn, einen Raum anzuzeigen, abzugrenzen und rituell zu verstetigen, so dass die in ihn eingeschriebenen Zeichen sich als ein kohärentes Symbolsystem begreifen lassen. Im Falle der Konstitution des Judentums als Kultur wie der Begründung eines jüdischen Kulturraumes ist solch ein Raum aber von der Zeit der Zerstörung des zweiten Tempels an bis zur Gründung des jüdischen Staates nicht gegeben, so dass die Zeichen, die sich auf ihn als das Vorausgesetzte beziehen, ihn als ihren Effekt erst hervorbringen müssen, ein zirkuläres Sich-selbst-ins-Sein-Rufen: was die Kulturakte hervorbringen wollen, muss sie gezeugt haben. Grundlegend hierzu: Philipp Theisohn: *Die Urbarkeit der Zeichen. Zionismus und Literatur – eine andere Poetik der Moderne.* Stuttgart, Weimar 2005.

> sie stürzten sich unter die Brücken über die der Zug fuhr und sie waren so nah daß der Hauch ihrer Kühle das Gesicht erschauern machte. (V 318)

Die bläulichschwarzen, von Wasser umspülten Gebirgsmassen erinnern an die Teilung des Roten Meeres beim Durchzug der Israeliten, wozu gesagt wird, „das Wasser war ihnen für Mauern zur Rechten und zur Linken" (Ex 14,22, wiederholt 14,29). Karl kommt mit seinem ‚Zug' aber an keinem Sinai an, auf dieser Zug-Fahrt wird er zum Verschollenen. Eben dies widerfuhr den Ägyptern, die den Israeliten folgten und von den wiederkehrenden Wassern des Meeres verschlungen wurden. Hierfür preist Moses den Herrn in einem Lied, das mit den Zeilen beginnt: „Ich will dem HERRN singen, denn er hat eine herrliche Tat getan; Roß und Mann hat er ins Meer gestürzt" (Ex. 15,1, das Lied insgesamt: Ex. 15,1–18[28]). Zeitgenössische jüdische Bibelübersetzungen haben nicht die Formulierung ‚Roß und Mann', sondern (philologisch richtiger) ‚Roß und Reiter'.[29] Die Lutherbibel, die Kafka besessen hat und die auch die Bibel gewesen sein dürfte, die er im Naturheilsanatorium Jungborn im Sommer 1912, d.h. wenige Monate vor der Niederschrift der Neufassung des Verschollenen, erklärtermaßen immer wieder gelesen hat,[30] gebraucht die Formulierung ‚Roß und Mann'. Karls scheiternder Weg nach Westen, in die Welt des Westjudentums, wiederholt zugleich den Zug der Israeliten nach Osten, der sie als Juden hervorgebracht hat, und entspricht so völlig der Beschreibung, die Kafka später gegenüber Milena von sich selbst als westjüdischsten der Westjuden gegeben hat, der mit jedem Schritt voran seine Vergangenheit nachholen müsse (vgl. BM 189). Aber diese Wiederholung der jüdischen Identitätsbildung im Zeichen der westjüdischen Zeit gelangt nicht ans Ziel, der Held verharrt im Aufbruch, wird hierin zu einem Verschollenen. Betrachtet man die erzählte Geschichte aber nicht isoliert, sondern, wie dies für Kafkas Schreiben konstitutiv ist, in Verschränkung mit dem Akt des Schreibens,

---

**28** Moses singt das Lied „und die Kinder Israel", worunter hier offenbar die Männer gemeint sind; denn nachdem das Lied verzeichnet ist, heißt es weiter: „Da nahm Mirjam, die Prophetin, Aarons Schwester, eine Pauke in ihre Hand, und alle Frauen folgten ihr nach mit Pauken im Reigen. Und Mirjam sang ihnen vor: Laßt uns dem Herrn singen, denn er hat eine herrliche Tat getan, Roß und Mann hat er ins Meer gestürzt." (Ex. 15,20–21)
**29** Z. B. die dem Hebräischen nahe bleibende Bibelübersetzung von Leopold Zunz, erstmals erschienen 1837 (mit hebräischem Text und Anmerkungen). Zunz übersetzt Ex. 15,1 (und analog Ex. 15,21) wie folgt: „Damals sang Moscheh und die Kinder Jisrael dieses Lied dem Ewigen und sprachen also: Singen will ich dem Ewigen, denn mit Hoheit hat er sich erhoben; Roß und Reiter hat er geschleudert ins Meer." (*Die vierundzwanzig Bücher der Heiligen Schrift nach dem masoretischen Text*. Übersetzt von Leopold Zunz. Tel Aviv 1997, S. 132 und 133.)
**30** S.o. Anm. 13. Ein Verweis auf den Zug „der Juden durch das rote Meer" findet sich schon in den Raban-Texten von 1908 (vgl. NSF I 48).

so *ist* das Schreiben dieser Geschichte, die den Helden den Weg der Juden aus der Fremde, aus dem Land der Knechtschaft zu sich selbst, zum Akt ihrer Identitätsbildung aggadisch wiederholen lässt, ein Einschreiben in das Buch der Bücher. So wird im Schreiben des Nicht-Erreichens der Gabe des Gesetzes das Gesetz, die Thora, doch erreicht – allerdings nur im Schreiben, nicht im Erfüllen des Gesetzes. Der westjüdische Karl, der dem Zug der Juden nach Osten zum Sinai folgt, sie aber nicht erreicht, wird zum ‚Roßmann', den das Geschick der die Juden verfolgenden Ägypter ereilt, der Schreibende seiner Geschichte aber, der sich hiermit in die Heilige Schrift einschreibt, erhascht den ‚jüdischen Gebetsmantel', allerdings nicht zionistisch, wie dies Kafka in einer Aufzeichnung dieser Gruppe zuerkennt – die Zionisten hätten „den letzten Zipfel des davonfliegenden jüdischen Gebetsmantels noch gefangen",[31] sondern in einem Schreiben, das Dichtung des Exils zugleich leistet, beglaubigt und überwindet in einer anderen Art Zionismus, nicht eines Urbarmachens von Land, sondern der Schrift.

## Siglen

B = Kafka, Franz: *Briefe 1902–1924*. Hg. v. Max Brod. Frankfurt/M. 1958.
BF = Kafka, Franz: *Briefe an Felice und andere Korrespondenz aus der Verlobungszeit*. Hg. v. Erich Heller, Jürgen Born. Frankfurt/M. 1970.
BM = Kafka, Franz: *Briefe an Milena*. Hg. und mit einem Nachwort versehen v. Willy Haas. Frankfurt/M. 1966.
NSF I = Kafka, Franz: *Nachgelassene Schriften und Fragmente I in der Fassung der Handschriften*. Hg. v. Malcolm Pasley. Frankfurt/M. 1993.
NSF II = Kafka, Franz: *Nachgelassene Schriften und Fragmente II in der Fassung der Handschriften*. Hg. v. Jost Schillemeit. Frankfurt/M. 1992.
S = Kafka, Franz: *Das Schloß. Roman in der Fassung der Handschrift*. Hg. v. Malcolm Pasley. Frankfurt/M. 1982.
T = Kafka, Franz: *Tagebücher*. Hg. v. Hans-Gerd Koch, Michael Müller, Malcolm Pasley. Frankfurt/M. 1990.
V = Kafka, Franz: *Der Verschollene. Roman in der Fassung der Handschrift*. Hg. v. Jost Schillemeit. Frankfurt/M. 1994.

---

31 Vgl. die Aufzeichnung „Ich bin nicht von der allerdings schon schwer sinkenden Hand des Christentums ins Leben geführt worden wie Kierkegaard und habe nicht den letzten Zipfel des davonfliegenden jüdischen Gebetsmantels noch gefangen wie die Zionisten. Ich bin Ende oder Anfang." (NSF II98)

# Bibliographie

Baioni, Giuliano: *Literatur und Judentum*. Aus dem Italienischen von Gertrud u. Josef Billen. Stuttgart, Weimar 1994.

Blanchet, Christian u. Bertrand Dard: *Statue of Liberty. The first hundred Years*. New York, Boston 1985.

Bronfen, Elisabeth „Exil in der Literatur. Zwischen Metapher und Realität". In: *Arcadia* 28 (1993), S. 167–183.

*Die vierundzwanzig Bücher der Heiligen Schrift nach dem masoretischen Text*. Übersetzt von Leopold Zunz. Tel Aviv 1997.

Gilman, Sander: *Jewish Self-Hatred*. Baltimore 1986.

Goethe, Johann Wolfgang: „Frauenrollen auf dem römischen Theater durch Männer gespielt". In: *Sämtliche Werke. Briefe, Tagebücher und Gespräche*. Erste Abteilung, Bd. 18. Ästhetische Schriften 1871–1805. Hg. v. Friedmar Apel. Frankfurt/M. 1998, S. 209–213.

Goethe, Johann Wolfgang: „Regeln für Schauspieler". In: *Sämtliche Werke. Briefe, Tagebücher und Gespräche*. Erste Abteilung, Bd. 18. Ästhetische Schriften 1871–1805. Hg. v. Friedmar Apel. Frankfurt/M. 1998, S. 857–883.

Greiner, Bernhard: „Passages between Cultures through Theatricality. Theodor Lessing and Franz Kafka." In: *transversal. Zeitschrift für Jüdische Studien* 7 (2006) H. 2: *Jewish-European / Jewish Oriental Narratives of Identity*, S. 33–42.

Greiner, Bernhard: „Der Gedanke der Bildung als Fluchtpunkt der deutschen Klassik. Natur und Theater: Goethes ‚Wilhelm Meister'". In: *Literaturwissenschaftliches Jahrbuch NF* 48 (2007), S. 215–245.

Lessing, Theodor: *Theater=Seele. Studien über Bühnenästhetik und Schauspielkunst*. Berlin 1907.

Lessing, Theodor: *Der fröhliche Eselsquell. Gedanken über Theater, Schauspieler, Drama*. Berlin 1912.

Menninghaus, Winfried: „Der Verschollene oder die Trajektorie männlicher Unschuld im Feld ‚widerlicher' weiblicher Praktiken". In: Ders.: *Ekel. Theorie einer starken Empfindung*. Frankfurt/M. 1999, S. 378–392.

Metz, Joseph: „Zion in the West: Cultural Zionism, Diasporic Doubles, and the ‚Direction' of Jewish Literary Identity in Kafka's Der Verschollene". In: *DVJS* 78 (2004), S. 646–671.

Pinès, Meyer Isser: *Histoire de la Littérature Judéo-Allemande*. Paris 1910.

Rohde, Bertram: *„und blätterte ein wenig in der Bibel". Studien zu Kafkas Bibellektüre und ihren Auswirkungen auf sein Werk*. Würzburg 2002.

Schillemeit, Jost: „Das unterbrochene Schreiben. Zur Entstehung von Kafkas Roman der Verschollene". In: Ders.: *Kafka-Studien*. Göttingen 2004, S. 211–224.

Schweppenhäuser, Hermann (Hg.): *Benjamin über Kafka. Texte, Briefzeugnisse, Aufzeichnungen*. Frankfurt/M. 1981.

Shahar, Galili: *Theatrum judaicum. Denkspiele im deutsch-jüdischen Diskurs der Moderne*. Bielefeld 2007.

Theisohn, Philipp: *Die Urbarkeit der Zeichen. Zionismus und Literatur – eine andere Poetik der Moderne*. Stuttgart, Weimar 2005.

Theisohn, Philipp: „Natur und Theater. Kafkas ‚Oklahoma'-Fragment im Horizont eines national-jüdischen Diskurses". In: *DVJS* 82 (2008), S. 631–653.

Yerushalmi, Yosef Hayim: „Exil und Vertreibung in der jüdischen Geschichte". In: Ders.: *Ein Feld in Anatot. Versuche über jüdische Geschichte*. Berlin 1993, S. 21–38.

Cornelia Blasberg
# ‚Europa': Zur Codierung eines Kulturraums in wissenschaftlichen und literarischen Schriften des Exils

Es ist vorbei. Europa erledigt, unsere Welt zerstört. *Jetzt* sind wir erst wirklich heimatlos.[1]

Der Blick auf Lissabon zeigte mir den Hafen. Es wird der letzte gewesen sein, wenn Europa zurückbleibt. Er erschien mir unbegreiflich schön. Eine verlorene Geliebte ist nicht schöner. Alles, was mir gegeben war, hatte ich an Europa erlebt, Lust und Schmerz eines seiner Zeitalter, das meines war, aber mehreren anderen, die vor meinem Dasein liegen, bin ich auch verpflichtet.[2]

Vom Tag ab, als das Schiff vom Hafen Europas abstieß, hab ich's gewußt, gelebt, ausgesprochen, ausgeschluchzt, ausgesungen, das Zeichen, unter dem mein Leben, die letzte Phase dieses Erdenganges seither steht. Dieses Zeichen, mehr als ein Bild, es ist der ewige Fug des Judenschicksals. [...] Seit jenem Augenblick steht alles was ich bin, was ich füge, unter dem ewigen Namen Hiob, seitdem bin ich, leb ich, erfahr ich Hiob.[3]

‚Europa' – das ist in diesen Zitaten Name einer Referenz, die auf der einen Seite konkrete räumliche und historische Koordinaten (Hafen, Zeitalter), andererseits aber abstrakt-utopische, ‚vorbewusste' Qualitäten (Heimat, Tradition) aufweist. ‚Europa' erscheint auf diese Weise als Ort und Nicht-Ort, als Phänomen und Zeichen zugleich, und damit ist ein wichtiger Aspekt des Vorstellungskomplexes berührt, der mich in meinem Beitrag beschäftigen wird. Diese heterotopischen Qualitäten teilt ‚Europa' so offenkundig mit der Vision des ‚anderen Deutschlands',[4] dass sich die Frage aufdrängt, ob Stefan Zweigs oder Heinrich Manns ‚Europa' nicht ein gleichsam extendiertes, um seinen problematischen Kern erleichtertes ‚Deutschland' meint, ein maßstabvergrößertes ‚anderes' (besseres)

---

[1] Stefan Zweig: *Tagebücher*. Hg. v. Knut Beck. Frankfurt/M. 1984, S. 472.
[2] Heinrich Mann: *Ein Zeitalter wird besichtigt. Erinnerungen.* Frankfurt/M. 1988, S. 485.
[3] Karl Wolfskehl: „Brief an Kurt Frener vom 13. September 1946". In: *„Du bist allein, entrückt, gemieden...". Karl Wolfskehls Briefwechsel aus Neuseeland 1938-1948*, Bd. 2. Hg. v. Cornelia Blasberg. Darmstadt 1988, S. 906–911, Zitat S. 909.
[4] Zum Topos des ‚anderen Deutschlands' Manfred Riedel: *Das geheime Deutschland. Stefan George und die Brüder Stauffenberg.* Köln u.a. 2006; kritisch im Hinblick auf die Exilliteratur Stefan Braese: „Exil und Postkolonialismus". In: *Exilforschung. Ein internationales Jahrbuch 27* (2009): Exil, Entwurzelung, Hybridität, S. 1–19.

Deutschland, in das die kulturellen Werte einer jahrhundertealten Tradition vor dem Zugriff der Nationalsozialisten emigriert sind? Bevor ich diese und andere Fragen am Beispiel von zentralen ‚Europa'-Schriften des Lyrikers Karl Wolfskehl (1868–1948) und der beiden Literaturwissenschaftler Ernst Robert Curtius (1886–1956) und Erich Auerbach (1892–1957) zu beantworten versuche, bedürfen sie zunächst der Differenzierung, und außerdem ist eine Begründung der Textauswahl vonnöten.

## 1 ‚Europa' und ‚anderes Deutschland'

So viele Analogien zwischen beiden Vorstellungen der Augenschein bereitstellen mag: ‚Europa' ist ein visionäres Ordnungsmodell, dessen Strukturvorgaben von denen des Topos ‚anderes Deutschland' in entscheidenden Punkten abweichen. So kursieren im Hinblick auf ‚Europa' zwar Ursprungsgeschichten, aber im Unterschied zu nationalen Gründungsmythen taugen diese nicht für essentialisierende Zugriffe. Homer weist den Seefahrer und Abenteurer Odysseus als Figuration eines europäischen „Zwischenweltenseins"[5] aus, und eine Figur der Passage von Ost nach West ist schließlich auch die phönizische Königstochter Europa, deren Geschichte Ovid überliefert und deren Reiseroute und Ankunftsort keinesfalls identisch sind mit dem Kontinent, der ihren Namen trägt. ‚Europa' meint demnach keinen geographischen Ort (wie ihn der ‚Deutschland'-Topos indiziert), sondern eine dynamische, nicht territorialisierbare Raum-Zeit-Einheit.[6] ‚Europa' bezeichnet darüber hinaus eine multilinguale Konfiguration, deren Außenkontakte wie deren Binnenraum traditionell durch rege Übersetzungsbeziehungen gestaltet sind. Im Projektionsraum ‚Europa' herrscht das Prinzip der Mehrsprachigkeit so unangefochten, dass man sich ohne Sprachenkenntnis und Respekt vor unterschiedlichen Kulturen nicht in ihm bewegen kann. Dabei ist ‚Europa' auch aus anderen Gründen in dieser Zeit kein homogener Vorstellungskomplex, insofern es nicht allein für Kultur, sondern mindestens ebenso für ihr Gegenteil, für Barbarei und Gewalt einzustehen begonnen hat. „Das Äußerste", schreibt George Steiner, „was wir an politischer Barbarei erlebt haben, wuchs aus dem Herzen Europas."[7] Ausgerechnet jenes Europa, das sich selbstbewusst (und kolonialistisch) als Zivilisationsmacht gegenüber ‚Barbaren' und ‚Orientalen', also durch den Ausschluss eines kategorial Frem-

---

5 Ottmar Ette: *ZwischenWeltenSchreiben. Literaturen ohne festen Wohnsitz.* Berlin 2005, S. 13.
6 Ette: *ZwischenWeltenSchreiben*, S. 14.
7 George Steiner: *Sprache und Schweigen.* Frankfurt/M. 1973, S. 41.

den und Anderen definierte, erlebte das explosive Aufbrechen der Gegenzivilisation in der eigenen Mitte. Mehr noch: Gerade die Emigranten wurden Zeugen einer lange vor Weltkrieg und Holocaust einsetzenden Zerstreuung Europas in die Welt, einer Zerstreuung im Zeichen enttraditionalisierender Globalisierung. Ernst Robert Curtius, der in den 1920er Jahren mit zahlreichen kulturpolitischen Essays zur französisch-deutschen Erneuerung der europäischen Kultur hervortrat, erlebte die Zentrifugalkraft einer rassistisch-chauvinistischen Germanisierung Europas[8] in der ‚inneren Emigration': Er blieb in Bonn und zog sich in ein historisches Asyl, in seine Mittelalter-Studien, zurück. Erich Auerbach emigrierte 1936 in die Türkei und lehrte bis 1947 am Institut für Westeuropäische Sprachen und Literaturen der Istanbuler Universität. Mustafa Kemal Atatürk hatte 1923 mit der Gründung des modernen, laizistischen türkischen Nationalstaates eine umfassende Gesellschaftsreform ins Werk gesetzt und verband mit der Gründung der neuen Istanbuler Universität 1933 die Idee einer durchgreifenden Europäisierung des Bildungswesens.[9] So sehr Auerbach sein geradezu gesamteuropäisches Arbeitsumfeld schätzte, war ihm doch bewusst, dass der Import europäischen Geistes in die Türkei einem zynischen politischen Kalkül unterworfen war. Um einen ‚modernen' Nationalismus durch die gleichzeitige Zurückweisung des ‚Westens' und die ‚Orientalisierung' der feudal-osmanischen Vergangenheit zu schaffen, brauchte Atatürk deutsche Emigranten, die ihm das reine *know how* ohne störendes ideologisches Beiwerk in Gestalt europäischer Werte lieferten – aufgrund dieser Ideologie waren sie schließlich außer Landes getrieben worden. Der Emigrant Auerbach sah sich demnach nicht mit dem ‚Orient' als dem Gegensatz zu ‚Europa', sondern mit einem politisch und kulturell bedenklichen Mischsystem konfrontiert.[10] Karl Wolfskehl, der 1933 nach Italien, 1938 nach Neuseeland floh, fand in der „äußersten Thule", wie er sein Inselexil nannte, ein „Tomi", dessen abweisende Fremdheit gerade nicht durch wild-exotische Andersheit (sie wäre dem Emigranten auf der Deutschland entgegengesetzten Seite der Welt willkommen gewesen), sondern durch Spuren europäischer Kolonisation hervorgerufen wurde. Überall empfand er die

---

[8] Ralph Giordano: *Wenn Hitler den Krieg gewonnen hätte. Die Pläne der Nazis nach dem Endsieg.* Köln 2000.
[9] Vgl. dazu Horst Widmann: *Exil und Bildungshilfe. Die deutschsprachige akademische Emigration in die Türkei nach 1933.* Frankfurt/M. 1973, S. 56; Kader Konuk: „Jewish-German Philologists in Turkish Exile: Leo Spitzer and Erich Auerbach". In: *Exile and Otherness. New Approaches to the Experience of the Nazi Refugees.* Hg. v. Alexander Stephan. Bern 2005, S. 31–49, Zitat S. 33f.; Aamir R. Mufti: „Auerbach in Istanbul: Edward Said, Secular Criticism, and the Question of Minority Culture". In: *Critical Inquiry* 25 (1998), S. 95–125.
[10] Konuk: „Jewish-German Philologists", S. 47.

Wahrzeichen einer offensiv begrenzten britischen Lebensweise in ihrem skurrilen Kontrast zum Freiheitsversprechen der wilden Natur: Das Europa, dem Wolfskehls Sehnsucht galt, hatte sich in Gestalt beklemmender Metamorphosen in sein „antipodisches" Exil eingeschlichen. Der auf den gestutzten Vorgartenrasen gepflanzte Feigenbaum („Das erste Fenster: Exules Ambo"[11]), die am Strand gefundene Missionarsglocke („Glocke vom Strand"[12]) waren Zerrbilder und gespenstische Abgesandte des alten Europa. Gewiss, in die „Fremde" sei er gegangen, schrieb er im Mai 1947 an Alfred Kubin. „Aber was an mich herankam in den nun verflossenen neun Jahren sehr einsamen Exils sieht, wie übrigens die Welt meistens, dem Darmstädter Exerzierplatz weit ähnlicher als dem Märchentraum."[13]

## 2 ‚Europa' in Deutschland. Das gedankliche Fundament der Exilschriften

Wolfskehl, Curtius und Auerbach gehörten vor ihrer Emigration direkt, vermittelt oder eher marginal zu einem kulturellen Netzwerk, dessen zentraler Knoten in Person und Werk Stefan Georges zu suchen ist. Georges mit revolutionärem und prophetischem Gestus vorgebrachter Anspruch auf eine ‚Erlösung' der deutschen Sprache aus ihrem epigonalen Zustand war seinerzeit eine Sensation. Es war eine hermetische, mit feinem Gespür für sprachliche Gesetzmäßigkeiten und mit hohem handwerklichem Anspruch verfertigte Lyrik, die, aus dem französischen Symbolismus stammend, einen übernationalen Anspruch vertrat und mit Blick auf das eigentümliche Gemisch aus Fremdheit und Vertrautheit, das sie im Verhältnis zur deutschen Dichtung und Sprache auszeichnete, als ‚diasporisch' – im Exil lebend – bezeichnet werden konnte. Hinzu kam, dass diese Dichtung wie ein heiliger Text gehandelt wurde und in den durch sie gleichsam entprofanierten Lebensvollzug hinein strahlte: Sie beanspruchte Gesetzeskraft. Wenn sie vorgetragen wurde, dann geschah dies rituell, litaneihaft, feierlich – komplementär zu der hohen Bedeutung, die der druckkünstlerischen Ausstattung ihrer Schriftfassung zukam. Die Lyrik selbst, aber auch und vor allem ihre Inszenierung durch „Meister" und „Jünger" schufen ein überwältigendes, weil Körper

---

[11] Karl Wolfskehl: „Das erste Fenster: Exules Ambo". In: Karl Wolfskehl. *Gesammelte Werke*, Bd. 1. Dichtungen, Dramatische Dichtungen. Hg. v. Margot Ruben, Claus Victor Bock. Hamburg 1960, S. 178–179.
[12] Wolfskehl: *Gesammelte Werke*, Bd. 1, S. 231–232.
[13] Wolfskehl: *Briefwechsel aus Neuseeland*, Bd. 2, S. 972.

und Geist, Leben und Dichten in eins fassendes Sinnangebot für die säkularen, unter dem Bedeutungsverlust traditioneller Identifikationsmuster leidenden Intellektuellen in Georges Zeit, seien sie jüdisch oder nicht. Der Kreis um George verstand sich als „Geheimes Deutschland", als feierliche Außenseiter- und Exilgemeinschaft *in* Deutschland, deren jüdische Mitglieder, nach Hitlers Machtantritt ins Exil gezwungen, bereits vor 1933 eine europäische Orientierung hatten. Zu diesen jüdischen Mitgliedern gehörte Karl Wolfskehl, nach dem Studium der Älteren Deutschen Philologie, der Religionsgeschichte und Archäologie Privatgelehrter in München, literarischer Mitarbeiter in Georges Literaturzeitschrift *Blätter für die Kunst*, nach 1918 bis zur Emigration 1933 Feuilletonredakteur in zahlreichen Münchner Gazetten. Ernst Robert Curtius hatte George 1906 im Berliner Salon des Ehepaars Lepsius kennengelernt und in dem Dichter einen absoluten Maßstab für sein Leben erkannt, wenn er auch nie in den engeren George-Kreis aufgenommen wurde.[14] 1908 begann er eine intensive Korrespondenz mit Friedrich Gundolf, der gerade mit Georges Hilfe Shakespeare übersetzte[15] und sich 1911 mit der Studie *Shakespeare und der deutsche Geist* habilitierte. Curtius, Romanist wie George und dem Dante-Übersetzer[16] zutiefst verpflichtet, trat 1916 mit einer Studie über *Die literarischen Wegbereiter des neuen Frankreich* (Claudel, Gide, Péguy, Rolland) in die Öffentlichkeit. Sein Ziel war es, die jungen, ideologisch gegen das rationalistische Frankreich eingeschworenen Deutschen mit den mystischen Strömungen des „renouveau catholique" bekannt zu machen und für ein französisch-deutsches Eintreten für Europa zu werben. Verdächtig wurde Curtius den nationalsozialistischen Machthabern besonders durch *Deutscher Geist in Gefahr* von 1932.[17] Das dezidiert europäische Programm des ‚Exil'-Werks kündigte Curtius durch ein Motto aus Goethes Essay *Flüchtige*

---

**14** Dazu Jeffrey D. Todd: „Die Stimme, die nie verklingt. Ernst Robert Curtius' abgebrochenes und fortwährendes Verhältnis zum George-Kreis". In: *Wissenschaftler im George-Kreis. Die Welt des Dichters und der Beruf der Wissenschaft*. Hg. v. Bernhard Böschenstein. Berlin 2005, S. 195–207, bes. S. 197; Friedrich Gundolf: *Briefwechsel mit Herbert Steiner und Ernst Robert Curtius*. Hg. v. Lothar Helbig. Amsterdam 1950; im Rückblick Ernst Robert Curtius: „Stefan George im Gespräch" [1950]. In: Ders.: *Kritische Essays zur europäischen Literatur*. Bern 1957, S. 138–157.
**15** *Shakespeare in deutscher Sprache*. 10 Bde. Hg. und zum Teil neu übersetzt von Friedrich Gundolf. Mit Buchschmuck von Melchior Lechter. Berlin 1908–1918.
**16** Stefan George: *Dante. Stellen aus der Göttlichen Komödie* [1909]. Berlin 1912.
**17** Zu Curtius' politischer Haltung vgl. Earl Jeffrey Richards: „Curtius' Vermächtnis an die Literaturwissenschaft". In: *Ernst Robert Curtius. Werk, Wirkung, Zukunftsperspektiven*. Hg. v. Walter Berschin. Heidelberg 1986, bes. Anm. 13, S. 261 zur Verbindung zum Widerstand.

*Übersicht über die Kunst in Deutschland* (1801) an.[18] Im ersten Kapitel, „Europäische Literatur", findet sich konsequent eine *hommage* an Stefan George:

> Der letzte große Dichter rheinfränkischen Stammes, Stefan George, fühlte sich durch geheime Wahlverwandtschaft dem römischen Germanien und dem fränkischen Mittelreich Lotharingens zugehörig, aus dem sein Geschlecht stammte. In sechs dunklen Rheinsprüchen hat er die Erinnerung an dieses Reich traumhaft in die Zukunft beschworen. [...] Ich führe diese Zeugnisse an, weil sie eine Bindung des einst zum Imperium gehörigen Deutschland an Rom bekunden, die nicht sentimentalische Reflexion, sondern Teilhabe an der Substanz ist.[19]

Mit Erich Auerbach, dem romanistischen Kollegen, der vor und nach der Habilitation über *Dante. Poet der wirklichen Welt* (1929) an der Universität Marburg lehrte, teilte Curtius die scharfe Ablehnung nationalkultureller Postulate, was, positiv gewendet, heißt: die Aufmerksamkeit für die Vielfalt und sowohl synchrone wie diachrone Durchmischung von Sprachen und Kulturen in Europa. In Auerbachs Marburger Zeit kreuzten sich seine Wege mit denen des Literaturwissenschaftlers und George-Freundes Max Kommerell, der bei Gundolf in Heidelberg habilitiert hatte, und denen des Historikers Friedrich Wolters, ebenfalls Mitglied des George-Kreises, in Marburg; indirekte Verbindungen gab es beispielsweise zu Wolfskehl, Jude wie er selbst, über Walter Benjamin. 1936, kurz vor Auerbachs Emigration in die Türkei, schlug Curtius Auerbach als Nachfolger Marcel Raymonds in Basel vor.[20] Obwohl beide Romanisten ausgewiesene Dante-Forscher waren (was sie mit dem Dante-Übersetzer George verband), setzten sie völlig unterschiedliche Forschungsschwerpunkte, und selbst beim Wiedersehen in Princeton (USA, Herbst 1949) waren ihre alten Kontroversen über die Bedeutung der Allegorese bei Dante und die Frage der Kontinuität der mittelalterlichen Rhetorik so akut wie nie zuvor. Curtius rezensierte Auerbachs *Mimesis*-Studie 1952 überaus kritisch und fand vor allem die These der Stilmischung obsolet; Auerbach hingegen betonte in seiner Antwort die Parallelität beider Werke als

---

**18** Ernst Robert Curtius: *Europäische Literatur und Lateinisches Mittelalter* [1948]. Bern, München [10]1984, [Leitsätze]: „Vielleicht überzeugt man sich bald, daß es keine patriotische Kunst und patriotische Wissenschaft gibt. Beide gehören, wie alles Gute, der ganzen Welt an und können nur durch allgemeine freie Wechselwirkung aller zugleich Lebenden, in erster Rücksicht auf das, was uns vom Vergangenen übrig und bekannt ist, gefördert werden."
**19** Curtius: *Europäische Literatur*, S. 20, vgl. S. 22 „Man ist Europäer, wenn man civis Romanus geworden ist."
**20** Earl Jeffrey Richards: „Erich Auerbach und Ernst Robert Curtius: der unterbrochene oder der verpaßte Dialog?" In: *Wahrnehmen, Lesen, Deuten. Erich Auerbachs Lektüre der Moderne.* Hg. v. Walter Busch u. Gerhart Pickerodt. Frankfurt/M. 1998, S. 30–62, Zitat S. 33.

Antworten auf Nationalsozialismus und Holocaust und als Zeugnis von Überlebenden: „Mimesis ist ganz bewußt ein Buch, das ein bestimmter Mensch, in einer ganz bestimmten Lage, zu Anfang der 1940er Jahre geschrieben hat."[21]

Wie unterschiedlich auch immer die Bindungen von Wolfskehl, Curtius und Auerbach an den Kreis von Stefan George waren – ihre Vorstellungen von Europa als einem ‚Reich des Geistes' wiesen Strukturähnlichkeiten zu Georges supranationalem Konzept des „Geheimen Deutschlands" aus dem Geist der Antike und seinem spezifischen Amalgam aus Sprache, Lebensphilosophie, Ästhetik und Ethos auf. Gegen die Kontingenz der Geschichte setzten alle drei das Ethos der sprachkünstlerischen Form und ihre Bindung an eine europäische Kulturtradition, die kein festes Archiv bildet, sondern im Gegenteil aus der Kraft permanenter Revokation und Metamorphose lebt. „Es ist die Kraft der gesellschaftlichen Form", schrieb Auerbach im Hinblick auf Boccaccios Pest-Dichtung *Decameron*, „und sonst nichts. Die edle Bildung ist der einzige Damm, der widerstanden hat; alles andere hat versagt. Religion, Staat, Familie, aber die vornehme Form ist unerschüttert."[22]

‚Europa', lässt sich angesichts des skizzierten George-Netzwerks zusammenfassen, ist für die Emigranten eine bereits in Deutschland gefundene Widerstandsformel. In ihr wirkt der erkannte „logos spermaticos"[23] einer besonderen kulturellen Konstellation als Antidot gegen Nationalismus, Rassismus und Diktatur. Da dieser „logos" sich allein im Vollzug, in der Performanz, in der geistigen Aktivität zeigt, muss man, so die These dieser Studie, das von den Autoren vertretene Konzept des Bewahrens und Rettens einer vorgeblich präexistenten europäischen Tradition als einen Akt des Konstruierens und Herstellens solcher Traditionen lesen.

---

**21** Richards: „Erich Auerbach", S. 35.
**22** Erich Auerbach: *Zur Technik der Frührenaissancenovelle in Italien und Frankreich*. Hg. v. Fritz Schalk. Heidelberg 1971, S. 7. Dazu Gert Mattenklott: „Erich Auerbach in deutsch-jüdischen Verhältnissen". In: *Wahrnehmen, Lesen, Deuten. Erich Auerbachs Lektüre der Moderne*. Hg. v. Busch u. Pickerodt, S. 15–30, Zitat S. 19.
**23** Vilém Flusser: *Von der Freiheit des Migranten. Einsprüche gegen den Nationalismus*. Berlin 1994, S. 63.

## 3 Karl Wolfskehl

Karl Wolfskehl hat eine umfangreiche Korrespondenz aus den Exiljahren in Italien (1933–1938)[24] und Neuseeland (1938–1948) hinterlassen, an der zwei konträre Tendenzen ablesbar sind: Da ist einmal die starke emotionale Bindung an den Geburtsort Darmstadt und die Landschaft des Rhein-Main-Gebietes, die George-Städte Bingen, Berlin und Heidelberg und den Wohnort München zu verzeichnen; da ist das entschiedene Bewusstsein, der deutschen Kultur- und Literaturtradition im emphatischen Sinne zugehörig zu sein und kreativ zu ihrer Entwicklung beigetragen zu haben. Anderseits situiert Wolfskehl das, was er an der deutschen Kultur wertschätzt, stets in einem übernationalen Rahmen mit Grenzmarkierungen, die denen des „Heiligen Römischen Reiches" zur Zeit der Stauferkaiser Friedrich Barbarossa (1122–1190) und Friedrich II (1194–1250) ähneln.[25] Dieses Mittelmeer-„Reich" mit dem politischen Zentrum Rom, das eine Achse vom Aachen Karls des Großen nach Jerusalem spannt, ‚Abend'- und ‚Morgen'-Land miteinander verbindend, ist – Wolfskehls Deutung zufolge – aufgrund seines universalen und messianischen Anspruchs mit dem „Neue[n] Reich", das Georges letzter Gedichtband (*Das Neue Reich*, 1928) verkündet, durch zahlreiche Analogien verbunden. Obwohl die Briefpartner – emigrierte Freunde aus der Münchener Zeit, in der Schweiz lebende oder ins Exil getriebene (jüdische) Mitglieder des George-Kreises – überwiegend außerhalb Europas Zuflucht gefunden haben, beherrschen Themen aus der europäischen Kulturgeschichte das inhaltliche Spektrum der Korrespondenz. In ihr wird eine ‚Europa'-Vision wachgehalten, die das geistige Erbe von Antike und Judentum miteinander verbindet, und auch wenn die von Wolfskehl neu entdeckte englische oder tschechische Literatur zum Gesprächsgegenstand avanciert, bildet Stefan Georges Werk den unüberbietbaren Fluchtpunkt aller Argumente. Fast scheint es, als deute Wolfskehl im Neuseeländer Exil zum ersten Mal den europäischen Aktionsrahmen des poetischen Symbolismus, der zwischen 1890 und 1920, von Frankreich ausgehend, die Nationalliteraturen von Spanien, Italien, Deutschland, Holland, Norwegen, Polen, Russland etc. eroberte, von einem kontingenten historischen Faktum zu einem programmatischen Qualitätsmerkmal um. Texte englischer

---

24 Karl Wolfskehl: *„Jüdisch, römisch, deutsch zugleich…". Briefwechsel aus Italien 1933–1938.* Hg. v. Cornelia Blasberg. Hamburg 1993.
25 Ernst Kantorowicz (1895–1963), als Historiker dem George-Kreis zugehörig, wurde 1934 als Frankfurter Professor für Geschichte relegiert und emigrierte über Oxford 1939 nach USA. 1927 erschien sein dem „Geheimen Deutschland" gewidmetes Buch Kaiser Friedrich II. Seine letzte Vorlesung in Frankfurt, die er Stefan George widmete, trug den Titel „Geheimes Deutschland".

und griechischer Symbolisten werden ihm in Übersetzungen bekannt, aktuelle literaturwissenschaftliche Studien zur Europäizität des Symbolismus von Cecil M. Bowra und Endi Duthie[26] kommen ihm zu Gesicht, und so rückt im Medium der Korrespondenz George viel stärker in den europäischen Kontext ein, als die gleichzeitig entstehenden und heute noch gültigen Erinnerungsschriften aus dem „Kreis" erahnen lassen. Dass ausgewählte Gedichte Georges von Olga Marx-Perlzweig und Ernst Morwitz im Exil ins Englische übertragen und im New Yorker Schocken-Verlag veröffentlicht werden, wird als nachträglicher Beleg dafür gewertet, dass symbolistische Poesie immer schon im supranationalen Modus des Passageren und der Übertragung verwirklicht wurde. Auf diese Weise entsteht das Konzept einer diasporischen Raum-Zeit-Einheit ‚Europa', die Territorien ebenso besetzt, verlässt oder durchwandert, wie sie es mit historischen Epochen tut. ‚Europa' avanciert in Wolfskehls Briefen zu einer Kategorie des Denkens und des sprachlichen Ausdrucks, die ihre besondere Differenzqualität allen Umständen und Gegebenheiten ihres Erscheinens mitzugeben vermag.

Komplexer wird das Bild, wenn man Wolfskehls in Neuseeland entstandene lyrische Zyklen analysiert. Er selbst hat sie unter dem Titel *Die drei Welten und das Lebenslied* zusammengestellt. Dazu gehören die Konvolute „Mittelmeer oder Die Fünf Fenster", „INRI oder Die vier Tafeln", „Hiob oder Die Vier Spiegel" und „Das Lebenslied. An die Deutschen". „An die Deutschen" ist im ersten, „Das Lied" überschriebenen Teil ein emphatisches Bekenntnis zur deutschen Sprache und Literatur, das in der Zeile „Wo ich bin ist deutscher Geist"[27] gipfelt, seine zentrale Aussage aber zweifellos in den vorangestellten Mottos von Stefan George[28] und dem Treueschwur der letzten Zeile: „Bleib ich Flamme, Dir Trabant"[29] bündelt. Äußerst verknappt, in nur 14 Zeilen zusammen gedrängt, präsentiert das Gedicht auch die tausendjährige Familiengeschichte der Wolfskehls, deren Ahnen aus Lucca stammten und mit Karl dem Großen nach Mainz zogen. Wenn die letzten Zeilen dieser Strophe lauten: „Eilten, Guts und Bluts zu dienen / Jude, Christ und Wüstensohn",[30] dann wird mit aller Deutlichkeit unterstrichen, dass sich die deutsch-jüdische Identität der Familie im Schutz

---

26 Cecil Maurice Bowra: *The Heritage of Symbolism*. London 1943; Enid Duthie: *L'Influence du symbolisme français dans le renouveau poétique de l'Allemagne. Les „Blätter für die Kunst" de 1892–1919*. Paris 1933.
27 Wolfskehl: *Gesammelte Werke*, Bd. 1, S. 216
28 Wolfskehl: *Gesammelte Werke*, Bd. 1, S. 216. „Die weltzeit die wir kennen schuf der geist", „Kein stern und kein jahr / Vernichtet den geist / Allmächtig so wahr / Er noch wundert und preist".
29 Wolfskehl: *Gesammelte Werke*, Bd. 1, S. 218.
30 Wolfskehl: *Gesammelte Werke*, Bd. 1, S. 217.

einer supranationalen europäischen Reichsmacht entfalten konnte, für die Religionszugehörigkeit kein Ausschlusskriterium war. Der zweite, kürzere Teil des Gedichtes, „Der Abgesang", entfaltet das Szenario eines Aufbruchs, der nicht als ängstliche Flucht vor Hitlers Schergen dargestellt wird, sondern im Gegenteil metaphysischen, ur- und überzeitlichen Gesetzen zu gehorchen scheint. Zwei qualitativ unterschiedene, durch das Gedicht aber bewusst parallel gesetzte Imperative geben das Signal zum Aufbruch: Das schwer dröhnende „Wort" aus der „Gottesnacht", das an den von Gott geleiteten Auszug des Volkes Israel aus der ägyptischen Gefangenschaft erinnert, wird Georges Worten zur Seite gestellt. Denn dem George-Motto am Beginn („Nur aus dem fernsten kommt die erneuung") korrespondiert der imaginäre Aufruf des „Meisters" am Schluss: „Reckt die Hand und heischt der Meister: / Überdaure! Bleib am Steuer!"[31] Im Gegensatz zu Deutschland/„Teut" ist der „Deutsche Geist" nicht ortsgebunden; er weht, wo er will, und hat sich auf Geheiß der jüdischen Überlieferung und Stefan Georges über die Welt verstreut.

Wolfskehls deutsch-jüdische Familiengeschichte taucht ein weiteres Mal im „Fünften Fenster" des „Mittelmeer"-Zyklus auf. „Das Lebenslied" verbindet sich über die Ideen des „Deutschen" Geistes, der Gefolgschaft zu Stefan George und des deutschen Judentums mit den Zyklen „Mittelmeer", „INRI" und „Hiob". Bei all ihrer inhaltlichen und rhetorisch-stilistischen Differenz entfalten die vier Dichtungen gemeinsam die Vorstellung eines ‚mittelmeerischen' Kulturraums, dem Antike, Christentum und Judentum ein unverwechselbares Profil geschenkt haben: „jüdisch, römisch, deutsch zugleich".[32] In vier zusammengehörigen Zyklen prägt sich die europäische ‚Vielfalt in der Einheit', ‚Einheit in der Vielfalt' aus. Ihr Medium ist eine buchstäblich exilierte, bildungsgesättigte deutsche Sprache, die mit dem gesprochenen Deutsch der 1940er Jahre nichts gemein hat und aufgrund ihrer Antiquiertheit, ihrer zum Teil manieristischen Rhetorik und der geradezu gewaltsamen Verknappung der Aussagen kaum verständlich ist. Wolfskehls ins Exil getriebene deutsche Sprache, die nur noch schwach von ihrer Nationalität mehr zeugt, trägt demnach genau jenen Riss in sich, der für das vielsprachige, unruhige, zwischen Realität und Imagination schwankende ‚Europa' immer schon konstitutiv war.

Angenommen also, dass der von den Gedichten aufgespannte Vorstellungsraum, in dem sich religiöse, kulturelle und literarische Traditionen unentwegt

---

31 Weiter heißt es: „Selige See lacht, Land ergleisst! (Wo du bist, du Immertreuer, / Wo du bist, du Freier, Freister, / Du der wahrt und wagt und preist – / Wo du bist ist Deutscher Geist" (S. 219).
32 Wolfskehl: *Gesammelte Werke*, Bd. 1, S. 191.

auseinander entfalten und übereinander schichten, ‚Europa' konnotiert, so sind neben den skizzierten Themen die Konstruktionsprinzipien der Zyklen von Bedeutung. Auffallend ist zweierlei: die Architekturmetaphern und die Zahlensymbolik. „Fenster", „Spiegel", „Tafeln", „Meiler" und „Pfeiler", wie sie der „Vorspruch"[33] nennt, weisen auf die Anstrengung der Gedichte hin, einen poetischen Gedächtnisraum aufzubauen, der eine eigene Statik besitzt. Wie in einem imaginären „Haus", dessen Zimmer der Mnemotechniker abschreitet, liegen die Topoi des europäischen Geistes bereit: der „Feigenbaum", der „Felsdom",[34] der „Griechische[] Hügel",[35] der Meister Stefan George,[36] das „Linsengericht" und der „Erstgeburt Recht",[37] „Hiob" und „Sarah",[38] Christus, „Walther" von der Vogelweide.[39] Entsprechend konnotiert die Zahl „vier" ein Raumschema zur Ordnung der sichtbaren Welt (als Gottes Schöpfung): es gibt vier Himmelsrichtungen, vier Jahreszeiten, vier Elemente. „Vier Dulder" nennt der „Vorspruch" zu „Mittelmeer" – „Und ihr Vier, in Euch verglühende Meiler, / Mittmeer-Tempels Opferrauch und Pfeiler",[40] gemeint sind Prometheus, Herakles, Hiob und Jesus. „Die drei Welten und das Lebenslied" bilden zusammen ein Ensemble von vier Zyklen. Im selben „Vorspruch" wird allerdings ein „Fünfter", ein weiterer Gottesknecht und Dulder, angeführt: Dionysos, der „kommende Gott" Hölderlins und Nietzsches. Die Fünfzahl komplettiert die vier irdischen Ordnungsprinzipien um das Element des Geistes, die vier Himmelrichtungen um das Zentrum der Schöpfung. Seit Pythagoras kennt man das Pentagramm überdies als das Zeichen des Menschen. In der Fünfzahl, das macht Wolfskehls Komposition deutlich, muss man sich das getrennte Miteinander von vier und eins denken, kommen Statik und Dynamik, Welt und Geist zusammen. Das oder der Hinzukommende kann sowohl bereichern als auch stören, je nachdem, welches Ordnungsprinzip man zugrunde legt. Aus antik-christlicher Sicht ist es „Hiob", der stört, aus jüdisch-christlicher Sicht ist man unsicher, wie Herakles in das Bild passt. Aus wechselnden Perspektiven ist zu fragen, wie eine Struktur ‚Europa' ihren Ausdruck in immer wieder unterschiedlichen Erscheinungsformen finden kann, und man wird immer wieder andere Antworten erhalten. Wolfskehls epistolares und poetisches Europa baut sich auf der Formel „vier plus eins" auf, inkarniert ein mehr-

---

33 Wolfskehl: *Gesammelte Werke*, Bd. 1., S. 178.
34 Wolfskehl: *Gesammelte Werke*, Bd. 1., S. 180.
35 Wolfskehl: *Gesammelte Werke*, Bd. 1., S. 181.
36 Wolfskehl: *Gesammelte Werke*, Bd. 1., S.187, 195.
37 Wolfskehl: *Gesammelte Werke*, Bd. 1., S. 195.
38 Wolfskehl: *Gesammelte Werke*, Bd. 1., S. 205.
39 Wolfskehl: *Gesammelte Werke*, Bd. 1., S. 217.
40 Wolfskehl: *Gesammelte Werke*, Bd. 1., S. 178.

sinniges Strukturprinzip, das in der Tradition der europäischen Dichtung präfiguriert ist. Dante, der Meister dichterischer Zahlentechnik, habe nämlich, so die 35. Tafel des dritten „Mittelmeer"-„Fensters", bei dem Juden und Kabbalisten „Manoel Ebreo" gelernt:

> Zwei Dichter eint die Gottesschau: den Weisen
> Der Kabbalah, den Waller in drei Kreisen.
> Dante beugt sich zu Manoel Ebreo:
> Wir knien, Freund, in des Einen Empireo.[41]

## 4 Erich Auerbach

Wolfskehls Europa-Vision findet in Erich Auerbachs literaturwissenschaftlicher Studie *Mimesis. Dargestellte Wirklichkeit in der abendländischen Literatur*, die zwischen Mai 1942 und April 1945 in Istanbul entstand,[42] ein programmatisches Pendant, das von der unterschiedlichen Form der Werke eher verborgen als erschlossen wird. *Mimesis* ist für Auerbach subjektives Zeugnis für sein Überleben der Shoah und zugleich objektives Denkmal der durch den Nationalsozialismus in ihren Grundfesten erschütterten europäischen Kultur.[43] Wie Curtius lehnt Auerbach die Idee der Nationalliteratur grundsätzlich ab, denn seit dem Mittelalter, vorbildhaft verkörpert in Dante, steht die europäische Literatur in einem unauflöslichen Kommunikations-, Übersetzungs- und Transformationsverhältnis. *Mimesis* profiliert die europäische Literatur deshalb als eine Qualität sui generis, die genau in dem liegt, was alle Texte und Überlieferungsträger unsichtbar miteinander verbindet: ihr Traditionszusammenhang. Tradition, mit Friedrich Schlegel verstanden als Anschluss „ans Gebildete",[44] ist das Fundament von Europäizität und die Energiequelle für die implizite Widerstandskraft der europäischen Literatur gegen ihre Vereinnahmung durch nationalistische Ideologie. Dieser Einsicht zollt Auerbach Respekt, indem er in den einzelnen Kapiteln von *Mimesis* immer zwei oder drei Texte einer Epoche

---

41 Wolfskehl: *Gesammelte Werke*, Bd. 1, S. 186.
42 Das Kapitel XIV kam erst 1949 dazu. Ich zitiere aus der Ausgabe: Erich Auerbach: *Mimesis. Dargestellte Wirklichkeit in der abendländischen Literatur* [1946]. Tübingen, Basel 2001.
43 David Damrosh: „Auerbach in Exile". In: *Comparative Literature* 47 (1995) H. 2, S. 97–117, Zitat S. 89f.
44 Friedrich Schlegel: „Gespräch über die Poesie". In: *Kritische Friedrich Schlegel-Ausgabe*, Bd. 2. Hg. v. Ernst Behler unter Mitwirkung von Jean-Jacques Anstett und Hans Eichner. München, Paderborn, Wien 1967, S. 284–351, Zitat S. 290.

direkt ins Gespräch mit einander bringt, so, als wäre die Studie nur Schauplatz und Medium eines immer schon bestehenden, von keinem wissenschaftlichen (von ideologischen Prämissen infiltrierbaren) Diskurs gestifteten Dialogs. Versteht man die Europäizität der Literatur derart als einen historisch gewachsenen und programmatisch gewordenen Modus der Begegnung von Texten und Kunstwerken, von deren wechselseitiger Bezugnahme und Kommentierung, dann gewinnt man eine dynamische, prinzipiell zeit- und raumübergreifende Kategorie, die transnationale und transhistorische Zusammenhänge zugleich sichtbar macht, stiftet und deutet.

Wenn Nichols betont, dass Auerbach in *Mimesis* auf der Suche nach geschichtlichen Kräften war, die „sich dem Bösen entgegenstellen",[45] macht er darauf aufmerksam, dass dieser Modus der Begegnung nicht nur eine geschichtsrelevante, sondern auch eine ethische und politische Dimension der europäischen Literatur anzeigt. Was das Buchprojekt *Mimesis* an Widerstandskraft gegen die Bedingungen seiner Entstehung aufbieten kann, verdankt es einzig und allein der ethischen Qualität seines Gegenstandes. Bereits im berühmten ersten Kapitel „Die Narbe des Odysseus" wird deutlich, aus welch vielgestaltigem und reichem Reservoir an Formtraditionen sich die europäische Literatur speist und dadurch ein vielfach abgestuftes, sensibel zu handhabendes Instrumentarium der Darstellung gewinnt, um auf die komplexesten Situationen adäquat reagieren zu können.[46] Der Idee nach imprägnieren Formtraditionen Literatur gegen die „Schlagworte der Propaganda",[47] die ihrerseits nur durch „roheste Vereinfachung" zustande kommen. Wie für Wolfskehl hängen ästhetische und gesellschaftliche Form und Menschenwürde für Auerbach so untrennbar zusammen, dass sein philologisches Buchprojekt zugleich ein ethisches und politisches Credo ist – für Europa.

In der Wahrnehmung des von Hitler ins Exil getriebenen deutsch-jüdischen Romanisten Auerbach zeichnet es die europäische Kultur aus, dass sie von Anbeginn an jüdisches Denken in sich einschließt.[48] Dieser Überzeugung verleiht programmatisch das erste Kapitel von *Mimesis* Ausdruck, indem es einen

---

**45** Stephen G. Nichols: „Erich Auerbach. History, Literature and Jewish Philosophy". In: *Romanistisches Jahrbuch 58* (2007), S. 166–185, Zitat S. 181, Anm. 34.
**46** Auerbach: *Mimesis*, S. 22: etwa wenn man „an die Geschichte [denkt], welcher wir selbst beiwohnen; wer etwa das Verhalten der einzelnen Menschen und Menschengruppen beim Aufkommen des Nationalsozialismus in Deutschland oder das Verhalten der einzelnen Völker und Staaten vor und während des gegenwärtigen [1942, C.B.] Krieges erwägt".
**47** Auerbach: *Mimesis*, S. 22.
**48** Konkrete Bezüge zu Maimonides und anderen jüdischen Denkern bei Damrosh: „Auerbach in Exile".

Text der griechischen Antike (Homers Darstellung von Odysseus' Heimkehr nach Ithaka) mit einem alttestamentlichen Text (Abraham opfert Isaak) kombiniert. Im wörtlichen Sinn dienen beide Texte als Beispiele für die antike Realismuskonzeption auf der einen, für die biblische, figurative Wirklichkeitsdarstellung auf der anderen Seite; vor diesem Hintergrund verweist die Opferung Isaaks auf den Tod Christi und prägt mit diesem gemeinsam das Strukturmuster des für das europäische Denken grundlegenden typologischen Geschichtsverständnisses aus. Im übertragenen Sinn setzt die Opferszene einen unmissverständlichen zeithistorischen Akzent und ermöglicht den gedanklichen Bezug zum ‚Holocaust'.[49] Da sich solche Doppelungen häufig finden, vermutet Jeffrey Richards, dass sich diejenigen literarischen Werke, die Auerbach in *Mimesis* in spannungsreiche Konstellationen setzt, durch eine besondere Aufmerksamkeit des jeweiligen Verfassers für den zeitgenössischen Kontext und politischen Ort seines Schreibens auszeichnen.[50] Die Auswahl privilegiert keinesfalls die bekanntesten, später kanonisierten Texte einer Epoche, weil es der Studie zum einen nicht darauf ankommt, einen kontinuierlichen Geschichtszusammenhang zu konstruieren – hieße das doch, die kommentierende Stimme des Verfassers über die gegenseitige Spiegelung individueller, auf je unterschiedliche Weise geschichtsträchtiger Texte dominieren zu lassen und dem Kohärenzideal vor dem Fragmentcharakter von Material und Darstellung den Vorzug zu geben. Zum andern konzentriert sich Auerbach auf Texte, die ein „kämpfende[s] Verhältnis zur Wirklichkeit"[51] verraten und in genau dieser Qualität Bedeutung für die 1942 aktuelle Weltlage erhalten.[52] In den scharfsichtigen Blick eines jüdischen, dem Tod entronnenen Beobachters der Geschichte rückt die figurative Qualität historischer Begebenheiten letztlich immer in die Zielperspektive der Gegenwart. Für Auerbach ist die Idee der Figuralität, der zufolge ein irdischer Vorgang auf einen anderen deutet,[53] ihn ankündigt oder bestätigend wiederholt, zweifellos ein spätantikes, mittelalterlich-christliches Denkmodell, das sich in der europäischen Kulturgeschichte phasenweise als „siegreich"[54] erwiesen hat.

---

49 ‚Brandopfer' in der Übersetzung des griechischen Terminus'.
50 Richards: *Erich Auerbach*, S. 40.
51 Richards: *Erich Auerbach*, S. 40.
52 Wenn Auerbach im vierten Kapitel über die „Verfinsterung der Lebensatmosphäre" am „Ende des ersten Jahrhunderts der Kaiserzeit" (S. 56) spricht und Vergleiche zur Beschreibung eines Gladiatorenkampfes bei Augustinus zieht, dann wählt er Begriffe, denen man durchaus in Analysen der ideologisch überformten Lebenswirklichkeit unter dem Nationalsozialismus begegnen könnte.
53 Auerbach: *Mimesis*, S. 516.
54 Auerbach: *Mimesis*, S. 77.

Allerdings ist die *figura* in *Mimesis* nicht nur Gegenstand wissenschaftlicher Beobachtung und Objekt der Analyse, sondern zugleich untergründiges Strukturprinzip der Darstellung selbst. Im Licht der aktuellen Katastrophe stechen die Konturen früherer Kämpfe greller hervor, das durch sie Erlittene wird schmerzhafter erfahrbar, und umgekehrt schenken die literarischen Darstellungen aus der Vergangenheit dem Opfer neuzeitlicher Schreckensherrschaft Trost, Mut und Hoffnung. „Aber es wird gekämpft", heißt es, „der Feind wird erkannt, und die Gegenkräfte der Seele werden mobilisiert ihm zu begegnen."[55]

Aufschlussreich sind Auerbachs Erkenntnisse im Hinblick auf die von ihm ausgewählten Texte, aber vor allem hinsichtlich der Tatsache, dass es eine im Akt des Lesens hervorgehobene Zweiheit von Stilen und eine Doppelstruktur des Denkens ist, die in der „abendländischen Literatur" zu finden ist. ‚Europa' in diesem emphatischen Sinne konnotiert ein dynamisches, verweisungsintensives, in jahrhundertealter Überlieferung kontrovers diskutiertes Verhältnis zur Wirklichkeit. Dies ist vor allem ein deutendes, Wirklichkeit veränderndes. Ähnlich wie in Wolfskehls Exilwerk entsteht ‚Europa' in Auerbachs *Mimesis*-Studie als Effekt und zugleich Generator eines Erkenntnismodells, als eine Anweisung zur Interpretation von Literatur, Geschichte und kultureller Praxis. Wenn ‚Wirklichkeit' das Ergebnis deutender Veränderung sein kann, dann ist die Idee von ‚Europa' auch kein der Analyse vorausgesetztes Objekt, sondern ein im Prozess des Nachdenkens und der Traditionsarbeit entstehender Kommunikationsmodus. Durch Auerbachs Schrift wird deutlich, dass dieser für den Exilanten absent und präsent zugleich ist. In ähnlicher Absicht spricht David Damrosh vom „heterocosm" der *Mimesis*-Studie: „an old world made new", „our own world lost and found".[56] Europäizität erscheint auf diese Weise, ähnlich der Bundeslade der Israeliten, wie ein transportables Heiligtum in Zeiten diasporischer Wanderung. Der ursprüngliche Tempelbau ist zerstört, seine Konstruktionspläne aber können in vielen möglichen Gestalten aufscheinen, erinnert und weitergegeben werden. Man mag Wolfskehls Gedichte mit ihrer Zahlenmystik und ihren Architekturmetaphern als eine solche Form der Weitergabe verstehen, ebenso wie Erich Auerbachs *Mimesis*-Studie, in deren Zentrum ein Erkenntnismodell steht, das den einen Vorgang als (Voraus-)Deutung des anderen sieht.

---

55 Auerbach: *Mimesis*, S. 70.
56 Damrosh: „Auerbach in Exile", S. 99.

## 5 Ernst Robert Curtius

Ist Ernst Robert Curtius' 1939 begonnene und 1948 veröffentlichte Studie *Europäische Literatur und lateinisches Mittelalter"* auch ein „heterocosm" der beschriebenen Art? Auf welche Weise ist die ‚Europa'-Schrift des ‚inneren Emigranten' Curtius den Werken von Wolfskehl und Auerbach verwandt? Sein Buch, schreibt Curtius im Vorwort zur zweiten Auflage (1953), sei „nicht aus rein wissenschaftlichen Zwecken erwachsen, sondern aus Sorge um die Bewahrung der westlichen Kultur."[57] Das auf den ersten Blick streng philologisch wirkende Opus ist zwar nicht das persönliche Dokument eines Holocaust-Überlebenden wie *Mimesis* und „An die Deutschen", doch enthält es als gegen den Nationalsozialismus gerichtetes Bekenntnis zu „Europa" ebenso wie diese ein politisches und ethisches Credo. Gerade im Licht der zweiten Auflage wird sichtbar, dass Curtius mit *Europäische Literatur und lateinisches Mittelalter,* wenn auch philologisch getarnt, seine europapolitischen Schriften der 1920er Jahre weiterführt und der Vision eines rettenden neuen Humanismus', wie ihn *Deutscher Geist in Gefahr* von 1932 ausführt, eine neue Gestalt verleiht: Die zweite Auflage von *Europäische Literatur und lateinisches Mittelalter* erschien ein Jahr nach den gescheiterten Verträgen zur Schaffung eines gemeinsamen europäischen Marktes. In den 1950er Jahren drohte der ‚Europa'-Idee eine extrem einseitige Verwirklichung auf wirtschaftlichem Terrain. War der „innere Zusammenhang" Europas zur Zeit des radikalen Nationalismus der 1930er Jahre und des Weltkriegs verleugnet und mit politischen Mitteln zerstört worden, so zogen nun durch krude Merkantilisierung und Bürokratisierung neue Gefahren für seine Revitalisierung herauf. Bereits in seinen früheren Publikationen im Umkreis von *Die Wegbereiter des neuen Frankreich* hatte Curtius der Literatur die zentrale Aufgabe zugewiesen, politisch motivierte, durch Nationalismus und Krieg verfestigte Vorurteile zwischen den europäischen Nationen aufzubrechen, mithin deutlich gemacht, dass Literatur insofern ein unentbehrlicher gesellschaftlicher Faktor ist, als sie politische Mängel und Fehler ausgleicht. Auch 1953 musste in diesem Sinne an die Formkräfte der europäischen Literatur erinnert werden, das war dem ‚inneren' Emigranten Curtius, der den Wiederaufbau Deutschlands vor Ort beobachten, begleiten und fördern konnte, gewiss deutlicher als den jüdischen Exilanten Auerbach und Wolfskehl, die nicht nach Deutschland zurückkehrten. Während Wolfskehls Gedichte nach dem Krieg nur in kleinen Auflagen zugänglich waren und wenig – schon gar nicht zugunsten eines neuen Nachdenkens über Europa – rezipiert wurden, avancierten Curtius' und Auerbachs Stu-

---

[57] Curtius: *Europäische Literatur,* S. 9.

dien zu Standardwerken, die durch die methodologische Neuorientierung der Philologien seit den 1960er Jahren zwar zu Wissenschafts-‚Klassikern' herabgestuft wurden, gerade dadurch aber eine kulturpolitische Funktion erhielten.

Anders als für Wolfskehl und Auerbach erschließt sich für Curtius die ethische Qualität der ‚Europa'-Vision nicht dadurch, dass diese Tradition immer schon jüdische Elemente in sich aufgenommen und mit antiken und christlichen zu spezifisch ‚europäischen' Konstellationen vereinigt hat. Allen drei Werken ist indes gemeinsam, dass sie die künstlerisch-literarische Form selber als entschieden ethische Kraft, als unabdingbares Ferment gesellschaftlichen Gestaltungs- und Bewahrungswillens ansehen. Das historische Interesse gilt ästhetischen Formstrategien und besonders formbewussten Werken, die zum Gegenstand von Wolfskehls Dichtung und der Untersuchungen von Auerbach und Curtius werden. Aber auch das eigene Schreiben gehorcht strengen Formvorgaben. Wolfskehls lyrische Zyklen der Exilzeit reichern ihr Bedeutungspotential durch den expliziten Rekurs auf die (zahlenmystisch fundierte) Architektur von Dantes Dichtung an; wie die Erzählerfigur der *Divina Commedia* sich durch Vergil auf dem Abstieg in die Unterwelt begleiten lässt, so vertraut das lyrische Ich der Wolfskehlschen Verse auf Stefan Georges Führung durch die Anfechtungen des Exils. Auerbach analysiert den figuralen Darstellungsmodus europäischer Literatur und nutzt die Strukturkraft figuralen Denkens, die eben auch für Dantes ‚Realismus' prägend ist, um die subkutane Aktualität des eigenen Werkes anzudeuten. Curtius schließlich hebt (ähnlich wie der Kunsthistoriker Aby Warburg die Pathosformel) den literarischen Topos als Traditionsträger und grundlegendes Strukturelement europäischer Kulturtradition hervor; *Europäische Literatur und lateinisches Mittelalter* liest sich denn auch wie ein Katalog solcher Topoi. Man kann nachvollziehen, warum Hans-Ulrich Gumbrecht Curtius deshalb einen fragwürdigen Verzicht auf historisches Denken vorgeworfen hat, können Topoi wie das „Buch", die „Naturanrufung", „Knabe und Greis", „Unsagbarkeit" u.a. doch tatsächlich wie zeitlose Essenzen europäischen Denkens wirken, zumal Curtius, so Gumbrecht, Zusammenhänge nicht „erzählend" vergegenwärtige.[58] ‚Erzählen' tun Auerbach und Wolfskehl indes auch nicht, im Gegenteil: Beide heben, im unterschiedlichen Medium der Lyrik und der Literaturstudie, gerade die Fragmentarität und Diskontinuität der europäischen Kulturtradition hervor, zu deren Besonderheiten ihr phasenweises Verschwinden und Unkenntlichwerden gehört. Wenn Auerbach literarische Werke in Dialog miteinander treten lässt, favorisiert er den Modus eines

---

[58] Hans Ulrich Gumbrecht: „‚Zeitlosigkeit, die durchscheint in der Zeit'". In: *Ernst Robert Curtius. Werk, Wirkung, Zukunftsperspektiven.* Hg. v. Berschin, S. 227–241, Zitat S. 228.

gleichsam dramatischen Zeigens vor dem der kommentierenden, Verbindungen und Kontinuität herstellenden Erzählung, und die Architektur von Wolfskehls lyrischen Zyklen ist ebenfalls durch das Prinzip des Nebeneinanders geprägt. Tatsächlich sind sowohl Wolfskehl als auch Curtius durch Stefan Georges Ablehnung des Historismus beeinflusst, hinzu kommt die Überzeugung von Fiktion und Kunst als einem transhistorischen Existenzial der Menschheitsgeschichte – Curtius verweist vor diesem Hintergrund explizit auf Henri Bergsons Philosophie.[59] Wer die künstlerische Form als Sediment sozialer und geistiger Praxis wie als Medium und Garant von Tradition begreift, leistet einer alternativen Vorstellung von kulturellen Zusammenhängen Vorschub, als sie das geschichtliche Denken mit der Betonung von Entwicklungs- und Veränderungsprozessen bereit stellt. Möglicherweise sind für das europäische Denken (und das Denken ‚Europas') das Modell einer räumlichen Schichtung von Formen und Narrativen und die Strategie einer situativen Vergegenwärtigung vergangener Phänomene, wie sie zum Beispiel das mnemotechnische Abschreiten von *loci*, *topoi* und anderen Gedächtniswörtern ermöglicht, ebenso charakteristisch wie der Historismus. Möglicherweise sind deshalb Emigranten, die – wie André Aciman formuliert – immer einen Ort hinter einem anderen sehen,[60] den ‚archäologischen', figurativen Blick favorisieren, engagierte Verfechter des „heterocosm" Europa.

Dabei kommt dem Topos eine besondere Bedeutung zu. Das ‚Europa', das Curtius im ‚inneren Exil' der Jahre nach 1933 konstruiert, entsteht vor dem Auge des Lesers aus der Vogelperspektive des Rückblicks auf einen „Zeitraum von 26 Jahrhunderten"[61] und dank des Gestaltungswillens eines Literaturwissenschaftlers, der „im Fluge weite Zeiträume" durchmisst und für den „freier Wechsel zwischen historischen Zeiten und Räumen" notwendig ist.[62] Losgelöst vom Denkmodell kleinschrittiger Chronologie, befreit zu souveränem Wechsel zwischen Vor- und Rückblick, erkennt Curtius die lateinische Literatur des Mittelalters als Bindeglied zwischen der untergehenden Antike und der sich herausbildenden abendländischen Welt.[63] Um die derart diagnostizierten Konstruktionsprinzipien der „Sinneinheit" Europa[64] nachzuzeichnen, im systematischen Interesse also, markiert Curtius den Standpunkt der Latinität als einen „universalen": Das lateinische Mittelalter ist für ihn *der* philologisch identifizierbare Transforma-

---

59 Curtius: *Europäische Literatur*, S. 18.
60 Ette: *ZwischenWeltenSchreiben*, S. 15.
61 Curtius: *Europäische Literatur*, S. 22.
62 Curtius: *Europäische Literatur*, S. 37.
63 Curtius: *Europäische Literatur*, S. 22.
64 Curtius: *Europäische Literatur*, S. 26.

tor der antiken in die moderne abendländische Kultur, es hat paradigmatischen Status. Die lateinische Sprache lebt in so vielen europäischen Sprachen weiter, dass mit der Konzentration auf ihre kulturprägende Kraft von vornherein transnationales und sprachenübergreifendes Traditionsgeschehen in den Blick rückt. „Durch die Romania und ihre Ausstrahlungen", schreibt der Romanist Curtius, „hat das Abendland die lateinische Schulung empfangen."[65] Die Vielfalt und Heterogenität der europäischen Kultur ist nicht ohne Traditionsprozesse zu sehen, die sich – aus stets neuen Perspektiven und auf der Basis je unterschiedlicher Nationalsprachen – als retrospektive Aneignungsprozesse mit besonderer Angewiesenheit auf Vermittlerinstanzen (wie das Latein) darstellen. Das Archiv der europäischen Kultur, in das Curtius anhand des *Topos*-Begriffs spezifische Einblicke gibt, reichert sich nicht sukzessive und kontinuierlich an, indem es Gegenstand auf Gegenstand und Bedeutung auf Bedeutung häuft. Es ist ein diskontinuierlicher Interpretationszusammenhang, der zu den Bedingungen jeweiliger Gegenwarten stattfindet und das zu Tradierende neu erschließt. Die Topoi kann man in diesem Zusammenhang der Form nach als Modelle und Musterbildungen solcher Traditionsarbeit betrachten, ihrem Inhalt nach als Indikatoren eines „kollektiven Unbewussten."[66] Wie für Auerbach ist ,Europa' für Curtius der an den Phänomenen selbst nicht sichtbare Traditionszusammenhang, ein kulturelles Archiv, das seine eigenen Konstruktionsprinzipien (zu denen die *figurae* und die *topoi* gehören) selbst erfindet. „Die literarische Tradition", schreibt Curtius, „ist das Medium, in dem der europäische Geist sich seiner selbst über Jahrtausende hinweg versichert."[67] In ihr materialisiert sich das Geistige in immer wieder neuen Gestalten: Beispielhaft ist das an den Topoi selbst zu beobachten, die ursprünglich aus der Rhetorik stammten und später in die Literatur eingingen, im Medium der Literatur also die verschwundene Kunst der Rhetorik absent-präsent halten. Nicht nur, weil der Traditionsprozess an fragile materielle Datenträger gebunden ist, ist er hochgradig gefährdet, auch die Kulturentwicklung als solche kann dazu führen, dass geistige Inhalte vergessen werden. Kurzum: Wenn Curtius ,Europa' wie Auerbach und Wolfskehl als kulturellen Traditionszusammenhang versteht, dann ignoriert er die dieser Konfiguration eigenen Kräfte der Differenz und der Diskontinuität trotz seiner in den Vordergrund gerückten Konzentration auf Beständiges keineswegs. Europa ist Kultur als „initiative Erinnerung", ein „House Beautiful" (Walter Pater),das „nie fertig

---

[65] Curtius: *Europäische Literatur*, S. 45.
[66] Curtius: *Europäische Literatur*, S. 115.
[67] Curtius: *Europäische Literatur*, S. 398.

und abgeschlossen" ist.[68] *Europäische Literatur und lateinisches Mittelalter* stellt Topoi bereit, Gemeinplätze und Merkörter, die der Leser im Prozess der Lektüre abschreiben kann, um auf diese Weise aktiv an der Tradierung europäischer Kultur mitzuwirken.

Heute, im Angesicht der Währungskrise, ist die Bereitschaft, das ‚reale', ökonomisch und verwaltungspolitisch gestaltete Europa der *Europäischen Union* von der Idee ‚Europa' zu trennen, allerorten anzutreffen. „Europa", formulieren die Soziologen Ulrich Beck und Hermann Grande pointiert, „ist heute in Europa [EU, C.B.] die letzte politisch wirkungsvolle Utopie."[69] Bernhard Giesen führt diese Differenz auf die zweipolige Matrix kollektiver Identität zurück: sie entstehe „[a]us den gegensätzlichen Ordnungen der Intellektuellen und der Politiker, der jenseitigen transzendenten Ordnung einerseits und der diesseitigen, weltlichen Ordnung andererseits."[70] Die Emigranten Wolfskehl, Auerbach und Curtius haben zweifellos das transzendente Ordnungsmodell ‚Europa' retten wollen und daher mit Nachdruck die geistigen Kräfte hervorgehoben, die in jeder Epoche und historischen Situation nötig sind, um die Dynamik des Traditionsgeschehens in Gang zu setzen. Die Bücher, die sie geschrieben haben, sind nicht nur hochgradig konstruktiv, sondern zudem bestechend selbstreflexiv im Hinblick auf diese Konstruktionsprinzipien und deren Gründe in der jeweiligen Lebensrealität. So sind Arsenale von Mnemotechniken entstanden, die sich der doppelt ungesicherten Referenz auf „heterocosms" verdanken und auf diese Weise sowohl der Exilsituation wie auch dem Status von ‚Europa' prägnant Ausdruck verleihen.

## Bibliographie

Auerbach, Erich: *Zur Technik der Frührenaissancenovelle in Italien und Frankreich*. Hg. v. Fritz Schalk. Heidelberg ²1971.
Auerbach, Erich: *Mimesis. Dargestellte Wirklichkeit in der abendländischen Literatur* [1946]. Tübingen, Basel ¹⁰2001.
Beck, Ulrich u. Edgar Grande: *Das kosmopolitische Europa. Gesellschaft und Politik in der Zweiten Moderne*. Frankfurt/M. 2004.

---

68 Curtius: *Europäische Literatur*, S. 400.
69 Ulrich Beck u. Edgar Grande: *Das kosmopolitische Europa. Gesellschaft und Politik in der Zweiten Moderne*. Frankfurt/M. 2004, S. 11.
70 Bernhard Giesen: „Europa als Konstruktion der Intellektuellen". In: *Kultur – Identität – Europa. Über die Schwierigkeiten und Möglichkeiten einer Konstruktion*. Hg. v. Reinhold Viehoff und Rien T. Segers. Frankfurt/M. 1999, S. 130–146, Zitat S.131.

Berschin, Walter (Hg.): *Ernst Robert Curtius. Werk, Wirkung, Zukunftsperspektiven*. Heidelberg 1986.
Bodenheimer, Alfred u. Barbara Breysach (Hg.): *Abschied von Europa. Jüdisches Schreiben zwischen 1930 und 1950*. München 2010.
Bowra, Cecil Maurice: *The Heritage of Symbolism*. London 1943.
Braese, Stefan: „Exil und Postkolonialismus". In: *Exilforschung. Ein internationales Jahrbuch* 27 (2009): *Exil, Entwurzelung, Hybridität*, S. 1–19.
Busch, Walter u. Gerhart Pickerodt (Hg.): *Wahrnehmen, Lesen, Deuten. Erich Auerbachs Lektüre der Moderne*. Frankfurt/M. 1998.
Curtius, Ernst Robert: „Stefan George im Gespräch" [1950]. In: Ders.: *Kritische Essays zur europäischen Literatur*. Bern 1957, S. 138–157.
Curtius, Ernst Robert: *Europäische Literatur und Lateinisches Mittelalter* [1948]. Bern, München $^{10}$1984.
Damrosh, David: „Auerbach in Exile". In: *Comparative Literature* 47 (1995) H. 2, S. 97–117.
Duthie, Enid: *L'Influence du symbolisme français dans le renouveau poétique de l'Allemagne. Les „Blätter für die Kunst" de 1892–1919*. Paris 1933.
Ette, Ottmar: *ZwischenWeltenSchreiben. Literaturen ohne festen Wohnsitz*. Berlin 2005.
Flusser, Vilém: *Von der Freiheit des Migranten. Einsprüche gegen den Nationalismus*. Berlin 1994.
Giesen, Bernhard: „Europa als Konstruktion der Intellektuellen". In: *Kultur – Identität – Europa. Über die Schwierigkeiten und Möglichkeiten einer Konstruktion*. Hg. v. Reinhold Viehoff u. Rien T. Segers. Frankfurt/M. 1999, S. 130–146.
Giordano, Ralph: *Wenn Hitler den Krieg gewonnen hätte. Die Pläne der Nazis nach dem Endsieg*. Köln 2000.
Gumbrecht, Hans Ulrich: „‚Zeitlosigkeit, die durchscheint in der Zeit'". In: *Ernst Robert Curtius. Werk, Wirkung, Zukunftsperspektiven*. Hg. v. Walter Berschin. Heidelberg 1986, S. 227–241.
Gundolf, Friedrich: *Briefwechsel mit Herbert Steiner und Ernst Robert Curtius*. Hg. v. Lothar Helbig. Amsterdam 1950.
Konuk, Kader: „Jewish-German Philologists in Turkish Exile: Leo Spitzer and Erich Auerbach". In: *Exile and Otherness. New Approaches to the Experience of the Nazi Refugees*. Hg. v. Alexander Stephan. Bern 2005, S. 31–49.
Mann, Heinrich: *Ein Zeitalter wird besichtigt. Erinnerungen*. Frankfurt/M. 1988.
Mattenklott, Gert: „Erich Auerbach in deutsch-jüdischen Verhältnissen". In: *Wahrnehmen, Lesen, Deuten. Erich Auerbachs Lektüre der Moderne*. Hg. v. Walter Busch u. Gerhart Pickerodt. Frankfurt/M., S. 15–30.
Mufti, Aamir R.: „Auerbach in Istanbul: Edward Said, Secular Criticism, and the Question of Minority Culture". In: *Critical Inquiery* 25 (1998), S. 95–125.
Nichols, Stephen G.: „Erich Auerbach. History, Literature and Jewish Philosophy". In: *Romanistisches Jahrbuch* 58 (2007), S. 166–185.
Richards, Earl Jeffrey: „Erich Auerbach und Ernst Robert Curtius: der unterbrochene oder der verpaßte Dialog?" In: *Wahrnehmen, Lesen, Deuten. Erich Auerbachs Lektüre der Moderne*. Hg. v. Walter Busch u. Gerhart Pickerodt. Frankfurt/M. 1998, S. 30–62.
Richards, Earl Jeffrey: „Curtius' Vermächtnis an die Literaturwissenschaft". In: *Ernst Robert Curtius. Werk, Wirkung, Zukunftsperspektiven*. Hg. v. Walter Berschin. Heidelberg 1986, S. 249–261.

Riedel, Manfred: *Das geheime Deutschland. Stefan George und die Brüder Stauffenberg.* Köln u.a. 2006.
Steiner, George: *Sprache und Schweigen.* Frankfurt/M. 1973.
Todd, Jeffrey D.: „Die Stimme, die nie verklingt. Ernst Robert Curtius' abgebrochenes und fortwährendes Verhältnis zum George-Kreis". In: *Wissenschaftler im George-Kreis. Die Welt des Dichters und der Beruf der Wissenschaft.* Hg. v. Bernhard Böschenstein. Berlin 2005, S. 195–207.
Widmann, Horst: *Exil und Bildungshilfe. Die deutschsprachige akademische Emigration in die Türkei nach 1933.* Frankfurt/M. 1973.
Wolfskehl, Karl: *Gesammelte Werke,* Bd. 1. Hg. v. Margot Ruben, Claus Victor Bock. Hamburg 1960.
Wolfskehl, Karl: „Brief an Kurt Frener vom 13. September 1946". In: *„Du bist allein, entrückt, gemieden...". Karl Wolfskehls Briefwechsel aus Neuseeland 1938–1948,* Bd. 2. Hg. v. Cornelia Blasberg. Darmstadt 1988, S. 906–911.
Wolfskehl, Karl: *„Jüdisch, römisch, deutsch zugleich...". Briefwechsel aus Italien 1933–1938.* Hg. v. Cornelia Blasberg. Hamburg 1993.
Zweig, Stefan: *Tagebücher.* Hg. v. Knut Beck. Frankfurt/M. 1984.

Alfrun Kliems
# Transterritorial – Translingual – Translokal
Das ostmitteleuropäische Literaturexil zwischen nationaler Behauptung und transkultureller Poetik[1]

Zum Ausgangspunkt meiner Überlegungen möchte ich den Band *Grundbegriffe und Autoren ostmitteleuropäischer Exilliteraturen 1945–1989* (2004) wählen und namentlich mögliche terminologische und theoretische Weiterentwicklungen unserer fast zehn Jahre zurückliegenden Forschung ansprechen.[2] In einem zweiten Schritt spiegele ich den Band mit der unlängst erschienenen Studie *The Exile and Return of Writers from East-Central Europe* (2009).[3] Dabei nehme ich an, dass verallgemeinerbare Fragen und Thesenbildungen zum literarischen Exil hier von größerem Interesse sind als einzelne Spezifika des ostmitteleuropäischen Exils für sich – so es sie denn gibt. Entsprechend werde ich die Befunde zur Region weitgehend illustrativ nutzen, um der Figur „literarisches Exil" und ihren Problemen allgemein nachzugehen, wohl wissend, dass „allgemein" hier immer noch heißt: innereuropäisch, mehr oder weniger. Drittens und abschließend möchte ich zur Veranschaulichung den Analysebegriff der „transkulturellen Poetik" auf ein konkretes Beispiel anwenden, das inter-exilische Zusammenspiel zwischen den Tschechen Ivan Blatný und Jiří Gruša.

---

[1] Die weitgehend in der Vortragsform belassenen Überlegungen gehen auf folgende Vorarbeiten zurück: Alfrun Kliems: „Transkulturalität des Exils und Translation im Exil. Versuch einer Zusammenbindung". In: *Exilforschung 25 (2007): Übersetzung als transkultureller Prozess*, S. 30–49; Alfrun Kliems: „Literatur zwischen national verstandenem Exil und transkulturell begriffener Migration. Probleme der Kanon-Konzeptualisierung". In: *Deutsche Beiträge zum 14. Internationalen Slavistenkongress Ohrid 2008*. Hg. v. Sebastian Kempgen u.a. München 2008, S. 475–488.
[2] Eva Behring, Alfrun Kliems u. Hans-Christian Trepte (Hg.): *Grundbegriffe und Autoren ostmitteleuropäischer Exilliteraturen 1945–1989. Versuch einer Systematisierung und Typologisierung*. Stuttgart 2004. – Neben den Herausgebern haben an dem Band Ludwig Richter, Mónika Dószai und Juliane Brandt mitgeschrieben.
[3] John Neubauer u. Borbála Zsuzsanna Török (Hg.): *The Exile and Return of Writers from East-Central Europe. A Compendium*. Berlin, New York 2009.

## 1 Begriffliche Situierung

Den Kern meiner Überlegungen bezeichnet das im Vortragstitel variierte Präfix „trans", wie es aktuell die Migrationsforschung, wenn nicht große Teile der Kulturwissenschaften überhaupt inspiriert. Ich halte es für mehr als sinnvoll, ja zwingend, unser Nachdenken über Literaturen des Exils in diesem Kontext neu zu justieren. Deshalb einige Worte vorab zum Verhältnis von Exil zu Migration.

Zunächst: Auf den ersten Blick schluckt die Migration begriffslogisch das Exil – setzt Exil Migration voraus. Bereits auf den zweiten indes zerfällt diese Mengenlehre. Nimmt man einerseits die einschlägige Figur eines ‚inneren Exils' als Auswanderung ins Private ernst und unterstellt man andererseits, dass ‚Migration' eine physische Bewegung über Grenzen meint – territorial-staatliche, kulturregionale, die von Stadt und Land, kontinentale – dann stellt ‚Migration' auf einen (kultur-)geographischen Sachverhalt ab, ‚Exil' auf eine grundsätzlich ortsindifferente *politische Performance*.

Gewiss, empirisch haben beide eine offensichtliche Schnittmenge – als Erfahrung – und möglicherweise als Poetik. Allein, ein ‚Untergruppen'-Verhältnis besteht nicht. ‚Exil' und ‚Migration' sind kategorial verschieden veranlagt. Oder – *narratologisch* gefasst: Zum Exilanten wird ein Erzähler gemacht – beziehungsweise macht er sich selbst, mittels der Behauptung eines Zwangs, einer politischen Not. Zumindest idealtypisch ist das Exil stets eine Opfererzählung. Es negiert – mit Hilde Domin – einerseits die „Fiktion einer Mindestfreiwilligkeit"[4]. Andererseits durchzieht das Motiv einer Notlage die historische wie literarische Verarbeitung von Migrationen aller Zeiten und Milieus: Auch die große Mehrzahl der Wirtschaftsmigranten erzählt sich als Opfer.

‚Exil' meint in seinem Kern eine *politische* Exklusionserfahrung, was in unserem Fall, dem des Literaten, bedeutet: eine Exklusion aus dem Bereich der politisch akzeptablen Rede. Das spricht Migrationsliteratur weder die politische Komponente noch die Opfer-Rhetorik ab, fasst sie indes primär als Alteritätserzählung auf.

Mit dieser idealtypisch-terminologischen Unterscheidung im Hinterkopf lassen sich faktische – empirische – Gemeinsamkeiten in Betracht ziehen: Werke aus den Zuschreibungsklassen Exil- und Migrationsliteratur kennen die starke Behauptung einer Interferenz von Heimat- und Fremdkultur, den Topos des Heimatverlustes, das Thema biographisch wirksam gewordener Brüche im kulturellen Referenzsystem, darunter das Problem des Sprachwechsels beziehungs-

---

[4] Hilde Domin: „,... und doch sein wie ein Baum. Die Paradoxien des Exils". In: Dies.: *Gesammelte Essays. Heimat in der Sprache*. München 1992, S. 202–218, Zitat S. 211.

weise seiner Verweigerung. Nicht zuletzt stellen sie die Wissenschaft, zumindest die klassifikatorisch operierende, vor die Schwierigkeit, Werke Nationalliteraturen zuzuschlagen, in deren Sprache oder unter deren Bedingungen sie eben *nicht* geschrieben wurden.

Zu fragen wäre indes auch, ob nicht bestimmte *claims* der Exilanten, namentlich auf Opferstatus, kulturelle Repräsentativität und politisches Advokatentum, in der Migrationsliteratur fortgeschrieben, von ihren Verfassern gezielt eingesetzt werden. Diese Frage scheint Joseph Strelka umgetrieben zu haben, als er vor einigen Jahren den Terminus „Pseudoexil" einführte. Strelka kritisierte die „Idealisierung des Begriffs Exilliteratur", mit dem seit „Jahrzehnten Missbrauch und Schindluder getrieben" werde. Ihn beunruhigte die Verwässerung der politischen Verbannung, das leichthändige Label ‚Exil' als Verkaufsmoment, weshalb er sich das „echte", das „wahre", das „authentische" Exil zurück wünschte. Eines, wo allein der politische Leidensdruck eine Rolle spielt, nicht die persönliche Motivation des Sich-Bewegenden – denn eben das ist für ihn das (poetische) Exil.[5]

Strelkas Ärger bezieht sich offensichtlich auf ein Phänomen, das nicht nur der deutsche Aufmerksamkeitsmarkt kennt. Schauen wir uns die deutschsprachige Prosa von Migranten für den deutschsprachigen Leser an. Ihre Helden kommen meist aus der Fremde nach Deutschland und nehmen in ihren Werken die vermeintliche Kultur, die Sprache, die Traditionen, Werte und Normen dieses Landes unter ihre Lupen. Und unter den Lupen sitzen diejenigen ohne „biographischen Standortvorteil" und ohne „romantisch-exotischen" Lebenslauf, wie es Hans-Peter Kunisch vor einigen Jahren zuspitzte. Diese lesen dann wiederum mit Begeisterung über sich durch die (national gefärbte) Brille der Exotik.[6]

Strelka nun wirft den Schöpfern dieser Literatur, den *not-quite exiles* vor, sich für den Buchmarkt den Umstand zunutze zu machen, dass viele große Namen der Weltliteratur auf ein Exil zurückgingen. Man denke nur an die antipodischen Prototypen Ovid und Dante, an Heinrich und Thomas Mann. Was in dieser Aussage mitzuschwingen scheint, ist eine Kritik an der Sakralisierung identitärer Mehrdeutigkeit in postmodernen Denkkonzepten, am Kokettieren mit dem Dazwischen, an der Überhöhung dessen kreativen Potenzials – im

---

5 Joseph P. Strelka: „Exil und Pseudoexil: ein modisches Phänomen". In: *Exil, Gegenexil und Pseudoexil in der Literatur.* Tübingen, Basel 2003, S. 157–168.
6 Hans-Peter Kunisch: „Eine Ankunftsliteratur anderer Art. Der selbstbewusste Auftritt der neuen Ausländer in der deutschsprachigen Gegenwartsliteratur". In: *Süddeutsche Zeitung* v. 22.03.2000, LITERATUR, S. 1.

Grunde an den Ausdeklinationen von Transkulturalität.[7] Dazu zähle ich den Nomadismus, die kontinuierte Verflechtung oder Interferenz, das Überlappen, die Hybridität, den Dritten Raum, das Prinzip vom *doing culture*, Kreolisierung und *ethnoscapes* – als Erfahrung wie poetische Aussage. Eben an solchen ästhetischen Merkmalen zeigt sich, wie oben erwähnt, aber eine Kontinuität von ‚Exilant' und ‚Migrant', die sich aus der gemeinsamen Behauptung von Deplatzierung und Dekontextualisierung ergibt.

## 2 Einblicke in das ostmitteleuropäische Literaturexil

Diese begrifflichen Nuancen klärend vorweggeschickt, komme ich auf den eingangs erwähnten Leipziger Band *Grundbegriffe und Autoren ostmitteleuropäischer Exilliteraturen 1945–1989* von 2004 zurück. Wir haben damals polnische, tschechische, slowakische, ungarische und rumänische Exilschriftsteller und ihre Arbeiten betrachtet, Strömungen, Institutionen und Wanderungswellen, um sie in einer vergleichenden Zusammenschau vorzustellen und einzuordnen. Unser Anliegen war der Versuch, ein Resümee zu ziehen, das nicht nur einzelne Nationalliteraturen, sondern die Literatur einer Region integriert – wenn man denn von der Existenz einer ostmitteleuropäischen Literatur ausgehen möchte. Für den betrachteten Zeitraum lässt sie sich insofern relativ plausibel postulieren, als die politischen Rahmenbedingungen – mithin der für die Figur ‚Exil' entscheidende Parameter – sich ähnelten und von den Protagonisten als bei aller Differenz vergleichbar wahrgenommen wurden.

Entsprechend haben wir nach übernationalen Strukturen der literarischen Exilverarbeitung gesucht – angefangen bei terminologischen Debatten, über Muster in den politischen Bedingungen und korrespondierenden Selbstentwürfen der Schriftsteller, ihre Exilauslegung im Werk, über das existenzielle Phänomen des Sprachwechsels beziehungsweise seiner Verweigerung bis hin zu Problemen der Remigration, der mehrfachen Integration und Anverwandlung.

Ausgehend von Einzelphänomenen und strukturellen Grundsituationen haben wir uns um eine Art analytisches Mosaik bemüht. Auf eine scheinbar paradoxe, dialektische Weise ging es uns um Konkretes, nicht Allgemeines – und zugleich um verallgemeinerbare statt um Besonderheitsbehauptungen. Untersucht wurden zum Beispiel einzelne Motive, Topoi oder Stilfiguren, um

---

[7] Zur Poetik der Migration siehe den theoretischen Überblick in Eva Hausbacher: *Poetik der Migration. Transnationale Schreibweisen in der zeitgenössischen russischen Literatur*. Tübingen 2009.

möglichst exakt schwer fassbare ästhetische Prozesse kulturübergreifend zu bestimmen. Darüber hinaus konnte ein Vergleich der enzyklopädischen und literaturbetrachtenden Gattungen nachweisen, wie diese der Exilsituation Rechnung trugen, indem sie wertebildend wurden. Vermieden haben wir Mythisierungen und Klischeebildungen, darunter nicht zuletzt die Frage nach der Exilliteratur als dem ‚besseren' Teil einer Nationalliteratur.

Derweil ist für den Leser nur indirekt zu erschließen, inwieweit die Ergebnisse Indizien für eine mögliche Spezifik *ostmitteleuropäischer* (Exil-)Literatur liefern. So war es auch von uns gewollt, alles andere wäre Spekulation. Gleichwohl, im Ergebnis mögen wir – gewollt oder nicht – einen Kanon aufgestellt und bestimmte Deutungsweisen, Lesarten stark gemacht haben – zu ‚Mitteleuropa' als identitätsstiftende Debatte aus dem Exil zum Beispiel.

Was wir allerdings *nicht* auszumachen vermochten (und da stimmen wir mit der Forschung zum deutschsprachigen Exil überein) war eine spezifische Ästhetik des Exils – wiewohl wir danach gesucht haben. Auf diesen Befund (oder Nicht-Befund) möchte ich im Folgenden näher eingehen.

Hatten wir im Vorwort unseren Band als Anreger für weitere, über die konkreten historischen Kennzeichen des ostmitteleuropäischen Nachkriegsexils hinausgehende Überlegungen und Untersuchungen ausgewiesen – weil schon damals weder das Thema noch das Theoriepotenzial lange nicht ausgeschöpft schien – so ist 2009 eine eben solche synthetische ‚Fortsetzung' unter dem Titel *The Exile and Return of Writers from East-Central Europe* erschienen, herausgeben von John Neubauer und Borbála Zsuzsanna Török.

Die Autoren verfolgen explizit den Weg vom national verstandenen Exil zur transkulturell begriffenen Migration weiter. Sie weiten den Blick räumlich und zeitlich, etwa auf das post-jugoslawische Theater, und nehmen ergänzende Konstellationen und Aspekte in den Blick wie den eines digitalisierten Exils, das ‚innere Exil' oder die Renaissance antisemitischer, rechtsradikaler Literatur auf dem Weg der Remigration. Hatten wir uns entschieden, das deutsch-deutsche Exil ebenso auszuklammern wie die Frage, inwieweit die deutschsprachigen Minderheiten der Sudentendeutschen, Schlesier oder Banater Schwaben migrierten oder exiliert wurden, so werden Vertreter dieser Literaturen nun einbezogen und eben auf die genannte Frage hin untersucht.

Und schließlich liegt ein großer Reiz in den Skizzen individueller Bewegungslinien, in Kapiteln, die Milan Kundera, Witold Gombrowicz, Gustaw-Herling-Grudziński, Sándor Márai und ihren sehr persönlichen Poetiken gewidmet sind. Da haben wir es dem Leser ungleich schwerer gemacht und ihn auf eine Art Schnitzeljagd zu, sagen wir, Kundera und seinem Werk durch unser gesamtes Buch geschickt. So taucht Kundera unter dem Stichwort ‚Frankreich' auf, grundiert die Überlegungen zum Sprachwechsel, prägt durch seinen Mitteleuropa-

Essay das Kapitel zur kulturellen Identität und wird über einen Begriff wie die „kommunikative Pathologie" (Sylvie Richterová) im Abschnitt zur Reintegration behandelt.

Eine Gemeinsamkeit und für beide Bände vielleicht die größte Herausforderung bestand in der Suche nach einer analytischen Ordnung, die literaturwissenschaftliche Befunde dem Diktat der Nation zu entziehen vermag. Das erweist sich insofern als schwierig, als ein Großteil der ostmitteleuropäischen Literaturen des Exils sich vom Problem des Nationalen instruiert zeigt, die Nation als Referenzrahmen und Sinnhorizont nutzt, ihr Schicksal als *die* zentrale Frage verhandelt – einschließlich jüngerer, durchaus auch kritisch-dekonstruktiv angelegter Werke. Zum anderen dominiert aus historischen, nicht zuletzt philologiegeschichtlichen Gründen die Kategorie der Nation die involvierten Literaturwissenschaften.

Indes stellt sie – die ‚Nation' – eine nichtästhetische Kategorie und vergleichsweise willkürliche analytische Herantragung an künstlerische Werke dar. Aus national-kulturpolitischer Sicht mag das reizvoll sein, wo Werke sich auf Weltrang heben lassen – und damit die gleichsam ‚auktoriale' Nation. Wissenschaftlich bleibt diese Praxis, das „Kriterium des Herkunftslandes zur entscheidenden Systemkategorie"[8] zu machen, unbefriedigend. Auch und gerade wo für die Literatur des ostmitteleuropäischen Exils Debatten um Nationalstil, Nationalkultur und Nationalliteratur eine prägende Rolle spielten, verstanden zahlreiche ihrer Vertreter sich doch als eigentliche Bewahrer des Nationalen.

Was von der Realitätsdeckung solcher Container-Imaginationen zu erwarten ist, hat zumal die ethnologisch informierte historische und soziologische Migrationsforschung hinlänglich gezeigt: wenig.

Deren Ansätze scheinen mir auch für unsere Fragestellungen zunehmend relevant, und namentlich dort, wo man mit Neubauer und Török das Beobachtungsfeld über die politischen Zäsurmarken ‚1945' und ‚1989' hinaus erweitert, um das zwanzigste Jahrhundert in Gänze in den Blick zu nehmen. Denn eine epochenübergreifende Kontinuität oder wenigstens Vergleichbarkeit lässt sich in Europa mit dem Begriff des Exils nicht herstellen – kann doch nach 1989/91 praktisch kein ostmitteleuropäischer Autor mehr glaubwürdig eine repressive Verdrängung aus dem heimatlichen Raum der politisch akzeptablen Rede behaupten. Meinungsfreiheit und Demokratie bedeuten das Ende des Exils.

---

[8] Peter Ihring: „National/Nation". In: *Ästhetische Grundbegriffe*, Bd. 4. Hg. v. Karlheinz Barck u.a. Stuttgart, Weimar 2000, S. 377–404, Zitat S. 378.

## 3 Das inter-exilische Zusammenspiel von Ivan Blatný und Jiří Gruša

An einer Einzelexegese möchte ich meine Überlegungen zu den im Vortragstitel genannten Termini erläutern, die mir für eine Poetik des Exils *und* der Migration gewinnbringend erscheinen. Die Begriffe transterritorial, translingual und translokal meinen nicht primär den Wechsel von einem Staatsgebiet, einer Sprache, von einem signifizierten Ort zum anderen – sondern vielmehr eine Poetik, die die Wechselwirkungen politischer Affinitäten, wechselnder Sprachen, erfahrener Kulturen in den Werken ästhetisch durchscheinen lässt. Das heißt, es gibt eine forcierte, oft ins Existenzielle getriebene Auseinandersetzung mit und eine textuelle Reflexion auf Alteritätserfahrungen.

Als Beispiel dient mir ein Gedicht von Jiří Gruša (1938–2011), das mir besonders geeignet scheint, meine Vorschläge zu einer Verschiebung von Analysen des national verstandenen Exils hin zu einer transkulturellen Poetik zu illustrieren: *Ivan Blatný v San Clemens Hospital* (1981).

> Shall I compare thee to this autumn day,
> kdy lapiduch ti pálí rukopisy,
> cos napsal celej skrčenej
> na deklu zdejší záchodmísy?
>
> Shall I describe this blázinec,
> kde v noci svítí toaleta,
> und eine Spinne webt ihr Netz,
> odkud se prostě neodlétá,
>
> kde Zubatá tě šoustá bezzubýho
> až drkotáš svou přestořeč:
> vem si můj jazyk – ušmikni ho!
> budu to básnit can as catch
>
> my madness is můj hrad
> a nikoli má víra...
> ach, pozoruji rád,
> jak čas ten rozdíl stírá.[9]

---

[9] Jiří Gruša: „Ivan Blatný v San Clemens Hospital". In: Ders.: *Grušas Wacht am Rhein aneb Putovní ghetto. České texty 1973–1989*. Praha, Litomyšl 2000, S. 31. Übertragung ins Deutsche v. Alfrun Kliems.

In Übertragung der tschechischen Passagen ins Deutsche, leider ohne Reimmuster:

> Shall I compare thee to this autumn day,
> wenn ein Aufseher dir die Skripte verbrennt
> das, was du gebückt schriebst
> auf den Deckel der hiesigen Kloschüssel?
>
> Shall I describe this Irrenhaus,
> wo nachts die Toilette scheint
> und eine Spinne webt ihr Netz,
> von wo man einfach nicht entfliegt,
>
> wo die Gezähnte dich, Zahnloser, fickt
> bis deine Dennochsprache holpert:
> nimm meine Sprache/Zunge – kapp sie!
> das werd ich dichten can as catch
>
> my madness is meine Burg
> und keinesfalls mein Glaube...
> ach, ich beobachte gern,
> wie die Zeit den Unterschied verwischt.

Das Gedicht zeigt Gruša als einen liebevoll, respektvoll Erinnernden. Als einen, den die Sprache, den viele Sprachen über nationale und Generationsgrenzen hinweg mit vielen verband. Und der um den Tod wusste – aber auch um etwas Größeres als den Tod: „Nor shall Death brag thou wand'rest in his shade, / When in eternal lines to time thou grow'st; / So long as men can breathe or eyes can see, / So long lives this, and this gives life to thee."[10]

So lauten die letzten Zeilen jener berühmten Hymne auf die Dichtkunst, von Shakespeares Sonett Nr. 18, das mit dem Vergleich der Poesie mit einem schönen Sommertag anhebt („Shall I compare thee to a summer's day?") – nur um diesen Vergleich für zu leicht zu befinden, ist der schönste Sommer doch vergänglich. Und so beginnt das Gedicht von Gruša: „Shall I compare thee to this autumn day."

Kein Sommertag also, sondern ein Herbsttag. Und nicht die Poesie als abstrakt-ganze spricht Gruša an, sondern einen konkreten Vertreter. Der Herbst-Vergleich einem strubbeligen Untoten, dereinst *lost* in London, nun *found* in Ipswich, einer englischen Heilanstalt. Längst nämlich hatte man

---

[10] William Shakespeare: „Sonnet 18". In: *The Complete Plays and Poems of William Shakespeare*. Hg. v. William Allan Neilson u. Charles Jarvis Hill. Cambridge, MA 1942, S. 1374.

in der ČSSR wie auch im Exil den nach der kommunistischen Machtübernahme im Februar 1948 in London gebliebenen Schriftsteller Ivan Blatný (1919–1990), verdrängt oder abgeschrieben – zumal, seit man wusste, dass er mit einer diagnostizierten Schizophrenie im Niemandsland psychiatrischer Kliniken verschwunden war. Es ist der Aufmerksamkeit einer bohemistisch ansonsten unverdächtigen Krankenschwester zu verdanken, dass seine vermeintlichen Kritzeleien entdeckt, bewahrt und schließlich im kanadischen Exilverlag Sixty-Eight Publishers gedruckt wurden.[11] 1981, zwei Jahre nach seiner literarischen Auferstehung, wird Blatný nun von einem jungen Dichter besucht, der die Tschechoslowakei nach der Niederschlagung des ‚Prager Frühlings' verlassen hatte: Jiří Gruša. Gruša wiederum übernachtet zu der Zeit im Shakespeare-Zimmer des Talbooth Hotels, vor Augen das gerahmte Sonett Nr. 18 an der Wand.

Erstens: Mit dem Gedicht ‚übersetzt' zunächst der Tscheche Jiří Gruša den Tschechen Ivan Blatný, einen Dichter aus dem ‚Februarexil' von 1948, in das ‚Augustexil' von 1968, dem Gruša selbst angehörte, indem er den surrealen, ‚makkaronisierenden' – also alles vermischenden – Schreibstil Blatnýs imitiert, übernimmt, radikalisiert. Die intertextuelle Aneignung des poetischen Verfahrens ist hier mithin zugleich ein inter-exilisches als inter-generationelles Weitergeben und Aufgreifen. Gruša verwendet es, um das Überleben Blatnýs zu feiern, dessen den Umständen abgetrotztes Schreiben zu bebildern, Blatnýs Schizophrenie als „feste Burg" zu überhöhen.

Zweitens: Dort, wo die Abort-Räume neonausgeleuchtet sind, kann man dem System nicht entfliehen. Wo die Spinne ihr Netz webt, die gezähnte Tödin sich auf den Zahnlosen stürzt, kommt dessen „Dennochsprache" ins Holpern, ins Stottern – und eben so zu sich, zu einer verdrehten, universalsprachlichen Wahrheit: „das werd ich dichten can as catch." – Heißt: Die Repression schließt den Mund nicht, sondern öffnet ihn. Das lyrische Ich – hier bereits verwischt in der Frage „Ist es das Opfer im Selbstgespräch?" oder „Ist es der beobachtende Spätere?" – bietet der Tödin den Körper und die Sprache oder Zunge an: *jazyk*. In der deutschen Übertragung verflüchtigt sich das Spiel mit dem Doppelbild. Das Ich also bietet das Durchtrennen, das Abkappen der Zunge an und weiß doch, nach dem Sprachverlust, nach dem Tod wird weitergedichtet, wird weiter gerungen.

---

11 Dazu z. B. Jürgen Serke: „Ivan Blatný. Flucht ins Irrenhaus". In: Ders.: *Die verbannten Dichter. Berichte und Bilder von einer neuen Vertreibung*. Hamburg 1981, S. 154–165. Dort auch Fotografien des späten Blatný.

Mit der „Dennochsprache" greift Gruša eine Wortschöpfung Věra Linhartovás auf, deren Erzählband unter diesem Titel *Přestořeč* 1966 in der Tschechoslowakei erschien, bevor auch sie ins Exil ging. Dort, in Paris, beschrieb Linhartová den *polyglottisme* als eine „Persönlichkeitsmultiplikation" und verglich ihn mit einer schizoiden Wahrnehmungsveränderung, dem Verlust der Weltgewissheit, hier in Form einer Auflösung verlässlicher Beziehungen zwischen Zeichen und Bezeichnetem. Mehrsprachigkeit, heißt es bei Linhartová, ziehe eine solche radikale Änderung der Weltsicht nach sich, und ab dem Augenblick, in dem die fremde Sprache zur eigenen werde, stelle sich dieser Schritt als unumkehrbar heraus. Von da an gehöre der Schriftsteller keiner vermeintlich einzigartigen Gemeinschaft mehr an, erweise sich kein Wort als unersetzbar und magiebeladen.[12] Man könnte es eine Entzauberung des Kindheitsdialekts nennen. Nicht aber: Entzauberung der Sprache. Vielmehr wächst ihr eine ganz neue, eigene Bild- und Bannkraft zu. Aber wohl auch unweigerlich eine Melancholie.

Drittens: So verwebt denn auch Grušas vielsprachige Vermittlung – oder Schicksalserkundung oder Imitation – hochsignifizierte Orte zu einem politisch-kulturellen Skandalon: Wie konntet „ihr" „ihn" dorthin verbannen? In die – entgegen Michel Foucault – zutiefst ungetroste Heterotopie, den Un-Ort schlechthin, die Anstalt? In der translokalen Komponente des Gedichts verschmelzen Un-Ort und Nicht-Ort, um mit Marc Augé einen weiteren Denker des Raums ins Spiel zu bringen. Gemeint ist das Hotel, in das der junge Dichter zurückkehrt, dort an der Wand vor Augen das Shakespearesche Sonett.

Viertens: Der den alternden Blatný in seiner zerstörten Schönheit – im sterbenden Sommer – in translingualer Melancholie erinnernde, die gekappte Zunge weiter schreibende, mithin der sich identifizierende Gruša ist selbst ein existenziell verunsicherter Geist. So entwarf Gruša denn auch zur Zeit, als *Ivan Blatný im San Clemens Hospital* entstand, zahlreiche weitere Verse aus englischen, deutschen und tschechischen Sprachfetzen, die zuweilen zur Vorlage für spätere deutschsprachige Texte wurden oder auch nur als mehrsprachige Gedichte funktionierten. Hier nun, in Grušas Blatný-Reflex, kreuzt und doppelt die übersetzungssperrige translinguale Lyrik sich mit dem liebevollen Ringen um eine inter-generationelle, inter-exilische Übersetzung und wird existenzialisiert, indem Gruša den Tod einschleust und mit dem Exil amalgamiert.

Fünftens: Das Gruša-Gedicht stellt einen Extremfall der Transterritorialität dar, bildet *den* Extremfall. Es schafft eine Literatur, die außerhalb der

---

12 Věra Linhartová: „La place de Roman Jakobson dans la vie littéraire et artistique Tchècoslovaque". In: *Roman Jakobson. Echoes of his Scholarship*. Hg. v. Daniel Armstrong. London 1977, S. 219–235, insbes. S. 220.

Übersetzbarkeit und außerhalb eines nationalen Koordinatensystems siedelt: geschrieben in England, inspiriert von Shakespeare, gewidmet einem vergessenen tschechischen Dichter und diesen imitierend in drei Sprachen verfasst. Nicht eine Akzidenz, sondern die ganze Substanz dieser Lyrik wird unter das Damoklesschwert des *lost in translation* gestellt: Das verlorene Bildspiel *jazyk* als Sprache oder Zunge ist ja nur ein Beispiel. Keine Konzession an den der einen oder anderen Sprache nicht mächtigen Leser, kein Seitenblick auf einen oder mehrere Übersetzer, sondern konsequenter literarischer Ausdruck einer Lebenssituation, die als eine gleichsam unübersetzbare präsentiert wird.

Was Gruša selbst nicht hinderte, es zu versuchen: Im Exil schrieb er nicht nur deutsch-tschechisch-englische Gedichte, sondern übersetzte eben auch seine tschechische Prosa ins Deutsche, machte aus tschechischen Gedichten deutsche – ‚machte', nicht ‚übersetzte', denn er fügte Strophen hinzu, veränderte andere, verzichtete auf manche. Im Grunde dichtete er sie neu. Mit anderen Worten: Er schuf Doppel- und Dreifachversionen seiner Werke, die dergestalt an schraubenartige Windungen oder „Doppelhelixen"[13] erinnern. Seinen Sprachwechsel indes beschrieb er als Rettung „vor dem Fall ins Nichts".[14] Allemal war er nun befasst mit dem Retten von Bildern, Assoziationen, Klängen aus einer seiner Sprachen in die andere.

Vieles jedoch ist nicht zu retten, muss sich wandeln – und im Wandel verlieren. Um es am Todesmotiv selbst zu illustrieren: Grušas Wortschöpfungen operieren mit dem Femininum des Todes im Tschechischen. Huldren und Zentaurinnen sind es, die seine Dichtung bevölkern, Neologismen wie die Wintergeborene (*zimorodka*), das Todeslenchen (*smrtolenka*), das Todmädchen (*smrtholka*) oder die Allestödin (*všesmrtice*). Diese erotisch-verführerischen, bisweilen bizarr-absurden Todfrauen in den tschechischen Werken weichen nun in den deutschen Gedichtbänden einer entpersonifizierten, männlich konnotierten Todesdarstellung. Hier erlebt der Tod eine Geschlechtsumwandlung und verschränkt sich zugleich mit dem Thema des Exils und all seinen Verlusterfahrungen; hinzu tritt die Auseinandersetzung mit dem Alter, dem Sterben, später auch der Tod des Sohnes. Um diese Komplexe zusammenzubinden und komprimiert zu bebildern, aktualisiert Gruša nun zunehmend düster-mythische Figuren. Sterben wird jetzt ein leiser, langsamer Übergang, ist Überfahrt, Begleitung und Abschiednahme. Flussufer und Meeresküste prägen die Topographie des Todes. Einen melancho-

---

13 Pico Iyer: „The Empire Writes Back. Am Beginn einer neuen Weltliteratur?". In: *Neue Rundschau* 1 (1996), S. 9–19, Zitat S. 18.
14 Jiří Gruša: „Danksagung". In: *Doppelte Sprachbürgerschaft. Andreas-Gryphius-Preis 1996*. Hg. v. Franz Peter Künzel u. Samuel Beer. Esslingen 1996, S. 33–39, Zitat S. 48.

lischen Anklang des Exils wird man heraushören dürfen aus dem Pendeln der Figuren zwischen Räumen, zwischen Welten, zwischen Diesseits und Jenseits.[15]

Der lustvoll-fressenden weiblichen Todesimago des Frühwerkes indes kommt Gruša wohl nur einmal noch nahe: eben im Gedicht *Ivan Blatný im San Clemens Hospital*. Dann, wenn die *Zubatá* ans Bett des Wehrlosen tritt, eine Todesfiguration aus dem slawischen Volksglauben, deren Name auf *zuby* (Zähne) verweist. Hier nun nimmt die „Gezähnte" sich den Hospitalisierten vor, nimmt ihn ran, der zahnlos, d.h. wehrlos vor ihr steht. Kein Überlisten, keine erotische Plänkelei, nurmehr die Spinne über der Kloschüssel, eine einsame Beobachterin.

Hinter der Überwältigung, Vergewaltigung, Vernichtung des vermeintlich irren Blatný aber leuchtet nicht nur eine zärtliche, liebevolle Annäherung Grušas über die Generationen und Erfahrungen hinweg, sondern vor allem eine fast ungeheuerliche, „dennochsprachliche" Hoffnung, vermittelt über Shakespeares Sonett: „Nor shall Death brag thou wand'rest in his shade, / When in eternal lines to time thou grow'st." Du bleibst, ruft Gruša dem zerzausten Blatný zu: Du bleibst, wenn ich Dich schreibe – und durch Deine Dichtung, ließe sich ergänzen.

## 4 Schlussbemerkung

Kategorien wie das Transterritoriale, das Translinguale und das Translokale sind zugleich Bedingung und Resultat von Transkulturalität, von transkultureller Poetik. Vielleicht liegt darin trotz der gefährlichen Weite des Begriffs eine reizvollere Analysestrategie als in den am Ende doch stets der Idealvorstellung eines (meist: nationalen) ‚Containers' von ‚eigentlicher Zugehörigkeit' verhafteten Termini des Exils – und oft genug naiv aufgefassten Migration.

Eine abschließende Frage, die sich gleichermaßen an die Literaturen wie an die Konzepte und Begriffe der Forschung richtet, könnte nun lauten: Wie verhält sich die Radikalisierung des Postulats ‚Heimat(verlust)' zu einem allgemeinen, ostentativen Verlust von Zusammenhängen auf der Textebene? Oder: Welchen Mehrwert erbringen Analyseansätze à la Exil überhaupt noch gegenüber solchen vom Typ *trans* – die weit mehr umfassen als das, was unter den Rubriken ‚Migration' und ‚Emigration' in den Blick kommt? Und was folgt daraus für die literaturwissenschaftliche Kategorienbildung generell?

---

**15** Dazu siehe Alfrun Kliems: „Die Metamorphosen der Todfrau. Existenz- und Identitätserfahrung über Sprache und Poetik". In: Dies.: *Im „Stummland". Zum Exilwerk von Libuše Moníková, Jiří Gruša und Ota Filip*. Frankfurt/M. u.a. 2002, S. 174–194.

Heißt das möglicherweise – und ich stelle dies noch unfertig in den Raum – dass wir uns an einem nur vermeintlich paradigmatischen Fall abarbeiten? Geht es eindrücklicher Literatur nicht immer um ein *trans*, ein Überschreiten? Eichendorffs Taugenichts lernt sich auf Weltreise erst kennen; Karl Mohr geht fatal unter die Räuber. Hans Castorp quert gar die winterliche Grenze zum Nichts, Franz Biberkopf versandet am Alexanderplatz und Kapitän Marlow kommt den Kongo hinauf über mehr innere als jeder Migrant äußere Grenzen. ‚Literatur', ließe sich pointieren, meint den verändernden Weg einer Figur von A nach B.

Damit allerdings gelangt die Betrachtung ins Unüberschaubare. Ein Unüberschaubares freilich, das uns vielleicht auf fruchtbare Weise zurück auf Null setzt, um zu verstehen, ob, wann und inwiefern es eine Spezifik von Exil und Migration auf der Ebene der Ästhetik gibt. Denn die allgemeine Bedeutung des *trans* als Leiden an oder Bereicherung durch, Aneignung oder Zurückweisung, Verarbeitung von Alterität entlang eines Weges scheint das *prima facie* evidente Erfahrungsprivileg von Exil- und Migrationsliteratur in Zweifel zu rücken.

Das bedeutet nicht, dass sich nicht doch eine spezifische Differenz, mithin ein systematischer Ort für einen textanalytischen Begriff von Exil und Migration finden lässt. Er wäre indes vor diesem Hintergrund erst noch scharf zu umreißen und empirisch dingfest zu machen.

## Bibliographie

Behring, Eva, Alfrun Kliems u. Hans-Christian Trepte (Hg.): *Grundbegriffe und Autoren ostmitteleuropäischer Exilliteraturen 1945–1989. Versuch einer Systematisierung und Typologisierung*. Stuttgart 2004.

Blatný, Ivan: *The Drug of Art. Selected Poems*. Hg. v. Veronika Tuckerová. Brooklyn, NY 2007.

Domin, Hilde: „.... und doch sein wie ein Baum. Die Paradoxien des Exils". In: Dies.: *Gesammelte Essays. Heimat in der Sprache*. München 1992, S. 202–218.

Gruša, Jiří: „Danksagung". In: *Doppelte Sprachbürgerschaft. Andreas-Gryphius-Preis 1996*. Hg. v. Franz Peter Künzel u. Samuel Beer. Esslingen 1996, S. 33–39.

Gruša, Jiří: „Ivan Blatný v San Clemens Hospital". In: Ders.: *Grušas Wacht am Rhein aneb Putovní ghetto. České texty 1973–1989*. Praha, Litomyšl 2000, S. 31.

Hausbacher, Eva: *Poetik der Migration. Transnationale Schreibweisen in der zeitgenössischen russischen Literatur*. Tübingen 2009.

Ihring, Peter: „National/Nation". In: *Ästhetische Grundbegriffe*. Bd. 4. Hg. v. Karlheinz Barck u.a. Stuttgart, Weimar 2000, S. 377–404.

Iyer, Pico: „The Empire Writes Back. Am Beginn einer neuen Weltliteratur?". In: *Neue Rundschau* 1 (1996), S. 9–19.

Kliems, Alfrun: „Literatur zwischen national verstandenem Exil und transkulturell begriffener Migration. Probleme der Kanon-Konzeptualisierung". In: *Deutsche Beiträge zum*

14. *Internationalen Slavistenkongress Ohrid 2008*. Hg. v. Sebastian Kempgen u.a. München 2008, S. 475–488.
Kliems, Alfrun: „Die Metamorphosen der Todfrau. Existenz- und Identitätserfahrung über Sprache und Poetik". In: Dies.: *Im „Stummland". Zum Exilwerk von Libuše Moníková, Jiří Gruša und Ota Filip.* Frankfurt/M. u.a. 2002, S. 174–194.
Kliems, Alfrun: „Transkulturalität des Exils und Translation im Exil. Versuch einer Zusammenbindung". In: *Exilforschung 25 (2007): Übersetzung als transkultureller Prozess*, S. 30–49.
Kunisch, Hans-Peter: „Eine Ankunftsliteratur anderer Art. Der selbstbewusste Auftritt der neuen Ausländer in der deutschsprachigen Gegenwartsliteratur". In: *Süddeutsche Zeitung* v. 22.03.2000, LITERATUR, S. 1.
Linhartová, Věra: „La place de Roman Jakobson dans la vie littéraire et artistique Tchècoslovaque". In: *Roman Jakobson. Echoes of his Scholarship.* Hg. v. Daniel Armstrong. London 1977, S. 219–235.
Nenik, Francis: „Vom Wunder der doppelten Biographieführung". In: *Der Freitag* v. 15.03.2012, LITERATUR, S. IV-V.
Neubauer, John u. Borbála Zsuzsanna Török (Hg.): *The Exile and Return of Writers from East-Central Europe. A Compendium.* Berlin, New York 2009.
Serke, Jürgen: „Ivan Blatný. Flucht ins Irrenhaus". In: Ders.: *Die verbannten Dichter. Berichte und Bilder von einer neuen Vertreibung.* Hamburg 1981, S. 154–165.
Shakespeare, William: „Sonnet 18". In: *The Complete Plays and Poems of William Shakespeare.* Hg. v. William Allan Neilson u. Charles Jarvis Hill. Cambridge, MA 1942, S. 1374.
Strelka, Joseph P.: „Exil und Pseudoexil: ein modisches Phänomen". In: *Exil, Gegenexil und Pseudoexil in der Literatur.* Tübingen, Basel 2003, S. 157–168.

Barbara Thums
# Zumutungen, Ent-Ortungen, Grenzen: Ilse Aichingers Poetik des Exils

Helga Michie: Concord

In einem schmalen, 2006 im Wiener Verlag *Edition Korrespondenzen* erschienenen Bändchen, *Concord* betitelt, findet sich neben Gedichten und Abbildungen künstlerischer Arbeiten eine Radierung, die ebenfalls den Titel *Concord* trägt. Zu sehen ist ein Haus mit einem Fenster in der Mitte, aus dem zwei Kinder herausschauen. Die Radierung ist offenbar auf zwei Druckplatten entstanden, denn mitten durch das Haus hindurch geht ein Riss, der auch die beiden Kinder voneinander trennt. Der Riss versieht auch die ‚Eintracht' oder die ‚Übereinstimmung', so die deutsche Übersetzung von *concord*, mit einem Fragezeichen.

Die Radierung stammt von Helga Michie,[1] die am 1. November 1921 als Tochter einer jüdischen Ärztin und eines nichtjüdischen Lehrers in Wien geboren wurde. Gemeinsam mit ihrer Zwillingsschwester Ilse Aichinger ist sie in Linz und Wien aufgewachsen und konnte 1939 kurz vor Kriegsausbruch mit einem der letzten Jugendtransporte nach England fliehen. Ilse Aichinger blieb zum Schutz der Mutter in Wien, auch dann, als der geplante Nachzug der restlichen Familie scheiterte und 1942 die Großmutter und die jüngeren Geschwister der Mutter nach Minsk deportiert wurden. Helga Michie ist auch nach dem Krieg im englischen Exil geblieben.[2]

Autobiographisch gelesen ist die Radierung der Schwester hilfreich, um die Spezifik von Ilse Aichingers Exilerfahrung zu verdeutlichen, zumal den „Linien" der Schwester ein ganz besonderes Erkenntnispotenzial zugemessen wird.[3] Die Radierung akzentuiert die Einträchtigkeit und Zusammengehörigkeit einer Zwillingsexistenz, die durch das Exil zerbrochen ist.[4] Der Riss markiert mit der Eintracht zugleich die Zwietracht einer nicht nur in räumlicher Hinsicht schmerzhaften Trennung: Durch das Exil wird nämlich die für die autonome

---

[1] Helga Michie: „Concord". In: Dies.: *Concord. Gedichte und Bilder*. Übersetzung aus dem Englischen von Ute Eisinger. Mit zwei Texten von Ilse Aichinger. Wien 2006, S. 9.

[2] Zu ihrem Freundeskreis gehörten u.a. Elias und Veza Canetti, Erich Fried, Anna Mahler und Hilde Spiel. Bevor sie als bildende Künstlerin arbeitete, war sie auch als Kellnerin und Sekretärin, als Schauspielerin (etwa in dem Filmklassiker *The Third Man*) sowie als Übersetzerin tätig. Erst Ende 1947, Ilse Aichinger hat inzwischen *Die größere Hoffnung* geschrieben, bekommen Ilse und ihre Mutter ein Visum für einen England-Aufenthalt. Vgl. zu Helga Michie sowie zu den Begegnungen der Zwillinge in England ausführlich die persönlichen Erinnerungen von Ruth Rix, der Tochter Helga Michies. Ruth Rix: „‚Auntie' in England. A Personal Memoir". In: *Wort-Anker Werfen. Ilse Aichinger und England*. Hg. v. Rüdiger Görner, Christine Ivanovic u. Sugi Shindo. Würzburg 2011, S. 15–26.

[3] Ilse Aichinger hat für den Band mit Gedichten und Bildern ihrer Schwester einen Text geschrieben, der den Titel *Die Linien meiner Schwester* trägt. Hier beschreibt sie den „Trost", der für sie „aus diesen Bildern" ihrer Schwester kommt und der viel mit der „Gegenwärtigkeit ihrer Linien", die ihr „Vergangenheit und Zukunft zusammen [bauen]", sowie mit den „in die Tiefe versetzten Räume[n]" zu tun hat. Ilse Aichinger: „Die Linien meiner Schwester". In: Michie: *Concord. Gedichte und Bilder*, S. 7. Beschrieben wird hier zugleich Aichingers Erinnerungskonzept, das an Walter Benjamins Zusammenprall unterschiedlicher Zeitschichten im ‚Jetzt der Erkennbarkeit' denken lässt. Die Linien der Schwester lassen sich aber nicht nur als die materiellen Spuren auf den Radierungen verstehen, sondern auch als die Einritzungen, welche die Lebenslinien der Schwester im eigenen Leben aufgezeichnet haben.

[4] Zum Riss in der Radierung als Zeichen für jene „Dialektik aus Trennung und Verbindung", die Helga Michies und Ilse Aichingers Werke beschreiben, vgl. Sugi Shindo: „Zusammenklirrende Leben – zusammenklirrende Werke. Gegenreflexionen in den Werken von Ilse Aichinger und Helga Michie". In: *Wort-Anker Werfen*. Hg. v. Görner, Ivanovic u. Shindo, S. 45–55, Zitat S. 49.

Ich-Bildung notwendige Ablösung vom anderen mit einer historisch erzwungenen Ablösung überschrieben. Es erstaunt nicht, dass Ilse Aichinger immer wieder Probleme der Selbstbegründung thematisiert und über das reflektiert, was sie als Zumutungen der Existenz wahrnimmt. So beschreibt sie etwa in ihrem frühen Tagebuch sehr genau die erfahrene Ausgrenzung, den Heimatverlust, die Erschütterung ihrer Selbstgewissheit und das Leiden an einem Ich, das sich in mehrfacher Hinsicht als widersprüchlich erfährt:

> Die grauen Häuserwände grinsen hohnvoll, die Menschen auf der Straße scheinen mit Fingern auf uns zu zeigen und Worte voll Verachtung zu sprechen. Wo ich hinsehe, ist Hohn, Verachtung und Teilnahmslosigkeit. In mir ist irgendetwas wankend geworden. Meine ganze Kraft werde ich brauchen, es wieder aufzurichten.
> Ich
> Aus Gegensätzen bin ich entstanden. Meine Eltern sind rassisch und dem Charakter nach Gegensätze. Und daraus wurden zwei ganz Gleiche. Zwillinge, die wieder Gegensätze sind. Ein dreifaches großes Leid beherrscht mein Leben: der Gegensatz zwischen meinen Eltern, der Gegensatz in mir, der Gegensatz zu meiner Umgebung.[5]

Dieser undatierte Tagebucheintrag steht im Kontext von weiteren Eintragungen, welche die erfahrene Ausgrenzung mit dem Verlust der Kindheit gleichsetzen und daraus ein Schreib- und Erinnerungsgebot ableiten.[6] Sie sind dem ersten

---

5 DLA Marbach, A: Ilse Aichinger. Verschiedenes. Autobiographisches, Tagebuch 13.9.1938–30.5.1941, undatierter Eintrag. Vgl. dort auch den mit dem 2. Oktober 1938 datierten Eintrag zum Heimatverlust: „[...]. Heimat, sie wurde mir in brutaler Weise entrissen, d.h. man glaubte, sie mir entreissen zu können. Man kann mich daraus verweisen, aber sie selbst, das Land, das in meiner Seele als meine Heimat steht, kann mir niemand entreissen, weil, wenn auch nicht ganz mein Leid von ihrem Leid entstanden ist, so ist doch meine Seele, und zwar ganz, aus ihrer Seele entstanden, die man jetzt unterdrücken will. In erster Linie steht meine Pflicht, die in erster Linie stehen muß. Mit ihr werde ich meine Ehre erhalten und beweisen, daß meine Seele aus der Seele meiner Heimat entstand." Vgl. zu den frühen Tagebuchaufzeichnungen als Dokument einer Außenseiterin auch Roland Berbig: „‚Kind-sein gewesen sein'. Ilse Aichingers frühes Tagebuch (1938 bis 1941)". In: Berliner Hefte zur Geschichte des literarischen Lebens 9 (2010), S. 15–31. Ich danke Ruth Rix und Mirjam Eich für die freundliche Genehmigung, aus den unveröffentlichten Manuskripten zitieren zu dürfen. Außerdem danke ich den MitarbeiterInnen des Deutschen Literaturarchivs Marbach, insbes. Nikola Herweg, für die hilfreiche Unterstützung.
6 Vgl. dazu DLA Marbach, A: Ilse Aichinger. Verschiedenes. Autobiographisches, Tagebuch 13.9.1938–30.5.1941, undatierter Eintrag: „Mir ist heute erst richtig zu Bewußtsein gekommen, daß meine Kindheit endgültig vorbei ist. Alle Begriffe haben andere Bedeutung bekommen, vieles ist versunken und vieles ist gleichgültig geworden. Nur eines will ich festhalten, wie mein größtes Kleinod, das Andenken an diese Zeit, die versunken ist, das Andenken besonders an diese letzte Zeit, an mein letztes Schuljahr, von dem ich nicht ahnte, daß es mein letz-

datierten Eintrag vom 13. September 1938 vorangestellt und wurden aller Wahrscheinlichkeit nach noch vor der Flucht der Schwester 1939 verfasst. Werden hier insbesondere die Gegensätze der beiden Zwillinge betont, so kommt es mit der Erfahrung des Exils zu einer Verschiebung. Im Zentrum steht nun die Sehnsucht nach der Schwester, verbunden mit der Reflexion auf die Ambivalenz einer Ich-Erfahrung, die immer auch auf das biologisch identische Du verwiesen ist. Besonders eindrücklich geht dies aus einem Brief vom 06.12.1942 hervor, den die Sehnsucht diktiert, von dem aber aufgrund des eingeschränkten Postverkehrs bereits beim Schreiben klar ist, dass er nicht verschickt werden kann.[7] Das Trauma der Trennung, dessen Transformation im Akt des Schreibens sowie die Skepsis gegenüber dem Vermögen der Sprache, dem Trauma Ausdruck verleihen zu können, sind bereits hier unmittelbar aneinander gebunden:[8]

> Ich schreibe jetzt einen Brief, den ich nicht wegschicken werde, aber meine Sehnsucht treibt mich dazu:
>
> Geliebtes Helgi!
>
> Zum vierten Mal kommt Weihnachten ohne Dich. Meine Sehnsucht beginnt mich zu verbrennen. Ich denke an Deine Haare und an Deine Augen, an Deinen Mund und an Dein Gesicht, das meines ist und doch nicht. Ich möchte Deine Stimme hören und über Deine Haare streichen, ich möchte ein Stück Brot essen, das Du abgeschnitten hast und ich

---

tes werden sollte. Oder hatte ich doch eine Ahnung, weil ich alles festhalten wollte, jede Stunde, jeden Tag? Das große, weiße Haus mit den teilweise vergitterten vielen Fenstern mit der schönen Kirche und den uralten, weiten Gängen und Gewölben, das jetzt so leer und ausgestorben ist, war meine Heimat, mehr als es sie den andern sein konnte. Und ich will schreiben, wie schön dieses letzte Jahr war, damit ich vielleicht später, wenn ich älter und noch müder bin, als jetzt, nicht vergesse, daß ich einmal eine Heimat hatte, daß ich einmal ein Kind und glücklich war. [...] Es ist, wie wenn das alles vor 100 Jahren gewesen wäre. Meine Schultasche liegt verstaubt im Spielkasten. Nur meine Bücher und Hefte liegen noch, wie voriges Jahr, nur ein bisserl schöner geordnet. Und ich schreibe und schreibe, warum? Die Zeit kann ich nicht festhalten, und ich muß doch schreiben und versuchen, sie festzuhalten. [...]."
7 Helga Michie erinnert sich, dass über das Rote Kreuz lediglich „25 Wörter, einmal in drei Monaten", verfasst „auf Korrespondenzkarten", nach Wien geschickt werden durften. Vgl. dazu Ilse Aichinger u. Helga Aichinger-Michie: „Aus der Geschichte der Trennungen". In: *Die Kindertransporte 1938/39. Rettung und Integration*. Mit Beitr. v. Ilse Aichinger, Helga Aichinger-Michie u.a. Hg. v. Wolfgang Benz, Claudia Curio u. Andrea Hammel. Frankfurt/M. 2003, S. 203–209, Zitat S. 209.
8 Zur These, dass Aichingers literarisches Schaffen „aus dem Briefwechsel mit der Schwester erwuchs", vgl. Nikola Herweg: „‚Ich schreib für Dich und jedes Wort aus Liebe'. Der Briefwechsel der Aichinger-Zwillinge zwischen Wien und London". In: *Wort-Anker Werfen*. Hg. v. Görner, Ivanovic u. Shindo, S. 27–43, Zitat S. 28.

möchte, daß Du meine Hand nimmst, – geliebte kleine Schwester! Als wir auseinandergingen, waren wir noch nicht erwacht, nun aber bist du eine Frau geworden und ich ein leidender Mensch. Als wir auseinandergingen, wußten wir nichts voneinander, nun aber weiß ich um dich, denn meine Sehnsucht ist ein helles Licht! Ich möchte mich über Dich beugen und Du wüßtest es kaum, denn vielleicht hättest Du Dein Kind am Schoß – kleine Mutter. Doch ich sehe jetzt – alle Worte werden zu wenig – alle Worte sind nichts. Ich höre auf! Mutti steht hinter mir und wir beide küssen Euch aus unserer Verlassenheit

Deine Ilse[9]

In den Briefen der Kriegs- und unmittelbaren Nachkriegszeit kommt der Wunsch zum Ausdruck, dass nicht nur die räumliche, sondern auch die Trennung zwischen Ich und Du aufgehoben sein möchte. Die Ambivalenz der Zwillingsexistenz rückt dabei zugunsten ihres Einheitsversprechens in den Hintergrund. Die in subjekttheoretischer Hinsicht bedeutsame Spiegel-Metaphorik aufgreifend, unterschreibt Ilse Aichinger etwa einen Brief vom 29.10.1945 mit „Deine Schwester und Dein Spiegelbild und Dein [sic] noch ältere Ilse."[10] Eine andere Variante ist die Empfehlung an die Schwester aus einem zwei Jahre später geschriebenen Brief, doch einfach in den Spiegel zu schauen, um eine Vorstellung davon zu bekommen, wie sie, Ilse, genau aussieht.[11]

Auch in Interviews, die Jahrzehnte später entstanden sind, ist die Zwillingsexistenz immer noch ein wichtiges Thema. Allerdings wird sie nun zu jenen Zumutungen der Existenz gerechnet, die dem Anspruch auf eine autonome Selbstbegründung entgegenstehen. In der Zwillingsexistenz nämlich potenziert sich nicht nur die Ent-Ortung durch das Exil, sondern auch die Tatsache, dass „die ganze Biologie eine terroristische Überlebensstrategie" ist,[12] zu der man die Einwilligung nie geben konnte:

---

**9** Ilse Aichinger: Typoskript, 6.12.1942. In: Dies.: *Kleine Auswahl für Euch von mir*. Weihnachten 1946 (DLA Marbach, A: Aichinger).
**10** Ilse Aichinger: Brief an Helga Michie, 29.10.1945, hs. (im Besitz der Familie).
**11** Vgl. dazu Ilse Aichinger: Brief an Helga Michie, Wien 23.4.1947, hs. (DLA Marbach, A: Aichinger, Zug. 2010): „Hast Du meinen letzten Brief? Beiliegend, mein Kleines, ist das Bild, das Du Dir gewünscht hast, aber wir kommen uns beide etwas geschmeichelt vor, Mutti ist wärmer und weicher und hat mehr Falten im Gesicht und ich krieg jetzt Sommersprossen auf der Nase und schau auch nicht immer wie 16 aus. Aus allen Bildern, die Du von mir hast, mußt Du die Mitte nehmen – aber am besten ist, Geliebtes, Du schaust in den Spiegel – unlängst hat mich wieder eine Luise Waldbaum oder so ähnlich auf der Währingerstraße für Dich gehalten, sie war mit Dir in der Schauspielschule u. hat Dich dann in England auch gesehen!"
**12** Vgl. zu dieser Bemerkung Ilse Aichingers ausführlich Iris Radisch: „Ich will verschwinden". In: Ilse Aichinger: *Es muss gar nicht bleiben*. Interviews 1952–2005. Hg. und mit einem Nachwort von Simone Fässler. Wien 2011, S. 110–121, Zitat S. 111: „Das Leben als Zwilling ist noch ungerechter als das Leben ohnehin? – Man begreift dabei, dass die ganze Biologie eine

> Meine Schwester und ich sind identische Zwillinge. Wir sind gewissermaßen Klone, Doppelexistenzen. Da wünscht man sich, gar keine Existenz zu sein, jedenfalls nicht auch noch doppelt. Wir sahen vorerst ganz gleich aus, haben noch immer die gleichen Stimmen. Immer wieder kam die Frage: Die eine oder die andere? Ich wollte dann schon lieber die andere sein, die eine keinesfalls.[13]

In der Zusammenschau lässt sich den Briefen und Interviews entnehmen, dass das Trauma der Trennung sowohl ein historisch exakt datierbares, als auch ein zwillingsspezifisches Trauma der schwierigen Identitätsfindung ist. Für die Spezifik von Ilse Aichingers Exil bedeutet dies auch: Das Exil ist einerseits die Erfahrung der anderen, der Zwillingsschwester, andererseits ist es aber auch insofern die eigene, als es zur existentiellen Erfahrung des Zwillings gehört, immer auch der andere zu sein.

Meines Erachtens ist es unerlässlich, diese beiden Erfahrungsdimensionen – die von der Biologie aufgezwungene ‚Zumutung der Existenz' und die von der Biopolitik aufgezwungene Entortung – in ihrer komplexen Überblendung zu berücksichtigen. Erst in dieser Perspektive – so die These – lässt sich Aichingers Poetik des Exils erfassen und kommt die analytische Schärfe von Aichingers Schreibverfahren des fremden Blicks als Sprach- und Machtkritik in ihrer gleichermaßen ästhetischen wie politischen Dimension angemessen zur Geltung.

---

terroristische Überlebensstrategie ist, der man eigentlich gar nicht gewachsen sein möchte. Man wird nicht gefragt. Man wird auch nicht gefragt, ob man sterben will. Ich will tot sein, aber sterben möchte ich auch nicht, weil ich einige Male mitangesehen habe, wie lange das dauern kann. Diese Zumutungen, nicht nur an mich, sondern an jeden, der lebt. Aber zu meinem Erstaunen sind die meisten Menschen vollkommen einverstanden." Vgl. zur Spezifik der Zwillingsexistenz außerdem Barbara Frey: *Zwillinge und Zwillingsmythen in der Literatur*. Frankfurt/M. 2006.

**13** Richard Reichensperger u. Uwe Wittstock: „Ich bin im Film". In: Aichinger: *Es muss gar nichts bleiben*. Hg. v. Fässler, S. 154–158, Zitat S. 154. Vgl. auch S. 155: „Aber mich haben immer nur andere ‚Ichs' interessiert, nicht das eigene. Die vergessenen Gestalten am Rand, die armseligen Frauen, die in die Küche meiner Großmutter zu Besuch kamen. Und: Die Brutalität der Geschichte ist auch stärker als das ‚Ich', metzelt es nieder. Aleksandar Tišma hat das sehr gut benannt, als ‚Der Gebrauch des Menschen'. Einem solchen Gebrauch waren wir sehr früh ausgesetzt. [...] Eines Tages, meine Schwester und ich waren neun Jahre alt, kam ein Arzt, um uns zu besuchen. Er bat meine Mutter, mit uns sprechen zu dürfen, da er Zwillingsforschung betreibe. [...] und wir fragten meine Mutter: Wer war dieser Herr? Und sie sagte nur: ‚Dr. Mengele.' Wir waren ihm sozusagen entronnen, weil die Nationalsozialisten, unter denen er eine große Karriere machte, noch nicht an der Macht waren. So wie bei ihm verläuft der Gebrauch des Menschen."

Der „Unzugehörigkeit ausgesetzt"[14] ist die Formulierung, mit der Aichinger dieses historische und existenzielle Trauma der Trennung immer wieder aufs Neue in Literatur transformiert – dabei dem Zeugnisgebot folgend: „[...] die Nachkriegszeit ist vorbei. Aber nicht ihre Details [...]."[15] Die autobiographische Dimension ist demnach konstitutiv für Aichingers gesamtes literarisches Schaffen. Der Roman *Die größere Hoffnung* von 1947 ist autobiographisch lesbar, ebenso der Erinnerungsband *Kleist, Moos, Fasane* von 1987. In den Erzählungen, Gedichten und Hörspielen der 50er bis 80er Jahren hingegen ist eine vom Autobiographischen abstrahierende Bildsprache vorherrschend. Erst in *Film und Verhängnis. Blitzlichter auf ein Leben* von 2001 werden die autobiographischen Bezüge explizit gemacht.[16] Und auch das folgende Spätwerk, dazu gehören neben *Film und Verhängnis* die Zeitungsglossen in *Unglaubwürdige Reisen* und *Subtexte* sowie die Prosagedichte in *Kurzschlüsse*, setzt sich intensiv und schonungslos mit dem Trauma der Trennung auseinander.

Der ‚Unzugehörigkeit ausgesetzt' zu sein und dieser Erfahrung schreibend zu begegnen, meint dabei vor allem, das Fremdsein in der Herkunftskultur, die Unzugehörigkeit einer Überlebenden zu beschreiben, die weder nur innere Emigrantin noch im strengen Sinne Exilantin ist. Die Schwierigkeiten dieser Zwischenposition benennt bereits ein Tagebucheintrag aus dem Jahr 1944, in dem Aichinger ihr ambivalentes Verhältnis zu Wien reflektiert:

> Noch immer lieb ich diese Stadt! Das ist sehr merkwürdig. Aber ich kann mir nicht helfen. Je mehr ich sie erlitten habe, umso mehr muß ich sie lieben und je mehr sie mir wehgetan hat, desto mehr hat sie mich geformt. Ja – wenn auch jede Gasse tiefe, halbvernarbte Wunden aufreißt, so muß ich doch durch sie hindurchgehen. Und wenn auch in meinen Träumen über die Schwedenbrücke unentwegt Lastwagen mit verlorenen Menschen rollen werden –

---

**14** Ilse Aichinger: „Erlebnisgarantie für Wiener in Shanghai". In: Dies.: *Unglaubwürdige Reisen*. Hg. v. Simone Fässler u. Franz Hammerbacher. Frankfurt/M. 2005, S. 161–164, Zitat S. 164. Vgl. zur Komplexität der (Un)Zugehörigkeit außerdem Vivian Liska: „Britanniens Töchter und andere Ergebungen. Ilse Aichingers ‚Surrender'". In: *Wort-Anker Werfen*. Hg. v. Görner, Ivanovic u. Shindo, S. 103–120, Zitat S. 103: „Die Zugehörigkeit zu einem nationalen, und überhaupt einem existierenden Kollektiv ist ihr ebenso fremd wie die Vorstellung einer Existenz, und vor allem eines Schreibens, in dem geschichtliche und persönliche Erfahrung geschieden wären. Die Verschränkung dieser beiden Ebenen in Aichingers Schreiben bildet den Grundstoff ihrer Texte."
**15** Ilse Aichinger. In: *Der Standard* 62, 07.05.2005.
**16** Zum Autobiographischen der späten Texte vgl. Ilse Aichinger im Gespräch mit Claus Philipp und Richard Reichensperger: „Ich bin eigentlich das normale Kinopublikum". In: Aichinger: *Es muss gar nichts bleiben*. Hg. v. Fässler, S. 174–178. Vgl. zur Aufnahme zentraler Topoi der Autobiographie in *Film und Verhängnis* Simone Fässler: *Von Wien her, auf Wien hin. Ilse Aichingers ‚Geographie der eigenen Existenz'*. Wien u.a. 2011, S. 252.

> seit damals, so laufe ich doch mit offenem Haar und einem wilden glücklichen Gesicht über sie hinweg und meine Augen strahlen über die hellgrünen, zitternden Pappeln hin zu den blauen, dämmrigen Bergen. Und dann sind alle Versunkenen und alle Verlorenen wieder da! [...] und aus allen dämmrigen, alten Gassen kommt es [das Leben] und sagt: ‚Du darfst niemals vergessen!' [...] Und nun ist es nicht mehr Zukunft, nicht mehr Vergangenheit und nicht mehr Gegenwart, nicht mehr Traum, nicht mehr Erinnerung und nicht mehr Körper. Nun ist es Ewigkeit geworden, dieses Leben und diese Stadt. Und alle, die ich liebe und jemals lieben werde, stehen auf der windigen, verlassenen Brücke neben mir [...]![17]

Die Erfahrung des Entronnenseins begründet Aichingers Autorschaft. Zu erinnern, schreibend die Toten anwesend zu machen, im Raum der Schrift eine Gemeinschaft von Überlebenden und Toten zu stiften und die über die ganze Welt zerstreuten Wege und Orte des Exils im Schreiben gleichsam ‚aufzusammeln', ist der Auftrag, als dessen Gründungsszene dieser frühe Tagebucheintrag verstanden werden kann.

Von Brücken ist hier nicht ohne Grund mehrfach die Rede. Noch in einem Interview mit der *ZEIT* anlässlich ihres 75. Geburtstages äußert sich Aichinger zu ihrer Erfahrung des Entronnenseins, indem sie auf die traumatische Erfahrung an der Schwedenbrücke zu sprechen kommt. „*Später schrieben Sie: ‚Man überlebt nicht alles, was man überlebt.' Was haben Sie nicht überlebt?* – Den Anblick meiner Großmutter im Viehwagen auf der Schwedenbrücke in Wien. Und die Leute um mich herum, die mit einem gewissen Vergnügen zugesehen haben."[18] Die Schwedenbrücke, auf der Ilse Aichinger ihre jüdischen Angehörigen, die in einem Lastwagen in den Tod deportiert wurden, zum letzten Mal gesehen hat, wird in ihrem Roman *Die größere Hoffnung* erstmals literarisch übersetzt, und zwar in das Projekt einer Brücke der größeren Hoffnung, in der Leben und Tod keine unaufhebbaren Gegensätze bilden.[19] Explizit als autobiographisch ausgewiesen wird diese traumatische Erfahrung dann erst 2001 in *Wien 1945, Kriegsende*.[20] Und 2002 wird in einem Geburtstagstext für Günter Grass gefragt, was gewesen wäre, wenn sein Oskar Matzerath die verfolgten Kinder aus der *Größe-*

---

[17] Ilse Aichinger: *Tagebuchblätter 1943/44*. Eintrag: 28. April 1944. (DLA Marbach, A: Aichinger).
[18] Radisch: „Ich will verschwinden", S. 112f.
[19] Vgl. dazu auch Fässler: *Von Wien her, auf Wien hin*, S. 70f.
[20] Vgl. dazu: „Die Wiener glaubten und glauben immer wieder, daß sie das Recht haben, zu wählen, wem sie in die Hände fallen. Daß man bei ihnen auch schlecht aufgehoben sein kann, glauben nur die guten unter ihnen. Diejenigen neben mir, die zusahen, wie meine Großmutter und die jüngeren Geschwister meiner Mutter auf offenen Viehwagen über die Schwedenbrücke in Folter und Tod gefahren wurden, sahen jedenfalls mit einem gewissen Vergnügen zu. Es war das letzte Mal, daß ich meine Großmutter sah." Ilse Aichinger: „Wien 1945, Kriegsende". In: Dies.: *Film und Verhängnis*. Frankfurt/M. 2001, S. 56–61, Zitat S. 59.

*ren Hoffnung* getroffen hätte: „Hätte der Rhythmus seiner Trommel den Rhythmus der Transporte über die Schwedenbrücke wenigstens ein wenig aus dem Gleichmaß bringen können?"[21]

Schreiben heißt mithin Brücken bauen, einen Zugang zu den ‚Versunkenen' und ‚Verlorenen' zu bekommen. Und schreibend Brücken zu bauen, heißt, die historische Erfahrung in ein poetisches Sprechen zu übersetzen. Wie sich zeigen wird, ist dies ein poetisches Sprechen, das erstens Zeiten, Räume und Wahrnehmungsmodi in das Transhistorische einer „Unaufhörlichkeit der frühen Zeit"[22] übersetzt; das zweitens nicht nur die Brücke, sondern auch das Meer und die Seefahrt als poetische Chiffren für die Selbstverortung im Transitorischen einsetzt; das drittens die Übersetzung eines Erinnerungsbanns leistet, in dem insbesondere England und Wien den Ausgangs- und Zielpunkt darstellen; und das viertens schließlich im Medium des Films, der Fotografie, des Kinos und der Reise die ‚Sicht der Entfremdung'[23] als leitende Schreibstrategie einer Poetik des Exils konzipiert, die das Autobiographische im Spiegel der anderen – etwa andere Unzugehörige, aber auch andere Autoren, literarische Figuren, Musiker oder Filmschaffende – erblicken lässt. Eine historisch nachweisbare Verbannung aus der Heimat ist für diese Poetik des Exils nicht grundlegend, dennoch würde ein ausschließlich metaphorisches Verständnis von Exil hier zu kurz greifen.

# 1

Die Spezifik von Aichingers Poetik des Exils erschließt sich über die Auseinandersetzung mit jenem für Aichingers literarisches Schaffen zentralen Wahrnehmungskonzept einer ‚Sicht der Entfremdung'. Dieses hat in der Forschung vielfach Beachtung gefunden, seine Anschlussfähigkeit an medientheoretische sowie an Migrations- und Transkulturalitätsdiskurse ist aber noch nicht gesehen worden. So erschließt sich bei näherer Analyse eine Nähe zu Auffassungen des fremden Blicks, wie man sie aus den Debatten um Migration und Transkul-

---

21 Ilse Aichinger: „Danzig, zum Geburtstag von Günter Grass". In: Dies.: *Unglaubwürdige Reisen*. Hg. v. Fäßler u. Hammerbacher, S. 65–67, Zitat S. 67.
22 Ilse Aichinger: „Kleist, Moos, Fasane". In: Dies.: *Kleist, Moos, Fasane*. Frankfurt/M. 1991, S. 11–18, Zitat S. 18.
23 Die so zu charakterisierende Poetik Aichingers spielt an auf ihren gleichnamigen, erstmals 1954 erschienenen Text, in dem sie sich mit Reiseberichten und Geschichten des Intendanten des Hamburger Funkhauses und späteren freien Schriftstellers Ernst Schnabel auseinandersetzt.

turalität kennt. Der fremde Blick gilt hier als Wahrnehmungsstruktur, die nicht zwingend an feste Orte gebunden ist, oft aber auf eine Erfahrung des Verworfenseins zurückgeht. Dies gilt etwa für Herta Müller, die in *Der fremde Blick oder Das Leben ist ein Furz in der Laterne* schreibt:

> Der fremde Blick ist alt, fertig mitgebracht aus dem Bekannten. Er hat mit dem Einwandern nach Deutschland nichts zu tun. Fremd ist für mich nicht das Gegenteil von bekannt, sondern das Gegenteil von vertraut. Unbekanntes muß nicht fremd sein, aber Bekanntes kann fremd werden.[24]

Aichingers diesem fremden Blick sehr verwandte Sicht der Entfremdung wird programmatisch entfaltet in *Die Sicht der Entfremdung. Über Berichte und Geschichten von Ernst Schnabel*, der 1954 in den *Frankfurter Heften* erstmals erscheint. Der Wiederabdruck in dem Bändchen *Kurzschlüsse. Wien* von 2001 eröffnet einen neuen raum-zeitlichen Kontext, der zum einen eine neue, werkinterne Lesart dieser frühen programmatischen Äußerung erforderlich macht und zum anderen dazu auffordert, Aichingers *Sicht der Entfremdung* im Rückspiegel der genannten Debatten um Migration und Transkulturalität sowie der intensivierten Auseinandersetzung mit den Medien Bild und Film zu betrachten. *Kurzschlüsse. Wien* versammelt die in den fünfziger Jahren entstandenen Prosagedichte, die sich der Topographie Wiens, den Straßen und Plätzen der Kindheit und Jugend widmen. „Die Orte, die wir sahen, sehen uns an."[25] Mit diesem Satz, der die Orte der Vergangenheit in die Gegenwart und Zukunft zitiert, endet der erste Text *Stadtmitte*, er benennt aber auch das leitende Erinnerungskonzept: Nämlich analog zum Entstehen einer direkten Verbindung zwischen dem Plus- und dem Minuspol einer Spannungsquelle, wobei die dadurch freigesetzte Energie den Stromkreis zerstört, sollen auch in diesen Texten immer wieder aufs Neue raum-zeitliche Kurzschlüsse entstehen. Entsprechend provoziert das narrative Verfahren immer wieder aufs Neue den Zusammenprall von Entgegengesetztem: Gegensätze schlagen ineinander um, es kommt zum Kurzschluss weit

---

[24] Herta Müller: „Der fremde Blick oder Das Leben ist ein Furz in der Laterne". In: Dies.: *Der König verneigt sich und tötet*. Frankfurt/M. 2008, S. 130–150, Zitat S. 135f. Vgl. dort auch S. 130: „Ein fremdes Auge kommt in ein fremdes Land – mit dieser Feststellung geben sich viele zufrieden, außer mir. Denn diese Tatsache ist nicht der Grund für den Fremden Blick. Ich habe ihn mitgebracht aus dem Land, wo ich herkomme und alles kannte." Zentral ist für Herta Müller ihre Erfahrung mit dem Geheimdienst, die sich auf die Wahrnehmung auswirkt: „Die Einheit der Dinge mit sich selbst hatte ein Verfallsdatum. Alles rundum schien sich nicht mehr sicher zu sein, ob es das oder dies oder etwas ganz anderes ist." Ebd., S. 134.
[25] Ilse Aichinger: „Stadtmitte". In: Dies.: *Kurzschlüsse. Wien*. Hg. und mit einem Nachwort versehen von Simone Fässler. Wien 2001, S. 11.

auseinander liegender Zeiträume oder Orte. Dadurch entsteht neue semiotische Energie, die bestehende Bedeutungsdimensionen zerstört und neue aufbaut. „Die Orte, die wir sahen, sehen uns an."[26] Die Unaufhörlichkeit der frühen Zeit, von der Aichinger in *Kleist, Moos, Fasane* gesprochen hat, meint hier die Unaufhörlichkeit des Angesehen-Werdens von jenen Orten, die sich in der Kindheit und Jugend zu Erinnerungsorten formiert haben, die auch noch das Ich der Gegenwart im Erinnerungsbann halten. Benjamins Verständnis der ‚mémoire involontaire' und des dialektischen Bildes im ‚Jetzt der Erkennbarkeit' vergleichbar,[27] schießen sie immer wieder aufs Neue mit den Bildern der Gegenwart in flüchtige, blitzhafte Erkenntnis vermittelnde Konstellationen zusammen, um „diesen Moment, diesen Riss in der Geschichte, den Augenblick der Gefahr, wo Vergangenheit in der Gegenwart aufspringt, sichtbar zu machen. Immer wieder" – so die Antwort Ilse Aichingers auf die Frage, ob sie die außerordentliche Fähigkeit zur genauen Beschreibung geschichtlicher Augenblicke „auch dem

---

26 Aichinger: „Stadtmitte", S. 11.
27 Vgl. die Nähe dieser Vorstellung des Angesehen-Werdens von Orten der Vergangenheit zur Beobachtung Franz Hessels: „Nur was uns anschaut, sehen wir." Franz Hessel: „Vorschule des Journalismus. Ein Pariser Tagebuch". In: *Sämtliche Werke in fünf Bänden*, Bd. 2. Prosasammlungen. Hg. v. Hartmut Vollmer u. Bernd Witte. Oldenburg 1999, S. 292–329, Zitat S. 318. Vgl. auch zitiert in Walter Benjamin: „Alfred Polgar, Hinterland (Rezension)". In: *Gesammelte Schriften*, Bd. III. Kritiken und Rezensionen. Hg. v. Hella Tiedemann-Bartels. Frankfurt/M. 1980, S. 199–200, Zitat S. 199. Diese Beobachtung Franz Hessels formuliert Walter Benjamin zu einer Wahrnehmungstheorie aus: „Die Aura einer Erscheinung erfahren, heißt, sie mit dem Vermögen belehnen, den Blick aufzuschlagen. Die Funde der mémoire involontaire entsprechen dem." Walter Benjamin: „Über einige Motive bei Baudelaire". In: *Gesammelte Schriften*, Bd. I.2. Abhandlungen. Hg. v. Rolf Tiedemann u. Hermann Schweppenhäuser. Frankfurt/M. 1991, S. 605–653, Zitat S. 646f. Vgl. Benjamins Erläuterung zum Bildcharakter der mémoire involontaire: „Ihre Bilder kommen nicht allein ungerufen, es handelt sich vielmehr in ihr um Bilder, die wir nie sahen, ehe wir uns erinnerten." Walter Benjamin: „Aus einer kleinen Rede über Proust, an meinem vierzigsten Geburtstag gehalten". In: *Gesammelte Schriften*, Bd. II.3. Aufsätze, Essays, Vorträge. Hg. v. Rolf Tiedemann u. Hermann Schweppenhäuser. Frankfurt/M. 1991, S. 1064f., Zitat S. 1064. Vgl. außerdem sein Verständnis des dialektischen Bildes: „Nicht so ist es, daß das Vergangene sein Licht auf das Gegenwärtige oder das Gegenwärtige sein Licht auf das Vergangne wirft, sondern Bild ist dasjenige, worin das Gewesene mit dem Jetzt blitzhaft zu einer Konstellation zusammentritt. Mit andern Worten: Bild ist die Dialektik im Stillstand. Denn während die Beziehung der Gegenwart zur Vergangenheit eine rein zeitliche ist, ist die des Gewesnen zum Jetzt eine dialektische: nicht zeitlicher sondern bildlicher Natur. [...] das Bild im Jetzt der Erkennbarkeit trägt im höchsten Grade den Stempel des kritischen, gefährlichen Moments, welcher allem Lesen zugrunde liegt." Walter Benjamin: „Das Passagen-Werk". In: *Gesammelte Schriften*, Bd. V.1. Das Passagen-Werk. Hg. v. Rolf Tiedemann u. Hermann Schweppenhäuser. Frankfurt/M. 1991, S. 578.

Sehen von Bildern im Kino" verdanke und „wie diese Bilder den geschichtlichen ‚Augenblick der Gefahr' [erfassten], wie das Walter Benjamin nennt".[28]

Durch den Wiederabdruck 2001 entsteht insofern ein neuer Kontext, als 2001 mit *Film und Verhängnis. Blitzlichter auf ein Leben* Aichingers explizit autobiographisch markiertes Spätwerk einsetzt. Lebensgeschichte und Kinogeschichte, das Verhängnisvolle der eigenen jüdischen Existenz und die Glückserfahrungen, die das Kino als Ort des Verschwindens bietet, werden wechselseitig aufeinander bezogen.[29] So erzählt die leidenschaftliche Kinogängerin Aichinger, die Ins-Kino-Gehen als Möglichkeit des Verschwindens versteht, hier ihr Leben im Medium des Films. Die Vorbemerkung zum *Journal des Verschwindens*, die zeigt, dass medientheoretisch und autobiographisch gefasstes Verschwinden konvergieren, beginnt wie folgt:

> Weshalb ‚Journal', weshalb ‚Verschwinden', weshalb ‚Blitzlichter auf ein Leben'? – Weil mir vor allem an der Flüchtigkeit liegt. Und selbst bei der Notiz, der kurzen Feststellung, dem Journal: nur als Anlaufstrecken für die Freiheit wegzubleiben. Als Kontrapunkt, mit dem das Verschwinden erst einsetzen kann.[30]

Und sie endet damit:

> ‚Born to be murdered' (*The Third Man*) sollte nicht nur im Fall meiner eigenen Familie in ‚born to disappear' übersetzt werden. Keine Milderung, auch kein Ausweg: aber ein Ausblick. Ich mache den Ermordeten ihr Verschwinden nur stümperhaft nach: ich gehe ins Kino. Dort könnte sich eine brauchbare Chronologie entdecken lassen: für das nächste Journal.[31]

---

28 Reichensperger u. Wittstock: „Ich bin im Film", S. 158.
29 Vgl. dazu die Ausführungen Aichingers in Radisch: „Ich will verschwinden", S. 111: „Das Kino ist eine Form des Verschwindens. Man taucht ins Dunkel, man ist unsichtbar. Ich hatte schon als Kind den Wunsch zu verschwinden. Das war mein erster leidenschaftlicher Wunsch. Ich erinnere mich kaum an etwas anderes außer an diesen wahnsinnigen Wunsch. Der Wunsch ist noch immer da. Ich habe es immer als eine Zumutung empfunden, daß man nicht gefragt wird, ob man auf die Welt kommen will. Ich hätte es bestimmt abgelehnt." Zum Zusammenhang von Kinoerfahrung und Erfahrung des Verschwindens vgl. auch Christine Ivanovic: „Ilse Aichingers Poetik des Verschwindens". In: *Symposium* 63 (2009) H. 3, S. 178–193 sowie Christine Ivanovic: „‚Sanfte Erinnerung, umgeben von Gewalt' – Ilse Aichingers Jüngste Prosa". In: *Kultur & Gespenster* 3 (2007), S. 202–219.
30 Ilse Aichinger: „Vorbemerkung zum ‚Journal des Verschwindens'". In: Dies.: *Film und Verhängnis*, S. 65–71, Zitat S. 65.
31 Aichinger: „Vorbemerkung zum ‚Journal des Verschwindens'", S. 71. In ihrer *Vorbemerkung* erläutert Aichinger, dass „den Laufbildern auch Standbilder entgegengesetzt werden" sollten, „die die Bewegung ordnen. Sie geben ihnen die Möglichkeit, während ihres Verschwindens Luft zu bekommen. Damit könnte einsetzen, was den meisten Verschwundenen

In den flüchtigen Bewegungsbildern der Filme, die beim Ansehen bereits verschwinden und doch wiederholt betrachtet werden können, lässt sich laut Aichinger eine „brauchbare Chronologie" entdecken, die paradoxerweise achronisch ist und gerade deshalb der Erinnerung gerecht wird. Denn: „Die Erinnerung splittert leicht, wenn man sie zu beherrschen versucht. [...] Sobald sie sich begreift, kommt sie in Gefahr, sich zu verfallen, ihren Abläufen, Datierungen, Scheinkonsequenzen: ihrer Chronologie."[32] Erinnern muss also dialektisch auf das Vergessen bezogen bleiben, und die Erinnerungsbilder müssen flüchtige, blitzhaft auftauchende, dann aber auch wieder verschwindende Bilder sein.[33] Aichingers Konfrontation von Chronologie und Erinnerung zielt auf eine Aufwertung des Diskontinuierlichen, des Ausschnitthaften, der Störung und der Erkenntnis fördernden Unterbrechung. Im Fokus steht also weniger die Kontinuität von nacheinander ablaufenden Filmbildern, als vielmehr die verfremdenden Wahrnehmungseffekte, die durch das Zusammenspiel von Bewegungen und Stillstellungen hervorgebracht werden.

In diesem Sinne werden Filme, Fotografien und Schauspielerporträts in *Film und Verhängnis* zu Sprungbrettern in die Erinnerung, blitzlichtartig bekommt der Leser einzelne Bilder zu sehen, die er zu einem Ganzen zusammensetzen muss. Betont werden auch die Lücken zwischen den Einzelbildern, die schwarzen Flecken zwischen den belichteten Ausschnitten, das Schweigen inmitten der Sprache der Bilder. So wird das filmische Erzählen zu einem ausgezeichneten Medium für die narrative Übersetzung und Lösung des Erinnerungsbanns, den die früh eingebrannten Bilder ausgelöst haben und immer noch auslösen. Die Anordnung der Texte ist dabei so gewählt,[34] dass die Unaufhörlichkeit des

---

nicht gegönnt war: ein Maß, das dem Glück, auch dem perfekten Unglück, Haltepunkte gibt." Ebd., S. 71.
32 Aichinger: „Vorbemerkung zum ‚Journal des Verschwindens'", S. 69f.
33 Erdle sieht ebenfalls eine Gemeinsamkeit von Aichingers Fokussierung auf den Augenblick mit Walter Benjamins „Denkfigur des flüchtigen aufblitzenden Bildes", macht aber dahingehend eine Differenz aus, dass sich in Aichingers Texten das „flüchtige Auftauchen nicht auf ein wahres Bild der Vergangenheit [bezieht], das einen Augenblick lang aufleuchtet, um auf Nimmerwiedersehen zu verschwinden, sondern auf ein Nicht-Erinnerbares, auf das, was sich entzieht, was aus der Reihe bringt oder eine Spur des Herausfallens hinterlässt – Flecken oder Ränder". Vgl. dazu Birgit R. Erdle: „Fluchtlauf der Bilder. Aichingers England im ‚Journal des Verschwindens'". In: *Wort-Anker Werfen*. Hg. v. Görner, Ivanovic u. Shindo, S. 133–145, Zitat S. 142.
34 Vgl. dazu Aichingers Kommentar: „Eine Klammer ist dabei nicht zufällig: Das Journal setzt ein im Wien um 1939 – die Ufa und der Stummfilmstar Lya de Putti – und endet im Wien nach 1945, mit dem *Dritten Mann*." Aichinger: „Vorbemerkung zum ‚Journal des Verschwindens'", S. 71.

Angesehen-Werdens mit Bildern aus dem Wien um 1939 sowie zur Ufa und zum Stummfilmstar Lya de Putti beginnt und im Wien nach 1945 mit dem Film *Der Dritte Mann* endet, in dem die Schwester eine Nebenrolle hatte. Datiert ist dieser letzte Text mit dem 20.04.2001, wodurch gleichsam ein Kurzschluss konstruiert wird, in dem Hitlers Geburtstag, die persönliche Erinnerung an die Schwester und das neue Jahrtausend zu einer neuen und anders wahrnehmbaren Konstellation zusammentreten.

Durch den Kurzschluss von Früh- und Spätwerk werden auch die frühen programmatischen Äußerungen mit neuer semiotischer Energie aufgeladen. Dies fängt damit an, dass wir – anders als in den 50er Jahren – nun dezidiert dazu aufgefordert sind, die traumatische Erfahrung des Exils als konstitutiv für die ‚Sicht der Entfremdung' zu begreifen. Nicht von ungefähr sind es Reiseberichte, die hierfür die Anschauung geben. Die Reiseberichte Ernst Schnabels, der mit siebzehn Jahren zur See gefahren ist, der im „Zweiten Weltkrieg an Bord eines Vorpostenbootes"[35] stationiert und dann Intendant des Nordwestdeutschen Rundfunks in Hamburg war, vermitteln eine Sicht auf die Welt, die mit der „Sicht der Kindheit" und dem Spiel „Mensch, wundere dich nicht!" identisch ist: Es ist die Sicht, „die Orte zu Orten werden läßt und ihnen ihre Namen neu gibt",[36] es ist die Kinder-Sicht in einen Tiefenraum, in einen offenen Raum der Bewegung, in einen Raum unbegrenzter Möglichkeiten, der das Wahrgenommene auf seinen Möglichkeitssinn hin ausleuchtet und gerade dadurch ‚Wirklichkeitssinn' erzeugt: Ernst Schnabel nämlich „durchdringt [...] die Wirklichkeit bis zur Geisterhaftigkeit und zeigt sie neu. [...] So findet er die Anfänge wieder, [...] er findet [...] die Fremdheit, die Geisterstunde überall" und schafft damit die Voraussetzung, um „die Gefahr dieser Zeit in ihre Chance zu verwandeln".[37] Offenbar scheint hier eine für Aichingers Poetik des Exils relevante Antwort auf die Frage danach gegeben, wie die Lücke, die das Trauma der Trennung gerissen hatte, konstruktiv gemacht werden kann. Eine Antwort ist auch im Wissen Schnabels zu finden, „[d]aß der Columbus von heute nicht die fremde Welt bekannt machen muß, sondern die allzu bekannte fremd. Er entdeckt den Raum als etwas zu Verantwortendes, Fliehendes, vorübergehend Geschenktes, und die Vertauschbarkeit von Raum und Zeit."[38] Aichinger beschreibt hier Schnabels tiefendimensionalen, fremden Blick auf eine Weise, die der gegenwärtig disku-

---

35 Ilse Aichinger: „Die Sicht der Entfremdung. Über Berichte und Geschichten von Ernst Schnabel". In: Dies.: *Kurzschlüsse*. Hg. v. Fäßler, S. 51–62, Zitat S. 53.
36 Aichinger: „Die Sicht der Entfremdung", S. 51.
37 Aichinger: „Die Sicht der Entfremdung", S. 53.
38 Aichinger: „Die Sicht der Entfremdung", S. 54.

tierten Wahrnehmungsstruktur transkultureller Poetiken nahe ist.[39] Auch das von Schnabel entdeckte „Phänomen der Gleichzeitigkeit", wenn, wie Aichinger hervorhebt, „die Zeit [...] zum Raum" und „der Raum zur Zeit wird",[40] fügt sich in diese Perspektive, gelten doch Phänomene der Heterochronie und Heterotopie als charakteristische Merkmale transkultureller Textbewegungen.

Ausgehend von der intensiven Auseinandersetzung mit Fotografie, Film und Kino im Spätwerk ist die explizite Verankerung der ‚Sicht der Entfremdung' im Medium der Fotografie einerseits und andererseits – und auch dies ist Gegenstand der Reflexion – die Kritik an erstarrten Bildern sowie die Forderung nach Belebung und Bewegung besonders interessant. Schnabels fremder Blick ist der Blick der Fotografie, der „umgekehrt belichtete Bild[er]" erzeugt und durch „diese Rückentwicklung zum Negativ, aus dem das wirkliche Bild kommt", einen „Ausweis des Wirklichen" schafft.[41] Durch diesen fremden Blick der Fotografie kommen erstarrte Bilder wieder in Bewegung und die erstarrte Sprache wird verflüssigt. Damit ist auch gesagt, dass der fremde Blick der Fotografie letztlich auf filmische Bilder hin gespannt ist.

Fotografie und Film, die neuen Medien des zwanzigsten Jahrhunderts, werden in Aichingers *Sicht der Entfremdung* zur Grundlage einer Ästhetik und Wahrnehmungstheorie,[42] die an keine Grenzen mehr gebunden ist, insbesondere nicht an die Grenze zwischen Fakt und Fiktion. Aus Ernst Schnabels Rei-

---

**39** Vgl. dazu etwa Ottmar Ette: *ZwischenWeltenSchreiben: Literaturen ohne festen Wohnsitz. ÜberLebensWissen II.* Berlin 2005, S. 42f., der in diesem Kontext von einer „Poetik der Bewegung" spricht und ausgehend von der „Bewegungs-Figur Odysseus" die These aufstellt, dass sich in den „Bewegungsfiguren [...] ein iterinarisch strukturiertes Bewegungsgeflecht von Raum und Zeit ab[lagert], das als spatiales Verstehensmodell auch in anderen Räumen und Zeiten nachvollzogen und als Lebenswissen auf die narrative Strukturiertheit des eigenen Lebens übertragen werden kann. "
**40** Aichinger: „Die Sicht der Entfremdung", S. 54.
**41** Aichinger: „Die Sicht der Entfremdung", S. 55.
**42** Fotografie und Film werden hier ausdrücklich vom ‚alten' Medium des Theaters abgesetzt: „Noch während wir hinsahen, ist der Vorhang niedergegangen, die Figuren sind eingezeichnet und bewegen sich nicht mehr", dies ist das Ergebnis der Verlustrechnung, die zu Beginn von *Sicht der Entfremdung* aufgemacht und an das ‚alte' Medium des Theaters gekoppelt wird. Aichinger: „Die Sicht der Entfremdung", S. 51. Es wäre eine eigene Untersuchung wert, diese etwa auch bei Siegfried Kracauer zu beobachtende Ersetzung des bürgerlichen Mediums Theater durch die populären Medien Fotografie und Film eingehender zu analysieren. Vgl. zur Verbindung von Aichingers und Kracauers Auseinandersetzung mit dem Medium Film Joanna Jabłkowska: „‚Weil mir vor allem an der Flüchtigkeit liegt'. Ilse Aichingers ‚Film und Verhängnis'". In: *Feuilleton – Essay – Aphorismus.* Hg. v. Sigurd Paul Scheichl. Innsbruck 2008, S. 239–251.

seberichten kann man laut Aichinger lernen, dass jede Reise immer auch eine Reise in fiktive Welten ist:

> Dann ist es auch gleichgültig, ob sie [die Reiseberichte] in Marseille oder in Hannover, im Indischen Ozean oder in einer kleinen mitteldeutschen Stadt spielen, dann überflutet der Indische Ozean die kleinen Städte, und die kleinen Städte wiederum tauchen glänzend und wie neugeboren aus fremden Meeren auf.[43]

Mit dieser ‚Sicht der Entfremdung', die medientheoretisch gesprochen eine dem fotografischen Blick entnommene ‚Einsicht in das Negativbild' ist, „hebt Ernst Schnabel den Unfug des Sightseeing auf"[44] und lässt die „Sprache der Fremde" zu Wort kommen, die davon ausgeht, dass „das Nächste als das Fernste und die Heimat als die Fremde, die sie zugleich ist",[45] verstanden werden muss. Zwischen Fakt und Fiktion, zwischen Heimat und Fremde, den vermeintlich entgegen gesetzten Polen, kommt es gleichsam zu einem Kurzschluss, aus dem sich neue Sichtweisen ergeben: sich im anderen, im Fremden zu erblicken und umgekehrt das Eigene als das Andere und Fremde wahrnehmen zu können, ist hierfür eine zentrale Voraussetzung. Zusammenfassend kann man sagen: Auch Ilse Aichingers programmatischer Text selbst löst diese ‚Sicht der Entfremdung' ein. Im Spiegel des Anderen, im Spiegel der fremden Texte von Ernst Schnabels Reiseberichten gibt Ilse Aichinger bereits 1954 jene neue Sicht auf die alte Gattung der Reiseliteratur zu erkennen, die sie dann 2005 in den *Unglaubwürdigen Reisen* als eine prinzipiell unabschließbare Serie unverbindlich miteinander verbundener Prosaminiaturen gestalten wird. Die Schreibstrategien und Textverfahren, die aus diesem fremden Blick auf die Reiseliteratur hervorgehen, sind konstitutiv für Aichingers Poetik des Exils – und zwar deshalb, weil sie eine transkulturelle Entgrenzung auch der vermeintlich autobiographisch fest fixierbaren Bezugsorte vollziehen. Wie bei Schnabel Marseille und Hannover, so treten in Aichingers *Unglaubwürdigen Reisen* auch Wien und England mit den USA, mit Shanghai, Odessa usw. in nachbarschaftliche Verbindung.

---

43 Aichinger: „Die Sicht der Entfremdung", S. 59.
44 Aichinger: „Die Sicht der Entfremdung", S. 56.
45 Aichinger: „Die Sicht der Entfremdung", S. 60.

## 2

In den Texten aus *Unglaubwürdige Reisen* wird eine definitive Scheidung zwischen dem Glaubwürdigen und dem Unglaubwürdigen zurückgewiesen. Dies lässt sich auf Aichingers Exilerfahrung beziehen. Weder zu einer erzwungenen noch zu einer freiwilligen Trennung vom Heimatort Wien ist es bei Ilse Aichinger während und unmittelbar nach dem Krieg gekommen. Dennoch ist Aichingers Exil nicht nur ein metaphorisches, mit dem die eigene Subjekt- und/oder Autor-Position reflektiert würde, da es fraglos auf der traumatischen Erfahrung des Ausgeschlossen- und Verworfenseins basiert. Wien ist zwar heimatlich vertraut, aber als mörderisches Wien, in dem Brutalitäten jeder Art jeder Zeit vorstellbar sind, ist es dennoch die Fremde – so formuliert es Aichinger 2006 in einem mit *Unter Charmeuren* überschriebenen Text.[46] Und England, die zweite Heimat der Schwester ist zwar fremd, aber als das Land der geglückten Flucht zugleich ein Vertrauen und Trost spendendes Land.[47] Zum Glück verheißenden Exilland, zum Ort des Zusammenfallens von Gegensätzen, von Unglaublichem und Glaubwürdigem, von Unfreiwilligem und Freiwilligem, wird England überdies, weil hier das erste Wiedersehen mit der Schwester stattfindet.

> 1948 brach ich, bis heute unglaublich und glaubwürdig, nach England auf, wo meine Schwester und die Schwester meiner Mutter zehn Jahre zuvor – unfreiwillige Reisende, doch für immer freiwillige Engländer – gelandet waren.[48]

---

46 „‚Gestatten!', sagte unlängst eine Frau, die hinter mir gestanden war, gab mir einen leichten Stoß, stieg in die Straßenbahn, und die Tür schloss sich. Das war kein Unglück, ich hatte keine Eile. Aber das Wort ‚gestatten' fiel mir am gleichen Abend wieder ein, und ich bedenke es auch seither immer wieder, wenn ich die Stadt und das Land bedenke, in dem ich geboren und aufgewachsen bin, in extremen Zeiten und unter zum Teil extremen Umständen. Es fällt mir vor allem dann wieder ein, wenn ich mich meiner Großmutter erinnere, die ich zuletzt in einem offenen Viehwagen sah, als sie über eine der vielen Kanalbrücken Wiens zum Nordwestbahnhof und von dort in ein Vernichtungslager gefahren wurde. Damals sagte niemand ‚Gestatten!', aber man kann sich vorstellen, dass es ‚bei uns', wie man hier gerne sagt, auch heute wieder möglich wäre, Brutalitäten jeder Art ein solches Wort voranzustellen." Ilse Aichinger: „Unter Charmeuren". In: Dies.: *Subtexte*. Wien 2006, S. 49–52, Zitat S. 49.
47 Zu Aichingers „England-Bezug" als „*komplementäre* Größe, die dem ‚Österreichischen' in ihrem Werk produktiv korrespondiert", vgl. Christine Ivanovic: „Nach England! Zur Geschichte einer Sehnsucht". In: *Wort-Anker Werfen*. Hg. v. Görner, Ivanovic u. Shindo, S. 87–101, Zitat S. 101.
48 Ilse Aichinger: „Canetti im nassen englischen Wind". In: Dies.: *Unglaubwürdige Reisen*. Hg. v. Fäßler u. Hammerbacher, S. 74–75, Zitat S. 74.

*Eine Lobrede auf England* ist denn auch einer der Feuilletons aus den *Unglaubwürdigen Reisen* betitelt: „Man hat wenig Wahl", heißt es hier, „England ist auch nicht verwandt, sondern extrem unverwandt",[49] und doch oder gerade deshalb verbindet sich mit England „das Glück, da zu bleiben, wo man sich eben nicht aufhält".[50] Die biologistisch aufgeladene, an die Positivierung von ‚Heimat' und ‚Verwandtschaft' gebundene ‚Zumutung der Existenz' wird zurückgewiesen, gleichzeitig wird die von der Biopolitik aufgezwungene Entortung zu einem als positiv erlebbaren Glücksversprechen umcodiert. Und diese bereits in der *Sicht der Entfremdung* entwickelte ‚Einsicht ins Negativbild' fortsetzend, man könnte auch sagen, die sich dort bereits abzeichnende Ästhetik der Negation umsetzend, heißt es da weiter: „Ich werde mich nie mehr in England aufhalten. Und deshalb kann ich nie mehr davon verlassen werden: von seinen erstaunlichen Farben, seinen Trends, seinen Moden, seinen Manien, die mir eine Weltvernunft bezeugen, die unvernünftig genug ist."[51] Ein solcher Ort, von dem man nicht verlassen werden kann, ist auch die Poesie. Das Medium der Poesie macht klar, warum die imaginären Reisen dem Sightseeing vorzuziehen sind, das man aus Reiseführern kennt. Hier gibt es – wie eine der imaginären Reisen betitelt ist – *Erlebnisgarantie für Wiener in Shanghai*. „Erlebnisgarantie aus dem Buch" ist von Ilse Aichinger handschriftlich auf den hinteren Buchdeckel des Dumont-Reiseführers notiert, der auf der vorderen Klappe eine Brücke im Sonnenlicht zeigt, die offenbar in das garantierte Erlebnis führen soll.

> Für Shanghai wird im Reiseführer ‚Erlebnisgarantie' geboten, für heute, morgen und übermorgen. Weshalb nicht für gestern? Shanghai war seit Mitte des 19. Jahrhunderts ein Einwanderungsland, ein Magnet.[52]

So beginnt der Text, in dem einer der in Wien Verschwundenen, denen „die Flucht" in das „Einwanderungsland"[53] Shanghai nicht gelungen ist, nämlich Dr. David Weisselberg, der erste Zahnarzt der Zwillinge, gewürdigt wird. Ihm, der „auf Details konzentriert"[54] war, gelang es „schon in der Burggasse, in einem Maß der Unzugehörigkeit ausgesetzt zu bleiben, das weit über mehr oder weni-

---

[49] Ilse Aichinger: „Eine Lobrede auf England". In: Dies.: *Unglaubwürdige Reisen*. Hg. v. Fässler u. Hammerbacher, S. 71–73, Zitat S. 71.
[50] Aichinger: „Eine Lobrede auf England", S. 73.
[51] Aichinger: „Eine Lobrede auf England", S. 73.
[52] Aichinger: „Erlebnisgarantie für Wiener in Shanghai", S. 161.
[53] Aichinger: „Erlebnisgarantie für Wiener in Shanghai", S. 161.
[54] Aichinger: „Erlebnisgarantie für Wiener in Shanghai", S. 163.

ger chinesische Fluchtziele hinausgeht".[55] Dass Aichinger auch hier im Spiegel des Anderen Autobiographisches und mit dem Hinweis auf die Details auch Poetologisches zu erkennen gibt, bestätigt der folgende, die Schreibgegenwart kommentierende Satz: „‚Mir ist nichts fremd', höre ich in der Hofzuckerbäckerei Demel am Nebentisch."[56] Das ist einer jener Sätze, der – wie Aichinger in *Unter Charmeuren* schreibt –

> das Land hier unverwechselbar [macht]. Aber ich kenne diese Art von Unverwechselbarkeit, sie ist mir nicht fremd. Nicht nur deshalb möchte ich nicht in die Fremde, sondern will in der Fremde bleiben, die mörderisch, aber vertraut ist, in Wien.[57]

Unglaubwürdige Reisen sind mithin Reisen ins Zwischenreich von Vertrautheit und Fremdheit, von Fakt und Fiktion, von historisch Verbürgtem und imaginär Vorgestelltem. Doch gerade diese unglaubwürdigen Reisen führen in Bereiche der Vor- und Darstellung, denen eine umso größere Glaubwürdigkeit zukommt und deren spezifische Auffassung von Wirklichkeit überdies eine an die Erfahrung des Exils gekoppelte zu sein scheint. Dies legt eine Passage nahe, die dem 2002 verfassten Text *Aus der Geschichte der Trennungen* entnommen ist, in dem Aichinger die Abreise der Schwester am 4. Juli 1939 erinnert und ihre Fragen nach Möglichkeiten, das Trauma der Trennung zu fassen, mit einer auf Walter Benjamin verweisenden Sentenz beschließt, deren Fundstelle wiederum eine Spur zu Siegfried Kracauers Verständnis von Wirklichkeit als Konstruktion legt:

> Wie läßt sich der Abschied qualifizieren, vor einem Ausmaß schützen, das ihn aus der Reihe bringt? Wie hindert man ihn, zum Vexierbild zu verkommen, das ihn weniger kraß macht und aus der Bodenlosigkeit reißt? Wie wird die Lücke, die jahrzehntelang klafft, konstruktiv, ohne Querverbindungen und Rettungen zu suchen, die nicht möglich sind? ‚Der Wirklichkeit wird so sehr zugesetzt, daß sie Farbe bekennen muß.' (Walter Benjamin) Nichts mehr ist zwanglos.[58]

Diese Fragen lassen sich zugleich als Fragen nach den Bedingungen und Möglichkeiten einer Poetik des Exils verstehen. Der direkte Verweis auf Walter Benjamin und der implizite auf Siegfried Kracauer sind dabei in mehrfacher Hinsicht aufschlussreich: Es sind Verweise auf zwei jüdische Exilanten, und es sind Richtungsvorgaben für die Suchbewegung nach möglichen Schreib- und

---

55 Aichinger: „Erlebnisgarantie für Wiener in Shanghai", S. 164.
56 Aichinger: „Erlebnisgarantie für Wiener in Shanghai", S. 164.
57 Aichinger: „Unter Charmeuren", S. 49.
58 Ilse Aichinger: „Aus der Geschichte der Trennungen". In: Dies.: *Unglaubwürdige Reisen*. Hg. v. Fäßler u. Hammerbacher, S. 68–69, Zitat S. 68f.

Darstellungsverfahren. Das Zitat ist Benjamins Kritik zu Siegfried Kracauers *Die Angestellten* (1930) entnommen und damit jener soziologischen Studie, die ein Konzept von Wirklichkeit entwirft, das an den Darstellungsverfahren der Fotografie orientiert ist:

> Die Wirklichkeit ist eine Konstruktion. Gewiß muß das Leben beobachtet werden, damit sie erstehe. Keineswegs jedoch ist sie in der mehr oder minder zufälligen Beobachtungsfolge der Reportage enthalten, vielmehr steckt sie einzig und allein in dem Mosaik, das aus den einzelnen Beobachtungen auf Grund der Erkenntnis ihres Gehalts zusammengestiftet wird. Die Reportage photographiert das Leben; ein solches Mosaik wäre sein Bild.[59]

Mit Kracauers Auffassung der Wirklichkeit als Konstruktion verbunden ist überdies eine Aufwertung der Details und des Fragmentarischen sowie sein berühmtes Diktum, dass die Urteile der Epoche über sich selbst weniger aussagekräftig sind als die Analyse ihrer unscheinbaren Oberflächenäußerungen.[60] Auch wenn man vielleicht nicht von einer expliziten Bezugnahme Aichingers auf Kracauers Methode zur Erschließung kulturhistorischer, soziologischer und psychologischer Phänomene ausgehen muss, so lässt sich doch im Hinblick auf den erkenntniskritischen Impetus sowie auf die Aufwertung alltagskultureller Phänomene, der Fotografie, des Films und des Kinos eine gewisse Nähe feststellen. Nimmt man das Benjamin-Zitat in seiner kontextuellen Einbettung hinzu, so wird erkennbar, wie Aichinger Gelesenes aneignend transformiert und auch in diesem Sinne Wirklichkeit als Konstruktion begreift. Im Kontext lautet das Zitat wie folgt:

> Dies ganze Buch ist vielmehr Auseinandersetzung mit einem Stück vom Alltag, bebautem Hier, gelebtem Jetzt geworden. Der Wirklichkeit wird so sehr zugesetzt, daß sie Farbe bekennen und Namen nennen muß. Der Name ist Berlin, das dem Verfasser die Angestelltenstadt par excellence ist; so sehr, daß er sich durchaus bewußt ist, einen wichtigen Beitrag zur Physiologie der Hauptstadt geliefert zu haben.[61]

---

[59] Siegfried Kracauer: „Die Angestellten". In: *Schriften*, Bd. 1. Soziologie als Wissenschaft, Der Detektiv-Roman, Die Angestellten, Schriften. Hg. v. Inka Mülder-Bach. Frankfurt/M. 1971, S. 205–304, Zitat S. 216.
[60] Vgl. dazu Siegfried Kracauer: „Ornament der Masse". In: *Schriften*, Bd. 5.2. Aufsätze 1927–1931, Schriften. Hg. v. Inka Mülder-Bach. Frankfurt/M. 1990, S. 57–67, Zitat S. 57.
[61] Walter Benjamin: „Ein Aussenseiter macht sich bemerkbar. Zu S. Kracauer ‚Die Angestellten'". In: *Gesammelte Schriften*, Bd. III. Hg. v. Tiedemann-Bartels. Frankfurt/M. 1972, S. 219–225, Zitat S. 221.

Aichinger gibt das Zitat unvollständig wieder, verzichtet auf das ‚Namen nennen' dort, wo die Spur nach Berlin führen würde, um andere Namen nennen zu können: insbesondere Wien, jenen Kindheitsort, an dem der Wirklichkeit ‚so sehr zugesetzt' wurde, dass sich die Sprache im Versuch, das Trauma in Worte zu fassen, immer wieder neu auf den Weg machen muss.

So entstehen Reisen der Grenzerweiterung, Reisen in transhistorische und transitorische Erfahrungsdimensionen. Sie sind stets auf die Rückkehr zu ihrem Ausgangspunkt hin angelegt, der sich dadurch als nicht-identischer und ursprungloser Beginn einer Such- und Erkenntnisbewegung erschließt. Auf diese Weise werden neue Beziehungen gestiftet, Distanz wird in Nähe, Fremdes in Vertrautes, Zeitliches in Räumliches transformiert und umgekehrt.

Der Schreibort dieser unglaubwürdigen Reisen ist einerseits konkret: Aichingers Spätwerk entsteht im Café, u.a. im Bräunerhof, im Sperl, v.a. aber im Demel am Kohlmarkt und im Jelinek in Wien-Gumpendorf. Die radikale Gegenwärtigkeit dieses autobiographischen Projekts dokumentieren die im Marbacher Literaturarchiv einsehbaren und teilweise auch in *Unglaubwürdige Reisen* abgedruckten Speisekarten, Briefumschläge, Schulhefte, Papiertüten und Rückseiten von Kreuzworträtselheften, auf denen die Texte entstehen und die zugleich wissen lassen, welche Getränke konsumiert, Tabletten eingenommen, Verabredungen getroffen und welche sonstigen Notizen zum Tag gemacht wurden. Von diesem konkreten Schreibort aus starten andererseits die imaginären Reisen, bei denen sich potentiell alles mit allem verbinden kann: autobiographische Kindheits- und Jugenderinnerungen mit Kopfreisen in ferne Länder ebenso wie – v.a. unter der Rubrik *Schattenspiele* – fiktive Begegnungen mit verstorbenen Angehörigen und Freunden, die als Schattenrisse imaginativ belebt werden.[62] Auf den ersten Blick gibt es keine Hierarchien. Aichinger, die nicht erst seit *Schlechte Wörter* ein Faible für das „Zweit- und Drittbessere" hat,[63] wendet sich der Populärkultur mit der gleichen Aufmerksamkeit zu wie der Weltgeschichte. So wirft sie Blitzlichter auf das eigene Leben, bei denen die autobiographischen Details ganz selbstverständlich mit der Weltgeschichte und der

---

[62] Aichingers Viennale-Tagebuch erscheint vom 16. bis zum 25.10.2000 und vom 22. bis zum 31.10.2001 täglich im *Standard*. Jeweils freitags erscheint dazwischen das *Journal des Verschwindens* (3.11.2000 bis 19.10.2001). Vom 30.11.2001 bis 8.8.2003 erscheinen die *Unglaubwürdigen Reisen*, vom 14.11.2003 bis zum 8.10.2004 dann die *Schattenspiele*. Ab dem 24.12.2004 bis zum 18.6.2005 werden diese dann im *Spectrum*, der Wochenendbeilage von *Die Presse* abgedruckt.

[63] Ilse Aichinger: „Schlechte Wörter". In: Dies.: *Schlechte Wörter*. Frankfurt/M. 1991, S. 11–14, Zitat S 12.

Populärkultur in Verbindung treten. Und doch stehen all diese Reisen im Bann der traumatischen Erinnerung. Sie führen fast ausnahmslos auf Wien hin oder nehmen von Wien her ihren Ausgang:[64] Damit wird der Schreibort auch zum Grenzort einer Narration, die unterschiedliche Zeiten und Räume miteinander verbindet sowie Verlusterfahrung und Sinnstiftung miteinander verschränkt.[65] Diese für die Narration des Exils charakteristischen Verschränkungen werden in Aichingers Spätwerk aber insofern potenziert, als sie nicht auf den Selbstentwurf des exilierten Ich begrenzt bleiben. Aichingers Poetik des Exils ist kein autobiographisches Projekt, dem es um das Erschreiben einer festen Identität oder um die Aufnahme in den Kanon der Exilliteratur ginge. Vielmehr zeigen die Texte ein Ich in Bewegung, und die imaginären Reisen – etwa in die USA, aber auch nach Odessa, Shanghai oder Assam –, die, ohne dies zu explizieren, insbesondere an historische Exilorte führen, erweisen sich als transkulturelle Textbewegungen einer nomadischen Existenzweise, die in der Welt und in den Literaturen der Welt die Entortung aufsucht und der Verschwundenen gedenkt. Diese Textbewegungen entgrenzen das schreibende Ich, sie entgrenzen aber auch den einen Exilort zum Kaleidoskop möglicher Exilorte des zwanzigsten Jahrhunderts. Für diese Entgrenzungen ist zwar der Rückzug des schreibenden Ich in eine Art innere Emigration der Wiener Cafés und damit die fortgesetzte Konfrontation mit dem Gefühl des Fremdseins in der eigenen Heimat konstitutiv, aber es macht keinen grundlegenden Unterschied, ob das autobiographische Ich oder seine Reisegefährten diese unglaubwürdigen Reisen unternehmen. Als Reisegefährten dieser Autobiographie im Spiegel der anderen haben sich etwa Hofmannsthal, Grillparzer, Grass, Canetti und Stifter, aber auch Musiker wie die Beatles oder Bob Dylan sowie Filmregisseure und Schauspieler wie Fritz Lang oder Marlene Dietrich bewährt, um nur wenige zu nennen. Eine Reisegefährtin jedoch soll schließlich noch eigens erwähnt werden: und zwar die Kind gebliebene Pippi Langstrumpf, deren anarchische Weltsicht jene in Aichingers Texten vielfach beschworene und für Aichingers Poetik des Exils konstitutive ‚Sicht der Entfremdung' pointiert ins Bild zu setzen vermag, zumal, wenn – wie in *Pippi Langstrumpf im ‚71er'-Wagen* – Pippi mit dem Pferd durch Wien reitend auf eine

---

64 Vgl. die Monographie von Fässler: *Von Wien her, auf Wien hin.*
65 In diesem Sinne bestimmt Elisabeth Bronfen die „Narration des Exilanten" als „gleichzeitige und unvollkommene Präsenz in zwei Welten". Vgl. dazu Elisabeth Bronfen: „Exil in der Literatur: Zwischen Metapher und Realität". In: *Arcadia* 28 (1993), S. 167–183, Zitat S. 170. Zur „Struktur der Exilnarration als ein transitorisches Erzählen" vgl. auch Susanne Komfort-Hein: „‚Inzwischenzeit' – Erzählen im Exil. Anna Seghers' ‚Der Ausflug der toten Mädchen' und Peter Weiss' ‚Der Schatten des Körpers des Kutschers'". In: *Aufklärungen. Zur Literaturgeschichte der Moderne*. Hg. v. Werner Frick u.a. Tübingen 2003, S. 343–356.

unglaubwürdige Reise geschickt und als Gedächtnisfigur konzipiert wird.[66] Der auf Pippis Reise mitgenommene Leser darf sich nun vorstellen, wie Pippi, die „anarchisch genug ist, um ‚bei uns' schwer vorstellbar zu sein",[67] gegen alle Konventionen des Sightseeings Wien wahrnimmt und dabei mit der Überwindung ‚natürlicher' Raum- und Zeithorizonte auch die kulturelle Ordnung Wiens mit ihren fest etablierten Hierarchien und Normen verunsichert. Die in politischer, machtkritischer und ethischer Hinsicht verstehbare Vorstellung, dass Pippi „Ruhmeshallen und Weiheräume [...] nur als Passage verwenden" würde,[68] verdeutlicht, dass Pippi für das Reiseziel der Stiftung einer anderen, der nationalen Gedächtniskultur widerstreitenden Weise des Eingedenkens an die Toten sowie an die mit ihnen verbundenen Orte besonders gut geeignet ist. Pippis unglaubwürdige Reise nach Wien ist überdies in medientheoretischer Perspektive von Interesse, und zwar insofern, als Aichingers Narrationen des Exils stets auch von ihrer Kinoleidenschaft erzählen. Im Kontext von *Film und Verhängnis. Blitzlichter auf ein Leben* (2001) betrachtet, ist Pippis Erscheinen in Wien einem Kinobild vergleichbar: Wie die flüchtigen Kinobilder blitzt Pippis unglaubwürdige Reise nach Wien auf wie ein flüchtiges, gleich wieder verschwindendes Vorstellungsbild, welches jedoch, Benjamins Verständnis des dialektischen Bildes nahe, Kurzschlüsse mit den vielen anderen in die Vergangenheit zurückreichenden Vorstellungsbildern aus Aichingers Textuniversum und damit auch Erkenntnis vermittelnde Konstellationen erzeugen kann.

Ausgehend von „Pippi, die Pillen gegen das Erwachsenwerden nahm" und der man auch als anarchische und mit dem fremden Blick ausgestattete Gedächtnisfigur „das letzte Wort lassen [sollte]",[69] kann überdies die Verfasstheit von Aichingers Poetik des Exils abschließend eingeordnet werden. Auffallend ist zunächst eine bei allen Unterschieden erkennbare Kontinuität zwischen Aichingers frühen und späten Texten. Sie ergibt sich aus jenem durch das Trauma der Zeugenschaft und der Trennung begründeten Anliegen, schreibend die Toten anwesend zu machen, mithin im Raum der Schrift eine Gemeinschaft von Überlebenden und Toten zu stiften. Die im Vergleich mit anderen Poetiken des Exils herauszuhebende Besonderheit besteht darin, dass die Wahrnehmung der eigenen Existenz als die einer Exilierten in Aichingers Texten mit der Zeugenschaft der Deportation naher Verwandter, den im und nach dem Krieg erlit-

---

66 Ilse Aichinger: „Pippi Langstrumpf im ‚71er'-Wagen". In: Dies.: *Unglaubwürdige Reisen*. Hg. v. Fässler u. Hammerbacher, S. 33–35.
67 Aichinger: „Pippi Langstrumpf im ‚71er'-Wagen", S. 33.
68 Aichinger: „Pippi Langstrumpf im ‚71er'-Wagen", S. 34.
69 Aichinger: „Pippi Langstrumpf im ‚71er'-Wagen", S. 34f.

tenen Repressionen sowie mit dem realen Exil der Zwillingsschwester begründet wird und an ein ‚zwillingshaftes' Autorschaftskonzept gebunden ist. Dieses verknüpft Fremdheits-, Ausschluss- und Entortungserfahrungen mit Reflexionen über den sowohl biologisch als auch biopolitisch kontextualisierten und in seinen Auswirkungen als einschränkend, aber auch beglückend erfahrenen Existenzzwang so, dass reales und metaphorisches Exil nahezu ununterscheidbar werden: Und auch wenn das Schreiben Fluchtort vor diesem doppelten Exil ist, so kann das Trauma der Trennung nicht heilen, auch nicht durch seine immer wieder aufs Neue zu leistende Übersetzung in poetisches Sprechen. Umso mehr jedoch muss aber auch die zunächst irritierende poetische Übersetzung der Entortungserfahrung in ein positiv erlebbares und immer wieder mit England verknüpftes Glücksversprechen als subversive Strategie angesehen werden, alle Formen einer biologisch oder auch biopolitisch aufgezwungenen, an die Positivierung von ‚Heimat' und ‚Verwandtschaft' gebundenen ‚Zumutung der Existenz' kompromisslos zurückzuweisen. Diese Strategie erfasst außerdem die konsequente Historisierung der in vielen Poetiken des Exils problematisierten odysseischen Heimatlosigkeit: So lässt Aichingers Spätwerk keinen Zweifel daran, dass das gegenwärtige Wien mit seiner unbewältigten Xenophobie eine Heimat ist, die heimatlos macht und imaginäre Reisen in die Fremde erzwingt. Indem die ‚Sicht der Entfremdung' als raum-zeitlich ungebundener kritischer Wahrnehmungsmodus gefasst wird, erstellt Aichingers Poetik des Exils ein auf die Zukunft hin offenes Exil-Gedächtnis, in welches auch die Erfahrungen der kulturellen Fremdheit und des Unbehaustseins im Kontext allgegenwärtiger Migrations- und Globalisierungsprozesse eingetragen werden können und deren Anschlussfähigkeit an gegenwärtige Auseinandersetzungen mit Exil und Migration als Massenphänomenen und paradigmatische Konstellation im zwanzigsten und einundzwanzigsten Jahrhundert noch zu entdecken ist.

## Bibliographie

Aichinger, Ilse: Verschiedenes. Autobiographisches, Tagebuch 13.9.1938–30.5.1941. (DLA Marbach, A: Aichinger).
Aichinger, Ilse: Typoskript, 6.12.1942. In: Dies.: *Kleine Auswahl für Euch von mir. Weihnachten 1946* (DLA Marbach, A: Aichinger).
Aichinger, Ilse: *Tagebuchblätter 1943/44*. Eintrag: 28. April 1944. (DLA Marbach, A: Aichinger).
Aichinger, Ilse: *Brief an Helga Michie, 29.10.1945*, hs. (im Besitz der Familie).
Aichinger, Ilse: *Brief an Helga Michie, Wien 23.4.1947*, hs. (DLA Marbach, A: Aichinger, Zug. 2010).
Aichinger, Ilse: „Kleist, Moos, Fasane". In: Dies.: *Kleist, Moos, Fasane*. Frankfurt/M. 1991, S. 11–18.
Aichinger, Ilse: *Film und Verhängnis. Blitzlichter auf ein Leben*. Frankfurt/M. 2001.

Aichinger, Ilse: „Wien 1945, Kriegsende". In: Dies.: *Film und Verhängnis*. Frankfurt/M. 2001, S. 56–61.
Aichinger, Ilse: *Kurzschlüsse. Wien*. Hg. und mit einem Nachwort versehen von Simone Fässler. Wien 2001.
Aichinger, Ilse: „Die Sicht der Entfremdung. Über Berichte und Geschichten von Ernst Schnabel". In: Dies.: *Kurzschlüsse*. Hg. und mit einem Nachwort versehen von Simone Fässler. Wien 2001, S. 51–62.
Aichinger, Ilse: „Stadtmitte". In: Dies.: *Kurzschlüsse*. Hg. und mit einem Nachwort versehen von Simone Fässler. Wien 2001, S.11.
Aichinger, Ilse u. Helga Aichinger-Michie: „Aus der Geschichte der Trennungen". In: *Die Kindertransporte 1938/39. Rettung und Integration*. Mit Beitr. v. Ilse Aichinger, Helga Aichinger-Michie u.a. Hg. v. Wolfgang Benz, Claudia Curio u. Andrea Hammel. Frankfurt/M. 2003, S. 203–209.
Aichinger, Ilse: *Unglaubwürdige Reisen*. Hg. v. Simone Fässler u. Franz Hammerbacher. Frankfurt/M. 2005.
Aichinger, Ilse: „Aus der Geschichte der Trennungen". In: Dies.: *Unglaubwürdige Reisen*. Hg. v. Simone Fässler u. Franz Hammerbacher. Frankfurt/M. 2005, S. 68–69.
Aichinger, Ilse: „Canetti im nassen englischen Wind". In: Dies.: *Unglaubwürdige Reisen*. Hg. v. Simone Fässler u. Franz Hammerbacher. Frankfurt/M. 2005, S. 74–75.
Aichinger, Ilse: „Danzig, zum Geburtstag von Günter Grass". In: Dies.: *Unglaubwürdige Reisen*. Hg. v. Simone Fässler u. Franz Hammerbacher. Frankfurt/M. 2005, S. 65–67.
Aichinger, Ilse: „Eine Lobrede auf England". In: Dies.: *Unglaubwürdige Reisen*. Hg. v. Simone Fässler u. Franz Hammerbacher. Frankfurt/M. 2005, S. 71–73.
Aichinger, Ilse: „Erlebnisgarantie für Wiener in Shanghai". In: Dies.: *Unglaubwürdige Reisen*. Hg. v. Simone Fässler u. Franz Hammerbacher. Frankfurt/M. 2005, S. 161–164.
Aichinger, Ilse: „Schlechte Wörter". In: Dies.: *Schlechte Wörter*. Frankfurt/M. 1991, S. 11–14.
Aichinger, Ilse: „Pippi Langstrumpf im ,71er'-Wagen". In: Dies.: *Unglaubwürdige Reisen*. Hg. v. Simone Fässler u. Franz Hammerbacher. Frankfurt/M. 2005, S. 33–35.
Aichinger, Ilse: „Unter Charmeuren". In: Dies.: *Subtexte*. Wien 2006, S. 49–52.
Aichinger, Ilse: *Es muss gar nichts bleiben. Interviews 1952–2005*. Hg. v. Simone Fässler. Wien 2011.
Aichinger, Ilse im Gespräch mit Claus Philipp und Richard Reichensperger: „Ich bin eigentlich das normale Kinopublikum". In: Ilse Aichinger: *Es muss gar nichts bleiben. Interviews 1952–2005*. Hg. v. Simone Fässler. Wien 2011, S. 174–178.
Benjamin, Walter: „Ein Aussenseiter macht sich bemerkbar. Zu S. Kracauer ‚Die Angestellten'". In: *Gesammelte Schriften*, Bd. III. Kritiken und Rezensionen. Hg. v. Hella Tiedemann-Bartels. Frankfurt/M. 1972, S. 219–225.
Benjamin, Walter: „Alfred Polgar, Hinterland (Rezension)". In: *Gesammelte Schriften*, Bd. III. Kritiken und Rezensionen. Hg. v. Hella Tiedemann-Bartels. Frankfurt/M. 1980, S. 199–200.
Benjamin, Walter: „Über einige Motive bei Baudelaire". In: *Gesammelte Schriften*, Bd. I.2. Abhandlungen. Hg. v. Rolf Tiedemann u. Hermann Schweppenhäuser. Frankfurt/M. 1991, S. 605–653.
Benjamin, Walter: „Aus einer kleinen Rede über Proust, an meinem vierzigsten Geburtstag gehalten". In: *Gesammelte Schriften*, Bd. II.3. Aufsätze, Essays, Vorträge. Hg. v. Rolf Tiedemann u. Hermann Schweppenhäuser. Frankfurt/M. 1991, S. 1064f.
Benjamin, Walter: „Das Passagen-Werk". In: *Gesammelte Schriften*, Bd. V.1. Das Passagen-Werk. Hg. v. Rolf Tiedemann u. Hermann Schweppenhäuser. Frankfurt/M. 1991, S. 578.

Berbig, Roland: „‚Kind-sein gewesen sein'. Ilse Aichingers frühes Tagebuch (1938 bis 1941)". In: *Berliner Hefte zur Geschichte des literarischen Lebens* 9 (2010), S. 15–31.

Bronfen, Elisabeth: „Exil in der Literatur: Zwischen Metapher und Realität". In: *Arcadia* 28 (1993), S. 167–183.

Erdle, Birgit R.: „Fluchtlauf der Bilder. Aichingers England im ‚Journal des Verschwindens'". In: *Wort-Anker Werfen*. Hg. v. Rüdiger Görner, Christine Ivanovic u. Sugi Shindo. Würzburg 2011, S. 133–145.

Ette, Ottmar: *ZwischenWeltenSchreiben: Literaturen ohne festen Wohnsitz. ÜberLebensWissen II*. Berlin 2005.

Fässler, Simone: *Von Wien her, auf Wien hin. Ilse Aichingers ‚Geographie der eigenen Existenz'*. Wien u.a. 2011.

Frey, Barbara: *Zwillinge und Zwillingsmythen in der Literatur*. Frankfurt/M. 2006.

Görner, Rüdiger, Christine Ivanovic u. Sugi Shindo (Hg.): *Wort-Anker Werfen: Ilse Aichinger und England*. Würzburg 2011.

Herweg, Nikola: „‚Ich schreib für Dich und jedes Wort aus Liebe'. Der Briefwechsel der Aichinger-Zwillinge zwischen Wien und London". In: *Wort-Anker Werfen*. Hg. v. Rüdiger Görner, Christine Ivanovic u. Sugi Shindo. Würzburg 2011, S. 27–43.

Hessel, Franz: „Vorschule des Journalismus. Ein Pariser Tagebuch". In: *Sämtliche Werke in fünf Bänden*, Bd. 2. Prosasammlungen. Hg. v. Hartmut Vollmer u. Bernd Witte. Oldenburg 1999, S. 292–329.

Ivanovic, Christine: „‚Sanfte Erinnerung, umgeben von Gewalt' – Ilse Aichingers jüngste Prosa". In: *Kultur & Gespenster* 3 (2007), S. 202–219.

Ivanovic, Christine: „Ilse Aichingers Poetik des Verschwindens". In: *Symposium* 63 (2009) H. 3, S. 178–193.

Ivanovic, Christine: „Nach England! Zur Geschichte einer Sehnsucht". In: *Wort-Anker Werfen*. Hg. v. Rüdiger Görner, Christine Ivanovic u. Sugi Shindo. Würzburg 2011, S. 87–101.

Jabłkowska, Joanna: „‚Weil mir vor allem an der Flüchtigkeit liegt'. Ilse Aichingers ‚Film und Verhängnis'". In: *Feuilleton – Essay – Aphorismus*. Hg. v. Sigurd Paul Scheichl. Innsbruck 2008, S. 239–251.

Komfort-Hein, Susanne: „‚Inzwischenzeit' – Erzählen im Exil. Anna Seghers' ‚Der Ausflug der toten Mädchen' und Peter Weiss' ‚Der Schatten des Körpers des Kutschers'". In: *Aufklärungen. Zur Literaturgeschichte der Moderne*. Hg. v. Werner Frick u.a. Tübingen 2003, S. 343–356.

Kracauer, Siegfried: „Die Angestellten". In: *Schriften*, Bd. 1. Soziologie als Wissenschaft, Der Detektiv-Roman, Die Angestellten, Schriften. Hg. v. Inka Mülder-Bach. Frankfurt/M. 1971, S. 205–304.

Kracauer, Siegfried: „Ornament der Masse". In: *Schriften*, Bd. 5.2. Aufsätze 1927–1931, Schriften. Hg. v. Inka Mülder-Bach. Frankfurt/M. 1990, S. 57–67.

Liska, Vivian: „Britanniens Töchter und andere Ergebungen. Ilse Aichingers ‚Surrender'". In: *Wort-Anker Werfen*. Hg. v. Rüdiger Görner, Christine Ivanovic u. Sugi Shindo. Würzburg 2011, S. 103–120.

Michie, Helga: „Concord". In: Dies.: *Concord. Gedichte und Bilder*. Übersetzung aus dem Englischen von Ute Eisinger. Mit zwei Texten von Ilse Aichinger. Wien 2006.

Müller, Herta: „Der fremde Blick oder Das Leben ist ein Furz in der Laterne". In: Dies.: *Der König verneigt sich und tötet*. Frankfurt/M. 2008, S. 130–150.

Radisch, Iris: „Ich will verschwinden". In: Ilse Aichinger: *Es muss gar nicht bleiben. Interviews 1952–2005*. Hg. und mit einem Nachwort von Simone Fässler. Wien 2011, S. 110–121.

Reichensperger, Richard u. Uwe Wittstock: „Ich bin im Film". In: Ilse Aichinger: *Es muss gar nicht bleiben. Interviews 1952–2005*. Hg. und mit einem Nachwort von Simone Fässler. Wien 2011, S. 154–158.

Rix, Ruth: „,Auntie' in England. A Personal Memoir".In: *Wort-Anker Werfen. Ilse Aichinger und England*. Hg. v. Rüdiger Görner, Christine Ivanovic u. Sugi Shindo. Würzburg 2011, S. 15–26.

Shindo, Sugi: „Zusammenklirrende Leben – zusammenklirrende Werke. Gegenreflexionen in den Werken von Ilse Aichinger und Helga Michie". In: *Wort-Anker Werfen*. Hg. v. Rüdiger Görner, Christine Ivanovic u. Sugi Shindo. Würzburg 2011, S. 45–55.

## III  Exil und Gemeinschaft

Doerte Bischoff
# Exilanten oder Emigranten?
Reflexionen über eine problematische Unterscheidung anlässlich einer Lektüre von Werfels *Jacobowsky und der Oberst* mit Hannah Arendt

Eine Auseinandersetzung mit dem Exil 1933–45 verspricht heute wohl vor allem dann innovative Einsichten und Impulse, wenn dieses nicht in erster Linie als abgeschlossene historische Epoche begriffen wird, sondern stattdessen die Leitfrage im Vordergrund steht, ob und inwiefern der Massenexodus während der nationalsozialistischen Diktatur als Vorgeschichte aktueller Konstellationen einer von Migration und Globalisierung wesentlich geprägten Welt begriffen werden kann. Die Tatsache, dass die Exilierten in alle Kontinente der Welt verschlagen wurden, dass ihre Flüchtlingsodyssee oft durch viele verschiedene Länder führte und dass der größte Teil der Emigrierten nicht zurückkehrte, ist bereits Indiz dafür, dass eine Perspektive, die eine lediglich vorübergehende Entortung großer Teile der (deutschen) Bevölkerung, vor allem aber seiner geistigen Repräsentanten, annimmt, dem Ausmaß des historischen Geschehens nicht gerecht wird und die Wirkungen, die es bis in die Gegenwart hat, nicht angemessen beschreiben kann. Ausgehend von einer diskursanalytischen Rekonstruktion der Unterscheidung von Exilanten und Emigranten, die den (nicht nur) deutschsprachigen Exildiskurs lange Zeit geprägt hat, soll im Folgenden nach den historischen Bedingtheiten und Grenzen des so gefassten Exilbegriffs gefragt werden. Eine Relektüre unterschiedlicher Texte, die das historische Exil bezeugen, soll dann anschließend der Frage folgen, inwiefern bereits in der innerhalb der klassischen Exilepoche entstehenden Literatur eine Problematisierung eines solchen Exilbegriffes angelegt ist. Inwiefern entfalten diese Texte ein Exilverständnis, das nicht nur dem ästhetisch-konstruktiven Charakter von Heimatentwürfen Rechnung trägt, sondern das darüber hinaus die Vorstellung einer eindeutigen Abgrenzbarkeit von Eigenem und Fremdem fragwürdig werden lässt? Mit der Problematisierung der kategorialen Unterscheidung von Exil und Emigration wird, wie zu zeigen ist, ein Diskursraum eröffnet, der sich wandelnde Konzepte von Gemeinschaft im postnationalen Zeitalter und ihre Vorgeschichten im zwanzigsten Jahrhundert beschreiben und verstehen hilft. Nicht beabsichtigt ist dabei eine begriffliche Nivellierung, die etwa gewaltsame Vertreibung und freiwillige Migration gleichsetzte. Einer an Lektüren literarischer und kultureller Texte orientierten Annäherung an Exilkonzepte in historischen Diskursen kann es, so der Ausgangspunkt der folgenden Überlegungen, nicht darum gehen, der Textarbeit eindeutige Definitionen vorauszusetzen. Vielmehr sollen textuelle und diskursive Verfahren der Grenzziehung und Bedeutungssetzung als solche nachgezeichnet und ihre politische und historische Wirkmacht analysiert werden.

## 1 Zweierlei Flüchtlinge? Politisches Exil und jüdische Massenemigration

Seit den kritischen Beiträgen, die zu Beginn und Mitte der neunziger Jahre in einem ersten intensiven Versuch der Bilanzierung der vorausgegangenen Forschung verfasst wurden, weiß man um die Problematik jener Vorstellung von einer antifaschistischen Front gegen das Hitlerregime und dem damit verknüpften Glauben, dass die Exilierten das ‚andere', bessere Deutschland repräsentierten.[1] Hier wurde deutlich gezeigt, dass ein solches Leitbild nicht nur die Vielfalt und die Ambivalenzen exilischer Positionen unzulässig verkürzte und auf ein normatives Programm festlegte, sondern dass es auch in problematischer Weise am nationalistischen Diskurs der Zeit partizipierte.[2] In diesem Kontext wurde auch die lange übliche Unterscheidung von Exilanten und Emigranten einer kritischen Revision unterzogen. Ihre Implikationen finden sich besonders markant bei Hans-Albert Walter ausgeführt, der in einem 1985 erschienenen Aufsatz zur Remigration das politisch, nämlich antifaschistisch motivierte *Exil* der jüdischen *Emigration* gegenüberstellt.[3] Die jüdischen Flüchtlinge, deren Zahl die der politischen Emigration

---

[1] Vgl. Thomas Koebner: „Das ‚andere Deutschland'. Zur Nationalcharakteristik im Exil". In: Ders.: *Unbehauste. Zur deutschen Literatur in der Weimarer Republik, im Exil und in der Nachkriegszeit.* München 1992, S. 197–219; Lutz Winckler: „Mythen der Exilforschung". In: *Exilforschung. Ein internationales Jahrbuch* 13 (1995): *Kulturtransfer im Exil*, S. 68–81; Bernhard Spies: „Exilliteratur – ein abgeschlossenes Kapitel? Überlegungen zu Stand und Perspektiven der literaturwissenschaftlichen Exilforschung". In: *Exilforschung. Ein internationales Jahrbuch* 14 (1996): *Rückblick und Perspektiven*, S. 11–30; vgl. hierzu mit einer Perspektive auf alternative, transnationale Entwürfe u.a. in der Exilliteratur der Gegenwart auch Doerte Bischoff u. Susanne Komfort-Hein: „Vom ‚anderen Deutschland' zur Transnationalität. Diskurse des Nationalen in Exilliteratur und Exilforschung". In: *Exilforschung. Ein internationales Jahrbuch* 30 (2012): *Exilforschungen im historischen Prozess*, S. 242–273.
[2] Vgl. Koebner: „Das ‚andere Deutschland'", S. 201.
[3] Vgl. Hans-Albert Walter: „‚Als ich wiederkam, da – kam ich nicht wieder'. Vorläufige Bemerkungen zu Rückkehr und Reintegration von Exilierten 1945–1949". In: *Ich hatte einst ein schönes Vaterland. Deutsche Literatur im Exil 1933–1945. Eine Auswahlbibliographie.* Hg. v. Hans-Albert Walter u. Günter Ochs. Gütersloh 1985, S. 259–279, Zitat S. 259. Dort heißt es: „Die politische Emigration stand [...] gegen die jüdische Massenemigration. [...] Beide Gruppen

um beinahe das Zehnfache überstieg,⁴ werden als zumeist unpolitische Mitläufer und Opportunisten dargestellt, die aus eigener Überzeugung keinen Widerstand gegen den Faschismus entfaltet und die sich, nach der Erfahrung der Vertreibung und Ermordung ihrer Familien, relativ umstandslos von Deutschland ‚abgewendet' hätten.⁵ Die „moralische und politische Integrität", die den intellektuellen Exilanten der ersten Stunde an anderer Stelle zugestanden wird,⁶ steht im Falle der „jüdischen Massenemigration" also offenbar in Frage.

In dieser Perspektivierung und den angeführten Beispielen schwingt durchaus die Diagnose mit, die Identifikation der Juden mit der deutschen Heimat sei offensichtlich nicht stark und nachhaltig genug gewesen, ihre Interessen eher auf ökonomische Erfolge als politischen Kampf ausgerichtet. Indem die *Exilanten* emphatisch als „Verbannte"⁷ bezeichnet werden, sind sie mit dem Nimbus eines besonderen Opferstatus versehen, während ihnen zugleich ein Potential politischer Gegnerschaft und Handlungsfähigkeit zugesprochen wird. Demgegenüber werden die wegen der rassistisch motivierten Vertreibung emigrierten Juden („auf deutsch") als „Auswanderer" bezeichnet,⁸ eine Verharmlosung, die vor dem Hintergrund des berühmten Brecht-Gedichtes *Über die Bezeichnung Emigranten*, das dieselben Begriffe einander kontrastiert, als solche hervorsticht. Jenes 1937 publizierte Gedicht beginnt mit den Versen:

> Immer fand ich den Namen falsch, den man uns gab: Emigranten.
> Das heißt doch Auswanderer. Aber wir
> Wanderten doch nicht aus, nach freiem Entschluß
> Wählend ein anderes Land. Wanderten wir doch auch nicht
> Ein in ein Land, dort zu bleiben, womöglich für immer.
> Sondern wir flohen. Vertriebene sind wir, Verbannte.
> Und kein Heim, ein Exil soll das Land sein, das uns da aufnahm.⁹

---

hatten ein unterschiedliches Selbstverständnis und unterschiedliche, oftmals gegensätzliche Interessen."
**4** Vgl. Wolfgang Benz: „Die jüdische Emigration". In: *Handbuch der deutschsprachigen Emigration 1933–1945*. Hg. v. Claus-Dieter Krohn u.a. Darmstadt 1998, Sp. 5–16, Zitat Sp. 5.
**5** Vgl. Walter: „‚Als ich wiederkam, da – kam ich nicht wieder'", S. 259. Über die deutschen Juden heißt es dort: „In der Mehrheit waren sie politisch desinteressiert." Und: „Auf die meist verspätete Flucht folgte bei diesen Menschen für gewöhnlich eine prinzipielle Abwendung von Deutschland […]." (Ebd., S. 260)
**6** Hans-Albert Walter: „‚Ich hatte einst ein schönes Vaterland'". In: *Ich hatte einst ein schönes Vaterland. Deutsche Literatur im Exil 1933–1945*. Hg. v. Walter u. Ochs, S. 7–77, Zitat S. 20
**7** Walter: „‚Als ich wiederkam, da – kam ich nicht wieder'", S. 260.
**8** Walter: „‚Als ich wiederkam, da – kam ich nicht wieder'", S. 260.
**9** Bertolt Brecht: „Über die Bezeichnung Emigranten". In: *Werke. Große kommentierte Berliner und Frankfurter Ausgabe*, Bd. 12. Gedichte 2. Hg. v. Werner Hecht u.a. Frankfurt/M. 1988, S. 81.

Im Kontext der hier eingeklagten Differenzierung erscheint die Unterscheidung von politischen Exilanten und jüdischen Emigranten aus mehreren Gründen problematisch: erstens suggeriert sie Freiwilligkeit, wo diese gerade nicht in Anschlag gebracht werden kann, da es sich in allen Fällen um eine Frage des Überlebens handelte. Zweitens unterschlägt sie den Grad der Assimilation sehr vieler deutscher Juden und ihrer Identifikation mit der deutschen Kulturtradition oder wertet diese implizit als bourgeoise Liebhaberei ab, die den politischen Kämpfen nicht gewachsen gewesen sei. Dass die Klassifizierung als Juden durch die Nazis vielfach ausdrücklich als Fremdzuschreibung begriffen wurde, findet in dieser Gegenüberstellung ebenfalls keinen Platz. Drittens blendet die Dichotomisierung, die Deutsche und Juden wie der faschistische Gegner zu zwei distinkten Gruppen macht, alle vielfältigen Überlappungen im antifaschistischen Engagement jüdischer Deutscher aus. Zuletzt fragt sich, welcher enge Begriff des Politischen zugrundegelegt wird, wenn er eigentlich nur ein antifaschistisch-sozialistisches und zugleich nationales Engagement bezeichnen kann? Sind Reaktionen auf das Geschehen und Entwürfe von Zugehörigkeit und Gemeinschaft jenseits des Nationalen nicht als politisch zu bezeichnen?[10] Und was, so könnte man weiter fragen, geschieht mit denen, die nicht zurückkommen – ist Emigration gleichbedeutend mit Assimilation und bedeutet diese, dass die alte Heimat und das aus ihr Vertriebensein keine Rolle mehr spielt, dem Exil, mit anderen Worten, keine Bedeutung mehr zukommt? Wo die Verwendung des Emigrations-Begriffs dies suggeriert, werden vor allem zweierlei Begriffe von Exil ausgeklammert bzw. unsichtbar gemacht: zum einen wird die Shoah als Anlass der Exilierung marginalisiert, zum anderen werden hybride Formen der Identifizierung, in denen sich verschiedene kulturelle Bindungen – möglicherweise durchaus konflikthaft – überlagern, nicht als Effekt und Ausdruck einer Exilierung erkennbar und begreifbar.

Die Herausforderung, die in der Monstrosität der Massenvernichtung liegt, welche nicht mehr in Kategorien des Politischen oder des Ökonomischen zu begreifen ist,[11] wird in dem Moment negiert, wo politisch-ideologische Selbstge-

---

10 H.-A. Walter suggeriert dies deutlich, indem er seinen Beitrag („„Als ich wiederkam, da – kam ich nicht wieder"", S. 259) mit dem Brief-Zitat eines Exilanten eröffnet, das die Problematik der Rückkehr ausdrücklich im Bezug auf den Fall des assimilierten deutschen Juden im Exil erörtert. Der Briefschreiber, Otto Zoff, beschreibt das Erlebnis des Mordes an Familienmitgliedern als persönliches, dem die Orientierung an der deutschen Kultur entgegenstehe. Durch diese (im Falle des Briefes selbst zeitgebundene) Perspektive wird die Shoah als Privatangelegenheit einzelner jüdischer Emigranten und Überlebender beschrieben, nicht aber in die Überlegungen über die Möglichkeit politischer Orientierung und Analyse mit einbezogen.
11 Vgl. Philippe Lacoue-Labarthe: *Die Fiktion des Politischen. Heidegger, die Kunst und die Poli-*

wissheit und der Anspruch, kulturelle Traditionen und historische Entwicklungen repräsentieren zu können, blind macht für das, was andere (Hannah Arendt, Dan Diner) als Traditions- oder Zivilisationsbruch beschrieben haben. Zu fragen ist also, ob die Erfahrung der Shoah, die für die meisten (nicht nur) jüdischen Flüchtlinge eine Rückkehr nach Deutschland unmöglich machte, nicht gerade auf einen Zustand des Exils führt, der den Rückbezug auf *ein* Vaterland, auf die Möglichkeit einer bruchlosen Verschmelzung mit dem Land, der Kultur, der Sprache des Herkommens wie auch mit der anderen Kultur des Aufnahmelandes problematisch werden lässt und der gerade darin kritisches Potential birgt. In einer Rede *Von der Dauer des Exils* hat Ernst Loewy 1988 eindringlich darauf verwiesen, dass es nicht nur um eine „Re-Integration des Exils und seiner Leistungen in das deutsche Kultur- und Geistesleben" gehen kann, sondern dass man sich vor allem dem „Abgrund" zu stellen habe, den die „Massenvertreibung und Massenvernichtung der deutschen und europäischen Judenheit" bedeute und der jede harmonisierende Integrationsvision verbiete.[12] Loewy hat seine Einsicht, dass das die Exilforschung lange prägende antifaschistische Paradigma als eine „Art Deckerinnerung" fungiere, welche die Shoah verleugne, später ausdrücklich mit einem „Paradigmenwechsel in der Exilliteraturforschung" in Verbindung gebracht.[13] Hier betont er, dass eine „wertende Scheidung [...] in ein an Deutschland orientiertes ‚Exil' auf der einen Seite, in eine ‚jüdische Massenemigration' auf der anderen", die mit dem Land ihrer Herkunft gebrochen hätten, sich verbiete und inzwischen wohl der Vergangenheit angehöre.[14] Tatsächlich findet man die Unterscheidung (wenn auch mit abgeschwächter Wertung) aber nach wie vor auch in neueren Darstellungen der Exilepoche.[15]

---

*tik.* Stuttgart 1990, S. 60; Dan Diner: „Antifaschistische Weltanschauung. Ein Nachruf". In: Ders.: *Kreisläufe. Nationalsozialismus und Gedächtnis.* Berlin 1995, S. 77–94, hier bes. S. 91.
12 Ernst Loewy: „Von der Dauer des Exils". In: Ders.: *Zwischen den Stühlen. Essays und Autobiographisches aus 50 Jahren.* Hamburg 1995, S. 314–331, Zitate S. 330 bzw. 328.
13 Ernst Loewy: „Zum Paradigmenwechsel in der Exilliteraturforschung" [1991]. In: Ders.: *Zwischen den Stühlen,* S. 261–274, Zitat S. 266. Der Begriff der „Deckerinnerung" taucht auch bereits in der früheren Rede auf, vgl. Loewy: „Von der Dauer des Exils", S. 328. Aufgegriffen und zugespitzt hat Stephan Braese die Thesen Loewys in einer 1996 publizierten Kritik, die ausdrücklich „das ‚Problem' der deutschen Exilforschung mit der jüdischen Emigration" in den Blick nimmt. Stephan Braese: „Fünfzig Jahre ‚danach'. Zum Antifaschismus-Paradigma in der deutschen Exilforschung". In: *Exilforschung. Ein internationales Jahrbuch* 14 (1996): *Rückblick und Perspektiven,* S. 133–149, Zitat S. 134.
14 Loewy: „Von der Dauer des Exils", S. 267.
15 Vgl. etwa Jörg Thunecke: „‚In den finsteren Zeiten / Wird da auch gesungen werden? / Da wird auch gesungen werden. / Von den finsteren Zeiten.' Einleitung". In: *Deutschsprachige Exillyrik von 1933 bis zur Nachkriegszeit.* Hg. v. Jörg Thunecke. Amsterdam, Atlanta, GA 1998,

Es lohnt sich daher, Loewys Schriften heute noch einmal aufmerksam zu lesen und zu fragen, welches dort implizite Verständnis von Exil, das die Vertreibung der Juden und die Shoah ein- und nicht ausschließt, nicht nur den historischen Umständen gerechter wird, sondern auch geeignet ist für eine zeitgemäße Auseinandersetzung mit Exil und Heimat, Exil und Migration sowie allgemein mit Konstruktionen von Nationalität und Post- bzw. Transnationalität. Auffällig ist in jedem Fall, wie prominent das semantische Feld des Bruchs in Loewys Essays ist. Zum einen zitiert er die Verwendung der Metapher in der Vorstellung der antifaschistisch orientierten Exilforschung, die den jüdischen Emigranten den Bruch mit Deutschland zuschreibt. Zum anderen beschreibt er, wie die Überlebenden nach 1945 „an Leib und Seele zerbrochen" waren, wie „zahlreiche im Exil gepflegte[] Träume und Illusionen" spätestens an der Nachkriegswirklichkeit zerbrachen und bezieht schließlich den „Zusammenbruch" Deutschlands auf 1945 wie 1933.[16] Anstatt die Verantwortung für den Bruch also den anderen zuzuschreiben und so in gewisser Weise die Opfer einer Rhetorik des (Vaterlands-)Verrats auszusetzen, gilt es, von ihm ausgehend nicht nur das Exil, sondern auch Identität und Gemeinschaft neu zu denken. Es darf nicht vergessen werden, „daß die wirklich globalen Herausforderungen uns noch bevorstehen"[17], formuliert Loewy in diesem Zusammenhang hellsichtig.

---

S. 9–14, Zitat S. 10; im *Handbuch der deutschsprachigen Emigration* gibt es unterschiedliche Grade der Problematisierung, vgl. den Artikel „Zum Begriff der Akkulturation" von Christhard Hoffmann (ebd., Sp. 117–126). Hier heißt es, dass im Horizont einer zunehmenden Hinwendung zum Zusammenspiel von Exil und Akkulturation in der Exilforschung „die künstliche Trennung zwischen ‚politisch-literarischem Exil' einerseits und ‚jüdischer Emigration' andererseits überwunden wurde" (ebd., Sp. 122); demgegenüber wird in dem Überblicksartikel von Alexander Stephan über „Die intellektuelle, literarische und künstlerische Emigration" (ebd., Sp. 30–46, hier bes. Sp. 32f.) die Unterscheidung von (politischen) Exilanten und vor rassistischer Verfolgung fliehenden Emigranten als konsensfähige Definition präsentiert. Hier heißt es: „[...] der Bruch mit ihrer deutschen Vergangenheit wurde von ihnen [i.e. den jüdischen Flüchtlingen] notgedrungen leichter akzeptiert als von den Schriftstellern und Künstlern der ersten Exilantengruppe." (Ebd., Sp. 33). Vgl. auch Alexander Stephan: *Die deutsche Exilliteratur 1933–1945. Eine Einführung.* München 1979, S. 40. Hier heißt es, um „den Exodus der Jahre nach 1933 überschaubarer zu machen", gelte es, die „jüdische Massenflucht vom eigentlichen Exil zu trennen".
16 Loewy: „Von der Dauer des Exils", S. 320f.
17 Loewy: „Zum Paradigmenwechsel in der Exilliteraturforschung", S. 270.

## 2 Serieller Patriotismus und die Aporien der Assimilation: Der Fall des Herrn Cohn (H. Arendt)

Wichtige Stichwortgeber sind für Loewy nicht nur Jean Améry, der in *Jenseits von Schuld und Sühne* jedes „Spiel mit dem imaginären wahren Deutschland, das man mit sich genommen hatte", jedes „Ritual einer im Exil für bessere Tage aufbewahrten deutschen Kultur" rigoros zurückweist,[18] sondern auch Hannah Arendt. Ihr zuerst auf Englisch 1943 in der Zeitschrift *The Menorah Journal* erschienener Essay „We Refugees" (dt. „Wir Flüchtlinge"[19]), den Loewy ausführlich zitiert, kann tatsächlich als zentraler Text betrachtet werden, der zu einer anderen Auffassung von Exil anleitet, welche sich vom Bezug auf das Nationale löst, indem sie die spezifischen Bedingungen der Vertreibung im totalitären zwanzigsten Jahrhundert reflektiert. Um die Absurdität vertrauter Verhaltens- und Deutungsmuster angesichts der radikalen Herausforderungen der Zeit zu verdeutlichen, führt Arendt die Figur eines Herrn Cohn an, des typischen jüdischen Flüchtlings,[20] der genau das tut, was die Exilanten-Emigranten-Theorie von ihm erwartet: Er kehrt 1933 Deutschland, in dem er als begeisterter „Superpatriot" völlig assimiliert gelebt hatte, umstandslos den Rücken und beginnt ohne Verzug, sich in dem neuen Zufluchtsland zu assimilieren, indem er in Prag wiederum 150prozentiger tschechischer Patriot wird. Nachdem die tschechische Regierung durch die Nazis unter Druck gerät und die jüdischen Flüchtlinge ausweist, geht Herr Cohn nach Wien, um ein patriotischer Österreicher zu werden, von dort nach Paris und so fort. Diese Reihe von regelrecht atemlosen Anpassungsoperationen kehrt das Prinzip und damit die Tradition der Assimilation in seiner ganzen Fragwürdigkeit hervor: alles Bemühen um möglichst perfekte Zugehörigkeit fruchtet zuletzt nichts, da die Juden in der Krise nicht den Schutz der jeweiligen Nationalstaaten genießen. Die Behauptung, freiwillig emigriert zu sein in der besten Absicht, mit allen alten Bindungen und Loyalitäten zu brechen, um im neuen Land die neue Heimat zu finden, erweist sich als illusionäre Schutzbehauptung, die erlittenes Leid, Zusammenbruch und Verlust zugunsten

---

**18** Loewy: „Zum Paradigmenwechsel in der Exilliteraturforschung", S. 270, S. 322f., 327f. Vgl. Jean Améry: „Wieviel Heimat braucht der Mensch" [1965]. In: Ders.: *Jenseits von Schuld und Sühne. Bewältigungsversuche eines Überwältigten*. Stuttgart²1980, S. 74–101, Zitat S. 80.
**19** Hannah Arendt: „Wir Flüchtlinge". In: Dies.: *Zur Zeit. Politische Essays*. Hg. v. Marie Luise Knott. Aus dem Amerik. v. Eike Geisel. Berlin 1986, S. 7–21.
**20** Die Wahl des Namens Cohn mag einerseits, da es sich um einen besonders häufigen und typischen jüdischen Namen handelt, zufällig sein, zugleich deutet er – wie auch das kollektive ‚Wir' im Titel, das sich durch den gesamten Essay zieht – in besonderer Weise die Zugehörigkeit der Sprecherin an: der Mädchenname von Hannah Arendts Mutter Martha war Cohn.

von immer neuen imaginären Projektionen von Zugehörigkeit vergessen bzw. verdrängen helfen soll.[21] Dieses Vergessen ist aber, das führt der Text unmissverständlich vor, an die Verleugnung einer jüdischen Identität geknüpft, zu der sich zu bekennen bedeuten müsste, sich mit dem eigenen ungeschützten Status als Flüchtling zu konfrontieren und hiervon ausgehend die Aporien von Assimilation und nationalstaatlicher Identifikation hervorzukehren. So führt die kleine Parabel von Herrn Cohn vor Augen, dass die jüdische Emigration aus Deutschland zum Ausgangspunkt eines neuen Exil-Bewusstseins werden könnte, wenn die in der Massenvertreibung zutage tretenden Grenzen des Nationalstaates als solche reflektiert würden. Denn eine zionistische Alternative, die ja das Nationalstaatsprinzip für das jüdische Volk aktualisierte, kennt der Text in seiner ebenso polemischen wie konsequenten Analyse nicht. Sich zu dem eigenen Judentum in dieser Situation der Krise und des Umbruchs zu bekennen, kann nur bedeuten, so Arendt, sich der eigenen Situation als staatenloser Flüchtling zu stellen. In ihrem Hauptwerk *Elemente und Ursprünge totaler Herrschaft* (zuerst engl. *The Origins of Totalitarianism*, 1951) führt Arendt diese These weiter aus, wenn sie ausgehend von den „Scharen von Flüchtlingen und Staatenlosen", die bereits durch die am nationalstaatlichen Prinzip orientierte Neuordnung (Ost-) Europas im Gefolge des Ersten Weltkriegs „aus der alten Dreieinigkeit von Volk-Territorium-Staat, auf der die Nation geruht hatte, herausgeschlagen"[22] worden waren, die Paradoxien der Menschenrechte diskutiert. Indem diese allein von den auf Abstammungsprinzipien beruhenden und daher notwendig exklusiven Nationalstaaten garantiert werden könnten, verlören Menschen, die durch keine nationalstaatliche Zugehörigkeit mehr geschützt wären, ihre elementaren Rechte als Menschen, die Arendt mit dem „Recht, Rechte zu haben" beschreibt.[23]

Von dieser Figur des Flüchtlings aus, das hat Giorgio Agamben in seiner Lektüre von Arendts Essay gezeigt, können und müssen Begriffe und Kategorien der politischen Philosophie im postnationalen Zeitalter neu gedacht werden.[24] Für ihn ist der Flüchtling ein „Grenz-Begriff, der die Prinzipien des Nationalstaats

---

21 Arendt: „Wir Flüchtlinge", S. 8. „Man sagte uns, wir sollten vergessen; und das taten wir schneller, als es sich irgend jemand überhaupt vorstellen konnte. [...] Um reibungsloser zu vergessen, vermeiden wir lieber jede Anspielung auf die Konzentrations- und Internierungslager, die wir fast überall in Europa durchgemacht haben – denn das könnte man uns als [...] mangelndes Vertrauen in das neue Heimatland auslegen."
22 Hannah Arendt: *Elemente und Ursprünge totaler Herrschaft*. München, Zürich ³1993, S. 422.
23 Arendt: *Elemente und Ursprünge totaler Herrschaft*, S. 462.
24 Giorgio Agamben: „Jenseits der Menschenrechte. Einschluss und Ausschluss im Nationalstaat" [zuerst frz. 1993]. In: Ders.: *Mittel ohne Zweck. Noten zur Politik*. Freiburg, Berlin 2001, S. 23–40.

radikal in Frage stellt"[25]. Hier wird – entgegen der Vorstellung einer besonderen (nationalen) Repräsentanzfunktion der Exilanten, wie sie sich im wirkmächtigen antifaschistischen Mythem vom „anderen Deutschland" ausdrückt – die Infragestellung eines das Nationale affirmierenden Repräsentationsdenkens an die Flüchtlinge geknüpft, an jene „immer größer werdende Zahl Menschen [, die] nicht länger in der Nation repräsentiert (und repräsentierbar) ist".[26]

Die besondere Pointe bei Hannah Arendt liegt dabei darin, dass gerade die jüdische Erfahrung der Ausgrenzung und Verfolgung im zwanzigsten Jahrhundert zum Kristallisationspunkt einer fundamentalen Infragestellung des Nationalstaatsgedankens wird. Sobald die jüdischen Flüchtlinge aufhören, wie Herr Cohn, ihr Heil in immer neuen und immer wieder scheiternden Assimilationsbemühungen zu suchen, sobald sie stattdessen mit der Anerkennung des eigenen Flüchtlingsschicksals auch ein neues Bekenntnis zu ihrem Judentum verbinden, öffnet sich die Chance, die europäische Geschichte anders zu begreifen und ihre Zukunft nicht an die Verleugnung von Brüchen, Ausschließungen und Verfolgung, sondern an deren Erinnern zu knüpfen.[27] Die jüdischen Flüchtlinge, die sich dieser Wahrheit stellen, wissen,

> daß unmittelbar nach der Ächtung des jüdischen Volkes die meisten europäischen Nationen für vogelfrei erklärt wurden. Die von einem Land ins andere vertriebenen Flüchtlinge repräsentieren die Avantgarde ihrer Völker [...]. Zum ersten Mal gibt es keine separate jüdische Geschichte mehr; sie ist verknüpft mit der Geschichte aller anderen Nationen.[28]

---

25 Agamben: „Jenseits der Menschenrechte", S. 3.
26 Agamben: „Jenseits der Menschenrechte", S. 3. Zur Aktualität der von Arendt ausgehend von der (eigenen) Exilsituation entwickelten Problematik vgl. auch Seyla Benhabib: „Nation, Staat, Souveränität – Arendt'sche Überlegungen zur Jahrhundertwende". In: *„Treue als Zeichen der Wahrheit". Hannah Arendt: Werk und Wirkung. Dokumentationsband zum internationalen Symposium.* Hg. v. Alte Synagoge, Essen 1997, S. 43–59. „Arendts Worte haben sich als prophetisch erwiesen: Das knappe halbe Jahrhundert, das seit dem Schreiben dieser Worte verstrichen ist, hat das Flüchtlings-Problem zu einer weltweiten Frage gemacht." (Ebd., S. 53) Vgl. auch Christoph Menke: „Die ‚Aporien der Menschenrechte' und das ‚einzige Menschenrecht'. Zur Einheit von Hannah Arendts Argumentation. In: *Hannah Arendt und Giorgio Agamben. Parallelen, Kontroversen, Perspektiven.* Hg. v. Eva Geulen, Kai Kauffmann u. Georg Mein, München 2008, S. 131–147. Hier ist von der „verstörenden Herausforderung [die Rede], die von der wachsenden Zahl der Vielen ausgeht, die keine Mitglieder sind: den Ausgebürgerten, Flüchtlingen und Staatenlosen, die kein Gemeinwesen haben und finden können. Sie sind diejenigen, die wirklich *Menschen*rechte brauchen. Aber das, was sie brauchen, kommt in den Erklärungen ‚sogenannter Menschenrechte' gar nicht vor."
27 Vgl. ähnlich auch Diana Pinto: „Europa – ein neuer ‚jüdischer Ort'". In: *Menora. Jahrbuch für deutsch-jüdische Geschichte* 10 (1999), S. 15–34.
28 Arendt: „Wir Flüchtlinge", S. 21. Vgl. hierzu auch Sigrid Weigel: „Sounding Through – Poe-

## 3 Jacobowsky, das ‚nackte Leben' und die Menschenfresser

Diese Einsicht findet sich bereits in einem Drama ausgestaltet, das Franz Werfel kurz nach der Flucht aus seinem Exilland Frankreich in den USA schrieb: Schauplatz von *Jacobowsky und der Oberst*, dieser „Komödie einer Tragödie", ist ebenfalls Frankreich, wohin sich nicht nur der jüdische Protagonist geflüchtet hat, sondern auch der polnische Offizier Stjerbinsky, der im Exil den polnischen Widerstand zu organisieren versucht. Das dramatische Potential des Stücks entsteht nun aus dem Umstand, dass beide Figuren, der jüdische *Emigrant* und der polnisch-nationale *Exilant* – auf diese diskursive Opposition nimmt der Text ganz offensichtlich Bezug – auf der Flucht aufeinander angewiesen sind[29] – am Schluss sitzen sie buchstäblich im selben Flüchtlingsboot, in dem sie in letzter Minute aus dem bedrohten Europa entkommen. Strukturell findet hier also eine Demontage der Kontrastierung der beiden, unterschiedliche Flüchtlingstypen bezeichnenden Begriffe statt. Angesichts der gleichzeitig präsenten Judenverfolgung ist dies aber nicht als harmonisierendes Ende zu lesen, an dem sich die Gegensätze verbinden – etwa in der Gegnerschaft gegen den Faschismus. Solange nämlich Stjerbinsky an seiner nationalen Mission festhält, wird auch sein Antisemitismus, mit dem er Jacobowsky gegenübertritt, kaum verschwinden. Seine Frage: „was tun Sie gegen Hitler, Herr Jacobowsky, als davonlaufen, davonlaufen, davonlaufen?"[30] bringt den Vorwurf mangelnden Patriotismus, der jüdischen Flüchtlingen gegenüber mehr oder weniger deutlich auch noch in den antifaschistischen Exildebatten gemacht wurde, auf den Punkt. Doch in Jacobowskys Entgegnung verliert das nationale Engagement nicht nur den Nimbus der überlegenen Position, es rückt sogar ausdrücklich in die Nähe der faschistischen Ausgrenzungs- und Vertreibungspolitik:

> Sie sind Pole und auch ich bin Pole, wiewohl ihr mich als dreijähriges Kind aus meiner Heimat vertrieben habt… Und als dann in Deutschland im Jahre dreiunddreißig diese Pest und dieses Leid über mich kam, da habt ihr Polen euch die Hände gerieben und gesagt: „Recht geschieht dem Jacobowsky!" Und als später dann in Österreich diese Pest und dieses Leid über mich kam, da habt ihr die Achseln gezuckt und gesagt: „Was gehts uns an?" Und

---

tic Difference – Self-Translation: Hannah Arendt's Thoughts and Writings Between Different Languages, Cultures, and Fields". In: *‚Escape to Life'. German Intellectuals in New York: A Compendium on Exile After 1933*. Hg. v. Eckart Goebel u. Sigrid Weigel. Berlin 2012, S. 55–79, hier bes. S. 60: „[...] that is to say that Jewish history has turned into an epistemological viewpoint for developing general, universal political concepts."

**29** Vgl. Franz Werfel: *Jacobowsky und der Oberst. Komödie einer Tragödie in drei Akten*. Frankfurt/M. 1962, S. 52: „Der Oberst und ich sind gewissermaßen Mitarbeiter. Am Werk der Flucht."
**30** Werfel: *Jacobowsky und der Oberst*, S. 66.

nicht nur ihr habt gesagt, „Was gehts uns an?", sondern alle andern habens auch gesagt. Engländer und Amerikaner und Franzosen und Russen! Und als dann in Prag diese Pest und dieses Leid ausbrach, da habt ihr noch immer geglaubt, es gehe euch nichts an [...]. Als es aber über euch selbst kam, dieses Leid und diese Pest, da waret ihr sehr unschuldig erstaunt und gar nicht vorbereitet und in siebzehn Tagen erledigt. [...][31]

Indem Stjerbinsky nun nicht nur selbst gezwungen ist, aus seiner Heimat zu fliehen, sondern er auf der Flucht auch seine Uniform ablegen und die Dokumente für den polnischen Freiheitskampf in der Hutschachtel einer Frau verstecken muss, verliert er alle äußeren Identifikationshilfen, was ihn zum „Flüchtling unter Millionen Flüchtlingen" werden lässt: „Ich beginne, meinen Wert zu verlieren",[32] stellt er mehrfach besorgt fest. Dabei rückt er zugleich in die Nähe des Juden, dem er aus nationalistischer Perspektive zuvor jede Ähnlichkeit und Gemeinschaft abgesprochen hatte. Seine fortgesetzten antisemitischen Ausfälle diesem gegenüber sind deutlich als Abwehrgesten lesbar, insofern die Konfrontation mit dem „Landsmann" Jacobowsky, der gleich ihm beanspruchen kann, in Polen geboren zu sein, die Widersprüche des nationalen Ideologems, das territoriale Herkunft und Abstammung ‚automatisch' kurzschließt, zutage treten lässt:

> JACOBOWSKY Mon Colonel! Mein Name ist Jacobowsky! S. L. Jacobowsky! Ein Landsmann gewissermaßen. Auch ich bin in Polen geboren...
> OBERST STJERBINSKY *kehrt ihm brüsk den Rücken* Dagegen läßt sich nichts machen...[33]

---

**31** Werfel: *Jacobowsky und der Oberst*, S. 67.
**32** Werfel: *Jacobowsky und der Oberst*, S. 90. Vgl. auch S. 93. Diese Ent-Wertung wird im Stück immer wieder mit einem Verlust von Männlichkeit assoziiert. Der durchaus vielschichtigen Verschränkung von Nationaldiskurs und Genderdiskurs im Stück wäre im Einzelnen noch genauer nachzugehen.
**33** Werfel: *Jacobowsky und der Oberst*, S. 30. Vgl. auch ebd., S. 50: „Und sind Sie auch Pole? [...] Ich bin unter anderm auch Pole. Das heißt, ich bin sogar in erster Linie Pole, weil in Polen geboren". Dass die Behauptung einer staatlichen Gesetzen und Zugehörigkeiten vorgängigen ‚natürlichen' Geburtlichkeit selbst eine nachträgliche, ideologische Setzung ist, gesetzliche Bestimmungen (Pässe, Papiere etc.) vielmehr darüber entscheiden, nicht nur, wer wo leben darf, sondern wer überhaupt (menschenwürdig) leben kann, macht eine andere Textstelle deutlich, in der Jacobowsky von einem französischen Brigadier auf seine Papiere hin kontrolliert wird: „Wer nicht ‚en règle ist, wäre besser nicht geboren! Klar? JACOBOWSKY Sonnenklar!" Vgl. auch die „Planskizze" Werfels „Der Staatenlose" (In: Franz Werfel: *Zwischen Oben und Unten. Prosa, Tagebücher, Aphorismen, Literarische Nachträge. Aus dem Nachlass* hg. v. Adolf D. Klarmann. Wien 1975, S. 788): „Ich bin nicht geboren. Mama hat mich geworfen, eh sie starb. Mein Vaterhaus ist eine Bahnstation."

Es ist diese fortgesetzte Verwerfung jeder Zugehörigkeit des Juden zur exklusiv ethnonational gedachten Gemeinschaft, die Jacobowsky in aller Deutlichkeit die trotz des geteilten Flüchtlingsschicksals zentrale Differenz zwischen den beiden Fliehenden feststellen lässt: „Ich kann niemals Hitler sein, nicht bis zum Jüngsten Tage. Sie aber hätten ganz gut Hitler sein können, und Sie können es noch immer werden. Jederzeit!"[34]

Dabei reflektiert das Stück sehr klar die Konsequenzen jener fatalen, von Hannah Arendt später analysierten Tendenz zur Homogenisierung des Nationalstaats im Sinne einer Volksgemeinschaft, an deren Grenzen zugleich auch der Schutz der Menschenwürde endet.[35] Jacobowsky ist die exemplarische Figur all derjenigen, die, weil sie sich dieser Volksgemeinschaft nicht eindeutig zuordnen lassen, jeden Schutz verlieren, da es keine staatliche oder überstaatliche Institution gibt, die ihre Rechte als Menschen schützte. Dies aber ist, wie Jacobowsky selbst hellsichtig formuliert, nicht bloß ein Problem der Juden bzw. der jeweils Ausgestoßenen, vielmehr verweist deren Schicksal, das als Bedrohung im Drama auch für nicht-jüdische Exilanten wie Stjerbinsky Realität gewinnt, auf die grundsätzliche Problematik der so konzipierten nationalen Gemeinschaften.

> Hättet ihr aber, ihr und alle andern, am Anfang nicht gesagt: ‚Recht geschieht dem Jacobowsky!' oder bestenfalls: ‚Was geht's uns an?', sondern ‚Der Jacobowsky ist ein Mensch, und wir können nicht dulden, daß ein Mensch so behandelt wird', dann wäret ihr alle ein paar Jahr später nicht so elend, läppisch und schmählich zugrunde gegangen [...].[36]

Jacobowsky verkörpert jenes „Schicksal des bloßes Menschseins", von dem Arendt in „Wir Flüchtlinge" spricht, wobei sie hinzufügt: „eine lebensgefährlichere Einstellung kann ich mir [in unserer Welt] kaum vorstellen."[37] Die Formulierung weist voraus auf die Beschreibung der (jüdischen) Verfolgten und Staatenlosen in der Totalitarismus-Schrift, die vor allem durch das „abstrakte Nacktsein ihres Nichts-als-Menschseins" bestimmt – und gefährdet – sind.[38] Agamben bringt den Flüchtling ausdrücklich mit dem Homo Sacer in Verbindung, der als Figuration des ‚nackten Lebens' die biopolitische Macht moderner Souveränitäten, Abstammung und Geborensein zu kontrollieren, in aller Konsequenz vor Augen führe.

---

34 Werfel: *Jacobowsky und der Oberst*, S. 66.
35 Vgl. Werfel: *Jacobowsky und der Oberst*, S. 107. Hier wirft Jacobowsky Stjerbinsky vor: „Sie reden von Ehre und achten nicht einmal Menschenwürde."
36 Werfel: *Jacobowsky und der Oberst*, S. 67f.
37 Arendt: „Wir Flüchtlinge", S. 19.
38 Arendt: *Elemente und Ursprünge totaler Herrschaft*, S. 619f.

Man darf nicht vergessen, dass die ersten Lager in Europa errichtet wurden, um Flüchtlingsbewegungen zu kontrollieren. Und es gibt die ganz reale Sequenz Internierungslager-Konzentrationslager-Vernichtungslager. Eine der von den Nazis in Verfolgung der „Endlösung" durchgängig beachteten Regeln war: Vor den Transport in die Vernichtungslager setzte man die vollständige Denationalisierung der Juden und Sinti (man entzog ihnen also auch jene Staatsbürgerschaft zweiter Klasse, die ihnen nach den so genannten Nürnberger Gesetzen geblieben war). In dem Moment, da die Rechte nicht länger Bürgerrechte sind, wird der Mensch vogelfrei, er wird zum Homo Sacer, wie ihn das antike römische Recht kannte: todgeweiht.[39]

In einer ähnlichen Passage in Agambens *Homo Sacer* heißt es darüber hinaus, dass die Flüchtlinge, indem sie „die Kontinuität zwischen Mensch und Bürger, *Nativität und Nationalität*, Geburt und Volk, aufbrechen", die

Ursprungsfiktion der modernen Souveränität in eine Krise stürzen. Der Flüchtling, der den Abstand zwischen Geburt und Nation zur Schau stellt, bringt auf der politischen Bühne für einen Augenblick jenes nackte Leben zum Vorschein, das deren geheime Voraussetzung ist.[40]

Indem Werfels Exil-Drama und Arendts Essay über die Flüchtlinge ihre jüdischen Protagonisten auf ganz ähnliche Weise als leidenschaftliche und entschlossene Patrioten auftreten lassen, die dennoch und gerade deshalb Verfolgung und Ausgrenzung herausfordern, siedeln sie sie jeweils genau an der Schwelle an, an der die Logik nationaler Souveränität als Zugriff auf das ‚nackte Leben' zutage tritt. Ein Denken des Exils, das diese Logik anzugreifen und zu analysieren imstande ist, muss – das demonstrieren Arendt wie Werfel – von dieser Schwelle, die auch eine Schwelle des Politischen im herkömmlichen Sinne ist, ausgehen.

Auch Werfels Jacobowsky, der der Arendtschen Figur des Herrn Cohn so ähnlich ist, dass die Vermutung nahe liegt, dass es sich hier um ein Rezeptionsphänomen innerhalb der Exil-Literatur handelt,[41] figuriert die europäische

---

[39] Agamben: „Jenseits der Menschenrechte", S. 3. Zur problematischen Tendenz der Enthistorisierung der Kategorie des ‚nackten Lebens' bei Agamben vgl. Astrid Deuber-Mankowsky: „Homo sacer, das bloße Leben und das Lager". In: *Die Philosophin* 25 (2002), S. 95–114.
[40] Giorgio Agamben: *Homo Sacer. Die souveräne Macht und das nackte Leben*. Frankfurt/M. 2002, S. 140 („Die Menschenrechte und die Biopolitik", S. 135–152).
[41] Eine unmittelbare Rezeption ließ sich jedoch weder in der einen noch in der anderen Richtung nachweisen. 1943, im selben Jahr, in dem Arendts *We Refugees* erschien, arbeitete Werfel sein noch unpubliziertes, 1941/42 entstandenes Stück (mit mehr oder weniger erzwungener Unterstützung amerikanischer Co-Autoren, die dafür sorgen sollten, den Stoff für das amerikanische Publikum ansprechend zu machen) für den Broadway um, was ihn sehr in Anspruch nahm und worüber er mit mehreren Freunden, die seinen ursprünglichen Text z.T. kannten,

Tradition jüdischer Assimilation. Auch seine Biografie ist von einer Serie von Verlusten und Vertreibungen gekennzeichnet, vor deren Hintergrund sich sein ungebrochener Wille, sich in dem jeweils neuen Heimatland, das immer auch ein Exilland ist, als Patriot zu zeigen, geradezu grotesk ausnimmt: Bereits als Kleinkind flieht er mit der Familie, allerdings ohne den im Pogrom getöteten Vater, aus dem polnischen Städtchen, indem er geboren wurde. Dies hindert ihn jedoch nicht daran, später seine Entschlossenheit zu bekunden, ein polnischer Patriot sein zu wollen.[42] In Deutschland wächst er auf „in der festen Überzeugung, ein strammer Deutscher zu sein". Nachdem dies von Hitlers ‚Braunen Millionen' als „Irrtum" erwiesen ist, flieht er „nach Wien, mit leichtem Gepäck, glücklich, daß es ohne Konzentrationslager abgegangen war."[43] Kaum hat er jedoch „begonnen, ein waschechter Wiener zu sein und für neuen Wein und alte Walzer zu schwärmen",[44] holt ihn das Schicksal wieder ein und er flieht diesmal völlig mittellos nach Prag – wo er bald darauf jedoch wieder die Flucht ergreifen muss, wodurch er nach Paris gelangt. Wie Arendts Herr Cohn zielen die emphatischen patriotischen Bekenntnisse Jacobowskys – „Paris [...] ist die Stadt aller Städte. Ich habe eine große Eignung zum französischen Patrioten"[45] – immer wieder aufs Neue darauf, das Erlittene zu vergessen, um sich den vermeintlichen Anforderungen der jeweiligen Nationalkulturen der Exilländer zu assimilieren. Gerade im Falle der deutschen Kultur, die zu verehren Jacobowsky als sein „großes Verbrechen" bezeichnet,[46] wird jedoch auch deutlich, dass vergangene Prägungen und Zugehörigkeiten nicht nur nicht einfach auslöscht werden können, sondern dass in ihnen auch die Ambivalenz nationalkultureller Gemeinschaftsversprechen aufbewahrt ist: So fallen Jacobowsky im Exil ausge-

---

korrespondierte. Aufgeführt wurde diese adaptierte (von der Kritik gefeierte und danach jahrelang erfolgreich gespielte) Version zuerst im März 1944 im Martin Beck Theatre. Vgl. hierzu Peter Stephan Jungk: *Franz Werfel. Eine Lebensgeschichte*. Frankfurt/M. 1987, S. 308–321; Wolfgang Nehring: „Komödie der Flucht ins Exil: Franz Werfels ‚Jacobowsky und der Oberst'". In: *Franz Werfel im Exil*. Hg. v. Wolfgang Nehring u. Hans Wagener. Bonn, Berlin 1992, S. 111–127.
42  Vgl. Werfel: *Jacobowsky und der Oberst*, S. 50f.
43  Werfel: *Jacobowsky und der Oberst*, S. 19.
44  Werfel: *Jacobowsky und der Oberst*, S. 19.
45  Werfel: *Jacobowsky und der Oberst*, S. 19.
46  Werfel: *Jacobowsky und der Oberst*, S. 19. Vgl. auch S. 21f.: „Als ich noch selbst ein Deutscher war, da nannte man mich Präsident und Generaldirektor und an meinem Tisch saßen Genies, Fürsten, Grafen, Botschafter, Minister, Filmstars... [...] Mein großes Verbrechen war die deutsche Kultur. Ich verehre sie glühend: Goethe, Mozart, Beethoven! Und so habe ich in Mannheim eine Schule für moderne Architektur gegründet, in Pforzheim einen Verein für Kammermusik und in Karlsruhe eine Arbeiterbibliothek. Das verzeihen mir die Nazis nicht. Darauf steht Dachau. Darauf steht der Tod..."

rechnet die Grimmschen Märchen, mit denen sich eine Tradition romantischer Konstruktionen von Volkskultur und Nationalstaat verbindet, immer wieder ein: „Schade, daß Sie Grimms Märchen nicht kennen! Die deutsche Kultur stößt einem immer wieder auf... Leider...".[47] Die Verschränkung von Geborgenheit und Grausamkeit macht jede eindeutige Identifikation oder Abwehr unmöglich, vielmehr erscheint das gegenwärtige Geschehen, die Todesgefahr und der Verlust der Menschenwürde, dem Jacobowsky ausgesetzt ist, in den deutschen Märchen, die den Flüchtling heimsuchen, in gewisser Weise präfiguriert. „Es wimmelt in Grimms Märchen von Menschenfressern", erklärt er seiner französischen Mitreisenden, und kommentiert „*in die Ferne weisend* wie jene Boches dort...".[48] Diese werden an anderer Stelle explizit auch als „hochindustrialisierte[] Kannibalen" bezeichnet.[49] Bereits früher hatte er auf den Einwand des seine Papiere kontrollierenden Brigadiers, die Deutschen würden ihn schon nicht fressen, wenn er in ihre Hände geriete, entgegnet: „Sie werden mich fressen, Herr, speziell mich! Ich bin ihre Leibspeise."[50] Hier wird die metaphorisierende Redensart, die die Geltung einer zivilisierten Gemeinschaft an das Tabu der Menschenfresserei knüpft, mit der Buchstäblichkeit einer brutalen Realität konfrontiert, in der die Menschenwürde antastbar geworden ist, die Berufung auf bloßes Menschsein keinen Schutz mehr verspricht. Die Rede von der Leibspeise führt dabei auf die doppelte Funktion der Juden für die Ordnung des Nationalsozialismus: indem sie vertilgt werden, bringen sie einen Gemeinschaftskörper (‚Leib') hervor, der die Bestimmung der Gattung als biopolitischen Akt einer ethnonationalen Totalisierung erkennbar werden lässt. Die Vertilgung des ‚nackten Lebens' kommt also einem Ausschluss ins Innerste gleich, der – mit Agamben – auch mit der Errichtung von Vernichtungslagern assoziiert werden kann.

---

**47** Werfel: *Jacobowsky und der Oberst*, S. 97.
**48** Werfel: *Jacobowsky und der Oberst*, S. 97. Eine ähnlich strukturierte, wenn auch stärker ausgeführte Auseinandersetzung mit der ambivalenten Funktion von Grimms Märchen im Horizont der faschistischen Judenvernichtung findet sich bei Edgar Hilsenrath: *Der Nazi & der Friseur*. München 1990, vgl. etwa S. 94.
**49** Werfel: *Jacobowsky und der Oberst*, S. 125. Hier werden (französische) Zivilisation und (deutsch-faschistische) Barbarei kontrastiert, wobei das Festhalten an einer von Frankreich repräsentierten universellen Kultur als weltfremdes Verkennen von deren aktueller Gefährdung (durch ‚Kannibalisierung') gestaltet wird.
**50** Werfel: *Jacobowsky und der Oberst*, S. 80.

## 4 Exil als ÜberLebensKunst: Zeugenschaft und Dekonstruktionen der ‚Essence'

Wenn Werfels *Komödie einer Tragödie* in besonderer Weise als „Zeugnis des Exils"[51] gelten kann, so nicht in erster Linie, weil sie biografische Erlebnisse Werfels sowie des Stuttgarter Bankiers S.L. Jacobowicz, den Werfel auf seiner Flucht in Lourdes kennenlernte, verarbeitet,[52] sondern weil sie – ausgehend von diesen Erlebnissen – das Exil im 20. Jh. unter den Bedingungen totalitärer Staatsmacht präzise vorführt und reflektiert. Das Exil wird damit zur Shoah in eine enge Beziehung gesetzt, es erscheint einerseits als vergleichsweise glückliche Situation, die es (in den meisten Fällen) ermöglichte, das eigene Leben zu retten,[53] andererseits aber auch als Kondition, an die ein Gebot der Zeugenschaft geknüpft ist, sofern die spezifischen Bedingungen dieses Exils dazu herausfordern, über die Bedrohung der Menschlichkeit und die Existenz der Lager als Schatten- und Kehrseite des Exils, nachzudenken. Obgleich das Stück, das in der Vergangenheit wegen seiner vermeintlich stereotypen Figurendarstellung und verharmlosenden Wendungen kritisiert worden war, in der jüngeren Forschung mehrfach ausdrücklich rehabilitiert und unter unterschiedlichen Blickwinkeln untersucht wurde,[54] birgt es durchaus weiteres Potential im Hinblick auf die Frage, wie das Exil literarisch bezeugt und analysiert werden kann. Dabei geht es nicht nur darum, wie die konkreten Lebensverhältnisse und (politischen) Überzeugungen der Exilanten gestaltet werden – Jacobowsky wird nicht in erster Linie als politischer Mensch dargestellt, sondern als findige und anpassungsfähige Schwejk-Figur, als *debrouillard*,[55] der sich durchzuschlagen

---

51 Vgl. Hans-Bernhard Moeller: „Werfels Fluchtkomödie *Me and the Colonel*: Vom Exiltheater zum Leinwanderfolg". In: *Hitler im Visier. Literarische Satiren und Karikaturen als Waffe gegen den Nationalsozialismus.* Hg. v. Viktoria Hertling u.a. Wuppertal 2005, S. 39–51, Zitat S. 39.
52 Vgl. hierzu Jungk: *Franz Werfel. Eine Lebensgeschichte*, S. 304f.
53 Vgl. Thomas Rothschild: „Mit Entsetzen Scherz. Exil als Bedingung und als Thema von Brechts *Flüchtlingsgesprächen* und Werfels *Jacobowsky und der Oberst*". In: *Das (Musik-)Theater in Exil und Diktatur.* Hg. v. Peter Csobádi u.a. Salzburg 2005, S. 713–727, Zitat S. 715. Das Exil bedeutete „die Rettung vor den Konzentrationslagern und vor der Ermordung. Es war im wörtlichen Sinne Glück im Unglück […]."
54 Vgl. (in ausdrücklicher Absetzung gegenüber einer eher kritischen Rezeption) z.B. Nehring: „Komödie der Flucht ins Exil"; Rothschild: „Mit Entsetzen Scherz"; Helmut Koopmann: „Franz Werfel: *Jacobowsky und der Oberst.* Der Sieg der Vernunft über die Angst der Verfolgten". In: *Hitler im Visier. Literarische Satiren und Karikaturen als Waffe gegen den Nationalsozialismus.* Hg. v. Hertling u.a., S. 25–38.
55 Vgl. Lisa Fittko über den erfolgreichen Typus des Exilanten: „‚… faut se débrouiller': man muß sich zu helfen wissen, sich einen Weg aus dem Zusammenbruch bahnen – so lebte und

weiß und der schließlich dem prinzipientreuen, den einmal erlernten Verhaltensweisen und Identifikationsmustern verhafteten Oberst das Leben rettet. Bezeichnenderweise deutet dieser im Gegenzug Jacobowskys Geschick, auch noch in der verzweifeltsten Lage Wege des Überlebens zu finden, indem er zum Beispiel Benzin und Nahrungsmittel organisiert, in antisemitischer Manier als Fähigkeit, die dem Juden wesenhaft eigne: „Es muß dem Herrn wieder gelingen! Es liegt ja dem Herrn im Blut."[56] Die Blut-und-Boden Rhetorik wird damit nicht nur dem rhetorischen Geschick des Juden gegenübergestellt, Unmögliches (auf unheimliche Weise) zu bewirken, vielmehr wird diese Kontrastierung, die selbst bereits eine antisemitische Konstruktion ist, im Text auf subtile Weise unterlaufen. Jacobowsky nennt das infolge von Stjerbinskys Extratouren vergeudete Benzin „wahrhaftiges Lebensblut", womit die Rede vom Blut als Metapher für eine vermeintlich vorsymbolische, körperliche Eigentlichkeit auf die zum Überleben notwendige „Essence" verschoben wird: „Dreimal ist es meiner Energie, meiner Überredungskunst gelungen, Essence aus der Erde zu stampfen, sonst wären wir liegen geblieben und gefangen worden...".[57] Dass hier das französische Wort für Benzin verwendet wird, ist wohl kein Zufall, ermöglicht es doch neben dem Verweis auf den praktischen Nutzen der Mehrsprachigkeit ein Spiel mit dem Begriff der Essentialität, der hier in einer Weise mit Blut und Boden („Erde") assoziiert wird, die zugleich eine Dekonstruktion dieser für den nationalen wie antisemitischen Diskurs zentralen Verknüpfung betreibt. Die ‚Essence' wird dem Boden durch Rhetorik abgerungen, womit gegenüber der Vorstellung einer primordialen Verwurzelung, eines natürlichen Hervorgehens aus einem Territorium, das Konzept einer sprachlich bzw. symbolisch vermittelten Praxis im produktiven Umgang mit vorgefundenen Gegebenheiten als erfolgreiche (Über-)Lebensstrategie profiliert wird. Diese Praxis lässt Zugehörigkeit und Identität als grundsätzlich kontingente Konstruktionen hervortreten, eine Einsicht, mit der Jacobowsky die übrigen Figuren implizit konfrontiert. Indem vor allem Stjerbinsky jedoch das Besorgen bzw. Herstellen von ‚Essenz' als typisch jüdische Rhetorik, als ‚mosaischen Dreh'[58] dem jüdischen Anderen zuschreibt, hält er die implizite Bedrohung, die aus dieser Einsicht für die eigene (nationale) Identität erwächst, auf Distanz. In der Art, wie er Jacobowsky seiner französischen

---

überlebte man damals in Frankreich. [...] *faut se débrouiller* hieß, [...] etwas zu ergattern, was es offiziell gar nicht gab." Lisa Fittko: *Mein Weg über die Pyrenäen. Erinnerungen 1940/41*. München 1985, S. 85, 142.
56 Werfel: *Jacobowsky und der Oberst*, S. 64.
57 Werfel: *Jacobowsky und der Oberst*, S. 64.
58 Werfel: *Jacobowsky und der Oberst*, S. 66.

Geliebten vorstellt, wird dies besonders deutlich: „Das ist nur Jacobowsky, Marianne. Ein ziemlich gefälliger Mensch. Er besorgt alles, Autos, Hotelzimmer, Marrons glacés, und Essence, Essence vor allem...".[59]

Dass das durch das faschistische Deutschland erzwungene Exil nicht auf einen Zustand temporärer Entortung reduziert beschrieben werden kann, der die Identitäten und Orientierungsrahmen unangetastet ließe, setzt das Drama auf unterschiedliche Weise in Szene. Bereits in der der eigentlichen Fluchtbeschreibung vorausgehenden Eingangsszene im Pariser Hotel beschreibt DER TRAGISCHE HERR den Auszug der Pariser aus Paris als eine umfassende Dynamisierung, die auch den Heimatort selbst erfasst:

> Die Champs-Elysées und die Place de la Concorde und die Innersten Boulevards und die Äußeren Boulevards, sie sperren ab und sie wandern mit, hinaus nach West und Südwest über die großen Landstraßen.[60]

Wenn er später, inzwischen in Saint-Jean-de-Luz angekommen, mit der Frage konfrontiert wird, wo denn nun Paris geblieben sei, antwortet er – in offensichtlicher Anlehnung an Thomas Manns berühmtes Diktum von 1938 („Wo ich bin, ist die deutsche Kultur"): „Überall, wo ich bin, ist Paris!"[61] Bereits die Verschiebung vom Original, in dem von der deutschen Kultur die Rede ist, zum Zitat, das diese durch Frankreich bzw. Paris als anderen Heimatort, der für viele Flüchtlinge ja Exilort war, ersetzt, deutet an, dass die Heimat in der emphatischen Beschwörung im Exil nicht mit sich identisch bleibt. Vielmehr hat sie offenbar in der Rede vom anderen Ort des Exils aus bereits ein Moment der Differenz in sich aufgenommen. Die Vorstellung, dass die Emigranten das wahre Deutschland „mit sich fortgetragen"[62] hätten, dass sie die legitimen Überlieferer des als solches ungebrochenen kulturellen Erbes seien, wie viele prominente Exilanten glaubten, steht hier offenbar grundsätzlich in Frage. Das Bild von den wandernden Städten und Landschaften treibt zudem die Paradoxie von Heimatentwürfen im Exil hervor, die, während sie territoriale Verortung behaupten, zugleich die Beweglichkeit jener dargestellten Orte vor Augen stellen, die damit in besonderer

---

59 Werfel: *Jacobowsky und der Oberst*, S. 74.
60 Werfel: *Jacobowsky und der Oberst*, S. 45. Vgl. ausführlicher zu dieser Textstelle auch Doerte Bischoff: „Exil und Interkulturalität: Positionen und Lektüren". In: *Handbuch Exilliteratur – Von Heinrich Heine bis Herta Müller*. Hg. v. Bettina Bannasch. Berlin 2013, S. 97–119.
61 Werfel: *Jacobowsky und der Oberst*, S. 127. Vgl. hierzu auch Koopmann: „Franz Werfel: Jacobowsky und der Oberst", S. 26.
62 Heinrich Mann: „Aufgaben der Emigration". In: *Deutsche Literatur im Exil 1933–1945*, Bd. I. Dokumente. Hg. v. Heinz Ludwig Arnold. Frankfurt/M. 1974, S. 3–8, Zitat S. 4.

Weise als imaginäre, als „Heimatländer der Phantasie",[63] erscheinen. Indem der literarische Text, wie hier Werfels Exildrama, dem Anspruch der (politischen) Exilanten, „legitime Kulturbestände der alten Welt mit in die neue hinüberzuretten",[64] Bilder und Konstellationen entgegenstellt, in denen sich kulturelle Identitäten überlagern, Konstruktivität und Kontingenz von Heimatentwürfen hervortreten, führt er die Kategorie des politischen Exils an ihre Grenzen. Der jüdische Flüchtling Jacobowsky figuriert in besonderer Weise ein Exil, das sich nicht mehr als „Exterritorialität" begreifen lässt, die „auf ein Innen, eine Heimat" bezogen bleibt.[65] Sein „Heim-Weh" ist mindestens ebenso sehr auf das Verlorene wie auf ein neu zu erwerbendes wie künftiges Vaterland ausgerichtet und damit an der Schwelle der Identifizierungen angesiedelt, die es als solche, als performative Selbst-Entwürfe ohne festen Boden vorführt.[66] Als Staatenloser, der „keines Landes Inländer und aller Länder Ausländer zu sein" gezwungen ist, verkörpert er die Grenze nationaler Identifizierung, die zugleich die ‚natürliche' Unterscheidung von Inland und Ausland berührt.[67] Signifikant ist jedoch, dass die Figur diese prekäre Logik zwar in besonderer Weise hervorkehrt, die mit ihr verhandelte Beweglichkeit und Kontingenz von Identität und Zugehörigkeit tatsächlich aber die von den totalitären Regimen erzwungene Massenflucht insgesamt kennzeichnet. Damit aber wird die Unterscheidung zwischen In- und Ausland, Heimat und Exil, Verortung und Bewegung bzw. Überschreitung nicht nur für eine bestimmte Gruppe von Menschen, sondern überhaupt fragwürdig:

> BRIGADIER Als Ausländer haben Sie ohne Bescheinigung der Behörde nicht das Recht, frei zu fluktuieren...
> JACOBOWSKY Ich fluktuiere nicht frei, sondern gezwungenermaßen. Im übrigen fluktuiert ganz Frankreich...[68]

---

63 Vgl. Salman Rushdie: „Heimatländer der Phantasie". In: Ders.: *Heimatländer der Phantasie. Essays und Kritiken 1981–1991*. München 1992, S. 21–35, hier bes. S. 22.
64 Alfred Kantorowicz: „Deutsche Schriftsteller im Exil". In: *Deutsche Literatur im Exil 1933– 1945*, Bd. I. Hg. v. Arnold, S. 286–295, Zitat S. 293.
65 Vgl. Eva Horn: „Der Flüchtling". In: *Grenzverletzer. Von Schmugglern, Spionen und anderen subversiven Gestalten*. Hg. v. Eva Horn u.a. Berlin 2002, S. 23–40, Zitat S. 32f.
66 Vgl. den Titel der Autobiografie des Exilanten Vilém Flusser: *Bodenlos. Eine philosophische Autobiographie*. Bensheim, Düsseldorf 1992.
67 Werfel: *Jacobowsky und der Oberst*, S. 78. „BRIGADIER [zu Jacobowsky] Ausländer natürlich! JACOBOWSKY Gar so natürlich ist es nicht, keines Landes Inländer und aller Länder Ausländer zu sein...".
68 Werfel: *Jacobowsky und der Oberst*, S. 78.

Indem Jacobowsky, wie auch Arendts Herr Cohn, aus jedem seiner mit Inbrunst gewählten ‚Vaterländer' wieder verjagt wird und er im Begriff ist, auch aus seinem viertem Vaterland zu fliehen, tritt die Tragik und Absurdität der patriotischen Selbstentwürfe in aller Deutlichkeit hervor. So stellt er, dem jedes Vaterland ein „Transitania" ist,[69] von sich schließlich in der dritten Person fest: „Jacobowsky ist ein Verlorner, wenn er vielleicht auch am Leben bleibt, ein Emigrant auf dem ganzen Planeten".[70] Wird hier einerseits der Ahasver-Mythos zitiert – tatsächlich tritt auch DER EWIGE JUDE noch als Figur auf –, so wird doch zugleich der besondere Kontext des modernen Totalitarismus und dessen globale Dimension ausdrücklich in den Blick gerückt. Damit wird eine jüdische Tradition des Exils und der Diaspora in Erinnerung gerufen, ohne dass dabei dem jüdischen Vertriebensein eine mythische Qualität zugeschrieben würde, die es dem Zeit-Geschehen entzöge. Stattdessen wird ausdrücklich auf eine Geschichte der Ausgrenzungen und Vertreibungen verwiesen, die viel mit nationalistischen Ideologien der Verfolger und wenig oder nichts mit einem ‚eingewurzelten' oder religiös begründeten Hang zur Wanderschaft o.ä. zu tun haben. Dennoch spielen bei Werfel wie bei einer Reihe anderer Exil-Autoren explizite Bezüge zwischen einer spezifisch jüdischen Erfahrung in Geschichte und Gegenwart und einem daraus resultierenden, vor allem bei Juden anzutreffenden Selbstverständnis durchaus eine wichtige Rolle. Gerade weil die jüdische Tradition ein (nicht zionistisches) Exilverständnis bereit hält, das nicht auf einem nationalen Heimatbegriff und damit nicht auf einer Verschmelzung von Staat, Volk und Territorium beruht, das also nicht ausschließlich als Negativ zu einer verlorenen, aber wiederzugewinnenden Identität begriffen werden kann (es sei denn in messianischer Perspektive), erscheinen Evokationen und Bekenntnisse, die im Exil nach 1933 diese Tradition in Erinnerung rufen, besonders aufschlussreich für die hier verfolgte Frage, welche auf das historische Exil bezogenen Debatten und Begriffe auf gegenwärtige Konstellationen vorausweisen und helfen, diese mit Blick auf ihre Genese und ihre Vor-Geschichten zu analysieren.

---

**69** Werfel: *Jacobowsky und der Oberst*, S. 128f.
**70** Werfel: *Jacobowsky und der Oberst*, S. 120. Vgl. auch Werfel: „Der Staatenlose": „Ich bin ein Findling der ganzen Erde. [...] Bin ich ein Ausnahmefall? Bin ich ein Mensch?"

## 5 Diaspora und Kosmopolitismus: Einsprüche gegen Nationalismus aus jüdischer Sicht

Neben Werfel, der auch in seinen Essays programmatisch ein „sacrificium nationis"[71] fordert und der den Flüchtling als den, der „von anderswoher kommt, durch Not und Tod gegangen ist und die Prüfungen des Exils bestanden hat"[72], als paradigmatische Gründungsfigur eines nicht-nationalistischen Gemeinwesens entwirft, ist für den historischen Kontext vor allem Joseph Roth zu erwähnen. In einem 1934 publizierten Artikel mit dem Titel *Der Segen des Ewigen Juden* beschreibt er das unablässige Bemühen deutsch-jüdischer Flüchtlinge, „sich und der Welt einzureden [...], es gebe das ‚andere Deutschland'" als fatale und tragische Selbst-Täuschung.[73] Anstatt „die Hundertprozentigkeit ihres Deutschtums zu beteuern", seien gerade die Juden herausgefordert, sich auf ihre kosmopolitischen, übernationalen Traditionen zu beziehen.[74] Denn: „Die Juden sind älter als der Begriff ‚Nation'"[75] und „Wenn unsere Literatur immer kosmopolitisch gewesen ist, dann, weil wir nie eine Nation gewesen sind."[76] Provozierend fragt er:

> Welche Schande, *keiner Nation* anzugehören? – [...] Weshalb schämt sich jedermann, wenn man ihm vorwirft, daß er eigentlich kein Vaterland habe? Ist es denn nicht ehrenvoller, ein Mensch [...] zu sein als ein Deutscher, ein Franzose, ein Engländer? Zwischen den Rassen zu stehen, erscheint mir angenehmer, als in einer von ihnen zu wurzeln [...]. Der Mensch ist kein Baum.[77]

---

[71] Franz Werfel: „Heimkehr ins Reich". In: *Gesammelte Werke in Einzelbänden*. „Leben heißt, sich mitteilen". *Betrachtungen, Reden, Aphorismen*. Hg. v. Knut Beck. München 1992, S. 63–67, Zitat S. 66.
[72] Werfel: „Heimkehr ins Reich", S. 66.
[73] Joseph Roth: „Der Segen des ewigen Juden". In: *Joseph Roth Werke*, Bd. 3. Das journalistische Werk 1929–1939. Hg. v. Klaus Westermann. Köln 1991, S. 527–532, Zitat S. 528.
[74] Roth: „Der Segen des ewigen Juden", S. 532: „Eifrige Streiter im Kampfe für die Rechte der Nationen, müssen sie jetzt den Vorwurf zu hören bekommen, daß sie Kosmopoliten seien. Sie sind es leider nicht. Und wie nötig hätten wir jetzt ein paar Millionen Kosmopoliten! Wir haben zu viel nationale Barbaren, zu viel barbarische Kosmopoliten!"
[75] Roth: „Der Segen des ewigen Juden", S. 531. Vgl. auch S. 501. Hier wird „die den Juden eigene kosmopolitische Begabung" im Zusammenhang mit einem für die Moderne typischen Urbanismus hervorgehoben.
[76] Joseph Roth: „Der Tod der deutschen Literatur". In: *Joseph Roth Werke*, Bd. 3. Das journalistische Werk 1929–1939. Hg. v. Westermann, S. 490–492, Zitat S. 490.
[77] Roth: „Der Segen des ewigen Juden", S. 532.

Diese Kontrastierung findet man bereits in Lion Feuchtwangers „Psalm des Weltbürgers", der im Zentrum des ersten, 1932 erschienenen Teils seiner Josephus-Trilogie steht:

> Ich habe dem Menschen Schenkel gegeben, ihn zu tragen über die Erde,
> Und Beine zum Laufen,
> Daß er nicht stehen bleibe wie ein Baum in seinen Wurzeln. //
> Denn ein Baum hat nur *eine* Nahrung.
> Aber der Mensch nähret sich von allem,
> Was ich geschaffen habe unter dem Himmel.
> Ein Baum kennt immer nur das Gleiche,
> Aber der Mensch hat Augen, daß er das Fremde in sich einschlinge [...].[78]

Diese Zurückweisung der Wurzelmetapher zur Beschreibung menschlicher Zugehörigkeit findet man auch in einem 1984 publizierten Essay des Philosophen und Medientheoretikers Vilém Flusser aus dessen Sammlung *Von der Freiheit des Migranten*, die den Untertitel *Einsprüche gegen den Nationalismus* trägt. Flusser, der in Prag geboren wurde und 1939 ins brasilianische Exil ging und der, wie er selbst betont, „das Leiden kennt, das jedes Exil kennzeichnet",[79] widmet sich hier ausdrücklich dem kreativen Potential des Exils. Denn in der Erkenntnis, „daß der Mensch kein Baum ist. Und daß vielleicht die menschliche Würde eben darin besteht, keine Wurzeln zu haben",[80] sieht er ähnlich wie Feuchtwanger und Roth die Voraussetzung dafür, das Exil nicht nur als einen Zustand der (temporären) Beraubung und Entortung zu begreifen, sondern von ihm ausgehend ein Selbstverständnis zu denken, das sich der Definitionsmacht des Nationalismus nicht mehr unterstellt.

Bemerkenswert im Hinblick auf die Position Joseph Roths ist, dass er sie nicht erst in seinem Pariser Exil in unmittelbarer Reaktion auf die faschistische Vertreibung formuliert, sondern dass sie bereits in den 1920er Jahren im Zusammenhang mit seiner Auseinandersetzung mit dem Verhältnis von Ost- und Westjudentum in ihren wesentlichen Konturen Gestalt gewinnt. In dem 1927 erstmals

---

**78** Lion Feuchtwanger: *Der jüdische Krieg*. Berlin, Weimar ²1960, S. 276. Vgl. hierzu (u.a. mit Blick auf die Problematisierung der kosmopolitischen Vision in den im Exil entstandenen beiden Folgebänden der Trilogie) Chaim Shocham: „Kosmopolitismus und jüdische Nationalität. Lion Feuchtwangers *Josephus-Trilogie*". In: *Conditio Judaica. Judentum, Antisemitismus und deutschsprachige Literatur*, Bd. III. Vom Ersten Weltkrieg bis 1933/1938. Hg. v. Hans Otto Horch u. Horst Denkler. Tübingen 1993, S. 278–306.
**79** Vilém Flusser: „Exil und Kreativität". In: Ders.: *Von der Freiheit des Migranten. Einsprüche gegen den Nationalismus*. Berlin, Wien 2000, S. 103–109, Zitat S. 104.
**80** Flusser: „Exil und Kreativität", S. 107.

publizierten Bericht *Juden auf Wanderschaft* wird die Wanderungsbewegung der Ostjuden, die im Westen das Paradies und in der Assimiliation an die westeuropäischen Nationalstaaten die Einlösung des Gleichheitsversprechens erhoffen, als problematische Aufgabe jüdischer Eigenart beschrieben. Modernisierung und Nationalismus werden hier als zwei Seiten derselben Medaille gesehen, insofern sie jeweils die Möglichkeit der Differenz, des zwischen den Kulturen Lebens, der Mehrsprachigkeit und Vielstimmigkeit zum Verstummen brächten: „Sie sprachen mehrere Sprachen und sind ein Produkt mehrerer Rassenmischungen, und ihr Vaterland ist dort, wo man sie zwangsweise in eine militärische Formation einreiht."[81] Mit der trügerischen Assimilation an westliche Nationalstaaten, von denen sie sich ein Ende des Exils („Sie waren immer Menschen im Exil gewesen") versprechen, geben sie, so Roth, nicht nur ihre Eigenheit als Juden auf, sondern mit ihr auch die Möglichkeit, den Menschen andere Formen der Vergemeinschaftung als die nationale vorzuführen: „Denn es ist gewiß nicht der Sinn der Welt, aus ‚Nationen' zu bestehen und aus Vaterländern".[82] Und wenn es „in dem jahrtausendjährigen Jammer, in dem die Juden leben", einen Trost gegeben habe, so habe dieser darin bestanden, „ein solches Vaterland *nicht* zu besitzen."[83] Wie Hannah Arendt beschreibt auch Roth die Massenmigration, die im Gefolge der Neuordnung Europas nach dem Ersten Weltkrieg und der Russischen Revolution einsetzt, als zentrales Ereignis, das die Krise des Nationalstaates, die dann im Versuch seiner totalitaristischen Wiederbelebung manifest wird, offenbart, als Urerfahrung einer Moderne, in der die Grenzen der aus dem neunzehnten Jahrhundert ererbten politischen Begriffe und Identitätsmodelle erkennbar werden. Neben Roth hat vor allem Lion Feuchtwanger immer wieder die These vertreten, dass die Juden aufgrund ihrer erzwungenen „Wanderschaft durch die Welt", die den Blick geweitet und den Sinn für die Relativität von Sprachen und Kulturen geschärft habe, in besonderer Weise sich dem Kosmopolitismus geöffnet hätten.[84] In seinem 1933, kurz nach seiner Emigration nach Paris, verfassten Essay *Nationalismus und Judentum* schreibt er: „Die Welt ist auf dem Weg zu der Erkenntnis, daß die Begriffe Nation und Territorium nicht notwendig miteinander verbunden sein müssen."[85] Der jüdische Nationalismus – Andreas

---

**81** Joseph Roth: *Juden auf Wanderschaft*. In: *Joseph Roth Werke*, Bd. 2. Das Journalistische Werk 1924–1928. Hg. v. Klaus Westermann, Köln 1990, S. 827–902, Zitat S. 834.
**82** Roth: *Juden auf Wanderschaft*, S. 837.
**83** Roth: *Juden auf Wanderschaft*, S. 837.
**84** Lion Feuchtwanger: „Die Verjudung der abendländischen Literatur" [1920]. In: Ders.: *Ein Buch nur für meine Freunde*. Frankfurt/M. 1984, S.431–436, Zitat S. 435f.
**85** Lion Feuchtwanger: „Nationalismus und Judentum". In: Ders.: *Ein Buch nur für meine Freunde*. S. 467–487, Zitat S. 485.

Kilcher hat ihn „postnationalisch"[86] genannt – soll, so heißt es am Schluss, nicht grenzsetzend und ausschließend sein, sondern „wie das Salz im Wasser, das, gelöst, unsichtbar, dennoch allgegenwärtig bleibt"[87]. Nur indem das Partikulare des Jüdischen, das auch immer eine leidvolle Geschichte der Ausgrenzung und Verfolgung erinnert, als solches erkennbar bleibt, eröffnet sich eine globale Perspektive auf ein Weltbürgertum, das nicht jegliche Differenz in einer universalen Idee löscht, sondern das sich vielmehr im spannungsvollen Bezug auf Differenz und Singularität erst herausbildet.

## Bibliographie

Agamben, Giorgio: „Jenseits der Menschenrechte. Einschluss und Ausschluss im Nationalstaat" [zuerst frz. 1993]. In: *Jungle World* 28 (04.07.2001). http://jungle-world.com/artikel/2001/27/25547.html (Stand: 23.02.2013).

Agamben, Giorgio: *Homo Sacer. Die souveräne Macht und das nackte Leben.* Frankfurt/M. 2002.

Améry, Jean: „Wieviel Heimat braucht der Mensch" [1965]. In: Ders.: *Jenseits von Schuld und Sühne. Bewältigungsversuche eines Überwältigten.* Stuttgart ²1980, S. 74–101.

Arendt, Hannah: „Wir Flüchtlinge". In: Dies.: *Zur Zeit. Politische Essays.* Hg. v. Marie Luise Knott. Aus dem Amerik. v. Eike Geisel. Berlin 1986, S. 7–21.

Arendt, Hannah: *Elemente und Ursprünge totaler Herrschaft.* München, Zürich ³1993, S. 422.

Arnold, Heinz Ludwig (Hg.): *Deutsche Literatur im Exil 1933–1945*, Bd. I. Dokumente. Frankfurt/M. 1974.

Benhabib, Seyla: „Nation, Staat, Souveränität – Arendt'sche Überlegungen zur Jahrhundertwende". In: *„Treue als Zeichen der Wahrheit". Hannah Arendt: Werk und Wirkung. Dokumentationsband zum internationalen Symposium.* Hg. v. Alte Synagoge, Essen 1997, S. 43–59.

Benz, Wolfgang: „Die jüdische Emigration". In: *Handbuch der deutschsprachigen Emigration 1933–1945.* Hg. v. Claus-Dieter Krohn u.a. Darmstadt 1998, Sp. 5–16.

Bischoff, Doerte u. Susanne Komfort-Hein: „Vom ‚anderen Deutschland' zur Transnationalität. Diskurse des Nationalen in Exilliteratur und Exilforschung". In: *Exilforschung. Ein internationales Jahrbuch* 30 (2012): *Exilforschungen im historischen Prozess,* S. 242–273.

Bischoff, Doerte: „Exil und Interkulturalität: Positionen und Lektüren". In: *Handbuch Exilliteratur – Von Heinrich Heine bis Herta Müller.* Hg. v. Bettina Bannasch. Berlin 2013, S. 97–119.

Braese, Stephan: „Fünfzig Jahre ‚danach'. Zum Antifaschismus-Paradigma in der deutschen Exilforschung". In: *Exilforschung. Ein internationales Jahrbuch* 14 (1996): *Rückblick und Perspektiven,* S. 133–149.

Brecht, Bertolt: „Über die Bezeichnung Emigranten". In: *Werke. Große kommentierte Berliner und Frankfurter Ausgabe,* Bd. 12. Gedichte 2. Hg. v. Werner Hecht u.a. Frankfurt/M. 1988, S. 81.

---

86 Andreas Kilcher: „‚Volk des Buches'. Zur kulturpolitischen Aktualisierung eines alten Topos in der jüdischen Moderne". In: *Münchner Beiträge zur jüdischen Geschichte und Kultur* 2 (2009), S. 43–58, Zitat S. 50, 54.

87 Feuchtwanger: „Nationalismus und Judentum", S. 487.

Deuber-Mankowsky, Astrid: „Homo sacer, das bloße Leben und das Lager". In: *Die Philosophin* 25 (2002), S. 95–114.
Diner, Dan: „Antifaschistische Weltanschauung. Ein Nachruf". In: Ders.: *Kreisläufe. Nationalsozialismus und Gedächtnis*. Berlin 1995, S. 77–94.
Feuchtwanger, Lion: *Der jüdische Krieg*. Berlin, Weimar ²1960.
Feuchtwanger, Lion: „Die Verjudung der abendländischen Literatur" [1920]. In: Ders.: *Ein Buch nur für meine Freunde*. Frankfurt/M. 1984, S.431–436.
Feuchtwanger, Lion: „Nationalismus und Judentum". In: Ders.: *Ein Buch nur für meine Freunde*. Frankfurt/M., S. 467–487.
Fittko, Lisa: *Mein Weg über die Pyrenäen. Erinnerungen 1940/41*. München 1985.
Flusser, Vilém: *Bodenlos. Eine philosophische Autobiographie*. Bensheim, Düsseldorf 1992.
Flusser, Vilém: „Exil und Kreativität". In: Ders.: *Von der Freiheit des Migranten. Einsprüche gegen den Nationalismus*. Berlin, Wien 2000, S. 103–109
Hertling, Viktoria u.a. (Hg.): *Hitler im Visier. Literarische Satiren und Karikaturen als Waffe gegen den Nationalsozialismus*. Wuppertal 2005.
Hilsenrath, Edgar: *Der Nazi & der Friseur*. München 1990.
Hoffmann, Christhard: „Zum Begriff der Akkulturation". In: *Handbuch der deutschsprachigen Emigration 1933–1945*. Hg. v. Claus-Dieter Krohn u.a. Darmstadt 1998, Sp. 117–126.
Horn, Eva: „Der Flüchtling". In: *Grenzverletzer. Von Schmugglern, Spionen und anderen subversiven Gestalten*. Hg. v. Eva Horn u.a. Berlin 2002, S. 23–40.
Jungk, Peter Stephan: *Franz Werfel. Eine Lebensgeschichte*. Frankfurt/M. 1987.
Kantorowicz, Alfred: „Deutsche Schriftsteller im Exil". In: *Deutsche Literatur im Exil 1933–1945*, Bd. I. Dokumente. Hg. v. Heinz Ludwig Arnold. Frankfurt/M. 1974, S. 286–295, Zitat S. 293.
Kilcher, Andreas: „‚Volk des Buches'. Zur kulturpolitischen Aktualisierung eines alten Topos in der jüdischen Moderne". In: *Münchner Beiträge zur jüdischen Geschichte und Kultur* 2 (2009), S. 43–58.
Koebner, Thomas: „Das ‚andere Deutschland'. Zur Nationalcharakteristik im Exil". In: Ders.: *Unbehauste. Zur deutschen Literatur in der Weimarer Republik, im Exil und in der Nachkriegszeit*. München 1992, S. 197–219.
Koopmann, Helmut: „Franz Werfel: *Jacobowsky und der Oberst*. Der Sieg der Vernunft über die Angst der Verfolgten". In: *Hitler im Visier. Literarische Satiren und Karikaturen als Waffe gegen den Nationalsozialismus*. Hg. v. Viktoria Hertling u.a. Wuppertal 2005, S. 25–38.
Lacoue-Labarthe, Philippe: *Die Fiktion des Politischen. Heidegger, die Kunst und die Politik*. Stuttgart 1990.
Loewy, Ernst: „Von der Dauer des Exils". In: Ders.: *Zwischen den Stühlen. Essays und Autobiographisches aus 50 Jahren*. Hamburg 1995, S. 314–331.
Loewy, Ernst: „Zum Paradigmenwechsel in der Exilliteraturforschung" [1991]. In: Ders.: *Zwischen den Stühlen. Essays und Autobiographisches aus 50 Jahren*. Hamburg 1995, S. 261–274.
Mann, Heinrich: „Aufgaben der Emigration". In: *Deutsche Literatur im Exil 1933–1945*, Bd. I. Dokumente. Hg. v. Heinz Ludwig Arnold. Frankfurt/M. 1974, S. 3–8.
Menke, Christoph: „Die ‚Aporien der Menschenrechte' und das ‚einzige Menschenrecht'. Zur Einheit von Hannah Arendts Argumentation. In: *Hannah Arendt und Giorgio Agamben. Parallelen, Kontroversen, Perspektiven*. Hg. v. Eva Geulen, Kai Kauffmann u. Georg Mein, München 2008, S. 131–147.
Moeller, Hans-Bernhard: „Werfels Fluchtkomödie *Me and the Colonel*: Vom Exiltheater zum Leinwanderfolg". In: *Hitler im Visier. Literarische Satiren und Karikaturen als Waffe gegen den Nationalsozialismus*. Hg. v. Viktoria Hertling u.a. Wuppertal 2005, S. 39–51.

Nehring, Wolfgang: „Komödie der Flucht ins Exil: Franz Werfels ‚Jacobowsky und der Oberst'". In: *Franz Werfel im Exil*. Hg. v. Wolfgang Nehring u. Hans Wagener. Bonn, Berlin 1992, S. 111–127.
Pinto, Diana: „Europa – ein neuer ‚jüdischer Ort'". In: *Menora. Jahrbuch für deutsch-jüdische Geschichte* 10 (1999), S. 15–34.
Roth, Joseph: *Juden auf Wanderschaft*. In: *Joseph Roth Werke*, Bd. 2. Das Journalistische Werk 1924–1928. Hg. v. Klaus Westermann, Köln 1990, S. 827–902.
Roth, Joseph: „Der Segen des ewigen Juden". In: *Joseph Roth Werke*, Bd. 3. Das journalistische Werk 1929–1939. Hg. v. Klaus Westermann. Köln 1991, S. 527–532.
Roth, Joseph: „Der Tod der deutschen Literatur". In: *Joseph Roth Werke*, Bd. 3. Das journalistische Werk 1929–1939. Hg. v. Klaus Westermann. Köln 1991, S. 490–492.
Rothschild, Thomas: „Mit Entsetzen Scherz. Exil als Bedingung und als Thema von Brechts *Flüchtlingsgesprächen* und Werfels *Jacobowsky und der Oberst*". In: *Das (Musik)Theater in Exil und Diktatur*. Hg. v. Peter Csobádi u.a. Salzburg 2005, S. 713–727.
Rushdie, Salman: „Heimatländer der Phantasie". In: Ders.: *Heimatländer der Phantasie. Essays und Kritiken 1981–1991*. München 1992, S. 21–35.
Shocham, Chaim: „Kosmopolitismus und jüdische Nationalität. Lion Feuchtwangers *Josephus-Trilogie*". In: *Conditio Judaica. Judentum, Antisemitismus und deutschsprachige Literatur*. Bd. III. Vom Ersten Weltkrieg bis 1933/1938. Hg. v. Hans Otto Horch u. Horst Denkler. Tübingen 1993, S. 278–306.
Spies, Bernhard: „Exilliteratur – ein abgeschlossenes Kapitel? Überlegungen zu Stand und Perspektiven der literaturwissenschaftlichen Exilforschung". In: *Exilforschung. Ein internationales Jahrbuch* 14 (1996): *Rückblick und Perspektiven*, S. 11–30.
Thunecke, Jörg: „‚In den finsteren Zeiten / Wird da auch gesungen werden? / Da wird auch gesungen werden. / Von den finsteren Zeiten.' Einleitung". In: *Deutschsprachige Exillyrik von 1933 bis zur Nachkriegszeit*. Hg. v. Jörg Thunecke. Amsterdam, Atlanta, GA 1998, S. 9–14.
Stephan, Alexander: *Die deutsche Exilliteratur 1933–1945. Eine Einführung*. München 1979.
Walter, Hans-Albert: „‚Als ich wiederkam, da – kam ich nicht wieder'. Vorläufige Bemerkungen zu Rückkehr und Reintegration von Exilierten 1945–1949". In: *Ich hatte einst ein schönes Vaterland. Deutsche Literatur im Exil 1933–1945. Eine Auswahlbibliographie*. Hg. v. Hans-Albert Walter u. Günter Ochs. Gütersloh 1985, S. 259–279.
Walter, Hans-Albert: „‚Ich hatte einst ein schönes Vaterland'". In: *Ich hatte einst ein schönes Vaterland. Deutsche Literatur im Exil 1933–1945. Eine Auswahlbibliographie*. Hg. v. Hans-Albert Walter u. Günter Ochs. Gütersloh 1985, S. 7–77.
Weigel, Sigrid: „Sounding Through – Poetic Difference – Self-Translation: Hannah Arendt's Thoughts and Writings Between Different Languages, Cultures, and Fields". In: *‚Escape to Life'. German Intellectuals in New York: A Compendium on Exile After 1933*. Hg. v. Eckart Goebel u. Sigrid Weigel. Berlin 2012, S. 55–79.
Werfel, Franz: *Jacobowsky und der Oberst. Komödie einer Tragödie in drei Akten*. Frankfurt/M. 1962.
Werfel, Franz: *Zwischen Oben und Unten. Prosa, Tagebücher, Aphorismen, Literarische Nachträge*. Aus dem Nachlass hg. v. Adolf D. Klarmann. Wien 1975.
Werfel, Franz: „Heimkehr ins Reich". In: *Gesammelte Werke in Einzelbänden. „Leben heißt, sich mitteilen". Betrachtungen, Reden, Aphorismen*. Hg. v. Knut Beck. München 1992, S. 63–67.
Winckler, Lutz: „Mythen der Exilforschung". In: *Exilforschung. Ein internationales Jahrbuch* 13 (1995): *Kulturtransfer im Exil*, S. 68–81.

Vivian Liska
# Exil und Exemplarität
## Jüdische Wurzellosigkeit als Denkfigur

„Der Herr wird dich und deinen König, den du über dich gesetzt hast, unter ein Volk treiben, das du nicht kennst, noch deine Väter" (Deut. 28, 36), so die vielleicht expliziteste der zahlreichen, vielfältigen und unterschiedlich deutbaren Darstellungen des Exils in der hebräischen Bibel. Der Vers gehört zur Liste der Flüche, oder eher der Drohungen, die gegen Ende von Deuteronomium und damit der fünf Bücher Moses' dem Volk Israel verkündet werden. Die Fluchtirade, die mit den Worten beginnt: „Es soll geschehen: Hörst Du nicht auf seine, deines Gottes Stimme [...]." (Deut. 28, 15) folgt auf eine Aufzählung von Segen, die über das Volk kommen werden, wenn es den Geboten folgt, darunter das Versprechen einer Heimat „in dem Land, das Gott ihm gegeben hat." Wie die Vertreibung aus dem Paradies und die rastlose Wanderschaft Kains, der in der Fremde „von allen getötet werden kann", ist das Exil in diesem Fluch als Strafe, als leidvolle Lage dargestellt. Unmittelbar auf die Drohung der Vertreibung unter ein fremdes Volk folgt ein in diesem Zusammenhang bemerkenswerter und – wie die stark voneinander abweichenden Übersetzungen zeigen – weniger eindeutiger Vers: „Und wirst ein Scheusal und ein Sprichwort und Spott sein unter allen Völkern, dahin dich der Herr getrieben hat." (Deut. 28, 37) In dieser Luther'schen Übersetzung erscheinen auch diese Worte eindeutig als Fluch und Strafe. Doch der hebräische Wortlaut erlaubt eine weniger negative Deutung. Von Luthers scheltender Sprache, die zweifellos von seiner negativen Sicht auf die „verstockten", als Fremde unter anderen Völkern lebenden Juden gefärbt ist, unterscheidet sich Martin Bubers Übersetzung des Verses: „Da wirst du", heißt es in seiner *Die Schrift* genannten Verdeutschung der hebräischen Bibel, „zu einem Staunen, / zu Gleichnis und Witzwetzung, / unter allen Völkern wohin Er dich treibt".[1] Ein seltsamer, onomatopoetischer Neologismus steht bei Buber anstelle von Luthers „Spott", anstelle von „Scheusal" verheißt er das „Staunen" der anderen Völker über das exilierte Volk und statt von „Sprichwort", das im biblischen Kontext und sicher im Sinne Luthers als mahnende Parabel aufzufassen ist, spricht er von „Gleichnis", in dem über die biblische Gleichnisrede

---

1 „Das Buch Reden". In: *Die fünf Bücher der Weisung. 5. Buch*. Verdeutscht von Martin Buber gemeinsam mit Franz Rosenzweig. Berlin 1927, S. 111.

hinaus auch Angleichung mitklingt und das auch Exempel, Metapher oder, allgemeiner, Denkfigur bedeuten kann.

Offensichtlich will Buber die angedrohte Strafe abschwächen, die Lage der Exilierten einer neuen Wahrnehmung zuführen und das negative Urteil über das unter anderen Völkern lebende, heimatlose Volk neutralisieren, wenn nicht umkehren: Im Staunen, das die Fremden hervorrufen, ist auch Verwunderung, wenn nicht gar Bewunderung angelegt. Der Neologismus „Witzwetzung" ist dem Ausdruck ‚die Zunge wetzen' nachempfunden und dieser dem Schärfen von Messern, wobei – anders als in Luthers „Spott" – mörderische Gewaltsamkeit auf Seiten der Täter mitklingt. Bemerkenswert ist jedoch vor allem Bubers Übersetzung des hebräischen לְמָשָׁל (Mashal) als „Gleichnis". Ohne die Bedeutung des abschreckenden Beispiels auszuschließen, den der biblische Fluch zweifellos impliziert, erlaubt Bubers Übersetzung von לְמָשָׁל in den neutralen Terminus einer rhetorischen Sprach- bzw. Denkfigur die Erkundung der Möglichkeiten und Grenzen einer figurativen Bezugnahme auf die Tradition und Geschichte des jüdischen Exils. Sie erschließt damit das Potential, diesem eine universelle Tragweite und Bedeutung zu verleihen.

Manche Bibelstellen, die das Exil thematisieren, laden eher zu metaphysisch-existentiellen, andere zu politischen Deutungen ein. Wenn diese beiden Dimensionen zuweilen auch miteinander verschränkt sind, so ergeben sich dennoch fundamentale Unterschiede in der Valenz ihrer Bedeutungsebenen.[2] Als universelle *conditio humana* der Entfremdung des Menschen von der Natur, vom Mitmenschen und von Gott nach der Vertreibung aus dem Paradies ist das Exil universell; es ist, bis auf weiteres – bis zur Ankunft des Messiah – die unentrinnbare Regel des Daseins. Anders erscheint das biblische Exil im politischen Sinn: dort wird, wie in Deuteronomium, das verfluchte und vertriebene Volk zur Ausnahme unter anderen, eingesessenen, beheimateten Völkern. Es wird, je nach der historischen, politischen und gesellschaftlichen Disposition des Betrachters, zum Inbegriff des umherirrenden, exponierten Fremdlings oder, positiv gewendet wie vielfach im philosophischen und theoretischen Diskurs der letzten Jahrzehnte, um den es hier gehen soll, zum richtungsweisenden, nachahmungswürdigen Exempel.

Die positive Auffassung jüdischen Exils ist keineswegs nur eine Erscheinung der Moderne. In der Nachfolge der Vertreibung von der spanischen Halbinsel erweitert und vertieft sich – quasi als Trost – in der Lurianischen Kabbala die metaphysische Auffassung des Exils. Die Gefäße der Welt als solche wurden

---

[2] Arnold Eisen: „Exile". In: *Contemporary Jewish Religious Thought*. Hg. v. Arthur A. Cohen u. Paul Mendes-Flohr. New York 1988, S. 219–225, Zitat S. 220–221.

zerschlagen, Gott selbst ist mit seinem Volk ins Exil gewandert, das „Schicksal Israels", so Gershom Scholem, wurde in all seiner schrecklichen Wirklichkeit „im tiefsten Grunde ein Symbol des wahren Standes allen Seins, ja sogar [...] des göttlichen Seins".[3] Die Lage des jüdischen Volks im Exil entspricht in diesem für die spätere Moderne einflussreichen Denken der Lage der aus dem Paradies vertriebenen Menschheit und steht symbolisch der Illusion all jener entgegen, die meinen, sich auf Erden eine Heimat schaffen und gar territorialen Besitz beanspruchen zu können. Ob negativ als Inbegriff einer verwerflichen Wurzellosigkeit oder positiv als Träger der Einsicht in die existentielle Unbehaustheit des Menschen auf Erden wird jüdisches Exil über Jahrhunderte hinweg zum Gleichnis, als das es Bubers Übersetzung zufolge schon in Deuteronomium bestimmt war.

Als Gleichnis wurde jüdisches Exil zum literarischen Motiv, zur philosophischen Denkfigur, zum Politikum. Als Verkörperung einer verwerflichen Wurzellosigkeit erscheint es in der judenfeindlichen Rede vom „Verjuden". Wie Steven Aschheim, der die Geschichte dieses Begriffs nachgezeichnet hat, zeigt, stützte sich die Warnung vor einer Angleichung an und Kontaminierung durch die heimatlosen Juden auf metaphorische Konstruktionen. Schon seit den Anfängen christlicher Theologie, so Aschheim, „the Jew not only embodied dissent, he also became a metaphor for heresy itself, symbol of subversion whether or not its agents were themselves Jewish".[4] Hat in diesem Kontext die Metaphorisierung jüdischer Andersheit teil an der judenfeindlichen Rede, so wurde sie unter entgegengesetzten Vorzeichen gerade als Möglichkeit der Umkehrung oder Unterwanderung dieser Haltung funktionalisiert. Formen dieser Inversion bzw. Subversion sind bei vielen jüdischen Autoren der Moderne von Franz Rosenzweig über Walter Benjamin und Hannah Arendt bis Lion Feuchtwanger und Siegfried Kracauer zu finden. So zürnt Rosenzweig jenen Völkern, die „mehr am Land hängen als an ihrem Eigenleben als Volk".[5] Im Unterschied zu diesen wird

> zum Volke das Volk [der Juden] [...] in einem Exil, dem ägyptischen wie nachher dem in Babel. Und die Heimat, in die sich das Leben eines Weltvolks einwohnt und einpflügt, [...] – dem ewigen Volk wird sie nie in solchem Sinne eigen [...] es behält stets die Ungebundenheit eines Fahrenden und ist seinem Lande ein getreuerer Ritter wenn es [...] draußen weilt

---

**3** Gershom Scholem: „Kabbala und Mythos". In: Ders.: *Zur Kabbala und ihrer Symbolik*. Frankfurt/M. 1973, S. 156.
**4** Steven Aschheim: *Culture and Catastrophe: German and Jewish Confrontations with National Socialism and Other Crises*. New York 1996, S. 47.
**5** Franz Rosenzweig: *Der Stern der Erlösung*. Frankfurt/M. 1988, S. 333.

und sich nach der verlassenen Heimat zurücksehnt [...] es selbst ist nur ein Fremdling und Beisaß in seinem Lande.[6]

Während allerdings Rosenzweig die territoriale Verhaftung für eine Affirmation der Blutgemeinschaft eintauscht, wird bei anderen – so etwa Arendt – mit der Verwurzelung im Boden auch die Volksgemeinschaft in Frage gestellt. Was dabei vom Jüdischen bleibt – nicht nur Arendt, sondern auch Benjamin und sogar gewissermaßen Freud beantworten dies mit einem ebenso unumstößlichen wie unerklärten „Wesentlichen", mit einer Behauptung von dessen Selbstverständlichkeit. Nichtsdestotrotz wird jüdisches Exil, das sie alle erlebt und erlitten haben, in ihrem Denken in der einen oder anderen Form als kritische Alternative zum territorialen Nationalismus eingesetzt.

Das kritische Potential dieses Gestus ist jedoch besonders in der Nachkriegszeit offensichtlich. In der Nachfolge der nationalsozialistischen Verbrechen lag es tatsächlich für viele Denker der Moderne nahe, den jüdischen Mythos der ewigen Wanderschaft und des Exils und die darin begründete Privilegierung einer geistigen Verwurzelung im Gesetz, im Wort, im Buchstaben als Alternative zu nationalen oder geographischen Wurzeln zu reaktivieren und das alte Politikum unter umgekehrtem Vorzeichen aufzugreifen: das Exil-Judentum als Sand im Getriebe der Nationalismen verschiedenster Provenienz. Jene, die sich dabei auf die jahrhundertealte Tradition und Geschichte des jüdischen Exils berufen, wollen dabei zum einen die feindliche Sicht auf das wurzellose, jüdische Volk umkehren und zum anderen in der jüdischen Exiltradition eine universell gültige Alternative zur Blut- und Bodenideologie und darüber hinaus zu jeglicher nationalistischen Identitätspolitik, ja zu jeder Fixierung einer kollektiven, aber auch individuellen Identität überhaupt propagieren. Die Gleichzeitigkeit dieser Anliegen sieht sich allerdings mit zwei Fragen konfrontiert. Wie kann gerade jüdisches Exil als positive, ja exemplarische Exterritorialität herangezogen werden, ohne dabei die jüdische Leidensgeschichte – die immer auch eine Geschichte des Leidens *am* Exil ist – auszublenden? Und wie kann die Wertvorstellung des Außer-sich-seins, des Nicht-Identischen im Rückgriff auf eine partikulare Identität konzipiert werden, ohne dabei – von jüdischer Seite – in einen nationalen Selbstbestätigungsdiskurs, oder – von nicht-jüdischer Seite – in eine vereinnahmende Fremdbestimmung zu verfallen? Jacques Derrida spricht in diesem Zusammenhang vom „Paradox der Exemplarität": Er bezieht sich damit auf Aussagen, die sich auf eine partikulare Gruppe, Nation oder Kultur berufen, um einen universellen Wert, eine allgemeine ethische oder politische Einstellung

---

[6] Rosenzweig: *Der Stern der Erlösung*, S. 333.

oder einen der ganzen Menschheit zugänglichen Seinsmodus darzustellen, der gerade einer Konsolidierung des Partikularen entgegensteht. In seinen Seminaren zur „philosophischen Nationalität"[7] behandelt er Aussagen wie etwa: „Franzose zu sein bedeutet dem universellen Wert der Gleichheit anzuhängen"[8] oder, um Derridas Beispiel in Bezug auf Fichte zu nennen, die Behauptung, Deutschtum entspräche der „Freiheit des Geistes".[9] Wie, und wichtiger noch, mit welcher Wirkung, fragt Derrida, können Autoren solcher Aussagen partikulare Einheiten in der Darstellung universeller Werte wie Gleichheit oder Freiheit heranziehen, ohne einen nationalen – und potentiell nationalistischen – Diskurs zu stützen, der gerade die propagierte Botschaft der Nicht-Identität negiert? Das „Paradox der Exemplarität" wird im Kontext einer positiven Exilauffassung, also einer Befürwortung des „Ausserhalb-des-Eigenen-Stehens" zugespitzt, wenn es sich auf die einem Volk eigene Tradition oder Geschichte beruft. Im Folgenden gilt es, Erscheinungsformen dieses Paradoxes bei einigen Denkern der Moderne, die jüdischem Exil eine universelle Bedeutung verleihen, nachzuvollziehen und zu erkunden, ob es alternative Wege gibt, diese Figur zu denken.

In den Schriften von Sartre und Blanchot bis Edward Said und Judith Butler über Hannah Arendt, George Steiner, Bernard-Henri Lévy, Emmanuel Lévinas, Jean-François Lyotard, Philippe Lacoue-Labarthe, Jean-Luc Nancy und nicht zuletzt Derrida selbst, wie auch in literaturwissenschaftlichen Analysen[10] findet sich dieses Motiv in vielfachen Variationen und Modalitäten. Diese reichen von der Auffassung eines konkreten, real existierenden jüdischen Volks, das diese Wurzellosigkeit aufgrund seiner Geschichte und Tradition als universelle Botschaft zu *vermitteln* hat oder – bereits ein wesentlicher Unterschied – diese Botschaft *verkörpert*, bis zu metaphorischen Bezügen auf jüdische Wurzellosigkeit, in der konkrete Erscheinungen des Jüdischen geradezu als Hindernis oder Gegensatz zur Identitätsauflösung stehen, die in der Denkfigur anvisiert wird. Unterschiedliche Situationen – wer wo und wann spricht – und unterschiedliche Grade der Metaphorisierung – von Modell und Beispiel zu Symbol und Meta-

---

7 Vgl. Dana Hollander: *Exemplarity and Chosenness. Rosenzweig and Derrida on the Nation of Philosophy*. Stanford 2008, S. 112–117.
8 Hollander: *Exemplarity and Chosenness*, S. 103.
9 Hollander: *Exemplarity and Chosenness*, S. 103–105.
10 Vgl. z. B. Bernd Witte: *Jüdische Tradition und literarische Moderne. Heine, Buber, Kafka, Benjamin*. München 2007, und Anne Kuhlmann: „Das Exil als Heimat. Über jüdische Schreibweisen und Metaphern". In: *Exilforschung* 17 (1999): *Sprache – Identität – Kultur*, S. 198–213, Zitat S. 198. Siehe auch Andreas B. Kilcher: „‚Volk des Buches'. Zur kulturpolitischen Aktualisierung eines alten Topos in der jüdischen Moderne". In: *Münchner Beiträge zur jüdischen Geschichte und Kultur* 2 (2009), S. 43–58.

pher – führen zu grundsätzlich unterschiedlichen Vorstellungen. So handelt es sich um einen fundamental anderen Gestus, ob jüdisches Exil von Nicht-Juden als nachahmungswürdiges Modell einer politischen Haltung gepriesen oder als fremdbestimmtes und ahistorisches Mythologem zum Symbol gemacht wird, ob es als Umkehrung von Opfer in Vorbild zum Zwecke einer wiedergutmachenden Rehabilitation genutzt oder als Metapher zur Projektionsfläche eigener Befindlichkeiten verwendet wird. Ebenso ist es von jüdischer Seite nicht das gleiche, ob es als tröstliche Sinngebung einer leidvollen geschichtlichen Erfahrung konzipiert oder in einem identitätspolitischen Rahmen als Aufwertung der eigenen Tradition eingesetzt wird. Die Denkfigur einer Universalisierung des jüdischen Exils ist ein prekärer Diskurs: Er droht entweder – von jüdischer Seite – in eine fragwürdige Selbstaffirmation der eigenen kollektiven Identität zu verfallen oder – von nicht-jüdischer Seite – in die usurpierende Aneignung einer partikularen Tradition, die dieser im gleichen Atemzug ihre kulturelle und geschichtliche Partikularität versagt.

Das Musterbeispiel einer fragwürdigen Universalisierung jüdischen Exils von Seiten eines jüdischen Denkers nach 1945 ist zweifellos George Steiner. In einem Elie Wiesel gewidmeten Artikel mit dem Titel „A Kind of Survivor" schreibt er:

> The rootlessness of the Jew, the cosmopolitanism denounced by Hitler, Stalin, [...] is historically an enforced condition [...] But though uncomfortable in the extreme, this condition is, if we accept it, not without a larger meaning [...] Nationalism is the venom of the age [...]. *Even if it be against his harried will, his weariness, the Jew – or some Jews at least – may have an exemplary role. To show that whereas trees have roots, men have legs and are each other's guests.* [...] Even a Great Society is a bounded, transient thing compared to the free play of the mind and the anarchic discipline of its dreams.[11]

In einer polemischen Auseinandersetzung mit Steiner hat Moshe Idel, der wichtigste lebende Kabbala-Forscher, der allgemein als (allerdings abtrünniger) Nachfolger Gershom Scholems betrachtet wird, Steiners Haltung der Ungeschichtlichkeit und einer verfälschenden Sicht auf die jüdische Tradition und Geschichte bezichtigt, die ihm zufolge im Grunde die gesamte Verwendung der modernen Denkfigur des jüdischen Exils betrifft. Idel beschuldigt Steiners Vorstellung eines „jüdischen Geistes" des Essentialismus und der illegitimen Metaphorisierung, seinen Rückgriff auf den Topos der Juden als „Volk des Buchs"

---

[11] George Steiner: „A Kind of Survivor". In: *George Steiner. A Reader*. Harmondsworth, Middlesex 1984, S. 232.

der falschen Verklärung,[12] die jüdischem Leben, das in gleichem Maße auf Ritus und Gemeinschaftlichkeit beruhe, keineswegs gerecht werde und lediglich als Konstrukt moderner Intellektueller fortwirke, die jeglichen Bezug zum lebenden Judentum vermissen lassen. Ebenso harsch ist seine Kritik an Steiners Idee des jüdischen Exils: „Few Jews," so Idel,

> ever imagined peregrination as more than a simple curse, reminiscent of the wandering Cain. To say otherwise is, from a historical point of view, sheer distortion or anachronism. Jews were no more enamored of the concept of the *homo viator* than were medieval Christians or Muslims.[13]

Doch diese Kritik, so berechtigt sie historisch auch sein mag, impliziert eine generelle Zurückweisung jeglichen Fortschreibens der jüdischen Tradition unter den Bedingungen, Ansprüchen und Wertvorstellungen der Moderne und mündet letztlich in einen Rückzug in einen geschlossenen, jüdischen Partikularismus. Anstelle einer Überprüfung der historischen Authentizität ihres Anspruchs soll Steiners Aussage hier auf ihren eigenen Gestus hin geprüft werden.

Steiners Rhetorik ist verführerisch. Als geschichtlich gewordener Wurzelloser vertritt für ihn der Jude in seiner Sonderstellung eine universalistische – und scheinbar universelle – Ethik. Diese explizit gegen Heideggers „Rhetorik des Wohnens" und der Beheimatung[14] gerichtete Ethik müsste sich allerdings auch die Vorstellung des Juden als exemplarischer Nation der Wurzellosen versagen, an der er sehr wohl festhält. Steiner war sich des Problems offensichtlich bewusst, als er die Relativierung – „zumindest manche Juden" – einfügte: Wenn nicht der Jude als solcher, sondern nur „manche Juden" die Funktion der Wurzellosigkeit verkörpern, so bleibt offen, was die Berufung auf Juden dann noch bedeutet, ob diese Rolle frei gewählt und verteidigt sein muss oder ob ihnen diese eben *als Juden*, im Namen einer unhinterfragten Zugehörigkeit zum jüdischen Volk oder seiner überlieferten Tradition zufällt. In Steiners Ausführung gehen ferner eine gewaltsame historische Entwurzelung – eher *eradication* –, auf die er selbst hinweist, und die schöne Wurzellosigkeit des freischwebenden Intellekts nahtlos ineinander über, Geschichte löst sich in Mythos auf. Fraglich werden dadurch auch die Tragweite und Aussagekraft von Steiners Polemik: Seine Verwischung des Unterschieds zwischen Zwangsexil und Kosmopolitis-

---

**12** Moshe Idel: *Old World, New Mirrors. On Jewish Mysticism and Twentieth Century Thought*. Philadelphia 2010, S. 65.
**13** Idel: *Old Worlds, New Mirrors*, S.68.
**14** Steiner: „A Kind of Survivor", S. 263. Siehe Martin Heidegger: „...dichterisch wohnet der Mensch...". In: *Akzente* 1 (1954), S. 57–71.

mus wie auch die selbstbestätigende Idee einer exemplarischen Rolle des eigenen Volks entkräften sein Gegenwort zum nationalistischen Gift unserer Zeit.

Bernard-Henri Lévy, ein anderer Verfechter jüdischer Exil-Identität, beruft sich nicht wie Steiner auf den Mythos des wandernden Juden, sondern direkter auf die biblische Tradition und deren universelle Botschaft:

> On n'entendra rien non plus à la grandeur du message biblique si on voit privilège, chauvinisme, nationalisme, dans une Élection dont le premier souci est d'arracher le sujet à ces localités sans âge, ces géographies archaïques, ces enracinements sauvages et spontanés qui sont toujours inévitablement source de cruauté [...].[15]

Wie Steiner verfängt Lévy sich im Paradox, weiterhin im Namen eines Volks und dessen überlieferten Selbstverständnisses die Ideologie des Völkischen unterwandern zu wollen. Zwar geht es ihnen nicht um geographische Wurzeln, doch bleibt ihre Argumentation einer Denkweise verhaftet, die im Namen einer partikularen mythischen, biblischen oder transhistorischen Überlieferung allgemeine Verhaltensweisen für die Menschheit entwirft, die einer solchen Zuschreibung prinzipiell entgegenstehen.

Komplexer, weil gleichzeitig weitreichender und widersprüchlicher als bei Steiner und Lévy, ist die Denkfigur des jüdischen Exils bei Emmanuel Lévinas. Sein gesamtes Werk ist auf eine Ethik der Entwurzelung ausgerichtet. Das Kernstück seiner Philosophie, die Konstituierung ethischer Subjektivität in der Exponiertheit an das Gesicht des Anderen deutet Lévinas im Sinne eines exilischen Modells: *la face de l'autre* zwingt das Subjekt aus seiner Selbstbefangenheit hinaus und sprengt jede Vorstellung von Autonomie. In seinen philosophischen Schriften verbleibt Lévinas bei der Beschreibung dieser Subjektivitätsauffassung in Abstraktionen der Exteriorität. In seinen sogenannten „konfessionellen" oder „jüdischen Schriften" hingegen – vor allem in *Difficile liberté* – entspricht diese universelle Struktur der biblischen Botschaft Abrahams, der im Gegensatz zu Odysseus nicht heimkehrt, sondern dem Ruf Gottes – des absolut Anderen – Gehör verleiht und auszieht aus dem eigenen ins fremde Land. Lévinas verleiht der Analogie zwischen der Struktur der Subjektivität und dem jüdischen Gründungsmythos in Abrahams Auszug aus seinem Vaterland in seinem Essay „Heidegger, Gagarine et nous"[16] ausdrücklich kollektive Züge. Die Botschaft des Judentums steht hier explizit gegen Heideggers Begriff des Wohnens, den die-

---

15 Bernard-Henri Lévy: *Le Testament de Dieu*. Paris 1979, S. 160.
16 Emmanuel Lévinas: „Heidegger, Gagarine et nous". In: Ders.: *Difficile Liberté*. Paris 1976, S. 299–304.

ser als Antwort auf die Geworfenheit des Menschen vorstellt. Lévinas' Lob jüdischer Entwurzelung, für die er Begriffe wie Exil und Exteriorität austauschbar einsetzt, richten sich gegen Heideggers Verhaftung an den Ort, die er dessen Heidentum zuschreibt. Eine Loslösung aus dieser Gebundenheit an den Ort ist für Lévinas die Grundbedingung jeder Ethik und Politik:

> L'implantation dans un paysage, l'attachement au *Lieu*, sans lequel l'univers deviendrait insignifiant et existerait à peine, c'est la scission même de l'humanité en autochtones et en étrangers.[17]

Die universelle Botschaft des Judentums liegt für Lévinas in der Negation dieser Verwurzelung und spielt auch in seine Unterscheidung zwischen Judentum und Christentum hinein: Jenseits ihrer heidnischer Residuen vertritt die christliche Doktrin eine falsche Auffassung der jüdischen Treue zum Buchstaben. Diese gilt nicht einer Unterwerfung des Geistes, sondern einer Entwurzelung vom Boden. Wenn Lévinas diese Gegenposition zur Verwurzelung als die eigentliche Botschaft des Judentums identifiziert, liegt damit der Widerspruch zwischen der universalistischen Ausrichtung seiner philosophischen Schriften und seiner Privilegierung der jüdischen Denktradition offen zu Tage. Mit Nachdruck unterscheidet er die in der Abraham-Geschichte suggerierte Idee des jüdischen Exils von Heideggers Begriff der Geworfenheit: Im Gegensatz zu dessen Verhaftung in einer Auffassung von der Schicksalhaftigkeit des Daseins, übernimmt Abraham in seiner Antwort aus freien Stücken die Verantwortung für seinen Auszug aus seinem Vaterland. So unterscheidet Lévinas, anders als Steiner, grundlegend die freiwillige Entwurzelung, die er bejaht, vom historischen Zwangsexil. Wie bei Steiner, und vielleicht noch fundamentaler als bei diesem, gerät bei Lévinas die Denkfigur des jüdischen Exils zur nationalen Selbstbestätigung.

Erscheint bei Lévinas, ähnlich wie bei Steiner und Lévy die Universalisierung des jüdischen Exils als widersprüchliche „nationale *Selbstaffirmation*" (im Sinne Derridas) so nimmt es bei Denkern wie Sartre, Blanchot und Lyotard Züge einer fragwürdigen Aneignung eines Philosophems an, das sich gerade der Aufgabe des Eigenen verschrieben hat. Die positive Inversion des alten Stereotyps des wurzellosen Juden kommt bei Sartre vor allem in seiner Bestimmung des Bewusstseins als „Für-sich" zum Ausdruck, das immer schon von einer Selbst-Distanz gezeichnet ist, und das Sartre in expliziter Berufung auf jüdisches Exil als „diasporique" beschreibt.[18] Sartre hat bekanntlich in *Réflexions sur la que-*

---

17 Lévinas: „Heidegger, Gagarine et nous", S. 301.
18 Vgl. Jean Paul Sartre: *L'Etre et le Néant*. Paris 1943, S. 138.

*stion juive*[19] das Judesein als Eigenschaft bestimmt, die dem Juden von einer judenfeindlichen Außensicht zugeschrieben wird, und hat damit dem Judentum jegliche Autonomie, bzw. Tradition, Schrifttum und Selbstbestimmung abgesprochen – eine Haltung, die er Jahre später zurückgenommen hat. Gleichwohl hatte er an der Inversion des jüdischen Exils zu einem universellen Seinsmodus maßgeblich Anteil. Von einer metaphorischen Aneignung kann bei ihm allerdings insofern kaum gesprochen werden, als er keine Identifizierung mit dem Judentum, bzw. keine jüdische Identität impliziert, sondern lediglich eine strukturelle Analogie entwirft.

Anders Blanchot, der vor allem unter dem Einfluss seines Freundes Lévinas eine komplexe Verstrickung zwischen seiner Bestimmung der Literatur und dem Judentum inszeniert. Der Jude ist dabei nicht länger, wie bei Steiner, Arendt oder Lévinas, der Träger einer Botschaft für die Menschheit, sondern ausdrücklich eine Metapher, in der seine aktive Beteiligung, wenn nicht seine Präsenz überhaupt verschwindet: In einem impliziten Dialog mit Lévinas verschiebt Blanchot kaum merklich, aber umso signifikanter, Lévinas' Auffassung einer universell gültigen, vom Judentum verkündeten „Ethik der Wurzellosigkeit" und transformiert sie in eine Poetik der Wanderschaft, die er metaphorisch mit jüdischem Exil assoziiert.[20] Dieses steht für Blanchot, wie auch für Lévinas im Gegensatz zu einer von Heidegger vertretenen heidnischen Fixierung auf den Ort, den der Philosoph als Antwort auf die Geworfenheit des Daseins konzipiert. Während Lévinas aus einer ethischen Perspektive gegen Heidegger anschreibt, geschieht dies bei Blanchot im Namen der Literatur. Sie bedient sich nach ihm jener Sprache, die sich jeglichem Gebrauch widersetzt. Sie ist ohne Fundament und Telos und ihre Wege sind Umwege ohne Ziel und Zweck und daher, so Blanchot, mit der Metapher des jüdischen, in der Wüste umherirrenden Volks zu beschreiben. In einem kritischen Kommentar zu dieser Gleichsetzung weist Lévinas darauf hin, dass die Juden in der Wüste auch den Gottesbund eingehen und zum Volk werden. Diese Kritik kann allerdings Blanchots metaphorischer Konstruktion wenig anhaben: In seiner Theorie der literarischen Sprache ist die figurative Rede keiner äußeren Realität verpflichtet. Sie ist gerade insofern authentischer als die begriffliche Sprache der Philosophie, weil sie ihr referentielles Scheitern eingesteht. Die Metapher muss sich keiner historischen Wirklichkeit gegenüber verantworten, denn sie ist ein performativer und destabilisierender Akt. Kaum überraschend ist daher auch, dass Blanchot die Ethik der Entwurzelung, die

---

[19] Jean Paul Sartre: *Réflexions sur la question juive*. Paris 1946.
[20] Vgl. Maurice Blanchot: *L'espace littéraire*. Paris 1955, S. 91f.

Lévinas dem Judentum zuschreibt, „nomadisch" nennt und dabei das Leiden am Exil, das die jüdische Geschichte durchzieht, ausblendet:

> Si le judaïsme est destiné à prendre un sens pour nous, c'est bien en montrant qu'il faut, en tout temps, être prêt à se mettre en route, parce que sortir (aller au dehors) est l'exigence à laquelle l'on ne peut se soustraire si l'on veut maintenir la possibilité d'un rapport de justice. Exigence d'arrachement, affirmation de la vérité nomade.[21]

Das Judentum wird bei ihm zur reinen Metapher der Negation jeglicher Identität und Zugehörigkeit, zur „Forderung der Fremdheit" (*exigence de l'étrangeté*), zur Exteriorität des Sprechens, das sich, so Blanchot, in der Vorsilbe „ex" der Worte „exil, exode, existence, extériorité, étrangeté" entfaltet.[22] Die gleitende Verschiebung dieser Begriffe ist selbst ein performativer Akt, der die Grundlagen der referentiellen Sprache unterwandert. Die Metapher an sich ist wie der exilierte Jude: ein störender Fremder, ein Eindringling in einen fremden Kontext. Sie ist „*impropre*" im Sinne von un-*eigent*lich, also selbst verirrt und die Ordnung der Identitäten verwirrend: der Jude als Metapher, die Metapher als Jude. In diesem Zirkelschluss droht allerdings die von Blanchot propagierte Exteriorität selbst verloren zu gehen.

Als Metapher des Nicht-Identischen findet jüdisches Exil seine Apotheose in Lyotards *Heidegger et les „juifs"*. In seiner Unterscheidung zwischen „juifs" mit und ohne Anführungszeichen trennt er die Denkfigur der exilischen Nicht-Identität säuberlich von den historischen Juden. So spricht er vom „Schicksal dieses Nicht-Volks von Überlebenden. Juden und Nicht-Juden, deren Zusammensein sich keiner Authentizität einer ursprünglichen Wurzel verdankt, sondern der Schuld einer unendlichen Anamnese"[23]. Juden, die sich als solche bezeichnen, sind für ihn demnach schlechte „juifs", insofern sie eine Identität für sich beanspruchen oder ihr Gebot des Eingedenkens nicht, wie gute „juifs" dies tun sollten, im Bewusstsein einer sublimen Unsagbarkeit erfüllen, sondern im referentiellen oder narrativen Rückgriff auf ihre partikulare Geschichte. Auch hier gehen Geschichte und Mythos ineinander über.[24] Lyotard hat dieses Vorgehen

---

21 Maurice Blanchot: *L'entretien infini*. Paris 1969, S. 195.
22 Blanchot: *L'entretien infini*, S. 18.
23 Jean François Lyotard: *Heidegger et les „juifs"*. Paris 1988, S. 152
24 Blanchot hat Lyotards Stellungnahme bis auf einen Punkt befürwortet: Er reagiert kritisch auf die Anführungszeichen um „juif", denn um als sich-selbst-durchstreichende Trope fungieren zu können, darf keine Unterscheidung zwischen reellen und metaphorischen *Juifs* gemacht werden, da sonst ein referentieller Rest bleiben würde. Vgl. Sarah Hammerschlag: *The Figural Jew. Politics and Identity in Postwar French Thought*. Chicago, London 2010, S. 196.

später selbst zurückgenommen und der Eile und Dringlichkeit zugeschrieben, die ihn angesichts der Heidegger-Affäre zu diesem Text veranlasst hat. In seinen späteren Schriften wendet er sich in seiner Metaphorisierung des Juden dem Topos des „Volks des Buchs" zu. In der unendlichen, der ewigen Wanderschaft des Exils angeglichenen weil nie ankommenden Lektüre, die in der jüdischen Exegese der heiligen Schriften schon angelegt war, rehabilitiert er die „realen Juden" und ihre Tradition. Deren historische Exilerfahrung gerät aber auch hier außer Sicht.

Auf einen ersten Blick ist dies bei Derrida ähnlich. Und doch ereignet sich in seiner Auseinandersetzung mit dem Judentum als Denkfigur der Wurzellosigkeit etwas anderes. Zunächst treibt Derrida das „Paradox der Exemplarität" in seine letzte logische Aporie und entwurzelt sie selbst. In einem Gespräch über sein Verhältnis zum Judentum erklärt er:

> Wenn die Selbst-Identität der Juden oder des Judentums aus dieser Vorbildlichkeit besteht, d.h. in einer bestimmten Nicht-Selbstidentität – [die deutsch-jüdische Situation *par excellence*] – dann ist es so, dass man, je mehr man Selbst-Identität verdrängt und sagt: „meine eigene Identität besteht darin, nicht identisch mit mir selbst zu sein, fremd zu sein, nicht mit mir überein zu stimmen" etc., um so mehr ist man jüdisch! Und in diesem Augenblick verliert das Wort, das Attribut ‚jüdisch' [...], verliert die logische Proposition ‚Ich bin Jude' alle Gewissheit, wird hinweg gefegt in einen Anspruch, eine Forderung, eine Überbietung ohne Ende.[25]

Weit davon entfernt, in dieser Aporie nur eine Sackgasse zu sehen, argumentiert Derrida, dass Diskurse der Exemplarität zu einer unüberwindbaren *mise en abîme*, einer abgründigen, unendlichen Erfahrung der Unentscheidbarkeit führen. Dieses „Überbieten ohne Ende" entspricht in seiner logischen Struktur der Grund- und Bodenlosigkeit, die die Figur des Nicht-Identischen kennzeichnet. Diese Figur wird, wie schon bei Blanchot, als jüdisch betrachtet, ein Attribut, das wiederum durch eben diese Wurzellosigkeit in Frage gestellt wird und so weiter *ad infinitum*. In dieser Struktur eines unendlichen Regresses erblickt Derrida eine Öffnung auf eine ethische Haltung, die nicht mehr von der Verwurzelung in einer stabilen Identität ausgeht oder eine solche Fundierung anstrebt, sondern, im Gegenteil, aus diesem schwindelerregenden Abgrund erwächst und auf ihn ausgerichtet bleibt.

---

[25] Jacques Derrida: „Zeugnis, Gabe". *Jüdisches Denken in Frankreich*. Hg. v. Elisabeth Weber. Frankfurt/M. 1994, S. 65.

In *Thinking in Jewish*[26] kritisiert Jonathan Boyarin Derridas Missachtung der Spezifik der historischen Exilerfahrung der Juden. „Alle Unterschiede in einer eindeutigen Differenz zu allegorisieren", so Boyarin, „bedeutet blind zu sein für jede konkrete Besonderheit"[27]. Boyarin behauptet, dass für Derrida, wie auch für Lyotard, Nancy und andere, Juden aufgrund ihrer Bedeutung für die europäische Moderne den abstrakten, „paradigmatischen Anderen" verkörpern. Boyarin weist darauf hin, dass diese „Anderen" jedoch nicht repräsentativ für die „wirklichen" Juden sind, sondern eine kleine Gruppe von Grenzgängern – Freud, Benjamin, Kafka, Adorno, Arendt, Celan und ihresgleichen – die für Derrida und andere die Abstraktion der Selbst-Differenz und der metaphorischen Exil-Identität verkörpern. Boyarin verfolgt die Vorstellung der Juden als ultimative, nicht-selbstidentische Störenfriede des – im Grunde dem Christentum gleichgesetzten – Universellen zurück zu Paulus, für den paradoxerweise der „gute Jude" gerade den Verzicht auf seine spezifische Differenz leistet.

Aber Boyarins Kritik gilt nicht allein der Figur des „paradigmatischen Anderen", welche die konkrete Besonderheit der „wirklichen" Juden ignoriert. Für Boyarin ist bereits der Akt der Metaphorisierung an sich problematisch, da dieser jenen, die eine geschichtlich verwurzelte Identität für sich beanspruchen, ihre Differenz raubt. Dass die Juden zum Gleichnis gemacht werden, ist für Boyarin wie in Deuteronomium selbst ein Fluch. „Wirkliche Juden", so Boyarins Folgerung, „enden als Metapher" und verlieren jeglichen Bezug zu ihrer konkreten historischen und kulturellen Erfahrung und Tradition. Wie Idels Kritik an Steiners Haltung mündet auch Boyarins Polemik gegen Derrida in der Verteidigung eines anti-modernistischen Partikularismus. Allerdings wird diese Kritik Derrida in keiner Weise gerecht. Zwar unterwandert Derrida jegliche konzeptionelle Fixierung von Identität, doch er führt das historisch Konkrete durch einen performativen Modus des Schreibens wieder ein, der weitreichende Konsequenzen hat. Weder als Historiker, der sich beim konkreten Partikularen als Wahrheitsgrund aufhält, noch als traditioneller Philosoph, der universelle Abstraktionen anstrebt, thematisiert und inszeniert Derrida mittels seiner eigenen Schreibweise Übergänge und Bruchlinien, durch welche konkrete Erfahrungen, spezifische Situationen und partikulare Sprachformen zu universellen Möglichkeiten werden, ohne ihre Singularität preiszugeben. In den ständigen Verschiebungen und Schwankungen zwischen philosophischen Begriffen, Hinweisen auf jüdische Texte und Riten und persönliche Erzählungen ähneln Derridas Schriften in vieler Hinsicht literarischem Schreiben.

---

26 Daniel Boyarin: *Thinking in Jewish*. Chicago 1996.
27 Boyarin: *Thinking*, S. 67.

Weit davon entfernt, die konkrete historische Erfahrung zum Verschwinden zu bringen, konfrontiert Derrida den Anspruch jüdischer Exemplarität mit seiner eigenen Situation und seinem eigenen Schreiben: Er verflicht seine theoretischen Überlegungen mit persönlichen Erinnerungen an seine Kindheit in Algier und seine frühen Erfahrungen antisemitischer Diskriminierung, die er als autobiographischen Ursprung seiner Kritik an jeglichen „nationalen Affirmationen" und der „Versuchung der Exemplarität" beschreibt. Das Zusammenspiel seiner Durchkreuzung der Metapher, die er als Aporie ausweist, und der realitätsbezogenen Erzählung der eigenen Erfahrung ermöglicht in Derridas Schreiben den Ausdruck einer Denkfigur des jüdischen Exils, die das Jüdische als geschlossene Identitätskonstruktion verweigert und gleichzeitig dessen Geschichte des Leidens am Exil eingedenk bleibt.

Ähnliches findet sich bei Paul Celan. Wie Derrida die Metapher in der Aporie zum Implodieren bringt und in den Abgrund des eigenen Strudels stürzt, so wendet sich auch Celan gegen ihre vernichtende Wirkung auf die Wahrnehmung der Singularität der Phänomene. In einem Brief an Peter Szondi schreibt er: „Auch dieser ganze Metaphern-Trend kommt aus dieser Richtung; man überträgt um fort- und abzutragen, man verbildlicht was man nicht wahrhaben, wahrnehmen will."[28] Man könnte diese Aussage im Sinne von Boyarins Kritik am Verlust des Konkreten in der Metaphorisierung des Jüdischen lesen, doch ganz anders als der Historiker streicht Celan wie Derrida die Tropen und Metaphern auf eine Weise durch, die sie noch in ihrer Negation auf eine universelle Bedeutung hin öffnet und dabei gleichzeitig die Singularität der Erfahrung bewahrt. In seinem am 9. April 1966 (in der Pessachwoche) geschriebenen und als letztes Gedicht des Zyklus „Eingedunkelt" 1968 publizierten Gedicht vergegenwärtigt Celan jüdisches Exil durchaus im Sinne der anderen hier besprochenen Autoren. Wie bei allen oben erwähnten Denkern der Nachkriegszeit wird es auch in Celans Gedicht zum Gegenwort der mit Heidegger assoziierten Vorstellungen von Verwurzelung und Beheimatung und darüber hinaus der nationalsozialistischen Blut- und Bodenideologie. Auch im Gedicht wird die Alternative zu dieser Bodenständigkeit mit Schrift und Buchstabe assoziiert. Doch findet darin weder Verklärung statt noch Selbstbestätigung. Der Vereinnahmung werden die Wege versperrt und das Gedicht selbst wird zum unumstößlichen Widerstand gegen das Vergessen des Leidens, des Leidens am Exil.

---

28 Paul Celan, Peter Szondi: *Briefwechsel*. Hg. v. Christoph König. Frankfurt/M. 2005, S. 40.

> Mit uns, den
> Umhergeworfenen, dennoch
> Fahrenden:
> Der eine
> unversehrte,
> nicht usurpierbare,
> aufständische
> Gram.[29]

In einem kurzen, zweiteiligen Satz ohne Verb spricht Celan als „wir" und sagt, was mit ihm und jenen, mit denen er ist, „mit-ist." Das im ersten Vers anklingende „Mitsein" Heideggers wird erst im zweiten Vers, in dem das Wir bestimmt wird, vernehmbar: Das Wir sind die „Umhergeworfenen, dennoch." Es sind und sind auch nicht die heideggerschen Geworfenen, die als Dasein in die Welt Geworfenen. Es sind vielmehr die „Umher-", die von einem Ort zum anderen Geworfenen, die Vertriebenen und Verjagten. Und es sind vor allem jene, die *dennoch*, die trotzdem nicht Heimat suchen, nicht wohnen, um sich der Geworfenheit zu erwehren. Es sind jene, die dieser Tröstung im „dennoch" trotzen, die das Passivum des schicksalhaft Geworfen-, wie des geschichtlich Umhergeworfenseins in eine selbstbestimmte Handlung umkehren: Es sind die Fahrenden. Es könnten dies die Zirkuskünstler Rilkes sein, die Artisten und Vagabunden, die Ortlosen und Unsteten, die melancholisch Umhertreibenden. Aber Celans Fahrende gewinnen ihre Bedeutung aus dem „dennoch": Anders als Rilkes sind Celans Fahrende die Vertriebenen und Verjagten, die trotz der Leiderfahrung des Umhergeworfenseins dennoch der Versuchung der Beheimatung widerstehen, die ihr in ihrem selbstbestimmten Fahren als Widerstand widerstehen. Es sind – denkt man an die Entstehungszeit des Gedichts in der Pessachwoche – vielleicht, aber nicht notwendigerweise, die Juden, die die Fahrt in die Wüste antreten, in der sie zum Volk werden und geloben, der leidvollen Erfahrung in Ägypten zu gedenken. Aus dem Eingedenken an das Leiden im Exil erhebt sich der Wille zum Widerstand, der genährt ist von dem, was beharrlich, unvermindert und unumstößlich feststeht:

> Der eine
> unversehrte,
> nicht usurpierbare,
> aufständische
> Gram.

---

[29] Paul Celan: *Die Gedichte*. Hg. v. Barbara Wiedemann. Frankfurt/M. 2003, S. 268.

Es ist der eine unüberwindbare, Trauer und Zorn verbindende, rebellische Gram, der diese Fahrenden verbindet und sie begleitet. Er steht nicht metaphorisch für sie ein, bestimmt keine Identität, sondern ist *mit* ihnen. Er ist nicht zu gebrauchen und nicht zu vereinnahmen, er steht aufrecht inmitten aller Bewegungen. Er steht wie im zwei Jahre später entstandenen Gedicht „Niemals, stehender Gram"[30] gegen die „Mimetiker", die „noch so gelettert[en]", die niemals ein Wort aufschrieben, „das rebelliert". Der in „Mit uns" beschworene Gram ist aufständisch und steht wie der Buchstabe dieses Gedichts, das aufrechten Gram und Grammaton, die griechische Letter, vereint, in der konkreten und singulären Wirklichkeit des Gedichts, das offen ist für alle Mitfahrenden, die ihn teilen.

## Bibliographie

Aschheim, Steven: *Culture and Catastrophe: German and Jewish Confrontations with National Socialism and Other Crises*. New York 1996.
Blanchot, Maurice: *L'espace littéraire*. Paris 1955.
Blanchot, Maurice: *L'entretien infini*. Paris 1969.
Boyarin, Daniel: *Thinking in Jewish*. Chicago 1996.
Celan, Paul: *Die Gedichte*. Hg. v. Barbara Wiedemann. Frankfurt/M. 2003.
Celan, Paul, Peter Szondi: *Briefwechsel*. Hg. v. Christoph König. Frankfurt/M. 2005.
„Das Buch Reden". In: *Die fünf Bücher der Weisung. 5. Buch*. Verdeutscht von Martin Buber gemeinsam mit Franz Rosenzweig. Berlin 1927.
Derrida, Jacques: „Zeugnis, Gabe". *Jüdisches Denken in Frankreich*. Hg. v. Elisabeth Weber. Frankfurt/M. 1994.
Eisen, Arnold: „Exile". In: *Contemporary Jewish Religious Thought*. Hg. v. Arthur A. Cohen u. Paul Mendes-Flohr. New York 1988, S. 219–225.
Hammerschlag, Sarah: *The Figural Jew. Politics and Identity in Postwar French Thought*. Chicago, London 2010.
Heidegger, Martin: „„...dichterisch wohnet der Mensch...". In: *Akzente* 1 (1954), S. 57–71.
Hollander, Dana: *Exemplarity and Chosenness. Rosenzweig and Derrida on the Nation of Philosophy*. Stanford 2008.
Idel, Moshe: *Old World, New Mirrors. On Jewish Mysticism and Twentieth Century Thought*. Philadelphia 2010.
Kilcher, Andreas B.: „,Volk des Buches'. Zur kulturpolitischen Aktualisierung eines alten Topos in der jüdischen Moderne". In: *Münchner Beiträge zur jüdischen Geschichte und Kultur* 2 (2009), S. 43–58.
Kuhlmann, Anne: „Das Exil als Heimat. Über jüdische Schreibweisen und Metaphern". In: *Exilforschung* 17 (1999): *Sprache – Identität – Kultur*, S. 198–213.
Lévinas, Emmanuel: „Heidegger, Gagarine et nous". In: Ders.: *Difficile Liberté*. Paris 1976, S. 299–304.

---

[30] Celan: *Die Gedichte*, S. 526.

Lévy, Bernard-Henri: *Le Testament de Dieu*. Paris 1979.
Lyotard, Jean-François: *Heidegger et les „juifs"*. Paris 1988.
Rosenzweig, Franz: *Der Stern der Erlösung*. Frankfurt/M. 1988.
Sartre, Jean-Paul: *L'Etre et le Néant*. Paris 1943.
Sartre, Jean-Paul: *Réflexions sur la question juive*. Paris 1946.
Scholem, Gershom: „Kabbala und Mythos". In: Ders.: *Zur Kabbala und ihrer Symbolik*. Frankfurt/M. 1973.
Steiner, George: „A Kind of Survivor". In: *George Steiner. A Reader*. Harmondsworth, Middlesex 1984.
Witte, Bernd: *Jüdische Tradition und literarische Moderne. Heine, Buber, Kafka, Benjamin*. München 2007.

Patrick Farges
# Exilerfahrung und Refiguration von Männlichkeitskonzepten

Eine neue Perspektive auf das *Israel-Korpus*

Ausgehend von dem Korpus aus 143 autobiografischen Interviews von jüdisch-deutschen Emigranten in Israel, die im Zeitraum 1989–1994 von einer Gruppe von Forscherinnen geführt und dokumentiert wurden, soll hier thematisiert werden, inwiefern sich Emigrations- und Akkulturationserfahrungen in Palästina/Israel auf die retrospektive Narration von Männlichkeiten ausgewirkt haben. Denn die in Deutschland bzw. Österreich sozialisierten ‚Jeckes' waren von bestimmten Männlichkeitsvorstellungen geprägt, die dann mit Entwürfen einer jüdischen Männlichkeit im Kontext des national-zionistischen Aufbauprojekts in Palästina/Israel konfrontiert wurden. In dem Artikel, der ein breiter angelegtes Forschungsprojekt vorstellt, soll besonders auf die Brüche zwischen traditionell-jüdischen Männlichkeitskonzepten, wie sie sich in der westeuropäischen Diaspora ausgeprägt hatten und nationalistisch-israelischen Männlichkeitsentwürfen eingegangen werden.

## 1 Einleitung: Neue, neuere und neueste Perspektiven in der Exilforschung

Seit nunmehr drei Jahrzehnten gibt die Exilforschung, die sich neuerdings auch verstärkt mit Problemfeldern wie ‚Akkulturation', ‚Kulturtransfer', ‚Transkulturalität' und ‚Hybridität' methodisch auseinandergesetzt hat, wichtige Impulse für eine interkulturell und interdisziplinär ausgerichtete Germanistik.[1] Doch

---

1 Die Ergebnisse dieser Forschung werden seit 1983 regelmäßig in *Exilforschung. Ein internationales Jahrbuch* (Hg. v. Claus-Dieter Krohn, Erwin Rotermund u. Lutz Winckler) veröffentlicht. Zunächst wurde das Phänomen Exil in bestimmten Berufsbranchen sozialgeschichtlich erforscht. Doch oft dominierte dabei die Feststellung eines einseitigen Kulturtransfers und eines glatten Verlustes für die „alte Welt" zuungunsten einer feinen Analyse des Kontextes, in dem der Kulturtransfer überhaupt stattfinden konnte. Der von Wolfgang Benz herausgegebene Band zur Erforschung des „Exils der kleinen Leute" (*Das Exil der kleinen Leute. Alltagserfahrungen deutscher Juden in der Emigration*. Hg. v. Wolfgang Benz. München 1991) war ein Versuch, die Exilforschung alltagsgeschichtlich zu positionieren.

obgleich die international betriebene Exilforschung den großen kulturwissenschaftlichen Ansätzen, wie z. B. dem Alltags-, Gender-[2] und zuletzt auch dem postkolonialen Ansatz Rechnung getragen hat, wird das Phänomen ‚Exil nach 1933' noch bisweilen als ein in sich geschlossenes Phänomen betrachtet. Und noch zu oft wird die Exilforschung unabhängig von einer Betrachtung anderer Migrationen betrieben. Also stellt sich akut die Frage nach den Kontinuitäten und Verflechtungen zwischen *dem* Exil und anderen Exil- und Migrationsphänomenen. Karl Holl forderte im Jahre 2000 bereits

> eine über die bisherige Praxis hinausreichende engere Zusammenarbeit zwischen der Migrationsforschung und einer Exilforschung, die sich in komparatistischer Sicht Gegenständen auch außerhalb des durch das NS-Regime erzwungenen Exils zuwenden würde.[3]

Denn das deutschsprachige Exil nach 1933 ist ein – besonders markantes – Beispiel einer erzwungenen Migration, die von einem ursprünglichen Ort in eine Vielfalt von Aufnahmeländern führt. In dem – bisher nicht hinreichend erforschten – Fall der Emigration nach Palästina/Israel stellte sich die Frage des ‚Exils' und der Diaspora signifikant anders als in anderen Exilländern – handelte es sich doch in der im Land selbst dominanten zionistischen Perspektive um eine symbolische (ja mythische) ‚Rückkehr' und um die Aufhebung des Exildaseins. In Übereinstimmung mit dieser Vorstellung wurde diese Auswanderung als (fünfte) *Alijah* – ‚Aufstieg' – bezeichnet. Neuere Studien zum Thema zeigen allerdings, dass sich die ca. 60.000 bis 75.000 nach Palästina/Israel Emigrierten[4] mit vergleichbaren Akkulturationsschwierigkeiten konfrontiert sahen wie andere ‚Exilanten'. In Palästina/Israel haben sich die Emigranten unmittelbar mit dem zionistischen Aufbauprojekt und der Konstruktion einer israelischen Nationalidentität auseinandersetzen müssen. Von ihnen wurde eine intensive identitäre Neuverortung verlangt.[5]

---

[2] Wobei vor allem der Themenkomplex „Frauen und Exil" aufgearbeitet wurde (vgl. die Publikationen der AG „Frauen im Exil" innerhalb der Gesellschaft für Exilforschung). Mir geht es hier um die Inklusion einer Männer- und Männlichkeitsforschung, die auf die Erkenntnisse der feministischen Forschung aufbaut.
[3] Karl Holl: „Exil und Asyl als Gegenstand universitärer Lehre. Erfahrungsbereich über ein Projekt an der Universität Bremen". In: *Exilforschung. Ein internationales Jahrbuch* 18 (2000): *Exile im 20. Jahrhundert*, S. 262–269, Zitat S. 262f.
[4] Vgl. Ludger Heid: „Palästina/Israel". In: *Handbuch der deutschsprachigen Emigration 1933–1945*. Hg. v. Claus-Dieter Krohn u.a. Darmstadt 1998, Sp. 349–358.
[5] Vgl. Lena Kreppel: *Deutsch. Jüdisch. Israelisch. Identitätskonstruktionen in autobiographischen und essayistischen Texten von Erich Bloch, Jenny Cramer und Fritz Wolf*. Würzburg 2012.

Eines soll klargestellt werden: Ich möchte hier nicht die Spezifität des Exilphänomens nach 1933 in Frage stellen, sondern lediglich zu erforschen versuchen, inwiefern sich das Erkenntnisinteresse am Thema ‚Exil' ändert, wenn man es als eine Form der inter- und transkulturellen Migration betrachtet. Hiermit sollen nämlich Phänomene der Kulturenüberlappung und der Überlagerung kultureller Zugehörigkeiten in den Vordergrund gestellt werden. Insbesondere kulturwissenschaftliche Ansätze haben zur Entessenzialisierung des Kultur-Begriffes zugunsten einer Aufmerksamkeit für Konstruktions- und Hybridisierungsprozesse geführt. Als überholt erscheinen in diesem Zusammenhang die Annahme statischer kultureller Identitäten, Analysen zur Anpassung an feststehende kulturelle Normen oder gar Untersuchungen über einen Kulturtransfer (bzw. -retransfer) zwischen fixen Polen. Zentral werden hingegen die Erforschung langfristiger Kulturkontakte, die Vernetzungen und Verflechtungen kultureller Identitäten im Rahmen von mehrdimensionalen Akkulturationsvorgängen sowie der produktive Umgang mit kulturellen Standards und Traditionen. Diese Überlegungen schaffen also neue, dynamische Erkenntnishorizonte innerhalb einer kulturwissenschaftlich geprägten Exilforschung und erfordern eine Erweiterung des Vergleichsbegriffs im Sinne der ‚Verflechtung' und der *Histoire croisée*.[6]

Auch haben Akkulturationsstudien[7] seit längerem dafür plädiert, dass die Beschreibung des Exils durch festgesetzte historische Daten problematisiert werden sollte: Wann hört das ‚Exil' per se auf? Keinesfalls markierten das Ende des Krieges und die – theoretische und abstrakte – Möglichkeit einer Rückkehr

---

6 Vgl. Michael Werner u. Bénédicte Zimmermann: „Vergleich, Transfer, Verflechtung. Der Ansatz der *Histoire croisée* und die Herausforderung des Transnationalen". In: *Geschichte und Gesellschaft* 28 (2002), S. 607–636; Sebastian Conrad u. Shalini Randeria (Hg.): *Jenseits des Eurozentrismus. Postkoloniale Perspektiven in den Geschichts- und Kulturwissenschaften*. Frankfurt/M. 2002.

7 Das aus der amerikanischen Anthropologie der 1930er Jahre hergeleitete Akkulturationsparadigma hat in der Migrationsforschung – wo es mittlerweile als längst überholt gilt, da „Akkulturation" oft eine Anpassung an dominante Kulturansprüche bezeichnete – und in der Exilforschung der letzten dreißig Jahre produktive Studien herbeigeführt. In der deutschsprachigen Exilforschung ist der Begriff trotz konkurrierender kulturwissenschaftlicher Paradigmen wie „Hybridisierung" und „Transkulturalität" offensichtlich immer noch heuristisch und methodologisch produktiv (vgl. hierzu Robert Krause: *Lebensgeschichten aus der Fremde. Autobiografien emigrierter SchriftstellerInnen als Beispiele literarischer Akkulturation nach 1933*. München 2010). Zur Begriffsgeschichte und zur interdisziplinären Wanderung des Begriffes „Akkulturation", vgl. Patrick Farges: *Le trait d'union ou l'intégration sans l'oubli. Itinéraires d'exilés germanophones au Canada après 1933*. Paris 2008, S. 36–44.

das Ende der Exilerfahrung. In vielerlei Hinsicht hatte Georg Simmels Soziologie bereits gegenwärtige „Reflections on Exile"[8] antizipiert:

> es ist also der Fremde nicht [...] der Wandernde, der heute kommt und morgen geht, sondern [...] der, der heute kommt und morgen bleibt – sozusagen der potenziell Wandernde, der, obgleich er nicht weitergezogen ist, die Gelöstheit des Kommens und Gehens nicht ganz überwunden hat.[9]

Einerseits wartet der Exilant auf ein Zurück, andererseits zeigen aber gerade Akkulturationsstudien, wie vielfältig die Adaptions- und Verankerungsstrategien sind, die Exilanten individuell und kollektiv einsetzen, um sich ihr neues Umfeld anzueignen. Eine kulturwissenschaftlich angelegte Erforschung des Exils sprengt also zwangsläufig den Rahmen 1933–1945, denn nur eine langfristigere Analyse kann die zahlreichen Transfers und Interaktionen mit der Aufnahmegesellschaft und -kultur aufdecken und auch intergenerationelle Erinnerungs- und Tradierungsphänomene mit einbeziehen.

Außerdem kennen Selbstzeugnisse, Lebensberichte, Memoiren und Autobiografien, die im Rahmen von Akkulturationsstudien viel versprechende Quellen darstellen, keine chronologische Zeitmessung, sondern sie verweisen auf je unterschiedliche biografische Zeiterfahrung und -empfindung. Die Festlegung eines chronologischen Rahmens a priori birgt also die doppelte Gefahr einer Blindheit gegenüber den Kategorien der Exilanten selbst, sowie einer Kristallisation der Exilforschung zum Genre, das seinen eigenen Regeln folgt. Genau diesen Punkt hatte Wolfgang Benz bereits 1991 kritisiert:

> Die Autoren und Editoren sind fasziniert vom Schicksal der Emigranten im nationalsozialistischen Deutschland, von der Geschichte ihrer Ausreise oder Flucht, und das Interesse endet mit der Ankunft in New York oder Haifa, nicht anders in der Bescheidung als die Brüder Grimm, bei denen das eigentliche Abenteuer und das wirklich Spannende, nämlich der lebenslange Alltag nach den glücklich bestandenen Aventüren der dramatischen Phase des Märchens, stets ausgespart bleiben.[10]

---

**8** Edward Said: *Reflections on Exile and Other Essays*. Cambridge, MA 2000, insbes. S. 137–149.
**9** Georg Simmel: „Exkurs über den Fremden". In: Ders.: *Soziologie. Untersuchungen über die Formen der Vergesellschaftung*. Leipzig 1908, S. 509–512. Zu den komplexen, historisch verankerten Transferphänomenen, die in den 1930er Jahren zur frühen Konstruktion eines Akkulturations- und Hybriditätsparadigmas geführt haben, vgl. Claus-Dieter Krohn: „Differenz oder Distanz? Hybriditätsdiskurse deutscher *refugee scholars* im New York der 1930er Jahre". In: *Exilforschung. Ein internationales Jahrbuch* 27 (2009): *Exil, Entwurzelung, Hybridität*, S. 20–39.
**10** Benz: *Das Exil der kleinen Leute*, S. 9.

## 2 Selbstzeugnisse, Identitätsarbeit und narrative Refiguration

Als Einstieg in die Thematik des komplexen menschlichen Umgangs mit autobiografischer Erinnerung soll hier die Untersuchung des Amerikaners John Kotre eingeführt werden. Kotre spricht in Bezug auf das autobiografische Gedächtnis von „Rekonstruktionen" bzw. lebenslangen Selbstrevisionen. Das autobiografische Gedächtnis sei fähig, so Kotre, den ‚Text' des Lebens fortlaufend über Jahre hinweg umzuschreiben. Dabei unterscheidet er zwei Operatoren: den „Mythenschöpfer" und den „Archivwächter".[11] Dieser moderne neuropsychologische Ansatz ist m. E. hilfreich, um literaturwissenschaftliche Ansätze über die Eigenart autobiografischen Schreibens zu ergänzen und zu erweitern. Auch der französische Literaturwissenschaftler Philippe Lejeune hat im Laufe seiner Studien zur Autobiografie immer stärker betont, dass das autobiografische Schreiben einen *Espace autobiographique* eröffne, in dem Ambiguitäten und Ungereimtheiten existieren. Denn auch Deformationen der Realität entsprechen manchmal einer persönlichen Wahrnehmung und sind insofern als ‚authentisch' zu betrachten. Genauso wenig sind persönliche Mythen als Unwahrheiten zu betrachten: Sie eröffnen vielmehr eine andere Ebene von Wirklichkeit, deren Ziel es ist, dem Selbst Überzeugungskraft zu verleihen, der Person zu versichern, wer sie ist. Lejeune selbst gibt zu bedenken, dass die permanent neu überarbeiteten Rohfassungen des eigenen Lebens (die er *Brouillons de soi* nennt) ein allgemeines anthropologisches Faktum seien und somit die Grenzen der Literatur- und Kulturwissenschaft überschreiten.[12]

Schriftliche wie mündliche Selbstzeugnisse sind ein Mittel für Zeitzeugen, das eigene Schicksal oder den eigenen Lebensweg für ein breiteres Publikum zu überarbeiten und somit kollektiv zu vermitteln. Erlebte Erfahrungen können nur dann als biografisches Material dienen, wenn sie überdacht und (neu) formuliert wurden. Und diese narrative Neuformulierung mit Hilfe des Gedächtnisses wird zwangsläufig von jenen kollektiv-sozialen Kategorien beeinflusst, die dem Erzählenden zur Verfügung stehen und ohne die ein persönliches Erlebnis nicht gesellschaftlich sagbar ist. Das Ergebnis individueller Erinnerungsarbeit ist immer schon narrativ strukturiert und man könnte beinahe behaupten, dass man nicht erzählt, was geschehen ist, sondern dass geschehen ist, was man nar-

---

[11] John Kotre: *Weiße Handschuhe: wie das Gedächtnis Lebensgeschichten schreibt.* Übers. v. Hartmut Schickert. München 1996.
[12] Philippe Lejeune: *Les Brouillons de soi.* Paris 1998.

rativ formulieren kann.[13] In diesem Kontext muss also ein Unterschied gemacht werden zwischen der „erlebten" und der „erzählten Lebensgeschichte".[14] Der kritische Umgang mit autobiografischen Quellen erfordert vom Historiker also auch, dass er sich der narrativen Konventionen und Zwänge bewusst wird, sowie der performativen Situation, in der er sich befindet – in anderen Worten, dass er sich der interpretativen Instrumente der Literatur-, Kultur- und Sprachwissenschaft bedient.[15]

Die narrative Kohärenz des Selbstzeugnisses und der persönlichen Narration ist ein Mittel, dem eigenen Leben im Nachhinein einen Sinn zu geben und die persönliche Identität (und damit verbunden auch die Gender-Identität) zu festigen.[16] Der Psychologe Jerome S. Bruner meint hierzu, dass unser Selbst „a perpetually rewritten story"[17] sei, setzt aber hinzu: „we *become* the autobiographical narratives by which we ‚tell about' our lives".[18] Ein entsprechender Wortlaut findet sich auch beim Neurologen Oliver Sacks: „each of us constructs and lives a ‚narrative' [...] this narrative *is* us".[19] Das kohärente Selbst hat also zwei Seiten: eine private (weil ich mich darin wieder finde) und eine öffentliche Seite (weil ich etwas mitteilen kann). Grundlegend ist also die Vorstellung, dass das Selbst als etwas Dynamisches *und* Veränderliches zu verstehen sei, und nicht

---

[13] Gabriele Lucius-Hoene und Arnulf Deppermann meinen hierzu: „Die narrative Darstellung ist (...) immer eine von den Belangen der Gegenwart mitbestimmte Konstruktion. Damit soll nicht die kritische Differenz zwischen einer wahrheitsgetreuen, einer einseitig-verzerrten und einer konfabulierten Narration nivelliert werden, sondern wir möchten darauf hinweisen, dass jede narrative Rekonstruktion unweigerlich konstruktive Akte erfordert, deren Adäquatheit strittig werden kann" („Narrative Identität und Positionierung". In: *Gesprächsforschung – Online-Zeitschrift zur verbalen Interaktion* 5 (2004), S. 166–183, Zitat S. 175, www.gespraechs-forschung-ozs.de (Stand: 01.03.2013)).
[14] Gabriele Rosenthal: *Erlebte und erzählte Lebensgeschichte. Gestalt und Struktur biographischer Selbstbeschreibung*. Frankfurt/M. 1995.
[15] Zum Problem in der *Oral History* (der „mündlich erfragten Geschichte"), vgl. Susanne Beer, Marten Düring u. Elissa Mailänder: „‚Na Sie wissen ja, wie das mit den Männern so ist'. Interaktive Geschlechterkonstruktionen in biografischen Interviews". In: *Le lieu du genre. La narration comme espace performatif du genre*. Hg. v. Patrick Farges, Cécile Chamayou-Kuhn u. Perin Emel Yavuz. Paris 2011, S. 53–70.
[16] Jürgen Straub: „Biographische Sozialisation und narrative Kompetenz. Implikationen und Voraussetzungen lebensgeschichtlichen Denkens in der Sicht einer narrativen Psychologie". In: *Biographische Sozialisation*. Hg. v. Erika Hoernig. Stuttgart 2000, S. 137–163.
[17] Jerome S. Bruner: „Life as Narrative". In: *Social Research* 54 (1987) H. 1, S. 11–32, Zitat S. 11.
[18] Bruner: „Life as Narrative", S. 15 (Hervorhebung im Original).
[19] Oliver Sacks: *The Man Who Mistook His Wife For a Hat and Other Clinical Stories*. New York 1985, S. 110 (Hervorhebung im Original).

etwa als eine Ansammlung stabil bleibender Erinnerungen, die im Verlaufe eines Lebens bloß addiert werden.

Paul Ricœur unterscheidet in diesem Zusammenhang zwischen der *Idem*-Identität (Gleichheit) und der *Ipse*-Identität (Ipseität). Die *Idem*-Identität entspricht der Gewissheit des denkenden Ich, das sich seiner im Laufe der Zeit gewiss ist. Die *Idem*-Identität impliziert also die Behauptung eines unveränderlichen, formal gleich bleibenden Kerns der Persönlichkeit.[20] Im Sinne der *Idem*-Identität ist die Zeit ein störender Faktor.[21] Im Gegensatz dazu inkorporiert die *Ipse*-Identität als wesentliches Merkmal die Zeitlichkeit und die damit verbundene Narrativität. Dies hatte Ricœur bereits im dritten Band von *Zeit und Erzählung* angedeutet:

> In der Tat mündet das Problem der personalen Identität ohne die Hilfe der Narration unausweichlich in eine unlösbare Antinomie [...]. Das Dilemma verschwindet, wenn man die im Sinne eines Selben (*idem*) verstandene Identität durch die im Sinne eines Selbst (*ipse*) verstandene Identität ersetzt; der Unterschied zwischen *idem* und *ipse* ist kein anderer als der zwischen einer substantialen oder formalen und der narrativen Identität. Die Ipseität entgeht dem Dilemma des Selben und des Anderen insofern, als ihre Identität auf einer Temporalstruktur beruht, die dem Modell einer dynamischen Identität entspricht, wie sie der poetischen Komposition eines narrativen Textes entspringt. Vom Selbst läßt sich demnach sagen, daß es durch die reflexive Anwendung der narrativen Konfigurationen refiguriert wird. Im Unterschied zur abstrakten Identität des Selben kann die für die Ipseität konstitutive narrative Identität auch die Veränderungen und Bewegtheit im Zusammenhang eines Lebens einbegreifen. [...] Wie die literarische Analyse der Autobiographie bestätigt, wird die Geschichte eines Lebens unaufhörlich refiguriert durch all die wahren oder fiktiven Geschichten, die ein Subjekt über sich selbst erzählt. Diese Refiguration macht das Leben zu einem Gewebe erzählter Geschichten.[22]

Als Produkt dieser Operation entsteht die narrative Identität, die Ricœur wie folgt definiert:

> Die Person, die als Figur einer Erzählung verstanden wird, ist keine von ihren ‚Erfahrungen' verschiedene Sache. Ganz im Gegenteil: Sie hat Teil an dem Gesetz der dynamischen Identität, die als Eigentümlichkeit der erzählten Geschichte gilt. Die Erzählung konstruiert die Identität der Figur, die man ihre narrative Identität nennen darf, indem die Identität der erzählten Geschichte durch die Figur konstruiert wird. Es ist die Identität der Geschichte, welche die Identität der Figur herstellt.[23]

---

20 Paul Ricœur: *Soi-même comme un autre*. Paris 1990, S. 12.
21 Ricœur: *Soi-même comme un autre*, S. 142.
22 Paul Ricœur: *Zeit und Erzählung*, Bd. 3. Die erzählte Zeit. München 1991, S. 395ff.
23 Ricœur: *Soi-même comme un autre*, S. 175 (Übersetzung Patrick Farges).

In der Erzählung des Selbsterlebten muss der Erzähler „sein vergangenes Ich der Erzählung mit bestimmten Eigenschaften und Handlungsweisen in Szene setzen und diese Selbstoffenbarung unter Beachtung hörer- und situationsbezogener Aspekte gestalten" können.[24] Das Erzählen der eigenen Lebensgeschichte ist zugleich Selbstdarstellung und Selbstherstellung und in diesem Sinne ist die Suche nach Kohärenz ein wichtiges Mittel und ein sichtbares Signal des individuellen Akkulturationsprozesses.[25] Dementsprechend inkorporieren und verflechten (Ricœur würde sagen: refigurieren) Selbstzeugnisse persönlich Erlebtes und Erinnertes etwa mit historisch-gesellschaftlichen Diskursen zu einem Narrativ, das dem erzählenden Ich je nach Erzählsituation am triftigsten erscheint. Das Selbstzeugnis ist also ein heterologisches Narrativ und gerade deshalb ist es für die Dekodierung sozio-historischer Prozesse von Bedeutung.

## 3 Neue Perspektiven auf das *Israel-Korpus*

In dem vorliegenden Artikel geht es um eine kurze Vorstellung eines Forschungsprojekts zur Erforschung maskuliner Identitäten im Exil, so wie sie in biografischen Interviews narrativ rekonstruiert werden.[26] Ausgangspunkt ist das *Israel-Korpus (1. Generation)*, bestehend aus 143 autobiografischen Interviews in deutscher Sprache mit 162 in Israel lebenden, ursprünglich deutschsprachige Juden, die in den 1930er Jahren emigrierten und im Zeitraum 1989–1994 von Prof. Dr. emer. Anne Betten (Universität Salzburg), Dr. Kristine Hecker, (Universität Bologna), Dr. Miryam Du-nour († Bar Ilan Universität, Israel) und Eva Eylon (Tel Aviv) interviewt wurden. Es handelt sich um *Oral History*-Interviews mit ‚Jeckes'. In Israel bezeichnet dieser Begriff halb spöttisch, halb liebevoll jene aus Deutschland und Österreich stammenden (hoch)deutschsprachigen Juden. Sie waren die lebenden Repräsentanten einer deutsch-jüdischen Kultur, die im Holocaust unterging und somit die Träger eines alternativen kulturellen Gedächtnisses gegenüber dem in Israel dominanten, nationalen *master narrative*. Für sie war es einerseits unmöglich, den Erinnerungsort „deutsch-jüdische Kultur" nach dem Holocaust emotional weiter zu besetzen; andererseits litten sie in Israel unter vielfältigen Akkulturationsschwierigkeiten – mehr im kulturell-emotionalen als im sozial-beruflichen Sinne. Zuweilen lösten sie sogar

---

24 Lucius-Hoene u. Deppermann: „Narrative Identität und Positionierung", S. 167–168.
25 Vgl. Farges: *Le trait d'union ou l'intégration sans l'oubli*, S. 385ff.
26 Dieses Forschungsprojekt ist ein Habilitationsprojekt.

einen gewissen Ostrazismus aus.[27] Der „*urban legend*" nach waren sie unter den Einwohnern Palästinas/Israels an ihren besonders starren habitualisierten Umgangsformen erkennbar, ihrem „etwas altmodischen, stehengebliebenen, ja versteinerten Deutsch",[28] ihrer Vorliebe für Kultur und Musik und, vor allem, ihrer für das orientalische Klima völlig ungeeigneten Kleidung: Die Männer trugen – so die Legende – das bis oben zugeknöpfte Jackett, das ‚Jäcke' oder ‚Jecke'. Dieses oft völlig abgewetzte Jackett aus einer anderen Zeit zeugte von vergangener Grandezza und wurde reichlich verspottet.[29]

Bisher wurde das „Israel-Korpus" vorwiegend sprachwissenschaftlich untersucht: Aspekte des *Code-Switching*, der Entlehnung, der Sprachinterferenz, der Sprachtradierung bzw. des sprachlichen Habitus standen im Vordergrund.[30] Doch besonders vielversprechend ist dieses Korpus auch bezüglich der Sprache des Körpers und der Gefühle, sowie der Gender-Aspekte.[31] Denn schon in der ‚sagenhaften' Bezeichnung dieser Exilantengruppe als ‚Jeckes' spielen das *männliche* Erscheinungsbild und somit auch die Rolle der *Männer* in der *fünf-*

---

[27] Vgl. Curt D. Wormann: „German Jews in Israel". In: *Leo Baeck Institute Yearbook* 15 (1970), S. 73–103; Neima Barzel: „The Attitude of Jews of German Origin in Israel and Germans after the Holocaust. 1945–1952". In: *Leo Baeck Institute Year Book* 39 (1994), S. 271–301; Anne Betten u. Miryam Du-nour (Hg.): *Wir sind die Letzten. Fragt uns aus. Gespräche mit den Emigranten der dreißiger Jahre in Israel.* Gerlingen 1995 (Neuauflage Gießen 2004); Gideon Greif (Hg.): *Die Jeckes. Deutsche Juden aus Israel erzählen.* Köln, Weimar, Wien 2000.
[28] Betten u. Du-nour: *Wir sind die Letzten*, S. 10.
[29] Deutsch-Israelitische Gesellschaft (Hg.): *Die „Jeckes" in Israel – Der Beitrag der deutschsprachigen Einwanderer zum Aufbau Israels.* Bad Honnef 1995. Die Etymologie des Wortes ist nicht sicher geklärt. Interessant ist hier natürlich der mythische und identitätsstiftende Aspekt seines Gebrauches.
[30] Vgl. Anne Betten (Hg.): *Sprachbewahrung nach der Emigration – Das Deutsch der 20er Jahre in Israel. Teil I: Transkripte und Tondokumente.* Unter Mitarbeit v. Sigrid Graßl. Tübingen 1995; Anne Betten, Miryam Du-nour (Hg.): *Sprachbewahrung nach der Emigration – Das Deutsch der 20er Jahre in Israel. Teil II: Analysen und Dokumente.* Unter Mitarbeit v. Monika Dannerer. Tübingen 2000.
[31] Vgl. Anne Betten: „Männermonolog vs. Frauendialog oder der Umgang mit Unterbrechungen. Weiteres Material zu einer provokanten These". In: *Die deutsche Sprache in der Gegenwart. Festschrift für Dieter Cherubim zum 60. Geburtstag.* Hg. v. Stefan J. Schierholz. Frankfurt/M. 2000, S. 291–301; Eva-Maria Thüne u. Simona Leonardi: „Wurzeln, Schnitte, Webemuster. Textuelles Emotionspotenzial von Erzählmetaphern am Beispiel von Anne Bettens Interviewkorpus ‚Emigrantendeutsch in Israel'". In: *Auf den Spuren der Schrift. Israelische Perspektiven einer internationalen Germanistik.* Hg. v. Christian Kohlross u. Hanni Mittelmann. Berlin, Boston 2011, S. 229–246; Eva-Maria Thüne: „Körpererfahrung und Identität in ausgewählten Erzählungen des Israel-Korpus 1. Generation (auch unter dem Gesichtspunkt einer eventuellen Gender-Differenz)", gehalten: *Linguistische und sozialgeschichtliche Aspekte auf das ‚Israel-Korpus',* Université Sorbonne Nouvelle – Paris 3, Paris 15.–16. Juli 2011.

*ten Alijah* eine besondere Rolle. Das Jackett ist nämlich ein distinktiv *männliches* Kleidungsstück. Es soll untersucht werden, inwiefern die Emigration nach Palästina/Israel männliche Identitäten verändert hat und wie diese Veränderung in den Interviews narrativ rekonstruiert wird. Das *Israel-Korpus* stellt somit eine ideale (interaktionistische) Quelle dar, um die diskursiven und narrativen Konstrukte von Männlichkeit unter die Lupe zu nehmen.[32] Einerseits ist Gender-Identität nämlich das Ergebnis von komplexen, heterogenen und nie zum Abschluss gelangenden Interaktionen des Individuums mit anderen, mit institutionellen Diskursen, mit Bildern und Projektionen: Es handelt sich also um eine interaktive Konstruktion der symbolischen Geschlechterordnung. Andererseits entfalten sich im Zeitzeugeninterview diskursive und narrative Praktiken, die wiederum kontinuierlich neue Bedeutungen produzieren. Somit sind die Interviews als strategische Aushandlungs- und Entfaltungsorte vergeschlechtlichter Identitätsmechanismen zu sehen. Die Interviews, die außerdem in einem interaktionistischen Rahmen – zwischen InterviewerIn und InterviewpartnerIn – stattfinden, tragen also auch zur Performierung/Performanz von Männlichkeit bei. Denn der Diskurs über die eigene Biografie und Identität, welcher vorhandene Muster und historisch tradierte Vorstellungen in sich birgt, ist zugleich schon ein *doing gender*.

## 4 Kollektive Erfahrung vs. Individuationsprozess: neue Männlichkeitsmodelle?

Nachdem sie lange Zeit in Vergessenheit geraten waren, gibt es nun eine ‚offizielle' Historiografie über die ‚Jeckes', die es im Hinblick auf Männlichkeitskonzepte zu untersuchen gilt. In der Ausgabe der geschichtsdidaktischen Zeitschrift *G/Geschichte* (Nr. 5, 2008) zum Thema „60 Jahre Israel: Der Beitrag der deutschen Juden. Jeckes in Israel" wird etwa ein *master narrative* konstruiert, das die kollektive Pionierarbeit sowie die (männlich konnotierten) „preußischen" Tugenden[33] der ‚Jeckes', die zum ‚Aufbau' der israelischen Nation beigetragen haben sollen, hervorhebt:

---

[32] Zu erwähnen ist auch die Forschungsarbeit von Viola Rautenberg-Alianov (Institut für deutsch-jüdische Geschichte der Universität Hamburg / Bucerius Institute for Research of Contemporary German History and Society der Universität Haifa) zu den Geschlechterverhältnissen bei deutsch-jüdischen Einwanderern in Palästina in den 1930er Jahren.
[33] Zur männlichen Konnotation der preußischen Tugenden, vgl. Ute Frevert: „Soldaten, Staatsbürger. Überlegungen zur historischen Konstruktion von Männlichkeit". In: *Männerge-*

Diese haben das Land und die israelische Gesellschaft [...] in besonderer Weise mitgeprägt, durch Eigenschaften, die anfänglich eher hinderlich zu sein schienen für die Lebensumstände vor Ort: Disziplin, Pünktlichkeit, Ordnungsliebe.[34] Die Alteingesessenen belächelten sie anfänglich als ‚Jeckes', nach dem europäischen Jackett, das sie immer und überall trugen. Bald aber schätzte man die Eigenschaften der Neuankömmlinge. Denn gerade ihre ‚preußischen' Tugenden erwiesen sich als hilfreich beim Aufbau des Staates.[35]

Wie in anderen Migrationsfällen bleibt aber zu untersuchen, was solche (männlichen) Erfolgs- und Heldengeschichten verbergen. Denn Migrationsforscher unterstreichen immer wieder, dass man gerade unter den Migrantenerzählungen einen hohen Anteil an Erfolgsgeschichten findet. Akkulturation ist eben auch ein Prozess der Aneignung kollektiver Vorstellungen und Erwartungshorizonte. Auffällig bei jenen *success stories* ist oftmals, dass sie eine deterministische und lineare Migrationslaufbahn heraufbeschwören – als führe der ideale Lebensweg eines ‚guten' (weil ‚heroischen') Migranten über die Überwindung traumatischer Brüche zur harmonischen Anpassung an das neue Gastland und letztendlich zur gelungenen Integration. Der persönliche Lebensbericht folgt also oft einem bereits vorhandenen narrativen Schema. Nicht zuletzt verdeutlichen diese Erfolgsgeschichten auch den Bedarf der Gastgesellschaften, in den Autobiografien von Migranten ein positives Bild ihrer selbst wieder zu finden. Diese lineare Bahn, die sich die Migranten unbewusst aneignen, wird somit zum Echo impliziter Erwartungen von Seiten der Gastgesellschaft, hier: Israel. Besonders interessant sind in diesem Zusammenhang die Ungereimtheiten, die in einzelnen Selbstzeugnissen zum Ausdruck kommen und die gerade eine andere, alternative Geschichte erkennbar werden lassen.

Als Einstieg soll hier das Selbstzeugnis von Moshe (Max) Ballhorn herangezogen werden. Er gehört in vielerlei Hinsicht zu den Querdenkern unter den ‚Jeckes', die vieles in Frage stellen, u. a. die israelische Nationalidentität und die israelisch-arabischen Beziehungen. Er wurde 1913 in Berlin geboren und emigrierte 1933 nach Palästina, nachdem er innerhalb des jüdischen Jugend-

---

schichte – *Geschlechtergeschichte. Männlichkeit im Wandel der Moderne.* Hg. v. Thomas Kühne. Frankfurt/M., New York 1996, S. 69–87.
34 Man könnte auch noch Aufrichtigkeit, Tapferkeit, Härte oder Geradlinigkeit hinzunehmen.
35 Jennifer Rappe: „Jeckes in Israel. 60 Jahre Israel. Der Beitrag der deutschen Juden". In: *G/Geschichte* 5 (2008), S. 6–11, Zitat S. 8.

bundes *Brit Trumpeldor* (*Betar*)[36] zum Zionismus übergegangen war.[37] Anfangs wurde er in Palästina Bauarbeiter (er spricht vom „Betonschleppen"), dann trat er in die Polizei ein. Nach der Pensionierung und zum Zeitpunkt des Interviews im Jahre 1990 war er Reiseleiter in Israel. Anekdotenreich rekonstruiert er seine misslungene/gelungene Tätigkeit als Bauarbeiter in der Aufnahmegesellschaft Palästina, die es „aufzubauen" galt. Dabei spielen Aspekte seiner männlichen Identität und Körperlichkeit eine äußerst wichtige Rolle: „ich war nicht schwach als neunzehnjähriger Junge", meint Moshe Ballhorn. Und etwas später: „Er hat gesehen, wen er vor sich hat." Diese ge-genderten Aussagen werden – erwartungsgemäß – von der Interviewerin (Anne Betten) bestätigt: „Da hat er auf einen Schwächeren gewartet." Somit wird gleichzeitig auf die Männlichkeitskonstruktion damals wie auf die Rekonstruktion der männlichen Identität zum Zeitpunkt des Interviews rekurriert:[38]

> MB: Und jetzt muss man aber doch arbeiten. Also nach viel Mühe hat man mir eine Arbeit verschafft, ein Tag und zwar war das, man hat da Beton gegossen mit diesen Töppen da, so eine kleine Betonmaschine und da musste man *Betoneimer schleppen*, d. h. wenn der Beton rausgegossen wurde von der Maschine, musste man ihn dahin schleppen, wo er verwendet worden ist. Das war im Juli 1933 und da habe ich ein Tag dann gearbeitet *und ich war nicht schwach als neunzehnjähriger Junge*. Und wie ich da fertig war, habe ich gesagt: „Das ist keine Arbeit für mich, das ist eine Arbeit für jemand, der Vater und Mutter totgeschlagen hat". Und torkelte dann nach Hause und da kam ein schöner, war für mich ein Palmenhain, das ist die irgendeine Straße da, heute eine Prachtstraße und da waren schöne Palmen und da habe ich mich hingelegt und erst mal eine halbe Stunde gepennt und dann bin ich weitergegangen. Und da kam ich in die Stadt rein und da sah ich eine, so eine Bude, da hat man dieses Wasser verkauft, dieses, wie heißt das auf Deutsch,
> AB: Limonade.
> MB: Limonade, ja. Also da stand eine Tafel dran und da stand dran, „Limonadenverkäufer gesucht", sage ich, „Buh, das ist meine neue Arbeit". Und ich gehe hin und sage: „Ich suche Arbeit." Vom *Betonschleppen* hatte ich genug. Und da sagt er: „Du willst Arbeit haben?" Sage ich: „Ja. Was verdient man denn da im Monat?" Sagt er: „Vier Pfund". Vier Pfund, das war schon, davon konnte man leben. Da hat er gesagt: „Vier Pfund, *aber dich nehme ich*

---

**36** Der *Bund Joseph Trumpeldor* (hebräisches Kürzel: *Betar*) wurde 1923 im litauischen Riga als Jugendorganisation des national orientierten revisionistischen Zionismus gegründet, der sich von sozialistischen Zionismuskonzepten abgrenzte und die Errichtung eines jüdischen Staates auf beiden Seiten des Jordan forderte. Von den Mitgliedern wurde erwartet, gute Soldaten zu werden und entschlossen für die Sicherheit der Juden einzutreten.
**37** „Wir bauen eine Einbahnstraße nach Palästina", war eine der Leitparolen der Bewegung (Israel-Korpus, 1. Generation [= IK1], Interview Anne Betten mit Moshe Ballhorn, Tiberias, 1.7.1990).
**38** Besonders markante Stellen in den Interview-Transkripten werden von mir hervorgehoben.

nicht, du gehst auf den Bau arbeiten, du kommst mir hier nicht rein." Und er hat er mich nicht angenommen als Verkäufer und ich bin weitergegangen. [LACHT]
AB:  Da hat er auf einen Schwächeren gewartet. Sehr verantwortungsbewusst.
MB: Er hat gesehen, wen er vor sich hat. Und dann, das war einfach der Klimawechsel, verstehen Sie, das war unmöglich. [...].
Also dann haben wir eine Baukooperative gegründet, waren ungefähr 20 Leute, wir haben Bauten übernommen, wir hatten uns einen Fachmann genommen, ein Mann, der was von Bauten verstand, keiner von den zwanzig hatte jemals was mit dem Bau zu tun gehabt und wir haben angefangen zu bauen. Also wie fängt man einen Neubau an? Mit Graben. Man gräbt. Nun graben Sie mal im Juli an der Küste von Tel Aviv in den Boden und anderthalb Meter Löcher, sehen Sie, *aber wir haben's gemacht. Und wir haben's geschafft* und wir haben die Löcher gegraben und wir haben die Fundamente gegossen und haben langsam das Haus aus dem Boden aufgehoben unter Aufsicht und wir haben dabei gelernt, alle zwanzig. Und nachdem der Bau fertig war von Stümpern aufgebaut, und – merkwürdigerweise – *er steht heute noch, er steht heute noch*. Da muss ich ein kleines Intermezzo erzählen.
AB: Ja, bitte.
MB: das ist *ein Witz*, aber der könnte mir auch passiert sein. *Ein Jude wie ich geht durch Tel Aviv durch die Yarkonstraße und sagt zu seinem Enkelsohn, fünf, sechs Jahre alt, guck' mal, da habe ich mitgearbeitet, an diesem Haus habe ich mitgearbeitet und da habe ich auch mitgearbeitet. Und der Enkelsohn fragt: „Opa, warst du einmal ein Araber?"* OK, denn heute arbeitet kein Jude mehr auf einem Bau. Also da habe ich drei Jahre auf dem Bau gearbeitet und in diesen drei Jahren habe ich ein Handwerk gelernt, bin Baufachmann geworden, erst mal mauern gelernt, dann Verschalung, Eisen biegen [...].

In diesem (für Moshe Ballhorn gegenüber der Interviewerin) erzählenswerten Moment zum Thema Akkulturation in Palästina/Israel spielt diese Anekdote eine Schlüsselrolle: Für den jungen Mann hieß es zunächst, sich in zionistischer Manier als Mann körperlich mit dem neuen Umfeld zu konfrontieren, das Land mit eigener Muskelkraft aufzubauen und Anpassungsschwierigkeiten erfolgreich zu überwinden: „Wir haben's gemacht. Und wir haben's geschafft", lautet das Fazit. Diese narrative Inszenierung der eigenen Männlichkeit wird von der Interviewerin bestätigt, die im interaktiven Kontext des Interviews somit zur Etablierung einer Gender-Norm beiträgt: „Da hat er auf einen Schwächeren gewartet". Der Bezug zur Gegenwart, der zugleich der Beweis dafür ist, dass die körperliche Arbeit des jungen Mannes sich damals gelohnt hat, beendet die Anekdote: „[der Bau] steht heute noch, er steht heute noch."

In der Regel setzte die Akkulturation der Frauen und Jugendlichen im Exil schneller ein, weil diese in der Herkunftsgesellschaft über weniger soziales Kapital verfügten und weniger vom Studium und vom Beruf determiniert waren.[39] Im

---

[39] Vgl. Christine Backhaus-Lautenschläger: *... Und standen ihre Frau. Das Schicksal deutschsprachiger Emigrantinnen in den USA nach 1933*. Pfaffenweiler 1991; Heike Klapdor: „Über-

Gegensatz dazu wurden die Männer durch die soziale Deklassierung und den damit einhergehenden Verlust ihrer Geschlechterrolle als ‚Ernährer' und ‚Familienoberhaupt' manchmal in eine tiefe psychische Krise gestürzt und mussten lernen, auf andere als sich selbst angewiesen zu sein. Das Männlichkeitsverständnis zerbrach also im Exil. Ein Emigrant beschreibt den eigenen Vater als „gebrochenen Mann", der ohne die Hilfe seiner Söhne nicht hätte auskommen können:

> Hier [in Palästina/Israel] *konnte mein Vater in keiner Weise Fuß fassen.* Er war vom 10. November 1938 bis Ende Dezember in Dachau, nach der Kristallnacht, und kam *als gebrochener Mann* heraus. [...] Mein Vater hat geglaubt, dass er dort [in Argentinien] noch irgend etwas beruflich machen kann, denn er hat hier kaum mehr einen Groschen verdienen können. Später hat er sich irgendwie eingeordnet, zum Schluss war er bei meinem Bruder im Geschäft, quasi als Aufseher. De facto war das eine Geste meines Bruders, ihn auf die Lohnliste zu setzen und *ihm ein bisschen das Gefühl von Nützlichkeit und Würde wiederzugeben.* Aber das war schon alles. Manche kamen ohne Eltern, sahen ihre Eltern überhaupt nie wieder. Und andere, so wie ich, haben zuerst die Eltern ernährt und dann die Kinder; wir nannten das die Sandwich-Generation, wissen Sie.[40]

Doch die Emigration ermöglichte auch zugleich neue Verhaltensmuster, die von dem traditionellen Männlichkeitsverständnis stark abwichen. Wenn ein Mensch aus seinem ursprünglichen Milieu herausgerissen wird, tritt ein Akkulturationsprozess ein, der zugleich auch ein Individuationsprozess ist. Das vertraute soziale und familiäre Umfeld zerbricht, der Exilant ist weitgehend isoliert. Ihm fehlen die Bezugspunkte. Die schmerzliche Lostrennung öffnet dem Einzelnen einen Raum zur Neudefinierung der eigenen Identität – auch der eigenen Gender-Identität. Die bekannte Identität, die in einem bestimmten soziokulturellen Rahmen verankert war, wird hinfällig durch die plötzliche Abseitsposition. Dies öffnet neue Möglichkeiten der Designation und der Selbst-Designation. Die von der Geburt, der sozialen Verortung und den kulturellen Praktiken her definierte Identität kann gewissermaßen neu gestaltet werden. So berichtet beispielsweise Ruth Tauber über ihren Vater: „Zum Vati haben wir früher eine richtige Distanz gehabt, obwohl wir ihn abgöttisch geliebt haben. In Israel habe ich einen ganz anderen Vater kennen gelernt".[41]

---

lebensstrategie statt Lebensentwurf: Frauen in der Emigration". In: *Exilforschung. Ein internationales Jahrbuch* 11 (1993): *Frauen und Exil: zwischen Anpassung und Selbstbehauptung*, S. 12–30; Waltraud Kannonier-Finster u. Meinrad Ziegler: *Frauen-Leben im Exil. Biographische Fallgeschichten.* Wien, Köln, Weimar 1996.
**40** IK1, Interview mit Herrn Y. (geb. 1920).
**41** IK1, Interview Anne Betten mit Ruth Luise Tauber (geb. 1919), Sde Warburg, 28.04.1991.

## 5 ‚Jüdische' Männlichkeiten?

Seit den im Zuge feministischer Forschung entstandenen ersten *Men's Studies* in den späten 1960er und in den 1970er Jahren hat sich die Männlichkeitsforschung zu einem mehrfach verzweigten Aspekt der Gender-Geschichte entwickelt. Männlichkeit ist laut Pierre Bourdieu „ein eminent relationaler Begriff".[42] Wie es die feministische Historiografie überzeugend bewiesen hat, ist die ‚Geschichte der/über Männer' seit Jahrhunderten geschrieben worden. Doch, wie es Jürgen Martschukat und Olaf Stieglitz ausdrücken:

> Geschichten von „Männlichkeiten" hingegen, also von Geschlechtsentwürfen, die historisch-kulturell variabel sind, die in ihren Ausprägungen (mit-)bestimmen, wer wie handelt und welchen Zugriff auf gesellschaftliche Ressourcen hat, sind seltener.[43]

In Anlehnung an den berühmten Beauvoirschen Satz kann man folgendes behaupten: ‚Mann' wird nicht als ‚Mann' geboren, sondern ‚Mann' wird dazu gemacht. R. W. Connell definiert die Aufgabe der Männlichkeitsforschung darin, „eine Anordnung von Praxis [zu untersuchen], die sich um die Position von Männern innerhalb der Struktur von Geschlechterverhältnissen aufbaut".[44] Männlichkeit wird also einerseits als eine Dynamik zwischen Männern und Frauen, andererseits als eine Dynamik von Männern untereinander gesehen: Die homosoziale Dimension wird besonders hervorgehoben. Dies bedeutet, dass Männlichkeit immer wieder unter Beweis gestellt und von anderen (Männern) bestätigt werden muss. Gruppendruck spielt hierin eine bedeutende Rolle, sowie die Simultaneität von Gegen- und Miteinander.[45] Michael Kimmel drückt dies wie folgt aus: „Masculinity is largely a homosocial enactment."[46] Nicht jeder Mann gilt demnach als männlich, sondern dieser Status muss erst erworben bzw. retrospektiv rekonstruiert werden, weshalb dem strategischen Erzählen im biografischen Interview eine besondere Rolle in der Schaffung einer Gender-Identität zukommt. Wie R. W. Connell mit dem Begriff der „hege-

---

42 Pierre Bourdieu. *Die männliche Herrschaft*. Frankfurt/M. 2005, S. 96.
43 Jürgen Martschukat u. Olaf Stieglitz: *Geschichte der Männlichkeiten*. Frankfurt/M. 2008, S. 10.
44 Männerforschungskolloquim Tübingen: „Die patriarchale Dividende. Profit ohne Ende? Erläuterungen zu Bob Connells Konzept der ‚Hegemonialen Männlichkeit'". In: *Widersprüche. Zeitschrift für sozialistische Politik im Bildungs-, Gesundheits- und Sozialbereich* 56/57 (1995). http://www.widersprueche-zeitschrift.de/article1176.html (Stand: 20.03.2012).
45 Vgl. Michael Meuser: *Geschlecht und Männlichkeit. Soziologische Theorie und kulturelle Deutungsmuster*. Opladen 1998.
46 Michael Kimmel: *Manhood in America. A Cultural History*. New York 1996, S. 7.

monialen Männlichkeit" gezeigt hat, gibt es in der Regel mehrere ‚Männlichkeitsmodelle', die untereinander in einem hierarchischen Verhältnis stehen und um Hegemonie streiten.⁴⁷

Die Analyse der Männlichkeitskonstruktionen im *Israel-Korpus* soll der Frage nach den Mustern jüdisch-deutscher Männlichkeit nachgehen. Seit längerer Zeit befassen sich Kulturhistoriker und Kulturwissenschaftler mit den Repräsentationen der jüdischen Identität, der jüdischen Männlichkeit und des jüdischen männlichen Körpers, darunter George L. Mosse⁴⁸ oder Sander L. Gilman. Besonders hervorgehoben wurden das „Außenseitertum" und die konter-hegemonialen Repräsentationen jüdisch-deutscher Männlichkeiten. In der umstrittenen⁴⁹ Studie Mosses *Das Bild des Mannes* (1997) zeigte der Kulturhistoriker, wie sich im deutschsprachigen Raum ein patriotisch-wehrhaftes, als ‚deutsch' (bzw. ‚preußisch') identifiziertes und hegemoniales Männlichkeitsideal allmählich durchgesetzt hat, das ‚Ehre', ‚Kraft', ‚Kameradschaft', ‚Mannszucht', (körperlichen) ‚Mut', ‚Ruhm', ‚Treue', ‚Patriotismus' und ‚Wehrhaftigkeit' in den Vordergrund gerückt hat. Somit unterstrich Mosse, dass Männlichkeitskonstruktionen, das Aufkommen der bürgerlichen Gesellschaft und die Nationsbildung historisch eng miteinander verflochten sind:

> Was wir heute unter Maskulinität verstehen, übte einen großen Einfluss auf die Bestimmung dessen aus, was zum normativen Muster von korrekten Verhaltensweisen und ‚Moral' wurde, d. h. der allgemein anerkannten Weise, sich innerhalb des gesellschaftlichen Umfelds der vergangenen Jahrhunderte zu bewegen und zu handeln.⁵⁰

In diesem Kontext dienten Turnvereine, Schulen, Studentenverbindungen⁵¹ und das Militär als regelrechte „Schmieden der Männlichkeit"⁵², d. h. als kompetitiv

---

**47** R. W. Connell: *Der gemachte Mann. Konstruktionen und Krise von Männlichkeiten*. Opladen 1999; R. W. Connell u. James W. Messerschmidt: „Hegemonic Masculinity. Rethinking the Concept". In: *Gender & Society* 19 (2005) H. 6, S. 829–859.
**48** George L. Mosse: *Das Bild des Mannes. Zur Konstruktion der modernen Männlichkeit*. Frankfurt/M. 1997.
**49** In ihrer Rezension („Das maskuline Stereotyp. George L. Mosse entwirft ein allzu statisches Bild des Mannes". In: *Die Zeit* v. 20.6.1997, www.zeit.de/1997/26/Das_maskuline_Stereotyp (Stand: 01.03.2013)) kritisierte die Historikerin Ute Frevert den Mangel an Historizität des von Mosse postulierten hegemonialen Männlichkeitsstereotyps.
**50** Mosse: *Das Bild des Mannes*, S. 10.
**51** Miriam Rürups Studie über jüdische Studentenverbindungen an deutschen Universitäten betont genau jenen jüdischen Anspruch auf ein hegemoniales Männlichkeitsideal: *Ehrensache. Jüdische Studentenverbindungen an deutschen Universitäten 1886–1937*. Göttingen 2008.
**52** Der Stellenwert jener „Schmieden der Männlichkeit" wird in der Männlichkeitsforschung besonders betont. In seiner Studie über die soziale Konstruktion der „großen Männer" bei den

strukturierte soziale Orte, in denen hegemoniale Männlichkeit ständig produziert und zugleich – historisch – rekonfiguriert wurde. Mosse zeigte insbesondere auf, wie jüdische Männer in Abwehr des negativen (antisemitischen) Stereotyps sich bemühten, dem hegemonialen bürgerlichen Bild des Mannes zu entsprechen.[53] Deshalb ist es nicht erstaunlich, dass die Sprache und Riten der jüdischen Jugendbewegungen auf dieselben Codes rekurrierten wie rechtsextreme Bewegungen, was Iwan Lilienfeld im Interview wie folgt ausdrückt:

> Heute kann man sich nur wundern und über sich selber den Kopf schütteln, wie wenig man die Vorzeichen richtig zur Kenntnis genommen und daraus Folgerungen gezogen hat. Wenn ich mir heute vorstelle, dass wir in der Jugendbewegung gar nichts dabei fanden, uns mit „Heil" zu begrüßen [...]. Das ganze Vokabular, das später die Nazis übernommen haben, war für uns absolut normal – da kann ich mir heute nur an den Kopf fassen![54]

Bekannt sind soweit besonders die Fremdbilder und Fremdzuschreibungen, die beispielsweise in den antisemitischen Diskursen über jüdische Männlichkeit produziert wurde. Weniger bekannt sind aber die Eigenbilder, welche die Männlichkeitsvorstellungen ‚von innen' prägten.[55]

Eine kulturhistorische Studie der Männlichkeitskonstruktionen, wie sie das *Israel-Korpus* ermöglicht, muss also die Lebenswelten, Handlungsspielräume und Identitätsentwürfe jüdischer Männer in Betracht ziehen. Haben sich im Zuge der Diskreditierung des überhöhten ‚deutschen' Männlichkeitsideals in der Nazizeit (so Mosse) andere bzw. alternative Formen von Männlichkeit durchsetzen können – Formen von Protestmännlichkeiten etwa? Kehren diese alternativen Formen die Geschlechterverhältnisse um oder verfestigen sie sie nur?[56] In diesem Zusammenhang verdienen folgende Problemfelder eine besondere

---

Baruya in Neu-Guinea benutzt der französische Anthropologe Maurice Godelier diesbezüglich den Begriff *Maison-des-hommes*: *Die Produktion der großen Männer: Macht und männliche Vorherrschaft bei den Baruya in Neuguinea*. Aus dem Franz. übers. v. Eva Moldenhauer, mit einem Nachw. v. Joachim Matthes. Frankfurt/M., New York, Paris 1987.
53 Mosse spricht von einer „Sehnsucht nach Normalität" (*Das Bild des Mannes*, S. 196).
54 IK1, Interview Anne Betten mit Iwan Gabriel Lilienfeld (geb. 1910), Ramat Chen, 26.04.1994.
55 Erste Bemühungen in diese Richtung sind die Sondernummer von *transversal: Zeitschrift des David-Herzog-Centrums für Jüdische Studien* 2 (2001) H. 1, zum Thema „Judentum und Männlichkeit", sowie Benjamin Maria Baader, Sharon Gillerman u. Paul Lerner (Hg.): *Jewish Masculinities. German Jews, Gender, and History*. Bloomington 2012.
56 Walter Erhart kommt interessanterweise zu dem Schluss, „dass die sogenannte Krise [der Männlichkeit] ein implizites Konzept der Männlichkeit selbst ist, ein Narratem, das in die Geschichte jeder Männlichkeit gewissermaßen als deren ureigenster Bestandteil integriert ist": „Das zweite Geschlecht: ‚Männlichkeit' interdisziplinär". In: *Internationales Archiv für Sozialgeschichte der deutschen Literatur* 30 (2005) H. 2, S. 156–232, Zitat S. 222.

Aufmerksamkeit: Gibt es Diskrepanzen zwischen Diskursen der hegemonialen Männlichkeit einerseits und narrativ refigurierten, ‚zusammengebastelten'[57] Männlichkeitsentwürfen andererseits, so wie sie in den Interviews zum Ausdruck kommen?[58] Wie lässt sich die Behauptung des israelischen Historikers Yoav Gelber einschätzen, der in den 1990er Jahren folgendes, auf Vorstellungen von „spartanischer" vs „kultivierterer" Männlichkeit gestütztes Bild der Jeckes gab?

> Die sozioökonomische und berufliche Vielfalt der deutschen Immigration, ihr Familiensinn, ihre sozialen Ideen und ihre Konsumgewohnheiten veränderten den Lebensstil des jüdischen Palästina drastisch. Innerhalb weniger Jahre verwandelten sie die auf eine spartanisch-elitäre Ideologie gegründete Gemeinschaft von Pionieren in eine pluralistische und kultiviertere Gesellschaft. Das war der erste Schritt zu einer Wohlstandsgesellschaft und zum modernen Wohlfahrtsstaat, zu dem sich Israel später entwickelte.[59]

Für die heranwachsenden jüdischen Männer im wilhelminischen Deutschland bzw. in der Weimarer Republik galt das Modell der im Laufe des neunzehnten Jahrhunderts auftretenden bürgerlichen, patriotisch-deutschnationalen Männlichkeit als hegemoniales Ideal, das es nachzuahmen galt. Emanuel Rosenblum erinnert sich an „eine ganz kleine nebensächliche Angelegenheit", welche die „deutsch-patriotische" Atmosphäre, die in seiner jüdisch-assimilierten Familie herrschte, wiedergeben soll. Soldatische Werte dominierten die Werteskala und entschieden über die Geschlechterrollenverteilung innerhalb der Familie:

> Das Elternhaus, nun, das – wie soll ich mich da ausdrücken? – das war *deutsch-patriotisch*. [...] Ich kann mich zum Beispiel erinnern an *eine ganz kleine nebensächliche Angelegenheit*. Mein ältester Bruder war neun Jahre älter als ich. In den ersten Kriegsjahren gab es, soweit ich mich erinnern kann, oft genug Siege vom deutschen Heer. Auch 1917 und sogar auch noch 1918. Sie wurden gefeiert oder es wurde aufgefordert, die Fahnen zu hissen, und wir hatten auch eine riesige Fahne, schwarz-weiß-rot. Drei Meter lang war sie, und die hat *mein*

---

[57] Dieser Begriff ist auf die Studien Michel de Certeaus zurückzuführen, in denen es darum geht, dass der Einzelne sich die eigene, multiple Identität aus dem Vorgefundenen „zusammenbasteln" kann und sie eventuell in den Dienst der Subversion gegen eine unspezifizierte Macht stellen (*Kunst des Handelns*, Berlin 1988).

[58] Besonders vielversprechend erscheinen also die narrativen Interviews des Israel-Korpus', die sich an bestimmten Stellen verdichten: dem jungen jüdischen männlichen Körper, Männlichkeitserfahrungen im Exil, Familien- und Genderdynamiken, Akkulturation und Verhaltensmuster, Kriegs- und Militärerfahrung, Berufswelt, National- und Heimatgefühl.

[59] Yoav Gelber: „Die historische Rolle der mitteleuropäischen Immigration nach Israel". In: *Die „Jeckes" in Israel*. Hg. v. der Deutsch-Israelischen Gesellschaft. Bad Honnef 1995, S. 80–96, Zitat S. 87–88.

*Bruder, mein ältester, der der kräftigste junge Mann in der Wohnung war*, aufgehisst. Vor dem Fenster. Ja, das ist mir so plastisch in Erinnerung.[60]

Michael Walter seinerseits erinnert daran, dass die Vätergeneration, die am Ersten Weltkrieg teilgenommen hatte und meist die Entscheidungen für die ganze Familie traf, an jenem hegemonialen Ideal festhielt, was für ganze Familien zum Verhängnis wurde:

> Das ist so gewesen: *Von Vaterseite aus wären wir nie im Leben hierher gekommen, da wären wir wahrscheinlich alle in Auschwitz gelandet. Denn der Vater war ein so großer Deutscher, ja, das können Sie sich gar nicht vorstellen!* Er war der Feuerwehrhauptmann, 20 Jahre dort im Dienst, ehemaliger Kriegsteilnehmer, Kriegerverein, was Sie wollen. Alles war er, überall in den Vorständen, sogar im „Kyffhäuserbund" war er im Vorstand. Also ein ganz nationaler Herr![61]

Für diese jungen Männer wurden makrohistorische und -soziologische Auseinandersetzungen oftmals als Beeinträchtigungen der (heranwachsenden) Männlichkeit und am männlichen Körper selbst erlebt. Antisemitismus etwa ist für Heinrich Mendelssohn zum Zeitpunkt des Interviews eng mit „Prügeleien", „Boxen und Schlagen" im Schulhof verbunden. Auch, dass er sich damals nicht „wehrhaft" verteidigt habe, ist ihm in Erinnerung geblieben:

> Da war ich nun sehr stolz, dass ich nun was Besonderes bin! Der einzige Jude in der Klasse, und später stellte sich heraus, in der ganzen Schule! [...] Der Herr Pinkus [der Rabbiner] gab mir ein Gebetbuch, halb hebräisch, halb deutsch. Ich verstand kein Wort Hebräisch natürlich, aber ich war sehr stolz darauf und gab da ein bisschen an, und das hat wohl meine Mitschüler geärgert. Sie sagten dann: „Ach die Juden sind doch alle Betrüger, sind doch alle Gauner" usw., nicht? Also *es fing eine Prügelei an* und mehrere fielen über mich her. Und ich war sehr unterlegen, und außer *Boxen und Schlagen* habe ich dann auch gekratzt, und da waren sie sehr beleidigt und liefen zum Lehrer, haben mich verpetzt: *„Der Mendelssohn hat gekratzt!"* [...] *Da sah ich das erste Mal, was Antisemitismus ist.*[62]

---

60 IK1, Interview Kristine Hecker mit Emanuel (ehem. Helmut) Rosenblum (geb. 1912), Tel Aviv, 23.10.1990.
61 IK1, Interview Anne Betten mit Michael (ehem. Werner) Walter (geb. 1916), Sde Warburg, 28.04.1991.
62 IK1, Interview Anne Betten mit Heinrich Mendelssohn (geb. 1910), Tel Aviv, 25.4.1991. Für Anne Betten muss diese Anekdote als eine Persiflage Heinrich Mendelssohns auf das dominante *master narrative* der anderen Jeckes über die Konfrontation mit dem Antisemitismus gesehen werden. Interessant in dem vorliegenden Interview-Auszug ist m. E. nicht so sehr der (nicht rekonstruierbare) Wahrheitsgehalt der Anekdote, sondern vielmehr die Tatsache, dass Heinrich Mendelssohn sie als besonders *erzählenswert* schätzt.

Schlimmer noch war es aber, wenn man als Junge aus Antisemitismus *nicht mehr* als schlagfähiger männlicher Körper wahrgenommen wurde. „Nicht angerempelt" werden und „Luft sein" waren eine wahre Verletzung der maskulinen Identität, wie es Hans Simon Forst schildert:

> Als ich einmal nach Hause fuhr zu den Feiertagen, hatte ich ein sehr unangenehmes Erlebnis: Unterwegs stiegen in den Zug Jungens ein, die ich von der Schule her kannte, also frühere Klassenkameraden. Und ich war für die Luft! *Sie haben mich nicht angerempelt*, aber auch nicht mit mir gesprochen. Man hat stundenlang zusammen gesessen in einem Coupé und nicht miteinander gesprochen. Das war ein sehr unangenehmes Gefühl.⁶³

Auch die Emigration wurde am eigenen Leibe erlebt, da die Entortung neue Verhaltensweisen, ja Körperhaltungen erforderte.⁶⁴ Denn bei weitem nicht alle Jeckes in der Post-Migration konnten sich das Gender-Programm des Zionismus aneignen, das mit Hilfe eines neuen „Muskeljudentums" (à la Max Nordau) einen „neuen Mann" schaffen sollte, der sich eine andere Körperlichkeit und ein neues männliches kulturelles Repertoire (z. B. einen neuen Handschlag⁶⁵)

---

**63** IK1, Interview Eva Eylon mit Hans Simon Forst (geb. 1917), Tel Aviv, 25.11.1991.
**64** Gerade dieser Aspekt steht im Zentrum des „Gartens des Exils und der Emigration" im Jüdischen Museum (Lindenstr. 9–14, Berlin-Kreuzberg). Für den Architekten Daniel Libeskind sollte der Bau selbst die Erfahrung des Exils und der Emigration widerspiegeln. Der „Garten des Exils" ist ein Viereck und besteht aus 49 quadratischen, 6-Meter-hohen Betonpfeilern. Jede Seite des Vierecks enthält also 7 Pfeiler. Diese stehen rechtwinklig auf einer Plattform, die selbst flach, aber nicht horizontal ist. Wenn sie zwischen den Pfeilern stehen, haben die Besucher also das *visuelle* Gefühl, sie befänden sich auf einer gewöhnlichen, waagerechten Ebene. Doch sobald sie sich entlang der schmalen Gänge zwischen den Pfeilern bewegen, werden sie sich der Sinnestäuschung bewusst: Sie *fühlen* nun, dass der Boden nicht horizontal ist. Das körperliche Wahrnehmungsvermögen dient Daniel Libeskind dazu, das existentielle Unbehagen der Exilanten wiederzugeben. Einerseits fühlt sich der exilierte Körper im Garten de-zentriert und ent-ortet, andererseits bemüht sich der Verstand, ein Gleichgewicht wieder herzustellen. In dem Garten wird also versucht, die Gesamtheit der Exilerfahrung nachzuvollziehen. Die Analogie zu den Narrativen in den Interviews ist nahe liegend, denn auch das Erzählte schafft eine Basis für das Nachvollziehen ansonst unsäglich bleibender Exilerfahrungen. Vgl. http://www.jmberlin.de/main/DE/04-Rund-ums-Museum/01-Architektur/01-libeskind-Bau.php (Stand: 28.3.2012). Zu Daniel Libeskind und zur Architektur des Jüdischen Museums Berlin, vgl. Arnt Cobbers: *Daniel Libeskind*. Berlin 2001 und Bernhard Schneider: *Jüdisches Museum Berlin*. München 1999.
**65** Vgl. Etan Bloom: „Toward a Theory of the Modern Hebrew Handshake. The Conduct of Muscle Judaism". In: *Jewish Masculinites. German Jews, Gender, and History*. Hg. v. Benjamin Maria Baader u.a. Bloomington 2012, S. 152–185.

aneignen sollte.⁶⁶ Dieses Gender-Programm entsprach dem zionistischen Projekt der Transformation der jüdischen Kultur durch die Bildung einer neuen, durch körperliche Arbeit und landwirtschaftliche Tätigkeiten durchtrainierten Generation als Gegenmittel zu Jahrhunderten städtischen und sterilen intellektuellen Lebens.⁶⁷ Hieraus entstanden hegemoniale (mitunter sakralisierte) Männlichkeitsideale in Israel: der soldatische Held, der Muskeljude, der Pionier (oder *Halutz*), die allesamt Mut, Selbstbeherrschung, Kraft und Beharrlichkeit verkörpern.⁶⁸ Doch viele Jeckes erinnerte dieses Ideal des „neuen Mannes" aus eigener Lebenserfahrung an just die hegemonialen, preußisch-soldatischen Männlichkeitsvorstellungen, die zum Ausbruch antisemitischer Gewalt beigetragen hatten.

Moshe Ballhorn ist einer der wenigen, die explizit eine Brücke zwischen den ‚deutschen' Werten und den ‚jüdisch-nationalen' Werten schlägt. Für ihn als jungen Burschen in einer zionistischen Organisation war es ganz unproblematisch, ‚deutsch-nationale' und ‚jüdisch-nationale' Gesinnung miteinander zu verbinden:

> Im Jahre 1921 hat mein Vater, der völlig assimiliert war, aber ein bewusster Jude, uns Jungens in den Deutschen Turnverein gebracht. Wir waren befreit von Körperübungen in der Schule, weil wir in dem deutschen Turnverein waren, mein Bruder und ich, und wir waren gute Turner. Und *dieser Turnverein hat mich geprägt eigentlich. Der hat mich so geprägt, dass ich mich heute noch als Preuße fühle*, verstehen Sie?
> [...]
> Ich war 14 Jahre alt und hundert Prozent Deutscher. [...] Da habe ich auf einmal gemerkt: „Halt, da stimmt was nicht! Irgendwas ist da nicht in Ordnung!" [...] Das heißt, *ich wollte so, wie ich deutsch-national eingestellt war, hundert Prozent, so wollte ich jüdisch-national sein*. So bin ich dann Zionist geworden. [...] Weil ich gewusst habe, dass man mich ablehnt in meinem Enthusiasmus. Man lehnt mich ab als Jude. Da habe ich gesagt: „Geh zum

---

**66** Die Jeckes werden allgemein als nicht besonders zionistisch eingestellte *Olim* gesehen. Eine oft tradierte Anekdote über sie ist die berühmte Frage: „Kommen Sie aus Überzeugung oder kommen Sie aus Deutschland"?
**67** Vgl. Uta Klein: *Militär und Geschlecht in Israel*. Frankfurt/M. 2001, S. 54ff., Danny Kaplan: *The Men We Loved. Male Friendship and Nationalism in Israeli Culture*. New York, Oxford 2007 und Todd Presner: *Muscular Judaism: The Jewish Body and the Politics of Regeneration*. London, New York 2007.
**68** Der zionistische-israelische „neue" Mann zeigt natürlich Ähnlichkeiten mit anderen national-hegemonialen Männlichkeitsidealen, wie dem deutsch-nationalen, dem sowjetischen (vgl. Lilia Antipow: „Schejner Jid – ‚Muskeljude' – sowjetischer Held. Bilder jüdischer Männlichkeit zwischen Tradition und Moderne". Vortrag am Forum für jüdische Geschichte und Kultur, Nürnberg e.V., 18. Januar 2012) und auch dem US-amerikanischen (vgl. Henry Near: „Frontiersmen and Halutzim. The Image of Pioneer in North America and Pre-State Jewish Palestine". Discussion Paper, Haifa, The Institute for Study and Research, 1985).

Teufel, hunderttausendmal: Geh zum Teufel! Ich weiß, was ich wert bin, und ich hau' ab. Unter allen Umständen!" Sehen Sie, das habe ich damals schon beschlossen.[69]

In Ballhorns historisch-biografischem Geschichtsverständnis ist die Kontinuität zwischen beiden Männlichkeitsidealen evident. Im Selbstzeugnis, das den eigenen Lebensweg widerspiegelt, werden scheinbar unvereinbar gewordene Aspekte – die hegemoniale deutschnationale und die zionistisch-israelische Männlichkeit – narrativ miteinander verknüpft.

# 6 Schluss

Exilanten bewegen sich zwischen zwei Welten, die gleichzeitig verschiedene Ebenen ihrer Lebenserfahrung darstellen. Und in ihren Selbstzeugnissen, in der Narration, synthetisieren sie alle Dimensionen ihres Lebensweges: Das Gewesene, das Künftige und das Sich-Vergegenwärtigen[70] werden zu einer (Lebens-) Erzählung angeordnet und refiguriert. Der Exilant ist also ein Bindestrich zwischen zwei Kulturen und Zeiten, und seine persönliche Erfahrung vereint beide Ebenen in eine sinngebende Anordnung. Wer sich für die Komplexität der Entwurzelung interessiert, muss also auch bereit sein, jene Gegensätze neu zu definieren, die häufig Migrationsstudien strukturieren. Ein Lebensweg im Exil ist nicht bloß eine Frage des Bruches *oder* der Kontinuität, der Integration *oder* der Anomie, des Angepasst- *oder* des Ausgeschlossen-Seins. Erlebtes Exil ist immer mit der Lebensgeschichte einer Person verbunden, die Erfahrungen miteinander verknüpft und fließende Übergänge schafft. Eine gelungene Akkulturation führt eben auch über die Aneignung kultureller und kollektiv anerkannter Skripte, zu denen Gender-Aspekte und Männlichkeitsentwürfe gehören. Individuell wurde die Emigration oftmals als Erfahrung mit zahlreichen Formen kultureller Übersetzung erlebt und erzählt. In der Selbsterzählung wurden manche Gegensätze, die im Rahmen einer geschichtlich-historischen Erzählung unvereinbar erschienen, miteinander verwoben. Die narrative Identität führt zur Einheit und Kohärenz des Lebens einer Person, so wie diese Person sie in den Geschichten erfährt und ausdrückt.[71] Denn *die* Lebensgeschichte darf nicht als ein stabiles

---

**69** IK1, Interview Anne Betten mit Moshe (ehem. Max) Ballhorn (geb. 1913), Tiberias, 1.7.1990.
**70** Laut Paul Ricœur: „l'avoir-été, l'à-venir, et le rendre-présent" (*Temps et récit*, Bd. 3. Le temps raconté. Paris 1985, S. 192).
**71** Ricœur, Paul: „Narrative identity". In: *Philosophy Today* 35 (1991), S. 73–81. Zum Gebrauch der „narrativen Identität" in der Gesprächsforschung, vgl. Lucius-Hoene u. Deppermann: „Narrative Identität und Positionierung".

Konstrukt verstanden werden, das nach Belieben präsentiert werden könnte.[72] Wir erleben mehr, als wir erzählen, und wir erzählen anders vor jeweils anderen. Je nachdem, mit wem wir sprechen und welches Selbstbild wir präsentieren wollen, geben wir *unserer* Geschichte unterschiedliche Färbungen. Insofern ist das Selbstzeugnis ein *Work in progress* oder, um mit Philippe Lejeune zu sprechen, ein *Brouillon de soi*, das immer wieder überarbeitet wird. In den retrospektiven Selbstzeugnissen männlicher ‚Jeckes' in Israel werden durchaus alternative Männlichkeitsentwürfe ausgedrückt, die mit dem Gender-Programm des israelischen Nationalaufbaus nicht unbedingt übereinstimmten. Gründlicher zu untersuchen bliebe, inwiefern jene alternativen Männlichkeitsentwürfe aus der früheren Sozialisation oder der Emigrationserfahrung entstammen. Doch eines steht fest: Die Jeckes in der israelischen Nationalwerdungsgeschichte nach 1948 sind Revelatoren größerer sozialgeschichtlicher Entwicklungen. Im Bereich der Gendervorstellungen können sie beinahe als Que(e)rdenker innerhalb der israelischen Gesellschaft nach 1948 gesehen werden.

## Quellen

Israel-Korpus, 1. Generation (IK1):
Interview Anne Betten mit Moshe (ehem. Max) Ballhorn (geb. 1913), Tiberias, 1.7.1990.
Interview Anne Betten mit Iwan Gabriel Lilienfeld (geb. 1910), Ramat Chen, 26.04.1994.
Interview Anne Betten mit Heinrich Mendelssohn (geb. 1910), Tel Aviv, 25.4.1991.
Interview Anne Betten mit Ruth Luise Tauber (geb. 1919), Sde Warburg, 28.04.1991.
Interview Anne Betten mit Michael (ehem. Werner) Walter (geb. 1916), Sde Warburg, 28.04.1991.
Interview Eva Eylon mit Hans Simon Forst (geb. 1917), Tel Aviv, 25.11.1991.
Interview Kristine Hecker mit Emanuel (ehem. Helmut) Rosenblum (geb. 1912), Tel Aviv, 23.10.1990.
Interview mit Herrn Y. (geb. 1920).

## Bibliographie

Antipow, Lilia: „Schejner Jid – ‚Muskeljude' – sowjetischer Held. Bilder jüdischer Männlichkeit zwischen Tradition und Moderne", gehalten: Forum für jüdische Geschichte und Kultur, Nürnberg 18. Januar 2012.
Baader, Benjamin Maria, Sharon Gillerman u. Paul Lerner (Hg.): *Jewish Masculinities. German Jews, Gender, and History*. Bloomington 2012.

---

[72] Charlotte Linde macht darauf aufmerksam, dass diese Geschichte faktisch nie vollständig präsentiert wird (*Life Stories: The Creation of Coherence*. New York 1993).

Backhaus-Lautenschläger, Christine: *... Und standen ihre Frau. Das Schicksal deutschsprachiger Emigrantinnen in den USA nach 1933*. Pfaffenweiler 1991.

Barzel, Neima: „The Attitude of Jews of German Origin in Israel and Germans after the Holocaust. 1945–1952". In: *Leo Baeck Institute Year Book* 39 (1994), S. 271–301.

Benz, Wolfgang (Hg.): *Das Exil der kleinen Leute. Alltagserfahrungen deutscher Juden in der Emigration*. München 1991.

Beer, Susanne, Marten Düring u. Elissa Mailänder: „‚Na Sie wissen ja, wie das mit den Männern so ist'. Interaktive Geschlechterkonstruktionen in biografischen Interviews". In: *Le lieu du genre. La narration comme espace performatif du genre*. Hg. v. Patrick Farges, Cécile Chamayou-Kuhn u. Perin Emel Yavuz. Paris 2011, S. 53–70.

Betten, Anne u. Miryam Du-nour (Hg.): *Wir sind die Letzten. Fragt uns aus. Gespräche mit den Emigranten der dreißiger Jahre in Israel*. Gerlingen 1995 (Neuauflage Gießen 2004).

Betten, Anne (Hg.): *Sprachbewahrung nach der Emigration – Das Deutsch der 20er Jahre in Israel. Teil I: Transkripte und Tondokumente*. Unter Mitarbeit v. Sigrid Graßl. Tübingen 1995.

Betten, Anne, Miryam Du-nour (Hg.): *Sprachbewahrung nach der Emigration – Das Deutsch der 20er Jahre in Israel. Teil II: Analysen und Dokumente*. Unter Mitarbeit v. Monika Dannerer. Tübingen 2000.

Betten, Anne: „Männermonolog vs. Frauendialog oder der Umgang mit Unterbrechungen. Weiteres Material zu einer provokanten These". In: *Die deutsche Sprache in der Gegenwart. Festschrift für Dieter Cherubim zum 60. Geburtstag*. Hg. v. Stefan J. Schierholz. Frankfurt/M. 2000, S. 291–301.

Bloom, Etan: „Toward a Theory of the Modern Hebrew Handshake. The Conduct of Muscle Judaism". In: *Jewish Masculinites. German Jews, Gender, and History*. Hg. v. B. M. Baader u.a. Bloomington 2012, S. 152–185.

Bourdieu, Pierre: *Die männliche Herrschaft*. Frankfurt/M. 2005.

Bruner, Jerome S.: „Life as Narrative". In: *Social Research* 54 (1987) H. 1, S. 11–32.

Certeau, Michel de: *Kunst des Handelns*. Berlin 1988.

Cobbers, Arnt: *Daniel Libeskind*. Berlin 2001.

Connell, R. W.: *Der gemachte Mann. Konstruktionen und Krise von Männlichkeiten*. Opladen 1999.

Connell, R. W. u. James W. Messerschmidt: „Hegemonic Masculinity. Rethinking the Concept". In: *Gender & Society* 19 (2005) H. 6, S. 829–859.

Conrad, Sebastian u. Shalini Randeria (Hg.): *Jenseits des Eurozentrismus. Postkoloniale Perspektiven in den Geschichts- und Kulturwissenschaften*. Frankfurt/M. 2002.

Deutsch-Israelitische Gesellschaft (Hg.): *Die „Jeckes" in Israel – Der Beitrag der deutschsprachigen Einwanderer zum Aufbau Israels*. Bad Honnef 1995.

Erhart, Walter: „Das zweite Geschlecht: ‚Männlichkeit' interdisziplinär". In: *Internationales Archiv für Sozialgeschichte der deutschen Literatur* 30 (2005) H. 2, S. 156–232.

Farges, Patrick: *Le trait d'union ou l'intégration sans l'oubli. Itinéraires d'exilés germanophones au Canada après 1933*. Paris 2008.

Frevert, Ute: „Soldaten, Staatsbürger. Überlegungen zur historischen Konstruktion von Männlichkeit". In: *Männergeschichte-Geschlechtergeschichte. Männlichkeit im Wandel der Moderne*. Hg. v. Thomas Kühne. Frankfurt/M., New York 1996, S.69–87.

Frevert, Ute: Das maskuline Stereotyp. George L. Mosse entwirft ein allzu statisches Bild des Mannes. In: *Die Zeit* v. 20.6.1997, www.zeit.de/1997/26/Das_maskuline_Stereotyp (Stand: 01.03.2013).

Gelber, Yoav: „Die historische Rolle der mitteleuropäischen Immigration nach Israel". In: *Die „Jeckes" in Israel*. Hg. v. der Deutsch-Israelischen Gesellschaft. Bad Honnef 1995, S. 80–96.
Godelier, Maurice: *Die Produktion der großen Männer: Macht und männliche Vorherrschaft bei den Baruya in Neuguinea*. Aus dem Franz. übers. v. Eva Moldenhauer, mit einem Nachw. v. Joachim Matthes. Frankfurt/M., New York, Paris 1987.
Greif, Gideon (Hg.): *Die Jeckes. Deutsche Juden aus Israel erzählen*. Köln, Weimar, Wien 2000.
Heid, Ludger: „Palästina/Israel". In: *Handbuch der deutschsprachigen Emigration 1933–1945*. Hg. v. Claus-Dieter Krohn u.a. Darmstadt 1998, Sp. 349–358.
Holl, Karl: „Exil und Asyl als Gegenstand universitärer Lehre. Erfahrungsbereich über ein Projekt an der Universität Bremen". In: *Exilforschung. Ein internationales Jahrbuch* 18 (2000): *Exile im 20. Jahrhundert*, S. 262–269.
Kannonier-Finster, Waltraud u. Meinrad Ziegler: *Frauen-Leben im Exil. Biographische Fallgeschichten*. Wien, Köln, Weimar 1996.
Kaplan, Danny: *The Men We Loved. Male Friendship and Nationalism in Israeli Culture*. New York, Oxford 2007.
Kimmel, Michael: *Manhood in America. A Cultural History*. New York 1996.
Klapdor, Heike: „Überlebensstrategie statt Lebensentwurf: Frauen in der Emigration". In: *Exilforschung. Ein internationales Jahrbuch* 11 (1993): *Frauen und Exil: zwischen Anpassung und Selbstbehauptung*, S. 12–30.
Klein, Uta: *Militär und Geschlecht in Israel*. Frankfurt/M. 2001.
Kotre, John: *Weiße Handschuhe: wie das Gedächtnis Lebensgeschichten schreibt*. Übers. v. Hartmut Schickert. München 1996.
Krause, Robert: *Lebensgeschichten aus der Fremde. Autobiografien emigrierter SchriftstellerInnen als Beispiele literarischer Akkulturation nach 1933*. München 2010.
Kreppel, Lena: *Deutsch. Jüdisch. Israelisch. Identitätskonstruktionen in autobiographischen und essayistischen Texten von Erich Bloch, Jenny Cramer und Fritz Wolf*. Würzburg 2012.
Krohn, Claus-Dieter: „Differenz oder Distanz? Hybriditätsdiskurse deutscher *refugee scholars* im New York der 1930er Jahre". In: *Exilforschung. Ein internationales Jahrbuch* 27 (2009): *Exil, Entwurzelung, Hybridität*, S. 20–39.
Lejeune, Philippe: *Les Brouillons de soi*. Paris 1998.
Linde, Charlotte: *Life Stories: The Creation of Coherence*. New York 1993.
Männerforschungskolloquim Tübingen: „Die patriarchale Dividende. Profit ohne Ende? Erläuterungen zu Bob Connells Konzept der ,Hegemonialen Männlichkeit'". In: *Widersprüche. Zeitschrift für sozialistische Politik im Bildungs-, Gesundheits- und Sozialbereich* 56/57 (1995), http://www.widersprueche-zeitschrift.de/article1176.html (Stand: 01.03.2013).
Martschukat, Jürgen u. Olaf Stieglitz: *Geschichte der Männlichkeiten*. Frankfurt/M. 2008.
Meuser, Michael: *Geschlecht und Männlichkeit. Soziologische Theorie und kulturelle Deutungsmuster*. Opladen 1998.
Mosse, George L.: *Das Bild des Mannes. Zur Konstruktion der modernen Männlichkeit*. Frankfurt/M. 1997.
Near, Henry: „Frontiersmen and Halutzim. The Image of Pioneer in North America and Pre-State Jewish Palestine". Discussion Paper, Haifa, The Institute for Study and Research, 1985.
Presner, Todd: *Muscular Judaism: The Jewish Body and the Politics of Regeneration*. London, New York 2007.
Rappe, Jennifer: „Jeckes in Israel. 60 Jahre Israel. Der Beitrag der deutschen Juden". In: *G/Geschichte* 5 (2008), S. 6–11.

Ricœur, Paul :*Temps et récit*, Bd. 3. Le temps raconté. Paris 1985.
Ricœur, Paul: *Soi-même comme un autre*. Paris 1990.
Ricœur, Paul: „Narrative identity". In: *Philosophy Today* 35 (1991), S. 73–81.
Ricœur, Paul: *Zeit und Erzählung*, Bd. 3. Die erzählte Zeit. München 1991.
Rosenthal, Gabriele: *Erlebte und erzählte Lebensgeschichte. Gestalt und Struktur biographischer Selbstbeschreibung*. Frankfurt/M. 1995.
Rürup, Miriam: *Ehrensache. Jüdische Studentenverbindungen an deutschen Universitäten 1886–1937*. Göttingen 2008.
Sacks, Oliver: *The Man Who Mistook His Wife For a Hat and Other Clinical Stories*. New York 1985.
Said, Edward: *Reflections on Exile and Other Essays*. Cambridge, MA 2000.
Schneider, Bernhard: *Jüdisches Museum Berlin*. München 1999.
Simmel, Georg: „Exkurs über den Fremden". In: Ders.: *Soziologie. Untersuchungen über die Formen der Vergesellschaftung*. Leipzig 1908, S. 509–512.
Straub, Jürgen: „Biographische Sozialisation und narrative Kompetenz. Implikationen und Voraussetzungen lebensgeschichtlichen Denkens in der Sicht einer narrativen Psychologie". In: *Biographische Sozialisation*. Hg. v. Erika Hoernig. Stuttgart 2000, S. 137–163.
Thüne, Eva-Maria u. Simona Leonardi: „Wurzeln, Schnitte, Webemuster. Textuelles Emotionspotenzial von Erzählmetaphern am Beispiel von Anne Bettens Interviewkorpus ‚Emigrantendeutsch in Israel'". In: *Auf den Spuren der Schrift. Israelische Perspektiven einer internationalen Germanistik*. Hg. v. Christian Kohlross u. Hanni Mittelmann. Berlin, Boston 2011, S. 229–246.
Thüne, Eva-Maria: „Körpererfahrung und Identität in ausgewählten Erzählungen des Israel-Korpus 1. Generation (auch unter dem Gesichtspunkt einer eventuellen Gender-Differenz)", gehalten: *Linguistische und sozialgeschichtliche Aspekte auf das ‚Israel-Korpus'*, Université Sorbonne Nouvelle – Paris 3, Paris 15.–16. Juli 2011.
*transversal: Zeitschrift des David-Herzog-Centrums für Jüdische Studien* 2 (2001) H. 1: Judentum und Männlichkeit.
Werner, Michael u. Bénédicte Zimmermann: „Vergleich, Transfer, Verflechtung. Der Ansatz der *Histoire croisée* und die Herausforderung des Transnationalen". In: *Geschichte und Gesellschaft* 28 (2002), S. 607–636.
Wormann, Curt D.: „German Jews in Israel". In: *Leo Baeck Institute Yearbook* 15 (1970), S. 73–103.

## Internetquellen

Jüdisches Museum Berlin, Libeskind-Bau: http://www.jmberlin.de/main/DE/04-Rund-ums-Museum/01-Architektur/01-libeskind-Bau.php (Stand: 01.03.2013).
Lucius-Hoene, Gabriele u. Arnulf Deppermann: „Narrative Identität und Positionierung". In: *Gesprächsforschung – Online-Zeitschrift zur verbalen Interaktion* 5 (2004), S. 166–183, www.gespraechsforschung-ozs.de (Stand: 01.03.2013).

Ruth Mayer
# „Island is not far"
## Zur Konstruktion von Insularität, Ausschluss und Exil auf Angel Island, 1910–1940

Das Exilische eignet sich für nationale Selbstbeschreibungen, wenigstens wenn man den US-amerikanischen Kontext in den Blick nimmt. Die Rede vom Exil scheint immer dann besonders angemessen oder naheliegend, wenn es um die Evokation einer Situation fern von der ‚Heimat' geht; um eine Situation, die als unfreiwillig und erzwungen betrachtet wird. Zumindest für den amerikanischen Kontext ist darüber hinaus eine gewisse heroische oder tragische Dimension des Begriffs offenkundig, die persönliche Leidenssituation gewinnt eine größere weltpolitische Signifikanz und epische Dimension, wenn sie als exilisch verortet werden kann. Unter diesen Vorzeichen könnte man die Geschichte der Vereinigten Staaten als exilische Geschichte schreiben, wie die Politologin Frances Reinhold schon 1939 feststellte:

> It is significant that early independence seekers were not all of the same mind, staking their claims in diverse directions, erecting veritable Chinese walls of prejudice and provincialism within which they breathed the rarefied air of ingrown righteousness. Minorities within exiled minorities were thus easily exiled at a further remove. [...] Upon a broad historical canvas is painted the exile of French Huguenots, English Puritans, German Protestants, Irish Catholics, Scotch-Irish Protestants, Dutch Walloons, Quakers, Independents, Baptists, and Jews. Interwoven with the greater epics of nationality and creed are the minor epics of individual exiles – Roger Williams, Thomas Hooker, Anne Hutchinson, Anne Austin, Mary Fisher.[1]

Es mag auch bezeichnend sein, dass Reinhold hier mit der Metapher der ‚chinesischen Mauer' operiert, ohne ansonsten die chinesischen Amerikaner in den USA zu erwähnen. Denn in den dreißiger Jahren, als dieser Text entstand, machten sich die Debatten um chinesische Einwanderer und ihren Status in den USA immer wieder an heftigen Auseinandersetzungen um die Zukunft der Nation fest. Den Chinesen wurde vorgeworfen, sich der Integration besonders systematisch zu widersetzen – womit sie ironischerweise lediglich der Tradition früherer, inzwischen assimilierter Einwanderergruppen folgen würden, wenn

---

1 Frances L. Reinhold: „Exiles and Refugees in American History". *Annals of the American Academy of Political and Social Science* 203 (1939), S. 63–73, Zitat S. 64.

man Reinholds Modell übernimmt. Wie dem auch sei – die Überlegungen zur Relevanz des Exilischen für eine nationale Selbstbestimmung in den USA sind auch rund siebzig Jahre später ungebrochen aktuell, wie eine Betrachtung zur Literatur ethnischer Minderheiten in den USA von 2001 deutlich macht. Die Literaturwissenschaftlerin Joy Leighton kommt hier ebenfalls zu dem Schluss, dass die Kategorie des Exilischen für eine Erfassung dessen, was als amerikanisch begriffen wird, eine wichtige Rolle spielt – und dass die Bedeutung der Kategorie stetig ansteigt. Das hat sicherlich auch viel mit der Tatsache zu tun, dass seit geraumer Zeit die Position des Marginalen und des Minoritären gerne zur (Selbst)-Beschreibung des Mainstream herangezogen wird:

> [T]he amount of writing devoted to the experience of exile in American literature is so prolific that exile has become an essential component of an American identity. Jewish immigrants are political and religious exiles; the Cuban revolution of 1959 has led to the diaspora of Cuban-Americans and the enslavement and turbulent post-bellum era has created modern-day Israelites out of African Americans.[2]

Die Bildlichkeit des Exils in der amerikanischen Geschichte und Literatur implizierte traditionell eine defizitäre Situation, die auf Aufhebung zielt. Dem Exil konfrontiert sich die Heimat, aber in den USA zunehmend auch das Ideal der neuen Nation als alternativer Heimat, die aus den heterogenen Erfahrungen von Exil und Vertreibung, von Ortlosigkeit und Desorientierung erwächst. Bis in unsere Tage ist Exil ein negativer Begriff, er beschreibt eine Mangelsituation, eine Leerstelle – die nun aber immer öfter als ausschließlich und alternativlos verstanden wird. Der Gegenpol – Heimat oder Heimkehr – ist prekär geworden, wie Hamid Nafici notierte:

> There was a time when exile implicitly or explicitly involved a present or absent home, or a homeland, as referent. However, the referent is now in ruins or in perpetual manipulation, and the concept of exile, once stabilized because of its link to the homeland, is now freed from the chains of its referent.[3]

Diese semantische Loslösung teilt der Begriff des Exils mit der Idee der Diaspora, beide Konzepte reagieren auf ganz ähnliche kulturelle Ausgangssituationen, sie wurden ursprünglich fast synonym zur Beschreibung einer regionalen und religiösen Dislokationserfahrung genutzt und rufen nun die Erfahrung der

---

[2] Joy Leighton: „,A Chinese Ishmael': Sui Sin Far, Writing, and Exile". In: *Melus* 26 (2001) H. 3, S. 3–29, Zitat S. 24.
[3] Hamid Nafici: „Framing Exile: From Homeland to Homepage". In: *Home, Exile, Homeland: Film, Media, and the Politics of Place*. Hg. v. Hamid Nafici. London 1999, S. 1–16, Zitat S. 9.

Entfremdung auf, ohne dass die Utopie einer letzten Rückkehr oder Versöhnung noch gegeben sein muss. Aber im scharfen Gegensatz zur kulturwissenschaftlichen Diasporadebatte behält der Diskurs um das Exilische die negativen Konnotationen des Begriffs weitgehend bei. So kommt es doch zu einer begrifflichen Ausdifferenzierung, wie John Durham Peters deutlich machte:

> The key contrast with exile lies in diaspora's emphasis on lateral and decentered relationships among the dispersed. *Exile* suggests pining for home; *diaspora* suggests networks among compatriots. Exile may be solitary, but diaspora is always collective. Diaspora suggests real or imagined relationships among scattered fellows whose sense of community is sustained by forms of communication and contact such as kinship, pilgrimage, trade, travel and shared culture [...].[4]

Es ist eben die Negativität des Exilbegriffs, die mich im Folgenden interessieren wird. Ich möchte einen exilischen Diskurs im engen Bezug auf die Situation der chinesischen Diaspora in den Vereinigten Staaten im frühen zwanzigsten Jahrhundert herausarbeiten. Dieses Fallbeispiel erscheint mir besonders aussagekräftig, weil es die Gegenläufigkeit dominanter und minoritärer Diskurse offensichtlich werden lässt. Den Diskurs des Exilischen sehe ich in diesem Zusammenhang als Versuch, dem zeitgenössischen dominanten Diskurs zur chinesischen Präsenz in den USA zu begegnen. In den literarischen Zeugnissen chinesischer Einwanderer der 1910er bis 40er Jahre, die ich untersuchen möchte – den Gedichten von Angel Island – wird die Kondition des Exilischen aufgerufen, um eine eingeklammerte, prekäre, unbestimmte Position zwischen den Fronten zu evozieren, eine Situation, die als nicht-normal, außergewöhnlich und instabil präsentiert wird. Wir werden sehen, dass es dabei nicht nur darum geht, einen Anspruch auf Integration zu erheben, sondern dass die Situation des Exilischen zunehmend auch totalisiert wird – die Außenseitersituation wird in ihren subversiven und bedrohlichen Implikationen affirmiert, das Exil zeitigt Widerstand. Die Semantik des Exils weist in sämtlichen Varianten – klagend oder aggressiv – auf den Versuch, die Situation der Ausgrenzung konzeptuell anders zu ‚rahmen' als der zeitgenössische politiko-juridische Diskurs der USA es tut. Dennoch bleiben die Gedichte im spannungsreichen Bezug zu diesem hegemonialen Diskurs – sie vermögen ihn kritisch zu beleuchten, aber sie zeigen sich auch von ihm gefangen.

---

4 John Durham Peters: „Exile, Nomadism, Diaspora: The Stakes of Mobility in the Western Canon". In: *Home, Exile, Homeland*. Hg. v. Nafici, S. 17–44, Zitat S. 20.

## 1 Insularität

Die Welt der chinesischen Immigranten im Amerika des neunzehnten Jahrhunderts wurde nicht von ungefähr oft in den Termini des Insularen skizziert – als abgeschottet, unzugänglich, fern von der modernen Realität der amerikanischen Großstadt. Dabei spielten die Gegensatzpaare von Zivilisation und Primitivität eine gewisse Rolle, wichtiger für die Rede von der Insularität der Chinesen war aber noch der Binarismus von *domesticity* (ein Begriff, der mit ‚Häuslichkeit' nicht wirklich übersetzt werden kann) und Devianz. Die amerikanische Chinatown war *anders* als der Rest der modernen Metropole, weil ihre konstitutiven Elemente, ihre ‚Haushalte', sich so ganz anders gestalteten: es fehlten die Frauen und die Familien, die Chinatown war eine männliche Welt, eine ‚Junggesellengesellschaft'. Das hatte natürlich mit den restriktiven Rahmenbedingungen für die chinesische Immigration der Zeit zu tun, die es chinesischen Frauen fast unmöglich machten, in die USA einzureisen.[5] Die Chinatown präsentierte sich als prekärer Ausnahmezustand, als korrupter, kontaminierter städtischer Raum, in dem Männer der Arbeiterklasse in eng gepackten Quartieren in suspekten Verhältnissen lebten,[6] und gab so hinreichend Anlass für phobische Projektionen, die sich immer wieder zentral an der unterstellten Abweichung chinesischer Lebensstile von den Konventionen des viktorianischen Bürgertums festmachten. Die Lebensarrangements der frühen Chinatown, so unterstellten die Aktivisten des Anti-Chinese Movement, sperrten sich gegen die Norm der städtischen Ordnung, sie konstituierten ein unabhängiges System – eine Stadt in der Stadt, eine Gesellschaft in der Gesellschaft, eine bedrohliche Präsenz, die sich nicht eingliedern ließ und nicht eingliedern wollte. Diese Zuschreibung der strategischen Isolation, der Abschottung zum Zwecke der Unterminierung und Übernahme, die in ihrem Bedrohungsszenario ethnische, klassen- und geschlechtspezifische Charakteristika eng zusammenschließt, mag uns vertraut erscheinen. Die chinesische ‚Parallelgesellschaft' der amerikanischen Jahrhundertwende aber präsentiert sich als Sonderfall auch in der transnationalen Immigrationsgeschichte, weil

---

[5] Vgl. Alexander Saxton: *The Indispensable Enemy: Labor and the Anti-Chinese Movement in California* [1971]. Berkeley 1995; Lucy E. Salyer: *Laws Harsh as Tigers: Chinese Immigration and the Shaping of Modern Immigration Law*. Chapel Hill 1995; Erika Lee: *At America's Gates: Chinese Immigration during the Exclusion Era, 1882–1942*. Chapel Hill 2003; Sucheng Chan: „The Exclusion of Chinese Women, 1875–1943". In: *Entry Denied: Exclusion and the Chinese Community in America, 1882–1943*. Hg. v. Sucheng Chan. Philadelphia 1991, S. 94–164; Ruth Mayer: *Diaspora. Eine kritische Begriffsbestimmung*. Bielefeld 2005, S. 123–157.
[6] Nayan Shah: *Contagious Divides: Epidemics and Race in San Francisco's Chinatown*. Berkeley 2001, S. 77.

sie nicht nur in der Chinatown ihren bildhaften Ausdruck fand, sondern durch eine Vielzahl weiterer Enklavekonstellationen geradezu metonymisch reflektiert – und so gleichzeitig fest- und fortgeschrieben wurde. Zu diesen Figurationen des Abschottens, des Sicherns und der Eindämmung trugen die medizinischen Quarantänemaßnahmen bei, die sich im späten neunzehnten und frühen zwanzigsten Jahrhundert immer wieder explizit auf chinesische Communities bezogen.[7] Vor allem aber kristallisiert sich die Vorstellung der chinesischen Insularität in der Einrichtung der Immigrationsstation Angel Island, einer Institution, die nicht nur für die Behörden, die sie betreiben, sondern auch für die Menschen, die sich in ihr wiederfanden, den juridischen Verfahren der Isolation, Segregation und Selektion konkret räumlich Ausdruck gab.

Angel Island war der Versuch, einen politischen Ausnahmezustand zu etablieren, einen neutralen und undeterminierten Raum, der eine Sichtung und Einordnung der einwanderungswilligen Asiaten gestattet. In Ellis Island wurden medizinische Untersuchungen angestellt und Dokumente geprüft, die Immigrationsstation war ein Durchgangsraum. Angel Island dagegen war ein Lager, in dem Menschen oft wochenlang festgehalten, untersucht und verhört wurden, bis sie ins Land entlassen oder über den Pazifik zurückgeschickt wurden, oft ohne zu erfahren, was die Immigration ermöglichte oder verhinderte. Durch Interviews oder Verhöre sollten die Geschichten der Ankömmlinge, die sich als Verwandte ersten Grades von chinesischen Amerikanern ausgaben und somit die Staatsbürgerschaft beanspruchten, überprüft werden, weil die Papierlage nach dem zerstörerischen Feuersturm in San Franciso von 1906 desaströs war. Mittels biometrischer Messungen versuchten die Behörden diese äußerst unsicheren Daten zu ergänzen – die Biometrik sollte verlässliche Methoden der Identifikation und Klassifikation zur Verfügung stellen. Aber wie so viele andere Institutionen, die auf die Etablierung scharf gezogener Distinktionen zielen, erwies sich Angel Island als höchst ambivalent. In gewisser Hinsicht war es unklar, wohin die Insel gehörte, denn die Immigrationsstation befand sich auf einem Territorium, das „neither quite foreign nor domestic" erschien, wie Amy Kaplan im Bezug auf die legale Kategorie der ‚Insular Cases' schrieb, die der Oberste Gerichtshof der USA in einer Serie von Entscheidungen zwischen 1902 und 1922 etablierte.[8] Die Ent-

---

[7] Charles McClain: „Of Medicine, Race, and American Law: The Bubonic Plague Outbreak of 1900". In: *Law & Social Inquiry* 13 (1988), H. 3, S. 447–513; Shah: *Contagious Divides*; James C. Mohr: *Plague and Fire: Battling Black Death and the 1900 Burning of Honolulu's Chinatown*. Oxford 2005.

[8] Amy Kaplan: „Where Is Guantánamo?". In: *Legal Borderlands: Law and the Construction of American Borders*. Hg. v. Mary L. Dudziak u. Leti Volpp. Baltimore 2006, S. 239–266, Zitat S. 251. Vgl. hier und im Folgenden auch: Ruth Mayer: „Paper Citizens and Biometrical Identi-

scheidungen des Supreme Court bezogen sich auf Räume, die der spanisch-amerikanische Krieg generiert hatte – legal und national prekäre Territorien wie Puerto Rico, die „zu den Vereinigten Staaten gehören, aber nicht ein Teil der Vereinigten Staaten sind", wie eine Grundlagenentscheidung des Gerichtshofs zu den sogenannten „unincorporated territories" es formuliert.[9] Obwohl die Immigrationsstationen Ellis Island und Angel Island ebenso wenig unter diese Kategorie fallen wie die Marinebasis Guantánamo Bay, die seit 1903 bestand, bezog sich der juristische Diskurs um diese Gebiete eng auf die Argumentation zu den ‚Insel-Fällen'. In all diesen Kontexten ging es um die Aufrechterhaltung von Zonen, Schwellen oder Enklaven, für die die Rechtsordnung der Vereinigten Staaten nicht voll galt, obwohl sie den Vereinigten Staaten zugerechnet wurden. Dieser verräumlichte Ausnahmezustand wurde in der Tradition der Ideologie des Kolonialismus mit dem ‚Wesen' derer gerechtfertigt, die die Gebiete bewohnten oder dort festgehalten wurden: „The designation of territory as neither quite foreign nor domestic was inseparable from a view of its inhabitants as neither capable of self-government nor civilized enough for U.S. citizenship."[10]

Für die vielen Immigranten, die eine oft unklar definierte Zeitspanne in dem Internierungslager verbringen mussten, wurde die Immigrationsstation mithin zum ‚Lager' im Sinne Giorgio Agambens. Die Besonderheit dieses Konzeptes besteht ja eben darin, dass hier der Ausnahmezustand „zur Regel" wird, wie Agamben schrieb.[11] Das „Wesen des Lagers" besteht in einem umrissenen Raum, in dem die

> normale Ordnung de facto aufgehoben ist, in dem es nicht vom Recht abhängt, ob mehr oder weniger Grausamkeiten begangen werden, sondern von der Zivilität und dem ethischen Sinn der Polizei, die da vorübergehend als Souverän agiert [...].[12]

Das Lager ist dabei kein rechtloser Raum, sondern nur nicht Teil der normalen Rechtsordnung, es ist außerordentlich, exzeptionell, eingeklammert:

> Man muß den paradoxen Status des Lagers von seiner Eigenschaft als Ausnahmeraum her denken: Es ist ein Stück Land, das außerhalb der normalen Rechtsordnung gesetzt wird,

---

fication: Immigration, Nationality, and Belonging in Chinese America during the Exclusion Era". In: *Trans-Pacific Interactions: The United States and China, 1880–1950.* Hg. v. Vanessa Künnemann u. Ruth Mayer. New York 2009, S. 85–104.
9 Kaplan: „Where is Guantánamo?", S. 249–250.
10 Kaplan: „Where is Guantánamo?", S. 250.
11 Giorgio Agamben: *Homo sacer. Die souveräne Macht und das nackte Leben* [1995]. A. d. Ital. v. Hubert Thüring. Frankfurt/M. 2002, S. 177.
12 Agamben: *Homo sacer,* S. 183–184.

deswegen jedoch nicht einfach nur Außenraum ist. Was in ihm ausgeschlossen wird, ist nach der etymologischen Bedeutung von *exceptio* herausgenommen (ex-capere), eingeschlossen mittels seiner eigenen Ausschließung. Was aber auf diese Weise vor allem in die Ordnung hineingenommen wird, ist der Ausnahmezustand selbst. [...] Das Lager, heißt das, ist die Struktur, in welcher der Ausnahmezustand – die Möglichkeit der Entscheidung, auf die sich die souveräne Macht gründet – *normal* realisiert wird.[13]

Der außerordentliche Zustand, den Agamben umreißt, kartografiert Enklaven des Extraordinären innerhalb des normalisierten Systems. Diese Enklaven müssen eingeklammert sein, in Quarantäne sozusagen, damit das System insgesamt als normal oder gesund konzipiert werden kann. In derselben Logik konstituieren Angel Island und andere ‚Inselfälle' im Amerika des späten neunzehnten und frühen zwanzigsten Jahrhunderts den kaum verdrängten Nachweis, dass die Nation eben nicht sauber auf der Basis von Innen und Außen, heimisch und fremd, *domestic* und *deviant* entworfen werden kann, dass man Zwischenstadien und Schwellenbereiche braucht, auch wenn diese nicht offen in ihrem Hybrid- oder Zwischenstatus markiert werden können und so – oft ganz im Wortsinne – am besten ‚außen vor' bleiben.

## 2 Exil

Angel Island ist für mich nun aber nicht nur interessant, weil es im juridisch-politischen Sinn ein ‚Niemandsland' darstellt, sondern weil die Insel Bewohner hatte, die Spuren hinterließen. In den 1970er Jahren sollte die Immigrationsstation eingerissen werden und der Abriss der Gebäude wurde im letzten Moment verhindert, weil die Zeugnisse derer, die dort abgefertigt, verbucht, verhört und interniert wurden, nun wieder in den Blick kamen. Zahllose Migranten hatten anonym Gedichte in die Wände geritzt, die von der Verwirrung, der Desorientierung, der Wut und der Hilflosigkeit derer berichten, die sich dem Ziel so nahe glaubten, bevor sie – mit Sicht auf das Festland, aber doch unendlich weit davon entfernt – in die Maschine der Immigrationsverwaltung auf der Insel gerieten.[14]

Yunte Huang ordnete diese Texte in die Tradition chinesischer ‚Reiseliteratur' (*tibishi*) ein, einer Gattung, die sich insofern mit der popkulturellen Praxis

---

13 Agamben: *Homo sacer*, S. 179.
14 Vgl. Him Mark Lai, Genny Lim u. Judy Yung (Hg.): *Island: Poetry and History of Chinese Immigrants on Angel Island, 1910–1940*. Seattle 1980; Erika Lee u. Judy Yung: *Angel Island: Immigration Gateway to America*. New York 2010.

des Graffiti vergleichen lässt, als hier alle möglichen Alltagsgegenstände und Flächen beschriftet werden – nicht nur Wände, sondern auch Felsen, Türen, Fenster, Dachbalken und vieles mehr. Die Autoren dieser Texte beschreibt Huang als Angehörige des breiten sozialen Sektors in China, dem es nicht erlaubt war, historiografische Aufzeichnungen zu erstellen. Dieses Recht hatten im chinesischen Kaiserreich nur die vom Hof ernannten Historiker: „Travel writing thus provides an important outlet for writers who desire to make historical references but are forbidden to produce what may be deemed as historical accounts."[15]

Vor diesem Hintergrund kommt für mich die Idee des Exilischen prominent ins Spiel. Sie wird zur Möglichkeit, ein semantisches Gegengewicht zu setzen – die prekäre Situation des Einzelnen zu beleuchten, wo die administrativen und investigativen Maßnahmen des Immigrationsapparats eine abstrakte Gefahr oder kontaminierende Präsenz heraufbeschwören, die vom nationalen Territorium und Staatskörper ferngehalten werden muss. Während in der offiziellen Beschreibung der Immigrationsstation technische und administrative Begriffe vorherrschen, tritt in den Gedichten der Internierten die Insel und die Insularität des Internierungszustands in den Vordergrund der Beschreibung. Keines der Gedichte benutzt den Begriff des Exils. Das mag an den englischen Übersetzungen liegen. Es kann auch daran liegen, dass die Gedichte sehr bildlich angelegt sind – und ‚Gefängnis' oder ‚Einsamkeit' oder ‚Inseldasein' schreiben, wenn sie Exil meinen. Wie dem auch sei: die folgenden Beispiele mögen belegen, dass die Denkfigur des Exils eine zentrale Rolle in der Lyrik von Angel Island spielt:

> Living on Island away from home elicits a hundred feelings.
> My chest is filled with a sadness and anger I cannot bear to explain.
> Night and day, I sit passively and listlessly.
> Fortunately, I have a novel as my companion.[16]

Immer wieder wird die Situation auf der Insel als unerklärliche und unverschuldete Gefangenschaft beschrieben, als exilische Isolation, die manchmal – wie im obigen Gedicht – im markierten Kontrast zu einer weit entfernten Heimat entworfen wird. Dabei wird der Internierte zum Autor (der die Gedichte manchmal auch signiert), die entwürdigende, machtlose und reifizierte Situation der Internierung wird in der heroischen Bildsprache des Exils dramatisiert:

---

**15** Yunte Huang: *Transpacific Imaginations: History, Literature, Counterpoetics*. Cambridge, MA 2008, S. 102–103.
**16** Poem 19. In: *Island*. Hg. v. Lai, Lim u. Yung, S. 56.

> In the quiet of the night, I heard faintly, the whistling of wind.
> The forms and shadows saddened me; upon seeing the landscape, I composed a poem.
> The floating clouds, the fog, darken the sky.
> The moon shines faintly as the insects chirp.
> Grief and bitterness entwined are heaven sent.
> The sad person sits alone, leaning by a window.[17]

Wie viele andere versucht dieses Gedicht die banale Funktionalität des Internierungslagers und seiner Prozeduren und Konventionen auszublenden, indem eine klassische Naturlandschaft evoziert wird, die hier ähnlich nostalgisch besetzt scheint wie die Heimat in anderen Gedichten. In all diesen Fällen wird die gegenwärtige Situation als unbestimmt und offen ausgemacht, es überwiegt eine Bildlichkeit des Driftens und des Flottierens, der Unsicherheit und der Liminalität, die die politiko-juridische Funktion der Insel als Enklave individuell zu erschließen sucht. Auch das folgende Gedicht zeugt von diesem Verlangen:

> Depressed from living on Island, I sought the Sleeping Village.
> The uncertain future altogether wounds my spirit.
> When I see my old country fraught with chaos,
> I, a drifting leaf, become doubly saddened.[18]

Beeindruckender aber als diese Transpositionen erscheinen einige wenige Gedichte, die die Erfahrung der forcierten Auszeit und des Niemandslands beschreiben, anstelle sie zu übersetzen. Das folgende Gedicht schildert einfach nur die Station und ihren Ausblick:

> A building does not have to be tall; if it has windows it will be right.
> Island is not far, Angel Island.
> Alas, this wooden building disrupts my traveling schedule.
> Paint on the four walls are [sic!] green,
> And green is the grass which surrounds.
> It is noisy because of the many country folk,
> And there are watchmen guarding during the night.
> [...]
> I gaze to the south at the hospital,
> And look to the west at the army camp.
> This author says, „What happiness is there in this?"[19]

---

[17] Poem 13 (Yu, of Taishan: „Random Thoughts Deep at Night"). In: *Island*. Hg. v. Lai, Lim u. Yung, S. 52.
[18] Poem 16. In: *Island*. Hg. v. Lai, Lim u. Yung, S. 54.
[19] Poem 33 („Inscription about a Wooden Building"). In: *Island*. Hg. v. Lai, Lim u. Yung, S. 70.

„Island is not far", heißt es hier, und der Autor muss nicht darauf eingehen, was hier den Referenzpunkt darstellt: San Francisco, die Stadt, das Festland. Aber die Stadt kommt nicht in den Blick, obwohl sie in Sichtweite war. Stattdessen werden die patrouillierenden Nachtwachen und die disziplinierenden Institutionen rund um die Station genannt: das Militärcamp, das Krankenhaus – Orte, die wie Alcatraz, nach dem Angel Island modelliert wurde, und die Immigrationsstation selbst auf normalisierende Kontrolle und Überwachung zielen, und sich als Apparate dem Individuum konfrontieren.

In Gedichten wie diesen scheint es primär um eine Zeugnisfunktion zu gehen, um die Sicherung von individueller Würde und um die Distinktion des Einzelnen von den Zuschreibungen an die Masse, die durch die Institution der Immigrationsstation als bedrohlich, gesichtslos und potentiell kontaminierend entworfen wird. Andere Gedichte zielen auf eine Kommunikation unter den Migranten, sie adressieren direkt Leser, die später auf die Station kommen und in den Gedichten Orientierung oder Trost finden sollen. Und dann gibt es eine ganze Reihe Kampfansagen, Wutfantasien und Spekulationen über die Zukunft, die die Semantik des Exilischen nutzen, um das Individuum auf andere Weise zu nobilitieren – als Mann der Zukunft, für den die Situation auf der Insel nur eine Übergangsphase darstellt:

> This is a message to those who live here not to worry excessively.
> Instead, you must cast your idle worries to the flowing stream.
> Experiencing a little ordeal is not hardship.
> Napoleon was once a prisoner on an island.[20]

In all diesen Fällen erweist sich die Denkfigur des Exils als wesentlich, um eine Alternative zum offiziellen Diskurs zu eröffnen. Man könnte von diesen fragmentarischen und prekären Dokumenten und Zeugnissen weiter zu den Anfängen des chinesisch-amerikanischen Schreibens gehen und auf die Versuche verweisen, aus den Erfahrungen des Exilischen und Insulären Identitätsmomente zu destillieren – ganz wie es sich in einigen der Gedichte an den Wänden der Immigrationsstation schon andeutet. Tatsächlich lässt sich die asiatisch-amerikanische Literatur immer als beides verstehen: als Immigrationsliteratur und als „literature of exile and diaspora",[21] d.h. gleichermaßen fokussiert auf die Anerkennung im Kontext der amerikanischen Nationalgeschichtsschreibung

---

20 Poem 60. In: *Island*. Hg. v. Lai, Lim u. Yung, S. 124.
21 Zhou Xiaojing: „Introduction: Critical Theories and Methodologies in Asian American Literary Studies". In: *Form and Transformation in Asian American Literature*. Hg. v. Zhou Xiaojing u. Samina Najmi. Seattle 2005, S. 3–28, Zitat S. 10.

und auf die Verortung in einem breiteren Rahmen des pazifischen Raums oder der Nationalgeschichten der Herkunftsländer. Daher macht es auch nur bedingt Sinn, ein ethno-nationalistisches Selbstverständnis, wie es sich etwa in den Hass- und Kampfpamphleten an den Wänden der Einwanderungsstation findet, rigide gegen exilische Positionierungen abgrenzen zu wollen, wie etwa die Literaturhistorikerin Shirley Geok-lin Shim es anstrebt. Während Lim das ethno-nationalistische Projekt als rückwärtsgewandt und chauvinistisch problematisiert, markiert sie das ‚exilische Paradigma' als wesentliche Errungenschaft der asiatisch-amerikanischen Identitätspolitik und als wirksames Moment des Widerstands gegen hegemoniale Assimilationsideologien.[22] Tatsächlich muss man aber wohl beide Stoßrichtungen – die ethno-nationalistische wie die exilische – als eng miteinander verschränkt und im komplexen Bezug auf die nationalen Ideologien und Mythen der Vereinigten Staaten begriffen verstehen.[23] Ein neutraler gefasster Exilbegriff, als er bei Lim und anderen zum Ausdruck kommt, eröffnet die Perspektive auf die Wirkmacht des Exilischen (sowohl als Denkfigur als auch als gelebter Wirklichkeit) für die Konstruktion oder Imagination von abstrakten Zusammenhängen wie der ‚Nation' oder einer wahlweise kulturellen oder nationalen ‚Identität'. Benedict Anderson betonte so mit kritischer Akzentuierung, dass die exilische Kondition Konstruktionen nationaler und ethnischer Identität wesentlich begünstige. Die Konzepte von „Exil" und „Identität" treten für ihn in eine höchst problematische Wechselbeziehung:

> The word *exile* is not employed here idly. We are all only too aware of how incessantly people speak not merely of „seeking" „roots," but of „exploring," „finding," and, alas, „coming close to losing" their „identities." But these searches, which rhetorically move inward toward the site that once housed the soul, in fact proceed outward toward real and imagined censuses, where, thanks to capitalism, state machineries, and mathematics, integral bodies become identical, and thus serially aggregable as phantom communities.[24]

Anderson hat recht, wenn er die Dynamik der Identitätskonstruktion nicht nur auf der Ebene von administrativen Apparaten und staatlichen oder globalen Maschinerien der Erhebung, Kartografierung und Klassifikation verortet, sondern auch in den Versuchen der solcherart Erfassten und Verwalteten, den

---

22 Shirley Geok-lin Lim: „Immigration and Diaspora". In: *An Inter-Ethnic Companion to Asian American Literature*. Hg. v. King-kok Cheung. New York 1997, S. 289–311, vgl. zu dieser Debatte auch: Xiaojing: „Introduction", S. 8–11.
23 Siehe hierzu: Xiaojing: „Introduction", S. 8–11.
24 Benedict Anderson: „Nationalism, Identity, and the World-in-Motion: On the Logics of Seriality". In: *Cosmopolitics: Thinking and Feeling beyond the Nation*. Hg. v. Pheng Cheah u. Bruce Robbins. Minneapolis 1998, S. 117–133, Zitat S. 130–131.

Zuschreibungen zu begegnen. Die Figuration von Chinese America, die man als Reaktion auf die langjährige Politik der ‚Exclusion' und der Einfriedung lesen kann, ist sicher nicht so ungebrochen positiv, wie sie sich in vielen etablierten kulturwissenschaftlichen Studien zur chinesisch-amerikanischen Kultur präsentiert.[25] Das chinesische Amerika ist ein Konstrukt und es wurde aus der Not geboren, der Negativität diffamierender Zuschreibungen zu begegnen. Die Rhetorik und Ästhetik des Exilischen und der Identität, die sich im Zuge dieser Reaktionen herausbildeten, sind aber stärker gezeichnet von den problematischen Denkfiguren des Ausschlusses und der (erkennungsdienstlichen) Identifikation, als auf den ersten Blick offenbar werden mag. Vielleicht ist es an der Zeit, die Kulturgeschichte des Exilischen oder das ‚exilische Paradigma' für die weitere asiatisch-amerikanische und für die engere chinesisch-amerikanische Literaturgeschichtsschreibung gleichermaßen kritisch zu revidieren und die Motivik und Metaphorik des Exilischen stärker in ihren gesellschaftlichen Funktionen zu betrachten. Auf jeden Fall sollten wir die Begriffsverwendung des Exils historisch zu kontextualisieren versuchen. Wenn man das im Bezug auf die chinesische Immigrationsgeschichte tut, wird deutlich, dass die Rede vom Exil in spannungsreichem Bezug zu der Rhetorik der Inselfälle, des Lagers oder der Internierung steht, die die imperialistische Diktion der Zeit prägt. Die Gedichte sind in dieser Semantik des Insulären verhaftet, sie können sie nicht aufheben. Aber sie schreiben sie auch nicht ungebrochen fort. Allein deshalb sind sie es wert, unter den Vorzeichen der Exilliteratur neu betrachtet zu werden.

## Bibliographie

Agamben, Giorgio: *Homo sacer. Die souveräne Macht und das nackte Leben* [1995]. A. d. Ital. v. Hubert Thüring. Frankfurt/M. 2002.

Anderson, Benedict: „Nationalism, Identity, and the World-in-Motion: On the Logics of Seriality". In: *Cosmopolitics: Thinking and Feeling beyond the Nation*. Hg. v. Pheng Cheah u. Bruce Robbins. Minneapolis 1998, S. 117–133.

Chan, Sucheng: „The Exclusion of Chinese Women, 1875–1943". In: *Entry Denied: Exclusion and the Chinese Community in America, 1882–1943*. Hg. v. Sucheng Chan. Philadelphia 1991, S. 94–164.

---

[25] Vgl. hierzu neben den Arbeiten von Lim auch die einschlägigen Studien von King-kok Cheung (*Articulate Silences: Hisaye Yamamoto, Maxine Hong Kingston, Joy Kogawa*. Ithaca 1993), Amy Ling (*Between Worlds: Women Writers of Chinese Ancestry*. New York 1990) oder Jinqi Ling (*Narrating Nationalisms: Ideology and Form in Asian American Literature*. New York 1998) sowie die Annäherung an die Angel Island-Lyrik von Lai, Lim u. Yung (Hg.): *Island*, oder die Analysen Yunte Huangs in *Transpacific Imaginations*.

Cheung, King-kok: *Articulate Silences: Hisaye Yamamoto, Maxine Hong Kingston, Joy Kogawa*. Ithaca 1993.
Huang, Yunte: *Transpacific Imaginations: History, Literature, Counterpoetics*. Cambridge, MA 2008.
Kaplan, Amy. „Where Is Guantánamo?". *Legal Borderlands: Law and the Construction of American Borders*. Hg. v. Mary L. Dudziak u. Leti Volpp. Baltimore 2006, S. 239–266.
Lai, Him Mark, Genny Lim u. Judy Yung (Hg.): *Island: Poetry and History of Chinese Immigrants on Angel Island, 1910–1940*. Seattle 1980.
Lee, Erika: *At America's Gates: Chinese Immigration during the Exclusion Era, 1882–1942*. Chapel Hill 2003.
Lee, Erika u. Judy Yung: *Angel Island: Immigration Gateway to America*. New York 2010.
Leighton, Joy: „,A Chinese Ishmael': Sui Sin Far, Writing, and Exile". In: *Melus* 26 (2001) H. 3, S. 3–29.
Lim, Shirley Geok-lin: „Immigration and Diaspora". In: *An Inter-Ethnic Companion to Asian American Literature*. Hg. v. King-kok Cheung. New York 1997, S. 289–311.
Ling, Amy: *Between Worlds: Women Writers of Chinese Ancestry*. New York 1990.
Ling, Jinqi: *Narrating Nationalisms: Ideology and Form in Asian American Literature*. New York 1998.
Ling, Jinqi: „Paper Citizens and Biometrical Identification: Immigration, Nationality, and Belonging in Chinese America during the Exclusion Era". In: *Trans-Pacific Interactions: The United States and China, 1880–1950*. Hg. v. Vanessa Künnemann u. Ruth Mayer. New York 2009, S. 85–104.
Mayer, Ruth: *Diaspora. Eine kritische Begriffsbestimmung*. Bielefeld 2005.
McClain, Charles: „Of Medicine, Race, and American Law: The Bubonic Plague Outbreak of 1900". In: *Law & Social Inquiry* 13 (1988) H. 3, S. 447–513.
Mohr, James C.: *Plague and Fire: Battling Black Death and the 1900 Burning of Honolulu's Chinatown*. Oxford 2005.
Nafici, Hamid (Hg): *Home, Exile, Homeland. Film, Media, and the Politics of Place*. London 1999.
Nafici, Hamid: „Framing Exile: From Homeland to Homepage". In: *Home, Exile, Homeland. Film, Media, and the Politics of Place*. Hg. v. Hamid Nafici. London 1999, S. 1–16.
Peters, John Durham: „Exile, Nomadism, Diaspora: The Stakes of Mobility in the Western Canon". In: *Home, Exile, Homeland. Film, Media, and the Politics of Place*. Hg. v. Hamid Nafici. London 1999, S. 17–44.
Reinhold, Frances L.: „Exiles and Refugees in American History". In: *Annals of the American Academy of Political and Social Science* 203 (1939), S. 63–73.
Salyer, Lucy E.: *Laws Harsh as Tigers: Chinese Immigration and the Shaping of Modern Immigration Law*. Chapel Hill 1995.
Saxton, Alexander: *The Indispensable Enemy: Labor and the Anti-Chinese Movement in California* [1971]. Berkeley 1995.
Shah, Nayan: *Contagious Divides: Epidemics and Race in San Francisco's Chinatown*. Berkeley 2001.
Xiaojing, Zhou u. Samina Najmi (Hg.): *Form and Transformation in Asian American Literature*. Seattle 2005.
Xiaojing, Zhou u. Samina Najmi: „Introduction: Critical Theories and Methodologies in Asian American Literary Studies". In: *Form and Transformation in Asian American Literature*. Hg. v. Zhou Xiaojing u. Samina Najmi. Seattle 2005, S. 3–28.

# Ottmar Ette
# Migration und Konvivenz

## 1 Wege aus dem Garten des Wissens

Die erste Migration, von der in der jüdisch-christlichen Tradition berichtet wird, erscheint weniger im Zeichen der Aus- oder Einwanderung als vielmehr der Vertreibung. So mag das Bild der Vertreibung Adams und Evas aus dem Paradies auch am Anfang dieser Überlegungen zur Frage nach Migration, Remigration und ZusammenLebensWissen[1] stehen. *Genesis 3, 21–24* fasst den harten, unbarmherzigen Abschluss jener Strafen zusammen, die Adam und Eva für ihr Vergehen treffen, vom Baume der Erkenntnis gegessen zu haben:

> 21. Gott, der Herr, machte Adam und seiner Frau Fellröcke und bekleidete sie.
> 22. Dann sprach er: „Ja, der Mensch ist jetzt wie einer von uns geworden, da er Gutes und Böses erkennt. Nun geht es darum, daß er nicht noch seine Hand ausstrecke, sich am Baume des Lebens vergreife, davon esse und ewig lebe!"
> 23. So wies Gott, der Herr, ihn aus dem Garten Eden fort, daß er den Ackerboden bearbeite, von dem er genommen war.
> 24. Er vertrieb den Menschen, ließ ihn östlich vom Garten Eden wohnen und stellte die Kerubim und die flammende Schwertklinge auf, den Weg zum Baum des Lebens zu behüten.[2]

Dieses Gottesurteil ist als solches endgültig, ist doch in der Folge der Geschlechter der Menschen eine Heimkehr in jenes Land, das im Westen des Ostens von Eden, von *East of Eden*, liegt, nicht erlaubt. Möglich ist allein nach dem Tod die Heimkehr in jene irdische Erdkrume, die der Mensch fortan rastlos bearbeiten muss, um sich und die Seinen ernähren zu können: „Im Schweiße deines Angesichtes sollst du dein Brot verzehren, bis du zum Ackerboden wiederkehrst, von dem du genommen bist. Denn Staub bist du, und zum Staube sollst du heimkehren." (*Genesis 3, 19*)[3]

---

**1** Zu diesem Begriff vgl. Ottmar Ette: *ZusammenLebensWissen. List, Last und Lust literarischer Konvivenz im globalen Maßstab. ÜberLebensWissen III.* Berlin 2010.
**2** *Die Heilige Schrift des Alten und Neuen Testamentes.* Nach den Grundtexten und hg. v. Prof. Dr. Vinzenz Hamp, Prof. Dr. Meinrad Stenzel u. Prof. Dr. Josef Kürzinger. Aschaffenburg ¹⁹1969, S. 4f.
**3** Vgl. zur Problematik des Ackerbodens den Kommentar von Josef Scharbert: *Die neue Echter Bibel. Kommentar zum Alten Testament mit der Einheitsübersetzung.* Würzburg 1983, S. 61; mit Blick auf die nachfolgend zu besprechende Brudermord-Erzählung vgl. auch S. 67. Vgl. des

So ist die Strafe für Adam und Eva, zugleich aber auch für all ihre Nachfahren ein für allemal festgesetzt: Eine Berufung ist nicht möglich und eine Entlassung aus dem Status von Vertriebenen etwa wegen guter Führung nicht vorgesehen. Die Vertreibung der ersten Menschen aus dem Paradies ist eine Zwangsmigration ohne Rückkehr zu Lebzeiten. Denn erst mit dem Tod kann der Zyklus des Lebens dadurch vollendet und abgeschlossen werden, dass der aus Staub Gemachte wieder zu Staub zerfällt und – wer weiß es schon – dank eines gnädigen Sturmes eines Tages vielleicht wieder in jene Gefilde verweht wird und heimkehrt, die er einst für den Fall versuchter Rückkehr unter Androhung des Feuerschwertes hatte verlassen müssen. Die *conditio humana* auch des neuzeitlichen Menschen ist die eines Vertriebenen, wohlgemerkt: ohne Hoffnung auf Rückkehr zu Lebzeiten.

Hatte Jahwe den Menschen also ursprünglich in den Garten Eden gesetzt, „damit er ihn bebaue und erhalte" (*Genesis* 2, 15), so nimmt er ihn davon fort, als er der Tatsache gewahr wird, dass der Mensch mit den göttlich gesetzten Spielregeln gebrochen hat: „nur vom Baum der Erkenntnis von Gut und Böse darfst du nicht essen; denn am Tage, da du davon issest, mußt du sterben." (*Genesis* 2, 17)

Ohne an dieser Stelle weder auf die zwischen Adam und der als Verführerin im Zeichen der Schlange gebrandmarkten Eva eingeführte Geschlechterdifferenz eingehen noch die Tatsache diskutieren zu können, dass der Genuss der Frucht vom Baum der Erkenntnis keineswegs mit sofortiger Tötung bestraft wird, darf man doch festhalten, dass der vom Menschen erkämpfte Zugang zum Baum der Erkenntnis und seinen Früchten weder den unmittelbaren Tod noch die unverzügliche Erreichung eines Glückszustandes mit sich bringt. Erkenntnis ist seither, so ließe sich sagen, eine Frage der Zeit, ist an harte Arbeit und schmerzhafte Einsichten gebunden und nicht an einem Glück ausgerichtet, dessen der Mensch zu Lebzeiten teilhaftig werden könnte.

Und noch ein Zweites gilt es zu beachten. Denn das vom Menschen unter Zuhilfenahme der Schlange übertretene Verbot Gottes führt in sich bereits die Dimension einer Gewalt ein, die nicht etwa bei der Androhung von künftig auszuführender Gewalt (im Sinne einer Todesstrafe, zu deren sofortiger Vollstreckung es nicht kommt) stehenbleibt, sondern selbst bereits als Gewalt bezeichnet werden muss, ja mehr noch: als der verdeckte Ausgangspunkt eines Systems von Gewalt, das sich fortan durch die Geschichte des Menschen, durch die Geschichte der Menschheit zieht. Wann und wie aber beginnt diese Gewalt?

---

Weiteren Lothar Ruppert: *Genesis: ein kritischer und theologischer Kommentar*. Würzburg 2003 sowie Jan Alberto Soggin: *Das Buch Genesis: Kommentar*. Darmstadt 1997. Vgl. auch allgemein Hans-Peter Schmidt u. Daniel Weidner (Hg.): *Bibel als Literatur*. München 2011. Ich danke Gesine Müller für zahlreiche Hinweise und Kommentare zum vorliegenden Text.

In einem am 2. September 1978 in der protestantischen Zeitschrift *Réforme* abgedruckten Interview hat der französische Zeichen- und Kulturtheoretiker Roland Barthes zwischen zwei verschiedenen Grundtypen von Gewalt differenziert. Dabei nannte er als erstes jene Gewalt, die in jeglichem Zwang liegt, den eine (übermächtige) Kollektivität auf Individuen ausübt, also eine Gewalt des Gesetzes und des Staates, die als „violence de contrainte"[4] bezeichnet werden könne. Davon grenzte Barthes eine Gewalt ab, die unmittelbar auf die Körper von Individuen ausgeübt wird, wobei diese entweder in der Variante einer „violence carcérale" oder einer „violence sanglante" erscheine,[5] die Körper etwa wegsperrt, foltert oder vernichtet. Beide Typen von Gewalt aber seien aufs Engste miteinander verbunden und erzeugten in ihrer Wechselwirkung ein „système infini", ein ununterbrochenes und vielleicht auch nicht unterbrechbares System von Gewalt, insofern sich die Gewalt in diesem Kreislauf ständig neu generiere.[6]

Unter Rückgriff auf eine derartige Begrifflichkeit ließe sich im scharfen Verbot, die Früchte vom Baum der Erkenntnis zu genießen, eine auf einer asymmetrischen Beziehung zwischen Gott und Mensch beruhende *violence de contrainte* erkennen, die in der Vertreibung der ersten Menschen aus dem Garten Eden – und zugleich aus dem Garten gewiss nicht reinen, aber reifen Wissens – zu einer auf die Körper einwirkenden Gewalt führt, welche die Geschichte der Menschheit *gewaltsam* in Bewegung setzt. In der Bewegung der Vertreibung wie der Vertriebenen beginnt eine Geschichte an Fahrt aufzunehmen, in der die Gewalt – und hierin liegt eine durchaus schmerzhafte Erkenntnis, die das Erkennen von Gut und Böse zugleich bekräftigt und in Frage stellt – gleichsam immer schon eingeschrieben ist. Geschichte und Gewalt scheinen nicht voneinander trennbar.

Die konsequente Folge eines solchen ‚Beginns' der Menschheitsgeschichte im Zeichen von Vertreibung und Gewalt besteht darin, dass die auf den Raum bezogene Exklusionsmechanik einer *violence carcérale* bald schon in eine *violence sanglante* umschlägt, wie sie in der Episode des ersten Brudermords der Menschheitsgeschichte zeichenhaft zum Ausdruck kommt. *Genesis* 4, 10–16 zeigt, auf welche Weise sich in der Brudermordgeschichte die Spirale von Gewalt und Vertreibung vorhersehbar weitergedreht hat. Jahwe, der allmächtige Gott, verflucht den Mörder, der den Namen Kain trägt:

---

[4] Roland Barthes: „Propos sur la violence". In: *Œuvres complètes*. Edition établie et présentée par Eric Marty, Bd. 3. Paris 1995, S. 903.
[5] Barthes: „Propos sur la violence", S. 903.
[6] Barthes: „Propos sur la violence", S. 904.

10. Er aber sprach: „Was hast du getan? Die Stimme des Blutes deines Bruders schreit zu mir vom Erdboden empor.
11. Und nun sollst du verflucht sein vom Erdboden her, der seinen Rachen aufgerissen hat, deines Bruders Blut aus deiner Hand aufzunehmen!
12. Wenn du den Ackerboden bebaust, wird er dir fortan seine Frucht nicht mehr bringen; ziel- und heimatlos sollst du sein auf Erden!"
13. Kain erwiderte dem Herrn: „Meine Schuld ist zu groß, als daß ich sie tragen könnte.
14. Siehe, du verjagst mich heute vom Ackerboden weg; vor deinem Antlitz muß ich mich verbergen. Ziel- und heimatlos werde ich sein auf Erden; jeder, der mich findet, wird mich erschlagen."
15. Da sprach zu ihm der Herr: „Nein! Jeder, der Kain erschlägt, an dem wird es siebenfach gerächt." Der Herr machte dem Kain ein Zeichen, damit ihn niemand erschlage, wer immer ihn finde.
16. Kain ging vom Angesichte des Herrn hinweg und wohnte im Lande Nod östlich von Eden.[7]

Aus der Gewalt des (strukturellen) Zwangs ist eine blutige Gewalt geworden, der als erster der junge Abel zum Opfer gefallen ist. Gottes Verfluchung Kains geht mit einer weiteren Vertreibung einher, die Kain zum Ziel- und Heimatlosen macht, wobei ihn allerdings ein Zeichen, das offensichtlich ganz anders als das im Volksmund zu verstehende Kains-Zeichen, davor schützt, in Giorgio Agambens Sinne zum *homo sacer* zu werden, der getötet werden kann, aber nicht geopfert werden darf.[8] Die Spirale der Gewalt aber dreht sich weiter: Die Menschheitsgeschichte hat begonnen, und sie ist im Zeichen Kains zu einer Geschichte der Ziel- und Heimatlosen geworden: östlich des Gartens Eden, aber nicht jenseits der Erkenntnis.

Entscheidend aber ist aus der hier gewählten Perspektive zugleich, dass mit dem Brudermord fortan die Frage nach dem Zusammenleben in Frieden und Differenz in aller Schärfe gestellt ist. Das Eingreifen Gottes – wohlgemerkt: *nach* dem Brudermord – hält für das Problem der Gewalt keinerlei Lösung bereit: Es kombiniert eine weitere Vertreibung nur mit einem weiteren Verbot, die beide eine Geschichte künftiger Verbote und Vertreibungen, von Exil und Diaspora eröffnen, die außerhalb des Paradieses und *vor* der Ankunft eines Erlösers keine Hoffnung aufkeimen lassen, einen Weg aus der Vertreibung zurück in den Garten, ja zurück in die eigentliche Heimat des Menschen finden zu können. So ist es dem von der Erkenntnis nicht abgeschnittenen Menschen aufgegeben, als Antwort auf den

---

[7] *Die Heilige Schrift.* Hg. v. Hamp, Stenzel u. Kürzinger, S. 5.
[8] Vgl. Giorgio Agamben: *Homo sacer. Die souveräne Macht und das nackte Leben.* Aus dem Italienischen von Hubert Thüring. Frankfurt/M. 2002, S. 18.

Mord, als Antwort auf die Gewalt (s)ein je spezifisches ZusammenLebensWissen zu entwickeln und Formen für dessen Tradierung und Aktualisierung zu erfinden.

Insofern zeichnen sich in den angeführten Stellen der *Genesis* Gewaltkonstellationen ab, die im Zeichen von Vertreibung, Verfolgung und Mord das Zusammenleben zwischen Gott und den Menschen, aber auch zwischen den Menschen und den Tieren – Gott verflucht die Schlange und macht sie zur ewigen Feindin des Menschen – aufs Äußerste gefährden. Das Fortschreiten der Menschheitsgeschichte lässt sich aus dieser Perspektive als eine äußerste Bedrohung jenes ZusammenLebensWissens beschreiben, das am Anfang gleichsam gegeben war, im weiteren Verlauf aber – und hierfür ist das Kains-Zeichen paradigmatisch – durch weitere Verbote, gesetzliche Regelungen und Zeichensysteme geordnet werden muss. Die Erzählung selbst oder das, was wir heute die Literatur nennen, zählt als kulturelle und künstlerisch verdichtende Ausdrucksform, welche die Jahrtausende und die unterschiedlichsten Kulturen miteinander in Beziehung setzt, zweifellos zu den wichtigsten Formen derartiger Zeichensysteme, die auf Transfer und Transformation von ZusammenLebensWissen angelegt sind.

Die Geschichte von Adams und Evas Vertreibung aus dem Paradies führt – und dies ist eine schmerzhafte Erkenntnis – vor Augen, dass die Geschichte in grundlegender Weise auf Exklusionsmechanismen im Zeichen der Gewalt beruht. Integrationsmechanismen treten in dieser Erzählung von der Schöpfung der Welt und vom Weltganzen eher zurück, denn selbst die Reintegration in das irdische Paradies wird den ersten wie allen nachgeborenen Menschen ebenso grundsätzlich wie gewaltvoll verwehrt. Was bleibt da dem Menschen noch, was geht über sein nacktes Leben und Überleben hinaus?

Aus einem anderen, aber durchaus komplementären Blickwinkel hat Giorgio Agamben ausgehend von einer Performance von Vanessa Beecroft im April 2005 in der Neuen Nationalgalerie zu Berlin die ‚Entdeckung' der Nacktheit durch Adam und Eva insofern genauer zu reflektieren gesucht, als er zum einen die Nacktheit – die es in diesem Sinne vor dem Sündenfall nicht gegeben habe – von der Unbekleidetheit absetzte[9] und zum anderen klug betonte, daß „die Nacktheit in unserer Kultur kein Zustand, sondern ein Ereignis"[10] sei. Wollte man diese Perspektive, die von Agamben bis hinein in Abbildungen weiblicher Körper in pornographischen Zeitschriften verfolgt wird, mit der hier untersuchten Fragestellung in Verbindung bringen, so bliebe zunächst festzuhalten, dass die Erkenntnis von Adam und Eva, dass sie nackt waren, als Konsequenz der Einverleibung einer Frucht vom Baum

---

9 Giorgio Agamben: *Nacktheiten*. Aus dem Italienischen von Andreas Hiepko. Frankfurt/M. 2010, S. 100.
10 Agamben: *Nacktheiten*, S. 110.

der Erkenntnis nicht nur die Augen ‚aufgehen' und den Körperleib sich verändern lässt, sondern das menschliche Ur-Paar seines (unsichtbaren) Kleides der Gnade beraubt und damit gewaltsam entblößt. Die von Gott zur Verfügung gestellten Fellröcke offenbaren dies gerade durch ihr ostentatives Verbergen selbst.

Damit wird bei den aus dem Paradies Vertriebenen mit der Exklusion aus einem privilegierten Lebens-Raum – in dem sich nicht zuletzt der ein ewiges Leben verheißende (und intertextuell auf das *Gilgamesch-Epos* zurückweisende) Lebens-Baum[11] befindet – zugleich eine andere Zeichenhaftigkeit des menschlichen Körpers aufgeprägt, die den Körper der Vertriebenen – wie später bei Kain – zeichnet und aus*zeichnet*. Den eigenen Blicken und Blickwechseln exponiert, werden die so Ausgezeichneten zu Gezeichneten einer Gewalt, die an ihnen wie an ihren Kindern und Kindeskindern vollzogen wird. *Genesis* 3, 7 bietet gleichsam die Urszene einer Geburt des (wissenden) Blickes und eines sich daraus ableitenden zivilisatorischen Prozesses: „Da gingen beider Augen auf, und sie erkannten, daß sie nackt waren. Sie hefteten Feigenlaub zusammen und machten sich Schürzen daraus."

An die Stelle dieses ersten Blickschutzes treten im Augenblick der Vertreibung die Fellröcke, mit denen zugleich das Tier zum Opfer des Menschen wird und ein friedliches Zusammenleben von Mensch und Tier – so ließe sich diese Zwangsbekleidungsszene ebenfalls verstehen – definitiv sein Ende findet. Wie bei Kain schützt das von Gott gegebene Zeichen, verwandelt die so Bezeichneten aber in Gezeichnete ihres Schicksals, eines paradiesischen Zusammenlebens verlustig gegangen zu sein. Sie wissen, dass sie aus dem Garten des Wissens für immer verbannt sind, um sich doch diesem Garten auf immer wieder neue Weise wissend anzunähern. Reflektiertes Wissen schließt stets auch das Wissen vom Verlust des Wissens mit ein. Zugleich ist es das Wissen um das eigene Vertriebensein, welches das Vertriebensein zum Motor allen Wissens und Wissen-Wollens macht. So ist der Garten des Wissens allgegenwärtig – und doch in einem allwissenden Sinne unerreichbar.

Die Schöpfungsgeschichte bezieht ihre erzählerische Gewalt, dies darf hier als These formuliert werden, aus der von ihr erzählten Gewalt, die als Narrativ zugleich von einem statischen Ort, dem (irdischen) Paradies, zu einer ziel- und heimatlosen Bewegung und damit von einer Raumgeschichte zu einer Bewegungsgeschichte überführt. Können wir die Geschichte der Menschheit ab diesem Zeitpunkt anders als eine Bewegungsgeschichte begreifen? Auch wenn sich diese Bewegungen immer zu verorten, zu verheimaten suchen: Die *Genesis* macht

---

11 Vgl. hierzu Claus Westermann: *Biblischer Kommentar. Altes Testament. Genesis*. Neukirchen 1966, S. 291; zur Ambivalenz des Zugangs zum Lebensbaum: Konrad Schmid: *Literaturgeschichte des Alten Testaments. Eine Einführung*. Darmstadt 2008, S. 136.

deutlich, dass die Menschheitsgeschichte im Zeichen der Gewalt und einer unaufhörlichen Bewegung steht, die auf eine Raumgeschichte zu verkürzen unstatthaft wäre. Der Übergang von der Schöpfungsgeschichte zur Menschheitsgeschichte ist ein vektorieller Prozess, der den erlittenen Verlust und die erfahrene Gewalt in immer neue Bewegungsfiguren des Vertriebenen und des Flüchtlings, des Nomaden und des Migranten übersetzt.

In diesem bewegungsgeschichtlichen Sinne – und die Literaturen der Welt wissen von ihren vielen Anfängen her vielsprachig davon zu berichten – ließe sich daher mit guten Gründen mit dem Migrationsforscher Klaus Bade sagen: „Den ‚Homo migrans' gibt es, seit es den ‚Homo sapiens' gibt; denn Wanderungen gehören zur Conditio humana wie Geburt, Fortpflanzung, Krankheit und Tod."[12] Dabei ist es im Grunde gleichgültig, ob sich Menschen über Grenzen oder Grenzen über Menschen bewegen: Territoriale und territorialisierende Vorstellungen raumgeschichtlicher Provenienz lassen immer wieder deutlich ihr Bemühen erkennen, die bewegungsgeschichtliche, vektorielle Dimension von Geschichte als Narrativ herauszufiltern und abzusondern, um mit Hilfe statischer Vorstellungen einen neuen Ort der Verheißung oder des Verlusts, der Fülle oder der Falle zu konstruieren.

Doch auch in diesem Sinne, so scheint mir, gibt uns die Schöpfungsgeschichte mit auf den Weg, in der *absoluten* Heterotopie des Paradieses – als jenem Ort, der nicht wieder erreicht werden kann – sinnbildlich eine Konstruktion zu erkennen, die für alle anderen Orte östlich von Eden und rund um den Globus nicht taugt. Abstraktheit und Losgelöstheit dieser Heterotopie sind in der *Genesis* immer schon mitgedacht: Wie könnte eine Welt, deren einziger *Ort par excellence* definitionsgemäß unzugänglich ist, anders als vektoriell gedacht werden?

Dass dies keine spannungs- und gewaltfreie Projektion ist, dürften die vorangegangenen Überlegungen in aller Deutlichkeit aufgezeigt haben. Sei es die *violence de contrainte* oder die *violence sanglante*: Geschichte wird immer wieder von den unterschiedlichsten Formen der Gewalt vorangetrieben, der wir freilich nicht schutzlos preisgegeben oder ausgeliefert sind. Denn die Literaturen der Welt entfalten in ihren Narrativen, in ihren Gnosemen ein verdichtetes Wissen von den Normen wie von den Formen eines ZusammenLebensWissens, das sich stets den Herausforderungen von Seiten der Gewalt stellen muss. Sie bilden einen Garten des Wissens, der quer zu den Kulturen, quer zu den Jahrhunderten ein Wissen zugänglich (und stets veränderbar) macht, das von der Last seiner vergangenen

---

[12] Klaus Bade: *Europa in Bewegung. Migration vom späten 18. Jahrhundert bis zur Gegenwart.* München 2000, S. 11.

Verluste, aber auch von den Formen gegenwärtiger List weiß, die Lust aus dem Künftigen und auf das Künftige zu schöpfen.

## 2 Wege nach Uruk, Wege nach Ithaka

Über welche Traditionsstränge, über welche diskursiven und narrativen Mittel verfügt die abendländische Literatur, wenn sie uns von der Welt erzählen und von der Totalität des Universums berichten will? Im ersten, der ‚Narbe des Odysseus' gewidmeten Kapitel seines zwischen Mai 1942 und April 1945 im Istanbuler Exil verfassten Bandes *Mimesis. Dargestellte Wirklichkeit in der abendländischen Literatur* hat der aus Marburg geflohene Romanist Erich Auerbach versucht, der Welt Homers kontrastiv und vergleichend zugleich die Welt der Bibel gegenüberzustellen. Der „biblische Erzählungstext", so Auerbachs kluge Bemerkung, wolle uns

> ja nicht nur für einige Stunden unsere eigene Wirklichkeit vergessen lassen wie Homer, sondern er will sie sich unterwerfen; wir sollen unser eigenes Leben in seine Welt einfügen, uns als Glieder seines weltgeschichtlichen Aufbaus fühlen. Dies wird immer schwerer, je weiter sich unsere Lebenswelt von der der biblischen Schriften entfernt [...]. Wird dies aber durch allzustarke Veränderung der Lebenswelt und durch Erwachen des kritischen Bewußtseins untunlich, so gerät der Herrschaftsanspruch in Gefahr [...]. Die homerischen Gedichte geben einen bestimmten, örtlich und zeitlich begrenzten Ereigniszusammenhang; vor, neben und nach demselben sind andere, von ihm unabhängige Ereigniszusammenhänge ohne Konflikt und Schwierigkeit denkbar. Das Alte Testament hingegen gibt Weltgeschichte; sie beginnt mit dem Beginn der Zeit, mit der Weltschöpfung, und will enden mit der Endzeit, der Erfüllung der Verheißung, mit der die Welt ihr Ende finden soll. Alles andere, was noch in der Welt geschieht, kann nur vorgestellt werden als Glied dieses Zusammenhangs [...].[13]

Die Tatsache, dass Erich Auerbach, der Romanistik niemals als ein Untersuchungsareal mit festen Grenzen verstand und bereits in diesen Überlegungen einer ‚Philologie der Weltliteratur'[14] auf der Spur war, die homerische und die

---

**13** Erich Auerbach: *Mimesis. Dargestellte Wirklichkeit in der abendländischen Literatur*. Bern, München ⁷1982, S. 18.
**14** Vgl. Erich Auerbach: „Philologie der Weltliteratur". In: *Weltliteratur. Festgabe für Fritz Strich*. Hg. v. Walter Muschg u. Emil Staiger. Bern 1952, S. 39–50; wieder aufgenommen in Erich Auerbach: *Gesammelte Aufsätze zur romanischen Philologie*. Hg. v. Fritz Schalk u. Gustav Konrad. Bern, München 1967, S. 301–310. Vgl. hierzu auch Ottmar Ette: „Erich Auerbach oder Die Aufgabe der Philologie". In: *Traditionen der Entgrenzung. Beiträge zur romanistischen Wissenschaftsgeschichte*. Hg. v. Frank Estelmann, Pierre Krügel u. Olaf Müller. Frankfurt/M., Berlin, New York 2003, S. 21–42.

alttestamentarisch-biblische Welt als die beiden fundamentalen Ausgangs- und Bezugspunkte begriff, deren Kräftefelder die dargestellte Wirklichkeit in der abendländischen Literatur bis in die Gegenwart prägen, führt den Philologen zur Einsicht in eine auf den ersten Blick paradoxe Struktur:

> Das Alte Testament ist in seiner Komposition unvergleichlich weniger einheitlich als die homerischen Gedichte, es ist viel auffälliger zusammengestückt – aber die einzelnen Stücke gehören alle in einen weltgeschichtlichen und weltgeschichtsdeutenden Zusammenhang.[15]

Folglich entspreche der raum-zeitlich eng begrenzten Fragmenthaftigkeit von *Ilias* und *Odyssee* eine große erzählerische Geschlossenheit, während umgekehrt die einheitliche „religiös-weltgeschichtliche Perspektive"[16] des Alten Testaments sich auf der Textebene in einer gleichsam zusammengestückelten Fragmentarität niederschlage.

Dieser kontrastiven Deutung, der man auch aus heutiger Sicht gewiss zustimmen kann, bliebe freilich hinzuzufügen, dass das Charakteristikum des ‚Zusammengestücktseins' dann nicht so sehr ins Gewicht fällt, wenn wir uns – wie eingangs geschehen – nicht mit dem Gesamtaufbau etwa des Alten Testaments, sondern mit spezifischen Episoden und Elementen der Schöpfungsgeschichte beschäftigen. Hier greift – ohne dass dies der Zweiteilung Auerbachs Abbruch täte – die erzählerische Gewalt, die weitestgehend unabhängig von sicherlich bedenkenswerten Veränderungen in der Lebenswelt ihrer Leserschaft zum Tragen kommt, durchaus auf das Mittel einer Geschlossenheit dargestellter Welt zurück.

Dies aber ermöglicht, ja gewährleistet die Übertragbarkeit und Übersetzbarkeit gerade eines Narrativs, das wie die Vertreibung der ersten Menschen aus dem Paradies von einer großen erzählerischen Geschlossenheit (und Gewalt) geprägt ist, in die unterschiedlichsten Sprachen, Kulturen und Zeiten. Denn die Geschichte von Adam und Eva und ihrer Vertreibung funktioniert wie eine *mise en abyme* der gesamten Schöpfungs- und Heilsgeschichte – und dies im Abendland weitgehend unabhängig von sprachlichen und kulturellen Grenzen, wie uns die Werke von Dante Alighieri und Milton bis Proust und Lezama Lima eindrucksvoll vor Augen führen. War nicht des Christoph Columbus' Suche nach dem irdischen Paradies und seine unbeirrbare Überzeugung, sich an der Mündung des Orinoco im Angesicht eines der Ströme dieses Paradieses zu befinden,[17] ein wesentliches Movens der Entdeckungs- und Expansionsgeschichte Europas?

---

15 Auerbach: *Mimesis*, S. 19.
16 Auerbach: *Mimesis*, S. 19.
17 Zur verbreiteten Auffassung, dass ein Zugang zum Paradies nur von Osten her möglich sein würde, vgl. Scharbert: *Die neue Echter Bibel*, S. 62.

Die häufig untersuchte Dialektik von Fragment und Totalität[18] wird in diesen Eingangspassagen von Auerbachs *Mimesis* von einer nicht minder wirkungsmächtigen Wechselbeziehung zwischen – wie sich formulieren ließe – raumzeitlicher Begrenztheit und raumzeitlicher Entgrenzung sowie von lebensweltlich fundierter Geschichtenwelt und religiös fundierter Weltgeschichte komplettiert. Für unsere Fragestellung ist die Tatsache aufschlussreich, dass sich die weltgeschichtliche Dimension nicht nur mit einem absoluten Deutungs- und Herrschaftsanspruch verbindet, der selbst die räumlich und zeitlich entferntesten Phänomene auf die eigene (Heils-) Geschichte zu beziehen sucht, sondern sich aus einer Abstraktion von konkreten raumzeitlichen Bedingungen entfaltet. Denn dies sorgt für Übertragbarkeit, sichert den transgenerationalen Wissensfluss auch dann, wenn sich starke Veränderungen oder scharfe Brüche innerhalb der jeweiligen lebensweltlichen Kontexte ereignen.

Der von Erich Auerbach herausgearbeitete doppelte Traditionsstrang dargestellter Wirklichkeit in der abendländischen Literatur kann in seiner Wirkmächtigkeit auch dann bestätigt werden, wenn man von allem Anfang an das Verwobensein weltlicher und religiöser Weltdeutung betont. Das sicherlich beste Beispiel für eine derartige textuelle Konfiguration bildet zweifellos das *Gilgamesch-Epos*, dessen Tontafeln auf das Mesopotamien des letzten Drittels des zweiten vorchristlichen Jahrtausends zurückgehen, dessen früheste Fassungen zugleich aber auf das dritte vorchristliche Jahrtausend zurückverweisen.[19] Und in diesem Epos kommt gerade der Dimension eines sich verändernden Zusammenlebens zwischen Göttern, Menschen und Tieren innerhalb eines menschheitsgeschichtlichen Prozesses der Zivilisation eine fundamentale Bedeutung zu.[20]

Dabei gilt es festzuhalten, dass im Zentrum des *Gilgamesch-Epos* nicht ein ländlich-paradiesischer Raum, sondern eine Stadtlandschaft steht, wie sie sich im Zweistromland modellhaft in ihrer Ausdifferenzierung entwickelte. So ist die große Stadt Uruk als Mikrokosmos eines gesamten Weltentwurfs die eigentliche Protagonistin dieses Epos: Von ihr gehen alle Wege des Gilgamesch aus, zu ihr führen alle Wege der Helden wie der Götter hin: Sie steht im Mittelpunkt eines sternförmig von ihr ausgehenden und zu ihr führenden Bewegungsmusters, das in allen Tontafeln präsent ist. Urbanität und Literatur sind seit den frühesten Zeiten aufs Engste miteinander verbunden.

---

**18** Vgl. u.a. Lucien Dällenbach u. Christiaan L. Hart Nibbrig (Hg.): *Fragment und Totalität*. Frankfurt/M. 1984.
**19** Vgl. hierzu Stefan M. Maul: Einleitung zu *Das Gilgamesch-Epos*. Neu übersetzt und kommentiert von Stefan M. Maul. München 2005, S. 9–18, Zitat S. 13f.
**20** Vgl. hierzu Ette: *ZusammenLebensWissen*, S. 34–36.

Der Anspruch dessen, was wir heute als Literatur bezeichnen, auf die Erfassung einer Totalität alles Geschaffenen und Gewordenen, sowie auf die Entfaltung eines darauf gegründeten Weltbewusstseins manifestiert sich bereits auf den ersten Tontafeln dieses Epos, welche die sternförmigen Bewegungen des großen Gilgamesch skizzieren, der die Räume und die Zeiten in ihrer Tiefe quert:

> Der, der die Tiefe sah, die Grundfeste des Landes,
> der das *Verborgene* kannte, der, dem alles bewußt –
> Gilgamesch, der die Tiefe sah, die Grundfeste des Landes,
> der das *Verborgene* kannte, der, dem alles bewußt –
>
> *vertraut sind ihm die Göttersitze* allesamt.
> Allumfassende Weisheit *erwarb* er in jeglichen Dingen.
> Er sah das Geheime und deckte auf das Verhüllte,
> er brachte Kunde von der Zeit vor der Flut.[21]

Literatur entwirft sich auf diesen uralten Tontafeln als ein in ständiger Bewegung befindliches Weltbewusstsein, dessen Bezugs- und Durchgangsort freilich immer der urbane (Bewegungs-) Raum in Mesopotamien ist. Dieser wird gleich zu Beginn in seiner schieren Spatialität, in seiner beeindruckenden räumlichen Erstreckung immer wieder (und ein letztes Mal ganz am Ende des Epos) voller Stolz eingeblendet, wobei das Ineinandergreifen von Urbanität, Natur und vom Menschen bebauter Natur sowie der Dimension von Transzendenz überdeutlich wird. Der Stadtraum – vergessen wir dies nicht – ist dabei der Raum der Literatur:

> Eine (ganze) Quadratmeile ist Stadt,
> eine (ganze) Quadratmeile Gartenland,
> eine (ganze) Quadratmeile ist Aue,
> eine halbe Quadratmeile der Tempel der Ischtar.
> Drei Quadratmeilen und eine halbe, das ist Uruk, das sind die Maße![22]

Der hier aufgespannte Raum ist fraglos im bewegungsgeschichtlichen Sinne ein Bewegungsraum, wird Uruk doch durch die Reisen und Wanderungen des Gilgamesch konfiguriert, die sie immer wieder von neuem queren und dadurch mit den entferntesten Enden der Erde verbinden. Die Stadt ist eine Insel im Archipel ihrer die ganze Welt umfassenden Relationen – *urbi et orbi*. Die strahlende, von

---

**21** *Das Gilgamesch-Epos*, S. 46. Die Kursivierungen geben in dieser Edition erschlossene, nicht gesicherte Ergänzungen an.
**22** *Das Gilgamesch-Epos*, S. 46.

Mauern geschützte Stadt ist das Reich des Menschen und das Reich der Zeichen seiner Literatur.

So eröffnet das *Gilgamesch-Epos* mit all seinen Vorläufern[23] und mit all seinen literatur- und religionsgeschichtlich so wirkmächtigen Modellierungen eine lange künstlerische Tradition, innerhalb derer in der literarischen Langform die Darstellung des Allumfassenden häufig mit der Darstellung der Stadt verknüpft und in eine Beziehung zwischen Mikrokosmos und Makrokosmos übersetzt wird. Dabei schreiben sich die Stadt wie die Literatur – die von allen Zeiten her sich der Herausforderung stellen muss, das Unendliche in der begrenzten, endlichen Form darzustellen – jeweils auf der Seite des Mikrokosmos ein, in dem das vom endlichen Menschen endlich Geschaffene seine eigene Form gewinnt und zugleich *fraktal* auf seine Transzendenz weist. Sind nicht Garten und Tempel Teile der Stadt?

Mit dieser Endlichkeit muss sich gegen Ende des *Gilgamesch-Epos* schließlich auch der Held selbst abfinden. Nach dem Scheitern seines letzten Versuches, die physische Unsterblichkeit zu erringen – also gleichsam Zugang zu den Früchten des Lebens-Baumes zu erhalten –, kehrt er nach Uruk zurück: „Nach zwanzig Meilen brachen sie das Brot, / nach dreißig Meilen hielten sie die Abendrast. / Dann aber erreichten sie Uruk, die Hürden(umhegte)."[24] Und bereits bevor die elfte und letzte Tontafel wortgleich mit dem Bild der Stadt Uruk aus der ersten Tontafel endet, schließt sich der Kreis für den Helden Gilgamesch, kehrt er auf diese Weise doch von seinen den ganzen Erdkreis, ja das gesamte Universum erfassenden Wanderungen in seine Stadt zurück, eine Heimkehr, die als hermeneutische Bewegungsfigur nicht nur den Kreis des Narrativs schließt, sondern der gesamten Bewegung des Epos ihren Sinn verleiht.

Denn mit der vektoriellen Vollendung des Kreises schließt und erschließt sich zugleich der Zyklus eines Lebens, dessen vollständige Sinngebung erst von seinem Ende her vollzogen und verräumlicht vorgeführt werden kann.[25] In der Rückkehr zur von gigantischen Mauern geschützten Stadt findet eine Suche nach Erkenntnis ihren Abschluss, die deutlich macht, dass Gilgamesch, „der die Tiefe sah, die Grundfeste des Landes, / der das *Verborgene* kannte, der, dem alles bewusst",[26] als ein zutiefst Veränderter in seine Stadt zurückkehrt. Er weiß nun, dass er der Unsterblichkeit nicht teilhaftig werden kann, ja ahnt vielleicht auch, dass das von

---

**23** Vgl. hierzu die genealogischen Überlegungen in Maul: Einleitung zu *Das Gilgamesch-Epos*, S. 9–18.
**24** *Das Gilgamesch-Epos*, S. 152.
**25** Zur Bewegungsfigur des Kreises vgl. Ottmar Ette: *Literatur in Bewegung. Raum und Dynamik grenzüberschreitenden Schreibens in Europa und Amerika*. Weilerswist 2001, S. 21–84.
**26** *Das Gilgamesch-Epos*, S. 46.

ihm noch einmal inspizierte gigantische Verteidigungswerk der Stadt Uruk nicht allen Stürmen der Zukunft trotzen kann, sondern vergehen wird.

Der Augenblick der Rückkehr ist als hochsemantisierter reiseliterarischer Ort[27] zugleich auch der Ort einer fundamentalen Erkenntnis, die schmerzhaft ist: der Erkenntnis nämlich, dass das Ablaufen der Zeit verhindert, jemals ins Selbe, ins Identische zurückzukehren. Mag die Stadt Uruk sich auch präsentieren, als hätte sie sich niemals verändert: Heimkehr ist Rückkehr in ein Anderes, das uns mit der Strahlkraft des Vertrauten, des Selben lockt, und doch bei aller Beschwörung der ‚Heimat', des ‚Geburtsortes' und des eigenen ‚Ursprungs' nicht zu verbergen vermag, dass der Heimkehrer nicht mehr sein kann, was der die Heimat Verlassende einst gewesen war. Heimkehr ist Rückkehr ins Vertraute *und* Andere zugleich.

Der Migrant Erich Auerbach, so scheint mir, war sich in seinem literaturwissenschaftlichen Schreiben dieser Tatsache höchst bewusst. So ist es kein Zufall, dass er sein im Exil verfasstes Hauptwerk *Mimesis* mit der Szene der Heimkehr eines Odysseus beginnen lässt, der als im doppelten Sinne ‚Gezeichneter' an seiner Narbe von der Dienerin Eurykleia erkannt wird. Auerbach, der seinerseits vom Exil gezeichnet, nicht aus Istanbul nach Marburg zurückkehrte, sondern ein weiteres Mal, und zwar in die Vereinigten Staaten, migrierte, dürfte mit Bedacht jene Szenerie ausgewählt haben, in der die Anagnorisis, die Wiedererkennung des Odysseus an seiner Narbe, die Hoffnung nährt, doch noch an jenen Ort, den man einst gegen den eigenen Willen verlassen musste, zurückkehren zu können. Denn anders als im „biblische[n] Erzählungstext"[28] wird hier im zweiten narrativen Traditionsstrang des Abendlandes immer noch die Möglichkeit und Realisierbarkeit einer Rückkehr, im *räumlichen* Sinne einer *Return Migration*[29], behauptet und aufrechterhalten.

Der Verzicht Auerbachs auf jegliches Vorwort, auf jedwede Einleitung, die seine eigene Exilsituation, seinen eigenen Ort des Schreibens hätten von Beginn

---

**27** Vgl. hierzu Ette: *Literatur in Bewegung*, S. 60–62.
**28** Auerbach: *Mimesis*, S. 18.
**29** Francesco Cerase unterscheidet zwischen vier Arten von Return Migration: 1. aus Erfolgslosigkeit; 2. als „konservative" Rückwanderung; 3. als „innovative" Rückwanderung; und 4. Rückwanderung, um den Lebensabend in der alten Heimat zu verbringen. Vgl. Francesco Cerase: „Nostalgia or Disenchantment: Considerations on Return Migration". In: *The Italian Experience in the United States*. Hg. v. Silvano M. Tomasi. Staten Island, N.Y. 1970, S. 217–238. Vgl. auch Monika Glettler: „Zur Problematik der Rückwanderung aus den USA nach Südosteuropa vor dem Ersten Weltkrieg". In: *Heimat und Exil, Emigration und Rückwanderung, Vertreibung und Integration in der Geschichte der Tschechoslowakei. Vorträge der Tagungen des Collegium Carolinum in Bad Wiessee*. Hg. v. Peter Heumos. München 2001, S. 85–98; sowie Takeyuki Tsuda (Hg.): *Diasporic Homecomings. Ethnic Return Migration in Comparative Perspective*. Stanford 2009.

an explizieren können, führt dazu, dass alle Aufmerksamkeit des Lesers auf den ersten Zeilen des ersten Kapitels, auf dem unmittelbaren *incipit*, liegt. Und in der Tat wird der Leser im berühmten Auftakt von *Mimesis* auch direkt angesprochen:

> Die Leser der Odyssee erinnern sich der wohlvorbereiteten und ergreifenden Szene im 19. Gesange, in der die alte Schaffnerin Eurykleia den heimgekehrten Odysseus, dessen Amme sie einst war, an einer Narbe am Schenkel wiedererkennt.[30]

Dass sich in dieser Bewegung des Heimkehrers Odysseus ein Selbstportrait jenes jüdischen Emigranten verbirgt, der das nationalsozialistische Deutschland einst hatte verlassen müssen, um sein nacktes Leben zu retten, dürfte wohl außer Frage stehen. Denn in der schillernden Figur des Odysseus verkörpert sich die Exilerfahrung des Umhergetriebenseins in einem vielfach gebrochenen, fraktalen Raum – und noch ein letztes Stückchen Hoffnung auf jene Heimkehr, jenes Wiedererkanntwerden, dessen Auslöser gerade die Verwundung und Verletzung, eben ‚Die Narbe des Odysseus' ist. Nicht weniger eindrücklich aber dürfte die Tatsache sein, dass in diesen Wendungen des Vertriebenen die Sehnsucht nach einer Gemeinschaft lebendig ist, die hier an erster Stelle – und folglich auch zuerst genannt – die Gemeinschaft der Lesenden ist. Am Ende des kurzen, den Band abschließenden Nachworts wird eben diese Gemeinschaft der Leser und der Lesenden beschworen:

> Damit habe ich alles gesagt, was ich dem Leser noch schuldig zu sein glaubte. Es bleibt nur noch übrig, ihn, das heißt den Leser, zu finden. Möge meine Untersuchung ihre Leser erreichen; sowohl meine überlebenden Freunde von einst wie auch alle anderen, für die sie bestimmt ist; und dazu beitragen, diejenigen wieder zusammenzuführen, die die Liebe zu unserer abendländischen Geschichte ohne Trübung bewahrt haben.[31]

*En filigrane*, aber dadurch umso nachdrücklicher schreibt Erich Auerbach hier die Katastrophen des Zweiten Weltkriegs und der Shoah in einen Text ein, der die Gemeinschaft der überlebenden Leser wiederfinden, zugleich aber auch eine neue Lesergemeinschaft erfinden will. Die Verzweiflung angesichts einer Geschichte der Vernichtung, die für Auerbach zum eigentlichen *Beweg-Grund* seines eigenen Lesens und Schreibens wird, macht in diesen Passagen nicht nur den Schrei im *Schrei*ben hörbar, sondern zugleich unüberhörbar, dass diese Gemeinschaft der Lesenden von Auerbach nicht territorial fixiert gedacht und in Deutschland allein verortet wurde.

---

30 Auerbach: *Mimesis*, S. 5.
31 Auerbach: *Mimesis*, S. 518.

Folglich öffnete sich die Arbeit am Mythos[32] des Heimkehrers Odysseus bei Auerbach nicht auf den Mythos einer Heimkehr nach Deutschland. Denn von einer solchen glaubte er wohl zu wissen, dass sie ihn in ein Land geführt haben dürfte, in dem man wie einst Eurykleia die Narben der Vergangenheit sehr wohl wiedererkannt hätte, beim Anblick des Heimkehrers wohl kaum aber „in freudigem Schreck" und spontan „in Jubel"[33] ausgebrochen wäre. Erich Auerbach entschied sich für die Remigration, aber nicht im Sinne einer wie auch immer gearteten ‚Heimkehr' nach Marburg.

An dieser Stelle ließe sich gewiss eine Verbindung zu dem in Alexandria geborenen neugriechischen Dichter Konstantinos Kavafis herstellen, der in seinem berühmt gewordenen Gedicht „Ithaka", in dem von den ersten Versen an die Arbeit am Mythos sich als radikale Umdeutung erweist, die Bewegungs- und Verstehensfigur der Heimkehr problematisiert. So gibt Kavafis bereits in den ersten Versen seinem Leser mit auf den Weg: „Wenn du deine Reise nach Ithaka antrittst, / So hoffe, daß der Weg lang sei, / Reich an Entdeckungen und Erlebnissen."[34] Und so macht sich der Heimkehrer in Kavafis' Gedicht aus dem Jahre 1911 auf einen Weg, der lange Jahre dauert, bis Odysseus, bis der Flüchtling und Fremdling dann, mit vielen Ankerplätzen vertraut und um viele Erfahrungen reicher, im Alter erst vor Ithaka eintrifft. Doch zu einer Heimkehr kommt es, wie die beiden Schlussstrophen ausführen, nicht:

> Ithaka hat dir eine schöne Reise beschert.
> Ohne Ithaka wärest du nicht aufgebrochen.
> Jetzt hat es dir nichts mehr zu geben.
>
> Und auch wenn du es arm findest, hat Ithaka
> Dich nicht enttäuscht. Weise geworden, mit solcher Erfahrung
> Begreifst du ja bereits, was Ithakas bedeuten.[35]

Nicht als Ankunft, sondern als Ziel, nicht als Heimkehr, sondern als Movens werden in diesem Gedicht alle Ithakas entmythisiert, die für Fülle und Erfüllung stehen, die aber nur dann nicht enttäuschen oder gar zur Falle werden, wenn sie als Horizont den Reisenden weiter in einer Bewegung ohne Ankunft und ohne

---

32 Vgl. hierzu Hans Blumenberg: *Arbeit am Mythos*. Frankfurt/M. ⁴1986.
33 Auerbach: *Mimesis*, S. 5.
34 Konstantinos Kavafis: „Ithaka". In: *Das Gesamtwerk*. Griechisch und Deutsch. Aus dem Griechischen übersetzt und hg. v. Robert Elsie. Mit einer Einführung von Marguerite Yourcenar. Zürich ²1997, S. 99.
35 Kavafis: „Ithaka", S. 101.

Rückkehr halten. Denn die Heimkehr wäre stets nur eine Heimkehr ins Fremde, ins fremd und armselig Gewordene, in dem man sein Leben beschließen müsste.

Ist die Heimkehr nach einer langen Reise, nach einer langen Migration, also nicht letztlich illusionäre Täuschung, der die Enttäuschung auf dem Fuße folgt? In dem von beständigen „Ableitungen, Anlehnungen, Wiederholungen, Entsprechungen"[36] geprägten Fragmenttext *Beginnlosigkeit* (1992) von Botho Strauß wird diese letztgenannte Figur im Rückgriff auf das Gedicht „Ritorno" („Rückkehr") des italienischen Lyrikers Giorgio Caproni im Sinne einer Rückkehr ins nie Dagewesene in Szene gesetzt:

> Ich bin wieder da,
> wo ich niemals war.
> Nichts ist anders als es nicht war.
> Auf dem halbierten Tisch, dem karierten
> Wachstuch das Glas,
> darin nie etwas war.
> Alles geblieben, wie
> ich es niemals verließ.[37]

Wir sollten also gewarnt sein, wenn wir uns dem Bewegungsmuster der ‚Heimkehr' oder der *Return Migration* nähern: Durch die Jahrhunderte hindurch haben Schriftkulturen unterschiedlicher Zeiten und Räume Warnschilder aufgestellt, die uns dafür sensibilisieren sollten, dass Heimkehr im strengsten Sinne nur dann möglich wäre, wenn wir jedwede Veränderung, jegliches Ablaufen der Zeit ausblenden könnten, um zu verhindern, dass die Heimkehr uns in ein Land, an einen Ort führt, den wir so – schon allein in unserer neuen Kondition *als Heimkehrende* – noch nie erlebt haben.

Es ist daher noch nicht einmal notwendig, an die Stelle einer kontinuierlichen, gerichteten Bewegung der Rückkehr mit Botho Strauß eine diskontinuierliche, von Brüchen durchzogene Bewegung anzunehmen, die man auch als „ein Bewegungsmuster von ziellosen, sprunghaften Veränderungen"[38] bezeichnen könnte – ein wenig so, wie dies in der ziel- und heimatlosen Bewegung aufscheint, mit der kein anderer als Kain sich in der *Genesis* – der ersten Migrationserzählung – mit seinem Elend über die Erde schleppen muss. Gleichwohl fällt es schwer, die Bewegungsfigur der Heimkehr in ihrer so überzeugenden Kreisstruktur als höchst

---

**36** Botho Strauß: *Beginnlosigkeit. Reflexionen über Fleck und Linie.* München, Wien 1992, S. 19.
**37** Strauß: *Beginnlosigkeit*, S. 18f. Das italienische Original des aus dem Jahre 1971 stammenden Gedichts findet sich in Giorgio Caproni: *Poesie 1932 – 1986.* Milano 1989, S. 392.
**38** Strauß: *Beginnlosigkeit*, S. 128.

widersprüchliche Figur aufscheinen zu lassen – zumal in einem Land, in dem der Begriff der ‚Wiedervereinigung' ungerührt für das stehen soll, was es zuvor niemals auf diese Weise, in diesen Grenzen, in und mit dieser Verfassung gegeben hat. Darf man hierin nicht mit guten Gründen ein Ideologem vermuten?

## 3 Wege im Sturm vom Paradiese her

Kehren wir aber noch einmal zu Odysseus, dieser so faszinierenden Bewegungs- und Wissens-Figur, zurück. Denn immerhin: Odysseus hat sich ja nicht auf die Suche nach einem wie auch immer gearteten irdischen Paradies begeben, sondern auf die Rückreise zu seiner Heimatinsel, nach Ithaka. Auch wenn er sich immer wieder gerne allerlei Verführungen stellte, sich dem Gesang der Sirenen wie den Verlockungen Kalypsos aussetzte: Er wollte – schlicht gesagt – nach dem Ende des Trojanischen Krieges zurück nach Hause. Ein Kriegsheimkehrer eben.

Es mag daher kein Zufall sein, dass nahezu zeitgleich mit Erich Auerbachs Überlegungen zur *Dargestellten Wirklichkeit in der abendländischen Literatur* zwischen 1941 und 1944 ein Band entstand, in dem die Wissensfigur des Odysseus wiederholt dort auftauchte, wo man sie am wenigsten erwartet hätte. Es handelt sich dabei um ein Produkt der Emigration. Max Horkheimers und Theodor W. Adornos *Dialektik der Aufklärung* wurde zunächst noch 1944 in 500 Exemplaren von den Autoren „an Freunde" verteilt, bevor diese ‚Philosophischen Fragmente' 1947 erstmals in Buchform im Amsterdamer Emigrantenverlag Querido unter dem definitiven Titel erscheinen konnten.[39] Odysseus ist auf diesen Seiten – auch jenseits eines ersten Exkurses unter dem Titel „Odysseus oder Mythos und Aufklärung" – fast allgegenwärtig. Wie ist dies zu verstehen?[40]

Die *Odyssee*, so die beiden vor den Nazi-Schergen auf unterschiedlichen Wegen ins Exil geflohenen Philosophen, lege „Zeugnis ab von der Dialektik der Aufklärung"[41] und beinhalte im Auseinandertreten von Epos und Mythos letztlich einen Verlust, sei das Singen der „Irrfahrt des Odysseus" doch bereits „sehnsüchtige Stilisierung dessen, was sich nicht mehr singen lässt", erweise sich der

---

[39] Vgl. hierzu Jürgen Habermas: Nachwort zu Max Horkheimer u. Theodor W. Adorno: *Dialektik der Aufklärung. Philosophische Fragmente*. Frankfurt/M. 1986, S. 277. Vgl. dort auch zur Entstehungsgeschichte des Werkes zwischen November 1941 und Mai 1944 (ebd., S. 278–281).
[40] Eine ausführlichere Untersuchung dieser Frage findet sich in Ottmar Ette: *ZwischenWeltenSchreiben. Literaturen ohne festen Wohnsitz*. Berlin 2005, S. 31–37.
[41] Horkheimer u. Adorno: *Dialektik der Aufklärung*, S. 50.

„Held der Abenteuer" doch als „Urbild eben des bürgerlichen Individuums, dessen Begriff in jener einheitlichen Selbstbehauptung entspringt, deren vorweltliches Muster der Umgetriebene abgibt".[42] So offenbare sich – und hier ließe sich manche unvermutete Parallele zu Auerbachs Deutung des homerischen Epos finden – „der ehrwürdige Kosmos der sinnerfüllten homerischen Welt" als „Leistung der ordnenden Vernunft, die den Mythos zerstört gerade vermöge der rationalen Ordnung, in der sie ihn spiegelt".[43] War die *Dialektik der Aufklärung* aber nicht selbst eher Arbeit am Mythos als Zerstörung des Mythos kraft ordnender Vernunft?

Las Auerbach die *Odyssee* komplementär *und* kontrastiv zur Bibel, so lasen Horkheimer und Adorno die Abenteuer des Odysseus vor dem Hintergrund einer geschichtsphilosophischen Folie, die nicht weniger als die Heilige Schrift auf „einen weltgeschichtlichen und weltgeschichtsdeutenden Zusammenhang"[44] hin angelegt war. Versanken nicht der ganze Planet, die ganze Menschheit „im Zeichen triumphalen Unheils"[45] in rasendem Tempo „in eine neue Art von Barbarei"[46]?

Die explizite Einschreibung dieser Fragmente in die „trotz Hitler"[47] fortgesetzte Arbeit deutscher Emigranten lässt unzweifelhaft die „innere Nähe des Stoffes zum Schicksal der Menschheit nach zwei Weltkriegen"[48] unübersehbar hervortreten: Auch hier blitzt eine Identifizierung mit dem nicht nur umhergetriebenen, sondern auch listenreichen Inselbewohner durch. Denn in der Figur des Odysseus keimt Hoffnung auf, Hoffnung darauf, im Umhergetriebensein die eigene (individuelle wie gesellschaftliche) Lenkkraft zurückzugewinnen: Der „zitternde Schiffbrüchige" nimmt „die Arbeit des Kompasses vorweg", und seine „Ohnmacht, der kein Ort des Meeres unbekannt mehr bleibt", zielt zugleich auf die „Entmächtigung der Mächte".[49]

Vor diesem Hintergrund kann Odysseus zur unbeugsamen Figur werden, die sich von der Rückkehr nach Ithaka, in die Heimat, nicht abbringen lässt. So verkörpert sich in Odysseus für Horkheimer und Adorno ein „Wissen, in dem seine Identität besteht und das ihm zu überleben ermöglicht".[50] Denn als der „wissend Überlebende" erscheint er zugleich als derjenige, „welcher der Todesdrohung am

---

42 Horkheimer u. Adorno: *Dialektik der Aufklärung*, S. 50.
43 Horkheimer u. Adorno: *Dialektik der Aufklärung*, S. 50.
44 Auerbach: *Mimesis*, S. 19.
45 Horkheimer u. Adorno: *Dialektik der Aufklärung*, S. 9.
46 Horkheimer u. Adorno: *Dialektik der Aufklärung*, S. 1.
47 Horkheimer u. Adorno: *Dialektik der Aufklärung*, S. 7.
48 Elisabeth Frenzel: *Stoffe der Weltliteratur. Ein Lexikon dichtungsgeschichtlicher Längsschnitte*. 6., verbesserte und um ein Register erweiterte Auflage. Stuttgart 1983, S. 564.
49 Horkheimer u. Adorno: *Dialektik der Aufklärung*, S. 53.
50 Horkheimer u. Adorno: *Dialektik der Aufklärung*, S. 53.

verwegensten sich überläßt, an der er zum Leben hart und stark wird".[51] Die Arbeit am Mythos wird zur Arbeit am eigenen Selbstverständnis wie am Bewegungs- und Verstehensmodell eigener künftiger Rückkehr. Heimat ist aber dann nicht das schlicht Territoriale, sondern vielmehr ein Bewegungsmotiv, denn: „Heimat ist das Entronnensein".[52]

Im Entronnensein erst wird eine Heimat wieder zugänglich, die doch kein Zugang zum Urzustand, kein Zurück zur ‚ursprünglichen' Herkunft und Heimat im traditionellen Sinne ist. So erst kann der von seiner Narbe gezeichnete und bezeichnete Odysseus zum heimkommenden Heimatlosen und zum heimatlosen Heimkommenden, zur Verkörperung einer letztlich unabschließbaren Dialektik der Heimatlosigkeit werden, die beim Heimkehren der Unmöglichkeit der Heimkehr eingedenkt. Aus dem Entronnensein entsteht eine Heimat, die es so zuvor nicht gab. Durch die *Dialektik der Aufklärung* zieht sich so wie ein roter Faden eine Dialektik der Heimatlosigkeit, die sich im Zeichen des Odysseus der Bedeutung der eigenen Navigation bewusst ist. Wenn Heimat Entronnensein ist, dann ist Entrinnen ein Weg und viele Wege, die Heimat zu *bild*en, in ein (bewegliches) Bild zu bannen, das jeglicher Vorstellung von einer simplen Rückkehr hartnäckigsten Widerstand entgegensetzt.

Keiner von Auerbachs, Horkheimers und Adornos Zeitgenossen hat diese Problematik eindrücklicher und treffender in Szene gesetzt als jener Walter Benjamin, dessen Wegstrecken eines von den Stürmen seiner Zeit vor sich Hergetriebenen an der Pyrenäengrenze endeten. Denn Walter Benjamin wählte für die Geschichte eben jenes berühmt gewordene Bild aus, wie es einer eben noch nicht „erlösten Menschheit"[53] zukomme. Im kühnen Rückgriff auf ein „Bild von Klee, das Angelus Novus heißt"[54], entwarf er seine *Vision* der Geschichte:

> Der Engel der Geschichte muß so aussehen. Er hat das Antlitz der Vergangenheit zugewendet. Wo eine Kette von Begebenheiten vor *uns* erscheint, da sieht *er* eine einzige Katastrophe, die unablässig Trümmer auf Trümmer häuft und sie ihm vor die Füße schleudert. Er möchte wohl verweilen, die Toten wecken und das Zerschlagene zusammenfügen. Aber ein Sturm weht vom Paradiese her, der sich in seinen Flügeln verfangen hat und so stark ist, daß der Engel sie nicht mehr schließen kann. Dieser Sturm treibt ihn unaufhaltsam in die Zukunft, der er den Rücken kehrt, während der Trümmerhaufen vor ihm zum Himmel wächst. Das was wir den Fortschritt nennen, ist *dieser* Sturm.[55]

---

51 Horkheimer u. Adorno: *Dialektik der Aufklärung*, S. 54.
52 Horkheimer u. Adorno: *Dialektik der Aufklärung*, S. 86.
53 Walter Benjamin: „Über den Begriff der Geschichte". In: *Gesammelte Schriften*, Bd. I,2. Hg. v. Rolf Tiedemann u. Hermann Schweppenhäuser. Frankfurt/M., S. 694.
54 Benjamin: „Über den Begriff der Geschichte", S. 695.
55 Benjamin: „Über den Begriff der Geschichte", S. 697f.

Der Sturm weht auch weiterhin vom Paradiese her. So ist östlich von Eden im Sturmwind des Fortschritts an Rückkehr nicht zu denken – zumindest dann nicht, so lange man sich der Illusion hingibt, die alte Heimat des Menschen, das je eigene Paradies – und sei es jenes der Kindheit –, doch noch erreichen zu können. Ist Benjamins Deutung von Klees „Angelus Novus" nicht der beste Beleg dafür, wie sehr sich eine komplexe Vektorizität quer durch die abendländische Kulturgeschichte um die Paradiesvorstellung rankt?

Zu jenen Millionen, die der Sturm des Zweiten Weltkriegs und der Shoah vor sich hertrieb, zählte auch die Lyrikerin Emma Kann. 1914 in Frankfurt am Main geboren, war die aus einer jüdischen Familie stammende junge Dichterin nach der Machtergreifung von 1933 zunächst ins europäische Ausland geflohen. In den Wirren des französischen Zusammenbruchs und einer Reorganisation der Konzentrationslager wurde sie nach etwa vierwöchiger Internierung im südfranzösischen Gurs ‚ordnungsgemäß' entlassen, bevor sie 1942 der nationalsozialistischen Verfolgung ein Schnippchen zu schlagen vermochte und über Casablanca nach Havanna entkam.[56]

Da durch den Kriegseintritt Kubas noch während der Überfahrt die Visa vieler Flüchtlinge ihre Gültigkeit verloren hatten, wurde Emma Kann zunächst in einem Lager unweit von Havanna interniert, bevor sie in die kubanische Hauptstadt übersiedeln konnte. Dort trat sie der jüdischen Gemeinde bei, gab Englischunterricht, musste sich aber auch zwei schweren Augenoperationen unterziehen,[57] die ihre spätere Erblindung freilich nicht verhindern konnten. Ab März 1945 siedelte sie dann in die USA über, wo sie – überwiegend in New York – bis Mai 1981 lebte und nunmehr auf Englisch schrieb, stark beeinflusst von der persönlichen Bekanntschaft mit W.H. Auden. Die Jahrzehnte bis zu ihrer Rückkehr nach Deutschland umriss Emma Kann in der für sie charakteristischen Weise mit wenigen Worten so:

> 1969 erblindete ich und verbrachte danach meine Sommerferien in Ferienheimen in Österreich und später in der Schweiz. Schließlich kehrte ich 1981 ganz nach Deutschland zurück. Dichtung blieb stets ein zentrales Interesse meines Lebens. Bis 1948 schrieb ich in Deutsch, später in Englisch. Seit 1981 kehrte ich wieder zu meiner Muttersprache zurück.[58]

Die Rückkehr in die vertraute Fremdheit ihres Vaterlandes und die fremde Vertrautheit ihrer Muttersprache setzte eine kontinuierlich sich entfaltende dich-

---

[56] Zur Bedeutung von Emma Kann vgl. Ottmar Ette: „‚Ein stets sich erneuerndes Buch'. Warum es an der Zeit ist, Emma Kann zu entdecken". In: *Orientierung* 71 (2007) H. 8, S. 93–96.
[57] Vgl. hierzu den kurzen Bericht von Emma Kann in der Zeitschrift *Mnemosyne* 24 (1998), S. 6.
[58] Ebd., S. 7.

terische Kreativität frei, die sich in den Gedichtbänden *Zeitwechsel* (1987),[59] *Im Anblick des Anderen* (1990),[60] *Strom und Gegenstrom* (1993)[61] und *Im weiten Raum* (1998)[62] niederschlug und – auch in Form ihrer bislang unveröffentlichten autobiographischen Fragmente – bis ins hohe Alter fortdauerte.

In ihrem bereits 1981 verfassten Gedicht „Heimkehr zur deutschen Sprache" wird deutlich, dass mit „Heimkehr" kein Weg zurück gemeint ist, sondern der Weg in eine Sprache, die sich seit der Flucht der Dichterin auf fundamentale Weise verändert hatte. Es ist eine Heimkehr in eine vertraute Fremdheit, wie sie schon in den ersten Versen des Gedichts anklingt: Sprache als Kommunikationsform einer unheimlich heimatlichen Heimatlosigkeit. Und das Gedicht als Verdichtungsform einer Sprache über eine Sprache, die längst vergangen ist und doch nicht aufhören kann zu sein:

> Wenn ich zur deutschen Sprache zurückkehre,
> Ist es nicht die Sprache, die ich kannte,
> Als ich dies Land verließ.
> Noch fügen sich Worte zu Sätzen
> Wie damals, wie immer.
> Doch die Quellen, aus denen die Worte steigen,
> Die unsichtbaren, haben sich verändert.
> Altes Gestein zerfiel.
> Taten, Leiden, Gedanken
> Schufen ein neues Geröll.
> Regen fällt nieder.
> Wasser steigt wieder empor
> Durch veränderte Schichten.[63]

Sprache als Zirkulationsform der Lebensflüssigkeit. Wie so oft in Emma Kanns Lyrik sind es die Bilder von Bergen und Höhen, von Land und Wasser, die in einen natürlichen Kreislauf des Lebens eingebunden erscheinen. Doch das scheinbar Unveränderliche ist einem Erosionsprozess preisgegeben, der so unumkehrbar ist wie das Leben selbst: Die Deterritorialisierung der Heimat zur Sprache lässt erkennen, dass auch die Muttersprache mit „The Land of My Childhood",[64] einem in englischer Sprache verfassten Text Emma Kanns, translingual

---

59 Emma Kann: *Zeitwechsel. Gedichte 1981 – 1985*. Konstanz 1987.
60 Emma Kann: *Im Anblick des Anderen. Gedichte 1989*. Konstanz 1990.
61 Emma Kann: *Strom und Gegenstrom. Gedichte*. Konstanz 1993.
62 Emma Kann: *Im weiten Raum. Gedichte 1992 – 1996*. Konstanz 1998.
63 Emma Kann: „Heimkehr zur deutschen Sprache". In: *Exil* 6 (1986) H. 1, S. 75.
64 Vgl. Emma Kann: „The Land of My Childhood". In: *Exil* 6 (1986) H. 1, S. 74.

verwoben ist und nicht jenseits von Zeit und Raum steht. Das Gedicht markiert die translinguale Herausforderung, der die blinde Dichterin sich stellt.

Der Name der Autorin erscheint am Ende des zweiten Verses – wie eine Signatur der Zeit – in die Vergangenheit der ersten Person Singular gesetzt: „ich kannte". Die Heimkehr des (weiblichen) Odysseus ist eine Heimkehr in die Fremde und mehr noch: in ein Eigenes *als* Fremdes. Zwar hat – mit Walter Benjamin gesprochen – die Stärke des Sturms, der vom Paradies her bläst, etwas nachgelassen; doch die Rückkehr in ein Paradies der Kindheit, in einen Garten der Erwartungen und Hoffnungen, wie ihn die autobiographischen Fragmente der Dichterin evozieren, ist gewiss nicht mehr möglich. Und doch werden diese Bilder beständig gegenwärtig gehalten. So heißt es etwa in ihrem noch unveröffentlichten *Autobiographischen Mosaik*:

> Emmeles Garten war ein kleines Paradies mit Blumen, Obstbäumen, Gemüsebeeten, mit großen, goldgelben Kürbissen im Herbst und einer ganzen Wildnis von Stachelbeeren und Johannisbeeren. An manchen Stellen war der Garten wohlgeordnet, an anderen fast im Naturzustand gelassen.
> Hinter dem kleinen weißen Haus befand sich ein rechteckiger Rasen, den ein Pfad der Länge nach in zwei gleiche Hälften teilte. An drei Ecken des Rasens standen große, sehr alte Apfelbäume. Ihre Zweige kamen sich so nahe, daß sie zur Zeit der Apfelblüte fast ein weißes Dach über dem Rasen bildeten. An der vierten Ecke befand sich eine alte, nicht mehr benutzte eiserne Wasserpumpe, in derem obersten Teil Schwalben nisteten.[65]

Einen Weg zurück in diesen Garten, den Emma Kann im Rückblick so subtil anlegte, dass man die nationalsozialistische Flut, die alles mit sich fortreißen sollte, sehr früh schon in diesen paradiesischen Garten eindringen sieht, konnte es selbstverständlich nicht geben. Mit Giorgio Caproni hätte die Dichterin bei ihrer Ankunft in Deutschland sagen können: „Ich bin wieder da, / wo ich niemals war".[66]

Denn Emma Kanns Schreiben ist der unablässige und zugleich beständige Versuch, der Dialektik der Heimatlosigkeit durch ‚veränderte Schichten' hindurch zu folgen und ihr einen sprachlichen Ausdruck zu geben, in dem das Überleben, das Entronnensein, zur einzig denkbaren, zur einzig lebbaren, aber auch zur einzig schreibbaren Heimat wird. Nicht nur das Land, das selbst in seiner natürlichen

---

[65] Emma Kann: „Emmeles Garten". In: Dies.: *Autobiographisches Mosaik*, S. 2. Vgl. hierzu meine Studie „In Emma Kanns Garten" (im Druck). Ich zitiere nach einer mir von der Autorin überlassenen Fotokopie des unveröffentlichten Manuskripts; alle unveröffentlichten Schriften Emma Kanns finden sich leicht zugänglich im Nachlass der Autorin im ‚Deutschen Exilarchiv 1933–1945 der Deutschen Nationalbibliothek' in Frankfurt am Main.
[66] Caproni: *Poesie*, S. 392.

Anlage ständigen Veränderungen unterliegt, sondern gerade auch die Sprache, deren Wissen in anderen Kreisläufen zirkuliert, lassen jeglichen simplen *return*, jegliche Rückkehr als illusionär erscheinen: Das Gedicht untergräbt seinen Titel, macht die Heimkehr selbst zu einer neuerlichen Migration.

Wir haben es folglich im strengen Sinne nicht mit einer *Return Migration*, sondern bestenfalls mit einer Migration in Form eines *U-Turn* (der nicht zum selben Ort zurückführt), vor allem und im Grunde aber mit einer *Remigration* zu tun: Denn jede weitere, zusätzliche Migration – und führte sie an einen Ausgangspunkt zurück – ist eine andere, eine *neuerliche* und daher *neue* Migration. Sei diese Migration willentlich oder unwillentlich: Stets schwingt in ihr ein Versprechen, eine Hoffnung auf Erlösung mit. Und mögen sich die Bilder eines Landes auch oberflächlich gleichen: Nur wenn es dem Gedicht, der Sprache über Sprache gelingt, verdichtend jenes Unsichtbare herauszufiltern, von dem „Heimkehr zur deutschen Sprache" spricht, wird jenes Wissen erlangbar, das noch immer eine Frucht des Wissens vom Paradies, vom Baum der Erkenntnis, ist. In der Literatur zirkuliert stets, „durch veränderte Schichten", ein Wissen vom Paradies, ein Wissen von Vertreibung, ein Wissen vom Exil.

# Bibliographie

Agamben, Giorgio: *Homo sacer. Die souveräne Macht und das nackte Leben.* Aus dem Italienischen von Hubert Thüring. Frankfurt/M. 2002.
Agamben, Giorgio: *Nacktheiten.* Aus dem Italienischen von Andreas Hiepko. Frankfurt/M. 2010.
Auerbach, Erich: „Philologie der Weltliteratur". In: *Weltliteratur. Festgabe für Fritz Strich.* Hg. v. Walter Muschg u. Emil Staiger. Bern 1952, S. 39–50.
Auerbach, Erich: *Gesammelte Aufsätze zur romanischen Philologie.* Hg. v. Fritz Schalk u. Gustav Konrad. Bern, München 1967.
Auerbach, Erich: *Mimesis. Dargestellte Wirklichkeit in der abendländischen Literatur.* Bern, München ⁷1982.
Bade, Klaus: *Europa in Bewegung. Migration vom späten 18. Jahrhundert bis zur Gegenwart.* München 2000.
Barthes, Roland: „Propos sur la violence". In: *Œuvres complètes.* Edition établie et présentée par Eric Marty, Bd. 3. Paris 1995.
Benjamin, Walter: „Über den Begriff der Geschichte". In: *Gesammelte Schriften*, Bd. I,2. Hg. v. Rolf Tiedemann u. Hermann Schweppenhäuser. Frankfurt/M., S. 694.
Blumenberg, Hans: *Arbeit am Mythos.* Frankfurt/M. ⁴1986.
Caproni, Giorgio: *Poesie 1932 – 1986.* Milano 1989.
Cerase, Francesco: „Nostalgia or Disenchantment: Considerations on Return Migration". In: *The Italian Experience in the United States.* Hg. v. Silvano M. Tomasi. Staten Island, N.Y. 1970, S. 217–238.
Dällenbach, Lucien u. Christiaan L. Hart Nibbrig (Hg.): *Fragment und Totalität.* Frankfurt/M. 1984.
*Das Gilgamesch-Epos.* Neu übersetzt und kommentiert von Stefan M. Maul. München 2005.

*Die Heilige Schrift des Alten und Neuen Testamentes.* Nach den Grundtexten und hg. v. Prof. Dr. Vinzenz Hamp, Prof. Dr. Meinrad Stenzel u. Prof. Dr. Josef Kürzinger. Aschaffenburg ¹⁹1969.

Ette, Ottmar: *Literatur in Bewegung. Raum und Dynamik grenzüberschreitenden Schreibens in Europa und Amerika.* Weilerswist 2001.

Ette, Ottmar: „Erich Auerbach oder Die Aufgabe der Philologie". In: *Traditionen der Entgrenzung. Beiträge zur romanistischen Wissenschaftsgeschichte.* Hg. v. Frank Estelmann, Pierre Krügel u. Olaf Müller. Frankfurt/M., Berlin, New York 2003, S. 21–42.

Ette, Ottmar: *ZwischenWeltenSchreiben. Literaturen ohne festen Wohnsitz.* Berlin 2005.

Ette, Ottmar: „'Ein stets sich erneuerndes Buch'. Warum es an der Zeit ist, Emma Kann zu entdecken". In: *Orientierung* 71 ( 2007) H. 8, S. 93–96.

Ette, Ottmar: *ZusammenLebensWissen. List, Last und Lust literarischer Konvivenz im globalen Maßstab. ÜberLebensWissen III.* Berlin 2010.

Frenzel, Elisabeth: *Stoffe der Weltliteratur. Ein Lexikon dichtungsgeschichtlicher Längsschnitte.* 6., verbesserte und um ein Register erweiterte Auflage. Stuttgart 1983.

Glettler, Monika: „Zur Problematik der Rückwanderung aus den USA nach Südosteuropa vor dem Ersten Weltkrieg". In: *Heimat und Exil, Emigration und Rückwanderung, Vertreibung und Integration in der Geschichte der Tschechoslowakei. Vorträge der Tagungen des Collegium Carolinum in Bad Wiessee.* Hg. v. Peter Heumos. München 2001, S. 85–98.

Habermas, Jürgen: Nachwort zu Horkheimer, Max u. Theodor W. Adorno: *Dialektik der Aufklärung. Philosophische Fragmente.* Frankfurt/M. 1986, S. 277.

Horkheimer, Max u. Theodor W. Adorno: *Dialektik der Aufklärung. Philosophische Fragmente.* Frankfurt/M. 1986.

Kann, Emma: „Heimkehr zur deutschen Sprache". In: *Exil* 6 (1986) H. 1, S. 75.

Kann, Emma: „The Land of My Childhood". In: *Exil* 6 (1986) H. 1, S. 74.

Kann, Emma: *Zeitwechsel. Gedichte 1981 – 1985.* Konstanz 1987.

Kann, Emma: *Im Anblick des Anderen. Gedichte 1989.* Konstanz 1990.

Kann, Emma: *Strom und Gegenstrom. Gedichte.* Konstanz 1993.

Kann, Emma: *Im weiten Raum. Gedichte 1992 – 1996.* Konstanz 1998.

Kavafis, Konstantinos: „Ithaka". In: *Das Gesamtwerk.* Griechisch und Deutsch. Aus dem Griechischen übersetzt und hg. v. Robert Elsie. Mit einer Einführung von Marguerite Yourcenar. Zürich ²1997, S. 99.

Maul, Stefan M.: Einleitung zu *Das Gilgamesch-Epos.* München 2005, S. 9–18.

*Mnemosyne* 24 (1998): *Emma Kann.*

Ruppert, Lothar: *Genesis: ein kritischer und theologischer Kommentar.* Würzburg 2003.

Scharbert, Josef: *Die neue Echter Bibel. Kommentar zum Alten Testament mit der Einheitsübersetzung.* Würzburg 1983.

Schmid, Konrad: *Literaturgeschichte des Alten Testaments. Eine Einführung.* Darmstadt 2008.

Schmidt, Hans-Peter u. Daniel Weidner (Hg.): *Bibel als Literatur.* München 2011.

Soggin, Jan Alberto: *Das Buch Genesis: Kommentar.* Darmstadt 1997.

Strauß, Botho: *Beginnlosigkeit. Reflexionen über Fleck und Linie.* München, Wien 1992.

Tsuda, Takeyuki (Hg.): *Diasporic Homecomings. Ethnic Return Migration in Comparative Perspective.* Stanford 2009.

Westermann, Claus: *Biblischer Kommentar. Altes Testament. Genesis.* Neukirchen 1966.

IV **Resonanzen: Exil und Erinnerung**

Liliane Weissberg
# Freuds Exil

## 1 Raum und Zeit

In seinem Aufsatz „DissemiNation" beschreibt Homi Bhabha ‚Nation' als eine sprachliche Formulierung; als eine Art Metapher, welche Menschen in einer von ihnen imaginierten Einheit verbinden kann. So können diejenigen, welche sich als Mitglieder einer Nation verstehen, an verschiedenen Orten wohnen und sich dennoch in einen gemeinsamen Diskurs einschreiben, sich diesem verbunden fühlen und in ihm wiederfinden. Das Wort ‚Metapher' leitet sich dabei von dem griechischen Verb *metaphorein* ab und bedeutet, etwas von einem Bereich in einen anderen zu übertragen oder zu übersetzen. Eine Metapher macht daher eine Art Doppelleben möglich: Jemand kann an einem Ort leben und sich gleichzeitig einer anderen Gemeinschaft zugehörig empfinden, mit der ihn eine bestimmte Tradition oder Geschichte verbindet, die er in einer Erzählung überliefern kann.

Dabei möchte Bhabha ‚Nation' vor allem als zeitlichen und nicht als räumlichen Begriff verstanden wissen, als Frage dieser Gleichzeitigkeit und verschiedener Zeitlichkeiten. Bhabhas eigene Familie stammt aus Mumbai, Indien, er studierte in England und lebt heute in den Vereinigten Staaten. Seine Bestimmung des Nationsbegriffs nimmt seine persönlichen Erfahrungen bewusst auf und gibt sich dabei lyrisch:

> I have lived that moment of the scattering of the people that in other times and other places, in the nations of others, becomes a time of gathering. Gatherings of exiles and *émigrés* and refugees; gatherings on the ‚edge' of foreign cultures; gatherings at the frontiers; gatherings in the ghettos or cafés of city centres; gathering in the half-life, half-light of foreign tongues, or in the uncanny fluency of another's language; gathering the signs of approval and acceptance, degrees, discourses, disciplines; gathering the memories of underdevelopment, of other worlds lived retroactively; gathering the past in a ritual of revival; gathering the present. Also the gathering of people in the diaspora: indentured, migrant, interned; the gathering of incriminatory statistics, educational performance, legal statutes, immigration status – the genealogy of that lonely figure that John Berger named the seventh man.[1]

---

[1] Homi Bhabha: „DissemiNation: Time, narrative and the margins of the modern nation". In: Ders.: *The Location of Culture*. London 1994, S. 139–170, Zitat S. 139.

*Scattering* und *gathering*, Begriffe des Säens und des Erntens werden hier gleichzeitig zu Begriffen einer wie zufällig wirkenden Ausstreuung von Menschen und deren Sammlung; Bhabhas Bild des Säens folgt hier seiner eigenen Poetik eines Heideggerschen „Geworfenseins". Ein Zusammenhängigkeitsgefühl, das konstruiert werden muss, soll jener Ausstreuung begegnen. Bhabhas von Wortwiederholungen und Anreihungen geprägte Rhetorik verdeutlicht dabei ein zeitbestimmtes Säen und Ernten auch als sprachlichen Vorgang; so führt er bereits mittels seiner Beschreibung die Begriffe ‚Nation' und ‚Narration' zueinander.

Es ist gerade die Raumbezogenheit des Begriffes der ‚Nation', die nicht nur den Titel von Bhabhas Aufsatzsammlung, in der „DissemiNation" enthalten ist – *The Location of Culture* – prägt, sondern traditionellerweise den Begriff der ‚Nation'. Er verweist auf ein Geborensein, lateinisch *natio*, und auf den festen und gesicherten Boden eines bestimmten geographischen Landes. Bhabha setzt hier einen zeitlichen Begriff dagegen. Der Begriff des Exils, den Bhabha unter vielen anderen hier als zeitliche Neuverortung und Verdoppelung verstanden wissen will, wird dabei oft ebenso als ein von der Lokalität geprägter Terminus verstanden. Jemand befindet sich *im Exil*, wenn er in einem anderen Land lebt, das sich von dem seiner Geburt, Familie oder Jugend und Erziehung unterscheidet. Der lateinische Begriff *exilium* verweist auf den Ausschluss aus diesem Land und das Verweilen in einem anderen. Dabei wird mit dem Begriff des Exils gleichzeitig ein zweiter Begriff impliziert, der einer ‚Heimat'. Der Exilierte verlässt die Heimat und befindet sich in einem anderen Land, und dieses Land ist die Nicht-Heimat oder Fremde.

Ein solches lokal geprägtes Verständnis des Exils bestand bereits in der Antike, und das räumliche, geographische Verständnis prägt vor allem die sich im späten achtzehnten Jahrhundert neu konstituierende Disziplin der Anthropologie. Die ersten Anthropologen beschrieben nicht nur Menschen, ihre Wissenschaft verband sich mit der Ethnographie. Sie reisten, um Menschen an ihren Lebensorten zu beobachten, und etablierten mit dieser Beschreibung des Menschen gleichzeitig einen Heimatbegriff. Dabei war es der Anthropologe, der in die Fremde ging. Er suchte nach Menschen in sogenannten ‚primitiven' Gesellschaften, die von Europa aus einen unverbrauchten, ursprünglichen Begriff von Heimat versprachen: Völker in Gegenden Schwarzafrikas, im Regenwald Südamerikas, in Malaysia und Nepal. Heimat war mit Wurzeln, mit etwas Ursprünglichen verbunden, und für den Anthropologen war es immer auch Suche und Sehnsucht nach einem Zustand vor dem Exil, vor jeglichem Exil und vor dem Exil *par excellence*: dem Ausschluss aus dem Paradies. Noch Claude Lévi-Strauss' Tropen mussten dabei immer traurig sein und von einem doppelten Verlust erzählen: dem Verlust der Heimat für den Anthropologen wie dem Verlust des Paradieses für das zu beschreibende Volk.² Dabei bleibt es offen, ob der Anthropologe in seinen Studien sein Untersuchungsobjekt für seine eigene ‚Heimat' anpasst oder vielmehr neue Fremdheit produziert. „All societies produce strangers", schreibt Zygmunt Bauman in Abwandlung von Lew Tolstois bekanntem Beginn des Romans *Anna Karenina*, „but each kind of society produces its own kind of strangers, and produces them in its own inimitable way."³

Neuere Arbeiten von Anthropologen wie Jonathan Friedman zeigen eine Abkehr von dieser Beschreibung fester, scheinbar ursprünglicher Lokalitäten zugunsten eines Modells, das *roots* (Wurzeln) durch *routes* (Reisewege) ersetzt, den Gedanken an ortsverbundene Wurzeln mit dem einer Gesellschaft *in flux*.⁴

> An unruly crowd of descriptive/interpretative terms now jostle and converse in an effort to characterize the contact zones of nations, cultures, and regions: terms such as ‚border', ‚travel', ‚creolization', ‚transculturation', ‚hybridity', and ‚diaspora' (as well as the looser ‚diasporic')

stellt James Clifford fest, der den Gebrauch des Begriffs *hybridity* als nicht eindeutige Mischung ethnischer Herkunft und Kultur gerade auch von Bhabha übernimmt.⁵ Auch hier steht noch der Raum im Mittelpunkt, aber der Diskurs von zivilisiertem Zentrum und primitiver Peripherie wurde bei Clifford durch den eines Grenzbereichs ersetzt, durch die Schwelle, den Kontaktraum oder einfach eine instabile Lokalität. Der Ort ist wie die Menschen, die ihn bewohnen möchten, in Bewegung geraten. Die zentralen Termini der Anthropologen sind heute nicht mehr ‚Heimat' und ‚Fremde'; sie konzentrieren sich in ihrer Arbeit auf Austausch, Handel und Reisen.

Aber ob dem Begriff des Exils nun (wie bei Bhabha) mehrfache Zeitebenen in einer Erzählung zukommen oder (wie bei Friedman und Clifford) eine nicht immer festzulegende Örtlichkeit, die untersucht werden soll und kann, der Kulturtheoretiker wie der Anthropologe schreiben über einen Zustand, den man als *sich im Exil befinden* bezeichnen könnte; selbst in der Bewegung kommt dem Exil

---

2 Claude Lévi-Strauss: *Traurige Tropen* [1955]. Übersetzt von Eva Moldenhauer. Frankfurt/M. 1978.
3 Zygmunt Bauman: „The Making and Unmaking of Strangers". In: *Debating Cultural Hybridity. Multi-Cultural Identities and the Politics of Anti-Racism*. Hg. v. Pnina Werbner u. Tariq Modood. London 1997, S. 46–57, Zitat S. 46.
4 Jonathan Friedman: „From Roots to Routes: Tropes for Trippers". In: *Anthropological Theory* 2 (2002) H. 1, S. 21–36.
5 James Clifford: „Diasporas". In: Ders.: *Routes. Travel and Translation in the Twentieth Century*. Cambridge, MA 1997, S. 244–277, Zitat S. 245.

dabei eine Dauer zu. Darüber hinaus weichen sie alle in ihren Konzepten dem aus, was man die *Tat des Exilierens* nennen könnte, den Vorgang des Ausschließens, das Verstoßen von Menschen und den Verstoß gegen das Menschenrecht. Dies wäre ein Akt der Gewalt, der weder lyrische Beschreibungen noch langfristige anthropologische Reflektionen ermöglichen kann; ein Akt, der zwar eine Grenze zieht, aber nur, um sie gewaltsam zu überschreiten. Diese Bestimmung ist von einem Machtverhältnis bestimmt. Jemand ist Täter und jemand versteht sich als Opfer, jemand schickt ins Exil und jemand wird ins Exil gezwungen. Es ist ein Machtverhältnis, wie es der freiwillige Immigrant, der Reisende, der Abenteurer, der sich ebenfalls in der Fremde glaubt oder gar die Fremde sucht, nicht unbedingt kennt. Es ist wichtig, dem Begriff des Exils diese politische Brisanz zurückzugeben, die gegen ein Individuum gerichtete Gewalt zu reflektieren und diese Gewalt schließlich auch in das Konzept des ‚Lebens im Exil' wieder einzuschreiben.

Inwiefern könnte Sigmund Freuds Wegzug aus Wien und sein Exil in London eine geeignete Fallstudie bieten?

## 2 Der Fall Freud

Beim Einmarsch Hitlers 1938 in Wien und der Annektierung Österreichs als ‚deutsche Ostmark' lebten noch 185.000 Juden in Wien, die Mitglieder der Israelitischen Kultusgemeinde waren, der bei weitem größten jüdischen Gemeinde des Landes.[6] Die antisemitischen Maßnahmen des neuen Regimes kamen keineswegs unerwartet. Wien hatte nicht zuletzt durch seinen ehemaligen Bürgermeister Karl Lueger bereits die Tradition einer öffentlich antisemitisch ausgerichteten Politik und die Ereignisse des Nachbarlandes Deutschland bereiteten die jüdischen Bewohner auf die veränderten Bedingungen vor. Viele Wiener Juden konnten in den Monaten nach dem Anschluss emigrieren oder versuchten es zumindest zu tun. Ihnen gelang eine Emigration, die den meisten Juden Polens etwa unmöglich wurde – für die Juden der später im Krieg durch die deutsche Armee eroberten Gebiete gab es diese Chance nur äußerst selten. So tragisch das Exil auch war, seine Möglichkeit war für viele Wiener Juden – wie für viele deutsche Juden vor ihnen – ein Glücksfall. Probleme zeigten sich bei der Finanzierung der Emigration, der Suche nach einem geeigneten, das heißt

---

[6] Siehe hier und im Folgenden: Steven Beller: *Wien und die Juden, 1867–1938.* Übersetzt von Marie Therese Pitner. Wien 1993 und Doron Rabinovici: *Instanzen der Ohnmacht. Wien 1938–1945. Der Weg zum Judenrat.* Frankfurt/M. 2000.

auch sicheren Exilort, der Aus- und Einreisegenehmigung bzw. dem Visum. Aber die Alternative dieser Zeit war ja kein in der Wiener Gesellschaft integriertes Leben, sondern eine andere Art des Reisens: die Deportation, oft zunächst in Arbeits- oder Zwangslager, einige Zeit später in Vernichtungslager. Verglichen mit diesem Schicksal kam dem Exil keineswegs die größte Tragik zu; es war eine Lebens- und Überlebenschance. Für die 1938 in Wien verbliebenen Juden war nicht das Daheimbleiben ersehnt; es waren das Auslandsvisum und das Geld für eine Emigration, die zum positiven Wunschtraum wurden.

Freud wohnte und arbeitete im 9. Bezirk, einem Viertel, das einen starken jüdischen Bevölkerungsanteil aufwies; sein Wohnhaus hatte vor allem jüdische Mieter und zur Straße hin befand sich das Geschäft eines jüdischen Metzgers.[7] Ein Großteil seiner Schüler, Mitarbeiter und Patienten war jüdisch oder jüdischer Herkunft. Ein Großteil seiner Familie lebte in Wien. Selbst wenn Freud keine Angriffe am eigenen Leib erlebte, konnte er gewaltsame Ausschreitungen an seinem Wohnort wahrnehmen, kannte Menschen, die betroffen waren, las nicht nur in Zeitungen über die wachsende Gewalt jüdischen Einwohnern gegenüber, sondern erfuhr auch aus erster Hand, wie sich sein Leben und das Leben um ihn zu verändern drohte. Dabei sah Freud eine Bedrohung nie nur auf sich selbst gerichtet, sondern auch auf jene Disziplin, die er begründet hatte und deren intellektuelles wie administratives Zentrum er immer noch darstellen sollte: die Psychoanalyse.

Freud hatte seinen eigenen Umzug nach London in gewisser Weise bereits vor dem Einmarsch der deutschen Truppen vorbereitet. Zum Ende des ersten Weltkrieges und in den unmittelbaren Nachkriegsjahren ging es Freuds Familie wie vielen Bewohnern Österreichs ökonomisch sehr schlecht; Freud war von Hilfeleistungen seiner Freunde und seiner älteren Brüder, die in England lebten, abhängig. Diese Zeit musste ihn an die Armut seiner Jugendjahre erinnern und sie prägte sein Verhalten. Freud legte, sobald er wieder Ersparnisse besaß, Konten in verschiedenen Währungen im Ausland an, so in den Niederlanden und in der Schweiz.[8] Sein Sohn Martin kümmerte sich um den Psychoanalytischen Verlag, der zwar von Freud begründet und weitgehend von ihm finanziert wurde, aber eine von ihm unabhängige Struktur erhielt, die ebenfalls durch besondere Konten gefördert wurde. Und Freud pflegte internationale Beziehungen. Sein Ruf als bahnbrechender Wissenschaftler garantierte, dass Journalisten seinem Wohlergehen und damit auch dem Verhalten der neuen Machthaber ihm gegen-

---

[7] Lydia Marinelli: *Freuds verschwundene Nachbarn*. Wien 2003.
[8] Hinsichtlich Freuds Konten und Arrangements zur Ausreise, siehe David Cohen: *The Escape of Sigmund Freud*. London 2009.

über große Aufmerksamkeit schenkten. Neben jüdischen Patienten und Kollegen, die vor allem in seiner Nachbarschaft wohnten, hatte Freud auch Patienten, deren finanzielle Mittel und politische Beziehungen sich als hilfreich erweisen sollten. Freuds gesundheitliche Lage war 1938 allerdings bereits bedenklich. Er war 82 Jahre alt und gebrechlich, er brauchte gelegentliche Hilfe beim Gehen und platzierte eine Urinflasche neben seinem Schreibtisch, um mit dem Arbeiten zügig fortfahren zu können. Sein Kieferkrebs war weit fortgeschritten. Er hatte bereits zahlreiche Kieferoperationen überstanden, trug eine Prothese und litt unter konstanten Schmerzen.

Kurz nach dem ‚Anschluss' wies das Nazi-Regime Freud einen SS-Mann zu, der in die Buchhaltung der „psycho-analytischen Vereinigung" und des Verlags Einsicht nehmen und die Familie und ihre Kontakte observieren sollte. Es handelte sich dabei um den Chemiker Anton Sauerwald, dem zuvor kein großer beruflicher Erfolg beschieden war und der nun in der Partei Karriere machen konnte.[9] Nach dem Krieg wurde Sauerwald zwar wegen seiner Arbeit für das Regime angeklagt. Aber wie die Briefe der jüngsten Tochter Freuds, Anna, zeigen, ließ er im Falle Freud eine gewisse Großzügigkeit walten.[10] Sauerwald übersah Dokumente, welche die Schweizer Konten betrafen, und es war Martin Freud noch möglich, Papiere des Verlages zu ordnen. Sauerwald stand mit Anna Freud in fortwährendem Gespräch und ermöglichte schließlich die Ausreise Freuds mit nahezu allem Inventar seiner Wohnung und seiner Praxis. Wenige Tage vor der Abreise gelang es dem Fotografen Edmund Engelman, die öffentlichen Räume der Wohnung und Praxis heimlich und bei natürlichem Licht, um keine Aufmerksamkeit zu erregen, zu fotografieren und damit zu dokumentieren.[11] Beide Seiten, Verfolgte und Verfolger, schienen sich der Bedeutung Freuds bewusst und um eine Wirkungsgeschichte von Mensch und Werk bemüht.

Die Ausreise selbst gelang durch die diplomatischen Verhandlungen Marie Bonapartes, einer Großnichte Napoleons und Prinzessin von Griechenland, die von Freud analysiert wurde und sich als Analytikerin zu seinen Schülern zählte. Sie erlangte eine Ausreisegenehmigung für die engste Familie – diese umfasste Freud und seine Frau Martha, die Schwägerin Minna Bernays, die Tochter Anna,

---

**9** Über die Ausreise von Freud siehe Mark Edmundson: *The Death of Sigmund Freud: The Legacy of His Last Days*. New York 2007 und Edward Timms u. Naomi Segal (Hg.): *Freud in Exile: Psychoanalysis and Its Vicissitudes*. New Haven 1988.
**10** Cohen: *The Escape of Sigmund Freud*, S. 213. Siehe auch die jüngst erschienene Ausgabe der Korrespondenz: Anna Freud, August Aichhorn: „*Die Psychoanalyse kann nur dort gedeihen, wo Freiheit des Gedankens herrscht". Briefwechsel 1921–1949*. Hg. v. Thomas Aichhorn. Frankfurt/M. 2012.
**11** Edmund Engelmann: *Berggasse 19. Das Wiener Domizil Sigmund Freuds*. Stuttgart 1977.

welche die Freudsche Psychoanalyse in London vertreten sollte, den Sohn Martin, die Haushälterin Paula Fichtl, den Hausarzt Max Schur, der Freud ein Jahr später in London auch bei seinem Selbstmord assistieren sollte, sowie Freuds Hund, den Chow Lün Yu.[12] Ernst Freud, der jüngste Sohn, der Architektur studiert hatte und in Berlin lebte, emigrierte von dort aus bereits 1933 nach London.[13] Er suchte in London nach einem passenden Haus für seinen Vater und fand es, wiederum mit Bonapartes finanzieller Hilfe, im bürgerlichen Viertel Hampstead. Ernst Freud baute das Haus gleich um, so dass sein Vater bei seiner Ankunft alle Bequemlichkeiten erwarten konnte.

Freud selbst sorgte sich unter anderem um seine Antikensammlung, vor allem um die Figur der Aphrodite, welche in Wien die Mitte seines Schreibtischs einnahm und von ihm besonders geschätzt wurde. Er gab diese Figur bereits vorab Bonaparte nach London mit und die Aphrodite nahm daher Freuds Emigration vorweg. Auf dem Weg von Wien nach Paris – ein von Bonaparte geplanter Zwischenaufenthalt – und dann von dort aus nach London wurde Freuds Reise von der internationalen Presse dokumentiert. In London wartete die Aphrodite auf ihn und begrüßte ihn, gleich einer am Türrahmen befestigten Mesusa, vertraut und Glück versprechend in dem neuen Haus. In einem BBC-Interview gab Freud dann wenige Wochen später, im Juli 1938, bereits in englischer Sprache über seine Arbeit und seine Flucht Auskunft.[14]

Freud und seine Tochter Anna entschlossen sich, die Wiener „psycho-analytische Vereinigung" in der Obhut des nichtjüdischen Psychoanalytikers August Aichhorn zu belassen; sie erwarteten, dass er Kompromisse mit dem Naziregime schloss, hofften aber auf ein Weiterleben der vermeintlichen „jüdischen Profession" unter seiner Leitung.[15] Freuds Schwestern blieben ebenfalls in Wien zurück. Freud hoffte, dass ihnen durch ihr hohes Alter nichts geschehen könnte. Sie wurden jedoch während der Kriegsjahre deportiert und starben im Kon-

---

**12** Siehe etwa: Max Schur: *Sigmund Freud: Leben und Sterben*. Übersetzt von Gert Müller. Frankfurt/M. 1973; Paula Fichtl: *Alltag bei Familie Freud*. Hg. v. Detlef Berthelsen. Hamburg 1987; Martin Freud: *Mein Vater Sigmund Freud*. Übersetzt von Brigitte Janus-Stanek. Heidelberg 1999.
**13** Siehe Volker M. Welter: *Ernst L. Freud, Architect. The Case of the Modern Bourgeois Home (Space and Place)*. London 2011.
**14** Das BBC-Interview mit Sigmund Freud ist als Aufnahme im Freud Museum, London, erhalten und ein Teil ist auf der Internetseite des Museums abspielbar: http://www.freud.org.uk/ (Stand 01.08.2012).
**15** Siehe dazu Cohens Studie *The Escape of Sigmund Freud* und Thomas Aichhorn (Hg.): *Zur Geschichte der Wiener Psychoanalytischen Vereinigung*, Bd 1. 1938–1949. Tübingen 2003.

zentrationslager.[16] So wusste Freud im Exil zwar von den Verfolgungen, denen Juden ausgesetzt waren, aber nicht um die Lebensgefahr.

## 3 Heimat

Freud war, wie viele Wiener Juden dieser Zeit, anglophil. Bereits kurz nach seiner Matura besuchte er seine geliebten Onkel Emanuel und Philipp und deren Familien in Manchester. Er nannte einen seiner Söhne Oliver nach Oliver Cromwell. Er schickte seine jüngste Tochter Anna zum Englischstudium nach London. 1938 nach der mühsamen Reise und der Aufgabe von Sprache, Freunden, Gewohnheiten in London angekommen, zeigte sich Freud beglückt, und nicht nur durch die gelungene Rettung. Er ließ sich mit seinem Hund im Garten des neu erworbenen Hauses filmen und freute sich über das Grün, das ihn an seine Sommerfrische in Aussee oder Semmering erinnern mochte.[17] Er schien in London glücklich zu sein.

Freud war ein Wiener, der seine Stadt nicht mochte. Dabei galt seine Kritik einer Stadt, die für ihn Provinz war, zu eng orientierte sich sein Leben im Umkreis seines Bezirks. „Viele Grüße aus dem Dorf" lautet zum Beispiel eine handschriftliche Widmung, die Freud in Wien auf ein Exemplar seiner *Traumdeutung* setzte; das Buch befindet sich heute wieder in Wien und im Archiv der Sigmund Freud-Privatstiftung. Seine Ferienwochen verbrachte Freud in den Bergen, eine Auswahl seiner Antiquitätensammlung reiste zusammen mit seinen Manuskripten mit. Einmal besuchte er als erwachsener Mann nochmals Freiberg, jenes Städtchen in Mähren, in dem er geboren wurde und seine frühe Kindheit verbrachte. Aber auch diese erinnerte Idylle war keine eigentliche Heimat. Die Familie der Mutter lebte zu jener Zeit bereits in Wien und die Familie seines Vaters stammte nicht aus Mähren, sie war aus dem galizischen Tysmanitz nach Freiberg gezogen.[18] In seiner 1924 veröffentlichten *Selbstdarstellung* zieht Freud sogar einen größeren Bogen:

---

**16** Vier der fünf Schwestern Freuds, Rosa, Marie, Adolfine und Paula starben 1942 in Konzentrationslagern. Siehe Lisa Appignanesi u. John Forrester: *Die Frauen Sigmund Freuds*. Übersetzt von Brigitte Rapp u. Uta Szyszkowitz. München 1994, S. 34; siehe auch Cohen: *The Escape of Sigmund Freud*, S. 178, S. 205–207.
**17** Die Privatfilme lagern heute im Freud Museum in London; einige sind in Ausschnitten über die Webseite des Museums einsehbar.
**18** Siehe Liliane Weissberg: „Ariadnes Faden". In: *Zeitschrift für interkulturelle Germanistik* 1 (2010). S. 99–115.

> Von meiner väterlichen Familie glaube ich zu wissen, dass sie lange Zeiten am Rhein (in Köln) gelebt hat, aus Anlass einer Judenverfolgung im vierzehnten oder fünfzehnten Jahrhundert nach dem Osten floh und im Laufe des neunzehnten Jahrhunderts die Rückwanderung von Litauen über Galizien nach dem deutschen Österreich antrat.[19]

Wie erinnerte man sich denn an eine solche Rückwanderung in der Freudschen Familie? War dies nicht ein Bücherwissen Freuds, das über die Kenntnisse seiner Eltern hinausging?

Noch vor dem ‚Anschluss', aber bereits nach der Machtergreifung Hitlers im benachbarten Deutschland, begann Freud die Niederschrift einer noch weiter gefassten Familiengeschichte, nämlich eines in drei Aufsätzen gefassten Romans, der nun nicht das gewaltsame Ende, sondern den Beginn der jüdischen Geschichte zum Ziel hatte. Es ist dieses Manuskript, das Freud in die Emigration begleitete und das er schließlich in London 1939 kurz vor seinem Tod beenden sollte: *Der Mann Moses und die monotheistische Religion*.[20]

Dieses Werk hatte eine lange Vorbereitungszeit. Freud beschäftigte sich schon in seiner frühen Schrift *Totem und Tabu* (1913) mit einer Art anthropologischen Spekulation über die Herkunft des Menschen, dem Begriff von ‚Heimat' und frühen und ‚primitiven' Verhaltensweisen. In seiner späten Schrift nahm er diese Spekulation nochmals auf und konzentrierte sich auf ein bestimmtes Volk, die Juden. Dabei versuchte er das, was er in individuellen Psychoanalysen gelernt hatte, die Struktur des Ödipus-Komplexes, auf die Geschichte einer Gruppe von Menschen zu projizieren, und einen Akt der Gewalt – den Vatermord – nun nicht an das Ende einer Geschichte zu setzen, sondern an ihren Ursprung selbst. Freud beschreibt Horden von Menschen, die von einem Ägypter namens Moses über eine neue Religion, den Monotheismus, belehrt wurden. Sie wurden seine Gefolgschaft in der Wüste, konnten sich aber mit einer abstrakten Religion nicht versöhnen und von der Verehrung eines goldenen Kalbs absehen. Ihre Unfähigkeit, die neue Religion zu leben, resultierte in dem Gewaltakt gegen ihren Verkünder: Sie töteten Moses. Einige Zeit danach erschien ein zwei-

---

19 Sigmund Freud: „Selbstdarstellung". In: *Gesammelte Werke*, Bd. 14. Werke aus den Jahren 1925–1931. Hg. v. Anna Freud u.a. London 1948, S. 31–96, Zitat S. 32. Die *Selbstdarstellung* erschien zuerst in Louis Ruyter Radcliffe Grote (Hg.): *Die Medizin in Selbstdarstellungen*, Bd. 4. Leipzig 1924.

20 Freuds *Der Mann Moses und die monotheistische Religion. Drei Abhandlungen* erschien 1939 in Amsterdam bei Allert de Lange, also ebenfalls „im Exil". Freud begann den ersten Aufsatz bereits Mitte der 1930er Jahre zu schreiben und die Sammlung erschien 1939 posthum in deutscher Sprache und englischer Übersetzung. Siehe dazu auch Ilse Grubrich-Simitis: *Freuds Moses-Studie als Tagtraum: ein biographischer Essay*. Weinheim 1991.

ter Moses, auch er ein Ägypter, auch er ein Verkünder einer monotheistischen Religion. Ihm gelang schließlich die Zusammenführung der primitiven Horden unter der neuen Religion, er machte sie zu Juden. Die Juden wiederum verband nicht nur die Akzeptanz der neuen Religion, sondern auch das Schuldgefühl. Es ist die sublime Erinnerung an den Mord des ersten Moses, die ein Volk schafft; die Juden werden Juden durch die unbewusste Erinnerung an einen Akt der Gewalt.

Damit schreibt Freud eine komplexe Geschichte des Volkwerdens. Er antwortet den antisemitischen Vorurteilen seiner Zeit nicht mit einer Studie zur Religion oder der Beschreibung einer jüdischen Rasse. Juden waren für ihn ehemals Mitglieder verschiedener primitiver Horden; sie erhalten ihre Einheit durch den Führungsanspruch eines Ägypters, der eine neue, monotheistische Religion verkündet, eigentlich jedoch durch die Erinnerung an den begangenen Vatermord. Das eine ist die öffentlich bekannte Geschichte, von Freud durch die Bestimmung Moses' als Ägypter variiert, das andere diejenige, die sich durch psychoanalytische Reflektionen offenbart. Die offizielle Geschichte ist leicht erzählt. Moses, der die Juden aus dem Exil der Wüste in ihre neue Heimat bringen will – eine Heimat, welche das neue Volk noch nicht kennt und in der Moses selbst nie leben wird – antwortet wiederum einem Gewaltakt des Exils, dem Ausschluss der Juden aus Ägypten. Nach diesem Ausschluss erfolgt aber die Besiedlung des gelobten Landes: Die überlieferte Geschichte findet einen glücklichen Schluss, das Exil erweist sich als Heimatfindung.

Die sich Freud offenbarende, heimliche Geschichte ist im mehrfachen Sinne komplexer. Jener andere Gewaltakt, der Vatermord, bleibt ungelöst und mit der Existenz des Judentums selbst verbunden. Am Ursprung des Judentums steht für Freud Mord und Schuld. So befindet sich im Zentrum der Freudschen Arbeit nicht so sehr die Gewalt, die einem Menschen angetan wurde, sondern vielmehr die verdrängte Gewalt, die eine Volkwerdung erst ermöglichte. Diese Gewalt geschah jedoch nicht in der Heimat und führte nicht zum Exil. Sie geschah im Exil und ermöglichte durch ihre Verdrängung, und das scheinbare Vergessen einer Schuld, erst die Rückkehr in die Heimat – das gelobte Land.

Der Mord einerseits, der gewaltsame Ausschluss andererseits: Und die schuldigen Juden sind im Exil, bevor sie ihre Heimat erreichen – und sich aus dieser als ein Volk der Diaspora entfernen müssen. Wo lebte dann Freud? War er, als er London erreichte, wirklich im Exil?

## 4 Psychoanalyse

Freud ließ die „psycho-analytische Vereinigung" in Wien zurück und sein Institut wurde, trotz und auch mit Hilfe von Aichhorns Leitung, bald dem sogenannten Göring-Institut in Berlin unterstellt.[21] Dennoch ist es nicht nur sein *Moses*-Buch, das mit Freuds eigenem Exil in Beziehung steht, sondern auch sein Verständnis der Psychoanalyse als Disziplin selbst. Denn gerade die Reflexion über Gewalt und Ausschluss, über eine Bewegung oder Übertragung von einem vertrauten Bereich in eine Fremde, sowohl jene doppelte Narration wie auch das Reisen selbst ist in der Psychoanalyse eingeschrieben.

Freud beschäftigte sich damit bereits in seinem grundlegenden Manifest der Psychoanalyse, seiner *Traumdeutung* (1899). Anders als viele Schriftsteller vor ihm sah er den Traum als keine zufällige Gegebenheit, sondern als ein zentrales Phänomen, das die Eigenschaften und Funktionen der Seele verdeutlichen kann. Nach Freud „arbeitet" der Traum.[22] Freud geht Bhabha daher hier voraus, wenn er den Traum als eine Erzählung versteht, die zwei Ebenen in einer Gleichzeitigkeit vereinen möchte:

Traumgedanken und Trauminhalt liegen uns wie zwei Darstellungen desselben Inhaltes in zwei verschiedenen Sprachen vor, oder besser gesagt, der Trauminhalt erscheint uns als eine Übertragung der Traumgedanken in eine andere Ausdrucksweise, deren Zeichen und Fügungsgesetze wir durch die Vergleichung von Original und Übersetzung kennenlernen sollen.[23]

Das, was nach dem Träumen erinnert wird, ist also eine Übersetzung, die für den Träumer akzeptabel erscheint und in sein Selbstverständnis integrierbar. Für den Analytiker oder Traumdeuter ist diese Übersetzung die Erzählung des Traumes, die er zu hören bekommt, nicht einfach eine Metapher, sondern gar ein „Bilderrätsel".[24] Arbeitet der Traum an einer Übertragung des latenten Inhalts in einen manifesten, so muss der Analytiker diese Arbeit rückgängig machen, das Bilderrätsel lösen lernen. Auch dies ist ein Vorgang, der auf keinem festen Grund arbeiten kann, denn jede Deutung kann in eine weitere Deutung

---

21 Siehe Geoffrey Cocks: *Psychotherapy in the Third Reich: The Göring Institute*. New York ²1985; James E. Goggin u. Eileen Brockman Goggin: *Death of a „Jewish science": Psychoanalysis in the Third Reich*. West Lafayette 2001; Veronika Fluechtner: *Berlin Psychoanalytic. Psychoanalysis and Culture in Weimar Republic Germany and Beyond*. Berkeley 2011.
22 Sigmund Freud: „Die Traumdeutung". In: *Gesammelte Werke*, Bd. 2. Die Traumdeutung. Über den Traum. Hg. v. Anna Freud u.a. London 1942, S. 280.
23 Freud: „Die Traumdeutung", S. 280.
24 Freud: „Die Traumdeutung", S. 280.

geführt werden, eine Analyse führt zu keinem Ende, ihr muss, mehr oder weniger gewaltsam, ein Ende gesetzt werden.

Der Analytiker muss bei der Deutung der Bilderrätsel des Traumes die Mechanismen der Traumarbeit verstehen lernen und Freud deutet auf zwei Haupttendenzen. Die erste ist die Verdichtungsarbeit: „Der Traum ist knapp, armselig, lakonisch im Vergleich zu dem Umfang und zur Reichhaltigkeit der Traumgedanken" schreibt Freud,[25] er konzentriert Bedeutungen in Bildern, Worten, Gesten. Jeder Traum ist überdeterminiert. Der zweite Hauptmechanismus des Traumes ist die Verschiebung. Die Verschiebungsarbeit sorgt dafür, dass der manifeste Traum einen anderen Schwerpunkt bekommt und anders geordnet ist als der latente Inhalt: „Wir konnten bemerken", schreibt Freud, „dass die Elemente, welche im Trauminhalt sich als die wesentlichen Bestandteile hervordrängen, in den Traumgedanken keineswegs die gleiche Rolle spielen."[26] Elemente des latenten Inhalts zeigen sich im manifesten überhaupt nicht oder am anderen Ort. Freud bezeichnet Verdichtung und Verschiebung als die beiden „Werkmeister" des Traumes.

Bereits in seiner *Traumdeutung* wie in seinen Fallstudien deutet Freud jedoch auch darauf hin, dass diese Arbeit der Werkmeister nicht ohne Gewalt vor sich geht, wie auch der Patient auf der anderen Seite dem Analytiker gegenüber resistent erscheinen muss. Denn was der Traum als Verdichtung und Verschiebung zeigt, die Option des Nicht-Eigentlich-Wissenwollens, kann sich auf den Körper als physische Behinderung auswirken. Jene Symptome, unter denen eine Anna O. oder Dora zu leiden hatte – Husten, Lähmungen, Sprachstörungen –, sind physische Manifestationen der Verschiebung, oder wie Freud sie in diesem Zusammenhang nannte, der hysterischen Konversion. Doch was diese Krankheiten zeigen, sind nur die extremen Reaktionen psychischer Mechanismen, die allen Menschen eigen sind. Die oder der Kranke wird für Freud zum Studienfall für die Erkenntnis der allgemeinen psychischen Struktur. In der Beschreibung dieser körperlichen Symptome bietet Freud jedoch auch eine Theorie an, die gleichzeitig ein Deutungsmuster für seine Arbeit zu *Moses und die monotheistische Religion* geben kann. Die „Verschiebung" der Traumarbeit wird zu einem Modell für das Exil.

Damit verweist Freud wie in seinem Text zum *Mann Moses und die monotheistische Religion* das Exil wiederum nicht an den Endpunkt einer Vertreibung, sondern an den Beginn jedes menschlichen Denkens und Handelns, beide werden von den Mechanismen der Verdichtung und Verschiebung bestimmt. Der

---

25 Freud: „Die Traumdeutung", S. 282.
26 Freud: „Die Traumdeutung", S. 305.

Gewaltakt einer Grenzüberschreitung ist hier als ursprünglich anzusehen; er konstituiert nicht nur das jüdische Volk, sondern auch den Menschen – dessen Psyche – an sich. Dem jüdischen Volk mag er den Vatermord an Moses zuschreiben, aber jeder Mensch imaginiert sich die Tat eines Ödipus und diese ist sein Komplex. Das gelobte Land – nennen wir es Heimat – ist damit paradoxerweise das eigentliche Fremde und Unbekannte, das Moses nie erreichen konnte – und dem Freud, glücklich in England angelangt, vielleicht doch etwas näher kam. War das Exil nun ursprünglich, die Heimat nachträglich? Freuds Begriffe von ‚Heimat' und ‚Exil' weisen beide das Präsens zurück und damit antwortet Freud Bhabha *avant la lettre* mit seiner eigenen Theorie von Zeitlichkeit und Lokalität: Er beschreibt Räume, in denen man sich niemals befinden kann. Für Freud, nicht zuletzt als Juden, bleibt nur der Akt der Vertreibung bestimmt.

## Bibliographie

Aichhorn, Thomas (Hg.): *Zur Geschichte der Wiener Psychoanalytischen Vereinigung*, Bd 1. 1938–1949. Tübingen 2003.
Appignanesi, Lisa u. John Forrester: *Die Frauen Sigmund Freuds*. Übersetzt von Brigitte Rapp u. Uta Szyszkowitz. München 1994.
Bauman, Zygmunt: „The Making and Unmaking of Strangers". In: *Debating Cultural Hybridity. Multi-Cultural Identities and the Politics of Anti-Racism*. Hg. v. Pnina Werbner u. Tariq Modood. London 1997, S. 46–57.
Beller, Steven: *Wien und die Juden, 1867–1938*. Übersetzt von Marie Therese Pitner. Wien 1993.
Bhabha, Homi K.: „DissemiNation: Time, narrative and the margins of the modern nation". In: Ders.: *The Location of Culture*. London 1994, S. 139–170.
Clifford, James: „Diasporas". In: Ders.: *Routes. Travel and Translation in the Twentieth Century*. Cambridge, MA 1997, S. 244–277.
Cocks, Geoffrey: *Psychotherapy in the Third Reich: The Göring Institute*. New York ²1985.
Cohen, David: *The Escape of Sigmund Freud*. London 2009.
Grote, Louis Ruyter Radcliffe (Hg.): *Die Medizin in Selbstdarstellungen*, Bd. 4. Leipzig 1924.
Edmundson, Mark: *The Death of Sigmund Freud: The Legacy of His Last Days*. New York 2007.
Engelmann, Edmund: *Berggasse 19. Das Wiener Domizil Sigmund Freuds*. Stuttgart 1977.
Fichtl, Paula: *Alltag bei Familie Freud*. Hg. v. Detlef Berthelsen. Hamburg 1987.
Freud, Anna u. August Aichhorn: *„Die Psychoanalyse kann nur dort gedeihen, wo Freiheit des Gedankens herrscht". Briefwechsel 1921–1949*. Hg. v. Thomas Aichhorn. Frankfurt/M. 2012.
Freud, Martin: *Mein Vater Sigmund Freud*. Übersetzt von Brigitte Janus-Stanek. Heidelberg 1999.
Freud, Sigmund: „Die Traumdeutung". In: *Gesammelte Werke*, Bd. 2. Die Traumdeutung. Über den Traum. Hg. v. Anna Freud u.a. London 1942, S. 280.
Freud, Sigmund: „Selbstdarstellung". In: *Gesammelte Werke*, Bd. 14. Werke aus den Jahren 1925–1931. Hg. v. Anna Freud u.a. London 1948, S. 31–96.
Friedman, Jonathan: „From Roots to Routes: Tropes for Trippers". In: *Anthropological Theory* 2 (2002) H. 1, S. 21–36.

Fuechtner, Veronika: *Berlin Psychoanalytic. Psychoanalysis and Culture in Weimar Republic Germany and Beyond*. Berkeley 2011.
Goggin, James E. u. Eileen Brockman Goggin: *Death of a „Jewish science": Psychoanalysis in the Third Reich*. West Lafayette 2001.
Grubrich-Simitis, Ilse: *Freuds Moses-Studie als Tagtraum: ein biographischer Essay*. Weinheim 1991.
Lévi-Strauss, Claude: *Traurige Tropen* [1955]. Übersetzt von Eva Moldenhauer. Frankfurt/M. 1978.
Marinelli, Lydia: *Freuds verschwundene Nachbarn*. Wien 2003.
Rabinovici, Doron: *Instanzen der Ohnmacht. Wien 1938–1945. Der Weg zum Judenrat*. Frankfurt/M. 2000.
Timms, Edward u. Segal, Naomi (Hg.): *Freud in Exile: Psychoanalysis and Its Vicissitudes*. New Haven 1988.
Schur, Max: *Sigmund Freud: Leben und Sterben*. Übersetzt von Gert Müller. Frankfurt/M. 1973.
Weissberg, Liliane: „Ariadnes Faden". In: *Zeitschrift für interkulturelle Germanistik* 1 (2010). S. 99–115.
Welter, Volker M.: *Ernst L. Freud, Architect. The Case of the Modern Bourgeois Home (Space and Place)*. London 2011.

## Internetquellen

Webseite des Freud Museum London: http://www.freud.org.uk/ (Stand 01.08.2012).

Bettina Bannasch
# Herrenloses Heimweh

## Heimat und Exil in der Prosa Herta Müllers

Die Texte der 1987 von Rumänien ins deutsche Exil ausgereisten Autorin Herta Müller bedienen sich eines erzählerischen Verfahrens, das Wörter und Redewendungen wie die Fundstücke einer fremden Sprache ausstellt. Die Gedicht-Collagen, für deren Wiedergabe im Druck nicht nur die sie begleitenden Bilder, sondern auch die Texte abfotografiert werden, machen dieses Verfahren anschaulich: In ihnen ist die Produktions-Arbeit des Zerschneidens und Zusammensetzens für die Lesenden sinnlich erfahrbar und nachvollziehbar. Die Erfahrung von Fremdheit ist in den Texten Herta Müllers durchgängig präsent.[1] Es stellt sich die Frage, ob und wie diese Erfahrung auf die Thematisierung und Inszenierung der Erfahrung des Exils in den Werken Herta Müllers bezogen werden kann und soll. Um sie beantworten zu können, ist zunächst das Verständnis von Heimat im Werk Herta Müllers zu klären – ein Wort, das Herta Müller in ihren essayistischen Werken sparsam und in ihren literarischen Werken überhaupt nicht verwendet.

## 1

Im Widerspiel der Sprache ihres Herkunftslandes Rumänien mit der Muttersprache Deutsch – der Sprache auch des Landes, das Herta Müller Asyl gewährte und in dem sie bis heute lebt –, erhalten vermeintlich gesicherte Bedeutungen neue

---

[1] Nicht zuletzt die im Werk Müllers stetig virulente Auseinandersetzung mit der Erfahrung ‚des Fremden', die damit auch die Hinterfragung ‚des Eigenen' impliziert, sowie die in ihrem Werk vielfach eingesetzte Collagetechnik erklärt das Interesse, mit dem Müllers Werk v.a. im Hinblick auf poststrukturalistische und postkoloniale Deut- und Anwendbarkeit zum Gegenstand der neueren Forschung gemacht wird. Vgl. Helga Mitterbauer: „Hybridität – Métissage – Diaspora. Zur Anwendbarkeit aktueller Identitäts- und Kulturkonzepte in der Erforschung von Minderheitenliteraturen, überprüft am Beispiel Herta Müllers *Der König verneigt sich und tötet* [2003]". In: *Die Wahrnehmung der deutsch(sprachig)en Literatur aus Ost- und Südosteuropa – ein Paradigmenwechsel? Neue Lesarten und Fallbeispiele*. Hg. v. Peter Motzan u. Stefan Sienerth. München 2009, S. 223–234. Vgl. auch im selben Band die Beiträge: Thomas Krefeld: „Bild, Wort, Satz, Text. Wie Herta Müller über die Gattungsgrenze ging", S. 235–249 und René Kegelmann: „Emigriert. Zu Aspekten von Fremdheit, Sprache, Identität und Erinnerung in Herta Müllers *Reisende auf einem Bein* und Terézia Moras *Alles*", S. 251–263.

und andere Bedeutungen, Klänge und Beiklänge, setzen jenseits herkömmlicher Festschreibungen in den Texten und in den Köpfen der Lesenden Assoziationen frei. Dieser Umgang mit Sprache kennzeichnet Müllers Schreiben auch dann, wenn sie sich auf das Deutsche beschränkt, genauer: zu beschränken scheint. Denn ihre eigentliche Muttersprache, so erläutert es Herta Müller in einem längeren Rückblick auf der Audio-CD *Die Nacht ist aus Tinte gemacht*, ist der banatschwäbische Dialekt des Dorfes, in dem sie aufgewachsen ist. Das Hochdeutsche war für das Kind bereits die erste Fremdsprache, später trat für die junge Erwachsene das Rumänische als zweite Fremdsprache hinzu.[2]

Das Erlernen von Sprache begreift Herta Müller als das Sich-Vertraut-Machen mit unterschiedlichen Sichtweisen auf die Dinge. Sie spricht von den unterschiedlichen „Augen", die jede Sprache hat und davon, dass es „nicht nur andere Wörter sind, sondern dass es ein anderer Blick ist, den das Rumänische hat. [...] das war im Dialekt auch so."[3] In einer Rede mit dem Titel *Heimat ist das, was gesprochen wird* aus dem Jahr 2009 beschreibt sie die Entwicklung, die sie selbst in ihrem Verhältnis zu den unterschiedlichen Sprachen, die sie spricht, durchlaufen hat.

> Es wurde immer öfter so, dass die rumänische Sprache die sinnlicheren, auf meine Empfindungen besser zugeschnittenen Wörter hatte, als meine Muttersprache. Ich wollte den Spagat der Verwandlungen nicht mehr missen. Nicht im Reden und nicht im Schreiben. Ich habe in meinen Büchern noch keinen Satz auf Rumänisch geschrieben. Aber selbstverständlich schreibt das Rumänische immer mit, weil es mir in den Blick hineingewachsen ist.[4]

Es liegt nahe, den von Herta Müller beschriebenen Spagat zusammenzubringen mit ihrem befremdeten und befremdenden Erzählen und dieses wiederum mit ihrer Erfahrung des Exils. In dem Essay *Der Fremde Blick oder Das Leben ist ein*

---

[2] Graziella Predoiu verweist in ihrem Aufsatz „Die Rolle der rumänischen Sprache in den Texten Herta Müllers. Sprach- und Bildinterferenzen" analog hierzu auf den Einfluss von Müllers Mehrsprachigkeit (hier: des rumänischen Wortschatzes) als produktive Potenz auf ihr Schreiben, die sich in ihrer Prosa etwa durch vermischte Stilsorten, montierte Volkslieder und das Einflechten rumänischer Wendungen als Textcollage äußert. In: *Deutsche Regionalliteratur im Banat und in Siebenbürgen im Vielvölkerraum*. Hg. v. Horst Fassel. Klausenburg 2002, S. 133–139, v.a. S. 136.

[3] Herta Müller: *Die Nacht ist aus Tinte gemacht*. Herta Müller erzählt aus ihrer Kindheit im Banat. Konzeption/Regie: Thomas Böhm, Klaus Sander. 2 Audio-CDs, 115 Minuten, Berlin 2009. CD 1, Die Augen der Sprache, 16:04:00f. Vgl. auch Herta Müller: *Heimat ist das was gesprochen wird*. Merzig 2009, S. 15: „In jeder Sprache sitzen andere Augen in den Wörtern."

[4] Herta Müller: *Heimat ist das was gesprochen wird*, S. 21.

*Furz in der Laterne* aus dem Jahr 1999 erhebt Herta Müller jedoch entschieden Einspruch gegen die Auffassung, ihre Erzählweise sei der Erfahrung des Exils geschuldet.

> Den Fremden Blick als Folge einer fremden Umgebung zu sehen, ist deshalb so absurd, weil das Gegenteil wahr ist: Er kommt aus den vertrauten Dingen, deren Selbstverständlichkeit einem genommen wird. [...] Das Einverständnis mit den Dingen ist kostbar, weil es uns schont. Man nennt es Selbstverständlichkeit. Sie ist nur so lange da, wie man nicht weiß, dass man sie hat.[5]

Mit ihrem Einspruch macht Müller die Perspektive deutlich, aus der in ihren Werken die Erfahrung des Exils betrachtet wird: Exil wird von der schmerzlichen Erfahrung der Fremdheit im Land der Herkunft gedacht, nicht von der erwartbaren und daher niemals in derselben Weise schmerzlichen Erfahrung der Fremdheit im Exilland.[6] Die Frage nach der thematischen und narrativen Inszenierung des Exils im Werk Herta Müllers schließt so notwendig die Frage nach der thematischen und narrativen Inszenierung von Heimat mit ein, einer Heimat, die als Diktatur die Ausreise in ein anderes Land erzwang.

Ein zweites Missverständnis klärt Herta Müller in diesem Zusammenhang ebenfalls auf. Beim Schreiben mit dem fremden Blick handelt es sich, so betont sie, nicht um ‚Kunst', sondern um eine Überlebensstrategie.

> Der Fremde Blick hat mit Literatur nichts zu tun. Er ist dort, wo nichts geschrieben werden, und kein Wort geredet werden muss: [...]. Die einzige Kunst, mit der er zu tun hat, ist, mit ihm zu leben. (S. 34)[7]

Die Einnahme des ‚fremden Blicks' macht sich die Bewältigung eines Lebens zur Aufgabe, das ohne ihn nicht zu bewältigen wäre. Es geht um Möglichkeiten der Selbstbehauptung in einem totalitären System, um Versuche, Würde unter

---

5 Herta Müller: *Der Fremde Blick oder Das Leben ist ein Furz in der Laterne*. Göttingen ³2009, S. 28f.
6 In diesem Zusammenhang ist es bezeichnend, dass in *Reisende auf einem Bein* von dem Land, aus dem die Protagonistin Irene ausgereist ist, konsequent nur als von dem ‚anderen Land' die Rede ist – und dies bei aller Fremdheit, die Irene dem Asylland gegenüber empfindet, in einer Stadt zudem, die sich ihrerseits in unmittelbarer Nachbarschaft zu einer ‚anderen Stadt' befindet, von der sie durch eine Mauer getrennt ist. Vgl. Sigrid Grün: ‚*Fremd in einzelnen Dingen'. Fremdheit und Alterität bei Herta Müller*. Stuttgart 2010, hierzu v.a. S. 37ff.
7 In der Erläuterung dieser Auffassung zieht Müller bezeichnenderweise den Vergleich zwischen einer Auschwitz-Überlebenden, die den fremden Blick hat und die sich von einem berühmten Autor wie Jorge Semprún darin unterscheide, dass er schreibe und sie nicht.

Bedingungen zu wahren, in denen die eigene Existenz bedroht ist und Selbstachtung und Moral Luxusgüter sind.

## 2

Der fremde Blick im Werk Herta Müllers ist der Fremdheitserfahrung im Land der Herkunft geschuldet, dessen totalitäre Strukturen Flucht und Exil erzwungen haben. Das Exil ist Folge, nicht Grund dieser Fremdheit. In diesem Sinne begreift sich Herta Müller als Exilautorin, in diesem Sinne reiht sie sich in die Tradition der deutschsprachigen Exilliteratur ein. Ausdrücklich formuliert sie dieses Selbstverständnis in einem offenen Brief aus dem Jahr 2011, in dem sie die Bundesregierung dazu auffordert, das Exil und seine Literatur nicht in Vergessenheit geraten zu lassen und ein Museum des Exils zu errichten.[8]

Müller beschränkt dabei den Begriff Exilliteratur zunächst eng auf die Literatur der Autorinnen und Autoren, die Deutschland 1933 verlassen mussten. Ihr besonderes Interesse gilt jenen, die nach 1945 nicht mehr nach Deutschland zurückkehrten – der Mehrzahl, wie sie hervorhebt –, die aber dennoch weiter in deutscher Sprache schrieben.

Die ‚Zugehörigkeitserklärung‘, mit der Herta Müller ihre eigenen Werke in diese Tradition einreiht, öffnet jedoch zugleich das eng gefasste Verständnis von Exilliteratur auf exilliterarische Werke der Gegenwart – und auch der Vergangenheit vor 1933 – hin. Und ebenso wie Herta Müllers Zugehörigkeitserklärung zu einem *enger* gefassten Verständnis von Exilliteratur konkrete literaturpolitische Konsequenzen hat – die Erinnerung an Namen vergessener Autoren,[9] die Herausgabe vergriffener Werke,[10] und schließlich das Engagement für ein Museum des Exils – ebenso hat auch die *Öffnung* dieses engeren Verständnis-

---

[8] In einem offenen Brief an die Bundeskanzlerin Angela Merkel, den die *Frankfurter Allgemeine Zeitung* am 24. Juni 2011 veröffentlichte, setzt sich Herta Müller dafür ein, in Deutschland ein *Museum des Exils* zu errichten. Es soll, so schreibt sie, dazu beitragen, sich „über die Verluste durch die Vertreibung von Künstlern und auch von Wissenschaftlern klarzuwerden. Einen Ort, der die oft fürchterlichen Lebensumstände derjenigen zeigt, die kurz davor noch die Elite dieses Landes waren, das kulturelle Leben in Deutschland prägten." „Ein wenig gehöre ich ja auch dazu", schreibt sie am Ende ihres Briefs.

[9] So erinnert Müller etwa an Konrad Merz und seinen Roman *Ein Mensch fällt aus Deutschland* [1936], den sie in dem Brief beispielhaft für viele andere zu Unrecht vergessene Autorinnen und Autoren nennt (ebd.).

[10] Müller tritt als Herausgeberin der Gedichte Theodor Kramers auf, der im Exil in England überlebte. Theodor Kramer: *Die Wahrheit ist, man hat mir nichts getan. Gedichte.* Hg. und mit einem Nachwort versehen v. Herta Müller. Wien 1999.

ses von Exilliteratur konkrete (literatur)politische Konsequenzen. Er artikuliert sich etwa in ihrem Engagement für die chinesischen Dissidenten und Dichter Liu Xiaobo und Liao Yiwu.

In einer Rede, die Herta Müller in diesem Zusammenhang im August 2011 hielt,[11] äußert sie sich zu dem Verhältnis, das der Exilierte zu seiner Heimat hat.

> Man sagt sich: Hol sie der Teufel. Doch das klappt nicht. Diese Heimat bleibt der intimste Feind, den man hat. Man hat alle, die man liebt, zurückgelassen. Und die sind weiter so ausgeliefert, wie man es selbst war. [...]
> Aber das bittere Glück ist schlau – es verwechselt absichtlich Heimweh mit Heimwehlosigkeit. Und es ist ein exzellenter Meister des Konjunktivs. Es sagt einem klipp und klar: Du hättest doch nie so sein wollen, wie du hättest werden müssen, wenn du hättest daheim bleiben dürfen. Dieser Konjunktiv ist nicht mehr Wunschform, sondern Fazit. Er vertreibt alle Wehmut, wissend, dass sie ohne wegzugehen, wiederkehrt. Aber auch der Meister des Konjunktivs kommt wieder.[12]

In ihrer Rede stellt Herta Müller zu zwei ihrer eigenen Romane Bezüge her. Zum einen spielt sie auf ihren Roman *Reisende auf einem Bein* an. Dieser Bezug ist nahe liegend. Der 1989 erschienene Roman ist der einzige der bisher veröffentlichten Romane Herta Müllers, in dem die Erfahrung des Exils explizit zum Thema gemacht wird.[13] Er beschreibt die Zeit, in der eine Frau mit dem sprechenden Namen Irene zunächst in Rumänien auf die Ausreisebewilligung und dann in Deutschland auf den Erhalt ihres Einbürgerungsbescheides wartet; am Ende liegt er in ihrem Briefkasten. Der Roman erscheint zwei Jahre nach Müllers Ankunft in Deutschland, die autobiografischen Bezüge sind unverkennbar. Anders verhält es sich mit dem zweiten Roman, auf den Müller in ihrer Rede ebenfalls anspielt, mit dem 2009 erschienenen Lagerroman *Atemschaukel*. Dieser Roman beschreibt aus der Perspektive eines männlichen Ich-Erzählers den Alltag in einem der Arbeitslager, in die viele Rumäniendeutsche Anfang 1945 durch die Sowjetunion verschleppt wurden.[14] Der Ich-Erzähler ist mit Daten und

---

11 Rede anlässlich der ins Deutsche übertragenen Veröffentlichung von Liao Yiwus *Für ein Lied und hundert Lieder*, abgedruckt in der *Frankfurter Allgemeinen Zeitung* v. 27.8.2011.
12 Herta Müller: „Diesseitige Wut, jenseitige Zärtlichkeiten". In: *Frankfurter Allgemeine Zeitung* v. 27.8.2011, Feuilleton S. 31.
13 Vgl. hierzu: Karin Binder: Herta Müller: *Reisende auf einem Bein*. In: Bettina Bannasch u. Gerhild Rochus: *Handbuch der deutschsprachigen Exilliteratur. Von Heinrich Heine bis Herta Müller*. Berlin, Boston 2013, S. 464–471; Bernhard Doppler: „Die Heimat ist das Exil. Eine Entwicklungsgestalt ohne Entwicklung. Zu ‚Reisende auf einem Bein'. In: *Die erfundene Wahrnehmung. Annäherung an Herta Müller*. Hg. v. Norbert Otto Eke. Paderborn 1991, S. 95–106.
14 Von den Verschleppungen betroffen waren zwischen 70.000 und 100.000 Menschen im Alter zwischen 17 und 45 Jahren. Die Angaben differieren (vgl. Alfred-Maurice de Zayas:

Charakterzügen des mit Herta Müller befreundeten, 2006 verstorbenen Lyrikers Oskar Pastior ausgestattet. Herta Müller rechnet diesen Roman – dies ist bezeichnend für das Verhältnis, in das sie sich selbst zu den Figuren in ihren Romanen setzt – ihren übrigen ‚autofiktionalen' Werken zu.

Dass Müller einen *Lager*roman anführt, wenn sie über Heimat und Exil spricht, erlaubt es, ihr Selbstverständnis als deutschsprachige Exilautorin noch einmal genauer zu bestimmen. Wie in den Texten des sogenannten Nachexils – den nach 1945 entstandenen Werken, die die Erfahrung und Folgen des Exils 1933–1945 thematisieren – ist auch in den Werken Herta Müllers die Shoah und mit ihr die Literatur über die Shoah zentraler Bezugspunkt. Als einer ihrer bedeutsamsten poetologischen Texte kann ihr Essay über Ruth Klügers autobiografischen Bericht *weiter leben* (1992) angesehen werden. Darin spricht Herta Müller von dem „in all seinen Facetten gleich bleibende[n] ethischen[n] Anspruch", der „Orientierungspunkt fürs Schreiben"[15] ist und den auch sie für ihr eigenes Schreiben in Anschlag bringt. Sie bekennt sich dabei zu einem normativen Verständnis von Ethik, das sie – dabei auf eine Lagererfahrung Oskar Pastiors rekurrierend – so beschreibt:

> Die sogenannten einfachen Leute aber behielten einen Satz im Kopf: „Sowas tut man nicht." Dieser kurze, vielleicht sogar fragwürdige Satz reicht jedoch, um verantwortlich zu bleiben gegenüber anderen in allen Situationen. Der Satz hat nämlich ein Bild vom Unterschied zwischen Recht und Unrecht, eines, das nicht ideologisch ist. Wo dieser Satz bereit ist, gegen Menschen vorzugehen, haben diese sich vorher bereits unverzeihlich schuldig gemacht.[16]

Dem Selbstverständnis Herta Müllers entsprechend, so wie sie es durch ihre Anspielungen in der Rede vom August 2011 vorgibt, können die Romane *Reisende auf einem Bein* und *Atemschaukel* als Markierungen des Spielfeldes verstanden werden, auf dem sie Fragen von Heimat und Exil in ihrem eigenen Werk verhandelt.

---

*Anmerkungen zur Vertreibung der Deutschen aus dem Osten.* Stuttgart 1986). Unter den Verschleppten befanden sich etwa 60 % Frauen. Die ersten Verschleppten kehrten 1949, die letzten 1952, einige wenige erst 1956 wieder nach Hause zurück; ein Drittel von ihnen kam in den Lagern zu Tode.

**15** Herta Müller: „Sag, dass du fünfzehn bist – weiter leben von Ruth Klüger". In: Dies.: *In der Falle. Drei Essays.* Göttingen 2009, S. 25–40, Zitat S. 25. Es ist ein Schreiben, das nicht auf gefühlvolle Empathie, sondern auf Genauigkeit setzt. „Die Autorin [...] hebt keinen Toten auf die Höhe eines Sockels hinauf. Statt dessen in die Höhe des genauen Blicks. Diese Höhe, zu der alle Sinne hinreichen, zu halten, ist schwer" (ebd., S. 31). Diese Genauigkeit richtet sich auch und allererst auf einen skrupulösen Umgang mit Worten. „Überlebende sind Zerbrochene. Güte kommt jedoch nur von intakten Menschen. Zerbrochene fordern statt dessen Anteilnahme durch Genauigkeit, mit dem Verstand. Sie haben zum Unterschied von Intakten ein Ohr für jeden Hinterhalt der Worte" (ebd., S. 36).

**16** Herta Müller: „Sag, dass du fünfzehn bist", S. 28.

## 3

Den apodiktischen Gestus des So-etwas-tut-man-nicht bekräftigt Herta Müller noch einmal in ihrer Literaturnobelpreisrede im Jahr 2009. Darin schildert sie ein Gespräch mit Vertretern des rumänischen Geheimdienstes, mit denen sie jede Zusammenarbeit verweigerte, und zwar mit den Worten: „N-am caracterul, ich hab nicht diesen Charakter."[17] Nicht zufällig wird diese Geschichte, die sich auch im literarischen Werk findet, hier als eine biografisch gesicherte, ‚kunstlose' Erinnerung ausgewiesen. Denn es ist diese ‚Charakterfrage', die das ethische Zentrum der Werke Herta Müllers beschreibt. Es hat das Erzählen in einer nicht-totalitären Sprache zur Konsequenz und eine Figurengestaltung, die ihre Figuren nicht ‚auserzählt'.

In keinem der Werke Herta Müllers ist von der Shoah die Rede. Müller schreibt über die Gegenwart, über das Fortleben des Nationalsozialismus und des Faschismus in der Gegenwart. Ihre Texte handeln von Lagern in unterschiedlichen Erscheinungsformen, von der totalitären Kontrolle der Dorfgemeinschaft bis hin zum existenzvernichtenden Arbeits- und Konzentrationslager. Herta Müllers Romane verallgemeinern die Lagererfahrung und stellen die Frage, ob und wie angesichts des Ausnahmezustands, den die Lagererfahrung für den Häftling darstellte, Recht und Unrecht überhaupt noch unterschieden werden können oder ob – wie Giorgio Agamben es im *Homo sacer* formuliert – „das Wesen des Lagers in der Materialisierung des Ausnahmezustands besteht und in der daraus erfolgenden Schaffung eines Raumes, in der das nackte Leben und die Norm in einen Schwellenraum der Ununterschiedenheit treten."[18] Sämtliche Romane Herta Müllers, insbesondere aber ihr Lagerroman *Atemschaukel*, stehen für die Überzeugung ein, dass an Unterscheidungen zwischen Recht und Unrecht, zwischen Verweigerern und Kollaborateuren, zwischen Demokratie und Diktatur, zwischen Ausnahmezustand und Normalität festzuhalten ist. Der These von der „innersten Solidarität zwischen Demokratie und Totalitarismus", die Agamben in seiner Einleitung zum *Homo sacer* aufstellt,[19] stellt Müller ihren normativen Satz des So-etwas-tut-man-nicht entgegen.

---

[17] Herta Müller: „Jedes Wort weiß etwas vom Teufelskreis. Nobelpreis-Vorlesung im Wortlaut". In: *Frankfurter Rundschau* v. 7.12.2009. Video-Aufzeichnung siehe http://www.nobelprize.org/mediaplayer/index.php?id=1220.

[18] Giorgio Agamben: *Homo sacer. Die souveräne Macht und das nackte Leben*. Aus dem Italienischen von Hubert Thüring. Frankfurt/M. 2002, S. 183.

[19] Giorgio Agamben: *Homo sacer. Die souveräne Macht und das nackte Leben*, S. 20. Vgl. hierzu auch bes. den abschließenden Passus im *Homo sacer*.

Das ethische Zentrum der Texte Herta Müllers ist die Frage – um die Formulierung aus dem Essay über Ruth Klüger aufzugreifen – nach den Möglichkeiten und Grenzen einer Verantwortlichkeit gegenüber anderen in allen Situationen. In besonderer Weise zugespitzt findet sich diese Frage in dem Roman *Atemschaukel* behandelt, der, wie es darin heißt, vom Nullpunkt her erzählt wird. Vom „Nullpunkt der Existenz", diese Formulierung ist von Imre Kertész entlehnt. Müller verwendet sie wieder in ihrer Rede über Heimat und Exil vom 28. August 2011. In der entsprechenden Passage in *Atemschaukel* heißt es dazu:

> Der Nullpunkt ist das Unsagbare. Wir sind uns einig, der Nullpunkt und ich, dass man über ihn nicht sprechen kann, höchstens drumherum. Das aufgesperrte Maul der Null kann essen, nicht reden. Die Null schließt dich ein in ihre würgende Zärtlichkeit. Der Rettungstausch duldet keine Vergleiche. Er ist zwingend und direkt wie: 1 Schaufelhub = 1 Gramm Brot.[20]

Diese Passage, in der Müller ein mathematisches Gleichungszeichen einsetzt, das in seinen Bedeutungen *ist* und *isst* zugleich ein- und mehrdeutig ist, gibt – neben der Zitation von Kertész – einen wichtigen Hinweis auf einen poetologisch relevanten Bezugstext, auf die Essaysammlung *Am Nullpunkt der Literatur* des jungen Roland Barthes. Unter diesem Titel finden sich eine Reihe von Essays versammelt, die zahlreiche Korrespondenzen mit Müllers poetologischen Texten und ihren Ausführungen zum ‚fremden Blick' aufweisen. Es ist anzunehmen, dass Müller mit diesen Texten bereits früh, über ihre Rezeption der Schriften Oskar Pastiors in Berührung kam. Die Relevanz dieser Essays für Müllers Texte ist nicht zu übersehen; sie erweist sich in ihrem Umgang mit Worten und Redewendungen, die gewohnten Zusammenhängen entnommen und so aus- und vorgestellt werden, dass sie eine eigene analytische Qualität erhalten und zugleich Assoziationen frei setzen.[21] Diese Korrespondenzen reichen bis in einzelne For-

---

20 Herta Müller: *Atemschaukel*. München 2009, S. 249.
21 Indem die gefundenen Worte als Fundstücke ausgestellt werden, verweigern sie sich der Konstruktion einer schönen Welt der Kunst, die Erholung von der hässlichen Realität verspricht. Weil es eben diesen Wirklichkeitsbezug gibt, sind manche Worte, so schön sie auch sein mögen, nicht zu gebrauchen. Dem entsprechend erläutert der Ich-Erzähler in *Atemschaukel* seine narrative Strategie des Auswählens am Beispiel einer Pflanze mit dem Namen „Meldekraut". Zwar ist im Leben der Lagerinsassen das Meldekraut von allergrößter Bedeutung, weil es im Frühjahr als Nahrungsmittel verzehrt werden kann; der Roman widmet dem Meldekraut daher eine seitenlange Beschreibung. Doch „Der Name MELDEKRAUT ist ein starkes Stück und besagt überhaupt nichts. MELDE war für uns ein Wort ohne Beiklang, ein Wort, das uns in Ruhe ließ. Es hieß ja nicht MELDE DICH, es war kein Appellkraut, sondern ein Wegrandwort" (ebd. S. 26).

mulierungen und Bilder hinein. So etwa, wenn Müller in der aus *Atemschaukel* zitierten Passage, in der vom Nullpunkt die Rede ist, ein mathematisches Gleichungszeichen einsetzt und damit auf Barthes' Ausführungen zu einer neutralen Schreibweise anspielt. Diese steht in seinen Essays zum *Nullpunkt der Literatur* im Zentrum. In dem entsprechenden Abschnitt formuliert Roland Barthes:

> Wenn die Schreibweise wirklich neutral ist, wenn die Ausdrucksform, statt ein lästiger unbezähmbarer Akt zu sein, zum Zustand einer reinen Gleichung wird, die angesichts der Leerheit der Menschen keine andere Dichte hat als eine algebraische Aufgabe, dann ist die Literatur besiegt, die menschliche Problematik ist entdeckt und wird ohne Färbung dargeboten, der Schriftsteller ist wieder ein ehrlicher Mensch.[22]

Müllers Schreiben in Gleichungen treibt eine Genauigkeit des Erzählens hervor, das sich der Wirklichkeit – und nicht ‚der Kunst' – verpflichtet weiß, auch wenn es sich dabei um ein ästhetisches Verfahren handelt. Gleichungen sind dabei ein wesentlicher Bestandteil der strukturalistischen Tätigkeit des Assoziierens, Verschiebens und Neukonstruierens. Von Vergleichen sind sie zu unterscheiden, die aus ethischen Gründen abzulehnen sind. Dabei geht es Müller nicht darum, einer Sakralisierung der Lagererfahrung in der Literatur das Wort zu reden, so wie es gelegentlich im Kontext der sogenannten Adorno-Debatte geschehen ist.[23] Vielmehr geht es ihr darum, sich keine Ungenauigkeiten zu gestatten. Es ist eben diese Auffassung, die auch der Ich-Erzähler in Imre Kertész' *Roman eines Schicksallosen* (ungar. 1975, dt. 1990/1996) vertritt: Auf die Frage eines Journalisten hin, ob er ihm etwas von der Hölle berichten könne, aus der er eben doch wohl gerade zurückgekehrt sei, gibt er diesem zur Antwort, er wisse nicht, wie

---

[22] Roland Barthes: „Schreibweise und Schweigen". In: Ders.: *Am Nullpunkt der Literatur. Literatur oder Geschichte. Kritik und Wahrheit*. Aus dem Französischen von Helmut Scheffel. Frankfurt/M. 2006, S. 60–63, Zitat S. 62.

[23] In der Unsagbarkeitsfrage, so wie sie im Rahmen der sogenannten Adornodebatte in der deutschsprachigen Literatur nach 1945 verhandelt wurde, dürfte Müller einen ähnlich kritischen Standpunkt wie Oskar Pastior einnehmen. Nicht ohne Ironie formuliert dieser in einem kleinen Text über das Entziehungsgedicht: „[...] das entziehungsgedicht ist aber ein produkt das keine tätigkeit ausüben sich also auch nicht entziehen kann und mit diesem sprachlichen trick der zwar keine nähere beschreibung ist kommen wir trotzdem der beschreibbarkeit ein wenig näher die wir vollends enthalten wenn wir aus der zum schein vorgeführten BESCHREIBUNG DER UNBESCHREIBBARKEIT durch vorzeichenwechsel die NICHTBESCHREIBUNG DER BESCHREIBBARKEIT erhalten der subjektive faktor im ersten glied erweist sich als außerliterarisch und wir gewinnen durch extrapolierung die nackte BESCHREIBBARKEIT die halten wir fest wir sind zwar noch immer im zeitpunkt in dem wir so tun als unterließen wir die beschreibung doch arbeiten wir bereits mit der beschreibbarkeit das ist viel wert (Oskar Pastior: *Jetzt kann man schreiben was man will*. München 2003, S. 22).

es in der Hölle aussehe. Nur im Konzentrationslager sei er gewesen, nur von dort könne er berichten.

## 4

Ein totalitäres System – die Welt des Arbeits- und Konzentrationslagers ist seine bedrohlichste Form – erzeugt Angst und Ohnmachtsgefühle, aber keine Zugehörigkeits- und Heimatgefühle. In Herta Müllers Erzählen mit dem ‚fremden Blick' kommt diese Überzeugung zum Ausdruck. Die Sprache, als Bestandteil einer wirkungsvollen strukturalistischen Tätigkeit auf das Leben verpflichtet, kann keinen Ersatz für das Zuhause bieten. In noch einmal besonderer Weise gilt dies nach Müllers Auffassung für die deutsche Sprache.

> Wer als Deutscher *Sprache ist Heimat* sagt, steht in der Pflicht, sich mit denen in Beziehung zu setzen, die diesen Spruch geprägt haben. Und geprägt haben ihn die Emigranten, die Hitlers Mördern durch Flucht entkommen waren. Auf sie bezogen, schrumpft *Sprache ist Heimat* zu einer blanken Selbstvergewisserung. Er bedeutet lediglich: „Es gibt mich noch". *Sprache ist Heimat* war den Emigranten in einer aussichtslosen Fremde das in den eigenen Mund gesprochene Beharren auf sich selbst. [24]

Müller versteht die Auffassung ‚Sprache ist Heimat' als eine hilflose, prinzipiell zum Scheitern verurteilte Strategie der Selbstvergewisserung. Zwar bekundet sie Verständnis für jene, die diese Formulierung wählten. Sie kann sie jedoch nicht für den eigenen Sprachgebrauch übernehmen.[25] Für eine nähere Bestimmung ihrer eigenen Auffassung zieht sie es vor, sich dem „Resümee des KZ-Häftlings und des in der Fremde hausenden Emigranten Semprún" anzuschließen. Diesem entlehnt sie den programmatischen Titel ihres Essays *Heimat ist das was gesprochen wird.*

---

24 Herta Müller: *Heimat ist das was gesprochen wird*, S. 24.
25 An die Herkunft dieser Formulierung erinnernd tritt Herta Müller ihrem Missbrauch entgegen, so wie er schon früh auch in deutschen Emigrantenkreisen – etwa von Leuten wie Ernst Bloch (vgl. Ernst Bloch in seinem Essay aus dem Jahr 1939 mit dem Titel *Zerstörte Sprache – Zerstörte Kultur*)– in der Auseinandersetzung mit der Vorstellung von einem ‚anderen Deutschland' diskutiert wurde und wie er in der neueren Exilforschung unter dem Eindruck der postcolonial studies erneut wieder in den Blick gerückt wurde (vgl. Stephan Braese: „Exil und Postkolonialismus". In: *Exilforschung. Ein internationales Jahrbuch* 27 (2009): *Exil, Entwurzelung, Hybridität*, S. 1–19).

Semprún sagt: „Im Grunde ist meine Heimat nicht die Sprache (...), sondern das, was gesprochen wird." (J. Semprún: *Federico Sánchez verabschiedet sich*. Frankfurt/M. 1994, S. 13)[26]

Heimat, bedeutet dies, gibt es nur in der Verlässlichkeit eines vertrauenswürdigen Freundeskreises. Auch diese Auffassung hat Konsequenzen für das Erzählen im Werk von Herta Müller, insbesondere für ihre Figurengestaltung und für die Konstruktion der Romanhandlungen.

Da Herta Müller für sämtliche ihrer Werke den Begriff des Autofiktionalen verwendet, erscheint es gerechtfertigt, Ricœurs Überlegungen zur Ich-Erzählung für die Analyse der Figurengestaltung heran zu ziehen. In seiner *Phänomenologie des fähigen Menschen* trifft Ricœur die Unterscheidung zwischen zwei Arten der Ich-Erzählung. Er spricht zum einen von einer Ich-Erzählung, die eine zusammenhängende Erzählung von einem Ich entwirft. Dieses Ich, das *idem*, übernimmt Verantwortung für seine Geschichte. Ricœur stellt es in ein dialektisches Spannungsverhältnis zum *ipse*, zum Ich in seiner historischen Bedingtheit, zu einem Ich mit dem Recht auf Wandel und Veränderung.[27] Es ist eben dieses Recht, auf dem die Figuren in den Romanen Herta Müllers – allen äußeren Umständen zum Trotz – bestehen.[28] In dem 1997 erschienenen Roman *Heute wär ich mir lieber nicht begegnet* schreit der Mann vom Geheimdienst das Ich im Ver-

---

26 Herta Müller: *Heimat ist das was gesprochen wird*, S. 26. Zum Bedeutungsfeld ‚Heimat' bei Herta Müller vgl. bes. Paola Bozzi: *Der fremde Blick. Zum Werk Herta Müllers*. Würzburg 2005, hierzu v.a. die Seiten 40–51. Bozzi subsumiert den Heimatbegriff im Werk Müllers als einen „in der Tat von der Schriftstellerin mit großer Beharrlichkeit als ‚Agonie des Realen' entpuppt[en] und als höchst artifizielle Veranstaltung" kenntlich gemachten (S. 46). Unter der Bezugnahme auf Wilhelm Solms Beitrag „Ankunft" (In: *Nachruf auf die rumäniendeutsche Literatur*. Hg. v. Wilhelm Solms. Marburg 1990, S. 234–257) geht sie schließlich so weit, Herta Müller den Status einer Exilautorin abzusprechen: „Fremde in der Heimat, doch nicht daheim in der Fremde, dies gilt auch für Herta Müller, die deshalb auch nicht als Exilautorin betrachtet werden kann." (S. 39) Astrid Schau beobachtet im Werk Müllers den prinzipiellen Einspruch gegen ein Heimatverständnis, das durch eindeutige kulturelle Besitzverhältnisse definiert ist: „Ein Affekt gegen monokulturelle Vereinnahmung ist allenthalben zu spüren." Astrid Schau: *Leben ohne Grund. Konstruktion kultureller Identität bei Werner Söllner, Rolf Bossert und Herta Müller*. Bielefeld 2003, S. 23.
27 Paul Ricœur: *Wege der Anerkennung. Erkennen, Wiedererkennen, Anerkennung*. Frankfurt/M. 2006, hier bes. S. 131ff.
28 Im Vergleich mit früheren Texten Müllers verschärft sich in *Atemschaukel* die Situation des Ich insofern, als der Totalität des Lagers vom Hungernden keine widerständige Identität, sondern nur mehr ein widerständiger Überlebenswille entgegengehalten werden kann. Identitätsbewusstsein ist ein Luxusgut in *Atemschaukel*, Sättigung ist seine Voraussetzung. Im letzten Lagerjahr, als die Insassen mit etwas Geld und Nahrung versorgt werden, kehrt es wieder zurück. Mit ihm kehren auch erwartbare Formen von Sozialverhalten wieder zurück.

hör an: „Siehst du, die Dinge verbinden sich." Und das Ich antwortet ihm: „Bei Ihnen, bei mir nicht."[29]

Zugleich ist Verlässlichkeit eine zentrale Qualität, welche die widerständigen Figuren in den Romanen Müllers auszeichnet. Es ist der Mangel an Verlässlichkeit, der in den Romanen Herta Müllers jene, die mit totalitären Systemen zusammenarbeiten, von jenen scheidet, die sich einer solchen Zusammenarbeit verweigern.[30] Die Romane Müllers erzählen von vertrauensvollen Freundschafts- und Liebesverhältnissen, und von dem existentiellen Angewiesensein auf dieses Vertrauen. In dem Selbstverständnis, nicht der ‚Typ' für die Kollaboration mit totalitären Systemen zu sein – nicht einen solchen Charakter zu haben –, wissen sich die (Freundes-)Figuren in den Romanen Herta Müllers versichert.

Genauer: In diesem Selbstverständnis meinen die Figuren über eine gewisse Zeit hinweg versichert zu sein. Denn die Romane Herta Müllers erzählen auch und immer wieder von den Erschütterungen des existentiell notwendigen Vertrauens in die Freunde. Und oftmals heben sich die Romane die verstörendste dieser Erfahrungen, die Erkenntnis, dass der Verrat bis in die eigene Liebesbeziehung hineinreicht, bis zum Schluss auf. So etwa in dem Roman *Der Fuchs war damals schon der Jäger,* in dem sich der sympathische, verzweifelte Ilije, der Geliebte der Hauptfigur Adina, am Ende als derjenige erweist, der die Freunde gegenüber der Securitate verraten hat, und der auf diese Weise mitschuldig ist an dem Selbstmord, den einer der Freunde begeht.[31] Zugespitzt findet sich diese erzählerische Strategie, die die Verunsicherung nicht nur am Beispiel der Figu-

---

[29] Herta Müller: *Heute wär ich mir lieber nicht begegnet.* Reinbek 1997, S. 28. Vgl. dazu auch Oskar Pastiors kurzen Text *Geschichte, Poesie.* Darin heißt es: „Geschichte geschieht; Geschichtsschreibung wird gemacht; Poesie geschieht und wird gemacht. [...] Es graust mich vor dem, was die Grund- und Zweck-Logik meiner eigenen Wörter, und sei sie noch so reizend historisch gestört, anzurichten imstande ist. Indem ich gegen den Automatismus der Angst vor dem Automatismus anschreibe, spiele ich öffentlich mit der Geschichte des Automatismus. Mein Interesse, ‚ich' zu sagen, scheint generell zu sein; daraus errechne ich die Chance, etwas anzurichten. Was Poesie ist, weiß ich nicht. Unter der Voraussetzung, das Maß nicht mehr zu kennen, messe ich Sätzen eine Bedeutung zu, die mich vielleicht enthält. Dann gibt es Sprünge. Und dann gibt es keine Sprünge mehr. Poesie im Nachhinein verkommt zu Geschichte." (Oskar Pastior: „Geschichte, Poesie". In: *Werkausgabe,* Bd. 4....was in der Mitte zu wachsen anfängt. Hg. v. Ernest Wichner. München 2008, S. 306).
[30] Sämtliche Romane Herta Müllers von *Der Fuchs war damals schon der Jäger* (Reinbek 1992) bis zu *Heute wär ich mir lieber nicht begegnet* (Reinbek 1997) erzählen von dieser Kluft. Es ist eine Kluft, die Herta Müller auch in Gesprächen immer wieder markiert.
[31] Ilijes Geliebte Adina erhält den Hinweis auf seinen Verrat von ihrem einstigen Geliebten Paul, der sie wieder zurückgewinnen möchte und der möglicherweise nicht ganz uneigennützig den Freund bei ihr denunziert. (Herta Müller: *Der Fuchs war damals schon der Jäger,* S. 260).

ren vorführt, sondern sie in den Lesenden selbst hinein verlagert, in dem Roman *Heute wär ich mir lieber nicht begegnet*. Der Roman endet mit einer Szene, in der die Ich-Erzählerin auf dem Weg zu einem Verhör durch die Securitate zufällig den Geliebten im vertrauten Umgang mit einem Mitarbeiter der Securitate ertappt. Diese Szene schließt mit den beschwörenden Worten, die das Ich sich selbst vorsagt: „Ha, ha, nicht irr werden" (239). Mit ihnen beschwört die Ich-Erzählerin den eigenen Verstand, der angesichts des Verrats Schaden zu nehmen droht – so wie auch ihre Nachbarin Frau Micu verrückt geworden ist, die mit einem Mann verheiratet ist, der für die Securitate das Haus ausspioniert.

Eine Äußerung von Herrn Micu ist der Ich-Erzählerin dabei in besonderer Erinnerung geblieben.

> Herr Micu sagte einmal zu Paul:
> Jeder Beischlaf ist ein Löffel Zucker für ihre abgedankten Nerven, das einzige, wodurch ich meine Frau bei Sinnen halten kann.
> Bei Sinnen, fragte Paul.
> Bei Sinnen, ich hab gesagt bei Sinnen, nicht bei Verstand.[32]

In Verhältnissen, die mit dem Verstand nicht zu bewältigen sind, kommt den Sinnen und der Sinnlichkeit eine zentrale Bedeutung zu. Sie sind es, die noch einen Kontakt zur Wirklichkeit ermöglichen.

In dem Exilroman *Reisende auf einem Bein* wünscht sich die Protagonistin Irene, dass das Bett ihr zur Heimat werden möge: zum Trost für die verlorene Heimat, zum sicheren Ort in dem Land, in dem sie zum Neuanfang genötigt ist. In der namenlosen deutschen Großstadt angekommen – die gleichwohl durch ihre unmittelbare Nachbarschaft zu der ‚anderen Stadt', von der sie durch eine Mauer getrennt ist, leicht als Berlin zu identifizieren ist – knüpft Irene ihre Hoffnungen an einen Geliebten, der in einer Stadt mit einem verheißungsvollen Namen zu Hause ist. Der Name dieser Stadt wird genannt, Marburg, er verspricht Schutz und Geborgenheit. Doch die Hoffnung, die Irene in den Mann aus Marburg gesetzt hatte, zerschlägt sich, so wie auch spätere Liebesbeziehungen keinen Heimatsatz bieten. Am Ende des Romans erkennt Irene, dass sie ihrer Einbürgerung zum Trotz eine in ihrer Zugehörigkeit unbestimmte Person geblieben ist. Sie rechnet sich den Menschen zu, „die nicht mehr wussten, ob sie nun in diesen Städten Reisende in dünnen Schuhen waren. Oder Bewohner mit Handgepäck."[33]

---

32 Herta Müller: *Heute wär ich mir lieber nicht begegnet*, S. 235.
33 Herta Müller: *Reisende auf einem Bein*. Berlin 1989, S. 165.

## 5

In *Reisende auf einem Bein* beschreibt Herta Müller Erfahrungen, die in vielen Punkten an Jean Amérys berühmten Essay *Wieviel Heimat braucht ein Mensch?* aus dem Jahr 1966 erinnern. Auch für Améry bedeutet der Verlust von Heimat den Verlust von etwas, was zuvor für selbstverständlich gehalten wurde.

> Heimat ist Sicherheit, sage ich. In der Heimat beherrschen wir souverän die Dialektik von Kennen-Erkennen, von Trauen-Vertrauen: Da wir sie kennen, erkennen wir sie und getrauen uns zu sprechen und zu handeln, weil wir in unsere Kenntnis-Erkenntnis begründetes Vertrauen haben dürfen. [...] Sicher aber fühlt man sich dort, wo nichts Ungefähres zu erwarten, nichts ganz und gar Fremdes zu fürchten ist. In der Heimat leben heißt, daß sich vor uns das schon Bekannte in geringfügigen Varianten wieder und wieder ereignet. Das kann zur Verödung und zum geistigen Verwelken im Provinzialismus führen, wenn man nur die Heimat kennt und sonst nichts. Hat man aber keine Heimat, verfällt man der Ordnungslosigkeit, Verstörung, Zerfahrenheit.[34]

Die Verstörung des Exilanten ist dadurch gekennzeichnet, dass sie nicht wieder ‚geheilt' werden kann. Die verlorene Heimat kann nicht wieder zurück gewonnen werden. Améry schreibt dazu:

> Wer das Exil kennt, hat manche Lebensantworten erlernt, und noch mehr Lebensfragen. Zu den Antworten gehört die zunächst triviale Erkenntnis, dass es keine Rückkehr gibt, weil niemals der Wiedereintritt in einen Raum auch ein Wiedergewinn der verlorenen Zeit ist.[35]

Die Zeit, in der Nachbarn sich noch nicht als die Denunzianten, Peiniger und Mörder erwiesen, als die sie später kenntlich wurden, ist unwiederbringlich vorbei. Konnte – oder musste, um politisch handlungsfähig zu bleiben – der Exilierte das Exil noch als einen „Wartesaal" begreifen und das Vergehen der Zeit als den Stillstand schieren Abwartens bestimmen, so muss er sich spätestens

---

[34] Jean Améry: „Wieviel Heimat braucht der Mensch?" In: Ders.: *Jenseits von Schuld und Sühne. Bewältigungsversuche eines Überwältigten*. Neuaufl. Stuttgart 1977, S. 74–101, Zitat S. 82f.

[35] Améry: „Wieviel Heimat braucht der Mensch?", S. 74–101, Zitat S. 75. Müller markiert den Moment dieser Verlusterfahrung als jenen Moment, in dem ein Prozess der Selbstreflektion einsetzt. In diesem versichert sich das Ich jedoch nicht seiner selbst, sondern es blickt, immer wieder aufs Neue, in den Abgrund. In dem Essay *Der Fremde Blick* heißt es dazu: „Niemand will Selbstverständlichkeit hergeben, jeder ist auf Dinge angewiesen, die einem gefügig bleiben und ihre Natur nicht verlassen. Dinge, mit denen man hantieren kann, ohne sich darin zu spiegeln. Wo die Spiegelung beginnt, finden nur noch abstürzende Vorgänge statt, man blickt aus jeder Geste in die Tiefe" (Herta Müller: *Der fremde Blick*, S. 28f.).

zum Zeitpunkt einer möglichen Rückkehr in die Heimat der Einsicht in die verlorene Zeit stellen.[36]

Nur als Landschaft ist Heimat nicht zu haben. Bei Müller wie bei Améry ist Heimat verbunden mit den Menschen, die sie damals schon bewohnt haben und die sie heute noch bewohnen. Durch sie setzt sich Geschichte in die Gegenwart fort. Entsprechend ist in Müllers *Reisende auf einem Bein* die Geschichte nationalsozialistischer Herrschaft so lange noch unmittelbar gegenwärtig wie die Zeitzeugen am Leben sind.

> Dann fing Irene das Gefühl ein, es könne plötzlich alles anders werden in der Stadt. Die alten Frauen mit den weißen Dauerwellen, polierten Gehstöcken und Gesundschuhen könnten plötzlich wieder jung sein und in den Bund Deutscher Mädchen marschieren. Es würden lange, fensterlose Wagen vor die Ladentüren fahren. Männer in Uniformen würden die Waren aus dem Regalen beschlagnahmen. Und in den Zeitungen würden Gesetze erscheinen wie in dem anderen Land.[37]

Irenes Alptraum ist kein Nachtgesicht, sondern eine Vision, die sich mitten am Tage einstellt. Sie ist keine Übertreibung, sondern sie dokumentiert das Geschichtsbewusstsein der Protagonistin. Es ist ein Geschichtsbewusstsein, das um die Geschichte des Landes, in dem sich Irene aufhält, ebenso genau Bescheid weiß, wie um die des Landes, aus dem sie gekommen ist. Der Roman stellt an dieser Stelle einen der – außerordentlich selten eingesetzten – Vergleiche her: den zwischen dem Nationalsozialismus in Deutschland und der totalitären Diktatur in Rumänien.

Jean Améry wählt in seinem Essay mit der Formulierung von der verlorenen Zeit eine auf Marcel Proust anspielende Formulierung. Auch für Améry ist Heimat das Land der Kindheit. Die Zeit, die dafür erforderlich gewesen wäre in einem neuen Land Heimatgefühle zu entwickeln, wurde bereits in der Heimat verbracht und ist insofern – und zwar sehr konkret auf die Erfahrung des Exils bezogen – verloren. Wenn Herta Müller ihrem Exilroman *Reisende auf einem Bein* ein scheinbar wenig spezifisches Zitat von Cesare Pavese voranstellt – den

---

[36] Die Einsicht, dass nach 1945 keine nationale Erzählung für ein ‚Deutschland' mehr vorstellbar ist, mit der man sich identifizieren könnte, lässt den Protagonisten in Oskar Maria Grafs Nachexilroman *Die Flucht ins Mittelmäßige* zu der Formulierung finden, dass nun erst das eigentliche Exil, „die Diaspora", beginne. Vgl. hierzu Bettina Bannasch: „Anderes Deutschland und Neue Diaspora. Konstruktionen nationaler Identität in der Literatur des Nachexils. Zu Thomas Manns *Doktor Faustus* und Oskar Maria Grafs *Die Flucht ins Mittelmäßige*". In: *Berührungen. Komparatistische Perspektiven auf die frühe deutsche Nachkriegsliteratur*. Festschrift für Gerhard Kurz. Hg. v. Günter Butzer und Joachim Jacob. München 2012, S. 83–98.
[37] Herta Müller: *Reisende auf einem Bein*, S. 49.

Satz „Aber ich war nicht mehr jung" – so lässt sich dieses Zitat in dem mit Hilfe von Amérys Proustadaption skizzierten Sinne als ein Hinweis auf die ‚verlorene Zeit' der Kindheit in der verlorenen Heimat verstehen. Dabei fällt auf, dass die Protagonistin dieses Romans ausdrücklich betont, eine schöne Kindheit verlebt zu haben, im Unterschied zu den vielen von Lieblosigkeit und Willkür bestimmten Kindheiten, die in anderen Texten Müllers beschrieben werden. „Ich war ein Kind, sagte Irene. Nicht schön und nicht gut. Ich wurde geliebt. Ich musste nur spielen und wachsen. Ändern musste ich mich nicht."[38] Ebenso wie der sein einstiges Heimatland bereisende Exilant Jean Améry ist auch die Protagonistin in Herta Müllers Exilroman keine nur im Proustschen Sinne aus dem Land der Kindheit Ausgebürgerte. Denn ebenso wie Amérys Essay stets auf die konkrete Erfahrung des Exils bezogen ist, so macht auch Müllers Roman an keiner Stelle das Angebot, die Exilerfahrung zu einer überzeitlichen, allgemein-menschlichen Erfahrung zu ‚literarisieren'. Irenes Trauer gilt dem verlorenen Land und der verlorenen Zeit, die an dieses Land gebunden ist. Der Einbürgerungsbescheid, auf den sie lange gewartet hat, bleibt ihr fremd – ganz im Unterschied zu dem Umschlag aus grobem grauem Papier, der sie zugleich mit dem Bescheid erreicht. Allein schon durch die sinnlichen Sensationen, die sein Anblick und die ertastete Beschaffenheit seiner Papierqualität hervorrufen, evoziert er eine Fülle von unkontrollierten Erinnerungen an das ‚andere Land', an die Freundin, die ihn schrieb, und an die Freunde, von denen sie geschrieben haben wird.[39]

## 6

Heimat gibt es nicht in den Romanen Herta Müllers. Und das ist gut so. Denn, wie es in *Reisende auf einem Bein* heißt, so kann das Denken an das andere Land auch nicht in der Kehle drücken.

---

**38** Herta Müller: *Reisende auf einem Bein*, S. 152.
**39** René Kegelmann stellt in seinem Beitrag „Emigriert" (In: *Die Wahrnehmung der deutsch(sprachig)en Literatur aus Ostmittel- und Südwesteuropa – ein Paradigmenwechsel*. Hg. v. Motzan und Sienert, S. 251–266) den Zusammenhang zwischen der Identitätsbildung und in der Vergangenheit gemachten Erfahrungen in Bezug auf das (häufig traumatische) Erinnern Irenes heraus. Muster traumatischen Erinnerns brechen oft in Irenes Leben ein und können durch einzelne Wörter oder Beobachtungen aktiviert werden und ihr Potenzial existenzieller Bedrohung entfalten (hierzu S. 261).

> Irene dachte oft an das andere Land. Doch sie drückten nicht in der Kehle, diese Gedanken. Sie waren nicht verworren. Überschaubar waren sie. Fast geordnet. Irene nahm sie hervor, in die Stirn. Schob sie zurück in den Hinterkopf. Wie Mappen.
> Was mußte sich bewegen im Kopf, dass es Heimweh hieß.
> Das Nachdenken blieb trocken. Es kamen nie Tränen. [...]
> Sie verwaltete ihr Heimweh eingeteilt in Landschaft und Staat, in Behörden und Freunde. Es war die Buchhaltung eines halben Lebens. Stille Mappen in fremden Regalen.
> Irene kam damit zurecht. Sie staunte und wusste, dass sie staunte.[40]

Müllers eingangs zitierte Formulierung vom „bittren Glück" des Exilanten, der absichtlich Heimweh mit Heimatlosigkeit verwechselt, fasst diese Strategie zusammen, die Irene im Umgang mit ihren Erinnerungen an das ‚andere Land' verfolgt. Doch bald schon erkennt Irene die Verlogenheit, mit der sie sich ihre Ruhe erkauft. Die durch Selbstbetrug erzwungene Ruhe schützt sie nicht vor dem Gefühl, das sie schließlich als Heimweh anzuerkennen genötigt ist. Sie identifiziert es als ein Gefühl, das sich der Kontrolle ihres Bewusstseins entzieht.

> Vielleicht hat Heimweh nichts mit dem Kopf zu tun, dachte Irene. Ist selbständig und verworren in der Ordnung der Gedanken drin. Vielleicht ist das ein Gefühl, wenn man weiß, wie es abläuft. Und wie man es vertreibt. Wenn man mal zu leicht und mal zu schwer ist auf den Straßen.
> Wenn das Heimweh ist, dachte Irene, dann bin ich verlogen.[41]

Wie für Prousts Marcel, so ist auch für den Exilierten die Erfahrung der verlorenen Zeit an die Zeit der Kindheit gebunden. Und auch er kennt die Vergeblichkeit willkürlicher Erinnerungsarbeit und die spontan sich einstellenden unwillkürlichen Erinnerungen.

Doch bestimmt die Erfahrung des Exils das Verhältnis von willkürlicher und unwillkürlicher Erinnerung neu. Während die willkürliche Erinnerung an das verlorene Land und die in ihm verlorene Zeit für Ruhe sorgt und dafür zuständig ist, die Schubladen im Kopf zu bestücken, stören die unwillkürlichen Erinnerungen diese wohltuende, schonende Ruhe. Sie tun dies auf zweifache Weise. Zum einen stören und verstören sie als traumatische Erinnerungen. Auch wenn gegen sie keine Abwehr möglich ist, so kollidieren sie doch nicht mit der vernünftigen Einsicht, die der willkürlichen Erinnerung ihre Ordnung diktiert. Anders verhält es sich mit den ‚unschuldigen' Erinnerungen, die es eigentlich gar nicht geben kann, die sich aber dennoch einstellen – etwa angesichts eines Briefumschlags aus grobem, grauem Papier. Sie erschweren das Leben des Exi-

---

40 Herta Müller: *Reisende auf einem Bein*, S. 78f.
41 Herta Müller: *Reisende auf einem Bein*, S. 79.

lanten auf subtile Weise und machen aus seiner trockenen Heimwehlosigkeit tränennasses Heimweh.

Der Ich-Erzähler in *Atemschaukel*, der im Umgang mit seinen unwillkürlichen Erinnerungen etwas mehr Erfahrung besitzt als die eben erst ausgereiste Irene, weiß um die Sinnlosigkeit, traumatische Erinnerungen beherrschen zu wollen. Sein Bemühen richtet sich daher ganz auf die Kontrolle eben dieser vermeintlich so ‚unschuldigen' Erinnerungen. Das angestrebte Ziel seiner Gedächtnisarbeit beschreibt er so:

> Ich habe meinem Heimweh schon lange trockene Augen beigebracht. Und jetzt möchte ich noch, dass mein Heimweh auch herrenlos wird. Dann sieht es nicht mehr meinen Zustand hier und fragt auch nicht mehr nach denen von Zuhause. Dann sind auch in meinem Kopf keine Personen mehr daheim, nur noch Gegenstände. Dann schiebe ich sie auf dem wunden Punkt hin und her, wie man die Füße schiebt bei der Paloma. Gegenstände sind klein oder groß, manche vielleicht viel zu schwer, aber sie haben ein Maß.
> Wenn mir das noch gelingt, ist mein Heimweh nicht mehr empfänglich für Sehnsucht. Dann ist mein Heimweh nur der Hunger nach dem Ort, wo ich früher einmal satt war.[42]

Dem quälenden Gefühl der Sehnsucht zieht der Ich-Erzähler in *Atemschaukel* die quälende körperliche Empfindung des Hungers vor. Sie ist die ihm vertraute, identitätsstiftende Empfindung – von ihr ausgehend, vom Nullpunkt in der Begegnung mit dem Hungerengel aus, erzählt er sein Leben. Diese Empfindung ist heimatlich, weil sie vertraut ist. Sie ist nicht heimatlich, weil sie an das Lager gebunden ist und das Lager nicht Heimat sein kann. Diese Widersprüchlichkeit charakterisiert auch den Blick, der aus dem Exil in die Heimat gerichtet wird.

Heimat gibt es nicht in den Romanen Herta Müllers. Heimat gibt es doch. Sie ist der wunde Punkt, auf dem die Dinge Paloma tanzen, um das Leben im Exil erträglich zu machen.

## Bibliographie

Agamben, Giorgio: *Homo sacer. Die souveräne Macht und das nackte Leben*. Aus dem Italienischen von Hubert Thüring. Frankfurt/M. 2002.
Améry, Jean: „Wieviel Heimat braucht der Mensch?". In: Ders.: *Jenseits von Schuld und Sühne. Bewältigungsversuche eines Überwältigten*. Neuaufl. Stuttgart 1977, S. 74–101.
Bannasch, Bettina: „Anderes Deutschland und Neue Diaspora. Konstruktionen nationaler Identität in der Literatur des Nachexils. Zu Thomas Manns *Doktor Faustus* und Oskar Maria Grafs *Die Flucht ins Mittelmäßige*". In: *Berührungen. Komparatistische Perspektiven auf*

---

42 Herta Müller: *Atemschaukel*, S. 191.

*die frühe deutsche Nachkriegsliteratur*. Festschrift für Gerhard Kurz. Hg. v. Günter Butzer und Joachim Jacob. München 2012, S. 83–98.

Barthes, Roland: „Schreibweise und Schweigen". In: Ders.: *Am Nullpunkt der Literatur. Literatur oder Geschichte. Kritik und Wahrheit*. Aus dem Französischen von Helmut Scheffel. Frankfurt/M. 2006, S. 60–63.

Binder, Karin: Herta Müller: *Reisende auf einem Bein*. In: Bettina Bannasch u. Gerhild Rochus: *Handbuch der deutschsprachigen Exilliteratur. Von Heinrich Heine bis Herta Müller*. Berlin, Boston 2013, S. 464–471.

Bloch, Ernst: *Zerstörte Sprache – Zerstörte Kultur* (Vortrag im Schutzverband deutscher Schriftsteller, New York 1939). In: *Gesamtausgabe*, Bd. 11. Politische Messungen, Pestzeit, Vormärz. Frankfurt/M. 1970, S. 277–299.

Bozzi, Paola: *Der fremde Blick. Zum Werk Herta Müllers*. Würzburg 2005.

Braese, Stephan: „Exil und Postkolonialismus". In: *Exilforschung. Ein internationales Jahrbuch* 27 (2009): *Exil, Entwurzelung, Hybridität*, S. 1–19.

Doppler, Bernhard: „Die Heimat ist das Exil. Eine Entwicklungsgestalt ohne Entwicklung. Zu ‚Reisende auf einem Bein'. In: *Die erfundene Wahrnehmung. Annäherung an Herta Müller*. Hg. v. Norbert Otto Eke. Paderborn 1991, S. 95–106.

Grün, Sigrid: *‚Fremd in einzelnen Dingen'. Fremdheit und Alterität bei Herta Müller*. Stuttgart 2010.

Kegelmann, René: „Emigriert. Zu Aspekten von Fremdheit, Sprache, Identität und Erinnerung in Herta Müllers *Reisende auf einem Bein* und Terézia Moras *Alles*". In: *Die Wahrnehmung der deutsch(sprachig)en Literatur aus Ost- und Südosteuropa – ein Paradigmenwechsel? Neue Lesarten und Fallbeispiele*. Hg. v. Peter Motzan u. Stefan Sienerth. München 2009, S. 251–263.

Kramer, Theodor: *Die Wahrheit ist, man hat mir nichts getan. Gedichte*. Hg. und mit einem Nachwort versehen v. Herta Müller. Wien 1999.

Krefeld, Thomas: „Bild, Wort, Satz, Text. Wie Herta Müller über die Gattungsgrenze ging". In: *Die Wahrnehmung der deutsch(sprachig)en Literatur aus Ost- und Südosteuropa – ein Paradigmenwechsel? Neue Lesarten und Fallbeispiele*. Hg. v. Peter Motzan u. Stefan Sienerth. München 2009, S. 235–249.

Merz, Konrad: *Ein Mensch fällt aus Deutschland*. Amsterdam 1936.

Mitterbauer, Helga: „Hybridität – Métissage – Diaspora. Zur Anwendbarkeit aktueller Identitäts- und Kulturkonzepte in der Erforschung von Minderheitenliteraturen, überprüft am Beispiel Herta Müllers *Der König verneigt sich und tötet* [2003]". In: *Die Wahrnehmung der deutsch(sprachig)en Literatur aus Ost- und Südosteuropa – ein Paradigmenwechsel? Neue Lesarten und Fallbeispiele*. Hg. v. Peter Motzan u. Stefan Sienerth. München 2009, S. 223–234.

Müller, Herta: *Reisende auf einem Bein*. Berlin 1989.

Müller, Herta: *Der Fuchs war damals schon der Jäger*. Reinbek 1992.

Müller, Herta: *Heute wär ich mir lieber nicht begegnet*. Reinbek 1997.

Müller, Herta: *Atemschaukel*. München 2009.

Müller, Herta: *Der Fremde Blick oder Das Leben ist ein Furz in der Laterne*. Göttingen ³2009.

Müller, Herta: *Die Nacht ist aus Tinte gemacht. Herta Müller erzählt aus ihrer Kindheit im Banat*. Konzeption/Regie: Thomas Böhm, Klaus Sander. 2 Audio-CDs, 115 Minuten, Berlin 2009.

Müller, Herta: *Heimat ist das was gesprochen wird*. Merzig 2009.

Müller, Herta: „Jedes Wort weiß etwas vom Teufelskreis. Nobelpreis-Vorlesung im Wortlaut". In: *Frankfurter Rundschau* v. 7.12.2009.

Müller, Herta: „Sag, dass du fünfzehn bist – weiter leben von Ruth Klüger". In: Dies.: *In der Falle. Drei Essays*. Göttingen 2009, S. 25–40.
Müller, Herta: „Menschen fallen aus Deutschland. Brief der Nobelpreisträgerin Herta Müller an Bundeskanzlerin Angela Merkel". In: *Frankfurter Allgemeine Zeitung* v. 24.06.2011.
Müller, Herta: „Diesseitige Wut, jenseitige Zärtlichkeiten". In: *Frankfurter Allgemeine Zeitung* v. 27.8.2011, Feuilleton S. 31.
Pastior, Oskar: *Jetzt kann man schreiben was man will*. München 2003.
Pastior, Oskar: „Geschichte, Poesie". In: *Werkausgabe*, Bd. 4. ...was in der Mitte zu wachsen anfängt. Hg. v. Ernest Wichner. München 2008, S. 306.
Predoiu, Graziella: „Die Rolle der rumänischen Sprache in den Texten Herta Müllers. Sprach- und Bildinterferenzen". In: *Deutsche Regionalliteratur im Banat und in Siebenbürgen im Vielvölkerraum*. Hg. v. Horst Fassel. Klausenburg 2002, S. 133–139.
Ricœur, Paul: *Wege der Anerkennung. Erkennen, Wiedererkennen, Anerkennung*. Frankfurt/M. 2006.
Schau, Astrid: *Leben ohne Grund. Konstruktion kultureller Identität bei Werner Söllner, Rolf Bossert und Herta Müller*. Bielefeld 2003.
Solms, Wilhelm: „Ankunft". In: *Nachruf auf die rumäniendeutsche Literatur*. Hg. v. Wilhelm Solms. Marburg 1990, S. 234–257.
Zayas, Alfred-Maurice de: *Anmerkungen zur Vertreibung der Deutschen aus dem Osten*. Stuttgart 1986.

**Internetquellen**

Video-Aufzeichnung der Nobelpreis-Vorlesung Herta Müllers, 07.12.2009. http://www.nobelprize.org/mediaplayer/index.php?id=1220 (Stand 01.03.2013).

Susanne Komfort-Hein
# Verdichtungen: Exil und Migration im Resonanzraum eines totalitären Jahrhunderts

Vertlibs *Zwischenstationen* und Schädlichs *Kokoschkins Reise*

Mit Vladimir Vertlibs, 1999 erstmals erschienenem autobiographisch grundiertem Roman *Zwischenstationen* und Hans Joachim Schädlichs Roman *Kokoschkins Reise* aus dem Jahr 2010 stehen zwei Texte, die sich auf historisches Exil als Vorgeschichte der Gegenwart beziehen, im Fokus einer exemplarischen Lektüre. Auf verschiedene Weise verhandeln sie im Kontext der aktuellen Gegenwart einer globalisierten Welt und allgegenwärtiger transnationaler Migrationserfahrungen die Erinnerung an ein totalitäres Jahrhundert der Verfolgung und der Exile. Diese Gegenwartserzählungen geben sich einerseits selbst als dessen Symptom zu erkennen und stellen aus, dass sie ohne diesen geschichtlichen Resonanzraum so nicht erzählbar wären. Andererseits suchen sie die vergangenen Erfahrungen als in den aktuellen Konstellationen rekonzeptionalisierte und transformierte zu bewahren. Indem sie die Gegenwart historisch deuten, vergegenwärtigen sie zugleich das Historische.

In besonderem Maße fordern die ein Nachleben des historischen Exils bezeugenden Texte der Gegenwartsliteratur dazu heraus, einen Exilbegriff zu entwickeln, der dieses nicht als gleichsam historisches Interimsphänomen einschließt, und eine Konstellation von Literatur und Exil zu befragen, die nicht in den Verknüpfungen ‚Literatur des Exils' oder ‚Literatur im Exil' aufgeht. Wenn etwa der Protagonist in Doron Rabinovicis Roman *Andernorts* (2010) mit den Worten vorgestellt wird, „[sein] Mißtrauen galt den Zivilisationen und Ideologien. Er schrieb an den Bruchlinien entlang",[1] dann ist damit eine Beobachtung formuliert, die eine literarische Verhandlung des Exils nicht (mehr) an eine nur historische Erfahrung oder an das (auto)biographische Zeugnis des Autors bindet. Auch Vertlibs und Schädlichs Romane schreiben an den Bruchlinien einer Gegenwart entlang, und zwar zeitlich und räumlich gesehen, indem sie mit ihrer Gegenwartserzählung jeweils eine aktuelle und zugleich historische Durchquerung Europas nachzeichnen und die Erfahrung eines Zivilisationsbruchs markieren, der Chronologie und Topographie des Erzählten erschüttert. In beiden

---
[1] Doron Rabinovici: *Andernorts*. Berlin 2010, S. 11.

Fällen geschieht das im Modus der Bewegung bzw. der Reise, der vergangene Fluchterfahrungen erinnert. Verhandelt Vertlibs Roman das im jüdischen Kontext, am Beispiel der nicht endenden Migrationsodyssee einer russisch-jüdischen Familie am Ende des zwanzigsten Jahrhunderts, so erzählt Schädlichs Roman mit einer Verschränkung von Fakt und Fiktion die gleichsam hauchdünne Gegenwartsgeschichte der Schiffspassage eines fast hundertjährigen Exilrussen zwischen Europa und Amerika nach dem 11. September 2001, durch die ein Jahrhundert der durch Terror gewaltsam zerschlagenen demokratischen Utopien durchscheint.

## 1 „Die bessere Welt war immer anderswo gewesen": *Zwischenstationen*

Vertlibs *Zwischenstationen* erzählt die Odyssee einer russisch-jüdischen Familie, die 1971 auf der Flucht vor einem politischen und alltäglichen Antisemitismus von Leningrad nach Israel führt, nach Österreich, Italien, wiederum Österreich, die Niederlande, ein zweites Mal nach Israel, nochmals nach Italien, über Österreich in die USA und schließlich ein letztes Mal nach Österreich. Die ursprünglich geplante einfache Ausreise aus der Sowjetunion nach Israel, die ersehnte Übersetzung einer gescheiterten „sozialistischen Utopie" der Eltern in eine „zionistische"[2] wird zu einem unendlichen Unterwegssein in einer „mehr als zehn Jahre dauernden Pendelroute zwischen verschiedenen Exilstationen."[3] Immer wieder sind sie der Erfahrung kultureller Fremdheit ausgesetzt, immer wieder wird ,Heimkehr' in ein ,eigentliches' Zuhause als ein unerfüllbares Versprechen bestätigt, bleibt dieses Exil doch an die bodenlose, jede binäre Opposition von ,Heimat' und ,Fremde' durchquerende Bewegung unauflösbarer Differenz geknüpft.[4]

Den Weg der Migration, den der Text in zwölf Kapiteln zwischen den Stationen Petersburg und Wien nachzeichnet, ist nicht von ungefähr in einen Rahmen gespannt, der die Logik von Anfang und Ende einer Geschichte des Exils sowie deren vorausgesetzte Erfahrung chronologischer Zeitlichkeit zerreißt und

---

2 Vladimir Vertlib: *Spiegel im fremden Wort*. Dresden ²2008, S. 13.
3 Vertlib: *Spiegel im fremden* Wort, S. 13.
4 Insofern lässt sich die Logik dieser Migrations- wie Exilerzählung auch mit Iain Chambers Diagnose skizzieren: „Wenn der Begriff Exil ein ursprüngliches Zuhause und das letztendliche Versprechen einer Heimkehr voraussetzt, so sprengen die Fragen, denen man sich *en route* zu stellen hat, ständig die Grenzen eines solchen Plans." (Iain Chambers: *Migration, Kultur, Identität*. Tübingen 1996, S. 3).

*ad absurdum* führt. In der insgesamt fragmentarisch bleibenden Textstruktur folgen die einzelnen Episoden den flüchtigen exilischen Aufenthaltsorten, den „Zwischenstationen", in einer Bewegung der Verschiebung und Verdichtung, die diese Migrationsgeschichte am Ende des zwanzigsten Jahrhunderts stets auf die eigenen Brüche und die Abgründe vorausgehender Geschichten eines ganzen totalitären Zeitalters verweist. Nicht unerheblich ist es, dass das Erzählen zwar aus der Retrospektive eines erwachsenen Ich-Erzählers geschieht, jedoch an die Wahrnehmungsperspektive des Kindes, des heranwachsenden Sohnes, gebunden ist. Sie wird einerseits als eine prekäre Perspektive des Nichtverstehens und Ausgeliefertseins deutbar, in der sich die Undurchschaubarkeit und Unberechenbarkeit eines zerrissenen exilischen Lebens nicht zu einem narrativen Zusammenhang zu fügen vermag. Andererseits zeigt sie sich als eine kindliche Naivität, die die Reichweite des Erlebten nicht abschätzen kann, sich jeweils neu ausrichtet und durch Phantasie Orientierung und Sinn gleichsam erfindet.

Dass die einzig gewisse, stabile Bindung die engste familiäre zu sein scheint, markiert der Text allein dadurch, dass die Eltern als „Vater" und „Mutter" in Erscheinung treten, also namentlich nicht genannt werden, wie übrigens der Ich-Erzähler selbst auch anonym bleibt. Die signifikante Auslassung der Eigennamen öffnet die individuelle Geschichte zugleich zu einer paradigmatischen,[5] in der sich gegenwärtige und vergangene historische Erfahrungen verschränken und das Kind auch als ‚Erben' eines transgenerationellen Gedächtnisses in Erscheinung treten lassen. Ihm ist ein traumatisch besetzter Erinnerungsmodus eingeschrieben, der Gegenwarten und Vergangenheiten kollidieren und förmlich ineinander stürzen lässt, in dem sich Orte und Zeiten „verdichten zu einem einzigen Gefühl der Zwischenwelt."[6]

Der Roman beginnt mit dem retrospektiven Blick des erwachsenen Erzählers auf eine Reise zur Großmutter nach St. Petersburg, in seine Geburtsstadt,

---

[5] Vgl. auch Dagmar C.G. Lorenz: „Vladimir Vertlib, a Global Intellectual: Exile, Migration, and Individualism in the Narratives of a Russian Jewish Author in Austria". In: *Beyond Vienna. Contemporary Literature from the Austrian Provinces*. Hg. v. Todd C. Hanling. Riverside 2008, S. 230–261. Dem Erzählverfahren attestiert sie „a disruptive narrative style of dissociation and confrontation." (S. 235).

[6] Vladimir Vertlib: *Zwischenstationen*. München ³2010, S. 263. Vivian Liska sieht diesbezüglich einen symptomatischen Aspekt der literarischen Imagination im Schreiben der ‚zweiten Generation' österreichisch-jüdischer Autoren: „Their point of departure lies in the awareness that although the gap between past and present cannot be bridged, this impossibility creates a space for the literary imagination to embrace the concerns of the present along with the confrontation with the past." (Vivian Liska: „Secret Affinities. Contemporary Jewish Writing in Austria". In: *Contemporary Jewish Writing in Europe. A Guide*. Hg. v. Vivian Liska u. Thomas Nolden. Bloomington 2008, S. 1–22, Zitat S. 10).

kurz bevor die Großmutter 1993 stirbt. Petersburg ist zugleich der Ort des Aufbruchs in die erzählte familiäre Odyssee, als es nicht mehr und noch nicht Petersburg, sondern Leningrad heißt und zur ehemaligen Sowjetunion gehört. Bereits hier zeichnen sich in den Brüchen und Rissen des eigenen Lebenslaufs auch die der vorherigen Generationen und der historisch-politischen Weltkarte ab. Diese erinnernde ‚Heimreise' steht im Zeichen mehrfacher Fremdheit, nicht nur durch den Namenswechsel der Stadt aufgrund der politischen Umbrüche, die eine alte Geschichte palimpsestartig überschrieben haben. Die Streifzüge des Erzählers durch den fremden Ort der Kindheit legen in dem Sinne verschiedene Erinnerungsschichten des buchstäblich Vergangenen im Unterstrom der Gegenwart frei, die erst mühsam ausgegraben werden müssen: „Verschwunden sind die alten Industrieanlagen auf der anderen Seite der Bahn und die tiefen, unkrautüberwucherten Gräben, die den Frontverlauf der Jahre 1941 bis 1943 markierten."[7]

Das „abgewohnt" wirkende, schon lang verlassene Wohnhaus der Familie, das der Erzähler nur mithilfe eines Stadtplans noch findet, trägt alle Zeichen des Verfalls und gewaltsamer Zerstörung, auf die seine imaginäre Vergegenwärtigung der an diesem Ort verschlossenen Geschichte verwiesen ist. Ihm öffnet sich der abgründige Blick auf eine unheimliche Stätte abwesender Geborgenheit, der bis in das Intimste eingedrungenen Gewalt, gegen die die ‚eigenen' vier Wände keinen Schutz zu bieten vermochten. In der imaginären Zeitreise werden den verfallenen materiellen Resten des Hauses der Kindheit Augenblicke höchster Gefahr, der staatlichen Übergriffe, der Überwachung, Verfolgung und Bedrohung abgelesen, denen die russisch-jüdische Familie, vor allem der Vater als bekennender Zionist, als sogenannter „Refjusnik" hier, in den eigenen vier Wänden ausgesetzt war. Es sind nur diskontinuierliche Augenblicke, fragmentarisch vergegenwärtigte Momentaufnahmen der unwiderruflich versunkenen Kindheit, die über die Erinnerungen der Großmutter in einen verdichteten, überdeterminierten Erinnerungsraum eines ganzen Jahrhunderts überführt werden:

> Eigentlich, meint sie [...] sei immer alles schlechter geworden. Von den Pogromen, die sie als Kind erlebt, dem Stalinterror, der ihren Bruder das Leben gekostet habe, dem Krieg, der Auswanderung meiner Eltern [...] bis zur Gegenwart, wo auf einmal nichts mehr gelten sollte, was man ihr in sieben Jahrzehnten Sowjetherrschaft beigebracht habe.[8]

---

7 Vertlib: *Zwischenstationen*, S. 13f.
8 Vertlib: *Zwischenstationen*, S. 22.

Im Petersburger Vorortzug 1993 zufällig mitgehörte Gespräche, Jelzin hat soeben das Parlament aufgelöst, künden von einem radikalen Wiederaufkeimen eines offenen Antisemitismus, der die „jüdische Mafia"[9] zum Schuldigen der Staatsmisere erklärt.

Die Erinnerungsreise durch fast ein Jahrhundert einer russisch-jüdischen Familie rückt das scheinbar weit voneinander entfernt Liegende, durch historisch-politische Umbrüche voneinander Getrennte in eine unheimliche Nachbarschaft, in einen Resonanzraum, in dem sich u.a. der Stalinterror, die ethnonationale Vernichtungspolitik des Nationalsozialismus und die tiefe Erschütterung des Glaubens an die sozialistische Utopie durch die erfahrenen antisemitischen Repressionen in der ehemaligen Sowjetunion begegnen. Die Migrationsgeschichte des Ich-Erzählers öffnet sich zu Beginn bereits ihrer verschütteten Vorgeschichte und erzählt auch eine Archäologie seines Exils, dem keine Vertreibung aus einer ursprünglichen Ganzheit und Geborgenheit vorausliegt, dem vielmehr schon Fremdheit und Bruch vorausgehen.

Diese werden nun auch zu ständigen Begleitern der erzählten Odyssee der Familie. Und gleich die erste „Zwischenstation", die, vor allem für den Vater, im Zeichen der Ankunft stehen sollte, erschüttert den Glauben an eine ‚eigentliche' Heimat. Die Hoffnung, die vollkommen desillusionierte sozialistische in eine erfüllte zionistische Utopie eintauschen zu können, wird am ersehnten Ziel Israel für die ‚russischen' Immigranten, als die sie hier in erster Linie wahrgenommen werden, zur bitteren Enttäuschung. Auf die Erfahrung, immer, und eben auch hier, am ‚falschen' Ort und nicht in Sicherheit zu sein, als ‚Fremder' identifiziert zu werden, verweist der Text ebenso hartnäckig wie beiläufig, etwa indem das an einer Kette um den Hals getragene Sternzeichen des Sohnes von dessen Mitschülern für das christliche Kreuzsymbol gehalten wird, „schließlich hätten ja alle gewußt, daß ich eigentlich ein ‚Goi', ein Nichtjude wäre."[10] Dieses Urteil bekräftigen sie noch einmal nachdrücklich, als er ihnen von der geplanten Ausreise der Familie erzählt, nachdem die Mutter nur knapp einem Bombenanschlag auf einen Bus entkommen ist.[11]

Obgleich sich eine ‚Heimat Israel' für die Familie als nicht lebbar erweist, bleibt Israel doch trotz alledem, vornehmlich für den Vater „ein *jüdischer* Staat, Refugium für Juden, wenn sie in Not sind", und zwar wider das Vergessen der „sechs Millionen", die „von den Nazis ermordet worden" sind.[12] Es ist nicht

---

9 Vertlib: *Zwischenstationen*, S. 19.
10 Vertlib: *Zwischenstationen*, S. 145.
11 Vertlib: *Zwischenstationen*, S. 146.
12 Vertlib: *Zwischenstationen*, S. 46.

unerheblich, dass diese Worte dem Vater in den Mund gelegt werden. Dessen Sehnsucht nach Ankunft in einer ‚eigentlichen', idealen Heimat ohne die Erfahrung von Repressionen, Verfolgung und Terror trifft zwar nirgendwo auf eine Lebensrealität, hält jedoch gerade mit ihrem Unerfülltsein ebenso nachdrücklich die Erinnerung an den Holocaust als Zivilisationsbruch und eine europäische Geschichte der Verfolgung und Diskriminierung von Juden vor der Staatsgründung Israels wach.

Der väterliche Entwurf einer idealen, ‚eigentlichen' Heimat, die nirgendwo auf eine ‚eigentliche' Referenz trifft, vielmehr permanent auf ein Anderswo verschoben wird, stets neuen Projektionen folgt, erklärt den Sohn zum Hoffnungsträger einer zukünftigen Erfüllung. In der familiären Konstellation gibt der Vater auch den Takt der rastlosen Suche nach dem ganz anderen Ort vor, ohne sich jedoch je auf einen konkreten Alltag und die Lebensbedingungen des jeweiligen Exillandes einzulassen. Diese Rolle bleibt der Mutter überlassen, die als studierte Mathematikerin zum Teil unter demütigenden Bedingungen prekärer Beschäftigungsverhältnisse den entscheidenden Part zum existentiellen Überleben der Familie beiträgt und insofern eine alternative Position zu dem sich selbst verzehrenden idealistischen Entwurf des Vaters besetzt.[13] Das Kind hingegen wird zum unfreiwilligen ‚Dekonstrukteur' einer Geschichte der verlorenen und wieder zu restituierenden Heimat und lässt die selbstgewisse Heimatrhetorik des Vaters sowie jede essentialistisch fundierte national-kulturelle Identität ins Leere laufen.

Als etwa der Wiener Sportlehrer des Kindes ob seines „hörbaren slawischen Akzents" wissen will: „Bist du Jugoslawe oder was?", lautet die schlagfertige Antwort, die sich keiner binären Unterscheidungslogik mehr fügt: „Ich bin das *Oder was*".[14] Das ist zugleich als subtiler Einspruch gegen den Wunsch des Vaters zu lesen, den Sohn zu einem „richtigen Einheimischen werden" zu lassen, „zu einem wie alle anderen auch."[15] Nach der Enttäuschung in Israel richtet sich der Wunsch vornehmlich auf den Aufenthalt in den USA, auf das „Land, in dem die Träume wahr werden",[16] in dem „jeder eingeschmolzen und gleichberechtigter Teil des Ganzen werde",[17] womit auch das Ziel einer langen, kollektiven Geschichte europäischer Auswanderungssehnsüchte in Erinnerung

---

13 Vgl. dazu auch Doerte Bischoff: „Exil und Interkulturalität: Positionen und Lektüren". In: *Handbuch Exilliteratur – Von Heinrich Heine bis Herta Müller*. Hg. v. Bettina Bannasch. Berlin 2013, S. 97–119.
14 Vertlib: *Zwischenstationen*, S. 170.
15 Vertlib: *Zwischenstationen*, S. 196.
16 Vertlib: *Zwischenstationen*, S. 210.
17 Vertlib: *Zwischenstationen*, S. 187.

gerufen wird. Aber auch der amerikanische Traum der Freiheit wirft seinen Schatten mit der Erfahrung eines alltäglichen Rassismus und endet mit dem Ablauf eines Touristenvisums und dem Status der Illegalität, der die Zwangsabschiebung durch die amerikanischen Behörden nach Österreich zur Folge hat, weil allein dort gültige Aufenthaltspapiere existieren.

Entgegen der idealistischen Hoffnung des Vaters erfüllt sich der Wunsch zu sein „wie alle anderen auch" auf paradoxe Weise gerade darin, dass aus der Position fortgesetzter Liminalität grundsätzlich vermeintlich feste Entitäten und Identitäten wie die Idee einer ursprünglich national-kulturellen Verwurzelung erschüttert werden.[18] Dort, wo das vermeintlich ‚Eigene' nur mehr im wechselnden Zwielicht der Differenz aufscheint, bleiben ‚Heimat' und ‚Heimkehr' in der Referenz auf ein unnahbares, nicht zu lokalisierendes ‚Anderswo', in der Negativität exilischer Kondition und im „one-way trip"[19] der Migration gefangen:

> Die bessere Welt war immer anderswo gewesen, in einem fernen Land des Glücks. Seit meiner frühesten Kindheit hatten die Eltern von diesem Land gesprochen. Dort war ich zu Hause, an einem Ort, wo es keinen Alltag gab. Doch dieses ferne Land war nun, wie einst Atlantis, im Meer versunken.[20]

Wie das sagenumwobene Atlantis umgibt auch das vermeintliche Zuhause des Sohnes der mythische Schleier eines unwiederbringlich Verlorenen, mit dem zugleich die idealistische Hoffnung des Vaters unrettbar versunken ist, die sich aus der Gegenbildlichkeit von Heimat und Fremde speist. Gegen den buchstäblich auf der Strecke bleibenden Entwurf einer heilenden Übersetzung von Fremde in Heimat stellt der Roman vielmehr mit der Figur des Sohnes den unheilbaren Riss im ‚Eigenen' und stets neuen Erfahrungen kultureller Fremdheit zur Schau. Unter dieser existentiellen Voraussetzung gilt es – mit Homi Bhabha gesprochen – „Zeiten, Begriffe und Traditionen, mit denen wir unsere ungewisse, dahingleitende Jetztzeit in die Zeichen der Geschichte verwandeln,"[21] immer wieder neu

---

[18] Vgl. auch Katrin Molnár: „‚Die bessere Welt war immer anderswo'. Literarische Heimatkonstruktionen bei Jakob Hessing, Chaim Noll, Wladimir Kaminer und Vladimir Vertlib im Kontext von Alija, jüdischer Diaspora und säkularer Migration". In: *Von der nationalen zur internationalen Literatur. Transkulturelle deutschsprachige Literatur und Kultur im Zeitalter globaler Migration.* Hg. v. Helmut Schmitz. Amsterdam, New York 2009, S. 311–336.
[19] Stuart Hall: „Minimal Selves". In: *Black British cultural studies. A Reader.* Hg. v. Houston A. Baker, Manthia Diawara u. Ruth H. Lindeborg. Chicago 1996, S. 114–119, Zitat S. 115.
[20] Vertlib: *Zwischenstationen,* S. 264.
[21] Homi Bhabha: „DissemiNation: Zeit, Narrative und die Ränder der modernen Nation". In: Ders.: *Die Verortung der Kultur.* Tübingen 2000, S. 207–253, Zitat S. 232.

auszuhandeln und zu übersetzen, mit dem Wissen um die Brüchigkeit und den Konstruktcharakter bzw. die Performativität von kultureller Identität.

Wenn der Sohn nämlich als ein besonders intensiver Leser sein „Land des Glücks"[22] in einer nicht territorial gebundenen, geistigen Heimat buchstäblich erlesener Welten sucht und sich damit stets den Tagträumen einer imaginativen Überschreitung seiner wurzellosen Existenz hingibt – womit der Text den Topos vom ‚Volk des Buches' in Erinnerung ruft –,[23] wirft das ebenso ein Licht auf den imaginären Status der väterlichen Heimat. Wenn das in der Lektüre phantasierte „Land des Glücks" darüber hinaus „in der fernen Vergangenheit" des „klassischen Athen" eine Ursprungswelt des europäisch-abendländischen Humanismus aufscheinen lässt, sind Perspektiven kultureller Identität und Erinnerung auf die nicht zu verdeckende, geschweige denn zu heilende Narbe des Zivilisationsbruchs verwiesen.

In auf den ersten Blick fast beiläufigen Bemerkungen erinnert der Text immer wieder an eine exilische Kondition, in der ‚Identität' und ‚Gemeinschaft' an die Risse und Brüche geknüpft bleiben, so etwa mit der Beschreibung der Feuilletonbeilage einer in den USA erscheinenden russischsprachigen Zeitung, die „aus einem jüdischen Hauptteil" besteht,

> der von jüdischen Emigranten aus der Sowjetunion redigiert wird, und [...] aus einem antisemitischen Nebenteil [...]. Hier schreiben alte russische Emigranten und deren Nachkommen über die jüdische Weltverschwörung und den jüdischen Bolschewismus, durch den sie angeblich ihr Heimatland verloren haben. Die neuen Emigranten beklagen die antisemitische Politik der sowjetischen Machthaber. Beide Gruppen verbindet ihr Antikommunismus und die Beteuerungen, die USA seien das schönste, demokratischste und reichste Land der Welt.[24]

Als unfreiwilliger ‚Sammler' einer zerstreuten, aus den Fugen geratenen Welt, die sich nicht mehr zu einer Geschichte fügen lässt, ‚erfindet' der Sohn gewissermaßen ein alternatives, Orientierung bietendes Repräsentationsmodell zu der auf Erfüllung gerichteten Exil-Narration des Vaters zwischen Verlust und Wiedergewinn der Heimat, und zwar in Form raum-zeitlicher Konstellationen, in denen sich die paradoxen Gleichzeitigkeiten des Ungleichzeitigen begegnen sowie räumliche Nähe des Entfernten entsteht, etwa in der Erinnerung des Wie-

---

22 Vertlib: *Zwischenstationen*, S. 264.
23 Vgl. dazu Andreas Kilcher: „‚Volk des Buches'. Zur kulturpolitischen Aktualisierung eines alten Topos in der jüdischen Moderne". In: *Münchner Beiträge zur jüdischen Geschichte und Kultur* 2 (2009), S. 43–58.
24 Vertlib: *Zwischenstationen*, S. 187.

ner Mietshauses, das vor allem von jüdisch-russischen Emigranten bewohnt wird:

> Ich dachte manchmal, ich sei in Israel, dann wieder, ich sei in Rußland, bis ich verstand, daß beides stimmte. Das Haus war ein Teil Israels und Rußlands, der sich in einer fremden Welt namens Wien befand. Keine Frage: Die Welt war wie eine Anzahl von Schachteln aufgebaut, die ineinanderpaßten.[25]

Dass sich die Eltern nach jahrelanger Migration resigniert dazu entschließen, sich ausgerechnet in Österreich niederzulassen, unterstreicht nachdrücklich die zahlreichen Unvereinbarkeiten, Widersprüche und die unmögliche Rückkehr zu vertrauten Begriffen kultureller oder nationaler Identifizierung. Die Waldheim-Affäre Mitte der 1980er Jahre ist nur die politische Spitze des Eisbergs einer unter der Gegenwart festgefrorenen, mit Schweigen verdeckten Vergangenheit.

Das durch die Vertreibungs- und Vernichtungspolitik des Nationalsozialismus erzwungene Exil sowie der Holocaust erweisen sich als unlöschbare Signaturen eines ganzen Zeitalters und somit auch dieser Migrationsgeschichte am Ende des zwanzigsten Jahrhunderts. Sie trägt insofern palimpsestartige Züge, als sie sich auch über das aktualisierende und das heißt zugleich rekonzeptualisierende literarische Erinnern des Exils 1933–45 und des Holocaust konstituiert.[26] Es sind plötzliche Kollisionen oder eben fast beiläufige Verweise auf ein Nachleben vergangener Erfahrungen, die manchmal nur an scheinbar unwichtigen Dingen haften und in die erzählte Gegenwart einbrechen, wie z. B. das heimlich gezeigte, wohlverwahrte Hitlerporträt der alten Wienerin, die das Kind betreut und diesem ein Zigarettenetui mit eingravierter Karte des ‚Großdeutschen Reiches' schenkt.[27] Wenn sie in Erinnerung an ihre Flucht aus Oberschlesien darüber hinaus das Opferleid einer Schicksalsgemeinschaft der vom Bolschewismus Vertriebenen reklamiert,[28] so fordert der Text nicht nur die entschiedene Reflexion über die Grenzen der Vergleichbarkeit ein, sondern stellt vielmehr die unüberbrückbare Kluft zwischen diesen Vertreibungserfahrungen zur Schau, gerade indem er sich der expliziten, narrativ vermittelnden Kommentierung enthält. Vielmehr macht das Textverfahren selbst den Bruch sichtbar, der jede kollektive Erinnerungs- und Identitätsvergewisserung markiert, nicht zuletzt auch zwischen den Generationen.

---

25 Vertlib: *Zwischenstationen*, S. 31.
26 Vgl. dazu u.a. Liska: „Secret Affinities".
27 Vertlib: *Zwischenstationen*, S. 50.
28 Vertlib: *Zwischenstationen*, S. 54.

Ein tiefer Bruch durchzieht ebenfalls die Generation der Nachgeborenen, der Kinder von Überlebenden des Holocaust. Im Roman ist das am Schauplatz Wien in der Beziehung des inzwischen erwachsenen Sohns mit der Tochter eines orthodoxen Juden dargestellt, die ihrerseits mit der traumatischen Geschichte der Eltern aufgewachsen ist:

> Bald kannte Rita alle Konzentrationslager, Selektionen, Lagerkommandanten, Kapos, Transporte und Greueltaten auswendig. Manchmal dachte sie, sie sei selbst dabeigewesen. [...] Die Zeitebenen, Erlebtes und Gehörtes, Reales und Vorgestelltes beginnen sich zu vermischen.[29]

Ein Streit entzündet sich schließlich um die Frage nach der jüdischen Identität. So wirft Rita dem Erzähler und dessen Familie vor, sie hätten mit der bereitwilligen Assimilation ihr Judentum nicht bewahrt und die eigenen Wurzeln gekappt: „Russen durftet ihr nicht sein, richtige Juden seid ihr keine mehr, Gojim aber auch nicht."[30]

Die in *Zwischenstationen* erzählte Migration endet mit einer ironisch-theatralen Simulation von Heimat und Ankunft, mit der der erwachsene Sohn das Exil der Familie auf paradoxe Weise aufhebt, indem die Ankunft in der sichtlich ‚falschen' Heimat zur Schau gestellt wird. Seine Entscheidung, von Wien in die Provinz nach Salzburg zu ziehen, zelebriert er mit einem Ankunftsritual und kauft am Salzburger Bahnhofsplatz, der „wie viele Bahnhofsplätze in Österreich, Südtirolerplatz heißt", einen Tirolerhut, „den erstbesten grünen Hut mit Feder. Holloraitulijöötuliahiii."[31] Eine zusätzlich ironische Note bringt der Verweis auf den Namen des Bahnhofsplatzes durch den Umstand ins Spiel, dass Südtirol (seit 1972 als autonome Provinz) politisch zu Italien gehört.

Der folkloristischen Heimatinszenierung bleibt im Akt subversiver Mimikry nicht nur die performative Qualität, sondern auch die Negativität einer Behauptung kultureller Identität an diesem Ort einer unheimlichen Heimat eingeschrieben, womit der Sohn sich, quer zum Exilentwurf des Vaters, als dauerhafter Bewohner eines heterotopischen Raums einrichtet.[32] Die Geschichte des Sohnes verdichtet sich darüber hinaus insofern zu einer paradigmatischen, als sie die europäische Geschichte am Ende des zwanzigsten Jahrhunderts an die Erinne-

---

29 Vertlib: *Zwischenstationen*, S. 285.
30 Vertlib: *Zwischenstationen*, S. 287.
31 Vertlib: *Zwischenstationen*, S. 301.
32 Vgl. dazu auch: Anat Feinberg: „Abiding in a Haunted Land. The Issue of Heimat in Contemporary German-Jewish Writing". In: *New German Critique* 70 (1997), S. 161–181.

rung ihrer totalitären Wurzeln und den Zivilisationsbruch bindet und in dem Sinne lesbar wird, wie es Natan Sznaider erörtert:

> Zwar mag es in Europa wieder eine Präsenz von jüdischen Menschen geben, aber eine jüdische Präsenz gibt es deswegen noch lange nicht. Die Tatsache, dass Juden wieder an den Orten leben, wo sie einst vernichtet wurden, heißt nicht, dass der Holocaust aufgehoben werden kann.[33]

## 2 „Ich verließ Europa": *Kokoschkins Reise*

Der Lebensweg des Protagonisten in Hans Joachim Schädlichs Roman *Kokoschkins Reise*, Fjodor Kokoschkin, eines 95-jährigen emeritierten Biologieprofessors mit amerikanischem Pass, wird auf besondere Weise als paradigmatisch verdichtete Biographie der Flucht, der Migration und des Exils für ein ganzes, zwanzigstes Jahrhundert totalitärer Identitätsbehauptungen und Vernichtungspolitiken erinnert. Seine Biographie zeichnet auch stellvertretend die mit der Oktoberrevolution einsetzende europäisch-transatlantische Fluchtgeschichte russischer Emigranten nach, deren Exodus zwischen den europäischen Diktaturen, zwischen Berlin, Paris und Prag auf dem Weg nach New York, das mit dem Zweiten Weltkrieg zu einem bedeutenden Zentrum der Russischen Emigration wurde.[34] Den Spuren einer Topographie des Terrors folgend, die sich in das Leben Kokoschkins schmerzhaft eingebrannt und es traumatisch gezeichnet hat, konstituiert sich die komplexe Rahmenstruktur der Erzählung. Statt die chronologische Ordnung einer großen, linearen Lebensgeschichte zu entfalten, konfrontiert uns der Text mit episodischen Erinnerungspassagen und der Verschränkung verschiedener Zeitebenen und Räume zu Konstellationen wechselseitiger Spiegelung. *Kokoschkins Reise* führt insofern durch eine labyrinthisch verschachtelte Zeitarchitektur, die die Brüche und Risse dieses exilischen Lebens in sich aufgenommen und es zugleich zu einem literarisch-historiographischen Panorama eines ganzen Zeitalters verdichtet hat, in dem sich Fakt und Fiktion untrennbar miteinander verbinden.

---

**33** Natan Sznaider: *Gedächtnisraum Europa. Die Visionen des europäischen Kosmopolitismus. Eine jüdische Perspektive*. Bielefeld 2008, S. 143f.
**34** Klaus J. Bade u. Jochen Oltmer: „Zwischen Aus- und Einwanderungsland: Deutschland und die Migration seit der Mitte des 17. Jahrhunderts". In: *Klaus J. Bade: Sozialhistorische Migrationsforschung*. Hg. v. Michael Bommes u. Jochen Oltmer. Göttingen 2004, S. 501–546, Zitat S. 523.

Die Rahmenerzählung berichtet von Kokoschkins sechstägiger, transatlantischer Schiffsreise auf dem Luxusliner Queen Mary 2, zwischen Southampton und New York, genau vier Jahre nach dem 11. September 2001. Der in Boston lebende Kokoschkin befindet sich gerade auf der Heimreise von einem Besuch in Europa, der ihn noch einmal an europäische Lebensstationen bzw. Exilorte seiner Kindheit und Jugend geführt hat, Prag, Petersburg und Berlin. Sieht man einmal von den vielfältigen Konstellationen und Spiegelungen der Erzähl- bzw. Erinnerungsebenen ab, so lässt sich ein grobes Zeitgerüst benennen: Die soeben beendete Reise, die in episodischen Ausschnitten zu lesen ist, kann als eine zweite Zeitschicht des Romans rekonstruiert werden. Eine dritte Zeitebene bildet ein eingestreuter, kurzer Bericht über Kokoschkins Besuch im Prag des Jahres 1968, der zugleich auf komplexe Weise mit weiteren Vergangenheitsebenen der wechselnden Exilorte zwischen Petersburg 1918 und Prag 1933 bis zur geglückten Emigration in die USA 1934, auf der Flucht vor dem Nationalsozialismus, verknüpft ist; denn Kokoschkin, mittlerweile Reisender mit amerikanischem Pass, wird im *Prager Frühling* noch einmal zum fluchtartigen Aufbruch gedrängt: „[...] ich bin gelernter Emigrant. Ich habe es im Urin: Die Russen überfallen die Tschechoslowakei."[35] Es ist das traumatisch erworbene, den eigenen Körper kontaminierende und eben nicht mehr zu tilgende negative Erfahrungswissen des Verfolgten, das auf Verbindungen zwischen den Zeiten und Orten verwiesen bleibt und in diesem Falle danach drängt, „zum Zeugnis zu werden, [...] in Erinnerungs- und Erzählstrukturen integriert zu werden."[36]

Kokoschkin gehört im Wesentlichen das Wort in dieser erzählten Lebensreise. Die einen großen Teil des Textes bestimmenden Erinnerungssequenzen sind als Konstellationen verschiedener Gespräche in Figurenrede nachgezeichnet, die Kokoschkin mit dem Universitätsbibliothekar Hlaváček führt, den er zuerst in Prag 1968 trifft und der ihn später auf seiner Europareise zu den ehemaligen Lebensstationen begleitet. Insofern ist der Dialog mit Hlaváček im Text zugleich als Dialog zwischen den erinnerten Zeitebenen geführt, in dem Kokoschkins Wort zwar zur dominanten Erzählstimme wird, jedoch immer an die Form des von einer anonymen Erzählinstanz arrangierten und markierten Figurenzitats gebunden bleibt. Dem gleichsam im Modus der teilnehmenden Beobachtung szenisch vergegenwärtigten Erinnerungsraum, in dem sich Kokoschkin bewegt, bleibt so ein Moment von unzugänglicher Fremdheit ein-

---

35 Hans Joachim Schädlich: *Kokoschkins Reise*. Reinbek 2010, S. 170.
36 Cathy Caruth: „Trauma als historische Erfahrung: Die Vergangenheit einholen". In: ‚Niemand zeugt für den Zeugen'. Erinnerungskultur nach der Shoah. Hg. v. Ulrich Baer. Frankfurt/M. 2000, S. 84–98, Zitat S. 94.

getragen, ohne identifikatorische Mitsicht, ohne psychologisch konturierte Innensicht der Figur. Der Effekt verstärkt sich noch dadurch, dass auch selbst Kokoschkins Rede zumeist die Form eines knappen, sachlichen Berichts ohne Gefühlsäußerungen hat. Die zerstreuten Erinnerungspassagen bezeugen so allein das explizit sprachlich Artikulierte und zwingen zur rekonstruierenden Verknüpfung der Dialoge in einer Lektüre zwischen den Zeilen, indem sie hinter jedem Wort einen gleichsam höchst beredten Raum des Nicht-Gesagten oder gar des Nicht-Sagbaren andeuten. Nur eines von vielen Beispielen: Die rettende Schiffspassage, die ihm 1934 von Cherbourg aus die Flucht aus Europa nach Amerika ermöglicht, wird befremdlich teilnahmslos im Stakkatostil schneidender Hauptsätze erinnert, die eine Welt des zerrissenen Zusammenhangs ausstellen: „Ich ging an Bord. Als das Schiff ablegte, stand ich an der Reling. Ich verließ Europa [...]."[37]

Solche Sätze lassen zwischen den Zeilen die dem Bewusstsein verschlossenen Abgründe traumatischer Erfahrung erahnen, indem sie das Einmalige, Unvergleichliche gleichsam wortlos abtrennen und die Erinnerung als anästhetisierte Registratur ausstellen.[38] Darüber hinaus fügen sich die Erinnerungspassagen des Textes nirgendwo zur Erzählung mit einem Orientierung versprechenden, deutenden Zentrum einer irgendwie identifizierbaren Erzählinstanz. Deren anonyme Stimme ist vielmehr auf ein Minimum berichtender, mitunter telegrammartiger Verknappung reduziert, mit der Tendenz zur bloß andeutenden Skizzierung von Begebenheiten, die sich selbst des Kommentars enthalten. So endet z. B. der Roman mit Kokoschkins Ankunft in New York, die mit exaktem Datum versehen ist: „14. September 2005." Nur skizzenhaft wird uns die Ankunft aus der kollektiven Wahrnehmungsperspektive der Passagiere vermittelt, die unweigerlich an zahlreiche, vorausliegende Ankünfte eines ganzen Jahrhunderts der Fluchten und Emigrationen aus Europa und das vielstimmige Panorama einer Hoffnung auf Rettung zwischen Freiheitsstatue und Ellis Island denken lässt:

> Unvermittelt ein goldenes Licht – die Fackel. Ein zweites – der Haarkranz. Vom samtenen Schwarz der frühen Stunde gerahmt – der kupfergrüne Körper. [...] Steuerbords die Lichter von Governors Island, backbords von Ellis Island. 5:30 Uhr. Sogleich die früh erhellten

---

37 Schädlich: *Kokoschkins Reise*, S. 145.
38 Vgl. dazu Aleida Assmann: *Erinnerungsräume. Formen und Wandlungen des kulturellen Gedächtnisses*. München 2003, S. 259: „Worte nehmen das Trauma nicht in sich auf. Weil sie allen gehören, geht nichts Unvergleichliches, Spezifisches, Einmaliges in sie ein, und schon gar nicht die Einmaligkeit eines anhaltenden Schreckens. Und doch bedarf gerade das Trauma der Worte."

Fenster der Hochhäuser an der Südspitze von Manhattan steuerbords. Mit dem aufkommenden Tageslicht Verwandlung der Silhouette von Manhattan zum Manhattan-Panorama.[39]

Nur die bereits zuvor eingestreuten Hinweise auf das Datum, auf die Sicherheitsmaßnahmen der Küstenwache als „Vorkehrungen gegen Angreifer"[40], nur der wie beiläufig gegebene Hinweis zu Beginn des Romans, dass Kokoschkin bei der Kontrolle auf dem Flughafen in Berlin ein unerlaubtes Schweizer Taschenmesser aus dem Handgepäck zu entfernen hat,[41] die Gespräche der Passagiere an Bord sowie Kokoschkins Aussage: „Ich mag die Silhouette von Manhattan ohne die beiden Türme gar nicht mehr sehen"[42] markieren das hier Verschwiegene als eine hochsemantisierte Leerstelle. Gerade das Ausgesparte kann als Zeichen einer größtmöglichen Verdichtung von Geschichte und Geschichten gelesen werden, das der Lektüre abverlangt, Verknüpfungen zwischen Zeiten und Orten, zwischen der Vergangenheit eines totalitären Jahrhunderts und dieser Gegenwart im Schatten von *9/11* herzustellen.

Die Rahmenepisode der Schiffspassage ist nun gleichsam der aktuelle Ausgangsort einer verschachtelten Erinnerungsreise Kokoschkins. Der mit festen Ritualen durchorganisierte Lifestyle einer saturierten Wohlstands- und Konsumgesellschaft an Bord, zwischen Golfsimulator, Kunstauktion, Champagner-Bar, Karaokeshow und exklusiven Speisekarten, scheint für die Passagiere vor allem einem Zeitprinzip zu folgen: „Wie schlagen wir die Zeit tot? Sie flohen die Ruhe auf See." Nicht so für Kokoschkin, über den es heißt, er hätte „anderes im Sinn: Er wollte die Zeit verlängern."[43] Verspricht die Reise den betuchten Passagieren einer *upper class*, die sich weltgewandt auf globalem Parkett zu bewegen sucht, eine Flucht aus dem Alltag in eine ablenkende, genießende und geschichtsvergessene Unterhaltung, der schon Tischgespräche über Politik als lästiger Appetitverderber gelten, so wird die Überfahrt für den alten Kokoschkin zu einer schmerzvollen Erinnerungspassage. Sie führt durch die um den Resonanzraum eines ganzen vergangenen Jahrhunderts gedehnte geschichtliche Zeit, die sich in der Vergegenwärtigung des eigenen Lebens verdichtet hat. Im durch die Verhältnisse gleichsam erzwungenen wissenden Blick des „gelernte[n] Emigrant[en]" hat dieses Jahrhundert seine nicht vergehende Vergangenheit auch der Gegenwart unauslöschbar eingeschrieben. In Rückblenden durchquert die Erin-

---

39 Schädlich: *Kokoschkins Reise*, S. 188f.
40 Schädlich: *Kokoschkins Reise*, S. 188.
41 Schädlich: *Kokoschkins Reise*, S. 11.
42 Schädlich: *Kokoschkins Reise*, S. 119.
43 Schädlich: *Kokoschkins Reise*, S. 56.

nerungsfahrt, nicht chronologisch, sondern sprunghaft episodisch und immer wieder unterbrochen durch Ereignissplitter der Rahmenepisode auf dem Schiff, unterschiedliche Zeitschichten eines im totalitären Zugriff auf das Intimste zugerichteten Menschenlebens an neuralgischen Umschlagspunkten der kollektiven europäischen Geschichte, die vor allem als verdichtete Augenblicke einer Entscheidung zwischen demokratischer Hoffnung und Diktatur aufscheinen und für den 1910 in St. Petersburg geborenen Fjodor Kokoschkin Stationen einer fortgesetzten Flucht und Exilierung bedeuten. Für die in Schädlichs Roman auf Schlaglichter vernichtender Gewalt gerichtete Geschichtsdeutung beginnt die Veräußerung von Freiheit und Demokratie, die Geschichte totaler Herrschaft bereits mit der gewaltsamen Machtübernahme der Bolschewiki während der Oktoberrevolution, dem Oktoberputsch 1917. Auch Kokoschkin wird, wie der gut zwei Generationen jüngere Sohn in Vertlibs Roman *Zwischenstationen*, zum unfreiwilligen Protagonisten einer Geschichte des verfolgten Vaters, aus der er nicht austreten kann und die ihn zur Flucht zwingt, und auch dieser Sohn kann sich auf keine ursprüngliche Verwurzelung in einer verlorenen Heimat berufen. Kokoschkins Geschichte ist die mit dem gewaltsamen Tod des Vaters verknüpfte Geschichte der radikalen Auslöschung politisch-demokratischer Aufbrüche kurz vor der Gründung der Sowjetunion, gleichsam als deren Gründungsakt. So öffnet die Geschichte des wesentlich älteren Kokoschkin auch den Blick auf *eine* Vorgeschichte jener russisch-jüdischen Migrationsodyssee, die Vertlibs Roman den Sohn als seine Geschichte erzählen lässt.

Der Vater des Protagonisten Fjodor Kokoschkin, der nicht von ungefähr denselben Namen trägt, hat eine realhistorische Entsprechung (ohne den gleichnamigen Sohn): Fjodor Kokoschkin, konstitutioneller Demokrat, gehörte als Minister der russischen Provisorischen Regierung an, die nach dem Sturz des Zaren bis zum Oktoberputsch 1917 unter Kerenski im Amt war, und war Mitglied der Verfassungsgebenden Versammlung. Im Januar 1918 wurde Kokoschkin gemeinsam mit Schingarjow von Bolschewiken im Petersburger Mariinskaja-Hospital ermordet. In Schädlichs Roman bildet die Ermordung des Vaters für den achtjährigen Sohn das die eigene Existenz am Anfang schon zerreißende, entwurzelnde traumatische Ereignis, das unabtrennbar mit einem katastrophischen politischen Gründungsereignis verbunden ist: „Die Bolschewisten haben die Anfänge der Demokratie zerschlagen. [...] Das war das Todesurteil für die Russische Demokratie."[44] Insofern figuriert der gleichnamige Sohn auch als ‚Sohn' der abgetöteten Demokratie, der fortan zu einer Odyssee quer durch Europa verdammt ist, einer Topographie des Terrors der totalitären politischen Regime

---

44 Schädlich: *Kokoschkins Reise*, S. 38 u. 40.

folgend, wo das Wort ‚Zuhause' nicht mehr ohne das Wort ‚Heimsuchung' zu denken ist und für Kokoschkin den Status eines „Nirgendwo"⁴⁵ besitzt.

Die Odyssee führt den Sohn mit der Mutter über das ukrainische Odessa 1922 nach Berlin, neben Paris, in das die Mutter Kokoschkins weiterreist, ein bedeutendes Zentrum der russischen Exilanten nach der Oktoberrevolution.⁴⁶ Ein sicherer Zufluchtsort bietet sich den antibolschewistischen Exilanten im Berlin der Weimarer Demokratie jedoch nicht: So lässt die diplomatische Anerkennung des sowjetischen Regimes durch die Weimarer Republik im Vertrag von Rapallo (1922) die Kokoschkins fast zeitgleich mit ihrer Ankunft in Berlin zu Staatenlosen werden.⁴⁷

Die am Joachimsthalschen Gymnasium den staatenlosen Berliner Neuankömmling Kokoschkin wie zum Hohn begrüßende, mahnend fragende Inschrift „Dic cur hic",⁴⁸ ein auf den protestantischen Dichter und Pädagogen Johann Michael Moscherosch zurückgehender humanistischer Leitspruch, der diesem Betrachter, schmerzhaft Rechenschaft verlangend, „ins Auge" fällt, erfährt seine Widerlegung in der Lektüre des Flüchtlings: „‚Weil ich kein Zuhause habe.'"⁴⁹ – Für sein Exil gibt es keine sinnstiftende Antwort, keine Aufhebung in einer humanistischen Vision menschlicher Gemeinschaft. Vielmehr tritt an deren Stelle im Zentrum des totalitären zwanzigsten Jahrhunderts, wie es Edward Saids *Reflections on Exile* anmerken, ein hoffnungslos weltliches wie historisch verortetes Exil, das mit unheilbarer Verletzung und unauflösbarer Differenz einhergeht.⁵⁰ So ist auch Kokoschkins Überleben der Kontingenz überantwortet,

---

45 Schädlich: *Kokoschkins Reise*, S. 104.
46 Vgl. dazu u.a. Karl Schlögel (Hg.): *Der große Exodus. Die russische Emigration und ihre Zentren 1917–1941*. München 1994; Karl Schlögel (Hg.): *Chronik russischen Lebens in Deutschland 1918–1941*. Berlin 1999; Marc Raeff: *Russia Abroad. A Cultural History of the Russian Emigration, 1919–1939*. New York, Oxford 1990; John Glad: *Russia Abroad. Writers, History, Politics*. Tenafly, NJ 1999.
47 Schädlich: *Kokoschkins Reise*, S. 67.
48 Die Sentenz ist als Aufforderung an den Einzelnen gerichtet, über den Sinn seines irdischen Daseins nachzudenken: „Sag, warum du hier (auf der Erde) bist." Vgl. zur Überlieferungsgeschichte der Inschrift am Joachimsthalschen Gymnasium in Berlin: Stefan Kipf: „Moderner Humanismus – Perspektiven und Reflexionen". In: *Forum Classicum* 4 (2012), S. 248–255, bes. S. 249.
49 Schädlich: *Kokoschkins Reise*, S. 95.
50 Edward Said: „Reflections on Exile". In: Ders.: *Reflections on Exile and Other Essays*. Cambridge, MA. 2001, S. 173–186. Vgl. S. 174: „[...] exile cannot be made to serve notions of humanism. On the twentieth-century scale, exile is neither aesthetically nor humanistically comprehensible: [...]. Is it not true that the views of exile in literature and, moreover, in religion, obscure what is truly horrendous: that exile is irremediably secular and unbearably historical;

immer wieder nur glücklichen Fügungen und den Ausnahmefällen der rettenden Hilfe Einzelner zu verdanken. Das „Dic cur hic" lässt sich als zynische Losung eines verlorenen Daseins lesen, das Kokoschkin einer unheimlichen Wiederkehr von Heimsuchungen aussetzt, an historische Augenblicke des Umschlags von demokratischen Hoffnungen in den Terror einer Diktatur gebunden, in einer für das Kind und den Heranwachsenden undurchschaubaren politischen Welt sich berührender Extreme:

> Nach der Ernennung Hitlers zum Reichskanzler am dreißigsten Januar Dreiunddreißig, nach der Machtübertragung und nach dem endlosen Fackelzug der SA fühlte ich, daß der Boden unter meinen Füßen brach. Ein Gefühl der Unsicherheit, der Verlorenheit, der Bedrohung und Gefahr. Es war das gleiche Gefühl, das mich nach Mamas Berichten über die Machtergreifung der Bolschewisten Neunzehnhundertsiebzehn in Petersburg beherrscht hatte.[51]

Das Datum seiner Flucht nach Prag, der 21.6.1933, koinzidiert in der Logik dieser Narration nicht von ungefähr mit dem Verbot der SPD, eines jener Ereignisse, mit denen sich der Weg der Weimarer Demokratie in den Terror unauslöschlich in die eigene Biographie einträgt. Und mit dem Bild des 1933 unter den Füßen einbrechenden Bodens verleiht dieser Eintrag dem „Dic cur hic" nachträglich, im Zeichen aufgelöster chronologischer Zeiterfahrung, eine auf das Vergangene verwiesene wie zugleich prophetische Lesart totalitärer staatlicher Gründungsgewalt, die in der Vernichtungspolitik des Nationalsozialismus ihre beispiellos radikalste Konsequenz zeigen wird. Die 1933 mit dem einbrechenden Boden freigesetzte Erinnerung an Petersburg 1917 lässt den Blick ins Bodenlose der „Ursprünge totaler Herrschaft"[52] und des Scheiterns demokratischer Utopien fallen.[53]

---

that it is produced by human beings for other human beings; and that, like death but without death's ultimate mercy, it has torn millions of people from the nourishment of tradition, family, and geography?"

51 Schädlich: *Kokoschkins Reise*, S. 115f.

52 Vgl. dazu Hannah Arendts theoretische Überlegungen zur Genese und Geschichte des europäischen Totalitarismus im 20. Jahrhundert: *Elemente und Ursprünge totaler Herrschaft. Antisemitismus, Imperialismus, totale Herrschaft*. München [12]2008. Arendts Ausführungen zum staatenlosen, rechtlosen Flüchtling lassen sich wie ein Kommentar auf Kokoschkins Widerlegung des „Dic cur hic" lesen: „[...] denn wiewohl der Rechtlose nichts ist als ein Mensch, ist er doch dies gerade nicht durch die gegenseitig sich garantierende Gleichheit der Rechte, sondern in seiner absolut einzigartigen, unveränderlichen und stummen Individualität, der der Weg in die gemeinsame und darum verständliche Welt dadurch abgeschnitten ist, daß man ihn aller Mittel beraubt hat, seine Individualität in das Gemeinsame zu übersetzen und in ihm auszudrücken." (S. 623f.).

53 Zu einem Vergleich der Provisorischen Regierung Russlands mit der Weimarer Demokratie siehe u.a. Leonid Luks: „Das Scheitern der ‚ersten' russischen' und der ‚ersten' deutschen

Kokoschkins Odyssee ist nicht nur aufs Engste mit den politischen Ereignissen verflochten; der Roman greift vielmehr auch den Erinnerungsfaden eines antibolschewistischen russischen Exils auf, indem er neben Berlin auch Paris als Zentrum russischer Exilanten einblendet, wo sich die Mutter ab 1925 aufhält, nachdem sie den Sohn in Berlin zurückgelassen hat. Im Paris der 1920er Jahre stehen die russischen Exilanten, so erfahren wir, „auf verlorenem Posten. Moskau hetzt gegen sie, und die ‚Linke' in Frankreich steht auf der Seite Moskaus."[54] Die resignative Diagnose wird der russischen Schriftstellerin Nina Berberova in den Mund gelegt, die ebenso wie u.a. Wladislaw Chodassewitsch, Iwan Bunin und Maxim Gorki und Alexander Kerenski als Romanfigur in Erscheinung tritt. Und nicht zufällig weist Kokoschkins Biographie eine Reihe markanter Ähnlichkeiten mit der Vladimir Nabokovs auf.[55]

Insbesondere am Beispiel von „Gorki zwischen allen Stühlen"[56] lässt der Roman paradoxe Konstellationen eines antibolschewistischen Exils aufscheinen, das sich in den realpolitischen Machtverhältnissen zwischen den Optionen Verrat oder Gefolgschaft zerrieben sieht: „Einerseits nahm Gorki Geld von Lenin, andererseits übte er Kritik an Lenins Terror gegen russische Künstler und Intellektuelle."

Die Biographie des fiktiven Kokoschkin verdichtet sich auch auf diese Weise zu einer paradigmatischen, der der historiographische Diskurs des Romans einen Platz im kulturellen Gedächtnis einer diasporischen Erinnerungsgemeinschaft russischer Exilanten zuweist. Jene konstituiert sich u.a. durch eine Reihe intertextueller Gedächtnisspuren. Wenn beispielsweise der 95-jährige Kokoschkin Olga Noborra, seiner Bekanntschaft an Bord, eine Passage aus Iwan Bunins Erzählung *Erste Liebe* vorliest und mit den Worten kommentiert: „Ich ziehe Sie in *meine* russische Welt",[57] so wird diese „russische Welt" als eine im Medium der Literatur erst nachträglich angeeignete, als imaginärer Entwurf kenntlich. Die buchstäblich erlesene Heimat erlaubt vor allem auch Kokoschkins Reise nur eine imaginäre Heimkehr. Ist Kokoschkins nationalkulturelle Verortung gleich-

---

Demokratie und die daraus gezogenen Lehren – eine Skizze". In: *Forum für osteuropäische Ideen- und Zeitgeschichte* 11 (2007), S. 85–106.
54 Schädlich: *Kokoschkins Reise*, S. 101.
55 Schädlich: *Kokoschkins Reise*, S. 67. Nabokov war ebenfalls aus St. Petersburg und hat sich als Schmetterlingsforscher betätigt. Sein Vater war auch Mitglied der Provisorischen Regierung und wurde im Berliner Exil ermordet. Vgl. dazu auch Katja Wiebe: „,Gelernte Emigration?' Fingierte Exilbiographik am Beispiel von Hans Joachim Schädlichs ‚Kokoschkins Reise'". In: *diskurs* 7 (2011) H.2, S. 46–70, insbes. S. 51.
56 Schädlich: *Kokoschkins Reise*, S. 78.
57 Schädlich: *Kokoschkins Reise*, S. 127.

sam der Literatur übertragen, so kommt hinzu, dass sich seine „russische Welt" von Anfang an nur als eine mehrfach medialisierte, schon entortete Welt konstituiert, etwa über die russischen Volkslieder der Mutter sowie die ersten Lektüren russischer Literatur in deutscher Übersetzung.[58]

Über Bunins Prosa öffnet sich ein ganzer, in das neunzehnte Jahrhundert reichender, Resonanzraum einer versunkenen Welt des vorsowjetischen Russlands, die für Kokoschkin auch den imaginären Eintritt in eine unvordenkliche Zeit vor dem bolschewistischen „Todesurteil für die Demokratie" und vor dem traumatischen Vaterverlust impliziert. In seinem Exilantenleben scheint damit eine Verbindung zum gemeinschaftstiftenden Erinnerungsnarrativ der in Europa versprengten antibolschewistischen russischen Exilgemeinden, der *Zarubežnaja Rossija*, eines diasporischen „Russland jenseits der Grenzen,"[59] auf, das sich als Mythos wesentlich in den Zwischenkriegsjahren formiert.[60] Die Ent-Ortung voraussetzende Beschwörung von nationalkultureller *Heimat* ohne *eigentliche* Referenz verknüpft Kokoschkins individuelle Biographie auch mit diesem kollektiven Erinnerungsnarrativ. So hallt in Kokoschkins Bemerkung, er sei „[i]n Europa und Rußland"[61] gewesen, in einem Gespräch darüber, ob Russland nun zu Asien oder Europa gehöre, auch noch der idealistische Entwurf einer geistigen Heimat ‚russischer' Kultur nach, der „von einer kulturgeschichtlichen Sonderrolle Russlands gegenüber Europa aus[ging]" und sich gegen „eine reale, geschichtlich gewordene Kultur"[62] richtete.

Der Kokoschkins Reise und den Text abschließende, scheinbar beiläufige Verweis der Erzählinstanz auf dessen Fahrt „[n]ach Boston. Nach Hause"[63] wird

---

**58** Schädlich: *Kokoschkins Reise*, S. 93–96.
**59** Claudia Weiss: „Zarubežnaja Rossija – eine Heimat zwischen den Welten". In: *Mitteilungen der gemeinsamen Kommission für die Erforschung der jüngeren Geschichte der deutsch-russischen Beziehungen*, Bd. 4. Hg. v. Horst Möller u. Alexandr O. Tschubarjan. München 2010, S. 156–161, Zitat S. 156. Die *Zarubežnaja Rossija* steht insofern für die Formierung einer *imagined community* in dem Sinne, wie es Benedict Andersons Studie untersucht: *Imagined Communities. Reflections on the Origin and Spread of Nationalism*. London 1983.
**60** Die Bedeutung der Emigrantenpresse für die erfolgreiche Genese dieses identitätsstiftenden Narrativs untersucht ausführlich Claudia Weiss: *Das Russland zwischen den Zeilen. Die russische Emigrantenpresse im Frankreich der 1920er Jahre und ihre Bedeutung für die Genese der ‚Zarubežnaja Rossija'*. Hamburg, München-Ebenhausen 2000.
**61** Schädlich: *Kokoschkins Reise*, S. 18.
**62** Weiss: *Zarubežnaja Rossija*, S. 158. Vgl. dazu auch Klaus Städtke: „Kultur und Zivilisation. Zur Geschichte des Kulturbegriffs in Russland". In: *Kulturauffassungen in der literarischen Welt Russlands. Kontinuitäten und Wandlungen im 20. Jahrhundert*. Hg. v. Christa Ebert. Berlin 1995, S. 18–46.
**63** Schädlich: *Kokoschkins Reise*, S. 189.

nicht ohne die Spur des Exils durch ein ganzes Jahrhundert und die Berufung auf eine imaginäre ‚russische' Heimat lesbar. Der letzte, fragmentarische Satz des Romans kann insofern auch als eine Rückwendung und erneute Eröffnung des Textes betrachtet werden, als in der Rahmenepisode der Schiffspassage im Jahr 2005 das brüchige Konstrukt der Gegenwart einer globalisierten Weltgesellschaft des einundzwanzigsten Jahrhunderts verhandelt wird, die auf den eigenen Unterstrom des Unabgegoltenen in einer unabschließbaren Vergangenheit verwiesen bleibt.

„Das Schiff schien von allein den Kurs zu halten. Natürlich! Autopilot![...] Und wenn plötzlich ein Eisberg auftauchte?"[64] Diese zunächst lakonisch anmutende Frage, in der unauflösbaren Doppelstimmigkeit erlebter Rede, gibt sich auf den zweiten Blick als verdichtete Anspielung auf den legendären Untergang des Luxusliners Titanic im Jahr 1912, der für das zwanzigste Jahrhundert zum Mythos eines abgründigen Fortschritts der Moderne avancierte. In Kokoschkins Wahrnehmungsmodus, der sich nämlich als ein prophetischer aufgrund (!) des fundamentalen Verlusts von Sicherheit und Zugehörigkeit gibt, bricht ein diskontinuierlicher Augenblick ein. Er fungiert als augenblickshafte Störung einer chronologischen Zeitlichkeit, in dem eine vergangene Erfahrung die Gegenwart heimsucht, und als Berührung der Extreme: vermeintlich Sicherheit bietender technischer Fortschritt und dessen katastrophisches Scheitern. Dieses historische Ereignis vom Untergang des Luxusliners diente Hans Magnus Enzensbergers Verskomödie *Der Untergang der Titanic* 1978 als Folie für die kritische Analyse eines Jahrhunderts immer wiederkehrender scheiternder, gewaltsam zerschlagener Geschichtshoffnungen, die sich an historische Augenblicke eines möglichen historisch-politischen Neuanfangs klammerten. Im *Untergang der Titanic* verdichten sich entsprechend die Aporien eines Fortschrittsdenkens und der Reinigungsphantasmen des radikalen, restlosen Bruchs mit dem Vergangenen:

> Wir glaubten noch an ein Ende, damals
> (wann: >damals<? 1912? 18? 45? 68?),
> und das heißt: an einen Anfang.
> Aber inzwischen wissen wir:
> Das Dinner geht weiter.[65]

Und wie zur Bestätigung des ungeachtet aller Katastrophen fortgesetzten Dinners, einer eben nicht neu beginnenden Zeit nach den zerschlagenen Utopien,

---

64 Schädlich: *Kokoschkins Reise*, S. 179.
65 Hans Magnus Enzensberger: *Der Untergang der Titanic*. Frankfurt/M. 1996, S. 97.

scheint Schädlich mit *Kokoschkins Reise* auf der Queen Mary 2 den Faden mit den immer wieder ausführlich beschriebenen, mehrsprachigen luxuriösen Speisekarten und Menüs aufzunehmen: „Kokoschkin ließ die Vorspeise aus und bestellte wieder Grilled Swordfish Steak, Lemon and Oregano Oil, Niçoise Olive Relish. Als Dessert Sugar Free Ice Coffee Strasbourg."[66]

So überträgt der Text Enzensbergers historisch-politischen Resonanzraum eines totalitären Jahrhunderts, dort gelesen mit dem Blick auf den Eisernen Vorhang der geteilten Welt am Ende der 1970er Jahre, gleichsam in eine transatlantische europäisch-amerikanische (Text)Passage des beginnenden einundzwanzigsten Jahrhunderts.

Hier hat die ideologisch-politische Weltkarte mit dem Terror von *9/11* und der Rede vom *Clash of Civilizations*[67] soeben eine neue Teilung erfahren.

So stellt Schädlichs Text das fortgesetzte Dinner, die immer gleichen ritualisierten Tagesabläufe einer geschichtsvergessenen, sich in Selbstsicherheit wähnenden mondänen Gesellschaft, der spielerischen Leichtigkeit ihrer Smalltalks, des Lebensgenusses und der Unbekümmertheit des *global playing* aus, das sich buchstäblich auf dünnem Eis bewegt. Unter seiner Oberfläche rumoren aber die Erinnerungen an ein totalitäres Jahrhundert zerschlagener Demokratien und verfolgten, vernichteten Lebens. Das in den höchst beredsamen Passagen des Textes Nicht-Gesagte lässt die nicht zum Wort findenden traumatischen Verletzungen Kokoschkins erahnen, durch die seine Exilgeschichte in der Gegenwart nicht endet, sondern als heterotopisches Gedächtnis ankommt, wenn etwa einer der Gesprächspartner Kokoschkins, der Fabrikationsanlagen in Entwicklungsländern baut, die ökonomischen Überlebensregeln in der globalisierten Welt auf den Punkt bringt: „Demokratien oder Diktaturen! Das ist für uns vollkommen gleichgültig."[68]

Die immer wieder provozierte Aufmerksamkeit auf die Leerstellen des in Kokoschkins Biographie verdichteten, heterotopischen Gedächtnisses eines totalitären Jahrhunderts rückt auch die beiläufigen Verweise auf die vermeintliche Zäsur für eine demokratische, westliche Welt durch den Terror von *9/11* in den Fokus vergangener Erfahrungen, wenn der Text die akribischen Sicherheits-

---

66 Schädlich: *Kokoschkins Reise*, S. 57.
67 Vgl. Samuel P. Huntington: *The Clash of Civilizations and the Remaking of World Order*. New York 1996.
68 Schädlich: *Kokoschkins Reise*, S. 62.

kontrollen auf Kokoschkins Reise als Spur einer gefährlichen Preisgabe demokratischer Grundrechte zugunsten überwachender Sicherheit markiert.[69]

Schädlichs Erzählung weist auf den hauchdünnen Boden der prekären Gegenwart einer globalisierten Welt, der jederzeit einbrechen und deren Gewissheiten erschüttern kann, und erinnert so an ihre unabschließbare eigene Vorgeschichte, in der die Ursprünge eines historischen Exils nach wie vor rumoren. Vertlibs Migrationsgeschichte bewahrt nachdrücklich die Erinnerung an ein jüdisches Exil, das an das Schicksal eines vielfachen Vertriebenseins gebunden ist, nicht in einer einfachen Bewegung von Heimat in Fremde aufgeht. Aber auch in *Kokoschkins Reise*, in der die Begriffe ‚Herkunft' und ‚Heimat' fragwürdig werden, ist das Exil als ein permanentes Unterwegssein gezeichnet. Beide Texte gestalten Exilerfahrungen, die für das europäische zwanzigste Jahrhundert als paradigmatische gelesen werden können.[70] Als deutschsprachige Gegenwartstexte erzählen sie jeweils von einem Exil, das nicht in Deutschland 1933 beginnt, sondern am Anfang des zwanzigsten Jahrhunderts in Russland, womit das vom Nationalsozialismus erzwungene Exil an eine Vorgeschichte, aber auch eine nicht endende Nachgeschichte des Zivilisationsbruchs angeschlossen wird, – eine Konstellation, die einen Epochenbegriff und ein nationalgeschichtliches Verständnis des Exils nachdrücklich verabschiedet.

## Bibliographie

Anderson, Benedict: *Imagined Communities. Reflections on the Origin and Spread of Nationalism*. London 1983.
Arendt, Hannah: *Elemente und Ursprünge totaler Herrschaft. Antisemitismus, Imperialismus, totale Herrschaft*. München [12]2008.
Assmann, Aleida: *Erinnerungsräume. Formen und Wandlungen des kulturellen Gedächtnisses*. München 2003.
Bade, Klaus J. u. Jochen Oltmer: „Zwischen Aus- und Einwanderungsland: Deutschland und die Migration seit der Mitte des 17. Jahrhunderts". In: *Klaus J. Bade: Sozialhistorische Migrationsforschung*. Hg. von Michael Bommes u. Jochen Oltmer. Göttingen 2004, S. 501–546.
Bhabha, Homi: „DissemiNation: Zeit, Narrative und die Ränder der modernen Nation". In: Ders.: *Die Verortung der Kultur*. Tübingen 2000, S. 207–253.

---

[69] Vgl. dazu: Ilja Trojanow u. Juli Zeh: *Angriff auf die Freiheit. Sicherheitswahn, Überwachungsstaat und der Abbau bürgerlicher Rechte*. München 2009.
[70] Zu den Grenzen dieser Behauptung bezüglich des auch problematischen Diskurses einer ‚Exemplarität des jüdischen Exils' siehe Vivian Liskas Beitrag in diesem Band.

Bischoff, Doerte: „Exil und Interkulturalität: Positionen und Lektüren". In: *Handbuch Exilliteratur – Von Heinrich Heine bis Herta Müller.* Hg. v. Bettina Bannasch. Berlin 2013, S. 97–119.
Caruth, Cathy: „Trauma als historische Erfahrung: Die Vergangenheit einholen". In: *‚Niemand zeugt für den Zeugen'. Erinnerungskultur nach der Shoah.* Hg. v. Ulrich Baer. Frankfurt/M. 2000, S. 84–98.
Chambers, Iain: *Migration, Kultur, Identität.* Tübingen 1996.
Enzensberger, Hans Magnus: *Der Untergang der Titanic.* Frankfurt/M. 1996.
Feinberg, Anat: „Abiding in a Haunted Land. The Issue of Heimat in Contemporary German-Jewish Writing". In: *New German Critique* 70 (1997), S. 161–181.
Glad, John: *Russia Abroad. Writers, History, Politics.* Tenafly, NJ 1999.
Hall, Stuart: „Minimal Selves". In: *Black British cultural studies. A Reader.* Hg. v. Houston A. Baker, Manthia Diawara u. Ruth H. Lindeborg. Chicago 1996, S. 114–119.
Huntington, Samuel P.: *The Clash of Civilizations and the Remaking of World Order.* New York 1996.
Kipf, Stefan: „Moderner Humanismus – Perspektiven und Reflexionen". In: *Forum Classicum* 4 (2012), S. 248–255.
Liska, Vivian: „Secret Affinities. Contemporary Jewish Writing in Austria". In: *Contemporary Jewish Writing in Europe. A Guide.* Hg. v. Vivian Liska u. Thomas Nolden. Bloomington 2008, S. 1–22.
Lorenz, Dagmar C.G: „Vladimir Vertlib, a Global Intellectual: Exile, Migration, and Individualism in the Narratives of a Russian Jewish Author in Austria". In: *Beyond Vienna. Contemporary Literature from the Austrian Provinces.* Hg. v. Todd C. Hanlin. Riverside 2008, S. 230–261.
Luks, Leonid: „Das Scheitern der ‚ersten' russischen' und der ‚ersten' deutschen Demokratie und die daraus gezogenen Lehren – eine Skizze". In: *Forum für osteuropäische Ideen- und Zeitgeschichte* 11 (2007), S. 85–106.
Molnár, Katrin: „,Die bessere Welt war immer anderswo'. Literarische Heimatkonstruktionen bei Jakob Hessing, Chaim Noll, Wladimir Kaminer und Vladimir Vertlib im Kontext von Alija, jüdischer Diaspora und säkularer Migration". In: *Von der nationalen zur internationalen Literatur. Transkulturelle deutschsprachige Literatur und Kultur im Zeitalter globaler Migration.* Hg. v. Helmut Schmitz. Amsterdam, New York 2009, S. 311–336.
Rabinovici, Doron: *Andernorts.* Berlin 2010.
Raeff, Marc: *Russia Abroad. A Cultural History of the Russian Emigration, 1919–1939.* New York, Oxford 1990.
Said, Edward: „Reflections on Exile". In: Ders.: *Reflections on Exile and Other Essays.* Cambridge, MA. 2001, S. 173–186.
Schädlich, Hans Joachim: *Kokoschkins Reise.* Reinbek 2010.
Schlögel, Karl (Hg.): *Der große Exodus. Die russische Emigration und ihre Zentren 1917–1941.* München 1994.
Schlögel, Karl (Hg.): *Chronik russischen Lebens in Deutschland 1918–1941.* Berlin 1999.
Städtke, Klaus: „Kultur und Zivilisation. Zur Geschichte des Kulturbegriffs in Russland". In: *Kulturauffassungen in der literarischen Welt Russlands. Kontinuitäten und Wandlungen im 20. Jahrhundert.* Hg. v. Christa Ebert. Berlin 1995, S. 18–46.
Sznaider, Natan: *Gedächtnisraum Europa. Die Visionen des europäischen Kosmopolitismus. Eine jüdische Perspektive.* Bielefeld 2008.
Trojanow, Ilja u. Juli Zeh: *Angriff auf die Freiheit. Sicherheitswahn, Überwachungsstaat und der Abbau bürgerlicher Rechte.* München 2009.

Vertlib, Vladimir: *Zwischenstationen.* München ³2010.
Vertlib, Vladimir: *Spiegel im fremden Wort.* 2. Aufl. Dresden 2008.
Weiss, Claudia: „Zarubežnaja Rossija- eine Heimat zwischen den Welten". In: Horst Möller u. Alexandr O. Tschubarjan (Hg.): *Mitteilungen der gemeinsamen Kommission für die Erforschung der jüngeren Geschichte der deutsch-russischen Beziehungen*, Bd. 4. München 2010, S. 156–161.
Weiss, Claudia: *Das Russland zwischen den Zeilen. Die russische Emigrantenpresse im Frankreich der 1920er Jahre und ihre Bedeutung für die Genese der ‚Zarubežnaja Rossija'.* Hamburg, München-Ebenhausen 2000.
Wiebe, Katja: „‚Gelernte Emigration?' Fingierte Exilbiographik am Beispiel von Hans Joachim Schädlichs ‚Kokoschkins Reise'". In: *diskurs* 7 (2011) H.2, S. 46–70.

Elisabeth Bronfen
# Die Kunst des Exils

## 1 Exil: Lebenserfahrung und Ästhetisches Projekt

Von der ‚Kunst' des Exils zu sprechen, betrifft unweigerlich zweierlei: Zum einen jene Texte, die Exil zum Thema haben und diese Erfahrung überhaupt zum ästhetischen Prinzip deklarieren. Wegweisend ist der Ausspruch von Stephen Daedelus in Joyces *Portrait of the Artist as a Young Man* (1916):

> I will not serve that in which I no longer believe, whether it calls itself my home, my fatherland, or my church. And I will try to express myself in some mode of life or art as freely as I can, and as wholly as I can, using for my defense the only arms I allow myself to use – *silence, exile and cunning*.[1]

Von der ‚Kunst' des Exils zu sprechen, deutet aber auch auf eine Lebenskunst hin, die Fähigkeit, in der Fremde mit der dort erfahrenen Entortung produktiv umgehen zu können. Denn Exil bezieht sich auf eine Abwesenheit von der Heimat, die man aus unterschiedlichen Gründen verlassen musste. Erzwungen oder freiwillig hat der- oder diejenige, die ins Exil gehen, sich von ihrer vertrauten Umwelt getrennt, eine Entwurzelung auf sich genommen, die einer Weltlosigkeit gleichkommt, und auf die nur mit neuen Selbstentwürfen reagiert werden kann. ‚Kunst' bezieht sich in diesem Fall auf die Fähigkeit, ein sinnstiftendes Narrativ zu finden, um mit dieser Existenz zwischen zwei Welten zu leben: zwischen Bekanntem und Fremden, zwischen einer Vergangenheit (die einen nie loslässt) und einer Zukunft (die offen bleiben muss).

Als ich mich zum ersten Mal mit diesem Thema beschäftigte, war es mir wichtig, diese Doppelstruktur aufzufächern.[2] Von der klassischen Moderne ausgehend fällt einem natürlich immer zuerst die produktive Kraft auf, die mit dem Verlassen einer vertrauten Alltäglichkeit einhergeht. Man denkt an die vielen Expatrioten in den Romanen von Henry James, vor allem aber an Gertrude Stein, die die Distanz zu Amerika brauchte, um Amerika philosophisch reflektieren zu können. Nach dem Ersten Weltkrieg erscheint dann für die berüchtigte *lost generation* der Gang ins Exil eher einer Abenteuerreise gleich. Die trunkenen, wilden

---

1 James Joyce: *A Portrait of the Artist as a Young Man*. Harmondsworth 1960, S. 247.
2 Siehe Elisabeth Bronfen: „Exil in der Literatur: Zwischen Metapher und Realität". In: *Arcadia* 28 (1993) H. 2, S. 167–183.

Zeiten in europäischen Städten, in denen man gar nicht einheimisch werden will – Woody Allen hat dies jüngst in *Midnight in Paris* nochmals nostalgisch-ironisch zelebriert – fungieren wie ein kollektives Wunderland: ein Gegenlager, welches die gewöhnliche Heimat spiegelt und befragen lässt. Diese Leidenschaft für die Fremde zwischen den Kriegen bezog natürlich ihren Reiz daraus, dass zeitgleich eine Massenwanderung stattfand – wirtschaftliche Immigration und politische Flucht – deren Exilerfahrung wesentlich weniger exaltiert war. Von dieser konkreten Entortung zehren literarische Texte über Exil. Man könnte mit Barthes sagen: Es haftet bei diesem Thema die reale Referenz am künstlerischen Zeichen.

Um dieses Pendeln zwischen Exil als fröhlichem Zustand der Freiheit von kulturellen Bindungen und als leidvolle Erfahrung eines erzwungenen Heimatverlustes in seiner Komplexität zu reflektieren, ging es mir damals um eine weitere Überlagerung: Ergibt sich die Verbindung der Exilerfahrung zur Literatur dadurch, dass es ein Narrativ braucht, um dieser Sinn zu verleihen, so bedienen sich diese Geschichten wiederum gerne tradierter Diskurse, in denen Exil als Lebensmetapher eingesetzt wird, vornehmlich für das zwanzigste Jahrhundert die judeo-christliche Mythopoetik: neben dem spezifischeren Exodus aus Ägypten und dem Babylonischen Exil, vor allem die Vertreibung aus dem Paradies. Erinnern wir uns deshalb auch an das grandiose Bild, mit dem Milton in *Paradise Lost* (1667) – vor dem Hintergrund eines religiösen Bürgerkrieges – seine ersten Menschen in die Welt entlässt. Ein abendlicher Dunst zieht sich über die Landschaft, während der Erzengel Adam und Eva zum östlichen Tor des Garten Edens führt: „The world was all before them, where to choose Their place of rest, and Providence their guide" (Book XII, 646–647).[3] Immer wieder findet sich in literarischen Texten, die auf reale Exilerfahrung zurückgreifen, als sinnstiftende Pathosformel eben diese Anspielung auf eine Mischung aus melancholischer Trauer und grundsätzlicher Offenheit, das Potential des Möglichen. Das nimmt in der frühen puritanischen Literatur eine durchaus interessante Wende. Ein halbes Jahrhundert später schickt Defoe seinen Händler Robinson Crusoe ins Exil, implizit (wie später noch zu zeigen sein wird) als Strafe dafür, dass er mit Sklaven handelt, obgleich dies im England seiner Zeit bereits verpönt war. Crusoes Verbannung auf die Insel dient einer religiösen Selbstbefragung. Unentwegt ist Defoes Held mit Abrechnungen ökonomischer wie moralischer Natur beschäftigt, um seine im ökonomischen wie moralischen Sinn verstandene Schuld abzutragen.

---

[3] John Milton: *Paradise Lost*. London 1973, S. 388.

Zugleich aber ist die Insel Robinson Crusoes eine radikal imaginäre Welt. Zwar verweist sie auf eine mögliche Geographie und eine reale Lebenssituation, sie ist aber vor allem das materielle Produkt von Schriftzeichen auf dem Papier. Auch diese Doppelung – von Materiellem und Immateriellen – markiert das schillernde Zwischenspiel von Realität und Metaphorik, von der eine ‚Kunst' des Exils zehrt. Und es führt zu einem der emphatischsten modernen Befürworter des Exils als religiös kodiertes ästhetisches Projekt. In *Speak Memory* hält Nabokov seinem tiefen Schmerz über den Verlust seines großbürgerlichen Russlands die Selbstversicherung seiner geglückten Ankunft in Amerika entgegen. Aus dem Exil sich zu erinnern, wird zudem als Überwindung irdischer Versehrtheit stilisiert:

> A sense of security, of well-being, of summer warmth pervades my memory. That robust reality makes a ghost of the present. The mirror brims with brightness…everything is as it should be, nothing will ever change, nobody will ever die.[4]

Psychoanalytisch geschult bemerkt man die Verneinung – „nobody will ever die". Ein ästhetisches Projekt, welches die Literatur zur besseren Heimat erhebt, weil dort der Autor (im Sinne einer säkularen modernen Gottheit) nicht nur alles so beschaffen kann wie er will, sondern vor allem den Tod aufhalten kann, bringt immer auch implizit zum Ausdruck, was es explizit abzuschirmen gilt. Die Kunst des Exils entpuppt sich als Schutzdichtung. So vermeintlich naiv die Aussage „nobody will ever die" zuerst erscheinen mag, sie gewinnt ihre Emphase daher, dass wir von den realen Toten nicht nur im Leben Nabokovs wissen, sondern in seinen literarischen Umsetzungen der Schrecken totalitärer politischer Systeme präsent ist. Diese Flucht in Textualität als Antwort auf einen Gang ins Exil, die imaginative Umschrift als Realitätsbewältigung führt zu einem zweiten brisanten Diskurs, der seit der Moderne den Narrativen eingeschrieben ist, die sich mit dem Verlust von Heimat befassen: die Psychoanalyse.

Freuds Schriften pendeln selber zwischen Exil als Realität und als Metapher, zuerst bezüglich seiner beiden Positionen als assimilierter Jude in Wien und dann im konkreten Exil in England, welches er in seiner Umschrift des biblischen Exils Moses verarbeitet. Erinnern wir uns: Die narzisstisch kränkende Innovation Freuds bestand nicht nur darin, eine Spaltung psychischer Tätigkeit in Bewusstes und Unbewusstes zu postulieren, sondern auch darin, an dieser Doppelung eine grundsätzliche Beschränkung von Selbstbemächtigung festzumachen. Das Kerndiktum seiner psychoanalytischen Kur lautet dement-

---

4 Vladimir Nabokov: *Speak, Memory. An Autobiography Revisited*. Harmondsworth 1969, S. 62.

sprechend, das Subjekt müsse lernen, es sei nicht Herr im eigenen Haus. Darin ist eine brisante Denkfigur des Exils enthalten. Nicht beheimatet zu sein, noch bevor irgendeine konkrete Exilerfahrung einsetzt – ob gewählt oder auferzwungen – ist *das* Bild, an dem Freud die moderne *condition humaine* festmacht. Nach der schrecklichen Erfahrung des Ersten Weltkrieges wird er dies präzisieren und vom Unheimlichen sprechen; von der Verdrängung des Vertrauten, welches dieses fremd erscheinen lässt, nachdem es aus dem Exil im Unbewussten zurück in den bewussten Alltag gekehrt ist. In diesem Aufsatz wird eine private Erfahrung psychischer Fremdheit – der Eindruck, man fühle sich plötzlich im Alltag fremd, weil man zwischen Lebendem und Totem nicht mehr unterscheiden kann, weil das Ich sich scheinbar verdoppelt hat, weil eine magische Allmacht der Gedanken herrscht – verstohlen auch als Chiffre für eine kollektive Entfremdung eingesetzt. Freud schreibt es so direkt nicht, aber 1919, ein Jahr nach Ende des Ersten Weltkrieges, ist in seinen Gedanken über das Unheimliche implizit auch die Heimat fremd geworden.

Prägnant wird es, wenn man eine Verbindungslinie zurück zieht zu seinem Essay *Zeitgemäßes über Krieg und Tod* von 1915. Dort spricht Freud von der tiefen Entfremdung, die der Zusammenbruch eines kosmopolitischen Europas in ihm hervor gerufen hat. Er deutet an, was im Laufe der 30er Jahre eine schreckliche Realität annehmen wird, in der das persönlich erfahrene Unheimliche politisch wird, wenn man nicht nur nicht Herr im eigenen Haus ist, sondern auch nicht in der eigenen Heimat. Das Narrativ einer grundsätzlichen Unheimlichkeit ist auch auf politische Realitäten bezogen zu lesen, als Psychogramm einer Politik der Moderne. Zugleich dient aber auch der Rückgriff auf das Reale einer Autorisierung jener Literarizität, die dem Exilbegriff immer schon eingeschrieben war. Bei meiner Rückkehr zu diesem Thema möchte ich etwas ins Spiel bringen, das über diese unheimliche Verdoppelung von Zeit und Ort hinausweist: Es gilt etwas zusätzlich zum Zusammenspiel von Vergangenheit und Gegenwart zu denken, in dem eine Erinnerung an die Heimat weniger als verdrängt, denn als verlustig geworden aus dem Unbewussten zurück ins Bewusstsein kehrt, zusammen mit jenen emotionalen Intensitäten, die an diesen Erinnerungsbildern haften und in der Verdrängung aufbewahrt geblieben waren. Die ästhetische Schrift – ob anklagend, aufzeigend oder zelebrierend – ist nicht nur ein anderes Medium als das Leben, jedes *life writing* kommt auch *nachträglich*.

Zusammen mit der Heilung, die das Re-Enactment von Exil auf dem Blatt Papier erlaubt, und somit der Schutzdichtung, zu der diese Kunst des Exils wird, geht es mir darum, zu zeigen, was diese Übertragung verfehlt. Besser gesagt – *dass* sie etwas verfehlt und *dass* sie dieses Nichtbegriffene und Nichtgreifbare *ebenso* transportiert wie die narrative Verwaltung von Exil; in sich bereits schon so widersprüchlich. Die beiden Romane, auf die im Folgenden eingegangen wird, sind exemplarisch für die Konsequenzen dieser komplex gelagerten Tradierung. Das unheimliche Zusammenspiel von Realität und Metapher hat an seinem Fluchtpunkt eine Unübertragbarkeit. Mit Freud gesprochen hat jede literarische Umsetzung von Exil einen Nabel, an dem der Text dem Unergründlichen aufsitzt. Weil er als Nullpunkt des Erzählbaren dennoch – oder gerade deshalb – ein kulturelles Nachleben erfährt, haben wir es bei dieser Schutzdichtung sowohl mit einer imaginativen *Heilung* zu tun, als auch mit einer *Heimsuchung*: Nicht jedoch wie im *Buch Moses* im Sinne einer Plage, sondern im Sinne von Geistergeschichten, die uns affektiv in Besitz nehmen, uns dazu aufrufen, am Exilleben der Anderen imaginativ und affektiv teilzunehmen.

## 2 Zwei Heimsuchungen

Meine These lautet: Wir werden von unserer Erinnerung, auch der geerbten, heimgesucht. Ebenso ist es mit der Exilerfahrung, die einer jeden Assimilation vorausgeht, diese bedingt. Ist dies auch in glücklichen Auswanderungsgeschichten der Fall, erhält diese Doppelung von Vergangenheit und Gegenwart, von verlassener Heimat und neuer dann eine besondere Prägnanz, wenn es sich um Fälle einer traumatischen Geschichte handelt. Um dies vor dem Hintergrund der entfalteten theoretischen Fragen genauer zu beleuchten und literarischen Texten selber einen theoretischen Status einzugestehen, möchte ich zwei Romane miteinander ins Gespräch bringen: Den preisgekrönten Erstling der kanadischen Autorin Anne Michaels *Fugitive Pieces* (1997) und einen späten Roman der Nobelpreisträgerin Toni Morrison *A Mercy* (2008).[5] Beide nehmen die Frage eines *transgenerational haunting* sowohl als Thema wie auch als ästhetisches Verfahren auf, um zwei Schauplätze einer traumatischen Geschichte der Moderne in Texte über die Kunst des Exils umzusetzen: den Holocaust am Höhepunkt der europäischen Moderne und den afrikanischen Sklavenhandel an ihrem Anfang. In beiden Fällen – und damit setzen sie sich vom fröhlichen Exil der Autoren der klassischen Moderne ab – steht nicht ein gewolltes, sondern ein auferzwungenes Exil. Der Flucht in die ästhetische Sprache wird zwar eine klärende Kraft zugesprochen, eine Erlösung aus der Geschichte können und wollen beide Autorinnen sich nicht vorstellen.

Das Motto zu *Fugitive Pieces* lässt uns gleich zu Anfang erfahren, dass der Übersetzer und Dichter Jakob Beer im Alter von 60 Jahren an einem Autoun-

---

[5] Anne Michaels: *Fugitive Pieces*. London 1997 und Toni Morrison: *A Mercy*. New York 2008. Alle Zitate sind diesen Ausgaben entnommen.

fall starb. Zugleich benennt es den neuralgischen Punkt, um den die Kunst des Exils kreist. Es stammt aus einem seiner Notizbücher der Aphorismus: „‚A man's experience of war', he once wrote, ‚never ends with the war. A man's work, like his life, is never completed'" (1). Leben und Schreiben bedingen sich nicht nur. Eine traumatische Erfahrung und deren Umsetzung in eine literarische Versöhnung ist nie abgeschlossen. Diese wirkt nach, kehrt immer wieder zurück oder besser noch, verharrt. Deshalb sind Exilgeschichten auch immer Geistergeschichten. „Time is a blind guide", erfahren wir daraufhin im ersten Satz des ersten Kapitels: „Bog-boy, I surfaced into the miry streets of the drowned city" (5). Jakob ist es als Einzigem gelungen, der Zerstörung seines Dorfes in Odessa durch NS-Soldaten zu entkommen. Nach einem langen Marsch, bei dem er sich nur nachts durch die Wälder wagte, ist er in Biskupin angekommen, einem polnischen Pompeji, wo ein Team griechischer Archäologen an der Ausgrabung einer lange unter Wasser verborgenen Stadt arbeitet. Der Geologe Athos findet ihn und entschließt sich, sofort mit ihm abzureisen. Das wird auch ihm das Leben retten, denn wenige Tage später werden alle seine Mitarbeiter von deutschen Soldaten erschossen oder in Haft genommen. Eine Kultur vor der deutschen darf es laut Himmler, der den Befehl für dieses Massaker erteilt, nicht gegeben haben.

Folgende in sich verschachtelte Doppelstruktur ist entscheidend: Für den Rest seines Lebens trägt Jakob die Erinnerung an seine verlorene Familie (als stellvertretende Verkörperung von Heimat) mit sich. Vor allem die Schwester Bella begleitet ihn mit ihrer geisterhaften Gegenwart. Das Vergangene ist eben so präsent wie die Gegenwart, aber nur über die Verkörperung durch diese Schwester. Aufgrund seiner geglückten Flucht ist er zugleich selber die Verkörperung einer verlorenen Zeit, eine geborgene und wiederbelebte Moorleiche (*bog body*). Er trägt an seinem Körper Spuren der zerstörten Welt. Er ist ein aus dem Tod Zurückgekehrter. Ebenso entscheidend ist die Gegenseitigkeit von Retter und Gerettetem. Athos erklärt ihm am Anfang ihrer Reise, die für den Geologen eine Heimkehr in sein Elterndorf Zakynthos zum Ziel hat, für Jakob hingegen die erste Station auf seinem Exil bedeutet: „We must carry each other. If we don't have this, what are we ..." (14). Anne Michaels modernistisches Erbe besteht jedoch darin, dass die miteinander verschränkten Doppelgänger – Jakob, Bella und Athos – als Tote zu uns sprechen. Sie sind am Anfang der Geschichte alle verstorben. Die Schrift auf der Buchseite belebt sie, lässt sie zu uns zurückkehren: als ästhetische Spur dieses mehrfachen Verlustes von Leben.

Nur kurz zum Inhalt des Romans: Jakob wird zuerst auf Zakynthos versteckt, bis die Deutschen die Insel verlassen haben. Aufgrund der nach Kriegsende ausbrechenden politischen Unruhen siedelt Athos mit ihm nach Toronto über, wo er an der Universität als Geologe arbeitet und an seinem Buch *Bearing False Witness* über die vereitelte Ausgrabung in Biskupin forscht. Jakob wird dieses erst nach seinem Tod zu Ende führen, selber zuerst als Übersetzer arbeiten und dann in der erworbenen Fremdsprache Lyrik schreiben. Dieses am eigenen Leib vollzogene narrative Palimpsest, welches *Fugitive Pieces* selber nachahmt, lebt von einer Auflösung von Zeit. Die verlorene Sprache beizubehalten, in Jakobs Fall das Hebräisch, und zuerst mit dem Griechischen und dann dem Englischen verweben, heißt in den Worten Athos': „it is your future you are remembering" (21). Es heißt aber auch, die vielen Geschichten, die Athos als Ersatz und Ergänzung derer, die Jakob von seinem Vater nicht mehr überliefert bekommen kann, ihm erzählt hat, in sich zu speichern. Versteht Jakob sich als ein leiblicher Erinnerungsspeicher, wird seine Zukunft als Übersetzer und Dichter tatsächlich davon zehren, die Stimmen derer, die nicht überlebt haben, wieder hörbar zu machen. Dies kommt einer psychischen Heilung gleich: „I already knew the power of language to destroy, to omit, to obliterate. But poetry, the power of language to restore" (79) – das ist es, was Athos ihm beibringt.

Für den Übertragenden – den Dichter als Übersetzer – heißt dies aber auch, in einem geistigen Niemandsland zu verharren. „To survive was to escape fate. But if you escape your fate, whose life do you then step into?" (48). Wiederholt bringt Anne Michaels als Kern ihrer Kunst des Exils folgende Denkfigur zum Tragen: Die Toten lassen sich weiterhin vernehmen, sie lassen von ihren Protagonisten nicht los. In der Apostrophe ruft Jakob die tote Schwester als Muse immerfort an. Die Geschichten, die er in sich aufnimmt, überlagern sich, den Orten entsprechend, an denen er lebt – in Griechenland, dann in Kanada und am Ende nochmals in Griechenland. Dorthin kehrt er zurück, um Athos' Aufzeichnungen zu bergen, dessen Buch fertig zu stellen; wörtlich sein *ghost writer* zu werden. All diese Geschichten nehmen eine Gleichzeitigkeit an, die späteren verschütten nicht die früheren. Als Übersetzer lebt Jakob stattdessen im Zustand einer steten Ausgrabung der Geschichts-Schichten, die sich an seinem erinnernden Körper verschränkt haben. Die Übertragung in Sprache – eine fremde im Falle der Übersetzung, eine überhöhte im Falle seiner Dichtung – entspricht dem Doppelleben des Exils: „The poet moves from life to language, the translator moves from language to life, both, like the immigrant, try to identify the invisible, what's between the lines, the mysterious implications" (109).

Dennoch – und das ist typisch für das Leben im Exil – kommt Jakob lange Zeit in Kanada nicht an. Er erkennt: „my life could not be stored in any language but only in silence...I lived a breath apart...I thought of writing poems this way, in code, every letter askew, so that loss would wreck the language, become the language" (111). Mit seiner Flucht aus Europa hat Jakob sich von der Todesstätte seiner Familie entfernt. Die Kehrseite dieses Exils besteht darin, dass die Toten ihn über eine Lücke des Wissens umso heftiger imaginativ in Besitz nehmen. Anne Michaels' lyrische Überlagerung von Gegenwart und Vergangenheit dient dazu, performativ zu inszenieren, was Schreiben und Exil gemein haben: dass jeder Augenblick zwei Augenblicke enthält. Weil Jakob das Trauma in den Herzen seiner verstorbenen Familie nie wissen kann, muss er es in seiner Einbildungskraft stets umkreisen, muss in Gedanken sich das Leid seiner Familie ausschmücken. Die Rückkehr nach Zakynthos, der ersten Station seines Exils, aber auch der Schauplatz, wo er zu dichten beginnt, hat, wie die poetische Sprache, etwas Heilendes. In Anne Michaels' Roman ist die Landschaft nämlich immer als Erinnerungsspeicher dieser gleichgestellt. Am Ende von Jakobs Rückkehr in dieses Dorf, Anfang seines Exils und dann auch Anfang seines Lebens als Dichter, stehen drei widersprüchliche Denkfiguren im Raum. Sie sind der konzeptionelle Nabel seiner Lyrik.

Die erste Denkfigur betrifft die Unmöglichkeit einer Tilgung des Geschehenen. Jakob hält in seinem Notizbuch eine Anekdote darüber fest, wie eine Gruppe Juden einen Rabbi im Zug beleidigen, weil sie in ihm nur einen armen Mann sehen und dieser ihnen nachträglich nicht verzeiht. Daran verdichtet sich laut Jakob ein hartes moralisches Gesetz: „nothing erases the immoral act. Not forgiveness. Not confession" (160). Zugleich gewinnt Jakob allmählich die Erkenntnis, dass eine Übertragung von Erfahrung in Schrift selber einem ethischen Auftrag folgt. Er hält in seinem Notizbuch auch den Satz fest: „To remain with the dead is to abandon them" (170). In dieser Verschriftung blickt er nochmals auf die Doppelgängerin, die ihn seit seinem Überleben begleitet hat – und dieser zweite, distanzierte Blick, der eine erste Überzeugung umschreibt, ist der entscheidende. „All the years I felt Bella entreating me… I have misunderstood her signals. Like other ghosts, she whispers; not for me to join her, but so that, when I'm close enough, she can push me back into the world" (170). Nicht nur die ethische Aufgabe zu erinnern, sondern auch loszulassen, weil die Geister, die einen bestimmen, als Zeichen auf dem Papier ein Überleben erhalten – in dieser Erkenntnis findet sich eine Ablösung wenn nicht Erlösung aus der traumatischen Vergangenheit. Ganz nah an den Anliegen der klassischen Moderne liegt Anne Michaels wiederum mit der dritten Denkfigur, mit der sie das Schreiben ihres Dichters – erstaunlich versöhnlich – auf den Punkt bringt. Ein weiterer Satz aus Jakobs Notizbuch lautet: „If one no longer has land but has the memory of land, then one can make a map" (193). Bei diesem dritten Bild steht eine zweifache Distanz auf dem Spiel – die nachträgliche Erinnerung *und* eine nachträglich erstellte Kartographie. Auf dieser Landkarte stehen die Vergangenheit und die Gegenwart gleichwertig nebeneinander.

Entscheidend für die Frage des *transgenerational haunting*, die ich ins Zentrum meiner Lektüre rücke, ist der Umstand, dass der Roman noch ein zweites Leben betrifft: jene in Kanada geborene Generation, die das kryptische Trauma ihrer Eltern nur als geerbte Erfahrung kennt. Das psychische Exil des zweiten

Protagonisten, des jungen Literaturwissenschaftlers Ben, besteht darin, dass er – für die Fallgeschichten der Holocaust *survivors* typisch – von dem Schweigen seiner Eltern, den Bruchstücken ihrer Alpträume beeinflusst, selber nie ganz in der Heimat beheimatet sein kann. Es ist ein Exil *second hand*. Zum Trauma im Herzen seiner Eltern hat Ben ebenfalls nur einen vermittelnden Zugang. Um das Geisterreden zu verdeutlichen, führt Anne Michaels im letzten Teil des Romans eine zweite Apostrophe ein: die Anrede Bens an den verstorbenen Dichter Jakob Beers, dessen lyrische Sprache ihm einen Zugang zum Geheimnis seiner Eltern ermöglicht hat. Wie Jakob seiner verlorenen Schwester Bella wendet sich auch Ben einem Toten zu, nun aber, um sich in Beziehung zu setzen zu den Geistergeschichten seiner Eltern. Zuvor hatte er versucht, am eigenen Leib dieses geerbte Trauma nachzuvollziehen, beispielsweise die nächtliche Flucht seines Vaters aus einem KZ. Wie er auch kuriose Geschichten aufgelistet hatte, die symptomatisch zu verstehen sind: beispielsweise die fatale Entscheidung seines Vaters, während eines Orkans das Haus nicht zu verlassen, weil der mögliche Verlust seines Heims Erinnerungen an seine frühere Vertreibung auslöste. Das entscheidende Re-Enactment zeigt sich – und darin liegt die rhetorische Pointe – jedoch nicht darin, dass den eigenen Verwandten nachgespürt wird, sondern einem fremden Leben, das analog und zugleich auch anders verläuft. Ben entschließt sich, ebenfalls nach Zakynthos zu reisen, und geht somit zum ersten Mal konkret ins vorläufige, frei gewählte Exil.

War Jakob dorthin zurückgekehrt, um Athos' Aufzeichnungen zu bergen, will Ben die verschwundenen Notizbücher des verstorbenen Dichters ausfindig machen. Diese Wiederholung, die einem Sich Einlassen auf die Spuren eines Verstorbenen, auf dessen geisterhaftes Nachleben gleichkommt, hat restaurativen Charakter. Der Satz „To remain with the dead is to abandon them" (170) erlaubt auch Ben, eine Erinnerung nochmals aufzurufen, um sie diesmal aus einem weniger egoistischen Blickwinkel zu betrachten und somit einen erlösenden Einblick zu gewinnen. Musste Jakob sich von der toten Schwester zurück ins Leben geworfen vorstellen, muss Ben sich von den Eltern, die den Holocaust erlebt und überlebt haben, emotional abnabeln. Diese Entkoppelung kommt einer ethischen Einsicht gleich: Nicht die eigene Betroffenheit, im Sinne eines subjektiven Lichtstrahls, beherrscht eine Szene. Nur der, der an der Peripherie steht und alle Seiten betrachten kann, hat einen Einblick. Im Flugzeug, auf dem Weg zurück nach Kanada, hat Ben jene *epiphany* (Joyce), die ihm eine geglückte Heimkehr ermöglichen wird. Zuerst erinnert er sich: „Once, I saw my father sitting in the snow-blue kitchen ... at the table, eating. I was transfixed by his face. This was the first time I had seen food make my father cry." Dann aber sucht er in Erinnerung nochmals diese erinnerte Szene auf; sein Blick ist nun geschärft durch die Erfahrung des geisterhaften Re-enactments auf Zakynthos.

„But now ... I see something else. My mother stands behind my father and his head leans against her. As he eats, she strokes his hair. Like a miraculous circuit, each draws strength from the other" (294). Das affektive Bündnis zwischen zwei Menschen, schweigend und sprechend zugleich, rückt ins Zentrum des Bildes. Ben hat eine Deutung, doch für das vorliegende Argument ist nicht die Sinnstiftung entscheidend, die er findet. Vielmehr gilt festzuhalten, dass Anne Michaels für das Palimpsest an Heimsuchungen, welches sie im Zentrum ihrer Kunst des Exils ansiedelt, eine Überwindung in einer kleinen alltäglichen Geste findet.

Als letztes Beispiel soll Toni Morrisons Roman *A Mercy* dienen, weil er die Frage des Exils am Anfang der amerikanischen Nationsbildung behandelt und damit zeigt, wie sehr diese Erfahrung weit ins einundzwanzigste Jahrhundert nachwirkt. Zugleich ist dieser Roman auch deshalb beachtlich, weil er wesentlich weniger restaurativ wirkt als ihre vorhergehende literarische Verarbeitung der Harlem Renaissance in *Jazz* (1992) oder ihre Auseinandersetzung mit den Nachwirkungen der Sklaverei in *Beloved* (1987). Wir befinden uns in Virginia im Jahre 1690, also jener Welt des Exils, die durch die Auswanderer aus Europa wie den afrikanischen Sklavenhandel geprägt, auch die von Defoes *Robinson Crusoe* ist. Dessen Titelheld wird implizit auf seine Insel verbannt, als Bestrafung dafür, dass er mit Menschen handelt. Durch seine harte Arbeit, seine vom Puritanismus geprägte Selbstbefragung, und seinen Austausch mit dem eingeborenen Freitag geläutert, darf Crusoe schließlich in die Heimat zurück. Bei Morrison hingegen gibt es kein Zurück in die verlassene Heimat. Sie bietet stattdessen eine wesentlich weniger versöhnliche Kunst des Exils, die der Sensibilität des frühen einundzwanzigsten Jahrhunderts jedoch auch eher entspricht: ein Verharren in einer kontingent zusammengewürfelten Gemeinschaft von Menschen, unstet und zugleich in wechselseitiger Abhängigkeit Die Rahmenhandlung des Textes, der die Stimmen einer Gruppe von vernetzen Exilanten zusammenfügt, besteht darin, dass die junge Sklavin Florens von ihrer erkrankten Herrin Rebekka auf den Weg geschickt wird, um einen Schmied aufzusuchen, der als freier Schwarzer ihrem verstorbenen Mann bei den Bauarbeiten ihrer Prunkvilla geholfen hat, zugleich aber auch die Gabe des Heilens hat. Florens' Gang hin und zurück bildet den Erzählpfad, auf dem die Stimmen derer, die den Hintergrund dieser kuriosen Szene erläutern, als Buchstaben auf der Buchseite geisterhaft in Erscheinung treten.

Die verschiedenen Positionen sind wie folgend: an erster Stelle Florens selber, deren Ich-Erzählung wir wiederholt als Apotheose an den Schmied, den sie leidenschaftlich begehrt, hören, während alle anderen Figuren jeweils nur einmal in Erscheinung treten. Ihr Exil wird von Morrison als Position zwischen zwei geliebten Menschen refiguriert: einerseits der Mutter, die sie willentlich an Jacob Vaark übergeben hat, in der Hoffnung, ihr ein besseres Leben zu bescheren; andererseits dem Schmied, mit dem Florens eine verstohlene Liebschaft hatte, während er für ihre Herrschaft arbeitete. Die erhoffte Ehe soll den Verlust jener Mutter wiedergutmachen, die im Fantasieleben der Tochter als Verkörperung jener verlorenen Heimat, jenes ‚Afrika', fungiert, welches diese nie gekannt hat. Florens redet zu sich selber: „To get to you I must leave the only home, the only people I know" (5). Wir befinden uns also auch in diesem Roman im Bereich eines *secondhand haunting*, zwischen einer verschütteten Vergangenheit und einer erhofften, offenen Zukunft. Wie in *Fugitive Pieces* wird die Reise durch die fremde Welt, in der Florens als junge Schwarze besonders gefährdet ist, als doppelte Zeit beschrieben. Die reale Landschaft wird zum Schauplatz, an dem sie sich an den Mann erinnert, der auch ihr Heilung verspricht, nicht wie im Falle ihrer Herrin, von einer Krankheit, sondern von dem Verlust an Heimat und Familie. Sie will keine emotionale Freiheit, will die Sklaverei im Haus der Vaarts gegen eine andere Herrschaft, die der Ehe, austauschen. Emphatisch ruft sie dem abwesenden Geliebten zu: „I don't want to be free of you because I am live only with you" (70). Dass Morrison, wie noch zu zeigen sein wird, diese romantische Sentimentalität verbietet, macht die dunkle Ethik ihrer Kunst des Exils aus.

Die anderen eingebetteten Geschichten lassen sich wie folgend zusammenfassen: Die erste betrifft den Bericht darüber, wie der holländisch-englische Jacob Vaart das Mädchen Florens erworben hat, obgleich er aus religiöser Überzeugung gegen Sklaverei ist. Er nimmt Florens mit nach Hause, weil ein spanischer Sklavenbesitzer ihm nicht das geschuldete Geld auszahlen kann. Er nimmt sie aber auch, weil die Mutter ihm die Tochter demonstrativ anbietet. Entscheidend an dieser Gabe – in einer Welt, in der nichts moralisch vergolten werden kann – ist, dass sie zugleich auch einen fatalen Traum in ihm auslösen wird. Hatte Jacob Vaart bislang bescheiden als Bauer gelebt, wird er nun, vom Besitz des Spaniers infiziert, für sich und seine Frau eine Prunkvilla bauen. Es wird ihn sein Leben kosten. Erst als Sterbenden wird seine Gattin Rebekka ihn über die Schwelle dieses neuen Heims tragen lassen, in dem sie nun ihrerseits in der Rahmenhandlung todkrank liegt und auf die Hilfe des Schmieds wartet. Diese narrative Situation ist von Morrison als Sinnbild eingesetzt. In diesem Herrenhaus kann Jacob Vaark nie moralisch Herr sein, weil sein Besitz auf dem Leid des Sklavenhandels basiert.

Doch das verwunschene Herrenhaus ist auch ein Sinnbild für die Komplexität des Exils am Anfang der Neuzeit, deren Spuren in der heutigen globalen Welt nachwirken. Puritaner, die Europa aus wirtschaftlichen Gründen verlassen haben, sind verbündet (im Sinne einer ethnisch hybrid zusammen gewürfelten Ersatzfamilie) mit Einheimischen, die ebenfalls aus wirtschaftlichen Gründen fremd in der eigenen Heimat geworden sind, und mit jenen, die aus ökonomischen Gründen gewaltsam dorthin verschifft wurden. Das von dem verstorbenen Herrn hinterlassene Herrenhaus ist die einzige Heimat (das erkennt Florens ganz am Anfang ihrer Reise), die jenen Frauen, deren Stimmen wir im Text hören, verwehrt ist. Dieses unheimliche Heim entwirft Morrison somit als fragilen Anker für die Kunst, im Exil zu überleben. Da gibt es Lina, eine Indianerin, von der eigenen Kultur (wenn nicht der eigenen Landschaft) exiliert, nachdem eine Seuche ihr Dorf zerstört hat. Sie ist von der Schande, die Zerstörung ihrer Familien überlebt zu haben, geprägt, von dem, was sie das Absterben ihrer Welt nennt. Sie ist diejenige, die einen klaren Einblick in jenen Verlust an Beheimatung hat, der durch den realen Tod des Hausherrn unübersichtlich ans Tageslicht gerückt ist: „As long as Sir was alive it was easy to veil the truth: that they were not a family – not even a like-minded group. They were orphans, each and all" (59). Entscheidend ist jedoch auch, dass dieses Haus den Widerspruch von Exil und Heimat aufhebt. Im Fieberwahn erklärt Rebekka ihrer Magd Lina: „You and I, this land is our home", fügt diesem aber hinzu: „but unlike you I am exile here" (59). Gilt es an der Differenz zwischen Entortung (Lina) und Emigration (Rebekka) festzuhalten, so deshalb, um an dem Bündnis einer gegenseitigen Abhängigkeit als Zeichen der einzigen emotionalen Beheimatung festzuhalten, die diesen Frauen möglich ist. Lina erkennt: „her own life, everything, depended on Mistress' survival, which depended on Florens' success" (60).

Rebekka erinnert sich ihrerseits im Fieberwahn liegend an ihren eigenen Gang ins Exil. Der Vater hatte die Anzeige Jacob Vaarts gelesen, in der dieser sich bereit erklärt hatte, eine Frau ohne Mitgift zu nehmen, so sie zu ihm in die neue Welt geschickt würde. Auch sie war, wenngleich aus anderen Gründen als Lina, bereits eine Fremde im eigenen Land, in ihrem Fall von der Gewalt der religiösen Intoleranz befremdet, die ihr Europa regiert. Die Anzeige des Unbekannten hat sie als „kind of escape" (77) begriffen, denn als Tochter einer armen Familie stand ihr zur Option sonst nur die Prostitution oder der Dienst bei reichen Leuten. Das Exil, auf das sie sich einlässt, ist auch ein emotionales. In der arrangierten Heirat geht es nicht um romantische Liebe. Zugleich deutet sie, während sie auf den Schmied, vom dem sie sich ihre Heilung verspricht, wartet, ihr Exil im Kode ihrer puritanischen Religion. Die reale Erfahrung des Leids wird Chiffre für einen religiösen Leidensweg: „She wondered if the journey to this land, the dying off of her family, her whole life, in fact, were way-stations marking a road to revelation. Or perdition? ... is it already too late? For salvation" (100). Als weitere Stimme ertönt auf den Seiten von *A Mercy* auch die der anderen schwarzen Sklavin im Haus. Sie hat den Namen Sorrow erhalten, weil sie seit ihrer Geburt von tiefer Traurigkeit gekennzeichnet ist. Sie kam auf einem Schiff zur Welt und wurde dann von ihrer Mutter verlassen, sodass sie jahrelang – auch dies ein Sinnbild für Exil – nie Fuß auf festes Land setzte. Ihre geographische Wanderschaft hat (vergleichbar mit Jakob in *Fugitive Pieces*) im Wandern ihrer Psyche sein Gegenstück. Im Geiste lebt auch sie mit einem Zwilling, auf den sie sich zunehmend mehr verlässt.

Entscheidend für die Differenz zwischen diesen beiden fiktionalen Kartographien einer Kunst des Exils ist vornehmlich die narrative Auflösung von *The Mercy*, denn auch Morrisons Roman läuft auf einen zweiten, mit Distanz gewonnenen Blick auf eine Urszene hinaus. Florens, erfahren wir am Ende des Romans, hat das Heim, in dem sie sich eine Erlösung aus ihrem Exil erhofft hatte, bereits mit einem anderen Menschen besetzt vorgefunden: einem Jungen, den der Schmied ihr vorzieht. Sie wird nach einem schrecklichen Kampf (bei dem sie mit einem Eisen auf den Geliebten einschlägt) blutig wieder in das einzige Heim, das sie je gekannt hat, zurückkehren. Das Herrenhaus der Vaarts ist zwar Ort eines fragilen Bündnisses, in dem die Bruchlinien nicht übersehen werden können:

> they once thought they were a kind of family because together they had carved companionship out of isolation. But the family they imagined had become false. Whatever each one loved, sought or escaped, their futures were separate and anyone's guess (155).

Doch der Roman zeigt uns gerade diese getrennte Zukunft nicht. Stattdessen bekommen wir zuerst die Einsicht Florens, deren Widersprüchlichkeit ebenfalls als Sinnbild für die Kunst des Exils zu verstehen ist. Ihr Geständnis am Ende ihres Gewaltausbruches lautet: „I am become wilderness but I am also Florens. In Full. Unforgiven. Unforgiving. No ruth, my love. None. Hear me? Slave. Free. I last" (161): Weder frei noch Sklavin, weder Herrin im Haus noch außerhalb des Hauses, nicht ohne Schuld und zugleich nicht ohne Handlungsfähigkeit. Mit ihren letzten Worten ruft sie nun nicht den verlorenen Geliebten, sondern die verlorene Mutter an und benennt jene Unmöglichkeit des Wissens, auf die auch *Fugitive Pieces* seine affektive Wirkung setzt: „I will keep one sadness. That all this time I cannot know what my mother is telling me. Nor can she know what I am wanting to tell her" (161). Auch für die Auflösung von *A Mercy* ist nicht die Sinnstiftung entscheidend, mit der Florens' letzter Eintrag schließt. Der Roman kehrt stattdessen nochmals zu jener Gründungsszene zurück, in der eine Mutter ihr Kind an einen Fremden abgibt, sodass wir diese auf der Seite des Buches ein zweites Mal miterleben dürfen.

Das letzte Kapitel von *A Mercy* verleiht endlich jener Mutter eine Stimme, die im Exil ihre eigene Tochter in ein weiteres Exil schickt. Sie beschreibt zuerst jenes Afrika, in dem sie von Schwarzen eingefangen, verkauft und auch entjungfert wird. Den Vater ihrer Tochter kennt sie nicht, in einer Welt, in der es in jedem Sinne des Wortes an Souveränität fehlt. Dann kommt auch sie auf jene merkwürdige Szene des Tauschs zu sprechen, jenen Augenblick, in dem sie, eine Sklavin, einem Fremden ihre Tochter anbietet, als Zeichen einer Perpetuierung der Sklaverei und zugleich dessen imaginativer Aufhebung: „Because I saw the tall man see you as a human child, not a piece of eight. I knelt before him. Hoping for a miracle. He said yes. It was not a miracle. Bestowed by God. It was a mercy. Offered by a human" (167). Auch sie hat eine Sinnlösung, doch diese ist eine, die für radikale Freiheit plädiert. Die Heirat wäre eine emotionale Überwindung des Exils für Florens. Die Geisterstimme der Mutter hingegen behauptet, dass wahre Subjektivität darin besteht, sich der Souveränität eines Anderen nicht zu beugen. Die Gabe der Tochter wird – in all ihrer Tragik – von Morrison als Geste einer die Autorität des Subjekts bestimmenden Freiheit der Mutter verstanden. Sie mag keine andere als diese Wahl haben, aber in eben dieser Aporie besteht auch die Geschichtslektion, die *The Mercy* anzubieten hat. Wir sind am Anfang der Narration angekommen und merken, die sentimentale Lösung, so typisch für Hollywood, in der im familiären Glück eine Überwindung von traumatischer Historie zu erwarten ist, wird uns verwehrt. Es gibt die Vorstellung von einem Akt der persönlichen (nicht göttlichen) Gnade, aber keine Erlösung aus einer Situation, die sowohl die *condition moderne* bezeichnet als auch ihre Urszene: die Welt der Auswanderung und Sklaverei, die das Exil als Lebensrealität und psychische Haltung hervorgebracht hat.

Es gibt aber auch noch die Frage des *haunting*, die Exil als ästhetisches Projekt betrifft. Der letzte Satz des Romans markiert über die geisterhafte Präsenz, die die Schrift aufzurufen vermag, eine unmögliche Verbindung zwischen Mutter und Tochter. Dieses affektive Bündnis kommt nach dem Eingeständnis „to give dominion of yourself to another is a wicked thing". Dann erst kann die Mutter ihrer Tochter verkünden: „My love, hear a tua mae" (167). Auf der diegetischen Ebene kann Florens diesen Satz nicht hören. Er ist nicht an sie, sondern an uns gerichtet: Ein rein virtuelles Bündnis, was vor dem Hintergrund des Verlustes an Heimat und Familie all jene Frauen, deren Stimmen wir gehört haben, mit einbezieht. Der literarische Text – und um dieses Wortspiel dreht sich alles – ist eine Heimsuchung im doppelten Sinn. Er zeichnet die Suche nach einem Heim nach, einem Verlangen nach Heimat, weil diese unwiderruflich verloren gegangen ist. Der Text ist aber auch als Heimsuchung durch die Toten zu verstehen, deren geisterhafte Inbesitznahme der Nachkommen, der Überlebenden. Die Stimme der Mutter ist auch die performative Stimme des Textes. Im Gespräch zwischen *Fugitive Pieces* und *A Mercy* zeigt sich diese Heimsuchung als die Kunst, im Exil verschiedene Räume und Zeiten in der Schwebe zu halten, aber auch gelebte und übertragene Erfahrungen.

Aus der Position derer, die immer erst nachträglich an das geschilderte Ereignis kommen, geht es um das Nachvollziehen eines Traumas des Herzens, welches nicht auf Wissen, sondern auf empathische Imagination setzt. Sofern in beiden Romanen nicht ein nostalgisches Festhalten an verlorenen Orten und Familienzugehörigkeit, sondern das Ankommen an neuen Orten und fragilen Bündnissen gilt, bleibt diese Ankunft offen. Das Heimkehren, welches beide Texte als narrative Auflösung anbieten, ist vor allem ein textuelles. Man kommt bei den Stimmen an, die einen im doppelten Sinne des Wortes einem *haunting* unterziehen. Die Übertragung, die der Text leistet, erlaubt uns als Lesenden, die Vergangenheit in Besitz zu nehmen und zugleich von dieser in Besitz genommen zu werden. Das war, spätestens seit Conrad seinen Marlowe den dunklen Kongo entlangfahren lässt, natürlich die Wette der modernen Literatur. Die Geister, die das Lesen aufruft, ziehen uns mit in ihr Exil. Erfahrung und ästhetisches Projekt lassen sich auch am Anfang des einundzwanzigsten Jahrhunderts nicht sauber von einander trennen.

## Bibliographie

Bronfen, Elisabeth: „Exil in der Literatur: Zwischen Metapher und Realität". In: *Arcadia* 28 (1993) H. 2, S. 167–183.
Joyce, James: *A Portrait of the Artist as a Young Man*. Harmondsworth 1960.
Michaels, Anne: *Fugitive Pieces*. London 1997.
Milton, John: *Paradise Lost*. London 1973.
Morrison, Toni: *A Mercy*. New York 2008.
Nabokov, Vladimir: *Speak, Memory. An Autobiography Revisited*. Harmondsworth 1969.

# Zu den Autorinnen und Autoren

*Bettina Bannasch*, Professorin für neuere deutsche Literatur an der Universität Augsburg. Promotion 1995 an der Freien Universität Berlin über das Spätwerk Ingeborg Bachmanns, Habilitation 2005 mit einer Studie zur Emblematik der Frühen Neuzeit. Lehr- und Forschungsaufenthalte an den Universitäten Barcelona und Haifa, 2010 Gastprofessur an der Hebrew University Jerusalem. Forschungs- und Publikationsprojekte mit deutschen, spanischen und israelischen Lehrenden und Studierenden zur Literatur des Spanischen Bürgerkriegs, zur deutschsprachigen Literatur des Exils und zu jüdischer Literatur und Kultur in Deutschland nach 1945. Publikationen zur Literatur von der Frühen Neuzeit bis zur Gegenwart mit den Schwerpunkten kultur- und literaturwissenschaftliche Gedächtnisforschung, Literatur- und Medientheorie, deutsch-jüdische Literatur, Shoah- und Exilliteratur.

*Sabina Becker* ist Professorin für neuere deutsche Literaturgeschichte an der Albert-Ludwigs-Universität Freiburg. Promotion 1992 an der Universität des Saarlandes mit einer Arbeit zur *Urbanität und Moderne. Studien zur Großstadtwahrnehmung in der deutschen Literatur 1900–1930*. Die Habilitation erfolgte 1998 und beschäftigte sich mit der Ästhetik, Quellen und Dokumenten der neuen Sachlichkeit. Sie forscht zur Literatur des Exils 1933–1950 mit dem Schwerpunkt „Akkulturation und Enkulturation von Autoren im Exil", Literatur der Weimarer Republik, Literarische Moderne, Literatur-und Kulturgeschichte des 19. Jahrhunderts, Romantik. Zu ihren neuen Publikationen gehören: *Literatur im Jahrhundert des Auges. Realismus und Fotografie im bürgerlichen Zeitalter.* München 2010; *Visuelle Evidenz. Zum Reflex der Fotografie in Literatur und Film*, (hg. mit Barbara Korte), Berlin 2011; *Topographien der Moderne: Wien und Berlin in den zwanziger Jahren.* In: *Baustelle Kultur.* Hrsg. v. Julia Bertschik und Primus-Heinz Kucher, Bielefeld 2011.

*Wolfgang Benz* ist Professor em. an der Technischen Universität Berlin und leitete bis 2011 das Zentrum für Antisemitismusforschung der TU Berlin. Er promovierte 1968 an der Universität München mit dem Thema *Süddeutschland in der Weimarer Republik (Innenpolitik 1918–1923).* Benz bearbeitete Fragen zur Weimarer Republik sowie zur Errichtung der NS-Diktatur und zur Nachkriegszeit, spezialisierte sich dann auf die Themen Holocaust, Konzentrationslager, Antisemitismus und Exilforschung. Mitbegründer und Herausgeber der *Dachauer Hefte* seit 1985 sowie seit 1992 des *Jahrbuch für Antisemitismusforschung* und der *Zeitschrift für Geschichtswissenschaft*. Im Jahr 2012 erhielt Wolfgang Benz den

Preis *Gegen Vergessen – Für Demokratie* für sein Engagement bei der historischen Erinnerungsarbeit.

*Doerte Bischoff*, Professorin für neuere deutsche Literatur an der Universität Hamburg, dort Leiterin der Walter A. Berendsohn Forschungsstelle für deutsche Exilliteratur. Promotion 1999 in Tübingen über die Prosa Else Lasker-Schülers, Habilitation 2009 in Münster mit einer Arbeit über Fetischismus-Diskurse und Literatur im 19. Jahrhundert. Publikationen zu Literatur und Exil, deutsch-jüdischer Literatur, Holocaust-Erinnerung, zur Poetik der Dinge und zur Materialität der Kultur, zu Genderforschung und zur Briefkultur im historischen Wandel. Seit 2013 Mitherausgeberin von *Exilforschung. Ein internationales Jahrbuch*.

*Cornelia Blasberg* ist Professorin für neuere deutsche Literatur an der Westfälischen Wilhelms-Universität Münster. Promotion 1984 in Tübingen mit einer Arbeit über die Intellektuellendiskurse in Robert Musils Roman „Der Mann ohne Eigenschaften". Die Habilitation erfolgt 1996 ebenfalls in Tübingen: *Erschriebene Tradition. Adalbert Stifter oder Das Erzählen im Zeichen verlorener Geschichten*. Publikationen zur Literatur des 19. Jahrhunderts und des Fin de Siècle, zu Geschichtsdiskursen in Literatur und Medien und zur literarischen Aufarbeitung des Nationalsozialismus, Edition der Exilbriefwechsel von Karl Wolfskehl. Sie forscht im Bereich der österreichischen Literatur, der Vergangenheitsbewältigung in der zweiten und dritten Generation nach dem Holocaust sowie zur Lyrik nach 1945.

*Stephan Braese* ist Professor für europäisch-jüdische Literatur- und Kulturgeschichte an der Rheinisch-Westfälischen Technischen Hochschule Aachen (RWTH). Promotion 1994 zur Satire des Exils, 2000 Habilitation mit der Studie *Die andere Erinnerung – Jüdische Autoren in der westdeutschen Nachkriegsliteratur*. Braese führte zahlreiche Untersuchungen zur Literatur-, Wissenschafts- und Mediengeschichte vom 18. bis zum 21. Jahrhundert. Zuletzt erschienen ist: „Einbruch der Gegenwart in die Ordnung des Raums. Zur Topographie in Benjamins Geschichtsdenken". In: Daniel Weidner (Hg.): *Profanes Leben. Walter Benjamins Dialektik der Säkularisierung* (Frankfurt/M 2010); „kenny clarke im club st-germain-des-prés – Zu einem Satz von Alfred Andersch". In: Corina Caduff, Anne-Kathrin Reulecke, Ulrike Vedder (Hg.): *Passionen. Objekte – Schauplätze – Denkstile* (2010); „Identifying the Impulse: Alfred Lion Founds the Blue Note Label". In: Eckart Goebel, Sigrid Weigel (Hg.): *„Escape to Life". German Intellectuals in New York: A Compendium on Exile after 1933* (2012); „Georg Lukács' europäische Passagen". In: *Weimarer Beiträge* 4/2012.

*Elisabeth Bronfen* ist Professorin für englische und amerikanische Literatur an Universität Zürich (UZH). Sie leitet den Lehrstuhl des Englischen Seminars. Promotion 1986 an der Universität München mit einer Arbeit zum literarischen Raum in *Dorothy Richardsons* Roman *Pilgrimage*; Habilitation ebenfalls in München 1992: *Over Her Dead Body. Death Femininity and the Aesthetic.* (dt.: *Nur über ihre Leiche. Tod, Weiblichkeit und Ästhetik*). Sie hat zahlreiche wissenschaftliche Aufsätze in den Bereichen gender studies, Psychoanalyse, Film und Kulturwissenschaften sowie Beiträge für Ausstellungskataloge geschrieben. Zu ihren Veröffentlichungen zählen: *Death and Representation* (1993) (hg. mit Sara W. Goodwin); *Werkedition Anne Sexton*, 4 Bde. (1995–1998); *Die Diva: Geschichte einer Bewunderung* (2002); *Liebestod und Femme Fatale. Der Austausch sozialer Energien zwischen Oper, Literatur und Film* (2004); *Crossmappings. Essays zur visuellen Kultur* (2009). Momentane Forschungsgebiete sind eine Studie über Kriegskino und zu Königin Elizabeth I als erste Diva.

*Ottmar Ette* ist seit 1995 Professor für Romanische Literaturwissenschaft an der Universität Potsdam (venia legendi: Romanische Literaturen und Allgemeine und Vergleichende Literaturwissenschaft). Promotion 1990 über José Martí an der Universität Freiburg i.Br., 1995 Habilitation über Roland Barthes an der Katholischen Universität Eichstätt. Ette übernahm mehrfach Gastdozenturen in verschiedenen Ländern Lateinamerikas sowie in den USA. Jüngste Veröffentlichungen: *ZwischenWeltenSchreiben. Literaturen ohne festen Wohnsitz* (2005), *ZusammenLebensWissen. List, Last und Lust literarischer Konvivenz im globalen Maßstab* (ÜberLebenswissen III) (2010), *Konvivenz. Literatur und Leben nach dem Paradies* (2012) und *TransArea. Eine literarische Globalisierungsgeschichte* (2012).

*Patrick Farges* ist seit 2007 Assistant Professor (*maître de conférences*) für deutsche Geschichte und Kultur an der Universität Sorbonne Nouvelle – Paris 3. Promotion 2006 in Paris über den Akkulturationsprozess deutschsprachiger Exilanten in Kanada. Publikationen zu Migrations-, Exil- und Gendergeschichte. Seit 2012 Habilitationsprojekt über Männlichkeitsvorstellungen deutschsprachiger Juden in Palästina / Israel. Seit 2012 Generalsekretär des französischen Germanistenverbandes (AGES).

*Bernhard Greiner* ist Professor em. für neuere deutsche Literaturgeschichte an der Universität Tübingen. 1971 Promotion und 1979 Habilitation an der Universität Freiburg. Greiner übernahm zahlreiche Gastprofessuren in den USA, Israel, Australien und China. Von 2000–2002 war er Inhaber des Walter Benjamin Lehrstuhls für deutsch-jüdische Literatur und Kulturgeschichte an der Hebrew

University of Jerusalem. Zahlreiche Veröffentlichungen mit den Schwerpunkten Drama und Theater (u.a. *Die Komödie* ²2006, *Die Tragödie* 2012), Literatur der deutschen Klassik und Romantik (u.a. *Kleists Dramen und Erzählungen* 2000), deutsch-jüdische Literaturbeziehungen (u.a. *Beschneidung des Herzens. Konstellationen deutsch-jüdischer Literatur* 2004), Literatur des Exils (u.a. Hg.: *Placeless Topographies. Jewish Perspectives on the Literature of Exile* 2003) und Literaturtheorie (u.a. Hg.: *Recht und Literatur. Interdisziplinäre Bezüge* 2010).

*Alfrun Kliems* ist Professorin für Westslawische Literaturen und Kulturen an der Humboldt-Universität zu Berlin. Von 2004–2012 Fachkoordinatorin für Literaturwissenschaft Ostmitteleuropas am Leipziger GWZO; Promotion 2000 in Berlin über deutschschreibende tschechische Autoren. Publikationen zu Migration und Transkulturalität, zum Sprachwechsel im Exil, zu Imaginationen des Urbanen sowie ästhetischen Phänomenen des Underground. Seit 2011 Leitung des BMBF-Projekts „Spielplätze der Verweigerung" in Leipzig.

*Susanne Komfort-Hein* lehrt als Professorin für neuere deutsche Literatur an der Goethe-Universität Frankfurt a.M. Promotion 1993 in Tübingen mit einer Arbeit über Konzepte von Individualität im bürgerlichen Trauerspiel des 18. Jahrhunderts; Habilitation 2000 in Tübingen mit der Studie: ‚*Flaschenposten und kein Ende des Endes'. 1968: Kritische Korrespondenzen um den Nullpunkt von Geschichte und Literatur*. Publikationen vor allem zu Literatur und Exil (u.a. Anna Seghers, Alfred Döblin, Peter Weiss), deutsch-jüdischer Literatur, Literatur und (Geschichts-)Philosophie, Erinnerungskultur, Literatur und Politik. Seit 2012 Leitung der Frankfurter Poetik-Dozentur.

*Robert Krause* ist zurzeit Stipendiat der Fritz Thyssen Stiftung und als Postdoc am Deutschen Seminar der Albert-Ludwigs-Universität Freiburg tätig. Dort 2009 Promotion mit der Studie *Lebensgeschichten aus der Fremde. Autobiografien deutschsprachiger emigrierter SchriftstellerInnen als Beispiele literarischer Akkulturation nach 1933*. Weitere Publikationen vor allem zu Literatur und Exil (u.a. Vilém Flusser, Ludwig Marcuse), deutsch-jüdischer Literatur und Briefkultur (u.a. Hannah Arendt, Gershom Scholem), zum Feuilleton der Weimarer Republik (Hans Sahl) und dem Roman der Klassischen Moderne (Robert Musil), zur Architektur in der Literatur und der literarischen Übersetzung (Goethe). Seit 2011 Mitherausgeber des *Jahrbuchs zur Kultur und Literatur der Weimarer Republik*.

*Claus-Dieter Krohn* war bis 2007 Professor für Sozial- und Kulturgeschichte an der Universität Lüneburg. Promotion 1973 in Hamburg zur deutschen Finanzpolitik nach dem Ersten Weltkrieg, Habilitation 1979 in Hannover mit der Arbeit

*Wirtschaftstheorien als politische Interessen. Die akademische Nationalökonomie in Deutschland 1918–1933.* Zahlreiche Arbeiten zur Wirtschafts-, Sozial- und Theoriegeschichte des 19. und 20. Jahrhunderts und zur Exilforschung; Mitherausgeber des *Handbuchs der deutschsprachigen Emigration 1933–1945* (1998), des *Biographischen Handbuchs der deutschsprachigen wirtschaftswissenschaftlichen Emigration nach 1933* (1999) sowie 1986 bis 2012 von *Exilforschung. Ein internationales Jahrbuch.*

*Vivian Liska* ist Professorin für neuere deutsche Literaturwissenschaft und Direktorin des Instituts für jüdische Studien an der Universität Antwerpen, Belgien. Sie forscht zur Literatur der Moderne, deutsch-jüdischen Literatur und Philosophie und Literaturtheorie. Mitherausgeberin von *arcadia*. Jüngste Buchpublikationen u.a.: Als Herausgeberin oder Mitherausgeberin: *Modernism* (2007), *The Power of the Sirens* (2007), *Contemporary Jewish Writing in Europe* (2007); *What does the Veil Know?* (2009). Als Autorin: *Giorgio Agambens leerer Messianismus* (2008), *When Kafka says We. Uncommon Communities in German-Jewish Literature* (2009) und *Fremde Gemeinschaft. Deutsch-jüdische Literatur der Moderne* (2011).

*Ruth Mayer* lehrt als Professorin für American Studies an der Leibniz Universität Hannover und leitet seit 2001 dort das Englische Seminar. Promotion 1994 in Berlin mit einer Arbeit über *Herman Melville* und *Nathaniel Hawthorne*; Habilitation 2000 in Köln mit *Artificial Africas: Colonial Images in the Times of Globalization*. Wichtige Publikationen sind: *Diaspora: Eine kritische Begriffsbestimmung* (2005) und *Serial Fu Manchu: Iconocity, Ideology, and the Logic of Global Spread* (erscheint 2013). Ruth Mayer forscht zu Diasporastudien, Globalisierung, asiatisch-amerikanische Kultur, populäre Serialität und Material Culture Studies sowie zu interdisziplinären Medien.

*Gianluca Solla* ist Professor für Theoretische Philosophie, Religionsphilosophie und Ethik an der Universität Verona. Promotion 2000 mit einer Arbeit über Schellings Philosophie der Mythologie und der Offenbarung; 2001–2003 Postdoktorand am Graduiertenkolleg „Repräsentation – Rhetorik – Wissen" (Frankfurt/Oder). Gastprofessur an der FU Berlin (Judaistik) und der LMU München (Romanistik); 2012 Visiting Fellow am Center for Advanced Studies der LMU München. Forschungsschwerpunkte u.a.: Politische Theologie der Säkularisierung, Geld als politisch-theologisches Dispositiv der Abendländischen Kultur. Publikationen: *Schatten der Freiheit. Schelling und die Politische Theologie des Eigennamens.* Paderborn 2006; *Marrani. Il debito secreto. Parole come gesti.* Mailand 2008; *Ernst Kantorowicz tra Europa e America.* (Herausgeberschaft und Vorwort), Mailand 2012.

*Barbara Thums* ist Professorin für neuere deutsche Literaturwissenschaft an der Eberhard Karls Universität Tübingen. Promotion 1999 über die Prosa Ilse Aichingers; 1999–2001 Postdoktorandin am Gießener Graduiertenkolleg „Klassizismus und Romantik"; Habilitation in Tübingen mit der Studie *Aufmerksamkeit. Wahrnehmung und Selbstbegründung von Brockes bis Nietzsche*. Publikationen vor allem zu Literatur und Gedächtnis, Literatur und Recht, Diätetik und Askese, Literatur und Anthropologie, Poetiken der Reinheit, zur Poetik des Rests und zur Mystik der Moderne. Kürzlich erschienen ist der Band *Was übrig bleibt: von Resten, Residuen und Relikten* (zusammen mit Annette Werberger) (2009), der sich der Erkundung von Marginalisierung im Zuge des *cultural* und des *material turn* widmet.

*Liliane Weissberg* ist Christopher H. Browne Distinguished Professor in Arts and Sciences und Professor für Deutsche und Allgemeine und Vergleichende Literaturwissenschaft an der University of Pennsylvania. Zu ihren jüngsten Buchveröffentlichungen gehören: *Hannah Arendt, Charlie Chaplin und die verborgene jüdische Tradition*, Graz 2009; *Über Haschisch und Kabbalah. Gershom Scholem, Siegfried Unseld und das Werk von Walter Benjamin*, (ser.) Marbacher Magazin 140, Marbach am Neckar 2012, und (Hg. mit Karen Beckman) *On Writing With Photography*, Minneapolis 2013. Sie ist Kuratorin der Ausstellung *Juden. Geld. Eine Vorstellung*, die 2013 im Jüdischen Museum Frankfurt gezeigt wird und zu der ein gleichnamiges Begleitbuch erscheint.

www.ingramcontent.com/pod-product-compliance
Lightning Source LLC
Chambersburg PA
CBHW050849160426
43194CB00011B/2084